CHINA CITY STATISTICAL YEARBOOK

中国城市统计年鉴

国家统计局城市社会经济调查司 编

图书在版编目（CIP）数据

中国城市统计年鉴. 2017：汉英对照 / 国家统计局城市社会经济调查司编. -- 北京 ：中国统计出版社，2017.12
ISBN 978-7-5037-8432-3

Ⅰ. ①中… Ⅱ. ①国… Ⅲ. ①城市－统计资料－中国－2017－年鉴－汉、英 Ⅳ. ①C832-54

中国版本图书馆 CIP 数据核字(2017)第 310023 号

中国城市统计年鉴—2017
China City Statistical Yearbook—2017

作　　者/国家统计局城市社会经济调查司
责任编辑/许立舫　张丽萍
封面设计/李雪燕　王　芳
出版发行/中国统计出版社
通信地址/北京市丰台区西三环南路甲 6 号　邮政编码/100073
电　　话/邮购（010）63376909　书店（010）68783171
网　　址/ http://www.zgtjcbs.com/
印　　刷/河北鑫兆源印刷有限公司
经　　销/新华书店
开　　本/880mm×1230mm　1/16
字　　数/820 千字
印　　张/26.25
版　　别/2017 年 12 月第 1 版
版　　次/2017 年 12 月第 1 次印刷
定　　价/358.00 元

《中国城市统计年鉴—2017》

编委会与编辑部

China City Statistical Yearbook—2017

EDITORIAL BOARD AND EDITORIAL STAFF

编辑说明

《中国城市统计年鉴》是全面反映中国城市社会经济发展情况的资料性年刊。《中国城市统计年鉴—2017》收录了2016年全国各级城市社会经济发展等方面的主要统计数据。

本年鉴内容共分四个部分：第一部分是全国城市行政区划，列有不同区域、不同级别的城市分布情况；第二、三部分分别是地级以上城市统计资料和县级城市统计资料，具体包括人口、劳动力及土地资源、综合经济、工业、交通运输、邮电通信、贸易、外经、固定资产投资、教育、文化、卫生、人民生活、社会保障、市政公用事业和环境保护等方面的数据；第四部分是附录，为主要统计指标解释。需要说明的是，从1997年开始，地级以上城市和县级城市分别采用不同的统计制度，有些指标在两类城市之间不具有可比性，故本年鉴将地级以上城市和县级城市统计资料分为独立的两部分。

本年鉴所涉及的全国或全部城市统计资料，均未包括香港特别行政区、澳门特别行政区和台湾省。年鉴表中所列“全市”为城市的全部行政区域，包括城区、辖县、辖市；“市辖区”包括所有城区，不包括辖县和辖市。武汉市辖区不包含黄陂区、新州区、江夏区和蔡甸区数据。年鉴中一些数据为时点数据，时点为2016年年底。

本年鉴适用于各级政府管理部门、城市规划设计部门、城市社会经济研究机构、市政建设及房地产机构、各种中介服务及信息咨询机构等单位的工作者，也是大专院校师生、工商界人士、境外投资者以及关心中国城市发展的各界人士的重要参考资料。

本年鉴的编辑出版得到了国家统计局农村社会经济调查司、各省（区、市）统计局、国家统计局各调查总队、各市统计局和调查队以及中国统计出版社的鼎力支持，在此表示衷心的感谢。

本年鉴编印工作量大，出版时间紧，难免有不当之处，诚恳欢迎广大读者批评指正。

国家统计局城市社会经济调查司

2017年12月

EDITOR'S NOTES

China City Statistical Yearbook is an annual statistical publication. *China City Statistical Yearbook 2017* reflects comprehensively the economic and social development of Cities in China. It covers the main socio-economic statistical data of cities at all levels for 2016.

The Yearbook contains four parts : Part Ⅰ is the administrative division of all cities, listing city distribution by region and level; Part Ⅱ and Part Ⅲ are the statistical data of cities at prefecture level and above, and county-level respectively on population, labour forces, land resources, general economy, industry, transport, postal and telecommunication services, commerce, foreign trade and economic cooperation, investment in fixed assets, education, culture, public health, people's living conditions, social security, municipal public utilities, and environmental protection; Part Ⅳ is appendix of explanatory notes on main statistical indicators. It is necessary to point out that cities at prefecture level and above and county-level have used different indicator systems of statistics since 1997, and some indicators in two categories of cities are not comparable. So the data of cities at prefecture level and above and the data of cities at county-level are divided into two independent parts in the yearbook.

The national data in this yearbook do not include those of Hong Kong Special Administrative Region, Macao Special Administrative Region and Taiwan Province. "Total City" listed in the data refers to all administrative regions of the city, including the city districts, counties and the city at lower level; "Districts under City" includes all the city districts, not including counties and the city at lower level. The data of districts under Wuhan City do not include those of Huangpi district, Xinzhou district, Jiangxia district and Caidian district. Some indicators of this yearbook are time-point data, the time of them is at the end of 2016.

The Yearbook is compiled for the users working in government departments, city planning departments, institutes of urban socio-economic research, municipal construction and real estate agencies, intermediary services, information consulting agencies and other so on, and it is an important reference book for college teachers and students, businessmen, overseas investors as well as users paying close attention to the development of Chinese cities.

The editing and publishing of the yearbook have been fully supported by the Department of Rural Surveys of NBS, Bureaus of Statistics and Survey Offices of NBS at provincial prefecture and county level, and China Statistics Press. Here we would like to express our heartfelt thanks to them.

Department of Urban Surveys
National Bureau of Statistics of China
December, 2017

目　　录

CONTENTS

一、全国城市行政区划

Divisions of Administrative Areas of Cities in China

1-1　城市行政区划和区域分布 …… 3
Administrative Division and Regional Distribution of Cities
1-2　分地区城市情况一览表 …… 4
List of City's Basic Conditions by Region

二、地级以上城市统计资料

Statistical Data of Cities at Prefecture Level and Above

（一）人口、劳动力及土地资源

Population, Labour Forces and Land Resources

2-1　人口状况 …… 13
Population
2-2　劳动力就业状况 …… 20
Labour Force and Employment
2-3　按产业划分的年末城镇单位从业人员 …… 27
Employed Persons in Urban Units by Three Strata of Industry at Year-end
2-4　按产业划分的年末城镇单位从业人员构成 …… 34
Composition of Employed Persons in Urban Units by Three Strata of Industry at Year-end
2-5　按行业分组的年末城镇单位从业人员(一) …… 41
Persons Employed in Urban Units by Sector in Detail at Year-end(Ⅰ)
2-6　按行业分组的年末城镇单位从业人员(二) …… 48
Persons Employed in Urban Units by Sector in Detail at Year-end(Ⅱ)
2-7　按行业分组的年末城镇单位从业人员(三) …… 55
Persons Employed in Urban Units by Sector in Detail at Year-end(Ⅲ)
2-8　按行业分组的年末城镇单位从业人员(四) …… 62
Persons Employed in Urban Units by Sector in Detail at Year-end(Ⅳ)
2-9　按行业分组的年末城镇单位从业人员(五) …… 69
Persons Employed in Urban Units by Sector in Detail at Year-end(Ⅴ)
2-10　按行业分组的年末城镇单位从业人员(六) …… 76
Persons Employed in Urban Units by Sector in Detail at Year-end(Ⅵ)
2-11　行政区域土地面积及水资源总量 …… 83
Total Land Area and Total Water Resources

2-12 城市建设用地状况(市辖区) 90
Land Used for Urban Construction(Districts under City)

（二）综合经济
General Economy
2-13 地区生产总值 97
Gross Regional Product
2-14 地区生产总值构成 104
Composition of Gross Regional Product
2-15 地方公共财政收支状况(全市) 111
Public Finance Income and Expenditure (Total City)
2-16 地方公共财政收支状况(市辖区) 118
Public Finance Income and Expenditure (Districts under City)
2-17 年末金融机构存贷款余额 125
Deposits and Loans of National Banking System at Year-en

（三）工业
Industry
2-18 规模以上工业企业数 132
Number of Industrial Enterprises above Designated Size
2-19 规模以上工业总产值(全市) 139
Gross Industrial Output Value above Designated Size(Total City)
2-20 规模以上工业总产值(市辖区) 146
Gross Industrial Output Value above Designated Size(Districts under City)
2-21 规模以上工业企业资产状况 153
Assets of Industrial Enterprises above Designated Size
2-22 规模以上工业企业主要财务指标 160
Main Financial Indicators of Industrial Enterprises above Designated Size

（四）交通运输、邮电通信
Transport, Postal and Telecommunication Services
2-23 按运输方式分类的客运量(全市) 167
Passenger Traffic by Mode of Transport (Total City)
2-24 按运输方式分类的货运量(全市) 174
Freight Traffic by Mode of Transport (Total City)
2-25 邮政局(所)数及邮政、电信业务收入(全市) 181
Number of Post Offices and Revenue from Postal and Telecommunication Services (Total City)
2-26 电话及互联网用户数(全市) 188
Number of Subscribers of Telephone and Internet Services (Total City)

（五）贸易、外经
Trade, Foreign Trade and Economic Cooperation
2-27 社会消费品零售总额及批发零售贸易业情况 195
Total Retail Sales of Consumer Goods and Basic Conditions
2-28 利用外资情况 203
Utilization of Foreign Capital

（六）固定资产投资
Investment in Fixed Assets
2-29 固定资产投资情况 210
Basic Conditions of Investment in Fixed Assets

（七）教育、文化、卫生
Education, Culture and Public Health
2-30 学校数(一) …… 217
Number of Schools (Ⅰ)
2-31 学校数(二) …… 224
Number of Schools (Ⅱ)
2-32 专任教师数(一) …… 231
Number of Full-time Teachers (Ⅰ)
2-33 专任教师数(二) …… 238
Number of Full-time Teachers (Ⅱ)
2-34 在校学生数(一) …… 245
Number of Students Enrollment (Ⅰ)
2-35 在校学生数(二) …… 252
Number of Students Enrollment (Ⅱ)
2-36 图书藏量和电视节目覆盖率 …… 259
Total Collections of Books in Public Libraries and Population Loverage Rate of TV Programs
2-37 医院、卫生院数，床位数和医生数 …… 266
Number of Hospitals, Health Centers, Beds and Doctors
2-38 在岗职工人数及工资状况 …… 273
Number and Wages of Staff and Workers

（八）人民生活、社会保障
People's Living Conditions and Social Security
2-39 社会保障主要指标 …… 280
Main Indicators of Social Security
2-40 市政公用事业(市辖区) …… 287
Municipal Public Utilities(Districts under City)

（九）市政公用事业
Municipal Public Utilities
2-41 供水、用水及用电情况(市辖区) …… 294
Water Supply, Water Consumption and Electricity Consumption (Districts under City)
2-42 煤气及液化石油气供应及利用情况(市辖区) …… 302
Supply and Consumption of Coal Gas and Liquefied Petroleum Gas (Districts under City)
2-43 公共汽车、出租车拥有情况(市辖区) …… 310
Number of Public Transportation Vehicles and Taxis (Districts under City)
2-44 绿地面积及建成区绿化覆盖面积(市辖区) …… 317
Area of Green Land and Green Covered Area of Completed Area (Districts under City)

（十）环境保护
Environmental Protection
2-45 工业废水排放量和二氧化硫产生及排放量(全市) …… 324
Industrial Waste Water Discharged, Industry Sulphur Dioxide Produced and Emission (Total City)
2-46 工业烟(粉)尘产生及排放量(全市) …… 331
Industrial Soot(dust) Produced and Discharged(Total City)
2-47 工业固体废物综合利用率和污水及生活垃圾处理率(全市) …… 338
Ratio of Industrial Solid Wastes Utilized, Ratio of Waste Water and Consumption (Total City)

三、县级城市统计资料
Statistical Data of County-level Cities

3-1 人口状况 …… 347
Population
3-2 劳动力就业状况 …… 351
Labour Force and Employment
3-3 行政区域土地面积 …… 355
Total Land Area of Administrative region
3-4 地区生产总值 …… 359
Gross Regional Product
3-5 公共财政收支 …… 367
Public Finance Income and Expenditure
3-6 年末金融机构存贷款余额 …… 375
Deposits and Loans of National Banking System at Year-end
3-7 规模以上工业企业情况 …… 379
Basic Conditions of Industrial enterprises above Designated Size
3-8 固定资产投资情况 …… 387
Basic Conditions of Investment in Fixed Assets
3-9 在校学生数 …… 391
Number of Students Enrollment

附录　主要统计指标解释 …… 397
Appendix Explanatory Notes on Main Statistical Indicators

一、全国城市行政区划

Divisions of Administrative Areas of Cities in China

1-1 城市行政区划和区域分布
Administrative Division and Regional Distribution of Cities

地区	Region	城市合计 Total	按行政级别分组 Grouped by Administrative Levels			
			直辖市 Municipality Directly under the Central Government	副省级市 Vice-provincial City	地级市 Prefecture-level City	县级市 County-level City
全国总计	**National Total**	**657**	**4**	**15**	**278**	**360**
北京	Beijing	1	1			
天津	Tianjin	1	1			
河北	Hebei	30			11	19
山西	Shanxi	22			11	11
内蒙	Inner Mongolia	20			9	11
辽宁	Liaoning	30		2	12	16
吉林	Jilin	28		1	7	20
黑龙江	Heilongjiang	31		1	11	19
上海	Shanghai	1	1			
江苏	Jiangsu	34		1	12	21
浙江	Zhejiang	30		2	9	19
安徽	Anhui	22			16	6
福建	Fujian	22		1	8	13
江西	Jiangxi	22			11	11
山东	Shandong	44		2	15	27
河南	Henan	38			17	21
湖北	Hubei	36		1	11	24
湖南	Hunan	29			13	16
广东	Guangdong	41		2	19	20
广西	Guangxi	21			14	7
海南	Hainan	9			4	5
重庆	Chongqing	1	1			
四川	Sichuan	34		1	17	16
贵州	Guizhou	13			6	7
云南	Yunnan	23			8	15
西藏	Tibet	5			5	
陕西	Shaanxi	13		1	9	3
甘肃	Gansu	16			12	4
青海	Qinghai	5			2	3
宁夏	Ningxia	7			5	2
新疆	Xinjiang	28			4	24

1-2 分地区城市情况一览表
List of City's Basic Conditions by Region

省级单位 Province	地级及以上城市 City at Prefecture Level and above	下辖的县级城市 County-level City
北京 Beijing		
天津 Tianjin		
河北 Hebei	石家庄 Shijiazhuang	辛集 Xinji
		晋州 Jinzhou
		新乐 Xinle
	唐山 Tangshan	遵化 Zunhua
		迁安 Qian'an
	秦皇岛 Qinhuangdao	
	邯郸 Handan	武安 Wuan
	邢台 Xingtai	南宫 Nangong
		沙河 Shahe
	保定 Baoding	定州 Dingzhou
		涿州 Zhuozhou
		安国 Anguo
		高碑店 Gaobeidian
	张家口 Zhangjiakou	
	承德 Chengde	
	沧州 Cangzhou	任丘 Renqiu
		泊头 Botou
		黄骅 Huanghua
		河间 Hejian
	廊坊 Langfang	霸州 Bazhou
		三河 Sanhe
	衡水 Hengshui	深州 Shenzhou
山西 Shanxi	太原 Taiyuan	古交 Gujiao
	大同 Datong	
	阳泉 Yangquan	
	长治 Changzhi	潞城 Lucheng
	晋城 Jincheng	高平 Gaoping
	朔州 Shuozhou	
	晋中 Jinzhong	介休 Jiexiu
	忻州 Xinzhou	原平 Yuanping
	临汾 Linfen	侯马 Houma
		霍州 Huozhou
	运城 Yuncheng	永济 Yongji
		河津 Hejin
	吕梁 Lvliang	孝义 Xiaoyi

省级单位 Province	地级及以上城市 City at Prefecture Level and above	下辖的县级城市 County-level City
		汾阳 Fenyang
内蒙古 Inner Mongolia	呼和浩特 Hohhot	
	包头 Baotou	
	乌海 Wuhai	
	赤峰 Chifeng	
	通辽 Tongliao	霍林郭勒 Huolinguole
	呼伦贝尔 Hulunbuir	满洲里 Manzhouli
		扎兰屯 Zhalantun
		牙克石 Yakeshi
		根河 Genhe
		额尔古纳 Eerguna
	鄂尔多斯 Erdos	
	乌兰察布 Ulanqab	丰镇 Fengzhen
	巴彦淖尔 Bayannur	
		(二连浩特) Erlianhaote
		(乌兰浩特) Wulanhaote
		(锡林浩特) Xilinhaote
		(阿尔山) Aershan
辽宁 Liaoning	沈阳 Shenyang	新民 Xinmin
	大连 Dalian	瓦房店 Wafangdian
		庄河 Zhuanghe
	鞍山 Anshan	海城 Haicheng
	抚顺 Fushun	
	本溪 Benxi	
	丹东 Dandong	东港 Donggang
		凤城 Fengcheng
	锦州 Jinzhou	凌海 Linghai
		北镇 Beizhen
	营口 Yingkou	大石桥 Dashiqiao
		盖州 Gaizhou
	阜新 Fuxin	
	辽阳 Liaoyang	灯塔 Dengta
	盘锦 Panjin	
	铁岭 Tieling	调兵山 Diaobingshan
		开原 Kaiyuan
	朝阳 Chaoyang	北票 Beipiao
		凌源 Lingyuan

注：加括号的城市为省（自治区）直辖县级市，或地区（自治州、盟）管辖的县级市。
a) The cities with brackets are county-level cities directly under provinces(autonomous regions) or under regions(autonomous prefectures,leagues).

1-2 续表 1 continued 1

省级单位 Province	地级及以上城市 City at Prefecture Level and above	下辖的县级城市 County-level City	省级单位 Province	地级及以上城市 City at Prefecture Level and above	下辖的县级城市 County-level City
	葫芦岛 Huludao	兴城 Xingcheng		黑河 Heihe	北安 Beian
吉林	长春 Changchun	榆树 Yushu			五大连池 Wudalianchi
Jilin		德惠 Dehui		绥化 Suihua	安达 Anda
	吉林 Jilin	桦甸 Huadian			肇东 Zhaodong
		蛟河 Jiaohe			海伦 Hailun
		舒兰 Shulan			(抚远) Fuyuan
		磐石 Panshi	**上海 Shanghai**		
	四平 Siping	公主岭 Gongzhuling	**江苏 Jiangsu**	南京 Nanjing	
		双辽 Shuangliao		无锡 Wuxi	江阴 Jiangyin
	辽源 Liaoyuan				宜兴 Yixing
	通化 Tonghua	梅河口 Meihekou		徐州 Xuzhou	新沂 Xinyi
		集安 Ji'an			邳州 Pizhou
	白山 Baishan	临江 Linjiang		常州 Changzhou	溧阳 Liyang
	白城 Baicheng	洮南 Taonan		苏州 Suzhou	常熟 Changshu
		大安 Daan			张家港 Zhangjiagang
	松原 Songyuan	扶余 Fuyu			昆山 Kunshan
		(延吉) Yanji			太仓 Taicang
		(图们) Tumen		南通 Nantong	启东 Qidong
		(敦化) Dunhua			如皋 Rugao
		(珲春) Hunchun			海门 Haimen
		(龙井) Longjing		连云港 Lianyungang	
		(和龙) Helong		淮安 Huaian	
黑龙江	哈尔滨 Harbin	尚志 Shangzhi		盐城 Yancheng	东台 Dongtai
Heilongjiang		五常 Wuchang		扬州 Yangzhou	仪征 Yizheng
	齐齐哈尔 Qiqihar	讷河 Nehe			高邮 Gaoyou
	鸡西 Jixi	密山 Mishan		镇江 Zhenjiang	丹阳 Danyang
		虎林 Hulin			扬中 Yangzhong
	鹤岗 Hegang				句容 Jurong
	双鸭山 Shuangyashan			泰州 Taizhou	兴化 Xinghua
	大庆 Daqing				泰兴 Taixing
	伊春 Yichun	铁力 Tieli			靖江 Jingjiang
	佳木斯 Jiamusi	同江 Tongjiang		宿迁 Suqian	
		富锦 Fujin	**浙江 Zhejiang**	杭州 Hangzhou	建德 Jiande
	七台河 Qitaihe				临安 Lin'an
	牡丹江 Mudanjiang	绥芬河 Suifenhe		宁波 Ningbo	余姚 Yuyao
		海林 Hailin			慈溪 Cixi
		宁安 Ning'an		温州 Wenzhou	瑞安 Ruian
		穆棱 Muling			乐清 Leqing
		东宁 Dongning		嘉兴 Jiaxing	海宁 Haining

1-2 续表 2 continued 2

省级单位 Province	地级及以上城市 City at Prefecture Level and above	下辖的县级城市 County-level City	省级单位 Province	地级及以上城市 City at Prefecture Level and above	下辖的县级城市 County-level City
		平湖 Pinghu			武夷山 Wuyishan
		桐乡 Tongxiang			建瓯 Jian'ou
	湖州 Huzhou			龙岩 Longyan	漳平 Zhangping
	绍兴 Shaoxing	诸暨 Zhuji		宁德 Ningde	福安 Fu'an
		嵊州 Shengzhou			福鼎 Fuding
	金华 Jinhua	兰溪 Lanxi	**江西 Jiangxi**	南昌 Nanchang	
		义乌 Yiwu		景德镇 Jingdezhen	乐平 Leping
		东阳 Dongyang		萍乡 Pingxiang	
		永康 Yongkang		九江 Jiujiang	瑞昌 Ruichang
	衢州 Quzhou	江山 Jiangshan			共青城 Gongqingcheng
	舟山 Zhoushan			新余 Xinyu	
	台州 Taizhou	临海 Linhai		鹰潭 Yingtan	贵溪 Guixi
		温岭 Wenling		赣州 Ganzhou	瑞金 Ruijin
	丽水 Lishui	龙泉 Longquan		上饶 Shangrao	德兴 Dexing
安徽 Anhui	合肥 Hefei	巢湖 Chaohu		抚州 Fuzhou	
	芜湖 Wuhu			吉安 Ji'an	井冈山 Jinggangshan
	蚌埠 Bengbu			宜春 Yichun	樟树 Zhangshu
	淮南 Huainan				丰城 Fengcheng
	马鞍山 Maanshan				高安 Gaoan
	淮北 Huaibei				(庐山) Lushan
	铜陵 Tongling		**山东 Shandong**	济南 Jinan	
	安庆 Anqing	桐城 Tongcheng		青岛 Qingdao	胶州 Jiaozhou
	黄山 Huangshan				即墨 Jimo
	阜阳 Fuyang	界首 Jieshou			平度 Pingdu
	亳州 Bozhou				莱西 Laixi
	宿州 Suzhou			淄博 Zibo	
	滁州 Chuzhou	天长 Tianchang		枣庄 Zaozhuang	滕州 Tengzhou
		明光 Mingguang		东营 Dongying	
	六安 Lu'an			烟台 Yantai	龙口 Longkou
	池州 Chizhou				莱阳 Laiyang
	宣城 Xuancheng	宁国 Ningguo			莱州 Laizhou
福建 Fujian	福州 Fuzhou	福清 Fuqing			蓬莱 Penglai
		长乐 Changle			招远 Zhaoyuan
	厦门 Xiamen				栖霞 Qixia
	莆田 Putian				海阳 Haiyang
	三明 Sanming	永安 Yong'an		潍坊 Weifang	青州 Qingzhou
	泉州 Quanzhou	石狮 Shishi			诸城 Zhucheng
		晋江 Jinjiang			寿光 Shouguang
		南安 Nan'an			高密 Gaomi
	漳州 Zhangzhou	龙海 Longhai			昌邑 Changyi
	南平 Nanping	邵武 Shaowu			安丘 Anqiu

1-2 续表 3 continued 3

省级单位 Province	地级及以上城市 City at Prefecture Level and above	下辖的县级城市 County-level City	省级单位 Province	地级及以上城市 City at Prefecture Level and above	下辖的县级城市 County-level City
	济宁 Jining	曲阜 Qufu			(济源) Jiyuan
		邹城 Zoucheng	**湖北 Hubei**	武汉 Wuhan	
	泰安 Tai'an	新泰 Xintai		黄石 Huangshi	大冶 Daye
		肥城 Feicheng		十堰 Shiyan	丹江口 Danjiangkou
	德州 Dezhou	乐陵 Laoling		荆州 Jingzhou	石首 Shishou
		禹城 Yucheng			洪湖 Honghu
	威海 Weihai	荣成 Rongcheng			松滋 Songzi
		乳山 Rushan		宜昌 Yichang	宜都 Yidu
	聊城 Liaocheng	临清 Linqing			当阳 Dangyang
	临沂 Linyi				枝江 Zhijiang
	莱芜 Laiwu			襄阳 Xiangyang	老河口 Laohekou
	日照 Rizhao				枣阳 Zaoyang
	菏泽 Heze				宜城 Yicheng
	滨州 Binzhou			鄂州 Ezhou	
河南 Henan	郑州 Zhengzhou	巩义 Gongyi		荆门 Jingmen	钟祥 Zhongxiang
		新密 Xinmi		孝感 Xiaogan	应城 Yingcheng
		荥阳 Xingyang			安陆 Anlu
		新郑 Xinzheng			汉川 Hanchuan
		登封 Dengfeng		黄冈 Huanggang	麻城 Macheng
	开封 Kaifeng				武穴 Wuxue
	洛阳 Luoyang	偃师 Yanshi		咸宁 Xianning	赤壁 Chibi
	平顶山 Pingdingshan	汝州 Ruzhou		随州 Suizhou	广水 Guangshui
		舞钢 Wugang			(利川) Lichuan
	安阳 Anyang	林州 Linzhou			(恩施) Enshi
	鹤壁 Hebi				(仙桃) Xiantao
	新乡 Xinxiang	辉县 Huixian			(天门) Tianmen
		卫辉 Weihui			(潜江) Qianjiang
	焦作 Jiaozuo	沁阳 Qinyang	**湖南 Hunan**	长沙 Changsha	浏阳 Liuyang
		孟州 Mengzhou		株洲 Zhuzhou	醴陵 Liling
	濮阳 Puyang			湘潭 Xiangtan	湘乡 Xiangxiang
	许昌 Xuchang	禹州 Yuzhou			韶山 Shaoshan
		长葛 Changge		衡阳 Hengyang	耒阳 Leiyang
	漯河 Luohe				常宁 Changning
	三门峡 Sanmenxia	义马 Yima		邵阳 Shaoyang	武冈 Wugang
		灵宝 Lingbao		岳阳 Yueyang	汨罗 Miluo
	商丘 Shangqiu	永城 Yongcheng			临湘 Linxiang
	南阳 Nanyang	邓州 Dengzhou		益阳 Yiyang	沅江 Yuanjiang
	信阳 Xinyang			常德 Changde	津市 Jinshi
	周口 Zhoukou	项城 Xiangcheng		郴州 Chenzhou	资兴 Zixing
	驻马店 Zhumadian			永州 Yongzhou	

1-2 续表 4 continued 4

省级单位 Province	地级及以上城市 City at Prefecture Level and above	下辖的县级城市 County-level City	省级单位 Province	地级及以上城市 City at Prefecture Level and above	下辖的县级城市 County-level City
	怀化 Huaihua	洪江 Hongjiang		钦州 Qinzhou	
	张家界 Zhangjiajie			玉林 Yulin	北流 Beiliu
	娄底 Loudi	冷水江 Lengshuijiang		贵港 Guigang	桂平 Guiping
		涟源 Lianyuan		百色 Baise	靖西 Jingxi
		(吉首) Jishou		来宾 Laibin	合山 Heshan
广东	广州 Guangzhou			崇左 Chongzuo	凭祥 Pingxiang
Guangdong	韶关 Shaoguan	乐昌 Lechang		贺州 Hezhou	
		南雄 Nanxiong		河池 Hechi	
	深圳 Shenzhen		**海南**	海口 Haikou	
	珠海 Zhuhai		**Hainan**	三亚 Sanya	
	汕头 Shantou			三沙 Sansha	
	佛山 Foshan			儋州 Danzhou	
	江门 Jiangmen	台山 Taishan			(五指山) Wuzhishan
		鹤山 Heshan			(琼海) Qionghai
		开平 Kaiping			(文昌) Wenchang
		恩平 Enping			(万宁) Wanning
	湛江 Zhanjiang	廉江 Lianjiang			(东方) Dongfang
		雷州 Leizhou	**重庆**		
		吴川 Wuchuan	**Chongqing**		
	惠州 Huizhou		**四川**	成都 Chengdu	都江堰 Dujiangyan
	茂名 Maoming	高州 Gaozhou	**Sichuan**		彭州 Pengzhou
		化州 Huazhou			邛崃 Qionglai
		信宜 Xinyi			崇州 Chongzhou
	肇庆 Zhaoqing			自贡 Zigong	
		四会 Sihui		攀枝花 Panzhihua	
	潮州 Chaozhou			泸州 Luzhou	
	梅州 Meizhou	兴宁 Xingning		德阳 Deyang	广汉 Guanghan
	中山 Zhongshan				什邡 Shifang
	东莞 Dongguan				绵竹 Mianzhu
	汕尾 Shanwei	陆丰 Lufeng		绵阳 Mianyang	江油 Jiangyou
	河源 Heyuan			广元 Guangyuan	
	阳江 Yangjiang	阳春 Yangchun		遂宁 Suining	
	清远 Qingyuan	连州 Lianzhou		内江 Neijiang	
		英德 Yingde		资阳 Ziyang	简阳 Jianyang
	揭阳 Jieyang	普宁 Puning		乐山 Leshan	峨眉山 Emeishan
	云浮 Yunfu	罗定 Luoding		宜宾 Yibin	
广西	南宁 Nanning			南充 Nanchong	阆中 Langzhong
Guangxi	柳州 Liuzhou			达州 Dazhou	万源 Wanyuan
	桂林 Guilin			广安 Guang'an	华蓥 Huaying
	梧州 Wuzhou	岑溪 Cenxi		雅安 Yaan	
	北海 Beihai			眉山 Meishan	
	防城港 Fangchenggang	东兴 Dongxing		巴中 Bazhong	

1-2 续表 5 continued 5

省级单位 Province	地级及以上城市 City at Prefecture Level and above	下辖的县级城市 County-level City	省级单位 Province	地级及以上城市 City at Prefecture Level and above	下辖的县级城市 County-level City
		康定 Kangding		金昌 Jinchang	
		马尔康 Maerkang		白银 Baiyin	
		(西昌) Xichang		天水 Tianshui	
贵州 Guizhou	贵阳 Guiyang	清镇 Qingzhen		武威 Wuwei	
	六盘水 Liupanshui			张掖 Zhangye	
	遵义 Zunyi	赤水 Chishui		平凉 Pingliang	
		仁怀 Renhuai		酒泉 Jiuquan	玉门 Yumen
	安顺 Anshun				敦煌 Dunhuang
	铜仁 Tongren			庆阳 Qingyang	
	毕节 Bijie			定西 Dingxi	
		(凯里) Kaili		陇南 Longnan	
		(兴义) Xingyi			(临夏) Linxia
		(福泉) Fuquan			(合作) Hezuo
		(都匀) Duyun	**青海 Qinghai**	西宁 Xining	
云南 Yunnan	昆明 Kunming	安宁 Anning		海东 Haidong	
	玉溪 Yuxi				(格尔木) Golmud
	曲靖 Qujing	宣威 Xuanwei			(德令哈) Delingha
	昭通 Zhaotong				(玉树) Yushu
	丽江 Lijiang		**宁夏 Ningxia**	银川 Yinchuan	灵武 Lingwu
	保山 Baoshan	腾冲 Tengchong		石嘴山 Shizuishan	
	普洱 Puer			吴忠 Wuzhong	青铜峡 Qingtongxia
	临沧 Lincang			固原 Guyuan	
		(大理) Dali		中卫 Zhongwei	
		(楚雄) Chuxiong	**新疆 Xinjiang**	乌鲁木齐 Urumqi	
		(芒市) Mangshi		克拉玛依 Karamay	
		(瑞丽) Ruili		吐鲁番 Turpan	
		(开远) Kaiyuan		哈密 Hami	
		(个旧) Gejiu			(石河子) Shihezi
		(景洪) Jinghong			(可克达拉) Cocodala
		(文山) Wenshan			(昌吉) Changji
		(蒙自) Mengzi			(奎屯) Kuitun
		(弥勒) Mile			(伊宁) Yining
		(香格里拉) Shangri-La			(塔城) Tacheng
		(泸水) Lushui			(昆玉) Kunyu
西藏 Tibet	拉萨 Lasa				(阿勒泰) Aletai
	日喀则 Xigaze				(博乐) Bole
	昌都 Qamdo				(库尔勒) Korla
	林芝 Linzhi				(阿克苏) Akesu
	山南 Shannan				(阿图什) Atus
陕西 Shaanxi	西安 Xi'an				(喀什) Kashi
	铜川 Tongchuan				(和田) Hetian
	宝鸡 Baoji				(阜康) Fukang
	咸阳 Xianyang	兴平 Xingping			(乌苏) Wusu
	延安 Yan'an				(阿拉尔) Alar
	汉中 Hanzhong				(图木舒克) Tumushuke
	渭南 Weinan	韩城 Hancheng			(北屯) beitun
		华阴 Huayin			(阿拉山口) Alashankou
	榆林 Yulin				(铁门关) Tiemenguan
	商洛 Shangluo				(霍尔果斯) Horgos
	安康 Ankang				(五家渠) Wujiaqu
甘肃 Gansu	兰州 Lanzhou				(双河) Shuanghe
	嘉峪关 Jiayuguan				

二、地级以上城市统计资料

Statistical Data of Cities at Prefecture Level and Above

(一)人口、劳动力及土地资源
Population, Labour Forces and Land Resources

2-1 人口状况
Population

城 市	City	年末户籍人口(万人) Household Registered Population at Year-end (10 000 persons)		年平均人口(万人) Annual Average Population (10 000 persons)		自然增长率(‰) Natural Growth Rate (‰)	
		全 市 Total City	市辖区 Districts under City	全 市 Total City	市辖区 Districts under City	全 市 Total City	市辖区 Districts under City
北京市	**Beijing**	**1363**	**1363**	**1354**	**1354**	**8.53**	**8.53**
天津市	**Tianjin**	**1044**	**1044**	**1036**	**1036**	**6.52**	**6.52**
河北省	**Hebei**						
石家庄市	Shijiazhuang	1038	415	1033	413	10.05	11.88
唐山市	Tangshan	760	336	757	334	8.68	6.60
秦皇岛市	Qinhuangdao	298	146	297	143	6.09	7.20
邯郸市	Handan	1055	381	1052	371	11.99	9.86
邢台市	Xingtai	788	89	784	89	13.08	11.86
保定市	Baoding	1207	285	1159	285	8.56	9.06
张家口市	Zhangjiakou	470	157	469	124	5.19	4.94
承德市	Chengde	383	60	383	60	6.63	6.86
沧州市	Cangzhou	780	56	777	55	12.60	12.93
廊坊市	Langfang	470	86	465	86	13.09	11.07
衡水市	Hengshui	455	95	454	75	9.43	11.12
山西省	**Shanxi**						
太原市	Taiyuan	370	287	364	286	9.61	9.87
大同市	Datong	318	158	317	158	5.59	6.06
阳泉市	Yangquan	133	70	132	70	4.63	4.47
长治市	Changzhi	339	74	338	74	6.75	8.45
晋城市	Jincheng	220	38	220	38	3.56	9.89
朔州市	Shuozhou	163	67	162	67	8.11	6.85
晋中市	Jinzhong	332	62	331	62	8.28	6.07
运城市	Yuncheng	531	70	531	70	5.63	5.56
忻州市	Xinzhou	308	55	307	54	6.97	8.54
临汾市	Linfen	434	81	432	81	7.85	8.59
吕梁市	Lvliang	391	28	384	33	5.79	6.54
内蒙古自治区	**Inner Mongolia**						
呼和浩特市	Hohhot	241	132	240	131	6.07	5.98
包头市	Baotou	224	156	224	156	2.59	6.07
乌海市	Wuhai	44	44	56	56	6.07	6.07
赤峰市	Chifeng	463	126	463	126	6.10	6.58
通辽市	Tongliao	319	84	319	85	3.41	0.97
鄂尔多斯市	Erdos	159	29	158	29	13.16	17.09
呼伦贝尔市	Hulunbuir	259	37	259	37	1.83	2.82
巴彦淖尔市	Bayannur	175	52	175	52	5.73	6.31
乌兰察布市	Ulanqab	274	32	274	32	2.83	3.85
辽宁省	**Liaoning**						
沈阳市	Shenyang	734	586	732	584	1.17	1.31
大连市	Dalian	596	398	595	397	2.73	2.91
鞍山市	Anshan	346	150	346	150	0.10	-2.21
抚顺市	Fushun	215	140	215	141	-0.32	-1.91
本溪市	Benxi	150	92	151	92	-4.20	-6.45
丹东市	Dandong	238	78	238	78	-0.15	-0.47
锦州市	Jinzhou	302	97	302	97	0.63	1.33
营口市	Yingkou	233	93	233	93	1.00	2.05

2-1 续表 1 continued 1

城 市	City	年末户籍人口(万人) Household Registered Population at Year-end (10 000 persons)		年平均人口(万人) Annual Average Population (10 000 persons)		自然增长率(‰) Natural Growth Rate (‰)	
		全 市 Total City	市辖区 Districts under City	全 市 Total City	市辖区 Districts under City	全 市 Total City	市辖区 Districts under City
阜新市	Fuxin	189	76	189	76	-0.89	-1.95
辽阳市	Liaoyang	179	87	179	87	0.12	-0.18
盘锦市	Panjin	130	103	130	102	3.55	3.81
铁岭市	Tieling	300	43	300	43	0.42	-0.27
朝阳市	Chaoyang	341	61	341	61	2.83	3.46
葫芦岛市	Huludao	280	98	280	98	2.19	1.79
吉林省	**Jilin**						
长春市	Changchun	753	436	754	437	4.36	4.78
吉林市	Jilin	422	182	424	182	-0.71	1.11
四平市	Siping	324	58	325	58	2.58	0.82
辽源市	Liaoyuan	120	46	120	46	1.89	-0.45
通化市	Tonghua	220	44	221	44	2.31	2.41
白山市	Baishan	122	55	123	56	1.13	1.16
松原市	Songyuan	278	57	278	57	4.98	5.02
白城市	Baicheng	193	49	195	49	1.23	1.10
黑龙江省	**Heilongjiang**						
哈尔滨市	Harbin	962	551	962	550	2.26	2.20
齐齐哈尔市	Qiqihar	544	136	547	136	0.65	-2.17
鸡西市	Jixi	181	83	181	83	-1.86	-3.11
鹤岗市	Hegang	104	64	105	64	-3.16	-2.62
双鸭山市	Shuangyashan	145	48	146	49	-0.69	-1.24
大庆市	Daqing	276	137	271	129	2.42	2.61
伊春市	Yichun	118	75	119	76	-3.52	-4.54
佳木斯市	Jiamusi	238	78	238	78	0.61	-1.16
七台河市	Qitaihe	80	49	82	49	0.44	1.96
牡丹江市	Mudanjiang	259	88	261	89	0.65	0.02
黑河市	Heihe	163	19	166	20	-0.38	0.54
绥化市	Suihua	543	83	546	83	1.30	0.74
上海市	**Shanghai**	**1450**	**1450**	**1446**	**1446**	**0.49**	**0.49**
江苏省	**Jiangsu**						
南京市	Nanjing	663	663	658	658	6.51	6.51
无锡市	Wuxi	486	253	484	251	2.79	3.53
徐州市	Xuzhou	1041	338	1035	335	13.93	10.76
常州市	Changzhou	375	295	373	293	3.84	3.36
苏州市	Suzhou	678	348	673	345	4.81	6.47
南通市	Nantong	767	214	767	213	-0.30	0.57
连云港市	Lianyungang	534	223	532	222	8.75	8.82
淮安市	Huai'an	568	336	566	335	7.22	7.49
盐城市	Yancheng	831	243	829	243	4.99	4.31
扬州市	Yangzhou	462	232	461	232	1.93	1.26
镇江市	Zhenjiang	272	103	272	103	1.77	2.51
泰州市	Taizhou	508	164	508	164	1.94	1.70
宿迁市	Suqian	592	176	589	175	10.93	12.11
浙江省	**Zhejiang**						
杭州市	Hangzhou	736	545	730	539	7.51	8.79
宁波市	Ningbo	591	236	589	234	2.83	4.81
温州市	Wenzhou	818	168	815	167	8.55	8.13

2-1 续表 2 continued 2

城市	City	年末户籍人口(万人) Household Registered Population at Year-end (10 000 persons)		年平均人口(万人) Annual Average Population (10 000 persons)		自然增长率(‰) Natural Growth Rate (‰)	
		全市 Total City	市辖区 Districts under City	全市 Total City	市辖区 Districts under City	全市 Total City	市辖区 Districts under City
嘉兴市	Jiaxing	352	88	351	88	3.29	4.22
湖州市	Huzhou	265	111	264	111	2.91	2.19
绍兴市	Shaoxing	445	220	444	219	2.58	2.93
金华市	Jinhua	481	97	480	97	5.61	5.74
衢州市	Quzhou	257	85	257	85	5.49	5.47
舟山市	Zhoushan	97	71	97	71	-0.12	0.57
台州市	Taizhou	600	160	599	160	4.66	3.41
丽水市	Lishui	268	41	267	41	6.00	7.92
安徽省	**Anhui**						
合肥市	Hefei	730	259	724	255	11.54	14.44
芜湖市	Wuhu	388	148	386	147	7.25	8.15
蚌埠市	Bengbu	380	115	378	114	9.41	10.49
淮南市	Huainan	389	186	386	185	17.55	12.00
马鞍山市	Maanshan	229	83	229	82	5.39	3.27
淮北市	Huaibei	217	105	217	105	12.59	9.22
铜陵市	Tongling	171	74	171	74	5.51	3.18
安庆市	Anqing	529	74	527	74	9.05	7.30
黄山市	Huangshan	148	45	148	45	5.58	5.59
滁州市	Chuzhou	454	55	452	54	13.11	9.12
阜阳市	Fuyang	1062	226	1052	224	18.92	15.96
宿州市	Suzhou	654	190	652	189	9.91	11.58
六安市	Lu'an	587	220	584	218	13.46	11.68
亳州市	Bozhou	647	167	641	165	13.26	9.27
池州市	Chizhou	162	67	162	67	6.25	6.53
宣城市	Xuancheng	280	87	280	87	5.04	6.75
福建省	**Fujian**						
福州市	Fuzhou	687	203	683	202	10.69	8.25
厦门市	Xiamen	221	221	216	216	16.14	16.14
莆田市	Putian	350	235	347	233	15.62	15.03
三明市	Sanming	287	28	285	28	13.32	7.75
泉州市	Quanzhou	730	110	726	109	13.99	11.84
漳州市	Zhangzhou	508	60	505	60	12.43	9.79
南平市	Nanping	321	86	321	86	8.26	7.04
龙岩市	Longyan	314	103	312	103	17.44	13.51
宁德市	Ningde	352	49	350	48	10.47	10.09
江西省	**Jiangxi**						
南昌市	Nanchang	523	302	522	301	10.40	10.28
景德镇市	Jingdezhen	169	47	165	49	7.08	5.50
萍乡市	Pingxiang	200	89	199	89	8.27	7.35
九江市	Jiujiang	520	66	519	66	10.82	7.52
新余市	Xinyu	124	90	124	90	9.98	8.76
鹰潭市	Yingtan	128	24	128	24	8.62	6.02
赣州市	Ganzhou	971	157	866	148	12.07	10.31
吉安市	Ji'an	535	59	491	55	6.96	6.88
宜春市	Yichun	602	115	600	114	9.82	10.18
抚州市	Fuzhou	401	112	400	111	19.00	8.48
上饶市	Shangrao	782	140	778	139	11.01	12.11

2-1 续表 3 continued 3

城　市	City	年末户籍人口(万人) Household Registered Population at Year-end (10 000 persons)		年平均人口(万人) Annual Average Population (10 000 persons)		自然增长率(‰) Natural Growth Rate (‰)	
		全　市 Total City	市辖区 Districts under City	全　市 Total City	市辖区 Districts under City	全　市 Total City	市辖区 Districts under City
山东省	**Shandong**						
济南市	Jinan	633	473	629	470	8.29	8.54
青岛市	Qingdao	791	379	787	376	6.65	8.11
淄博市	Zibo	432	288	431	287	6.80	6.69
枣庄市	Zaozhuang	413	242	411	240	12.92	15.73
东营市	Dongying	193	110	192	98	10.67	10.56
烟台市	Yantai	655	188	654	186	2.78	7.31
潍坊市	Weifang	901	190	932	190	8.77	10.71
济宁市	Jining	876	185	872	184	10.44	9.63
泰安市	Tai'an	569	162	567	162	8.57	7.65
威海市	Weihai	256	134	255	133	1.69	4.76
日照市	Rizhao	300	136	298	135	11.92	10.74
莱芜市	Laiwu	129	129	129	129	7.29	7.29
临沂市	Linyi	1141	267	1132	265	14.78	17.39
德州市	Dezhou	593	124	590	123	10.80	11.54
聊城市	Liaocheng	633	125	627	124	17.39	15.65
滨州市	Binzhou	392	108	391	108	8.51	9.64
菏泽市	Heze	1015	231	1009	229	12.87	16.27
河南省	**Henan**						
郑州市	Zhengzhou	827	354	819	349	10.83	13.57
开封市	Kaifeng	559	170	557	170	11.77	8.94
洛阳市	Luoyang	737	205	703	198	11.76	13.27
平顶山市	Pingdingshan	568	111	565	111	11.19	12.22
安阳市	Anyang	626	118	622	117	12.02	9.75
鹤壁市	Hebi	170	65	169	64	12.31	11.55
新乡市	Xinxiang	646	107	642	106	10.34	9.90
焦作市	Jiaozuo	374	99	373	99	9.58	9.79
濮阳市	Puyang	433	72	431	71	13.06	13.77
许昌市	Xuchang	510	134	507	134	10.08	11.03
漯河市	Luohe	269	135	269	135	4.01	4.73
三门峡市	Sanmenxia	229	64	229	65	5.11	4.77
南阳市	Nanyang	1195	189	1185	189	4.98	6.08
商丘市	Shangqiu	977	184	969	183	7.06	9.09
信阳市	Xinyang	908	155	873	152	7.94	10.84
周口市	Zhoukou	1259	64	1251	62	9.48	8.42
驻马店市	Zhumadian	949	86	992	85	9.87	10.65
湖北省	**Hubei**						
武汉市	Wuhan	834	518	832	517	6.02	5.28
黄石市	Huangshi	270	85	269	85	8.34	7.24
十堰市	Shiyan	348	119	340	137	6.48	7.30
宜昌市	Yichang	394	127	396	128	1.66	4.18
襄阳市	Xiangyang	594	226	593	231	6.36	6.93
鄂州市	Ezhou	111	111	106	106	8.73	8.73
荆门市	Jingmen	300	60	299	60	5.12	5.09
孝感市	Xiaogan	523	96	525	97	7.09	7.91
荆州市	Jingzhou	646	109	645	103	7.18	3.99
黄冈市	Huanggang	747	35	746	35	8.30	8.35
咸宁市	Xianning	304	62	302	62	12.10	11.68
随州市	Suizhou	252	53	252	52	7.51	8.86

2-1 续表 4 continued 4

城 市	City	年末户籍人口(万人) Household Registered Population at Year-end (10 000 persons)		年平均人口(万人) Annual Average Population (10 000 persons)		自然增长率(‰) Natural Growth Rate (‰)	
		全 市 Total City	市辖区 Districts under City	全 市 Total City	市辖区 Districts under City	全 市 Total City	市辖区 Districts under City
湖南省	**Hunan**						
长沙市	Changsha	696	328	688	323	10.51	11.43
株洲市	Zhuzhou	404	104	404	97	8.12	6.73
湘潭市	Xiangtan	290	88	290	87	5.17	6.08
衡阳市	Hengyang	799	100	803	98	7.24	7.14
邵阳市	Shaoyang	830	70	826	70	7.92	7.34
岳阳市	Yueyang	571	110	566	110	9.71	10.12
常德市	Changde	611	141	610	141	3.57	3.43
张家界市	Zhangjiajie	171	53	170	53	3.38	4.51
益阳市	Yiyang	484	137	483	137	6.84	6.69
郴州市	Chenzhou	535	78	472	86	6.66	6.26
永州市	Yongzhou	645	118	640	117	7.02	7.14
怀化市	Huaihua	523	39	521	39	7.78	12.05
娄底市	Loudi	453	49	450	49	7.44	7.90
广东省	**Guangdong**						
广州市	Guangzhou	870	870	862	862	10.35	10.35
韶关市	Shaoguan	334	92	332	92	20.25	12.79
深圳市	Shenzhen	385	385	370	370	21.30	21.30
珠海市	Zhuhai	115	115	114	114	10.93	10.93
汕头市	Shantou	559	552	555	547	7.14	7.18
佛山市	Foshan	400	400	395	395	10.04	10.04
江门市	Jiangmen	394	142	393	141	7.32	5.94
湛江市	Zhanjiang	835	165	726	168	8.56	8.34
茂名市	Maoming	799	296	792	293	18.52	21.10
肇庆市	Zhaoqing	444	139	441	138	15.30	7.94
惠州市	Huizhou	364	150	361	148	14.70	19.36
梅州市	Meizhou	551	97	548	97	20.04	8.84
汕尾市	Shanwei	362	52	360	52	12.41	12.31
河源市	Heyuan	373	32	370	32	24.01	14.30
阳江市	Yangjiang	296	121	294	121	15.25	11.80
清远市	Qingyuan	432	142	425	140	31.09	24.94
东莞市	Dongguan	201	201	198	198	8.53	8.53
中山市	Zhongshan	161	161	160	160	8.57	8.57
潮州市	Chaozhou	274	167	264		9.02	10.36
揭阳市	Jieyang	697	209	699	209	11.68	10.45
云浮市	Yunfu	301	68	300	68	10.12	14.31
广西壮族自治区	**Guangxi**						
南宁市	Nanning	752	370	746	334	6.18	7.92
柳州市	Liuzhou	386	121	384	120	9.12	8.06
桂林市	Guilin	534	130	531	129	9.81	10.32
梧州市	Wuzhou	347	79	346	79	12.86	9.91
北海市	Beihai	174	66	173	65	13.02	12.98
防城港市	Fangchenggang	97	58	96	57	14.92	15.00
钦州市	Qinzhou	409	150	407	149	13.78	13.43
贵港市	Guigang	555	201	552	200	13.08	12.70

2-1 续表 5 continued 5

城 市	City	年末户籍人口(万人) Household Registered Population at Year-end (10 000 persons)		年平均人口(万人) Annual Average Population (10 000 persons)		自然增长率(‰) Natural Growth Rate (‰)	
		全 市 Total City	市辖区 Districts under City	全 市 Total City	市辖区 Districts under City	全 市 Total City	市辖区 Districts under City
玉林市	Yulin	717	110	714	110	11.75	11.64
百色市	Baise	417	36	415	36	10.68	9.29
贺州市	Hezhou	243	119	241	119	12.25	12.62
河池市	Hechi	429	34	427	34	11.46	9.69
来宾市	Laibin	269	113	219	96	10.95	13.34
崇左市	Chongzuo	251	37	250	37	9.31	12.23
海南省	**Hainan**						
海口市	Haikou	167	167	166	166	10.70	10.70
三亚市	Sanya	58	58	58	58	11.95	11.95
三沙市	Sansa	0	0			22.00	22.00
儋州市	Danzhou	95		95		14.44	
重庆市	**Chongqing**	**3392**	**2449**	**3382**	**2440**	**5.74**	**5.74**
四川省	**Sichuan**						
成都市	Chengdu	1399	774	1314	736	4.96	7.34
自贡市	Zigong	327	150	327	150	2.94	3.40
攀枝花市	Panzhihua	111	67	111	68	4.19	1.51
泸州市	Luzhou	508	151	507	151	5.00	3.20
德阳市	Deyang	392	70	391	69	4.31	4.28
绵阳市	Mianyang	545	175	545	174	2.36	3.38
广元市	Guangyuan	305	93	305	93	1.26	1.55
遂宁市	Suining	378	152	378	152	3.14	3.99
内江市	Neijiang	420	141	420	141	2.72	1.32
乐山市	Leshan	355	117	354	116	3.56	2.52
南充市	Nanchong	741	195	742	195	-3.03	0.64
眉山市	Meishan	350	122	350	121	3.13	1.44
宜宾市	Yibin	556	128	554	127	4.11	3.06
广安市	Guang'an	467	127	467	127	4.73	4.73
达州市	Dazhou	684	181	683	181	4.18	4.06
雅安市	Ya'an	155	62	155	62	1.72	2.73
巴中市	Bazhong	375	136	377	136	5.04	5.05
资阳市	Ziyang	355	110	355	110	2.09	2.77
贵州省	**Guizhou**						
贵阳市	Guiyang	401	245	397	241	11.47	10.74
六盘水市	Liupanshui	340	47	335	47	15.28	8.20
遵义市	Zunyi	802	219	798	217	10.88	11.13
安顺市	Anshun	300	129	298	130	13.44	6.63
毕节市	Bijie	917	162	911	156	18.10	11.29
铜仁市	Tongren	441	98	439	32	9.40	10.89
云南省	**Yunnan**						
昆明市	Kunming	560	282	558	281	5.94	6.65
曲靖市	Qujing	653	74			8.74	7.63
玉溪市	Yuxi	217	72	217	217	6.53	6.74
保山市	Baoshan	261	93	260	93	5.28	5.82
昭通市	Zhaotong	609	91	604	90	12.95	12.85
丽江市	Lijiang	122	16	121	15	6.79	6.11
普洱市	Pu'er	251	23	251	23	4.46	8.26
临沧市	Lincang	237	32	236	32	7.24	7.08

2-1 续表 6 continued 6

城 市	City	年末户籍人口(万人) Household Registered Population at Year-end (10 000 persons)		年平均人口(万人) Annual Average Population (10 000 persons)		自然增长率(‰) Natural Growth Rate (‰)	
		全 市 Total City	市辖区 Districts under City	全 市 Total City	市辖区 Districts under City	全 市 Total City	市辖区 Districts under City
西藏自治区	**Tibet**						
拉萨市	Lasa	54	26	53	26	12.50	13.01
日喀则市	Rikaze	78	12	77	12	10.66	12.81
昌都市	Changdu	74	12				
林芝市	Linzhi	19	4				
山南市	Shannan	35	7				
陕西省	**Shaanxi**						
西安市	Xi'an	825	629	820	609	9.03	9.88
铜川市	Tongchuan	84	74	84	74	3.61	3.60
宝鸡市	Baoji	384	142	384	142	4.35	5.56
咸阳市	Xianyang	530	94	529	93	6.10	7.66
渭南市	Weinan	557	96	557	87	2.05	6.84
延安市	Yan'an	237	48	236	48	9.39	11.07
汉中市	Hanzhong	384	57	385	57	2.44	5.32
榆林市	Yulin	382	58	380	58	6.90	13.81
安康市	Ankang	304	101	305	101	5.35	7.57
商洛市	Shangluo	253	57	252	56	7.52	8.63
甘肃省	**Gansu**						
兰州市	Lanzhou	324	206	323	205	7.75	7.10
嘉峪关市	Jiayuguan	21	21	24	24	10.14	10.14
金昌市	Jinchang	46	21	46	21	7.84	6.19
白银市	Baiyin	182	50	182	50	10.13	10.67
天水市	Tianshui	371	132	369	131	8.27	7.74
武威市	Wuwei	191	104	191	104	8.35	10.93
张掖市	Zhangye	131	51	131	51	6.57	7.21
平凉市	Pingliang	234	52	233	52	8.00	14.27
酒泉市	Jiuquan	112	41	112	41	5.21	4.42
庆阳市	Qingyang	270	39	270	38	10.25	8.14
定西市	Dingxi	303	47	302	46	7.60	8.08
陇南市	Longnan	288	60	287	58	8.33	13.15
青海省	**Qinghai**						
西宁市	Xining	203	96	232	128	7.08	4.73
海东市	Haidong	171	42	171	42	9.69	4.47
宁夏回族自治区	**Ningxia**						
银川市	Yinchuan	184	113	182	111	11.58	12.31
石嘴山市	Shizuishan	75	44	75	41	3.23	4.09
吴忠市	Wuzhong	142	41	141	40	12.49	8.39
固原市	Guyuan	150	46	150	46	11.86	12.90
中卫市	Zhongwei	121	41	115	40	9.30	6.80
新疆维吾尔自治区	**Xinjiang**						
乌鲁木齐市	Urumqi	268	262	267	261	7.56	7.50
克拉玛依市	Karamay	30	30	41	41	8.03	8.03
吐鲁番市	Tulufan	63	29				
哈密市	Hami	56	43				

2-2 劳动力就业状况
Labour Force and Employment

单位：人 (person)

城市	City	城镇单位从业人员期末人数 Persons Employed in Urban Units at Year-end		城镇私营和个体从业人员 Persons Employed in Private Enterprises and Self-Employed Individuals in Urban Areas		城镇登记失业人员数 Registered Unemployed Persons in Urban Areas	
		全市 Total City	市辖区 Districts under City	全市 Total City	市辖区 Districts under City	全市 Total City	市辖区 Districts under City
北京市	**Beijing**	**7915197**	**7915197**	**3798000**	**3798000**	**91421**	**91421**
天津市	**Tianjin**	**2860447**	**2860447**	**3260400**	**3260400**	**257700**	**257700**
河北省	**Hebei**						
石家庄市	Shijiazhuang	995421	699418				
唐山市	Tangshan	880690	437082	622669	483803	67327	51754
秦皇岛市	Qinhuangdao	324783	273393	179700	95965	21562	17463
邯郸市	Handan	760981	417445	1303848	630302	261180	53900
邢台市	Xingtai	448410	169257	524573	98396	20102	7161
保定市	Baoding	1005984	481138	592158	186221	53900	14744
张家口市	Zhangjiakou	369595	211486	49973	43459	39522	16295
承德市	Chengde	296246	144762	244539	56117	19146	6852
沧州市	Cangzhou	518892	193652	451990	34184	22534	9515
廊坊市	Langfang	459488	225881	448843	100976	9636	3414
衡水市	Hengshui	286298	128174	222549	99634	23078	8684
山西省	**Shanxi**						
太原市	Taiyuan	1040529	986774	831970	831970	49210	43814
大同市	Datong	402250	329206	344345	236171	42793	26388
阳泉市	Yangquan	253662	190406	172276	109945	8890	5027
长治市	Changzhi	425665	146121	364345	89534	14280	8402
晋城市	Jincheng	355697	169475	266155	105921	7015	3752
朔州市	Shuozhou	188946	106113	309607	96928	5794	2441
晋中市	Jinzhong	350489	100817	256096	47879	12061	5613
运城市	Yuncheng	352202	99201				
忻州市	Xinzhou	239462	73448			11252	3315
临汾市	Linfen	364706	88773	274600	78061	19253	3825
吕梁市	Lvliang	351917	58131			11900	7000
内蒙古自治区	**Inner Mongolia**						
呼和浩特市	Hohhot	411435	340902			40686	31877
包头市	Baotou	388596	353898	927997	854187	53763	53763
乌海市	Wuhai	93114	93114	239986	239986	8412	8412
赤峰市	Chifeng	334953	143292	373187	208896	25107	7253
通辽市	Tongliao	291965	111577	342189	136480	18149	6697
鄂尔多斯市	Erdos	312927	93692	495325	168303	22690	7924
呼伦贝尔市	Hulunbuir	429966	107624	370365	113087	31858	4826
巴彦淖尔市	Bayannur	146378	70859	142000	42850	14486	2891
乌兰察布市	Ulanqab	157689	60925				
辽宁省	**Liaoning**						
沈阳市	Shenyang	1292643	1231370	1631429		102166	93713
大连市	Dalian	1077544	966479	932084		100356	79461
鞍山市	Anshan	479003	347902	235083	207347	30457	23711
抚顺市	Fushun	249669	214652	342741		27584	23996
本溪市	Benxi	227655	185988	248021	209987	21830	18175
丹东市	Dandong	229921	137254	210329		21240	7876
锦州市	Jinzhou	292688	221913	333996	322669	25719	17007
营口市	Yingkou	256601	199428	591672	418929	18117	8496

2-2 续表 1 continued 1

单位：人 (person)

城市	City	城镇单位从业人员期末人数 Persons Employed in Urban Units at Year-end		城镇私营和个体从业人员 Persons Employed in Private Enterprises and Self-Employed Individuals in Urban Areas		城镇登记失业人员数 Registered Unemployed Persons in Urban Areas	
		全市 Total City	市辖区 Districts under City	全市 Total City	市辖区 Districts under City	全市 Total City	市辖区 Districts under City
阜新市	Fuxin	152441	107048	227499	204522	21614	18955
辽阳市	Liaoyang	157753	124746	175973		15271	12420
盘锦市	Panjin	442102	375259	182758	155300	19243	19243
铁岭市	Tieling	228303	62755	245521	92070	20873	5772
朝阳市	Chaoyang	243395	97571	238331	74316	21352	11108
葫芦岛市	Huludao	216868	139922	240988		27524	
吉林省	**Jilin**						
长春市	Changchun	1258761	1130363	1553795		70263	54649
吉林市	Jilin	390251	259872	550224	357812	29921	19733
四平市	Siping	192442	82639	374432	279171	10499	2628
辽源市	Liaoyuan	127105	93724	251554	156855	11641	8656
通化市	Tonghua	274606	146040	299697	98857	6400	1153
白山市	Baishan	170203	91995	158995	83266	12548	7077
松原市	Songyuan	263923	113710	462936	225720	13033	5560
白城市	Baicheng	207323	95093	212674	86553	12923	4353
黑龙江省	**Heilongjiang**						
哈尔滨市	Harbin	1303974	1093072	1158637	941981	89602	74563
齐齐哈尔市	Qiqihar	376490	215117			44000	44000
鸡西市	Jixi	257727	139009	14452	8567	13899	
鹤岗市	Hegang	188442	96157			16678	13284
双鸭山市	Shuangyashan	149640	83225	172481	57129	10880	6591
大庆市	Daqing	516746	456217	450994	363988	41073	
伊春市	Yichun	169818	127474	108929	92145	22058	19499
佳木斯市	Jiamusi	166285	81206	224786	122472		
七台河市	Qitaihe	89359	78908			7993	6315
牡丹江市	Mudanjiang	253952	91996	292535		27290	17843
黑河市	Heihe	120421	23305			9671	2660
绥化市	Suihua	267482	26132	349550	19590	19148	1784
上海市	**Shanghai**	**6277762**	**6277762**	**6430596**	**6430596**	**242600**	**242600**
江苏省	**Jiangsu**						
南京市	Nanjing	2051900	2051900	4288890	4288890	65428	65428
无锡市	Wuxi	1133400	748734	2720012	1635142	39757	29100
徐州市	Xuzhou	998200	499726	1346983	744299	30953	16572
常州市	Changzhou	685000	628561	2130331	1896414	32930	28890
苏州市	Suzhou	2886900	1467027	4404686	2433807	39619	21018
南通市	Nantong	2053400	741192	1090753	640317	35176	17261
连云港市	Lianyungang	474800	314429	652943	402322	11752	7139
淮安市	Huai'an	687500	493748	859598	575464	20276	14212
盐城市	Yancheng	874300	410240	1145810	576922	18160	7544
扬州市	Yangzhou	1021300	706583	1350702	918922	24413	14759
镇江市	Zhenjiang	479700	212533	924144	417728	14157	6410
泰州市	Taizhou	1100000	515237	1169156	591584	15980	7361
宿迁市	Suqian	485800	243786	971821	379908	10732	5182
浙江省	**Zhejiang**						
杭州市	Hangzhou	2901347	2619163	1826718	1603098	37174	30838
宁波市	Ningbo	1518625	927021	2154600	1235000	70132	58474
温州市	Wenzhou	1046034	384167	3813000	1711746	31441	11293

2-2 续表 2 continued 2

单位：人 (person)

城 市	City	城镇单位从业人员期末人数 Persons Employed in Urban Units at Year-end		城镇私营和个体从业人员 Persons Employed in Private Enterprises and Self-Employed Individuals in Urban Areas		城镇登记失业人员数 Registered Unemployed Persons in Urban Areas	
		全 市 Total City	市辖区 Districts under City	全 市 Total City	市辖区 Districts under City	全 市 Total City	市辖区 Districts under City
嘉兴市	Jiaxing	805458	287007	921364	289141	26696	9579
湖州市	Huzhou	502257	268868	713652	281952	15906	9930
绍兴市	Shaoxing	1368251	886469	1407546	716689	38463	22954
金华市	Jinhua	926623	160884	3012322	357071	26344	6880
衢州市	Quzhou	206855	120085	491581	253650	12589	5829
舟山市	Zhoushan	469900	363700	162256	129712	8762	6421
台州市	Taizhou	941404	400577	973863	447442	22315	10208
丽水市	Lishui	184354	61119	540254	224015	9469	5311
安徽省	**Anhui**						
合肥市	Hefei	1480175	1172370	1688738	1480090	275100	
芜湖市	Wuhu	456796	340393	632416	306779	16937	10081
蚌埠市	Bengbu	273506				42719	28220
淮南市	Huainan	304045	219508	258522	136844	27274	14551
马鞍山市	Maanshan	222613	160963	417809	280750		
淮北市	Huaibei	214656	173914	401389	346040	20986	19404
铜陵市	Tongling	170789	147743	210009	157255	9935	9815
安庆市	Anqing	341438				17775	10003
黄山市	Huangshan	115764	72615	253202	150103	5777	2947
滁州市	Chuzhou	244677	96777	662448	154767	21346	2984
阜阳市	Fuyang	336746	167290	1055622	380023	7742	2242
宿州市	Suzhou	775000		402299		4228	2450
六安市	Lu'an	1090494	93810	287020	89025	21998	13199
亳州市	Bozhou	235493	89502	520386		8729	1035
池州市	Chizhou	107363	61770	271997	133661	7007	5775
宣城市	Xuancheng	162916	44734	509555	62075	12418	2320
福建省	**Fujian**						
福州市	Fuzhou	1568274	965762	1465818	1120509	33644	22456
厦门市	Xiamen	1391506	1391506	2130052	2130052	27100	27100
莆田市	Putian	519633	436681	721500	551444	8016	5844
三明市	Sanming	240126	82957	478922	140808	10080	2810
泉州市	Quanzhou	1495919	371851	1373038	476715	21903	15848
漳州市	Zhangzhou	560007	166708	442599	148627	12800	2018
南平市	Nanping	246974	101400	462604	106851	18508	7396
龙岩市	Longyan	313607	135787	428028	232586	17143	8865
宁德市	Ningde	315122	124779	639347	144261	12348	2112
江西省	**Jiangxi**						
南昌市	Nanchang	1259810	993383	816883		65000	13300
景德镇市	Jingdezhen	192414	121683	255500		17119	5942
萍乡市	Pingxiang	210060	157091	409344	235599	17320	15623
九江市	Jiujiang	435243	131694	611829	135008	17790	4581
新余市	Xinyu	144207	121707	218061	172358	13618	11902
鹰潭市	Yingtan	147243	41255	151472	48552	9451	1090
赣州市	Ganzhou	577182	194013	571166	193387	27748	6108
吉安市	Ji'an	373161	75982	690294	80377	20115	5984
宜春市	Yichun	458386	85535	906677	128341	24973	11713
抚州市	Fuzhou	377139	164364	695668	115858	19277	2871
上饶市	Shangrao	433828	120855	711900	135561	28322	3933

2-2 续表 3 continued 3

单位：人 (person)

城 市	City	城镇单位从业人员期末人数 Persons Employed in Urban Units at Year-end		城镇私营和个体从业人员 Persons Employed in Private Enterprises and Self-Employed Individuals in Urban Areas		城镇登记失业人员数 Registered Unemployed Persons in Urban Areas	
		全 市 Total City	市辖区 Districts under City	全 市 Total City	市辖区 Districts under City	全 市 Total City	市辖区 Districts under City
山东省	**Shandong**						
济南市	Jinan	1358976	1238645	1905636	1524509	33548	26123
青岛市	Qingdao	1454083	993808	3047474	1745061	79780	65828
淄博市	Zibo	840004	560828	438925	384712	31721	26155
枣庄市	Zaozhuang	448997	288076	403726	242956	19209	11683
东营市	Dongying	431992	353533	238886	203764	12405	10820
烟台市	Yantai	1034615	554390	1069213	682100	57302	45863
潍坊市	Weifang	857479	356877	5882201	45021	39080	16029
济宁市	Jining	852246	359947	394015	145535	32340	16565
泰安市	Tai'an	692920	259302	921786	395898	24836	8642
威海市	Weihai	586797	389985	331333	236595	8333	5575
日照市	Rizhao	310590	195207	147409	125481	12422	10323
莱芜市	Laiwu	167841	167841	164457	164457	6953	6953
临沂市	Linyi	923961	419572	634788	445585	26424	10676
德州市	Dezhou	554892	200164	291346	108414	18460	3836
聊城市	Liaocheng	472901	161683	276479	123111	25556	10549
滨州市	Binzhou	506067	179580	359674	201379	11576	4912
菏泽市	Heze	522140	211272	485924	215671	17154	2587
河南省	**Henan**						
郑州市	Zhengzhou	2008539	1438148	1542463	950020	51032	32042
开封市	Kaifeng	537488	316841	447833		19198	11591
洛阳市	Luoyang	753879	407549	890537	432618	48642	22208
平顶山市	Pingdingshan	549946	308813	343320	94065	24711	9968
安阳市	Anyang	574901	186338	507843	248122	28476	17538
鹤壁市	Hebi	232881	151178	191054	98637	4329	326
新乡市	Xinxiang	663426	205692	789687	215225	41998	20739
焦作市	Jiaozuo	542463	222533	476496	169391	30621	24059
濮阳市	Puyang	414932	226865	367767	193014	17196	11340
许昌市	Xuchang	487833	198192	430026	146302	31018	14537
漯河市	Luohe	337566	224282	177033	164536	6778	4954
三门峡市	Sanmenxia	250679	91080	207449	60795	8369	4108
南阳市	Nanyang	946827	273775	690855	207215	36070	14046
商丘市	Shangqiu	770841	229233	654430	157187	28334	11107
信阳市	Xinyang	631647	203788	354187	112600	7049	2632
周口市	Zhoukou	724949	122114	518890	61942	34324	5800
驻马店市	Zhumadian	715775	214183	283114	74548	6339	1332
湖北省	**Hubei**						
武汉市	Wuhan	2132591	1636518	2240900		110600	98700
黄石市	Huangshi	307412	155175	360800	287171	19621	9434
十堰市	Shiyan	663163	464852	663100	364749	32055	23947
宜昌市	Yichang	942579	380127	938543	337552	23896	13435
襄阳市	Xiangyang	1009946	385862	368813	153041	32461	17830
鄂州市	Ezhou	220938	220938	110925	110925	3519	3519
荆门市	Jingmen	394843	165197	379610	53589	12463	7176
孝感市	Xiaogan	825944	273728	722916	132900	25765	6263
荆州市	Jingzhou	424122	162274	1135300	382400	23595	10569
黄冈市	Huanggang	675332	110925	189295	36102	10254	591
咸宁市	Xianning	229737	92330	389728	110634	8275	2741
随州市	Suizhou	148402	90752	318761	131265	4691	1064

2-2 续表 4 continued 4

单位：人 (person)

城市	City	城镇单位从业人员期末人数 Persons Employed in Urban Units at Year-end		城镇私营和个体从业人员 Persons Employed in Private Enterprises and Self-Employed Individuals in Urban Areas		城镇登记失业人员数 Registered Unemployed Persons in Urban Areas	
		全市 Total City	市辖区 Districts under City	全市 Total City	市辖区 Districts under City	全市 Total City	市辖区 Districts under City
湖南省	**Hunan**						
长沙市	Changsha	1209318	864552	1281300	960975	40223	27382
株洲市	Zhuzhou	456409	270927	731500	414000	22549	11679
湘潭市	Xiangtan	472448	302144	169796	104640	22902	17318
衡阳市	Hengyang	535140	195047	1062300	493241	42139	19097
邵阳市	Shaoyang	374396	127173	902580	201385	25457	6249
岳阳市	Yueyang	469040	220116	860881	317104	34101	11995
常德市	Changde	417351	188819	1200910	441167	26527	11321
张家界市	Zhangjiajie	86367	47545	97990	46800	5714	3134
益阳市	Yiyang	269330	94978			14734	7034
郴州市	Chenzhou	359175	151391	603200	245700	34754	10941
永州市	Yongzhou	326130	101651	464462	153273	27793	11925
怀化市	Huaihua	263111	69293	697200	159600	34169	16200
娄底市	Loudi	297330	120440	220420	70680	26989	7442
广东省	**Guangdong**						
广州市	Guangzhou	3252340	3252340	3869469	3869469	236347	236347
韶关市	Shaoguan	335159	184569	280693	126312	47319	6530
深圳市	Shenzhen	4562325	4562325	4701455	4701455	42583	42583
珠海市	Zhuhai	731231	731231	293211	293211	11188	11188
汕头市	Shantou	574540	569444			17816	17816
佛山市	Foshan	1717228	1717228	1173335	1173335	22926	22926
江门市	Jiangmen	595355	332539	808728	440715	62523	32045
湛江市	Zhanjiang	523165	238015			21185	10823
茂名市	Maoming	464640	238305				
肇庆市	Zhaoqing	423470	271030	363849		12440	6482
惠州市	Huizhou	960917	712247	1215795	592556	21468	14627
梅州市	Meizhou	289205	112353	174591	104754	14029	4125
汕尾市	Shanwei	237564	91536	506352	144709	12856	3089
河源市	Heyuan	278985	142418	383053	114866	9251	2081
阳江市	Yangjiang	242469	138163	296485	213871	12832	7210
清远市	Qingyuan	325544	195088	379511	211080	12362	5427
东莞市	Dongguan	2312387	2312387	2439530	2439530	13822	13822
中山市	Zhongshan	809462	809462	1026721	1026721	10672	10672
潮州市	Chaozhou	201705	169356	252599	138778	8555	6871
揭阳市	Jieyang	413362	162623	543617	184692	8968	4201
云浮市	Yunfu	218062	65570	221689	6254	5799	1625
广西壮族自治区	**Guangxi**						
南宁市	Nanning	974481	860571	1141031	628026	28788	21294
柳州市	Liuzhou	584698	477305	729024	515640	27987	20074
桂林市	Guilin	427147	252509	560850	113504	26225	15530
梧州市	Wuzhou	199370	102888	233032	66593	12591	6956
北海市	Beihai	145336	108008	297514	218324	8923	5085
防城港市	Fangchenggang	97294	69496	113681	66375	2868	1991
钦州市	Qinzhou	217778	132527	51278	40316	9217	3917
贵港市	Guigang	184408	89279	299598	194152	5163	1255

2-2 续表 5 continued 5

单位：人 (person)

城 市	City	城镇单位从业人员期末人数 Persons Employed in Urban Units at Year-end		城镇私营和个体从业人员 Persons Employed in Private Enterprises and Self-Employed Individuals in Urban Areas		城镇登记失业人员数 Registered Unemployed Persons in Urban Areas	
		全 市 Total City	市辖区 Districts under City	全 市 Total City	市辖区 Districts under City	全 市 Total City	市辖区 Districts under City
玉林市	Yulin	339374	111073	260362	133245	14944	2842
百色市	Baise	221835	70569	277221	38439	8273	658
贺州市	Hezhou	101912	57726	125967	88315	6860	4740
河池市	Hechi	189079	49739	216887	37304	11812	1647
来宾市	Laibin	127494	67154	270772	139172	6940	3208
崇左市	Chongzuo	135004	38528	171453	39863	7843	1506
海南省	**Hainan**						
海口市	Haikou	514158	514158	764223	764223	8922	8922
三亚市	Sanya	131102	131102	198239	198239	3413	3413
三沙市	Sansa						
儋州市	Danzhou	403682		49809		1373	
重庆市	**Chongqing**	**4128823**		**6029900**		**156841**	**130498**
四川省	**Sichuan**						
成都市	Chengdu	5527319		2818361			
自贡市	Zigong	202794	150536	389426	263027	24371	14939
攀枝花市	Panzhihua	280209	239264	186911	142082	19308	8514
泸州市	Luzhou	384325	221931	432303	210788	15279	8681
德阳市	Deyang	317570	130844	332242		21551	8896
绵阳市	Mianyang	526014	356123	557900		34791	19813
广元市	Guangyuan	168662	98668	218600	131160	14706	4976
遂宁市	Suining	331754	92088	183875	102303	42895	29289
内江市	Neijiang	280524	101654	372461	48253	17890	3688
乐山市	Leshan	265331	135450	226096	97091	24553	11994
南充市	Nanchong	451657	197029	688164	323437	29847	12128
眉山市	Meishan	205960	95349	555780	285821	16055	7659
宜宾市	Yibin	353195	175287	451409	167244	31199	14178
广安市	Guang'an	155205	58855			10100	2881
达州市	Dazhou	376134	156474	566693	169721	17016	3379
雅安市	Ya'an	112829	52564	43438	13007	5114	2224
巴中市	Bazhong	300993	131937	178496	75698	16530	6246
资阳市	Ziyang	181974	93404	148853	38439	13954	4463
贵州省	**Guizhou**						
贵阳市	Guiyang	1057448	936396	376767		35103	
六盘水市	Liupanshui	230383	91193	402254	138052	16555	1846
遵义市	Zunyi	426626	191870	214786	69548	22150	6344
安顺市	Anshun	188889	131041	175820	122450	8077	5811
毕节市	Bijie	329138	80886	531600	87627	16078	3095
铜仁市	Tongren	210671	65378	415981	85283	17558	4422
云南省	**Yunnan**						
昆明市	Kunming	1335966	891002	1381776	1339035	53500	32405
曲靖市	Qujing	468640	162017	815173	103549	14352	7620
玉溪市	Yuxi	282560	148468	339845	222906	10237	5237
保山市	Baoshan	200351	100966	98806	30928	8194	2352
昭通市	Zhaotong	241308	68982	292826	54715	12245	1479
丽江市	Lijiang	102963	39617	166401	78133	6553	1879
普洱市	Pu'er	171922	62837	302524	91715	10594	3081
临沧市	Lincang	150098	38028	255542	41266	9538	1746

2-2 续表 6 continued 6

单位：人 (person)

城市	City	城镇单位从业人员期末人数 Persons Employed in Urban Units at Year-end		城镇私营和个体从业人员 Persons Employed in Private Enterprises and Self-Employed Individuals in Urban Areas		城镇登记失业人员数 Registered Unemployed Persons in Urban Areas	
		全市 Total City	市辖区 Districts under City	全市 Total City	市辖区 Districts under City	全市 Total City	市辖区 Districts under City
西藏自治区	**Tibet**						
拉萨市	Lasa	477311		191115		4603	329
日喀则市	Rikaze	46264		90679		6370	
昌都市	Changdu						
林芝市	Linzhi						
山南市	Shannan						
陕西省	**Shaanxi**						
西安市	Xi'an	1991981	1842809	1358815	1250110	112924	102761
铜川市	Tongchuan	114974	108141	84974	78141	7932	6252
宝鸡市	Baoji	411308	238934	407365	96970	20000	15003
咸阳市	Xianyang	558125	212774	162011	48346	21853	6746
渭南市	Weinan	467981	140935	146451	40023	16552	2687
延安市	Yan'an	336518	107981	295464	74056	9754	2127
汉中市	Hanzhong	299702	112532	687000	125616	14545	5585
榆林市	Yulin	420613	96997	139484	18910	9600	2900
安康市	Ankang	187663	86295	155167	44202	8766	4219
商洛市	Shangluo	198222	59240	147344	31417	7346	2488
甘肃省	**Gansu**						
兰州市	Lanzhou	685673	597304	803985	665211	17283	15604
嘉峪关市	Jiayuguan	77513	77513	57020	57020	2845	2845
金昌市	Jinchang	102174	79823	99322	58258	4979	3232
白银市	Baiyin	160239	101486	57613	33567	5766	3388
天水市	Tianshui	232285	148390	144538	89385	14149	8241
武威市	Wuwei	133968	91272	227454	11932	5716	3348
张掖市	Zhangye	131676	63104	95926	42668	30082	13369
平凉市	Pingliang	176510	53327	237945	55587	10020	3372
酒泉市	Jiuquan	149184	54015	107775	58653	4700	2907
庆阳市	Qingyang	176863	75656	137750	111023	16051	2463
定西市	Dingxi	155716	45457	368780	59997	6728	1582
陇南市	Longnan	199100	33012	42600	5096	3520	1136
青海省	**Qinghai**						
西宁市	Xining	342053	271354	396574	300206	17000	14280
海东市	Haidong	73635	24033	138985		4460	3084
宁夏回族自治区	**Ningxia**						
银川市	Yinchuan	354587	271395	411037	118147	30324	
石嘴山市	Shizuishan	88759	68849	105426	60964	30633	24785
吴忠市	Wuzhong	95765	39435	100378	65857	3382	837
固原市	Guyuan	67949	29027	77760	35420	3255	1227
中卫市	Zhongwei	64712	30435	62856	25970	2428	1318
新疆维吾尔自治区	**Xinjiang**						
乌鲁木齐市	Urumqi	726744	722683	955349	949562	34835	34745
克拉玛依市	Karamay	167299	167299	95287	95287	1601	1601
吐鲁番市	Tulufan						
哈密市	Hami						

2-3 按产业划分的年末城镇单位从业人员
Employed Persons in Urban Units by Three Strata of Industry at Year-end

单位：人 (person)

城 市	City	第一产业(农、林、牧、渔业) Primary Industry		第二产业 Secondary Industry		第三产业 Tertiary Industry	
		全 市 Total City	市辖区 Districts under City	全 市 Total City	市辖区 Districts under City	全 市 Total City	市辖区 Districts under City
北京市	**Beijing**	**36867**	**36867**	**1464554**	**1464554**	**6413776**	**6413776**
天津市	**Tianjin**	**8475**	**8475**	**1363470**	**1363470**	**1488502**	**1488502**
河北省	**Hebei**						
石家庄市	Shijiazhuang	1971	594	334957	231230	658493	467594
唐山市	Tangshan	17694	15838	405437	137626	457559	283618
秦皇岛市	Qinhuangdao	421	219	110620	107240	213742	165934
邯郸市	Handan	1649	776	355244	198746	404088	217923
邢台市	Xingtai	642	78	180875	76397	266893	92782
保定市	Baoding	992	395	525884	270418	479108	210325
张家口市	Zhangjiakou	4450	230	98012	66500	267133	144756
承德市	Chengde	3143	42	91433	50806	201670	93914
沧州市	Cangzhou	5994	5220	177546	73992	335352	114440
廊坊市	Langfang	785	69	204118	123489	254585	102323
衡水市	Hengshui	1127	26	96342	44659	188829	83489
山西省	**Shanxi**						
太原市	Taiyuan	1720	1264	478188	459811	560621	525699
大同市	Datong	1232	643	205789	189321	195229	139242
阳泉市	Yangquan	334	50	158555	123566	94773	66790
长治市	Changzhi	1369	362	220040	52838	204256	92921
晋城市	Jincheng	1266	74	219576	112830	134855	56571
朔州市	Shuozhou	2129	1211	80628	42676	106189	62226
晋中市	Jinzhong	1124	230	142635	31070	206730	69517
运城市	Yuncheng	1986		114142	28793	236074	70408
忻州市	Xinzhou	2366	479	64812	14361	172284	58608
临汾市	Linfen	3181	259	124270	23461	237255	65053
吕梁市	Lvliang	682	36	159356	11769	191879	46326
内蒙古自治区	**Inner Mongolia**						
呼和浩特市	Hohhot	3319	1678	114331	87164	293785	252060
包头市	Baotou	2645	1637	205583	190579	180368	161682
乌海市	Wuhai	157	157	54721	54721	38236	38236
赤峰市	Chifeng	14988	665	110064	56091	209901	86536
通辽市	Tongliao	55070	10993	81854	36704	155041	63880
鄂尔多斯市	Erdos	2860	620	146666	30489	163401	62583
呼伦贝尔市	Hulunbuir	117015	12215	109065	39207	203886	56202
巴彦淖尔市	Bayannur	18590	5620	30165	17719	97623	47520
乌兰察布市	Ulanqab	2371	11	28097	11731	127221	49183
辽宁省	**Liaoning**						
沈阳市	Shenyang	2987	1338	547777	534135	741879	695897
大连市	Dalian	5914	1358	495948	442409	575682	522712
鞍山市	Anshan	2934	788	240085	197985	235984	149129
抚顺市	Fushun	4048	1260	127084	118610	118537	94782
本溪市	Benxi	844	25	121755	102980	105056	82983
丹东市	Dandong	5030	76	90590	58625	134301	78553
锦州市	Jinzhou	8661	1623	104400	94420	179627	125870
营口市	Yingkou	951	852	91046	74667	164604	123909

2-3 续表 1 continued 1

单位：人 (person)

城　市	City	第一产业(农、林、牧、渔业) Primary Industry		第二产业 Secondary Industry		第三产业 Tertiary Industry	
		全　市 Total City	市辖区 Districts under City	全　市 Total City	市辖区 Districts under City	全　市 Total City	市辖区 Districts under City
阜新市	Fuxin	3478	70	51720	44659	97243	62319
辽阳市	Liaoyang	2807	1824	73517	64843	81429	58079
盘锦市	Panjin	165434	115634	161252	155971	115416	103654
铁岭市	Tieling	16751	60	86851	17316	124701	45379
朝阳市	Chaoyang	1796	52	71458	27510	170141	70009
葫芦岛市	Huludao	4914	322	89925	77884	122029	61716
吉林省	**Jilin**						
长春市	Changchun	11949	4231	589189	556289	657623	569843
吉林市	Jilin	9877	799	171330	127848	209044	131225
四平市	Siping	7860	1669	50203	25440	134379	55530
辽源市	Liaoyuan	2463	210	69530	63417	55112	30097
通化市	Tonghua	4305	120	149616	99127	120685	46793
白山市	Baishan	19041	4672	61475	41024	89687	46299
松原市	Songyuan	20281	660	121337	67466	122305	45584
白城市	Baicheng	22284	8473	43679	20226	141360	66394
黑龙江省	**Heilongjiang**						
哈尔滨市	Harbin	35450	6589	414270	371901	854254	714582
齐齐哈尔市	Qiqihar	45400	369	101047	76786	230043	137962
鸡西市	Jixi	62727	16160	91042	75650	103958	47199
鹤岗市	Hegang	52417	7744	67251	53557	68774	34856
双鸭山市	Shuangyashan	6609	2816	55440	43100	87591	37309
大庆市	Daqing	2979	534	258664	247707	255103	207976
伊春市	Yichun	92243	65739	22021	19234	55554	42501
佳木斯市	Jiamusi	20023	4074	38711	22706	107551	54426
七台河市	Qitaihe	4347	2785	45729	45523	39283	30600
牡丹江市	Mudanjiang	39050	166	74387	24998	140515	66832
黑河市	Heihe	24503	125	18815	5238	77103	17942
绥化市	Suihua	10643	629	74734	6194	182105	19309
上海市	**Shanghai**	**24796**	**24796**	**2183999**	**2183999**	**4068967**	**4068967**
江苏省	**Jiangsu**						
南京市	Nanjing	1600	1600	906756	906756	1143544	1143544
无锡市	Wuxi	1400	217	726198	466736	405802	281781
徐州市	Xuzhou	13600	5738	561116	266683	423484	227305
常州市	Changzhou	500	226	409972	384014	274528	244321
苏州市	Suzhou	200	132	2142399	1037016	744301	429879
南通市	Nantong	5400	1301	1667714	553233	380286	186658
连云港市	Lianyungang	8000	5246	222287	144054	244513	165129
淮安市	Huai'an	5100	2553	448202	324140	234198	167055
盐城市	Yancheng	16700	5552	536894	249810	320706	154878
扬州市	Yangzhou	300	175	761353	532481	259647	173927
镇江市	Zhenjiang	800	250	288363	103887	190537	108396
泰州市	Taizhou	1800	401	848960	393249	249240	121587
宿迁市	Suqian	500	228	311958	181028	173342	62530
浙江省	**Zhejiang**						
杭州市	Hangzhou	922	480	1466661	1297653	1433764	1321030
宁波市	Ningbo	389	133	925029	489798	593207	437090
温州市	Wenzhou	472		592671	153498	452891	230669

2-3 续表 2 continued 2

单位：人 (person)

城市	City	第一产业(农、林、牧、渔业) Primary Industry 全市 Total City	第一产业(农、林、牧、渔业) Primary Industry 市辖区 Districts under City	第二产业 Secondary Industry 全市 Total City	第二产业 Secondary Industry 市辖区 Districts under City	第三产业 Tertiary Industry 全市 Total City	第三产业 Tertiary Industry 市辖区 Districts under City
嘉兴市	Jiaxing	490	117	521634	167729	283334	119161
湖州市	Huzhou	202	159	326700	170101	175355	98608
绍兴市	Shaoxing	156	24	1109959	721078	258136	165367
金华市	Jinhua	275	143	610948	62781	315400	97960
衢州市	Quzhou	244	21	86264	51744	120347	68320
舟山市	Zhoushan	12000	9800	179500	141100	278400	212800
台州市	Taizhou	509	323	630933	248754	309962	151500
丽水市	Lishui	526	47	40800	8357	143028	52715
安徽省	**Anhui**						
合肥市	Hefei	1108	113	859857	685619	619210	486638
芜湖市	Wuhu	318	62	252456	195272	204022	145059
蚌埠市	Bengbu	382		124787		148337	
淮南市	Huainan	5696	1126	155694	118823	142655	99559
马鞍山市	Maanshan	753	46	119075	94844	102785	66073
淮北市	Huaibei			136274	121921	78377	51988
铜陵市	Tongling	3385	2203	94772	88867	72632	56673
安庆市	Anqing	14549		139199		187690	
黄山市	Huangshan	1018	235	35012	25602	79734	46778
滁州市	Chuzhou	6547	667	98090	47817	140040	48293
阜阳市	Fuyang	1877	377	100279	57855	234590	109058
宿州市	Suzhou	21000		259000		495000	
六安市	Lu'an	20820	225	199601	24620	870073	68965
亳州市	Bozhou	187		72064	27771	163242	61731
池州市	Chizhou	827	141	36656	23889	69880	37740
宣城市	Xuancheng	2064	1065	61122	5367	99730	38302
福建省	**Fujian**						
福州市	Fuzhou	2462	121	914332	509733	651480	455908
厦门市	Xiamen	1578	1578	879644	879644	510284	510284
莆田市	Putian	698	234	368073	315491	150862	120956
三明市	Sanming	3927	624	86539	36640	149660	45693
泉州市	Quanzhou	3852	889	1147743	226806	344324	144156
漳州市	Zhangzhou	18214	64	327043	82524	214750	84120
南平市	Nanping	7571	1501	84376	39273	155027	60626
龙岩市	Longyan	3636	1855	122384	31375	187587	102557
宁德市	Ningde	1721	320	149125	66453	164276	58006
江西省	**Jiangxi**						
南昌市	Nanchang	3782	3138	786363	582677	469665	407568
景德镇市	Jingdezhen	6076	853	89326	58970	97012	61860
萍乡市	Pingxiang	579	215	117104	95071	92377	61805
九江市	Jiujiang	6068		211709	52489	217466	79197
新余市	Xinyu	390	54	93563	81276	50254	40377
鹰潭市	Yingtan	328		94202	16046	52713	25209
赣州市	Ganzhou	5702	412	230085	79514	341395	114087
吉安市	Ji'an	8296	339	180271	31507	184594	44136
宜春市	Yichun	5106	98	234362	19249	218918	66188
抚州市	Fuzhou	2992	122	200797	111114	173350	53128
上饶市	Shangrao	5254	94	194954	55395	233620	65366

2-3 续表 3 continued 3

单位：人 (person)

城市	City	第一产业(农、林、牧、渔业) Primary Industry 全市 Total City	第一产业 市辖区 Districts under City	第二产业 Secondary Industry 全市 Total City	第二产业 市辖区 Districts under City	第三产业 Tertiary Industry 全市 Total City	第三产业 市辖区 Districts under City
山东省	**Shandong**						
济南市	Jinan	798	483	576818	509405	781360	728757
青岛市	Qingdao	1175	167	774487	464521	678421	529120
淄博市	Zibo	726	567	550589	329639	288689	230622
枣庄市	Zaozhuang	359	116	262097	160246	186541	127714
东营市	Dongying	129		263597	214806	168266	138727
烟台市	Yantai	601	31	572025	308180	461989	246179
潍坊市	Weifang	880	27	440154	197293	416445	159557
济宁市	Jining	1399	626	491244	208952	359603	150369
泰安市	Tai'an	2392	1300	404323	114503	286205	143499
威海市	Weihai	677	235	385595	258166	200525	131584
日照市	Rizhao	582	561	165584	96856	144424	97790
莱芜市	Laiwu			110252	110252	57589	57589
临沂市	Linyi	2288	166	468153	228408	453520	190998
德州市	Dezhou	766	164	254814	104696	299312	95304
聊城市	Liaocheng	453	80	199957	44432	272491	117171
滨州市	Binzhou	68		317382	100143	188617	79428
菏泽市	Heze	939	202	187558	88121	333643	122949
河南省	**Henan**						
郑州市	Zhengzhou	2493	311	1060680	717923	945366	719914
开封市	Kaifeng	553	219	294994	182237	241941	134385
洛阳市	Luoyang	1002	202	369676	188827	383201	218520
平顶山市	Pingdingshan	430	22	304275	201892	245241	106899
安阳市	Anyang	619	31	354811	95573	219471	90734
鹤壁市	Hebi	108		156978	102436	75795	48742
新乡市	Xinxiang	488	36	407924	117638	255014	88018
焦作市	Jiaozuo	540	71	322079	113376	219844	109086
濮阳市	Puyang	138	56	246245	153055	168549	73754
许昌市	Xuchang	17	17	290465	118477	197351	79698
漯河市	Luohe	33		206849	137084	130684	87189
三门峡市	Sanmenxia	715	62	131045	29615	118919	61403
南阳市	Nanyang	4767	1587	430806	105704	511254	166484
商丘市	Shangqiu	536	128	363876	114747	406429	114358
信阳市	Xinyang	955	208	278298	88144	352394	115436
周口市	Zhoukou	3932		358169	45675	362848	76439
驻马店市	Zhumadian	4793	850	352911	97228	358071	116105
湖北省	**Hubei**						
武汉市	Wuhan	3466	2947	1053081	688529	1076044	945042
黄石市	Huangshi	1091		182949	88627	123372	66540
十堰市	Shiyan	7230	4338	317207	237893	338726	222621
宜昌市	Yichang	3855	1904	521313	189825	417411	188398
襄阳市	Xiangyang	17452	1083	522026	206916	470468	177863
鄂州市	Ezhou	225	225	146975	146975	73738	73738
荆门市	Jingmen	6922	1102	211561	74303	176360	89792
孝感市	Xiaogan	8372	522	460796	146839	356776	126367
荆州市	Jingzhou	14145	221	181267	76605	228710	85448
黄冈市	Huanggang	22617	1457	394556	69353	258159	40115
咸宁市	Xianning	481	413	89553	37369	139703	54548
随州市	Suizhou	612		70865	54893	76925	35859

2-3 续表 4 continued 4

单位：人 (person)

城市	City	第一产业(农、林、牧、渔业) Primary Industry		第二产业 Secondary Industry		第三产业 Tertiary Industry	
		全市 Total City	市辖区 Districts under City	全市 Total City	市辖区 Districts under City	全市 Total City	市辖区 Districts under City
湖南省	**Hunan**						
长沙市	Changsha	983	783	535755	316594	672580	547175
株洲市	Zhuzhou	410	150	256046	147968	199953	122809
湘潭市	Xiangtan	3195	1259	200272	138811	268981	162074
衡阳市	Hengyang	754	309	239680	85203	294706	109535
邵阳市	Shaoyang	3048	186	142118	62486	229230	64501
岳阳市	Yueyang	6263	2451	199614	106506	263163	111159
常德市	Changde	501	399	174650	77973	242200	110447
张家界市	Zhangjiajie	492	445	19019	8382	66856	38718
益阳市	Yiyang	711	326	111547	45722	157072	48930
郴州市	Chenzhou	1697	127	136203	54277	221275	96987
永州市	Yongzhou	2839	349	108837	28858	214454	72444
怀化市	Huaihua	1360	30	61455	10335	200296	58928
娄底市	Loudi	1489	100	148519	70788	147322	49552
广东省	**Guangdong**						
广州市	Guangzhou	1445	1445	1075376	1075376	2175519	2175519
韶关市	Shaoguan	1690	241	169591	101375	163878	82953
深圳市	Shenzhen	481	481	2690521	2690521	1871323	1871323
珠海市	Zhuhai	6879	6879	439022	439022	285330	285330
汕头市	Shantou	591	569	331852	331219	242097	237656
佛山市	Foshan	201	201	1264838	1264838	452189	452189
江门市	Jiangmen	512	20	357999	198984	236844	133535
湛江市	Zhanjiang	15394	2219	197948	82709	309823	153087
茂名市	Maoming	7958	1351	203862	105208	252820	131746
肇庆市	Zhaoqing	862	111	225549	167388	197059	103531
惠州市	Huizhou	869	190	674848	521288	285200	190769
梅州市	Meizhou	723	39	110011	44163	178471	68151
汕尾市	Shanwei	986	24	143180	59487	93398	32025
河源市	Heyuan	775	103	135988	86295	142222	56020
阳江市	Yangjiang	3862	2511	114854	63460	123753	72192
清远市	Qingyuan	1036	150	158165	108424	166343	86514
东莞市	Dongguan	277	277	1897657	1897657	414453	414453
中山市	Zhongshan			612553	612553	196909	196909
潮州市	Chaozhou	148	36	114966	106283	86591	63037
揭阳市	Jieyang	1986	23	239135	90671	172241	71929
云浮市	Yunfu	609	98	105708	28618	111745	36854
广西壮族自治区	**Guangxi**						
南宁市	Nanning	11337	7174	408954	380688	554190	472709
柳州市	Liuzhou	4551	1986	323712	293873	256435	181446
桂林市	Guilin	4922	858	166426	110262	255799	141389
梧州市	Wuzhou	400	15	81354	45045	117616	57828
北海市	Beihai	4827	4064	56059	45971	84450	57973
防城港市	Fangchenggang	11632	6778	29975	24430	55687	38288
钦州市	Qinzhou	3019	1433	96457	69336	118302	61758
贵港市	Guigang	975	354	47346	23036	136087	65889

2-3 续表 5 continued 5

单位：人 (person)

城市	City	第一产业(农、林、牧、渔业) Primary Industry		第二产业 Secondary Industry		第三产业 Tertiary Industry	
		全市 Total City	市辖区 Districts under City	全市 Total City	市辖区 Districts under City	全市 Total City	市辖区 Districts under City
玉林市	Yulin	7075	931	136273	33146	196026	76996
百色市	Baise	2976	543	59900	23429	158959	46597
贺州市	Hezhou	1493	693	17675	10598	82744	46435
河池市	Hechi	3245		44456	15554	141378	34185
来宾市	Laibin	8537	6214	36003	21840	82954	39100
崇左市	Chongzuo	12744	765	31335	10357	90925	27406
海南省	**Hainan**						
海口市	Haikou	45622	45622	100946	100946	367590	367590
三亚市	Sanya	4097	4097	12907	12907	114098	114098
三沙市	Sansa						
儋州市	Danzhou	237842		40680		125160	
重庆市	**Chongqing**	**11016**	**8861**	**2015289**	**1834287**	**2102518**	**1811377**
四川省	**Sichuan**						
成都市	Chengdu	32921		1843488		3650910	
自贡市	Zigong	593	376	91951	71201	110250	78959
攀枝花市	Panzhihua	2647	2077	150215	127736	127347	109451
泸州市	Luzhou	1026	12	213527	125329	169772	96590
德阳市	Deyang	360		163117	65615	154093	65229
绵阳市	Mianyang	850	207	240092	176450	285072	179466
广元市	Guangyuan	412	27	48284	33771	119966	64870
遂宁市	Suining	1170		197854	40025	132730	52063
内江市	Neijiang	856	231	152730	42863	126938	58560
乐山市	Leshan	2551	1254	115842	62058	146938	72138
南充市	Nanchong	1087	437	188876	74051	261694	122541
眉山市	Meishan	735	87	91304	42975	113921	52287
宜宾市	Yibin	2212	1629	171592	89601	179391	84057
广安市	Guang'an	703	37	42157	11789	112345	47029
达州市	Dazhou	2586	613	153501	63338	220047	92523
雅安市	Ya'an	773	91	35153	13386	76903	39087
巴中市	Bazhong	1925	783	164264	67934	134804	63220
资阳市	Ziyang	689	336	79249	41574	102036	51494
贵州省	**Guizhou**						
贵阳市	Guiyang	1446	346	537883	481046	518119	455004
六盘水市	Liupanshui	263		112053	43973	118067	47216
遵义市	Zunyi	1101	12	133834	66261	291691	125597
安顺市	Anshun	1359	781	64466	54130	123064	76130
毕节市	Bijie	854	234	68557	13582	259727	67070
铜仁市	Tongren	927	151	33365	10920	176379	54307
云南省	**Yunnan**						
昆明市	Kunming	3449	1259	550527	328647	781990	561096
曲靖市	Qujing	2215	1100	255808	87659	210617	73258
玉溪市	Yuxi	2004	328	139432	73100	141124	75040
保山市	Baoshan	2929	1484	91403	52505	106019	46977
昭通市	Zhaotong	1904	58	54974	16590	184430	52334
丽江市	Lijiang	578	51	18815	4830	83570	34736
普洱市	Pu'er	970		65740	25722	105212	37115
临沧市	Lincang	10936	394	47981	12230	91181	25404

2-3 续表 6 continued 6

单位：人 (person)

城 市	City	第一产业(农、林、牧、渔业) Primary Industry		第二产业 Secondary Industry		第三产业 Tertiary Industry	
		全 市 Total City	市辖区 Districts under City	全 市 Total City	市辖区 Districts under City	全 市 Total City	市辖区 Districts under City
西藏自治区	**Tibet**						
拉萨市	Lasa	92695		56460		328156	
日喀则市	Rikaze	211		3607		42446	
昌都市	Changdu						
林芝市	Linzhi						
山南市	Shannan						
陕西省	**Shaanxi**						
西安市	Xi'an	2256	1320	754834	716952	1234891	1124537
铜川市	Tongchuan	207	207	52326	50649	62441	57285
宝鸡市	Baoji	2750	333	207510	124638	201048	113963
咸阳市	Xianyang	1882	511	285074	110717	271169	101546
渭南市	Weinan	6177	1302	185165	44430	276639	95203
延安市	Yan'an	2374	315	143299	31694	190845	75972
汉中市	Hanzhong	1462	132	104221	39076	194019	73324
榆林市	Yulin	4026	629	175098	29553	241489	66815
安康市	Ankang	504	84	50380	22627	136779	63584
商洛市	Shangluo	1973	930	82010	18264	114239	40046
甘肃省	**Gansu**						
兰州市	Lanzhou	718	669	299999	259429	384956	337206
嘉峪关市	Jiayuguan	8300	8300	41160	41160	28053	28053
金昌市	Jinchang	2568		67720	59393	31886	20430
白银市	Baiyin	1851		71284	57821	87104	43665
天水市	Tianshui	4819	1861	71302	58749	156164	87780
武威市	Wuwei	2720	1732	50957	38766	80291	50774
张掖市	Zhangye	11435	1166	37756	16919	82485	45019
平凉市	Pingliang	1492	129	72595	19884	102423	33314
酒泉市	Jiuquan	6585	1072	60071	19937	82528	33006
庆阳市	Qingyang	505		62972	40731	113386	34915
定西市	Dingxi	1262		43518	15252	110936	30205
陇南市	Longnan	19300	7600	37300	3579	142500	21833
青海省	**Qinghai**						
西宁市	Xining	1141	386	137892	100359	203020	170609
海东市	Haidong	2038	835	16602	5924	54995	17274
宁夏回族自治区	**Ningxia**						
银川市	Yinchuan	5985	1899	139750	96884	208852	172612
石嘴山市	Shizuishan	381	296	40841	32731	47537	35822
吴忠市	Wuzhong	2784	1582	33280	9961	59701	27892
固原市	Guyuan	1481	804	8097	2467	58371	25756
中卫市	Zhongwei	2642	673	14223	6958	47847	22804
新疆维吾尔自治区	**Xinjiang**						
乌鲁木齐市	Urumqi	10683	10593	238141	237896	477920	474194
克拉玛依市	Karamay	135	135	107740	107740	59424	59424
吐鲁番市	Tulufan						
哈密市	Hami						

2-4 按产业划分的年末城镇单位从业人员构成
Composition of Employed Persons in Urban Units by Three Strata of Industry at Year-end

单位：% (%)

城　　市	City	第一产业从业人员比重 Primary Industry		第二产业从业人员比重 Secondary Industry		第三产业从业人员比重 Tertiary Industry	
		全　市 Total City	市辖区 Districts under City	全　市 Total City	市辖区 Districts under City	全　市 Total City	市辖区 Districts under City
北京市	**Beijing**	**0.47**	**0.47**	**18.50**	**18.50**	**81.03**	**81.03**
天津市	**Tianjin**	**0.30**	**0.30**	**47.67**	**47.67**	**52.04**	**52.04**
河北省	**Hebei**						
石家庄市	Shijiazhuang	0.20	0.08	33.65	33.06	66.15	66.85
唐山市	Tangshan	2.01	3.62	46.04	31.49	51.95	64.89
秦皇岛市	Qinhuangdao	0.13	0.08	34.06	39.23	65.81	60.69
邯郸市	Handan	0.22	0.19	46.68	47.61	53.10	52.20
邢台市	Xingtai	0.14	0.05	40.34	45.14	59.52	54.82
保定市	Baoding	0.10	0.08	52.28	56.20	47.63	43.71
张家口市	Zhangjiakou	1.20	0.11	26.52	31.44	72.28	68.45
承德市	Chengde	1.06	0.03	30.86	35.10	68.08	64.87
沧州市	Cangzhou	1.16	2.70	34.22	38.21	64.63	59.10
廊坊市	Langfang	0.17	0.03	44.42	54.67	55.41	45.30
衡水市	Hengshui	0.39	0.02	33.65	34.84	65.96	65.14
山西省	**Shanxi**						
太原市	Taiyuan	0.17	0.13	45.96	46.60	53.88	53.27
大同市	Datong	0.31	0.20	51.16	57.51	48.53	42.30
阳泉市	Yangquan	0.13	0.03	62.51	64.90	37.36	35.08
长治市	Changzhi	0.32	0.25	51.69	36.16	47.99	63.59
晋城市	Jincheng	0.36	0.04	61.73	66.58	37.91	33.38
朔州市	Shuozhou	1.13	1.14	42.67	40.22	56.20	58.64
晋中市	Jinzhong	0.32	0.23	40.70	30.82	58.98	68.95
运城市	Yuncheng	0.56		32.41	29.02	67.03	70.98
忻州市	Xinzhou	0.99	0.65	27.07	19.55	71.95	79.80
临汾市	Linfen	0.87	0.29	34.07	26.43	65.05	73.28
吕梁市	Lvliang	0.19	0.06	45.28	20.25	54.52	79.69
内蒙古自治区	**Inner Mongolia**						
呼和浩特市	Hohhot	0.81	0.49	27.79	25.57	71.40	73.94
包头市	Baotou	0.68	0.46	52.90	53.85	46.42	45.69
乌海市	Wuhai	0.17	0.17	58.77	58.77	41.06	41.06
赤峰市	Chifeng	4.47	0.46	32.86	39.14	62.67	60.39
通辽市	Tongliao	18.86	9.85	28.04	32.90	53.10	57.25
鄂尔多斯市	Erdos	0.91	0.66	46.87	32.54	52.22	66.80
呼伦贝尔市	Hulunbuir	27.21	11.35	25.37	36.43	47.42	52.22
巴彦淖尔市	Bayannur	12.70	7.93	20.61	25.01	66.69	67.06
乌兰察布市	Ulanqab	1.50	0.02	17.82	19.25	80.68	80.73
辽宁省	**Liaoning**						
沈阳市	Shenyang	0.23	0.11	42.38	43.38	57.39	56.51
大连市	Dalian	0.55	0.14	46.03	45.78	53.43	54.08
鞍山市	Anshan	0.61	0.23	50.12	56.91	49.27	42.87
抚顺市	Fushun	1.62	0.59	50.90	55.26	47.48	44.16
本溪市	Benxi	0.37	0.01	53.48	55.37	46.15	44.62
丹东市	Dandong	2.19	0.06	39.40	42.71	58.41	57.23
锦州市	Jinzhou	2.96	0.73	35.67	42.55	61.37	56.72
营口市	Yingkou	0.37	0.43	35.48	37.44	64.15	62.13
阜新市	Fuxin	2.28	0.07	33.93	41.72	63.79	58.22

2-4 续表 1 continued 1

单位：% (%)

城 市	City	第一产业从业人员比重 Primary Industry		第二产业从业人员比重 Secondary Industry		第三产业从业人员比重 Tertiary Industry	
		全 市 Total City	市辖区 Districts under City	全 市 Total City	市辖区 Districts under City	全 市 Total City	市辖区 Districts under City
辽阳市	Liaoyang	1.78	1.46	46.60	51.98	51.62	46.56
盘锦市	Panjin	37.42	30.81	36.47	41.56	26.11	27.62
铁岭市	Tieling	7.34	0.10	38.04	27.59	54.62	72.31
朝阳市	Chaoyang	0.74	0.05	29.36	28.19	69.90	71.75
葫芦岛市	Huludao	2.27	0.23	41.47	55.66	56.27	44.11
吉林省	**Jilin**						
长春市	Changchun	0.95	0.37	46.81	49.21	52.24	50.41
吉林市	Jilin	2.53	0.31	43.90	49.20	53.57	50.50
四平市	Siping	4.08	2.02	26.09	30.78	69.83	67.20
辽源市	Liaoyuan	1.94	0.22	54.70	67.66	43.36	32.11
通化市	Tonghua	1.57	0.08	54.48	67.88	43.95	32.04
白山市	Baishan	11.19	5.08	36.12	44.59	52.69	50.33
松原市	Songyuan	7.68	0.58	45.97	59.33	46.34	40.09
白城市	Baicheng	10.75	8.91	21.07	21.27	68.18	69.82
黑龙江省	**Heilongjiang**						
哈尔滨市	Harbin	2.72	0.60	31.77	34.02	65.51	65.37
齐齐哈尔市	Qiqihar	12.06	0.17	26.84	35.69	61.10	64.13
鸡西市	Jixi	24.34	11.63	35.32	54.42	40.34	33.95
鹤岗市	Hegang	27.82	8.05	35.69	55.70	36.50	36.25
双鸭山市	Shuangyashan	4.42	3.38	37.05	51.79	58.53	44.83
大庆市	Daqing	0.58	0.12	50.06	54.30	49.37	45.59
伊春市	Yichun	54.32	51.57	12.97	15.09	32.71	33.34
佳木斯市	Jiamusi	12.04	5.02	23.28	27.96	64.68	67.02
七台河市	Qitaihe	4.86	3.53	51.17	57.69	43.96	38.78
牡丹江市	Mudanjiang	15.38	0.18	29.29	27.17	55.33	72.65
黑河市	Heihe	20.35	0.54	15.62	22.48	64.03	76.99
绥化市	Suihua	3.98	2.41	27.94	23.70	68.08	73.89
上海市	**Shanghai**	**0.39**	**0.39**	**34.79**	**34.79**	**64.82**	**64.82**
江苏省	**Jiangsu**						
南京市	Nanjing	0.08	0.08	44.19	44.19	55.73	55.73
无锡市	Wuxi	0.12	0.03	64.07	62.34	35.80	37.63
徐州市	Xuzhou	1.36	1.15	56.21	53.37	42.42	45.49
常州市	Changzhou	0.07	0.04	59.85	61.09	40.08	38.87
苏州市	Suzhou	0.01	0.01	74.21	70.69	25.78	29.30
南通市	Nantong	0.26	0.18	81.22	74.64	18.52	25.18
连云港市	Lianyungang	1.68	1.67	46.82	45.81	51.50	52.52
淮安市	Huai'an	0.74	0.52	65.19	65.65	34.07	33.83
盐城市	Yancheng	1.91	1.35	61.41	60.89	36.68	37.75
扬州市	Yangzhou	0.03	0.02	74.55	75.36	25.42	24.62
镇江市	Zhenjiang	0.17	0.12	60.11	48.88	39.72	51.00
泰州市	Taizhou	0.16	0.08	77.18	76.32	22.66	23.60
宿迁市	Suqian	0.10	0.09	64.22	74.26	35.68	25.65
浙江省	**Zhejiang**						
杭州市	Hangzhou	0.03	0.02	50.55	49.54	49.42	50.44
宁波市	Ningbo	0.03	0.01	60.91	52.84	39.06	47.15
温州市	Wenzhou	0.05		56.66	39.96	43.30	60.04
嘉兴市	Jiaxing	0.06	0.04	64.76	58.44	35.18	41.52

2-4 续表 2 continued 2

单位：% (%)

城 市	City	第一产业从业人员比重 Primary Industry		第二产业从业人员比重 Secondary Industry		第三产业从业人员比重 Tertiary Industry	
		全 市 Total City	市辖区 Districts under City	全 市 Total City	市辖区 Districts under City	全 市 Total City	市辖区 Districts under City
湖州市	Huzhou	0.04	0.06	65.05	63.27	34.91	36.68
绍兴市	Shaoxing	0.01		81.12	81.34	18.87	18.65
金华市	Jinhua	0.03	0.09	65.93	39.02	34.04	60.89
衢州市	Quzhou	0.12	0.02	41.70	43.09	58.18	56.89
舟山市	Zhoushan	2.55	2.69	38.20	38.80	59.25	58.51
台州市	Taizhou	0.05	0.08	67.02	62.10	32.93	37.82
丽水市	Lishui	0.29	0.08	22.13	13.67	77.58	86.25
安徽省	**Anhui**						
合肥市	Hefei	0.07	0.01	58.09	58.48	41.83	41.51
芜湖市	Wuhu	0.07	0.02	55.27	57.37	44.66	42.62
蚌埠市	Bengbu	0.14		45.62		54.24	
淮南市	Huainan	1.87	0.51	51.21	54.13	46.92	45.36
马鞍山市	Maanshan	0.34	0.03	53.49	58.92	46.17	41.05
淮北市	Huaibei			63.48	70.10	36.51	29.89
铜陵市	Tongling	1.98	1.49	55.49	60.15	42.53	38.36
安庆市	Anqing	4.26		40.77		54.97	
黄山市	Huangshan	0.88	0.32	30.24	35.26	68.88	64.42
滁州市	Chuzhou	2.68	0.69	40.09	49.41	57.23	49.90
阜阳市	Fuyang	0.56	0.23	29.78	34.58	69.66	65.19
宿州市	Suzhou	2.71		33.42		63.87	
六安市	Lu'an	1.91	0.24	18.30	26.24	79.79	73.52
亳州市	Bozhou	0.08		30.60	31.03	69.32	68.97
池州市	Chizhou	0.77	0.23	34.14	38.67	65.09	61.10
宣城市	Xuancheng	1.27	2.38	37.52	12.00	61.22	85.62
福建省	**Fujian**						
福州市	Fuzhou	0.16	0.01	58.30	52.78	41.54	47.21
厦门市	Xiamen	0.11	0.11	63.22	63.22	36.67	36.67
莆田市	Putian	0.13	0.05	70.83	72.25	29.03	27.70
三明市	Sanming	1.64	0.75	36.04	44.17	62.33	55.08
泉州市	Quanzhou	0.26	0.24	76.72	60.99	23.02	38.77
漳州市	Zhangzhou	3.25	0.04	58.40	49.50	38.35	50.46
南平市	Nanping	3.07	1.48	34.16	38.73	62.77	59.79
龙岩市	Longyan	1.16	1.37	39.02	23.11	59.82	75.53
宁德市	Ningde	0.55	0.26	47.32	53.26	52.13	46.49
江西省	**Jiangxi**						
南昌市	Nanchang	0.30	0.32	62.42	58.66	37.28	41.03
景德镇市	Jingdezhen	3.16	0.70	46.42	48.46	50.42	50.84
萍乡市	Pingxiang	0.28	0.14	55.75	60.52	43.98	39.34
九江市	Jiujiang	1.39		48.64	39.86	49.96	60.14
新余市	Xinyu	0.27	0.04	64.88	66.78	34.85	33.18
鹰潭市	Yingtan	0.22		63.98	38.89	35.80	61.11
赣州市	Ganzhou	0.99	0.21	39.86	40.98	59.15	58.80
吉安市	Ji'an	2.22	0.45	48.31	41.47	49.47	58.09
宜春市	Yichun	1.11	0.11	51.13	22.50	47.76	77.38
抚州市	Fuzhou	0.79	0.07	53.24	67.60	45.96	32.32
上饶市	Shangrao	1.21	0.08	44.94	45.84	53.85	54.09

2-4 续表 3 continued 3

单位：% (%)

城 市	City	第一产业从业人员比重 Primary Industry		第二产业从业人员比重 Secondary Industry		第三产业从业人员比重 Tertiary Industry	
		全 市 Total City	市辖区 Districts under City	全 市 Total City	市辖区 Districts under City	全 市 Total City	市辖区 Districts under City
山东省	**Shandong**						
济南市	Jinan	0.06	0.04	42.45	41.13	57.50	58.84
青岛市	Qingdao	0.08	0.02	53.26	46.74	46.66	53.24
淄博市	Zibo	0.09	0.10	65.55	58.78	34.37	41.12
枣庄市	Zaozhuang	0.08	0.04	58.37	55.63	41.55	44.33
东营市	Dongying	0.03		61.02	60.76	38.95	39.24
烟台市	Yantai	0.06	0.01	55.29	55.59	44.65	44.41
潍坊市	Weifang	0.10	0.01	51.33	55.28	48.57	44.71
济宁市	Jining	0.16	0.17	57.64	58.05	42.19	41.78
泰安市	Tai'an	0.35	0.50	58.35	44.16	41.30	55.34
威海市	Weihai	0.12	0.06	65.71	66.20	34.17	33.74
日照市	Rizhao	0.19	0.29	53.31	49.62	46.50	50.10
莱芜市	Laiwu			65.69	65.69	34.31	34.31
临沂市	Linyi	0.25	0.04	50.67	54.44	49.08	45.52
德州市	Dezhou	0.14	0.08	45.92	52.31	53.94	47.61
聊城市	Liaocheng	0.10	0.05	42.28	27.48	57.62	72.47
滨州市	Binzhou	0.01		62.72	55.77	37.27	44.23
菏泽市	Heze	0.18	0.10	35.92	41.71	63.90	58.19
河南省	**Henan**						
郑州市	Zhengzhou	0.12	0.02	52.81	49.92	47.07	50.06
开封市	Kaifeng	0.10	0.07	54.88	57.52	45.01	42.41
洛阳市	Luoyang	0.13	0.05	49.04	46.33	50.83	53.62
平顶山市	Pingdingshan	0.08	0.01	55.33	65.38	44.59	34.62
安阳市	Anyang	0.11	0.02	61.72	51.29	38.18	48.69
鹤壁市	Hebi	0.05		67.41	67.76	32.55	32.24
新乡市	Xinxiang	0.07	0.02	61.49	57.19	38.44	42.79
焦作市	Jiaozuo	0.10	0.03	59.37	50.95	40.53	49.02
濮阳市	Puyang	0.03	0.02	59.35	67.47	40.62	32.51
许昌市	Xuchang		0.01	59.54	59.78	40.45	40.21
漯河市	Luohe	0.01		61.28	61.12	38.71	38.87
三门峡市	Sanmenxia	0.29	0.07	52.28	32.52	47.44	67.42
南阳市	Nanyang	0.50	0.58	45.50	38.61	54.00	60.81
商丘市	Shangqiu	0.07	0.06	47.21	50.06	52.73	49.89
信阳市	Xinyang	0.15	0.10	44.06	43.25	55.79	56.65
周口市	Zhoukou	0.54		49.41	37.40	50.05	62.60
驻马店市	Zhumadian	0.67	0.40	49.30	45.39	50.03	54.21
湖北省	**Hubei**						
武汉市	Wuhan	0.16	0.18	49.38	42.07	50.46	57.75
黄石市	Huangshi	0.35		59.51	57.11	40.13	42.88
十堰市	Shiyan	1.09	0.93	47.83	51.18	51.08	47.89
宜昌市	Yichang	0.41	0.50	55.31	49.94	44.28	49.56
襄阳市	Xiangyang	1.73	0.28	51.69	53.62	46.58	46.09
鄂州市	Ezhou	0.10	0.10	66.52	66.52	33.37	33.37
荆门市	Jingmen	1.75	0.67	53.58	44.98	44.67	54.35
孝感市	Xiaogan	1.01	0.19	55.79	53.64	43.20	46.17
荆州市	Jingzhou	3.34	0.14	42.74	47.21	53.93	52.66
黄冈市	Huanggang	3.35	1.31	58.42	62.52	38.23	36.16
咸宁市	Xianning	0.21	0.45	38.98	40.47	60.81	59.08
随州市	Suizhou	0.41		47.75	60.49	51.84	39.51

2-4 续表 4 continued 4

单位：% (%)

城 市	City	第一产业从业人员比重 Primary Industry		第二产业从业人员比重 Secondary Industry		第三产业从业人员比重 Tertiary Industry	
		全 市 Total City	市辖区 Districts under City	全 市 Total City	市辖区 Districts under City	全 市 Total City	市辖区 Districts under City
湖南省	**Hunan**						
长沙市	Changsha	0.08	0.09	44.30	36.62	55.62	63.29
株洲市	Zhuzhou	0.09	0.06	56.10	54.62	43.81	45.33
湘潭市	Xiangtan	0.68	0.42	42.39	45.94	56.93	53.64
衡阳市	Hengyang	0.14	0.16	44.79	43.68	55.07	56.16
邵阳市	Shaoyang	0.81	0.15	37.96	49.13	61.23	50.72
岳阳市	Yueyang	1.34	1.11	42.56	48.39	56.11	50.50
常德市	Changde	0.12	0.21	41.85	41.30	58.03	58.49
张家界市	Zhangjiajie	0.57	0.94	22.02	17.63	77.41	81.43
益阳市	Yiyang	0.26	0.34	41.42	48.14	58.32	51.52
郴州市	Chenzhou	0.47	0.08	37.92	35.85	61.61	64.06
永州市	Yongzhou	0.87	0.34	33.37	28.39	65.76	71.27
怀化市	Huaihua	0.52	0.04	23.36	14.91	76.13	85.04
娄底市	Loudi	0.50	0.08	49.95	58.77	49.55	41.14
广东省	**Guangdong**						
广州市	Guangzhou	0.04	0.04	33.06	33.06	66.89	66.89
韶关市	Shaoguan	0.50	0.13	50.60	54.93	48.90	44.94
深圳市	Shenzhen	0.01	0.01	58.97	58.97	41.02	41.02
珠海市	Zhuhai	0.94	0.94	60.04	60.04	39.02	39.02
汕头市	Shantou	0.10	0.10	57.76	58.17	42.14	41.73
佛山市	Foshan	0.01	0.01	73.66	73.66	26.33	26.33
江门市	Jiangmen	0.09	0.01	60.13	59.84	39.78	40.16
湛江市	Zhanjiang	2.94	0.93	37.84	34.75	59.22	64.32
茂名市	Maoming	1.71	0.57	43.88	44.15	54.41	55.28
肇庆市	Zhaoqing	0.20	0.04	53.26	61.76	46.53	38.20
惠州市	Huizhou	0.09	0.03	70.23	73.19	29.68	26.78
梅州市	Meizhou	0.25	0.03	38.04	39.31	61.71	60.66
汕尾市	Shanwei	0.42	0.03	60.27	64.99	39.31	34.99
河源市	Heyuan	0.28	0.07	48.74	60.59	50.98	39.33
阳江市	Yangjiang	1.59	1.82	47.37	45.93	51.04	52.25
清远市	Qingyuan	0.32	0.08	48.58	55.58	51.10	44.35
东莞市	Dongguan	0.01	0.01	82.06	82.06	17.92	17.92
中山市	Zhongshan			75.67	75.67	24.33	24.33
潮州市	Chaozhou	0.07	0.02	57.00	62.76	42.93	37.22
揭阳市	Jieyang	0.48	0.01	57.85	55.76	41.67	44.23
云浮市	Yunfu	0.28	0.15	48.48	43.64	51.24	56.21
广西壮族自治区	**Guangxi**						
南宁市	Nanning	1.16	0.83	41.97	44.24	56.87	54.93
柳州市	Liuzhou	0.78	0.42	55.36	61.57	43.86	38.01
桂林市	Guilin	1.15	0.34	38.96	43.67	59.89	55.99
梧州市	Wuzhou	0.20	0.01	40.81	43.78	58.99	56.20
北海市	Beihai	3.32	3.76	38.57	42.56	58.11	53.67
防城港市	Fangchenggang	11.96	9.75	30.81	35.15	57.24	55.09
钦州市	Qinzhou	1.39	1.08	44.29	52.32	54.32	46.60
贵港市	Guigang	0.53	0.40	25.67	25.80	73.80	73.80

2-4 续表 5 continued 5

单位：% (%)

城　市	City	第一产业从业人员比重 Primary Industry		第二产业从业人员比重 Secondary Industry		第三产业从业人员比重 Tertiary Industry	
		全　市 Total City	市辖区 Districts under City	全　市 Total City	市辖区 Districts under City	全　市 Total City	市辖区 Districts under City
玉林市	Yulin	2.08	0.84	40.15	29.84	57.76	69.32
百色市	Baise	1.34	0.77	27.00	33.20	71.66	66.03
贺州市	Hezhou	1.46	1.20	17.34	18.36	81.19	80.44
河池市	Hechi	1.72		23.51	31.27	74.77	68.73
来宾市	Laibin	6.70	9.25	28.24	32.52	65.07	58.22
崇左市	Chongzuo	9.44	1.99	23.21	26.88	67.35	71.13
海南省	**Hainan**						
海口市	Haikou	8.87	8.87	19.63	19.63	71.49	71.49
三亚市	Sanya	3.13	3.13	9.85	9.85	87.03	87.03
三沙市	Sansa						
儋州市	Danzhou	58.92		10.08		31.00	
重庆市	**Chongqing**	**0.27**	**0.24**	**48.81**	**50.19**	**50.92**	**49.57**
四川省	**Sichuan**						
成都市	Chengdu	0.60		33.35		66.05	
自贡市	Zigong	0.29	0.25	45.34	47.30	54.37	52.45
攀枝花市	Panzhihua	0.94	0.87	53.61	53.39	45.45	45.74
泸州市	Luzhou	0.27	0.01	55.56	56.47	44.17	43.52
德阳市	Deyang	0.11		51.36	50.15	48.52	49.85
绵阳市	Mianyang	0.16	0.06	45.64	49.55	54.19	50.39
广元市	Guangyuan	0.24	0.03	28.63	34.23	71.13	65.75
遂宁市	Suining	0.35		59.64	43.46	40.01	56.54
内江市	Neijiang	0.31	0.23	54.44	42.17	45.25	57.61
乐山市	Leshan	0.96	0.93	43.66	45.82	55.38	53.26
南充市	Nanchong	0.24	0.22	41.82	37.58	57.94	62.19
眉山市	Meishan	0.36	0.09	44.33	45.07	55.31	54.84
宜宾市	Yibin	0.63	0.93	48.58	51.12	50.79	47.95
广安市	Guang'an	0.45	0.06	27.16	20.03	72.38	79.91
达州市	Dazhou	0.69	0.39	40.81	40.48	58.50	59.13
雅安市	Ya'an	0.69	0.17	31.16	25.47	68.16	74.36
巴中市	Bazhong	0.64	0.59	54.57	51.49	44.79	47.92
资阳市	Ziyang	0.38	0.36	43.55	44.51	56.07	55.13
贵州省	**Guizhou**						
贵阳市	Guiyang	0.14	0.04	50.87	51.37	49.00	48.59
六盘水市	Liupanshui	0.11		48.64	48.22	51.25	51.78
遵义市	Zunyi	0.26	0.01	31.37	34.53	68.37	65.46
安顺市	Anshun	0.72	0.60	34.13	41.31	65.15	58.10
毕节市	Bijie	0.26	0.29	20.83	16.79	78.91	82.92
铜仁市	Tongren	0.44	0.23	15.84	16.70	83.72	83.07
云南省	**Yunnan**						
昆明市	Kunming	0.26	0.14	41.21	36.89	58.53	62.97
曲靖市	Qujing	0.47	0.68	54.59	54.10	44.94	45.22
玉溪市	Yuxi	0.71	0.22	49.35	49.24	49.94	50.54
保山市	Baoshan	1.46	1.47	45.62	52.00	52.92	46.53
昭通市	Zhaotong	0.79	0.08	22.78	24.05	76.43	75.87
丽江市	Lijiang	0.56	0.13	18.27	12.19	81.17	87.68
普洱市	Pu'er	0.56		38.24	40.93	61.20	59.07
临沧市	Lincang	7.29	1.04	31.97	32.16	60.75	66.80

2-4 续表 6 continued 6

单位：% (%)

城　　市	City	第一产业从业人员比重 Primary Industry		第二产业从业人员比重 Secondary Industry		第三产业从业人员比重 Tertiary Industry	
		全　市 Total City	市辖区 Districts under City	全　市 Total City	市辖区 Districts under City	全　市 Total City	市辖区 Districts under City
西藏自治区	**Tibet**						
拉萨市	Lasa	19.42		11.83		68.75	
日喀则市	Rikaze	0.46		7.80		91.75	
昌都市	Changdu						
林芝市	Linzhi						
山南市	Shannan						
陕西省	**Shaanxi**						
西安市	Xi'an	0.11	0.07	37.89	38.91	61.99	61.02
铜川市	Tongchuan	0.18	0.19	45.51	46.84	54.31	52.97
宝鸡市	Baoji	0.67	0.14	50.45	52.16	48.88	47.70
咸阳市	Xianyang	0.34	0.24	51.08	52.04	48.59	47.72
渭南市	Weinan	1.32	0.92	39.57	31.53	59.11	67.55
延安市	Yan'an	0.71	0.29	42.58	29.35	56.71	70.36
汉中市	Hanzhong	0.49	0.12	34.77	34.72	64.74	65.16
榆林市	Yulin	0.96	0.65	41.63	30.47	57.41	68.88
安康市	Ankang	0.27	0.10	26.85	26.22	72.89	73.68
商洛市	Shangluo	1.00	1.57	41.37	30.83	57.63	67.60
甘肃省	**Gansu**						
兰州市	Lanzhou	0.10	0.11	43.75	43.43	56.14	56.45
嘉峪关市	Jiayuguan	10.71	10.71	53.10	53.10	36.19	36.19
金昌市	Jinchang	2.51		66.28	74.41	31.21	25.59
白银市	Baiyin	1.16		44.49	56.97	54.36	43.03
天水市	Tianshui	2.07	1.25	30.70	39.59	67.23	59.15
武威市	Wuwei	2.03	1.90	38.04	42.47	59.93	55.63
张掖市	Zhangye	8.68	1.85	28.67	26.81	62.64	71.34
平凉市	Pingliang	0.85	0.24	41.13	37.29	58.03	62.47
酒泉市	Jiuquan	4.41	1.98	40.27	36.91	55.32	61.11
庆阳市	Qingyang	0.29		35.60	53.84	64.11	46.15
定西市	Dingxi	0.81		27.95	33.55	71.24	66.45
陇南市	Longnan	9.69	23.02	18.73	10.84	71.57	66.14
青海省	**Qinghai**						
西宁市	Xining	0.33	0.14	40.31	36.98	59.35	62.87
海东市	Haidong	2.77	3.47	22.55	24.65	74.69	71.88
宁夏回族自治区	**Ningxia**						
银川市	Yinchuan	1.69	0.70	39.41	35.70	58.90	63.60
石嘴山市	Shizuishan	0.43	0.43	46.01	47.54	53.56	52.03
吴忠市	Wuzhong	2.91	4.01	34.75	25.26	62.34	70.73
固原市	Guyuan	2.18	2.77	11.92	8.50	85.90	88.73
中卫市	Zhongwei	4.08	2.21	21.98	22.86	73.94	74.93
新疆维吾尔自治区	**Xinjiang**						
乌鲁木齐市	Urumqi	1.47	1.47	32.77	32.92	65.76	65.62
克拉玛依市	Karamay	0.08	0.08	64.40	64.40	35.52	35.52
吐鲁番市	Tulufan						
哈密市	Hami						

2-5 按行业分组的年末城镇单位从业人员(一)
Persons Employed in Urban Units by Sector in Detail at Year-end(Ⅰ)

单位：人 (person)

城　市	City	第一产业(农、林、牧、渔业) Primary Industry		第二产业(1)采矿业 Secondary Industry: Mining		(2)制造业 Manufacturing	
		全　市 Total City	市辖区 Districts under City	全　市 Total City	市辖区 Districts under City	全　市 Total City	市辖区 Districts under City
北京市	**Beijing**	**36867**	**36867**	**45330**	**45330**	**868847**	**868847**
天津市	**Tianjin**	**8475**	**8475**	**43989**	**43989**	**994163**	**994163**
河北省	**Hebei**						
石家庄市	Shijiazhuang	1971	594	4237	4226	227345	146709
唐山市	Tangshan	17694	15838	99017	13647	217286	78358
秦皇岛市	Qinhuangdao	421	219	333	250	75745	75031
邯郸市	Handan	1649	776	56148	23201	144443	61587
邢台市	Xingtai	642	78	22733	21368	95985	25073
保定市	Baoding	992	395	701		223720	148547
张家口市	Zhangjiakou	4450	230	13288	3626	48400	39988
承德市	Chengde	3143	42	7494	4173	43007	24449
沧州市	Cangzhou	5994	5220	23768		78920	31516
廊坊市	Langfang	785	69			145356	83290
衡水市	Hengshui	1127	26			46843	18976
山西省	**Shanxi**						
太原市	Taiyuan	1720	1264	90037	85145	207366	198543
大同市	Datong	1232	643	137663	131684	41366	34195
阳泉市	Yangquan	334	50	108843	83259	25629	19578
长治市	Changzhi	1369	362	124803	4647	67562	28121
晋城市	Jincheng	1266	74	141148	59171	56052	37444
朔州市	Shuozhou	2129	1211	43927	20121	9829	3797
晋中市	Jinzhong	1124	230	79084	3758	36656	13408
运城市	Yuncheng	1986		2629		86181	21613
忻州市	Xinzhou	2366	479	29179	349	11788	6330
临汾市	Linfen	3181	259	63364	4648	38288	7883
吕梁市	Lvliang	682	36	90176	6297	56914	640
内蒙古自治区	**Inner Mongolia**						
呼和浩特市	Hohhot	3319	1678	305	300	51616	28617
包头市	Baotou	2645	1637	10457	6762	134440	132456
乌海市	Wuhai	157	157	702	702	30355	30355
赤峰市	Chifeng	14988	665	24911	18690	44590	22385
通辽市	Tongliao	55070	10993	12396	810	43632	20930
鄂尔多斯市	Erdos	2860	620	68356	6403	51971	11966
呼伦贝尔市	Hulunbuir	117015	12215	28186	13878	32005	11998
巴彦淖尔市	Bayannur	18590	5620	1350		10343	2699
乌兰察布市	Ulanqab	2371	11	354		12262	2426
辽宁省	**Liaoning**						
沈阳市	Shenyang	2987	1338	21302	21302	266385	261267
大连市	Dalian	5914	1358	1804	1804	399234	361495
鞍山市	Anshan	2934	788	2916	1948	156611	136521
抚顺市	Fushun	4048	1260	32114	28076	61006	59598
本溪市	Benxi	844	25	12194	9880	70668	63660
丹东市	Dandong	5030	76	2215	184	48196	34434
锦州市	Jinzhou	8661	1623	4977	3539	53243	49376
营口市	Yingkou	951	852	330	49	63761	53640
阜新市	Fuxin	3478	70	19681	19318	9298	7254

2-5 续表 1 continued 1

单位：人 (person)

城 市	City	第一产业(农、林、牧、渔业) Primary Industry		第二产业(1)采矿业 Secondary Industry: Mining		(2)制造业 Manufacturing	
		全 市 Total City	市辖区 Districts under City	全 市 Total City	市辖区 Districts under City	全 市 Total City	市辖区 Districts under City
辽阳市	Liaoyang	2807	1824	294	294	50631	47547
盘锦市	Panjin	165434	115634	96871	96871	34584	30494
铁岭市	Tieling	16751	60	40676		21363	8011
朝阳市	Chaoyang	1796	52	3487		33023	9063
葫芦岛市	Huludao	4914	322	8502	6410	49330	46199
吉林省	**Jilin**						
长春市	Changchun	11949	4231	9272	9272	374970	351619
吉林市	Jilin	9877	799	9594		114974	92993
四平市	Siping	7860	1669	759	759	27542	16068
辽源市	Liaoyuan	2463	210	19082	19082	42118	37178
通化市	Tonghua	4305	120	6083	495	113234	89134
白山市	Baishan	19041	4672	24539	22828	21879	9131
松原市	Songyuan	20281	660	49167	47337	44146	11538
白城市	Baicheng	22284	8473	394	43	23584	10468
黑龙江省	**Heilongjiang**						
哈尔滨市	Harbin	35450	6589	2999	267	230514	209349
齐齐哈尔市	Qiqihar	45400	369	77	24	68528	53369
鸡西市	Jixi	62727	16160	53581	53557	16900	8585
鹤岗市	Hegang	52417	7744	38979	38767	16076	7463
双鸭山市	Shuangyashan	6609	2816	30205	27962	10808	5621
大庆市	Daqing	2979	534	118482	118340	61413	56184
伊春市	Yichun	92243	65739	488	175	12044	10147
佳木斯市	Jiamusi	20023	4074	708		14954	10633
七台河市	Qitaihe	4347	2785	36137	36137	5680	5680
牡丹江市	Mudanjiang	39050	166	1767		35655	12539
黑河市	Heihe	24503	125	2870	767	5528	546
绥化市	Suihua	10643	629	3519		44692	5917
上海市	**Shanghai**	**24796**	**24796**	**523**	**523**	**1810460**	**1810460**
江苏省	**Jiangsu**						
南京市	Nanjing	1600	1600	1000	1000	484356	484356
无锡市	Wuxi	1400	217			625098	420656
徐州市	Xuzhou	13600	5738	58400	30104	224700	140083
常州市	Changzhou	500	226			327972	312131
苏州市	Suzhou	200	132	500	500	2007699	962933
南通市	Nantong	5400	1301			466300	198136
连云港市	Lianyungang	8000	5246	7000	6437	107887	71122
淮安市	Huai'an	5100	2553	3700	3597	218200	141031
盐城市	Yancheng	16700	5552	1400		240200	114085
扬州市	Yangzhou	300	175	8800	8463	267300	178384
镇江市	Zhenjiang	800	250	1000	966	239163	77307
泰州市	Taizhou	1800	401			290100	132957
宿迁市	Suqian	500	228	2200	1902	175358	101078
浙江省	**Zhejiang**						
杭州市	Hangzhou	922	480	1014	602	651937	533195
宁波市	Ningbo	389	133			639758	437248
温州市	Wenzhou	472		621		305090	73586
嘉兴市	Jiaxing	490	117			456814	131783

2-5 续表 2 continued 2

单位：人 (person)

城 市	City	第一产业(农、林、牧、渔业) Primary Industry		第二产业(1)采矿业 Secondary Industry: Mining		(2)制造业 Manufacturing	
		全 市 Total City	市辖区 Districts under City	全 市 Total City	市辖区 Districts under City	全 市 Total City	市辖区 Districts under City
湖州市	Huzhou	202	159	1101	611	191338	73063
绍兴市	Shaoxing	156	24	1804	1513	328718	216847
金华市	Jinhua	275	143	260		142926	33431
衢州市	Quzhou	244	21	173		65049	41375
舟山市	Zhoushan	12000	9800	1100	1000	102300	87700
台州市	Taizhou	509	323	92		310545	135236
丽水市	Lishui	526	47	322		27424	5744
安徽省	**Anhui**						
合肥市	Hefei	1108	113	883		355648	256822
芜湖市	Wuhu	318	62	184	84	184178	156002
蚌埠市	Bengbu	382				60805	
淮南市	Huainan	5696	1126	91755	71409	22707	20784
马鞍山市	Maanshan	753	46	22530	22006	63704	55546
淮北市	Huaibei			89408	88944	28391	16928
铜陵市	Tongling	3385	2203	1591	1591	61276	59241
安庆市	Anqing	14549		945		92739	
黄山市	Huangshan	1018	235			16847	11447
滁州市	Chuzhou	6547	667	1075	1039	77930	37412
阜阳市	Fuyang	1877	377	9043	3141	48759	24552
宿州市	Suzhou	21000		27000		134000	
六安市	Lu'an	20820	225	9455		154149	17291
亳州市	Bozhou	187		3860		48607	22303
池州市	Chizhou	827	141	925	802	22269	15004
宣城市	Xuancheng	2064	1065	39		49845	2500
福建省	**Fujian**						
福州市	Fuzhou	2462	121	1178	962	379460	175482
厦门市	Xiamen	1578	1578	31	31	460875	460875
莆田市	Putian	698	234	1010	1010	220643	187574
三明市	Sanming	3927	624	7699	105	40226	18011
泉州市	Quanzhou	3852	889	3984	1174	758466	139224
漳州市	Zhangzhou	18214	64	464		223760	46873
南平市	Nanping	7571	1501	1453	67	50076	17622
龙岩市	Longyan	3636	1855	4889	2950	54724	17017
宁德市	Ningde	1721	320			97283	36375
江西省	**Jiangxi**						
南昌市	Nanchang	3782	3138	341	341	310282	246950
景德镇市	Jingdezhen	6076	853	3524	161	70699	50325
萍乡市	Pingxiang	579	215	12810	12694	75701	59717
九江市	Jiujiang	6068		2799	87	142141	24560
新余市	Xinyu	390	54	1615	1344	72008	63191
鹰潭市	Yingtan	328		871		65622	12844
赣州市	Ganzhou	5702	412	10654	1997	179579	59972
吉安市	Ji'an	8296	339	2309		138879	21066
宜春市	Yichun	5106	98	17109	1253	174418	12842
抚州市	Fuzhou	2992	122	1819		83882	7860
上饶市	Shangrao	5254	94	11069	545	103997	13197

2-5 续表 3 continued 3

单位：人 (person)

城市	City	第一产业(农、林、牧、渔业) Primary Industry 全市 Total City	市辖区 Districts under City	第二产业(1)采矿业 Secondary Industry: Mining 全市 Total City	市辖区 Districts under City	(2)制造业 Manufacturing 全市 Total City	市辖区 Districts under City
山东省	**Shandong**						
济南市	Jinan	798	483	2877	628	289324	246243
青岛市	Qingdao	1175	167	727	248	629903	350877
淄博市	Zibo	726	567	28731	26495	282941	202979
枣庄市	Zaozhuang	359	116	73207	64746	101668	59682
东营市	Dongying	129		117170	116759	93683	58240
烟台市	Yantai	601	31	39996	389	445689	272395
潍坊市	Weifang	880	27	3009	2019	328719	135821
济宁市	Jining	1399	626	173886	30348	175381	114309
泰安市	Tai'an	2392	1300	78013	259	178083	72767
威海市	Weihai	677	235	490		339917	227092
日照市	Rizhao	582	561	301	244	107717	53058
莱芜市	Laiwu			15254	15254	74734	74734
临沂市	Linyi	2288	166	22088	18699	302799	148474
德州市	Dezhou	766	164	3125		181352	63388
聊城市	Liaocheng	453	80			149117	20519
滨州市	Binzhou	68		2476	175	266167	80212
菏泽市	Heze	939	202	12460		77686	27495
河南省	**Henan**						
郑州市	Zhengzhou	2493	311	50788	28063	680627	443956
开封市	Kaifeng	553	219			200315	114583
洛阳市	Luoyang	1002	202	18031	1525	252510	118863
平顶山市	Pingdingshan	430	22	114255	103416	119986	44557
安阳市	Anyang	619	31	7272	5922	142180	42446
鹤壁市	Hebi	108		30856	30856	95653	45964
新乡市	Xinxiang	488	36	3735	21	203250	69899
焦作市	Jiaozuo	540	71	32149	30697	252073	59560
濮阳市	Puyang	138	56	41698	41698	103969	27824
许昌市	Xuchang	17	17	10835	3221	235183	91241
漯河市	Luohe	33		37		177065	114028
三门峡市	Sanmenxia	715	62	69511	1035	38873	12157
南阳市	Nanyang	4767	1587	20395	768	257353	43118
商丘市	Shangqiu	536	128	41045		203993	65372
信阳市	Xinyang	955	208	6928	810	135684	43267
周口市	Zhoukou	3932				247846	13728
驻马店市	Zhumadian	4793	850	228	88	208795	36956
湖北省	**Hubei**						
武汉市	Wuhan	3466	2947	951	127	531482	434106
黄石市	Huangshi	1091		13141	558	102905	63308
十堰市	Shiyan	7230	4338	4290	573	235214	188095
宜昌市	Yichang	3855	1904	29135	8590	352125	102826
襄阳市	Xiangyang	17452	1083	5790	268	348713	144730
鄂州市	Ezhou	225	225	6547	6547	82334	82334
荆门市	Jingmen	6922	1102	10389	3369	145181	51919
孝感市	Xiaogan	8372	522	5978		274007	41655
荆州市	Jingzhou	14145	221	23		119387	52250
黄冈市	Huanggang	22617	1457	14190	526	223145	13997
咸宁市	Xianning	481	413	662		52765	18988
随州市	Suizhou	612		1286	260	41849	31323

2-5 续表 4 continued 4

单位：人 (person)

城市	City	第一产业(农、林、牧、渔业) Primary Industry 全市 Total City	第一产业 市辖区 Districts under City	第二产业(1)采矿业 Secondary Industry: Mining 全市 Total City	采矿业 市辖区 Districts under City	(2)制造业 Manufacturing 全市 Total City	制造业 市辖区 Districts under City
湖南省	**Hunan**						
长沙市	Changsha	983	783	1387	131	303628	115912
株洲市	Zhuzhou	410	150	8637	372	151888	93840
湘潭市	Xiangtan	3195	1259	660	222	75143	57149
衡阳市	Hengyang	754	309	16280	1071	98714	32758
邵阳市	Shaoyang	3048	186	6368	102	48872	18477
岳阳市	Yueyang	6263	2451	2289	148	106318	58235
常德市	Changde	501	399	2360		66192	27497
张家界市	Zhangjiajie	492	445	33		5527	2042
益阳市	Yiyang	711	326	676	28	52899	22070
郴州市	Chenzhou	1697	127	24333	4456	50208	21972
永州市	Yongzhou	2839	349	2029	50	51200	12677
怀化市	Huaihua	1360	30	2182		22743	3001
娄底市	Loudi	1489	100	13830	2321	56896	25459
广东省	**Guangdong**						
广州市	Guangzhou	1445	1445			819675	819675
韶关市	Shaoguan	1690	241	6293	1733	93025	55338
深圳市	Shenzhen	481	481	3975	3975	2339247	2339247
珠海市	Zhuhai	6879	6879	307	307	372800	372800
汕头市	Shantou	591	569	667	667	190756	190726
佛山市	Foshan	201	201	381	381	1200636	1200636
江门市	Jiangmen	512	20	72	72	300476	187562
湛江市	Zhanjiang	15394	2219	5860	4855	70540	36930
茂名市	Maoming	7958	1351	2804	831	80728	29691
肇庆市	Zhaoqing	862	111	1578	685	193136	147399
惠州市	Huizhou	869	190	416	101	648893	505560
梅州市	Meizhou	723	39	996	819	65726	31395
汕尾市	Shanwei	986	24	306	306	130940	55713
河源市	Heyuan	775	103	664	24	115073	78918
阳江市	Yangjiang	3862	2511	123		61873	35601
清远市	Qingyuan	1036	150	426	156	122370	84839
东莞市	Dongguan	277	277	35	35	1841936	1841936
中山市	Zhongshan					572254	572254
潮州市	Chaozhou	148	36	23	23	90419	84693
揭阳市	Jieyang	1986	23			194917	74850
云浮市	Yunfu	609	98	2956	2506	86286	22553
广西壮族自治区	**Guangxi**						
南宁市	Nanning	11337	7174	227	127	126817	109422
柳州市	Liuzhou	4551	1986	334	334	156746	134174
桂林市	Guilin	4922	858	4758	953	88134	54890
梧州市	Wuzhou	400	15	1123		66409	38561
北海市	Beihai	4827	4064	763	533	38750	35705
防城港市	Fangchenggang	11632	6778	104	104	6465	4579
钦州市	Qinzhou	3019	1433	899	899	35186	18682
贵港市	Guigang	975	354	85		29994	12881

2-5 续表 5 continued 5

单位：人 (person)

城市	City	第一产业(农、林、牧、渔业) Primary Industry		第二产业(1)采矿业 Secondary Industry: Mining		(2)制造业 Manufacturing	
		全市 Total City	市辖区 Districts under City	全市 Total City	市辖区 Districts under City	全市 Total City	市辖区 Districts under City
玉林市	Yulin	7075	931			77565	19190
百色市	Baise	2976	543	10926	7024	26591	7025
贺州市	Hezhou	1493	693	726	28	11019	7679
河池市	Hechi	3245		5587	4620	19442	3846
来宾市	Laibin	8537	6214	1226		18464	11688
崇左市	Chongzuo	12744	765	4351	4010	18366	4414
海南省	**Hainan**						
海口市	Haikou	45622	45622	11	11	47464	47464
三亚市	Sanya	4097	4097	14	14	4036	4036
三沙市	Sansa						
儋州市	Danzhou	237842		137		19387	
重庆市	**Chongqing**	**11016**	**8861**	**56272**	**49914**	**892939**	**845256**
四川省	**Sichuan**						
成都市	Chengdu	32921		5695		1013733	
自贡市	Zigong	593	376	4221	3693	37190	26199
攀枝花市	Panzhihua	2647	2077	34571	23783	74914	69120
泸州市	Luzhou	1026	12	2599		53696	34051
德阳市	Deyang	360		4107	1443	112087	40262
绵阳市	Mianyang	850	207	846	27	121980	98055
广元市	Guangyuan	412	27	8109	6446	13233	10170
遂宁市	Suining	1170		3359		115857	22669
内江市	Neijiang	856	231	3815		68105	21608
乐山市	Leshan	2551	1254	7968	3643	65420	29585
南充市	Nanchong	1087	437	1979	234	82547	43407
眉山市	Meishan	735	87	1526		51231	26751
宜宾市	Yibin	2212	1629	11520	162	94378	75184
广安市	Guang'an	703	37	6692	720	7942	3417
达州市	Dazhou	2586	613	22439	13219	37843	13281
雅安市	Ya'an	773	91	2367		14187	9542
巴中市	Bazhong	1925	783	6234	165	36454	14808
资阳市	Ziyang	689	336			28625	24746
贵州省	**Guizhou**						
贵阳市	Guiyang	1446	346	7602	5023	150437	103679
六盘水市	Liupanshui	263		69121	19500	22114	13595
遵义市	Zunyi	1101	12	6301	1426	77360	35770
安顺市	Anshun	1359	781	5207	4366	49429	44179
毕节市	Bijie	854	234	27628	17	20240	7104
铜仁市	Tongren	927	151	2721	522	15289	4640
云南省	**Yunnan**						
昆明市	Kunming	3449	1259	15644	6352	178268	65911
曲靖市	Qujing	2215	1100	66037	7537	87022	32402
玉溪市	Yuxi	2004	328	13900	379	78944	42900
保山市	Baoshan	2929	1484	2588	598	35431	11261
昭通市	Zhaotong	1904	58	13435	441	14970	5905
丽江市	Lijiang	578	51	1785		5314	1964
普洱市	Pu'er	970		2909	485	25932	13077
临沧市	Lincang	10936	394	1769	41	26711	2906

2-5 续表 6 continued 6

单位：人 (person)

城 市	City	第一产业(农、林、牧、渔业) Primary Industry		第二产业(1)采矿业 Secondary Industry: Mining		(2)制造业 Manufacturing	
		全 市 Total City	市辖区 Districts under City	全 市 Total City	市辖区 Districts under City	全 市 Total City	市辖区 Districts under City
西藏自治区	**Tibet**						
拉萨市	Lasa	92695		4589		17174	
日喀则市	Rikaze	211		664		586	
昌都市	Changdu						
林芝市	Linzhi						
山南市	Shannan						
陕西省	**Shaanxi**						
西安市	Xi'an	2256	1320	5215	5215	454980	438986
铜川市	Tongchuan	207	207	25020	24181	18616	18006
宝鸡市	Baoji	2750	333	9089	62	144423	88994
咸阳市	Xianyang	1882	511	27933		155666	71819
渭南市	Weinan	6177	1302	43837		80099	18987
延安市	Yan'an	2374	315	78968	1356	24012	1019
汉中市	Hanzhong	1462	132	10001	269	53346	13835
榆林市	Yulin	4026	629	72719	8121	60817	10357
安康市	Ankang	504	84	4249	217	16819	5255
商洛市	Shangluo	1973	930	7358	186	24954	9230
甘肃省	**Gansu**						
兰州市	Lanzhou	718	669	13162	13016	105671	72342
嘉峪关市	Jiayuguan	8300	8300	27	27	35289	35289
金昌市	Jinchang	2568		242		40222	34464
白银市	Baiyin	1851		17341	17041	28809	26123
天水市	Tianshui	4819	1861	707	339	36190	31752
武威市	Wuwei	2720	1732	2863	90	15102	10644
张掖市	Zhangye	11435	1166	3949		12802	5269
平凉市	Pingliang	1492	129	30355	93	5714	3485
酒泉市	Jiuquan	6585	1072	4759	21	24847	7793
庆阳市	Qingyang	505	10	24076	22622	3591	1769
定西市	Dingxi	1262		453		10110	2796
陇南市	Longnan	19300	7600	8800	200	12200	239
青海省	**Qinghai**						
西宁市	Xining	1141	386	3560	64	63466	36453
海东市	Haidong	2038	835	642	402	10420	2885
宁夏回族自治区	**Ningxia**						
银川市	Yinchuan	5985	1899	30377	30377	63348	30922
石嘴山市	Shizuishan	381	296	2128	2128	28856	21494
吴忠市	Wuzhong	2784	1582	215		18899	5281
固原市	Guyuan	1481	804	2706		2378	1171
中卫市	Zhongwei	2642	673			9187	3990
新疆维吾尔自治区	**Xinjiang**						
乌鲁木齐市	Urumqi	10683	10593	14978	14802	74231	74175
克拉玛依市	Karamay	135	135	67821	67821	27058	27058
吐鲁番市	Tulufan						
哈密市	Hami						

2-6 按行业分组的年末城镇单位从业人员(二)
Persons Employed in Urban Units by Sector in Detail at Year-end(Ⅱ)

单位：人 (person)

城　市	City	(3)电力、热力、燃气及水生产和供应业 Production and Distribution of Electricity, Gas and Water		(4)建筑业 Construction		第三产业 (1)批发和零售业 Wholesale and Retail Trades	
		全　市 Total City	市辖区 Districts under City	全　市 Total City	市辖区 Districts under City	全　市 Total City	市辖区 Districts under City
北京市	**Beijing**	**90941**	**90941**	**459436**	**459436**	**783688**	**783688**
天津市	**Tianjin**	**43475**	**43475**	**281843**	**281843**	**182105**	**182105**
河北省	**Hebei**						
石家庄市	Shijiazhuang	23273	18377	80102	61918	59770	48791
唐山市	Tangshan	24192	7144	64942	38477	42438	36909
秦皇岛市	Qinhuangdao	10746	10269	23796	21690	9508	9107
邯郸市	Handan	26984	24127	127669	89831	23505	15546
邢台市	Xingtai	19172	10046	42985	19910	17700	11849
保定市	Baoding	19348	16849	282115	105022	31570	20906
张家口市	Zhangjiakou	14769	11061	21555	11825	17212	13513
承德市	Chengde	8264	5949	32668	16235	8566	5182
沧州市	Cangzhou	13924	10367	60934	32109	20847	12758
廊坊市	Langfang	14762	10522	44000	29677	15065	10131
衡水市	Hengshui	12174	11618	37325	14065	17569	10805
山西省	**Shanxi**						
太原市	Taiyuan	33970	31988	146815	144135	56151	52801
大同市	Datong	12059	10297	14701	13145	12599	9627
阳泉市	Yangquan	8104	5203	15979	15526	8681	6494
长治市	Changzhi	11709	7182	15966	12888	9570	4432
晋城市	Jincheng	8670	3815	13706	12400	13151	5874
朔州市	Shuozhou	10641	8223	16231	10535	10434	5584
晋中市	Jinzhong	8664	3957	18231	9947	10900	4007
运城市	Yuncheng	7417	3763	17915	3417	12971	7134
忻州市	Xinzhou	7496	937	16349	6745	13331	6442
临汾市	Linfen	11153	5496	11465	5434	8887	3793
吕梁市	Lvliang	5472	624	6794	4208	14106	3258
内蒙古自治区	**Inner Mongolia**						
呼和浩特市	Hohhot	23847	21493	38563	36754	22601	22133
包头市	Baotou	19431	17679	41255	33682	12868	12474
乌海市	Wuhai	5949	5949	17715	17715	1241	1241
赤峰市	Chifeng	13909	5650	26654	9366	9983	6676
通辽市	Tongliao	13815	6873	12011	8091	6907	5814
鄂尔多斯市	Erdos	15537	6026	10802	6094	8814	3966
呼伦贝尔市	Hulunbuir	18780	5929	30094	7402	10587	6208
巴彦淖尔市	Bayannur	7608	5058	10864	9962	4698	3586
乌兰察布市	Ulanqab	10974	6963	4507	2342	4054	2916
辽宁省	**Liaoning**						
沈阳市	Shenyang	32624	29763	227466	221803	78822	76794
大连市	Dalian	15646	13873	79264	65237	47836	46702
鞍山市	Anshan	13348	10356	67210	49160	17261	12817
抚顺市	Fushun	11296	10561	22668	20375	9604	9223
本溪市	Benxi	7512	6776	31381	22664	5040	4392
丹东市	Dandong	7823	4832	32356	19175	7094	6021
锦州市	Jinzhou	11185	9528	34995	31977	8923	7334
营口市	Yingkou	9401	8532	17554	12446	13032	9835

2-6 续表 1 continued 1

单位：人 (person)

城市	City	(3)电力、热力、燃气及水生产和供应业 Production and Distribution of Electricity, Gas and Water		(4)建筑业 Construction		第三产业 (1)批发和零售业 Wholesale and Retail Trades	
		全市 Total City	市辖区 Districts under City	全市 Total City	市辖区 Districts under City	全市 Total City	市辖区 Districts under City
阜新市	Fuxin	7573	6454	15168	11633	4652	3476
辽阳市	Liaoyang	1390	995	21202	16007	3342	3014
盘锦市	Panjin	4969	4914	24828	23692	6386	5840
铁岭市	Tieling	8447	3168	16365	6137	9401	7810
朝阳市	Chaoyang	9531	6649	25417	11797	10001	8899
葫芦岛市	Huludao	6132	3940	25961	21335	4745	3834
吉林省	**Jilin**						
长春市	Changchun	60150	56125	144797	139273	61292	55268
吉林市	Jilin	13599	9282	33163	25573	11190	7659
四平市	Siping	7485	3850	14417	4763	6705	3337
辽源市	Liaoyuan	4266	3540	4064	3617	2508	1374
通化市	Tonghua	7601	3815	22698	5683	7551	2923
白山市	Baishan	6746	2866	8311	6199	3230	2253
松原市	Songyuan	8470	1476	19554	7115	7358	3216
白城市	Baicheng	5924	1930	13777	7785	6622	3860
黑龙江省	**Heilongjiang**						
哈尔滨市	Harbin	66723	59729	114034	102556	99874	94299
齐齐哈尔市	Qiqihar	15355	10591	17087	12802	10337	7281
鸡西市	Jixi	6573	3527	13988	9981	7584	2659
鹤岗市	Hegang	3886	2101	8310	5226	7736	2321
双鸭山市	Shuangyashan	7283	4421	7144	5096	9538	2019
大庆市	Daqing	29813	27497	48956	45686	18232	12010
伊春市	Yichun	4759	4688	4730	4224	1840	1747
佳木斯市	Jiamusi	6937	4419	16112	7654	10319	4622
七台河市	Qitaihe	1863	1657	2049	2049	1499	1281
牡丹江市	Mudanjiang	11109	7501	25856	4958	9247	3479
黑河市	Heihe	6025	2835	4392	1090	3849	305
绥化市	Suihua	8788	84	17735	190	13327	3870
上海市	**Shanghai**	**43719**	**43719**	**329297**	**329297**	**783592**	**783592**
江苏省	**Jiangsu**						
南京市	Nanjing	17000	17000	404400	404400	182044	182044
无锡市	Wuxi	10000	3869	91100	42211	50700	39214
徐州市	Xuzhou	8500	6148	269516	90348	35700	19609
常州市	Changzhou	5700	5126	76300	66757	20400	18561
苏州市	Suzhou	14200	6174	120000	67409	104601	49032
南通市	Nantong	8400	4547	1193014	350550	37400	23207
连云港市	Lianyungang	6600	5525	100800	60970	18800	15683
淮安市	Huai'an	5200	4573	221102	174939	17600	12728
盐城市	Yancheng	7200	4500	288094	131225	24600	13941
扬州市	Yangzhou	6600	5640	478653	339994	17100	12507
镇江市	Zhenjiang	6400	4249	41800	21365	14300	8124
泰州市	Taizhou	5700	1503	553150	258779	25400	16582
宿迁市	Suqian	4100	872	130300	77176	12800	9103
浙江省	**Zhejiang**						
杭州市	Hangzhou	18391	13709	795319	750147	172625	163063
宁波市	Ningbo	13743	7192	271528	45358	52329	42534
温州市	Wenzhou	14904	8511	272056	71401	26340	14393

2-6 续表 2 continued 2

单位：人 (person)

城市	City	(3)电力、热力、燃气及水生产和供应业 Production and Distribution of Electricity, Gas and Water		(4)建筑业 Construction		第三产业 (1)批发和零售业 Wholesale and Retail Trades	
		全市 Total City	市辖区 Districts under City	全市 Total City	市辖区 Districts under City	全市 Total City	市辖区 Districts under City
嘉兴市	Jiaxing	11318	2917	53502	33029	23996	11878
湖州市	Huzhou	6753	2557	127508	93870	19686	11360
绍兴市	Shaoxing	12565	10024	766872	492694	25185	17025
金华市	Jinhua	9546	2668	458216	26682	16668	8302
衢州市	Quzhou	4296	1867	16746	8502	5669	3729
舟山市	Zhoushan	4400	3400	71700	49000	70000	54600
台州市	Taizhou	11242	4950	309054	108568	23243	12786
丽水市	Lishui	6484	1823	6570	790	3603	1907
安徽省	**Anhui**						
合肥市	Hefei	42691	39283	460635	389514	80748	72598
芜湖市	Wuhu	4181	3260	63913	35926	24043	21014
蚌埠市	Bengbu	3888		60094		12121	
淮南市	Huainan	18826	8460	22406	18170	10228	8422
马鞍山市	Maanshan	3604	2594	29237	14698	6527	4907
淮北市	Huaibei	880	350	17595	15699	2480	1818
铜陵市	Tongling	1946	1819	29959	26216	4654	4422
安庆市	Anqing	7324		38191		13689	
黄山市	Huangshan	1606	1005	16559	13150	3210	2527
滁州市	Chuzhou	2404	642	16681	8724	8185	5155
阜阳市	Fuyang	8258	3109	34219	27053	19086	11469
宿州市	Suzhou	8000		90000		190000	
六安市	Lu'an	19216	1392	16781	5937	189196	6406
亳州市	Bozhou	641	319	18956	5149	15445	7757
池州市	Chizhou	1012	765	12450	7318	4412	3106
宣城市	Xuancheng	1736	440	9502	2427	7057	3742
福建省	**Fujian**						
福州市	Fuzhou	17051	7936	516643	325353	75337	63331
厦门市	Xiamen	7742	7742	410996	410996	74811	74811
莆田市	Putian	4578	3827	141842	123080	24651	21821
三明市	Sanming	9429	1699	29185	16825	7806	5046
泉州市	Quanzhou	16714	4140	368579	82268	40699	21301
漳州市	Zhangzhou	9651	2879	93168	32772	16023	7981
南平市	Nanping	7624	3036	25223	18548	7731	4871
龙岩市	Longyan	6507	2708	56264	8700	18398	10327
宁德市	Ningde	11300	3486	40536	26586	12530	6851
江西省	**Jiangxi**						
南昌市	Nanchang	7956	6386	467784	329000	74887	62689
景德镇市	Jingdezhen	2613	1879	12490	6605	13168	11269
萍乡市	Pingxiang	3829	2283	24764	20377	4296	4107
九江市	Jiujiang	4416	3174	62353	24668	11217	6197
新余市	Xinyu	2160	1350	17780	15391	2524	2176
鹰潭市	Yingtan	1831	236	25878	2966	4102	1794
赣州市	Ganzhou	8887	1469	30965	16076	11775	8774
吉安市	Ji'an	4729	1460	34354	8981	9905	5256
宜春市	Yichun	4327	601	38508	4553	19229	3958
抚州市	Fuzhou	2635	503	112461	102751	7572	2414
上饶市	Shangrao	2516	939	77372	40714	14868	4551

2-6 续表 3 continued 3

单位：人 (person)

城市	City	(3)电力、热力、燃气及水生产和供应业 Production and Distribution of Electricity, Gas and Water		(4)建筑业 Construction		第三产业 (1)批发和零售业 Wholesale and Retail Trades	
		全市 Total City	市辖区 Districts under City	全市 Total City	市辖区 Districts under City	全市 Total City	市辖区 Districts under City
山东省	**Shandong**						
济南市	Jinan	16988	15506	267629	247028	107695	103918
青岛市	Qingdao	22864	18774	120993	94622	81272	71201
淄博市	Zibo	19211	17196	219706	82969	31269	24554
枣庄市	Zaozhuang	6780	4301	80442	31517	15482	8768
东营市	Dongying	3991	3570	48753	36237	11093	10656
烟台市	Yantai	17417	11362	68923	24034	36761	25004
潍坊市	Weifang	18321	14337	90105	45116	41423	27899
济宁市	Jining	19536	13580	122441	50715	25819	14403
泰安市	Tai'an	12734	7145	135493	34332	40065	14902
威海市	Weihai	14518	12404	30670	18670	18461	16105
日照市	Rizhao	5138	3690	52428	39864	16402	11552
莱芜市	Laiwu	2737	2737	17527	17527	6403	6403
临沂市	Linyi	15204	12473	128062	48762	55927	26241
德州市	Dezhou	14572	10058	55765	31250	31969	14013
聊城市	Liaocheng	12221	8758	38619	15155	17273	12058
滨州市	Binzhou	10361	5817	38378	13939	16556	8483
菏泽市	Heze	12936	10373	84476	50253	16195	10654
河南省	**Henan**						
郑州市	Zhengzhou	34811	14175	294454	231729	103293	85539
开封市	Kaifeng	8674	5177	86005	62477	37466	22300
洛阳市	Luoyang	15723	8594	83412	59845	36211	27772
平顶山市	Pingdingshan	27958	25073	42076	28846	23500	14424
安阳市	Anyang	9081	5279	196278	41926	17424	5922
鹤壁市	Hebi	3656	2319	26813	23297	6185	4710
新乡市	Xinxiang	11779	3386	189160	44332	19177	9513
焦作市	Jiaozuo	8668	3784	29189	19335	28556	20864
濮阳市	Puyang	15299	12371	85279	71162	14817	7570
许昌市	Xuchang	7525	2533	36922	21482	20795	11328
漯河市	Luohe	3810	2755	25937	20301	14902	8763
三门峡市	Sanmenxia	6033	3571	16628	12852	8559	5343
南阳市	Nanyang	15907	4904	137151	56914	44655	13625
商丘市	Shangqiu	7843	1909	110995	47466	49559	18273
信阳市	Xinyang	11743	2319	123943	41748	44960	23409
周口市	Zhoukou	10094	1565	100229	30382	42567	6569
驻马店市	Zhumadian	11925	4421	131963	55763	44311	22071
湖北省	**Hubei**						
武汉市	Wuhan	16479	13280	504169	241016	181699	170103
黄石市	Huangshi	4179	2088	62724	22673	10766	8372
十堰市	Shiyan	15389	4690	62314	44535	113304	90060
宜昌市	Yichang	13614	6382	126439	72027	99432	43307
襄阳市	Xiangyang	10421	4460	157102	57458	120406	14362
鄂州市	Ezhou	3462	3462	54632	54632	8061	8061
荆门市	Jingmen	6230	4120	49761	14895	35031	10989
孝感市	Xiaogan	7237	1085	173574	104099	70603	28291
荆州市	Jingzhou	6309	889	55548	23466	16778	10443
黄冈市	Huanggang	7562	668	149659	54162	24257	6869
咸宁市	Xianning	3362	1210	32764	17171	7846	2508
随州市	Suizhou	1143	638	26587	22672	7846	3532

2-6 续表 4 continued 4

单位：人 (person)

城 市	City	(3)电力、热力、燃气及水生产和供应业 Production and Distribution of Electricity, Gas and Water		(4)建筑业 Construction		第三产业 (1)批发和零售业 Wholesale and Retail Trades	
		全 市 Total City	市辖区 Districts under City	全 市 Total City	市辖区 Districts under City	全 市 Total City	市辖区 Districts under City
湖南省	**Hunan**						
长沙市	Changsha	8093	6443	222647	194108	73582	65857
株洲市	Zhuzhou	5869	3254	89652	50502	13637	10253
湘潭市	Xiangtan	3949	2989	120520	78451	43775	21504
衡阳市	Hengyang	9497	2027	115189	49347	15014	8590
邵阳市	Shaoyang	7169	1510	79709	42397	11000	3663
岳阳市	Yueyang	6502	2793	84505	45330	19279	8980
常德市	Changde	5759	1919	100339	48557	17185	14386
张家界市	Zhangjiajie	1588	665	11871	5675	2059	1666
益阳市	Yiyang	3468	394	54504	23230	5804	2027
郴州市	Chenzhou	12887	5005	48775	22844	14032	10628
永州市	Yongzhou	7484	1394	48124	14737	7478	5233
怀化市	Huaihua	11425	707	25105	6627	4995	3384
娄底市	Loudi	3661	532	74132	42476	6065	2688
广东省	**Guangdong**						
广州市	Guangzhou	29679	29679	226022	226022	282383	282383
韶关市	Shaoguan	11396	4279	58877	40025	10866	8037
深圳市	Shenzhen	17330	17330	329969	329969	290037	290037
珠海市	Zhuhai	5849	5849	60066	60066	38710	38710
汕头市	Shantou	8798	8303	131631	131523	30152	29827
佛山市	Foshan	13226	13226	50595	50595	60109	60109
江门市	Jiangmen	7807	4289	49644	7061	27137	20741
湛江市	Zhanjiang	10306	4852	111242	36072	27675	13328
茂名市	Maoming	10720	6561	109610	68125	25310	17591
肇庆市	Zhaoqing	10569	6616	20266	12688	21105	16044
惠州市	Huizhou	9612	5638	15927	9989	26192	18381
梅州市	Meizhou	11116	2916	32173	9033	10503	5660
汕尾市	Shanwei	4116	638	7818	2830	7192	3287
河源市	Heyuan	5773	1145	14478	6208	7571	4466
阳江市	Yangjiang	5982	3606	46876	24253	10683	7366
清远市	Qingyuan	8304	1926	27065	21503	11273	8336
东莞市	Dongguan	9136	9136	46550	46550	62540	62540
中山市	Zhongshan	9843	9843	30456	30456	32961	32961
潮州市	Chaozhou	8798	6367	15726	15200	5902	4578
揭阳市	Jieyang	9078	3668	35140	12153	24302	9545
云浮市	Yunfu	3970	1288	12496	2271	15574	4412
广西壮族自治区	**Guangxi**						
南宁市	Nanning	53957	49800	227953	221339	46932	45803
柳州市	Liuzhou	7884	4099	158748	155266	18913	17316
桂林市	Guilin	11808	3232	61726	51187	15125	10779
梧州市	Wuzhou	6321	2680	7501	3804	4742	3310
北海市	Beihai	2650	1738	13896	7995	3994	3582
防城港市	Fangchenggang	1735	688	21671	19059	1702	947
钦州市	Qinzhou	4472	2929	55900	46826	5831	4075
贵港市	Guigang	8378	6070	8889	4085	5404	4338

2-6 续表 5 continued 5

单位：人 (person)

城 市	City	(3)电力、热力、燃气及水生产和供应业 Production and Distribution of Electricity, Gas and Water 全 市 Total City	市辖区 Districts under City	(4)建筑业 Construction 全 市 Total City	市辖区 Districts under City	第三产业 (1)批发和零售业 Wholesale and Retail Trades 全 市 Total City	市辖区 Districts under City
玉林市	Yulin	7621	3168	51082	10783	9713	5698
百色市	Baise	9976	2812	12407	6568	8051	4016
贺州市	Hezhou	4363	2559	1567	332	1997	1548
河池市	Hechi	8601	2168	10826	4920	5581	2301
来宾市	Laibin	5159	2252	11154	7900	2842	1416
崇左市	Chongzuo	4515	700	4103	1233	3942	1890
海南省	**Hainan**						
海口市	Haikou	4660	4660	48811	48811	40231	40231
三亚市	Sanya	2420	2420	6437	6437	5794	5794
三沙市	Sansa						
儋州市	Danzhou	1606		19550		46510	
重庆市	**Chongqing**	**64303**	**58407**	**1001775**	**880710**	**206607**	**190866**
四川省	**Sichuan**						
成都市	Chengdu	28105		795955		699347	
自贡市	Zigong	3848	2531	46692	38778	4986	4070
攀枝花市	Panzhihua	6215	3366	34515	31467	26968	24732
泸州市	Luzhou	4337	2263	152895	89015	14040	10143
德阳市	Deyang	3453	1996	43470	21914	9552	4698
绵阳市	Mianyang	12109	7497	105157	70871	17927	15615
广元市	Guangyuan	3232	1737	23710	15418	4709	3177
遂宁市	Suining	5003	2246	73635	15110	8162	3793
内江市	Neijiang	3868	2185	76942	19070	4641	2837
乐山市	Leshan	9391	3847	33063	24983	9079	6264
南充市	Nanchong	12132	5689	92218	24721	11700	8148
眉山市	Meishan	5067	3235	33480	12989	6470	3855
宜宾市	Yibin	9680	2312	56014	11943	5776	4780
广安市	Guang'an	6165	3973	21358	3679	3630	2051
达州市	Dazhou	16738	6962	76481	29876	15043	8949
雅安市	Ya'an	5938	1831	12661	2013	3314	2449
巴中市	Bazhong	2703	684	118873	52277	5950	4428
资阳市	Ziyang	1546	463	49078	16365	6086	3149
贵州省	**Guizhou**						
贵阳市	Guiyang	61660	58636	318184	313708	53120	49449
六盘水市	Liupanshui	8103	2242	12715	8636	6241	3913
遵义市	Zunyi	10999	3183	39174	25882	20338	13397
安顺市	Anshun	3656	1225	6174	4360	6629	5750
毕节市	Bijie	11452	1955	9237	4506	12701	6526
铜仁市	Tongren	5812	1473	9543	4285	5259	3815
云南省	**Yunnan**						
昆明市	Kunming	19375	9871	337240	246513	107489	63431
曲靖市	Qujing	15894	4453	86855	43267	22502	14999
玉溪市	Yuxi	6369	1992	40219	27829	27895	19096
保山市	Baoshan	4027	3326	49357	37320	9264	6814
昭通市	Zhaotong	8115	1737	18454	8507	7596	4982
丽江市	Lijiang	3330	872	8386	1994	5830	4045
普洱市	Pu'er	6409	1944	30490	10216	5790	3256
临沧市	Lincang	3675	1642	15826	7641	5840	2443

2-6 续表 6 continued 6

单位：人 (person)

城市	City	(3)电力、热力、燃气及水生产和供应业 Production and Distribution of Electricity, Gas and Water		(4)建筑业 Construction		第三产业 (1)批发和零售业 Wholesale and Retail Trades	
		全市 Total City	市辖区 Districts under City	全市 Total City	市辖区 Districts under City	全市 Total City	市辖区 Districts under City
西藏自治区	**Tibet**						
拉萨市	Lasa	6381		28316		84580	
日喀则市	Rikaze	591		1766		376	
昌都市	Changdu						
林芝市	Linzhi						
山南市	Shannan						
陕西省	**Shaanxi**						
西安市	Xi'an	52053	45877	242586	226874	123055	121812
铜川市	Tongchuan	2240	2174	6450	6288	7304	7090
宝鸡市	Baoji	5910	2888	48088	32694	27296	18893
咸阳市	Xianyang	10789	6246	90686	32652	18649	11161
渭南市	Weinan	10522	780	50707	24663	20503	10650
延安市	Yan'an	9683	3600	30636	25719	14269	9753
汉中市	Hanzhong	3720	433	37154	24539	11498	6673
榆林市	Yulin	18075	1634	23487	9441	17771	7091
安康市	Ankang	2823	369	26489	16786	10177	6769
商洛市	Shangluo	1560	388	48138	8460	5413	2783
甘肃省	**Gansu**						
兰州市	Lanzhou	25319	23220	155847	150851	29043	26543
嘉峪关市	Jiayuguan	2995	2995	2849	2849	1100	1100
金昌市	Jinchang	2259	598	24997	24331	2033	1608
白银市	Baiyin	6592	5370	18542	9287	2337	1780
天水市	Tianshui	4112	2610	30293	24048	13762	10813
武威市	Wuwei	4420	2841	28572	25191	3156	2555
张掖市	Zhangye	6920	4034	14085	7616	4030	2882
平凉市	Pingliang	5602	2563	30924	13743	5149	2281
酒泉市	Jiuquan	6184	793	24281	11330	6437	3920
庆阳市	Qingyang	6047	5204	29258	11136	5476	3690
定西市	Dingxi	4304	1218	28651	11238	2695	1230
陇南市	Longnan	6800	1121	9500	2019	22100	4057
青海省	**Qinghai**						
西宁市	Xining	16434	14838	54432	49004	17748	17155
海东市	Haidong	581	234	4959	2403	1743	904
宁夏回族自治区	**Ningxia**						
银川市	Yinchuan	20487	17160	25538	18425	17386	15596
石嘴山市	Shizuishan	4639	4206	5218	4903	1934	1838
吴忠市	Wuzhong	6306	1516	7860	3164	2279	1792
固原市	Guyuan	595	227	2418	1069	1615	986
中卫市	Zhongwei	2545	1440	2491	1528	1052	617
新疆维吾尔自治区	**Xinjiang**						
乌鲁木齐市	Urumqi	43931	43918	105001	105001	37847	37847
克拉玛依市	Karamay	759	759	12102	12102	1620	1620
吐鲁番市	Tulufan						
哈密市	Hami						

2-7 按行业分组的年末城镇单位从业人员(三)

Persons Employed in Urban Units by Sector in Detail at Year-end(Ⅲ)

单位：人 (person)

城市	City	(2)交通运输、仓储和邮政业 Traffic,Transport, Storage and Post		(3)住宿和餐饮业 Hotels and Catering Services		(4)信息传输、计算机服务和软件业 Information Transmission, Computer Services and Software	
		全市 Total City	市辖区 Districts under City	全市 Total City	市辖区 Districts under City	全市 Total City	市辖区 Districts under City
北京市	**Beijing**	**582306**	**582306**	**294119**	**294119**	**692226**	**692226**
天津市	**Tianjin**	**146712**	**146712**	**50668**	**50668**	**48475**	**48475**
河北省	**Hebei**						
石家庄市	Shijiazhuang	73771	59706	11519	9451	21917	20654
唐山市	Tangshan	50338	37477	4307	1770	7637	3139
秦皇岛市	Qinhuangdao	29724	28175	4272	4057	5356	5008
邯郸市	Handan	30937	22528	5258	3007	5070	4572
邢台市	Xingtai	9638	6993	3237	1841	4208	4058
保定市	Baoding	21479	15586	6939	3979	8256	7542
张家口市	Zhangjiakou	16784	11932	5983	3932	5099	3366
承德市	Chengde	10982	8284	2851	2089	4380	4168
沧州市	Cangzhou	18872	12175	3594	1711	4736	3897
廊坊市	Langfang	9713	5520	4006	2581	13375	11983
衡水市	Hengshui	12494	8525	2254	1568	4005	2855
山西省	**Shanxi**						
太原市	Taiyuan	129561	128948	16475	16334	18422	18375
大同市	Datong	17078	16246	5609	5312	3083	2954
阳泉市	Yangquan	8214	7217	1510	648	1699	1662
长治市	Changzhi	12741	9077	2102	999	3053	2751
晋城市	Jincheng	11863	8475	2177	934	2347	1773
朔州市	Shuozhou	5809	3942	1115	1066	2677	2572
晋中市	Jinzhong	10097	7405	1472	726	2587	2252
运城市	Yuncheng	9970	7050	1492	688	4385	3487
忻州市	Xinzhou	10306	7523	3380	1866	3129	2692
临汾市	Linfen	30461	5174	1015	514	4586	4037
吕梁市	Lvliang	8370	1907	2991	1383	3722	3419
内蒙古自治区	**Inner Mongolia**						
呼和浩特市	Hohhot	30873	29438	9210	8420	11465	11235
包头市	Baotou	12047	11228	7196	7078	4517	4420
乌海市	Wuhai	2596	2596	246	246	1420	1420
赤峰市	Chifeng	11034	6804	3006	1533	5637	4168
通辽市	Tongliao	8996	4504	1963	1098	4949	3717
鄂尔多斯市	Erdos	14556	6909	4617	1413	3719	2843
呼伦贝尔市	Hulunbuir	28166	3077	5024	2088	6100	4008
巴彦淖尔市	Bayannur	4200	2538	698	390	2360	2224
乌兰察布市	Ulanqab	7925	6424	2573	1156	3162	2752
辽宁省	**Liaoning**						
沈阳市	Shenyang	96253	92863	25682	25528	22064	21744
大连市	Dalian	69078	66033	17250	16806	63764	63677
鞍山市	Anshan	22878	10794	3427	2689	3432	3275
抚顺市	Fushun	9199	7069	963	817	2379	2194
本溪市	Benxi	9040	8262	1449	872	3850	3170
丹东市	Dandong	7087	4667	2289	2167	3784	2900
锦州市	Jinzhou	13688	9305	1389	849	6540	5824
营口市	Yingkou	37141	34212	3622	3347	3667	3228

2-7 续表 1 continued 1

单位：人 (person)

城 市	City	(2)交通运输、仓储和邮政业 Traffic,Transport, Storage and Post		(3)住宿和餐饮业 Hotels and Catering Services		(4)信息传输、计算机服务和软件业 Information Transmission, Computer Services and Software	
		全 市 Total City	市辖区 Districts under City	全 市 Total City	市辖区 Districts under City	全 市 Total City	市辖区 Districts under City
阜新市	Fuxin	3875	2312	611	494	2702	2239
辽阳市	Liaoyang	4520	4257	333	323	2080	2080
盘锦市	Panjin	7489	7020	2221	2080	2005	2005
铁岭市	Tieling	6246	2342	335	126	3170	2525
朝阳市	Chaoyang	7173	2660	673	463	3236	2953
葫芦岛市	Huludao	7109	4204	1344	533	3173	3134
吉林省	**Jilin**						
长春市	Changchun	48025	43219	16671	16411	35137	33759
吉林市	Jilin	10784	6981	2159	1928	5656	5208
四平市	Siping	7179	3670	893	526	5038	3363
辽源市	Liaoyuan	3016	2100	237	161	1927	1599
通化市	Tonghua	6113	3298	1093	535	4350	2676
白山市	Baishan	4100	2831	826	515	2355	1836
松原市	Songyuan	6795	1697	1945	532	3040	2771
白城市	Baicheng	5221	1332	1161	632	2926	1655
黑龙江省	**Heilongjiang**						
哈尔滨市	Harbin	99226	89835	28091	27587	37443	35859
齐齐哈尔市	Qiqihar	44671	39904	483	336	5324	4635
鸡西市	Jixi	9272	3241	1636	138	3983	2109
鹤岗市	Hegang	4974	1939	2889	210	1568	1130
双鸭山市	Shuangyashan	7320	2237	599	73	1983	1626
大庆市	Daqing	15039	13603	2635	2007	6461	6368
伊春市	Yichun	3808	2711	542	479	2292	2277
佳木斯市	Jiamusi	8371	3804	895	582	3173	2843
七台河市	Qitaihe	2907	2653	96	96	1087	986
牡丹江市	Mudanjiang	7865	3288	1761	932	3129	2289
黑河市	Heihe	7518	3082	707	133	2331	1710
绥化市	Suihua	11910	907	579	278	4414	24
上海市	**Shanghai**	**510827**	**510827**	**242978**	**242978**	**267844**	**267844**
江苏省	**Jiangsu**						
南京市	Nanjing	143200	143200	47100	47100	141500	141500
无锡市	Wuxi	31000	22251	21900	18509	26600	24614
徐州市	Xuzhou	47300	33955	4800	3727	6900	5051
常州市	Changzhou	20200	18513	16300	15352	6800	6410
苏州市	Suzhou	71700	37840	37900	30471	38700	29828
南通市	Nantong	29600	20276	5500	1933	9400	5835
连云港市	Lianyungang	31200	26473	2500	2084	5500	4338
淮安市	Huai'an	19900	15202	5000	3601	6000	4967
盐城市	Yancheng	28400	15378	8400	4233	6500	4493
扬州市	Yangzhou	24700	17297	8800	7351	9900	8553
镇江市	Zhenjiang	12500	9148	4900	3723	3900	2742
泰州市	Taizhou	27100	12556	3800	2433	7000	5124
宿迁市	Suqian	9600	5767	2100	1437	4500	2859
浙江省	**Zhejiang**						
杭州市	Hangzhou	113833	106471	66701	62435	128899	127467
宁波市	Ningbo	58832	49916	13764	10240	14510	12758
温州市	Wenzhou	33007	22221	11580	6306	6821	5547

2-7 续表 2 continued 2

单位：人 (person)

城市	City	(2)交通运输、仓储和邮政业 Traffic,Transport, Storage and Post		(3)住宿和餐饮业 Hotels and Catering Services		(4)信息传输、计算机服务和软件业 Information Transmission, Computer Services and Software	
		全市 Total City	市辖区 Districts under City	全市 Total City	市辖区 Districts under City	全市 Total City	市辖区 Districts under City
嘉兴市	Jiaxing	17147	7798	7957	3571	5399	3830
湖州市	Huzhou	8637	6037	8352	5939	4318	3503
绍兴市	Shaoxing	16224	12329	6285	4701	4727	4166
金华市	Jinhua	23945	10058	6423	1343	7878	4527
衢州市	Quzhou	5203	4212	1933	887	3009	2609
舟山市	Zhoushan	36200	31400	47700	27100	10900	3300
台州市	Taizhou	13561	7122	5834	2303	5526	4641
丽水市	Lishui	5654	2454	2108	1057	2744	1876
安徽省	**Anhui**						
合肥市	Hefei	76109	67559	26008	23531	36876	34536
芜湖市	Wuhu	28149	25175	6250	5476	3697	3411
蚌埠市	Bengbu	14462		1746		2880	
淮南市	Huainan	9091	7444	1342	1280	1662	1584
马鞍山市	Maanshan	7080	5702	444	444	2997	2686
淮北市	Huaibei	4978	4076	476	441	2088	1996
铜陵市	Tongling	6191	5571	1206	1177	1349	1134
安庆市	Anqing	10392		4435		5583	
黄山市	Huangshan	4429	3316	5390	4689	1885	1592
滁州市	Chuzhou	10016	6191	1303	779	2663	2408
阜阳市	Fuyang	18591	12588	1412	962	4208	3620
宿州市	Suzhou	12000		18000		14000	
六安市	Lu'an	169935	3330	79446	783	11100	3696
亳州市	Bozhou	15563	3443	2927	1243	2016	1330
池州市	Chizhou	4574	2906	2084	976	1503	1152
宣城市	Xuancheng	4445	1648	894	495	2875	970
福建省	**Fujian**						
福州市	Fuzhou	45319	33157	24878	19916	26775	25994
厦门市	Xiamen	65518	65518	36087	36087	27243	27243
莆田市	Putian	8126	7003	4666	4037	3900	3706
三明市	Sanming	9555	4710	1340	437	3654	3003
泉州市	Quanzhou	22139	13201	14623	6064	13210	10328
漳州市	Zhangzhou	10437	6813	5208	2315	3693	3017
南平市	Nanping	12533	7819	3489	388	5529	4833
龙岩市	Longyan	11596	8571	4237	2364	2921	2314
宁德市	Ningde	11739	5340	3074	1607	4234	3209
江西省	**Jiangxi**						
南昌市	Nanchang	36621	35537	14123	13427	27607	27447
景德镇市	Jingdezhen	8298	4270	2347	1588	1494	1320
萍乡市	Pingxiang	4481	3947	529	496	1625	1586
九江市	Jiujiang	14960	8805	5116	1632	3849	3522
新余市	Xinyu	3700	3082	2058	1956	951	951
鹰潭市	Yingtan	5408	3171	1571	858	1211	1009
赣州市	Ganzhou	15384	9203	4704	2780	5444	4935
吉安市	Ji'an	15489	6487	3247	948	3723	2894
宜春市	Yichun	16793	7860	3399	1336	2808	1876
抚州市	Fuzhou	13460	3086	1641	1030	2542	2212
上饶市	Shangrao	7601	3658	3624	813	3566	3234

2-7 续表 3 continued 3

单位：人 (person)

城市	City	(2)交通运输、仓储和邮政业 Traffic,Transport, Storage and Post		(3)住宿和餐饮业 Hotels and Catering Services		(4)信息传输、计算机服务和软件业 Information Transmission, Computer Services and Software	
		全市 Total City	市辖区 Districts under City	全市 Total City	市辖区 Districts under City	全市 Total City	市辖区 Districts under City
山东省	**Shandong**						
济南市	Jinan	56082	54801	25108	24613	79589	79573
青岛市	Qingdao	76326	71816	25311	22491	14475	14272
淄博市	Zibo	14803	12073	6487	5617	12158	12107
枣庄市	Zaozhuang	9436	6168	2979	1825	1946	1946
东营市	Dongying	6640	5788	11470	10511	4234	3971
烟台市	Yantai	48234	34977	11495	6029	10500	8494
潍坊市	Weifang	21999	12592	8917	4438	12450	10781
济宁市	Jining	20949	13235	8062	4242	4561	3826
泰安市	Tai'an	17657	9995	6055	3925	6044	5118
威海市	Weihai	17087	12968	7223	4772	3674	3239
日照市	Rizhao	25679	23673	2928	2464	2225	2150
莱芜市	Laiwu	7050	7050	1287	1287	1023	1023
临沂市	Linyi	25429	11509	6396	3770	10811	9954
德州市	Dezhou	16832	7628	6648	3693	5476	3340
聊城市	Liaocheng	19691	8384	4485	2698	3433	2597
滨州市	Binzhou	13052	5312	2620	1494	3922	3238
菏泽市	Heze	16431	12794	3198	2266	3643	3330
河南省	**Henan**						
郑州市	Zhengzhou	80997	70051	30947	26194	38928	37995
开封市	Kaifeng	11877	7544	6714	5705	4930	3585
洛阳市	Luoyang	18970	13026	8134	6039	9678	9594
平顶山市	Pingdingshan	13250	6999	5331	3776	2824	2140
安阳市	Anyang	14316	9392	3348	1699	4193	2950
鹤壁市	Hebi	3383	1941	1690	1560	1143	1070
新乡市	Xinxiang	13512	8111	4377	2003	4881	3920
焦作市	Jiaozuo	30732	15457	3148	2044	2940	1770
濮阳市	Puyang	9934	5191	1654	1186	3799	2696
许昌市	Xuchang	9151	4069	5348	3006	4655	3783
漯河市	Luohe	9831	8243	1933	1177	1048	962
三门峡市	Sanmenxia	8498	6039	2108	1218	3532	3532
南阳市	Nanyang	28669	11182	9433	4022	5587	4398
商丘市	Shangqiu	25594	11645	5597	1461	9335	4613
信阳市	Xinyang	20574	9112	7415	4059	9143	5179
周口市	Zhoukou	21109	9784	3142	921	7743	6625
驻马店市	Zhumadian	24128	11096	6758	2556	6459	4085
湖北省	**Hubei**						
武汉市	Wuhan	105457	90526	49568	46251	37364	36379
黄石市	Huangshi	9706	6542	3009	2281	2000	1538
十堰市	Shiyan	14050	9769	10189	4597	7802	6660
宜昌市	Yichang	52429	16484	24884	17340	7677	5171
襄阳市	Xiangyang	29740	13782	16743	4241	6743	4526
鄂州市	Ezhou	7954	7954	4873	4873	4046	4046
荆门市	Jingmen	16701	7789	6472	3587	6009	950
孝感市	Xiaogan	16986	3495	31599	22343	6243	2740
荆州市	Jingzhou	16848	9561	3947	1687	5869	3246
黄冈市	Huanggang	10263	2884	4063	1449	6015	2815
咸宁市	Xianning	8768	2609	2384	1385	3563	2516
随州市	Suizhou	4119	2636	1991	1546	1088	856

2-7 续表 4 continued 4

单位：人 (person)

城　市	City	(2)交通运输、仓储和邮政业 Traffic,Transport, Storage and Post		(3)住宿和餐饮业 Hotels and Catering Services		(4)信息传输、计算机服务和软件业 Information Transmission, Computer Services and Software	
		全　市 Total City	市辖区 Districts under City	全　市 Total City	市辖区 Districts under City	全　市 Total City	市辖区 Districts under City
湖南省	**Hunan**						
长沙市	Changsha	49059	35835	28097	24409	24898	24192
株洲市	Zhuzhou	9330	7614	5090	3639	3897	3224
湘潭市	Xiangtan	65381	43413	10700	7158	6326	4789
衡阳市	Hengyang	14503	8548	6754	4410	4986	3291
邵阳市	Shaoyang	11522	6828	1591	189	4307	2320
岳阳市	Yueyang	10283	6820	6403	2816	6707	5483
常德市	Changde	11047	6307	5547	2260	5404	3974
张家界市	Zhangjiajie	2824	2592	4369	3616	1750	1599
益阳市	Yiyang	5240	2841	1572	884	2963	1915
郴州市	Chenzhou	9053	6534	5016	3082	3940	2881
永州市	Yongzhou	10366	5928	1328	374	4372	2880
怀化市	Huaihua	12869	8142	1673	533	3806	2877
娄底市	Loudi	7744	4029	1960	1264	2494	2123
广东省	**Guangdong**						
广州市	Guangzhou	298046	298046	105596	105596	130072	130072
韶关市	Shaoguan	8421	5687	4845	2272	3039	2740
深圳市	Shenzhen	245594	245594	104893	104893	184605	184605
珠海市	Zhuhai	24462	24462	23821	23821	22992	22992
汕头市	Shantou	15467	15226	6661	6522	6178	6051
佛山市	Foshan	39722	39722	18905	18905	11897	11897
江门市	Jiangmen	18111	13353	10519	6604	6649	5629
湛江市	Zhanjiang	24931	17818	8830	5595	7192	4222
茂名市	Maoming	12964	7086	5062	3393	4054	2340
肇庆市	Zhaoqing	10756	7640	5571	3571	4256	3449
惠州市	Huizhou	19669	15519	8545	4812	7166	6252
梅州市	Meizhou	8045	4484	2375	1036	4794	3710
汕尾市	Shanwei	4355	2516	2048	1140	3818	2589
河源市	Heyuan	7375	3940	3504	2051	2993	2724
阳江市	Yangjiang	8411	5418	2848	1532	2604	1975
清远市	Qingyuan	6385	3520	6330	4064	3377	2315
东莞市	Dongguan	29703	29703	27852	27852	11371	11371
中山市	Zhongshan	14875	14875	13094	13094	6530	6530
潮州市	Chaozhou	4140	2967	1692	1493	3414	2995
揭阳市	Jieyang	5322	3412	4309	2558	5503	3748
云浮市	Yunfu	4578	1772	3186	1668	2595	1999
广西壮族自治区	**Guangxi**						
南宁市	Nanning	45746	43923	18810	18534	14905	14655
柳州市	Liuzhou	16819	15353	3930	3521	2872	2712
桂林市	Guilin	10512	6798	8038	6567	3983	3810
梧州市	Wuzhou	5498	3774	1001	835	1842	1253
北海市	Beihai	4317	3783	2734	2518	1974	1831
防城港市	Fangchenggang	6884	6423	1004	911	1164	1135
钦州市	Qinzhou	5835	3740	1225	918	1361	1374
贵港市	Guigang	6955	4046	1058	778	1711	1291

2-7 续表 5 continued 5

单位：人 (person)

城市	City	(2)交通运输、仓储和邮政业 Traffic,Transport, Storage and Post		(3)住宿和餐饮业 Hotels and Catering Services		(4)信息传输、计算机服务和软件业 Information Transmission, Computer Services and Software	
		全市 Total City	市辖区 Districts under City	全市 Total City	市辖区 Districts under City	全市 Total City	市辖区 Districts under City
玉林市	Yulin	9106	5436	1836	1145	3443	3324
百色市	Baise	9080	6775	1675	576	1799	1493
贺州市	Hezhou	2101	1523	686	177	1450	1115
河池市	Hechi	7658	3868	1350	492	2749	2593
来宾市	Laibin	2625	1227	391	209	1510	1072
崇左市	Chongzuo	2885	1340	1315	414	1397	1346
海南省	**Hainan**						
海口市	Haikou	52477	52477	17312	17312	13945	13945
三亚市	Sanya	5622	5622	31635	31635	441	441
三沙市	Sansa						
儋州市	Danzhou	10382		18410		2475	
重庆市	**Chongqing**	**264857**	**247886**	**63535**	**57766**	**45809**	**44824**
四川省	**Sichuan**						
成都市	Chengdu	452583		368709		312864	
自贡市	Zigong	12530	10691	1361	1257	3102	3067
攀枝花市	Panzhihua	10886	10068	6907	6128	2726	2620
泸州市	Luzhou	13132	9175	1822	1744	3329	2767
德阳市	Deyang	9527	4084	2962	1552	2815	2593
绵阳市	Mianyang	14221	11336	5469	4138	8583	7741
广元市	Guangyuan	6548	3995	1281	708	3782	3397
遂宁市	Suining	4454	1740	15112	943	6310	2331
内江市	Neijiang	8915	4081	1711	769	1821	1579
乐山市	Leshan	9010	4895	1813	1381	2316	2170
南充市	Nanchong	14034	8908	3921	1926	5005	2507
眉山市	Meishan	6803	4963	1987	674	2034	1965
宜宾市	Yibin	9977	7676	1387	771	2450	2312
广安市	Guang'an	5008	2227	1021	778	2064	1780
达州市	Dazhou	12961	7122	1794	726	5157	3537
雅安市	Ya'an	3411	2262	963	570	2340	1954
巴中市	Bazhong	7707	6428	9094	3696	5109	1755
资阳市	Ziyang	6402	3857	682	191	2748	2457
贵州省	**Guizhou**						
贵阳市	Guiyang	78111	76843	13418	11930	19055	15491
六盘水市	Liupanshui	3275	2467	1028	838	1534	1492
遵义市	Zunyi	10429	7916	3465	1518	2993	2668
安顺市	Anshun	4637	3725	1741	1174	1881	1829
毕节市	Bijie	5749	3496	1844	942	2324	2066
铜仁市	Tongren	4190	2531	1547	475	1947	1793
云南省	**Yunnan**						
昆明市	Kunming	111564	88957	38866	28357	23975	13837
曲靖市	Qujing	8116	2479	7267	2778	2781	1841
玉溪市	Yuxi	4415	2998	3845	2361	1634	1469
保山市	Baoshan	3627	2517	3041	1053	1140	1100
昭通市	Zhaotong	4079	3159	2779	1496	2036	1933
丽江市	Lijiang	3404	2422	5483	4932	1116	918
普洱市	Pu'er	3947	2900	915	332	1662	1525
临沧市	Lincang	3327	2488	1238	573	1488	1215

2-7 续表 6 continued 6

单位：人 (person)

城 市	City	(2)交通运输、仓储和邮政业 Traffic,Transport, Storage and Post		(3)住宿和餐饮业 Hotels and Catering Services		(4)信息传输、计算机服务和软件业 Information Transmission, Computer Services and Software	
		全 市 Total City	市辖区 Districts under City	全 市 Total City	市辖区 Districts under City	全 市 Total City	市辖区 Districts under City
西藏自治区	**Tibet**						
拉萨市	Lasa	18114		42566		6860	
日喀则市	Rikaze	570		164		399	
昌都市	Changdu						
林芝市	Linzhi						
山南市	Shannan						
陕西省	**Shaanxi**						
西安市	Xi'an	164525	158696	56198	55045	84393	78778
铜川市	Tongchuan	2645	2613	1388	1339	1260	1260
宝鸡市	Baoji	9497	6737	9162	5717	3564	2953
咸阳市	Xianyang	12060	8236	7398	3654	4803	4155
渭南市	Weinan	12766	5471	7729	2100	3240	3104
延安市	Yan'an	10629	6488	6750	4637	2688	2634
汉中市	Hanzhong	9448	7210	3321	1714	2985	2794
榆林市	Yulin	21176	5020	6326	3589	3565	3078
安康市	Ankang	4621	2598	4518	2921	2623	2379
商洛市	Shangluo	7358	3496	2110	785	2123	1853
甘肃省	**Gansu**						
兰州市	Lanzhou	24752	21127	12103	10381	9212	9100
嘉峪关市	Jiayuguan	1071	1071	2100	2100	424	424
金昌市	Jinchang	2392	1727	604	450	1038	970
白银市	Baiyin	2711	1333	169	44	835	835
天水市	Tianshui	5792	4279	3640	2785	2661	2315
武威市	Wuwei	2766	2207	1036	786	1279	1236
张掖市	Zhangye	4470	3414	1141	828	1628	1020
平凉市	Pingliang	5417	3091	2082	1303	1882	1440
酒泉市	Jiuquan	4527	1638	3305	492	1419	836
庆阳市	Qingyang	4849	2746	2067	913	1826	1396
定西市	Dingxi	4458	2691	1663	550	1053	1053
陇南市	Longnan	8600	72	16000	200	2600	1254
青海省	**Qinghai**						
西宁市	Xining	35199	33856	3770	3740	8401	8364
海东市	Haidong	1576	935	646	276	224	106
宁夏回族自治区	**Ningxia**						
银川市	Yinchuan	12382	9171	3354	3216	4456	4441
石嘴山市	Shizuishan	1159	999	604	288	822	758
吴忠市	Wuzhong	1481	589	1520	848	966	922
固原市	Guyuan	3107	2372	793	163	799	695
中卫市	Zhongwei	2373	1843	230	230	739	739
新疆维吾尔自治区	**Xinjiang**						
乌鲁木齐市	Urumqi	100834	100823	10774	10774	9459	9459
克拉玛依市	Karamay	2469	2469	555	555	1227	1227
吐鲁番市	Tulufan						
哈密市	Hami						

2-8 按行业分组的年末城镇单位从业人员(四)
Persons Employed in Urban Units by Sector in Detail at Year-end (Ⅳ)

单位：人 (person)

城　市	City	(5)金融业 Financial Intermediation		(6)房地产业 Real Estate		(7)租赁和商业服务业 Leasing and Business Services	
		全　市 Total City	市辖区 Districts under City	全　市 Total City	市辖区 Districts under City	全　市 Total City	市辖区 Districts under City
北京市	**Beijing**	**514163**	**514163**	**438857**	**438857**	**801256**	**801256**
天津市	**Tianjin**	**160073**	**160073**	**79579**	**79579**	**92762**	**92762**
河北省	**Hebei**						
石家庄市	Shijiazhuang	54891	45303	19022	16777	36597	32861
唐山市	Tangshan	44673	40978	16469	13506	17143	14074
秦皇岛市	Qinhuangdao	22259	20618	8570	8107	5569	5048
邯郸市	Handan	29146	24890	9234	7099	15170	10603
邢台市	Xingtai	19206	7952	8483	5431	3894	2843
保定市	Baoding	39579	29837	13611	7103	10475	8503
张家口市	Zhangjiakou	18494	12406	9778	6053	6897	5033
承德市	Chengde	28801	24776	3629	2127	5810	2694
沧州市	Cangzhou	29738	25985	8198	5185	10919	4314
廊坊市	Langfang	15828	8918	19099	8660	10579	4397
衡水市	Hengshui	18031	11832	4654	3289	2463	1987
山西省	**Shanxi**						
太原市	Taiyuan	31206	31206	12277	11990	32321	30323
大同市	Datong	11700	11535	4374	4246	6948	6087
阳泉市	Yangquan	6646	4873	2716	2249	5730	5085
长治市	Changzhi	20223	15585	3292	1965	9324	5776
晋城市	Jincheng	14591	8826	2955	2472	5952	2832
朔州市	Shuozhou	7063	7036	2389	1212	2505	2391
晋中市	Jinzhong	33246	13911	1514	632	7065	4458
运城市	Yuncheng	15962	7596	1199	651	11976	1433
忻州市	Xinzhou	9716	5818	1108	742	4441	3120
临汾市	Linfen	16220	6527	1859	717	3102	1924
吕梁市	Lvliang	12249	5412	1138	251	1432	130
内蒙古自治区	**Inner Mongolia**						
呼和浩特市	Hohhot	22621	20022	13177	12301	6769	6196
包头市	Baotou	17405	16111	11122	10719	9903	9772
乌海市	Wuhai	3766	3766	2838	2838	606	606
赤峰市	Chifeng	12229	6174	4665	2878	1313	884
通辽市	Tongliao	9144	4519	3492	2530	3608	1346
鄂尔多斯市	Erdos	11181	6523	7729	4173	6439	1491
呼伦贝尔市	Hulunbuir	11658	4205	5217	2487	4988	820
巴彦淖尔市	Bayannur	7233	4696	2656	1938	1396	1119
乌兰察布市	Ulanqab	7254	3961	952	407	3051	854
辽宁省	**Liaoning**						
沈阳市	Shenyang	60453	60453	26920	26399	32316	30231
大连市	Dalian	69654	63926	39588	38994	24648	22854
鞍山市	Anshan	16728	14402	8797	6650	11904	7922
抚顺市	Fushun	11025	9677	3759	3208	3400	2851
本溪市	Benxi	10343	9810	2755	2223	6424	6265
丹东市	Dandong	9233	6574	9981	8477	1911	1001
锦州市	Jinzhou	16584	16571	5455	4620	9666	7632
营口市	Yingkou	14047	14043	3177	2739	4596	4446

2-8 续表 1 continued 1

单位：人 (person)

城市	City	(5)金融业 Financial Intermediation		(6)房地产业 Real Estate		(7)租赁和商业服务业 Leasing and Business Services	
		全市 Total City	市辖区 Districts under City	全市 Total City	市辖区 Districts under City	全市 Total City	市辖区 Districts under City
阜新市	Fuxin	9791	8243	2142	2069	1439	1255
辽阳市	Liaoyang	6921	5857	3230	2926	1962	1665
盘锦市	Panjin	10253	9901	3784	3704	10447	10159
铁岭市	Tieling	6852	1207	3558	1334	2445	917
朝阳市	Chaoyang	17117	10876	3729	1544	2307	1688
葫芦岛市	Huludao	11028	8542	2690	1772	4757	3669
吉林省	**Jilin**						
长春市	Changchun	47198	42705	39261	37741	39840	38931
吉林市	Jilin	11525	8625	7903	5758	3146	2388
四平市	Siping	8409	3711	2963	1864	661	328
辽源市	Liaoyuan	4789	3321	1800	1350	589	562
通化市	Tonghua	9832	5940	5463	3180	2597	973
白山市	Baishan	6260	4265	1663	1122	5174	3030
松原市	Songyuan	7821	4460	2473	1009	1031	362
白城市	Baicheng	9096	5212	2199	1050	1684	759
黑龙江省	**Heilongjiang**						
哈尔滨市	Harbin	74899	67869	34984	33210	45527	32307
齐齐哈尔市	Qiqihar	23571	16025	4670	3664	5388	4834
鸡西市	Jixi	10733	9490	1456	771	362	214
鹤岗市	Hegang	4475	3111	635	586	276	18
双鸭山市	Shuangyashan	5641	3056	1998	738	3147	317
大庆市	Daqing	29440	27750	9622	8983	817	572
伊春市	Yichun	4831	3708	1054	964	690	628
佳木斯市	Jiamusi	8677	6276	1548	1129	812	591
七台河市	Qitaihe	4218	3804	511	461	495	457
牡丹江市	Mudanjiang	22577	15327	3539	2146	7546	1743
黑河市	Heihe	5930	2093	742	119	630	118
绥化市	Suihua	15404		3506	288	1325	37
上海市	**Shanghai**	**355147**	**355147**	**253806**	**253806**	**521972**	**521972**
江苏省	**Jiangsu**						
南京市	Nanjing	44400	44400	54400	54400	79300	79300
无锡市	Wuxi	39400	30497	20100	15557	15200	11709
徐州市	Xuzhou	26800	16139	10700	7181	20400	14553
常州市	Changzhou	23700	22602	8700	6639	18800	18188
苏州市	Suzhou	61900	40394	56400	41733	43800	27493
南通市	Nantong	44200	29638	12100	6142	33000	13137
连云港市	Lianyungang	23700	17266	4600	3386	15300	11669
淮安市	Huai'an	19000	16867	10200	7747	9100	5025
盐城市	Yancheng	30600	19602	10700	6951	16100	6359
扬州市	Yangzhou	17900	10791	10700	6860	16200	10953
镇江市	Zhenjiang	19300	11986	10300	6875	9800	6878
泰州市	Taizhou	22900	10465	8400	5796	13900	5073
宿迁市	Suqian	6900	3761	5100	3083	3300	934
浙江省	**Zhejiang**						
杭州市	Hangzhou	120029	114730	109619	105582	114689	109299
宁波市	Ningbo	80890	73023	24822	22292	50793	43294
温州市	Wenzhou	56323	50567	18937	12091	23945	12850

2-8 续表 2 continued 2

单位：人 (person)

城 市	City	(5)金融业 Financial Intermediation		(6)房地产业 Real Estate		(7)租赁和商业服务业 Leasing and Business Services	
		全 市 Total City	市辖区 Districts under City	全 市 Total City	市辖区 Districts under City	全 市 Total City	市辖区 Districts under City
嘉兴市	Jiaxing	24807	21235	18358	9782	25333	6972
湖州市	Huzhou	20703	17855	6332	4417	7101	5385
绍兴市	Shaoxing	25595	23003	7237	4791	11043	8472
金华市	Jinhua	35553	13604	8151	2999	15440	5286
衢州市	Quzhou	20304	18474	686	383	3053	1703
舟山市	Zhoushan	9700	8300	9200	8100	16200	13300
台州市	Taizhou	51320	45179	8763	4727	10738	5680
丽水市	Lishui	18839	14784	1053	372	4222	1609
安徽省	**Anhui**						
合肥市	Hefei	39981	34328	35254	30325	24533	21266
芜湖市	Wuhu	15964	13482	8343	7042	5645	4966
蚌埠市	Bengbu	15267		7446		3639	
淮南市	Huainan	16109	14166	4175	3451	5757	2291
马鞍山市	Maanshan	12665	10690	2674	1848	2676	2289
淮北市	Huaibei	6583	6084	1776	1647	2188	1937
铜陵市	Tongling	5494	4727	4310	4048	2977	2977
安庆市	Anqing	13368		8696		3293	
黄山市	Huangshan	8013	4889	2671	1963	1426	879
滁州市	Chuzhou	11848	7477	3483	1515	1857	1559
阜阳市	Fuyang	27123	18308	5394	2888	2046	1599
宿州市	Suzhou	17000		20000		12000	
六安市	Lu'an	14284	2912	8540	2270	37543	947
亳州市	Bozhou	13528	8857	5376	2678	2305	1378
池州市	Chizhou	7134	5113	1759	864	1925	1373
宣城市	Xuancheng	10569	6895	3174	1044	1504	774
福建省	**Fujian**						
福州市	Fuzhou	33490	25828	44218	36031	56713	48391
厦门市	Xiamen	35116	35116	53088	53088	33644	33644
莆田市	Putian	11282	10500	6443	5056	6605	6328
三明市	Sanming	15896	9243	3231	1024	3646	1234
泉州市	Quanzhou	23920	13505	18170	9901	13688	6310
漳州市	Zhangzhou	17428	11571	15135	6783	8334	6651
南平市	Nanping	14734	6857	4936	1900	8197	2840
龙岩市	Longyan	23830	17818	5965	3949	9715	6681
宁德市	Ningde	20037	12012	4810	2007	4569	1424
江西省	**Jiangxi**						
南昌市	Nanchang	30166	30166	19377	15679	19605	18309
景德镇市	Jingdezhen	5975	5852	4653	3753	1165	530
萍乡市	Pingxiang	9858	9682	2559	2004	533	449
九江市	Jiujiang	9754	7754	6202	2165	9507	5335
新余市	Xinyu	3684	3684	1582	1350	977	650
鹰潭市	Yingtan	3117	3117	1570	869	1364	268
赣州市	Ganzhou	14244	11329	10217	5809	6928	3138
吉安市	Ji'an	12357	3393	4083	1586	3111	368
宜春市	Yichun	18440	15430	4848	1158	2207	347
抚州市	Fuzhou	9459	4340	6443	2917	2804	401
上饶市	Shangrao	12260	9658	5785	1568	5278	900

2-8 续表 3 continued 3

单位：人 (person)

城市	City	(5)金融业 Financial Intermediation 全市 Total City	市辖区 Districts under City	(6)房地产业 Real Estate 全市 Total City	市辖区 Districts under City	(7)租赁和商业服务业 Leasing and Business Services 全市 Total City	市辖区 Districts under City
山东省	**Shandong**						
济南市	Jinan	95662	94810	45886	43950	34386	33907
青岛市	Qingdao	59484	49573	37989	32163	27300	25896
淄博市	Zibo	20639	17279	12988	11250	11104	10233
枣庄市	Zaozhuang	8783	7600	7831	4050	3342	2489
东营市	Dongying	10201	8617	4621	3672	35506	35440
烟台市	Yantai	28453	13783	35739	26724	11519	7480
潍坊市	Weifang	17603	7118	16725	10117	7498	5143
济宁市	Jining	40390	27330	9894	4805	7407	2670
泰安市	Tai'an	27895	22598	13477	5662	9750	8073
威海市	Weihai	13494	10275	18050	11960	3657	2193
日照市	Rizhao	6967	5166	5318	3731	8814	7472
莱芜市	Laiwu	3408	3408	6999	6999	428	428
临沂市	Linyi	31949	16055	16263	7991	12874	9341
德州市	Dezhou	19686	7887	12758	6572	6070	405
聊城市	Liaocheng	38061	27642	6976	3766	2906	2091
滨州市	Binzhou	11287	7899	7423	5054	14718	2787
菏泽市	Heze	20529	11095	8566	3648	3057	1289
河南省	**Henan**						
郑州市	Zhengzhou	90557	86419	63249	50808	43154	34957
开封市	Kaifeng	7562	5664	11022	6513	8957	6029
洛阳市	Luoyang	26739	21321	16555	14747	7452	4835
平顶山市	Pingdingshan	16870	11726	8831	6378	8831	5451
安阳市	Anyang	15159	9079	7886	4618	11275	3437
鹤壁市	Hebi	5196	4084	3051	2112	2310	1929
新乡市	Xinxiang	12319	6119	9536	4178	8213	2583
焦作市	Jiaozuo	15584	11665	6090	4406	4838	3395
濮阳市	Puyang	6354	3038	6427	4934	16777	15890
许昌市	Xuchang	8641	5732	11207	6285	4571	1973
漯河市	Luohe	5811	4849	4642	3989	7322	6848
三门峡市	Sanmenxia	12367	9467	1986	930	3452	2093
南阳市	Nanyang	22364	16648	10124	4574	15597	10132
商丘市	Shangqiu	12886	4609	22636	7095	11494	3053
信阳市	Xinyang	11496	4427	15380	6065	9669	4540
周口市	Zhoukou	16220	11619	11379	6030	6965	406
驻马店市	Zhumadian	11792	4871	19664	11385	8886	5854
湖北省	**Hubei**						
武汉市	Wuhan	76687	76542	65054	55310	41986	39325
黄石市	Huangshi	5130	3181	4122	2839	3856	2253
十堰市	Shiyan	20018	16916	18263	10224	9090	6628
宜昌市	Yichang	12682	7213	20932	13403	28894	15037
襄阳市	Xiangyang	14763	8504	19656	7799	14689	3938
鄂州市	Ezhou	2808	2808	3752	3752	2776	2776
荆门市	Jingmen	8078	6700	3725	1890	3082	1498
孝感市	Xiaogan	11157	6407	19923	6231	21675	13791
荆州市	Jingzhou	14312	8327	5196	2511	3464	2009
黄冈市	Huanggang	15844	1471	6806	1137	1809	213
咸宁市	Xianning	6216	4151	3297	1891	2504	1456
随州市	Suizhou	3780	2903	1497	1309	1275	1115

2-8 续表 4 continued 4

单位：人 (person)

城　市	City	(5)金融业 Financial Intermediation 全 市 Total City	市辖区 Districts under City	(6)房地产业 Real Estate 全 市 Total City	市辖区 Districts under City	(7)租赁和商业服务业 Leasing and Business Services 全 市 Total City	市辖区 Districts under City
湖南省	**Hunan**						
长沙市	Changsha	66015	63095	43528	37537	26967	24016
株洲市	Zhuzhou	16900	14951	17640	15398	10952	8129
湘潭市	Xiangtan	14601	12419	8362	5445	9445	6571
衡阳市	Hengyang	21389	14937	10659	6059	7805	4458
邵阳市	Shaoyang	22344	15930	4441	2078	2410	115
岳阳市	Yueyang	20255	18537	6829	3759	6181	2780
常德市	Changde	12223	9731	7185	4965	11832	9841
张家界市	Zhangjiajie	4346	3307	1015	569	2197	2097
益阳市	Yiyang	20708	7897	2426	1002	1653	876
郴州市	Chenzhou	19627	17086	10004	5818	6499	3142
永州市	Yongzhou	11240	5962	3465	1568	5853	3963
怀化市	Huaihua	9189	6278	5661	1613	2328	585
娄底市	Loudi	7657	320	2615	1381	6236	5358
广东省	**Guangdong**						
广州市	Guangzhou	117395	117395	193160	193160	238324	238324
韶关市	Shaoguan	11356	7069	7104	4137	5152	2854
深圳市	Shenzhen	105073	105073	204186	204186	288125	288125
珠海市	Zhuhai	17794	17794	30925	30925	20723	20723
汕头市	Shantou	20747	20492	8522	8094	18080	18005
佛山市	Foshan	28032	28032	37634	37634	26857	26857
江门市	Jiangmen	24678	15275	10596	4886	6965	4721
湛江市	Zhanjiang	23044	18060	9860	6756	12853	6394
茂名市	Maoming	14625	9611	9301	6851	5503	3644
肇庆市	Zhaoqing	11139	6567	7894	4278	3439	2647
惠州市	Huizhou	35308	31139	17620	13234	8066	6152
梅州市	Meizhou	10734	6359	3337	888	1689	1012
汕尾市	Shanwei	3742	1694	1485	849	2532	1457
河源市	Heyuan	11670	9598	7651	5048	3503	1575
阳江市	Yangjiang	6422	4645	3882	2237	2318	612
清远市	Qingyuan	13079	10639	9504	7001	2683	1949
东莞市	Dongguan	29182	29182	26578	26578	49633	49633
中山市	Zhongshan	15448	15448	20356	20356	9821	9821
潮州市	Chaozhou	5281	4425	2747	2193	1592	1522
揭阳市	Jieyang	8590	4875	2905	1462	2575	718
云浮市	Yunfu	4845	2424	3006	1328	1322	434
广西壮族自治区	**Guangxi**						
南宁市	Nanning	48941	44199	29539	28363	27105	25046
柳州市	Liuzhou	10262	8494	13420	11736	24092	21090
桂林市	Guilin	17953	14047	9698	7555	16953	12558
梧州市	Wuzhou	7375	4285	3197	1965	1752	1078
北海市	Beihai	7103	6068	3035	2617	1903	1141
防城港市	Fangchenggang	1798	1798	2115	1311	1590	1218
钦州市	Qinzhou	4424	1881	3161	1900	2075	1263
贵港市	Guigang	8559	6278	1730	901	1773	666

2-8 续表 5 continued 5

单位：人 (person)

城市	City	(5)金融业 Financial Intermediation		(6)房地产业 Real Estate		(7)租赁和商业服务业 Leasing and Business Services	
		全市 Total City	市辖区 Districts under City	全市 Total City	市辖区 Districts under City	全市 Total City	市辖区 Districts under City
玉林市	Yulin	8783	5652	4497	3121	5667	3296
百色市	Baise	5118	2526	2308	1032	5107	845
贺州市	Hezhou	6672	4534	812	394	2043	1675
河池市	Hechi	6323	2136	2058	1029	2406	735
来宾市	Laibin	5020	2398	1960	1408	2737	2037
崇左市	Chongzuo	4572	3763	1760	612	3523	1875
海南省	**Hainan**						
海口市	Haikou	28407	28407	47293	47293	11858	11858
三亚市	Sanya	10265	10265	12449	12449	1508	1508
三沙市	Sansa						
儋州市	Danzhou	473		2233		3708	
重庆市	**Chongqing**	**139834**	**121437**	**130140**	**123854**	**125698**	**114711**
四川省	**Sichuan**						
成都市	Chengdu	122297		178419		291276	
自贡市	Zigong	9699	8913	3690	3441	2402	2291
攀枝花市	Panzhihua	9005	9003	6015	5865	6003	5536
泸州市	Luzhou	10150	7627	7226	5343	5912	4125
德阳市	Deyang	14585	9493	4499	2422	4170	2481
绵阳市	Mianyang	21941	15891	10287	7991	16764	2713
广元市	Guangyuan	9059	6409	1983	1480	1718	984
遂宁市	Suining	6636	3933	11569	3275	2367	394
内江市	Neijiang	10160	6905	3341	1120	2446	1615
乐山市	Leshan	8721	5613	5460	3374	3157	2548
南充市	Nanchong	20342	14706	8381	2818	17847	11594
眉山市	Meishan	3034	1887	3647	1789	869	773
宜宾市	Yibin	18489	14226	5292	2738	3847	2280
广安市	Guang'an	10495	6948	2385	1444	1395	855
达州市	Dazhou	13436	7256	3637	1977	2987	2841
雅安市	Ya'an	5084	3676	1219	853	1250	992
巴中市	Bazhong	5431	4361	5190	2817	2590	1108
资阳市	Ziyang	11044	9229	4094	3207	2535	1245
贵州省	**Guizhou**						
贵阳市	Guiyang	26020	24075	47846	46279	24235	22851
六盘水市	Liupanshui	5957	4088	2886	1422	1419	1069
遵义市	Zunyi	10680	7094	10077	4784	7799	4263
安顺市	Anshun	7092	5871	5231	4225	4161	2104
毕节市	Bijie	9595	6337	5225	853	4523	1078
铜仁市	Tongren	9643	7576	2258	943	772	659
云南省	**Yunnan**						
昆明市	Kunming	35424	32192	45471	36281	49814	38206
曲靖市	Qujing	6951	3097	7749	4532	10312	7251
玉溪市	Yuxi	7388	5067	8207	6387	3908	2576
保山市	Baoshan	3692	2494	6371	2757	2149	1901
昭通市	Zhaotong	3961	1761	3821	2117	3385	2394
丽江市	Lijiang	3059	1735	3406	1094	2455	2317
普洱市	Pu'er	3903	2588	1779	1142	3630	3375
临沧市	Lincang	2713	1270	5380	845	945	108

2-8 续表 6 continued 6

单位：人 (person)

城市	City	(5)金融业 Financial Intermediation 全市 Total City	市辖区 Districts under City	(6)房地产业 Real Estate 全市 Total City	市辖区 Districts under City	(7)租赁和商业服务业 Leasing and Business Services 全市 Total City	市辖区 Districts under City
西藏自治区	**Tibet**						
拉萨市	Lasa	9885		2872		30442	
日喀则市	Rikaze			93		45	
昌都市	Changdu						
林芝市	Linzhi						
山南市	Shannan						
陕西省	**Shaanxi**						
西安市	Xi'an	89838	79762	73110	60477	82308	71576
铜川市	Tongchuan	5359	5350	2517	2443	2162	2076
宝鸡市	Baoji	11979	8412	6222	5192	3375	2522
咸阳市	Xianyang	19134	15730	7430	3674	4312	2979
渭南市	Weinan	22218	20303	6257	2978	4906	1240
延安市	Yan'an	4122	2165	4307	3609	3331	2232
汉中市	Hanzhong	20355	17159	4441	2251	1801	504
榆林市	Yulin	9388	5987	4179	2486	3917	1436
安康市	Ankang	10494	8215	3044	1810	839	486
商洛市	Shangluo	7037	4299	1942	721	1444	882
甘肃省	**Gansu**						
兰州市	Lanzhou	25157	23248	28688	27200	24151	23475
嘉峪关市	Jiayuguan	2019	2019	1271	1271	3541	3541
金昌市	Jinchang	1887	1655	636	523	758	169
白银市	Baiyin	6710	5996	1509	941	656	271
天水市	Tianshui	5504	3207	3547	2754	740	306
武威市	Wuwei	4156	4156	1513	1286	1317	1289
张掖市	Zhangye	3480	2432	2231	1524	692	525
平凉市	Pingliang	4452	1987	2813	2371	421	316
酒泉市	Jiuquan	7314	5081	1313	450	4250	1181
庆阳市	Qingyang	4834	1802	865	607	316	192
定西市	Dingxi	3780	2436	2399	657	903	81
陇南市	Longnan	3200	100	4000	400	1300	400
青海省	**Qinghai**						
西宁市	Xining	15391	14196	7651	7427	6183	5132
海东市	Haidong	2386	645	848	279	849	219
宁夏回族自治区	**Ningxia**						
银川市	Yinchuan	27840	24390	10676	9302	10340	9047
石嘴山市	Shizuishan	3557	2758	1227	1157	3213	2354
吴忠市	Wuzhong	3693	1540	695	541	2459	1242
固原市	Guyuan	2321	1071	255	63	1945	1675
中卫市	Zhongwei	2945	2065	724	669	254	221
新疆维吾尔自治区	**Xinjiang**						
乌鲁木齐市	Urumqi	23083	22842	19734	19734	21795	21769
克拉玛依市	Karamay	3273	3273	7713	7713	13695	13695
吐鲁番市	Tulufan						
哈密市	Hami						

2-9 按行业分组的年末城镇单位从业人员(五)
Persons Employed in Urban Units by Sector in Detail at Year-end(Ⅴ)

单位：人 (person)

城 市	City	(8)科学研究、技术服务和地质勘查业 Scientific Research, Technical Service and Geologic Prospecting		(9)水利、环境和公共设施管理业 Management of Water Conservancy, Environment		(10)居民服务、修理和其他服务业 Services to Households and Other Services	
		全 市 Total City	市辖区 Districts under City	全 市 Total City	市辖区 Districts under City	全 市 Total City	市辖区 Districts under City
北京市	**Beijing**	**689751**	**689751**	**103131**	**103131**	**85803**	**85803**
天津市	**Tianjin**	**114870**	**114870**	**44223**	**44223**	**93733**	**93733**
河北省	**Hebei**						
石家庄市	Shijiazhuang	39039	36602	21007	13172	3524	2144
唐山市	Tangshan	8205	5955	16259	7746	2087	1285
秦皇岛市	Qinhuangdao	5689	5074	7349	6814	549	276
邯郸市	Handan	11346	10148	15531	9622	1393	985
邢台市	Xingtai	5419	4584	10579	5713	610	398
保定市	Baoding	42053	7178	8315	4418	10453	9484
张家口市	Zhangjiakou	8079	6760	12384	6280	3807	3489
承德市	Chengde	5822	3163	6570	3087	575	439
沧州市	Cangzhou	21826	2787	9230	4293	1315	1035
廊坊市	Langfang	12923	8144	6578	4585	643	179
衡水市	Hengshui	2852	2221	4097	2492	321	78
山西省	**Shanxi**						
太原市	Taiyuan	39676	39112	19915	16567	2557	2470
大同市	Datong	5384	4216	10467	8608	222	209
阳泉市	Yangquan	3223	2330	3288	2590	194	129
长治市	Changzhi	4152	2933	11283	4676	73	61
晋城市	Jincheng	2295	1556	6606	2993	503	217
朔州市	Shuozhou	1677	1196	5087	2118	631	538
晋中市	Jinzhong	5083	3488	9982	3360	108	37
运城市	Yuncheng	3327	1585	6044	1220	680	287
忻州市	Xinzhou	2655	1785	7832	2275	810	198
临汾市	Linfen	3825	1596	9857	2823	357	70
吕梁市	Lvliang	982	294	7634	1216	114	14
内蒙古自治区	**Inner Mongolia**						
呼和浩特市	Hohhot	21313	20589	19215	15020	2191	698
包头市	Baotou	6867	6533	7347	6005	1169	1017
乌海市	Wuhai	1329	1329	3198	3198	82	82
赤峰市	Chifeng	4919	4187	8290	5503	487	195
通辽市	Tongliao	4118	2263	5924	1268	828	190
鄂尔多斯市	Erdos	3585	2854	11347	6925	220	56
呼伦贝尔市	Hulunbuir	7604	3100	7183	1101	2260	498
巴彦淖尔市	Bayannur	2880	1721	5757	1744	107	52
乌兰察布市	Ulanqab	2385	1309	6130	2134	521	184
辽宁省	**Liaoning**						
沈阳市	Shenyang	51356	49900	36249	32996	6942	6579
大连市	Dalian	19314	18451	14870	13903	2421	2359
鞍山市	Anshan	16028	12058	12709	8082	3028	2546
抚顺市	Fushun	4423	3798	8121	6776	617	519
本溪市	Benxi	2498	2029	5313	3035	420	375
丹东市	Dandong	8209	4263	9007	6621	764	591
锦州市	Jinzhou	10553	8012	6279	4236	1864	1035
营口市	Yingkou	3394	2376	7700	5018	606	404

2-9 续表 1 continued 1

单位：人 (person)

城市	City	(8)科学研究、技术服务和地质勘查业 Scientific Research, Technical Service and Geologic Prospecting		(9)水利、环境和公共设施管理业 Management of Water Conservancy, Environment		(10)居民服务、修理和其他服务业 Services to Households and Other Services	
		全市 Total City	市辖区 Districts under City	全市 Total City	市辖区 Districts under City	全市 Total City	市辖区 Districts under City
阜新市	Fuxin	2325	1657	5922	3660	385	149
辽阳市	Liaoyang	2261	1712	6489	4613	434	356
盘锦市	Panjin	4349	4115	8653	7948	732	691
铁岭市	Tieling	6051	2269	6523	2446	429	61
朝阳市	Chaoyang	2993	1026	9137	5267	4543	4107
葫芦岛市	Huludao	4564	2272	6714	3140	902	379
吉林省	**Jilin**						
长春市	Changchun	44863	42495	28428	24012	13260	13001
吉林市	Jilin	6137	4486	13429	8684	508	260
四平市	Siping	5544	2208	7414	3826	606	184
辽源市	Liaoyuan	1493	964	2773	1306	181	95
通化市	Tonghua	3596	1280	5590	1492	1782	1282
白山市	Baishan	1886	1102	2984	1966	329	290
松原市	Songyuan	3074	1045	6372	2920	1995	1583
白城市	Baicheng	5743	4267	10399	4174	4404	4249
黑龙江省	**Heilongjiang**						
哈尔滨市	Harbin	41781	34440	32154	25903	8657	8066
齐齐哈尔市	Qiqihar	6024	3855	12229	7173	681	380
鸡西市	Jixi	1042	607	11619	3324	1420	556
鹤岗市	Hegang	621	283	4047	2807	1838	104
双鸭山市	Shuangyashan	1530	742	5689	3104	458	96
大庆市	Daqing	45569	45022	4447	3618	22400	22302
伊春市	Yichun	1683	1523	2690	1927	121	103
佳木斯市	Jiamusi	2819	1632	4393	1142	381	157
七台河市	Qitaihe	1168	914	2171	1536	167	105
牡丹江市	Mudanjiang	2608	1601	4904	1405	550	37
黑河市	Heihe	1524	718	4458	627	229	26
绥化市	Suihua	3520	145	6955	491	650	
上海市	**Shanghai**	**231873**	**231873**	**85936**	**85936**	**63045**	**63045**
江苏省	**Jiangsu**						
南京市	Nanjing	82000	82000	23500	23500	7900	7900
无锡市	Wuxi	15900	13147	10700	7584	4000	1186
徐州市	Xuzhou	11200	7233	15000	6237	1400	531
常州市	Changzhou	11200	10741	11300	9310	600	524
苏州市	Suzhou	25600	17678	19900	10211	6500	3785
南通市	Nantong	18800	6695	11300	4224	1700	1124
连云港市	Lianyungang	7700	5957	9600	6646	2700	1196
淮安市	Huai'an	5200	4249	10500	7853	1500	804
盐城市	Yancheng	7600	4313	10700	4547	2600	1637
扬州市	Yangzhou	12800	10966	7700	4422	1500	371
镇江市	Zhenjiang	9200	5141	8100	3809	500	188
泰州市	Taizhou	8800	4981	6900	3035	1000	710
宿迁市	Suqian	2000	882	9300	2438	100	30
浙江省	**Zhejiang**						
杭州市	Hangzhou	115027	113231	25946	21495	10828	10641
宁波市	Ningbo	19577	15640	15582	9803	4335	3798
温州市	Wenzhou	9075	6179	6402	2472	1158	357

2-9 续表 2 continued 2

单位：人 (person)

城 市	City	(8)科学研究、技术服务和地质勘查业 Scientific Research, Technical Service and Geologic Prospecting		(9)水利、环境和公共设施管理业 Management of Water Conservancy, Environment		(10)居民服务、修理和其他服务业 Services to Households and Other Services	
		全 市 Total City	市辖区 Districts under City	全 市 Total City	市辖区 Districts under City	全 市 Total City	市辖区 Districts under City
嘉兴市	Jiaxing	9971	6603	10493	2387	697	388
湖州市	Huzhou	4271	3091	5481	2370	384	168
绍兴市	Shaoxing	7773	6301	10490	5811	1231	710
金华市	Jinhua	5425	2325	14505	2242	2296	1207
衢州市	Quzhou	2267	1490	1758	1038	200	74
舟山市	Zhoushan	4800	4400	5700	4500	10300	10100
台州市	Taizhou	7819	3297	7094	3877	676	254
丽水市	Lishui	3482	1771	4010	850	327	48
安徽省	**Anhui**						
合肥市	Hefei	39532	37524	9723	6412	1678	1269
芜湖市	Wuhu	6161	5157	4929	3390	873	726
蚌埠市	Bengbu	5941		6216		503	
淮南市	Huainan	3665	3109	9534	6579	341	183
马鞍山市	Maanshan	4511	3878	2915	1027	1398	1219
淮北市	Huaibei	1330	884	798	449	106	82
铜陵市	Tongling	2093	1699	1184	875	1024	899
安庆市	Anqing	4191		5756		1323	
黄山市	Huangshan	1785	1432	3991	3139	27	
滁州市	Chuzhou	4593	1525	6018	781	225	21
阜阳市	Fuyang	2648	1503	2769	1641	205	37
宿州市	Suzhou	13000		7000		25000	
六安市	Lu'an	12421	2272	20219	4297	110852	243
亳州市	Bozhou	2588	945	6558	2449	492	262
池州市	Chizhou	2124	1390	3962	970	440	440
宣城市	Xuancheng	2054	764	3656	1878	115	61
福建省	**Fujian**						
福州市	Fuzhou	42783	40609	15910	12037	4931	3875
厦门市	Xiamen	20200	20200	14681	14681	16148	16148
莆田市	Putian	2491	2062	2102	1733	687	590
三明市	Sanming	2921	1171	4778	930	326	96
泉州市	Quanzhou	3402	2750	3347	1196	1665	774
漳州市	Zhangzhou	5313	1807	5419	675	997	177
南平市	Nanping	4075	1071	4103	1017	403	159
龙岩市	Longyan	3692	2966	3252	1146	677	276
宁德市	Ningde	2406	1278	2654	683	1069	35
江西省	**Jiangxi**						
南昌市	Nanchang	25996	25276	18398	15018	1446	1100
景德镇市	Jingdezhen	4109	3763	3416	1565	705	179
萍乡市	Pingxiang	2022	1837	2180	1634	323	323
九江市	Jiujiang	10222	3624	6867	2311	480	332
新余市	Xinyu	1413	739	909	386	240	151
鹰潭市	Yingtan	1618	803	1471	170	88	88
赣州市	Ganzhou	6212	4927	12347	5740	2748	1365
吉安市	Ji'an	4553	1566	7876	1086	953	22
宜春市	Yichun	2069	917	6772	1523	426	43
抚州市	Fuzhou	2101	1173	5488	1095	1839	459
上饶市	Shangrao	1601	547	4221	842	717	40

2-9 续表 3 continued 3

单位：人 (person)

城市	City	(8)科学研究、技术服务和地质勘查业 Scientific Research, Technical Service and Geologic Prospecting		(9)水利、环境和公共设施管理业 Management of Water Conservancy, Environment		(10)居民服务、修理和其他服务业 Services to Households and Other Services	
		全市 Total City	市辖区 Districts under City	全市 Total City	市辖区 Districts under City	全市 Total City	市辖区 Districts under City
山东省	**Shandong**						
济南市	Jinan	35307	34651	14146	12924	5188	4637
青岛市	Qingdao	26448	23739	21147	17482	8755	8189
淄博市	Zibo	5770	4126	10768	8734	888	819
枣庄市	Zaozhuang	2660	1777	6062	4087	986	871
东营市	Dongying	7922	7789	4415	4012	362	286
烟台市	Yantai	19794	13304	12702	6470	1621	977
潍坊市	Weifang	8475	4546	29537	1559	599	228
济宁市	Jining	6545	4677	9035	2073	1123	569
泰安市	Tai'an	7951	5100	4842	1890	2789	1057
威海市	Weihai	14332	4775	11992	2414	1608	1297
日照市	Rizhao	1870	1135	2595	1313	52	21
莱芜市	Laiwu	671	671	669	669	776	776
临沂市	Linyi	11581	4461	21220	11595	1989	345
德州市	Dezhou	7820	1076	7948	2790	2411	1623
聊城市	Liaocheng	3205	2207	5042	2334	472	229
滨州市	Binzhou	2861	1258	2854	788	1711	1425
菏泽市	Heze	5797	2177	10993	3622	873	272
河南省	**Henan**						
郑州市	Zhengzhou	60877	56564	20739	13950	3969	2637
开封市	Kaifeng	5572	3410	5166	3845	2567	1122
洛阳市	Luoyang	30441	28058	9396	2088	1358	344
平顶山市	Pingdingshan	6665	3165	11103	4918	1647	722
安阳市	Anyang	2822	1907	4818	3378	624	223
鹤壁市	Hebi	2073	1620	4600	3946	175	175
新乡市	Xinxiang	7335	3625	6944	1491	773	487
焦作市	Jiaozuo	4747	3287	5768	2300	2459	1992
濮阳市	Puyang	2910	2356	3618	1509	2725	1619
许昌市	Xuchang	5329	1747	6085	1885	1742	844
漯河市	Luohe	1401	1099	3303	2937	178	67
三门峡市	Sanmenxia	2063	1350	2204	1331	626	420
南阳市	Nanyang	16552	6195	16705	4770	2528	1065
商丘市	Shangqiu	3732	694	7565	1279	2420	627
信阳市	Xinyang	11047	2577	9344	3161	2651	1177
周口市	Zhoukou	5053	1401	4738	556	1373	313
驻马店市	Zhumadian	7843	3037	6620	1161	3106	1239
湖北省	**Hubei**						
武汉市	Wuhan	80720	78345	32508	28399	7064	5921
黄石市	Huangshi	4968	3175	2512	895	535	279
十堰市	Shiyan	4983	2350	5616	2917	10700	9522
宜昌市	Yichang	22070	9692	10090	3845	7336	2723
襄阳市	Xiangyang	22513	15665	15902	8062	5222	1232
鄂州市	Ezhou	1670	1670	3241	3241	1359	1359
荆门市	Jingmen	4920	3600	5077	2011	757	708
孝感市	Xiaogan	6777	3187	7784	1906	10170	2214
荆州市	Jingzhou	5891	2322	7713	2940	807	196
黄冈市	Huanggang	4247	1466	7052	441	980	145
咸宁市	Xianning	2323	1116	3285	1383	109	38
随州市	Suizhou	2057	810	4285	2403	44	28

2-9 续表 4 continued 4

单位：人 (person)

城市	City	(8)科学研究、技术服务和地质勘查业 Scientific Research, Technical Service and Geologic Prospecting		(9)水利、环境和公共设施管理业 Management of Water Conservancy, Environment		(10)居民服务、修理和其他服务业 Services to Households and Other Services	
		全市 Total City	市辖区 Districts under City	全市 Total City	市辖区 Districts under City	全市 Total City	市辖区 Districts under City
湖南省	**Hunan**						
长沙市	Changsha	47636	46328	11271	8102	5059	4680
株洲市	Zhuzhou	6062	5098	4862	1817	1842	593
湘潭市	Xiangtan	6242	4803	5820	3653	7441	4787
衡阳市	Hengyang	6859	2758	8724	2980	1415	1042
邵阳市	Shaoyang	2660	1162	4009	701	1078	281
岳阳市	Yueyang	16009	3135	10064	4243	2095	612
常德市	Changde	11601	3884	5401	1667	1580	289
张家界市	Zhangjiajie	523	422	2517	1806	22	22
益阳市	Yiyang	1766	762	4485	1110	120	38
郴州市	Chenzhou	8309	3234	6474	2057	774	456
永州市	Yongzhou	4264	1426	5216	1934	685	424
怀化市	Huaihua	3255	1719	6594	2801	157	121
娄底市	Loudi	2064	1100	5199	2042	1645	515
广东省	**Guangdong**						
广州市	Guangzhou	137489	137489	50955	50955	28001	28001
韶关市	Shaoguan	3510	2788	6042	3388	634	369
深圳市	Shenzhen	93583	93583	11978	11978	20024	20024
珠海市	Zhuhai	11772	11772	9049	9049	2670	2670
汕头市	Shantou	3977	3920	4828	4601	354	320
佛山市	Foshan	16999	16999	11909	11909	4254	4254
江门市	Jiangmen	4705	2504	5994	1476	1424	391
湛江市	Zhanjiang	6358	4331	12817	6762	1086	831
茂名市	Maoming	4296	3418	5937	3000	409	271
肇庆市	Zhaoqing	3191	2216	5038	3173	571	230
惠州市	Huizhou	5382	3678	7936	4651	920	659
梅州市	Meizhou	3450	2335	7597	2189	293	101
汕尾市	Shanwei	743	433	2123	513	136	28
河源市	Heyuan	1884	1205	2956	724	1503	1080
阳江市	Yangjiang	1963	917	4009	2485	344	128
清远市	Qingyuan	2170	1591	4167	1451	1039	793
东莞市	Dongguan	13137	13137	4258	4258	12420	12420
中山市	Zhongshan	3831	3831	2935	2935	421	421
潮州市	Chaozhou	1587	1281	2915	2393	291	291
揭阳市	Jieyang	1441	996	3209	991	578	346
云浮市	Yunfu	1214	307	1918	297	92	
广西壮族自治区	**Guangxi**						
南宁市	Nanning	34737	34081	20418	18118	2021	1926
柳州市	Liuzhou	13192	10332	14428	11574	1228	1154
桂林市	Guilin	8599	6488	11578	6167	1202	1077
梧州市	Wuzhou	3499	2403	3408	2001	159	
北海市	Beihai	3067	2138	4239	2902	285	255
防城港市	Fangchenggang	1075	715	2844	1836	57	57
钦州市	Qinzhou	2739	1210	3079	2111	153	62
贵港市	Guigang	2055	1357	2472	290	539	452

2-9 续表 5 continued 5

单位：人 (person)

城市	City	(8)科学研究、技术服务和地质勘查业 Scientific Research, Technical Service and Geologic Prospecting 全市 Total City	市辖区 Districts under City	(9)水利、环境和公共设施管理业 Management of Water Conservancy, Environment 全市 Total City	市辖区 Districts under City	(10)居民服务、修理和其他服务业 Services to Households and Other Services 全市 Total City	市辖区 Districts under City
玉林市	Yulin	5235	2327	7060	2985	335	203
百色市	Baise	3323	2177	5728	2286	186	121
贺州市	Hezhou	2100	1272	1977	1245	66	66
河池市	Hechi	2536	1030	3854	672	153	95
来宾市	Laibin	2425	1156	1874	381	84	43
崇左市	Chongzuo	3903	413	2201	149	64	20
海南省	**Hainan**						
海口市	Haikou	15045	15045	10361	10361	2083	2083
三亚市	Sanya	1515	1515	7222	7222	1530	1530
三沙市	Sansa						
儋州市	Danzhou	2413		2412		4935	
重庆市	**Chongqing**	**80907**	**78191**	**65275**	**56939**	**15380**	**14278**
四川省	**Sichuan**						
成都市	Chengdu	173338		46573		297689	
自贡市	Zigong	3142	2290	2828	2158	510	409
攀枝花市	Panzhihua	5438	5243	2749	2384	6241	6048
泸州市	Luzhou	2729	2010	4634	3022	481	329
德阳市	Deyang	5744	4623	6010	3323	596	289
绵阳市	Mianyang	37601	36803	8759	4921	6506	3810
广元市	Guangyuan	1532	431	7226	5726	272	219
遂宁市	Suining	1572	216	2830	584	640	60
内江市	Neijiang	1528	898	1901	466	309	108
乐山市	Leshan	5620	2523	7567	2646	1427	1147
南充市	Nanchong	4905	1762	11015	5760	1154	329
眉山市	Meishan	2872	1714	5148	3741	110	61
宜宾市	Yibin	2405	1712	3366	2426	819	133
广安市	Guang'an	1133	254	3751	439	78	51
达州市	Dazhou	5849	3922	7018	3920	1009	202
雅安市	Ya'an	622	540	2456	1519	281	159
巴中市	Bazhong	1756	1103	3342	1857	657	478
资阳市	Ziyang	2952	1568	3455	1746	79	38
贵州省	**Guizhou**						
贵阳市	Guiyang	29577	27265	10550	9532	7714	6533
六盘水市	Liupanshui	2147	1090	4517	3692	372	183
遵义市	Zunyi	7548	3908	10122	5115	678	460
安顺市	Anshun	2840	1943	4614	2800	1068	924
毕节市	Bijie	15533	3430	5439	1840	2028	620
铜仁市	Tongren	4601	1764	4381	2124	307	47
云南省	**Yunnan**						
昆明市	Kunming	52793	45250	15066	9531	8803	6346
曲靖市	Qujing	4057	2654	5297	3368	1269	347
玉溪市	Yuxi	3325	2117	3480	1010	798	479
保山市	Baoshan	2517	1135	3991	1149	219	58
昭通市	Zhaotong	4378	1397	4705	1352	102	39
丽江市	Lijiang	3117	732	7123	2254	189	48
普洱市	Pu'er	6136	1833	4536	1666	349	205
临沧市	Lincang	1083	414	1833	602	724	71

2-9 续表 6 continued 6

单位：人 (person)

城 市	City	(8)科学研究、技术服务和地质勘查业 Scientific Research, Technical Service and Geologic Prospecting		(9)水利、环境和公共设施管理业 Management of Water Conservancy, Environment		(10)居民服务、修理和其他服务业 Services to Households and Other Services	
		全 市 Total City	市辖区 Districts under City	全 市 Total City	市辖区 Districts under City	全 市 Total City	市辖区 Districts under City
西藏自治区	**Tibet**						
拉萨市	Lasa	8871		1138		19492	
日喀则市	Rikaze	1450		117			
昌都市	Changdu						
林芝市	Linzhi						
山南市	Shannan						
陕西省	**Shaanxi**						
西安市	Xi'an	132961	125361	25761	24234	10456	9218
铜川市	Tongchuan	1658	1547	1547	1134	163	88
宝鸡市	Baoji	5860	4022	8843	5028	461	321
咸阳市	Xianyang	7819	4163	13058	3949	567	163
渭南市	Weinan	9373	3181	14530	3754	7032	5550
延安市	Yan'an	4937	2636	5973	1328	893	712
汉中市	Hanzhong	6258	2763	7533	1587	580	296
榆林市	Yulin	6707	3130	13185	3454	851	188
安康市	Ankang	2964	1819	1947	787	327	249
商洛市	Shangluo	2988	953	3278	1774	168	131
甘肃省	**Gansu**						
兰州市	Lanzhou	37962	37102	17414	13623	785	785
嘉峪关市	Jiayuguan	577	577	1848	1848	2000	2000
金昌市	Jinchang	699	465	2453	1031	83	83
白银市	Baiyin	1470	1059	3815	1000	122	22
天水市	Tianshui	6046	5579	2713	990	255	255
武威市	Wuwei	2145	1719	5769	3342	229	229
张掖市	Zhangye	5362	4973	4641	1368	202	144
平凉市	Pingliang	2893	1579	3220	1251	457	45
酒泉市	Jiuquan	2790	2027	5559	1560	390	46
庆阳市	Qingyang	2114	1037	2947	1105	24	24
定西市	Dingxi	1525	754	3867	518	103	103
陇南市	Longnan	1600	435	5100	882	2100	
青海省	**Qinghai**						
西宁市	Xining	15645	13451	4831	3569	581	531
海东市	Haidong	2251	816	2727	1151	27	
宁夏回族自治区	**Ningxia**						
银川市	Yinchuan	9974	9351	8086	7358	493	478
石嘴山市	Shizuishan	1543	1187	4457	3628	178	178
吴忠市	Wuzhong	1285	698	4059	1409	39	39
固原市	Guyuan	1615	651	3037	1406	25	13
中卫市	Zhongwei	1087	1046	3663	1513	15	15
新疆维吾尔自治区	**Xinjiang**						
乌鲁木齐市	Urumqi	26442	26394	6620	6620	1507	1507
克拉玛依市	Karamay	1988	1988	1386	1386	1676	1676
吐鲁番市	Tulufan						
哈密市	Hami						

2-10 按行业分组的年末城镇单位从业人员(六)
Persons Employed in Urban Units by Sector in Detail at Year-end(Ⅵ)

单位：人 (person)

城市	City	(11)教育 Education 全市 Total City	市辖区 Districts under City	(12)卫生、社会保障和社会福利业 Health, Social Security and Social Welfare 全市 Total City	市辖区 Districts under City	(13)文化、体育、娱乐用房屋 Culture, Sports and Entertainment 全市 Total City	市辖区 Districts under City	(14)公共管理和社会组织 Public Management and Social Organization 全市 Total City	市辖区 Districts under City
北京市	**Beijing**	**486258**	**486258**	**285829**	**285829**	**186619**	**186619**	**469770**	**469770**
天津市	**Tianjin**	**179583**	**179583**	**100956**	**100956**	**21217**	**21217**	**173546**	**173546**
河北省	**Hebei**								
石家庄市	Shijiazhuang	131554	68599	59102	38318	15592	13208	111188	62008
唐山市	Tangshan	91496	42548	45495	24372	5859	3809	105153	50050
秦皇岛市	Qinhuangdao	39972	23971	21874	14842	5697	4993	47354	29844
邯郸市	Handan	111238	43366	44680	23097	5080	2441	96500	40019
邢台市	Xingtai	74181	16349	30623	8769	1950	914	77165	15088
保定市	Baoding	121505	37262	47541	21167	4674	2435	112658	34925
张家口市	Zhangjiakou	57505	25640	26007	14342	3562	2470	75542	29540
承德市	Chengde	45698	10650	21894	7711	3703	2587	52389	16957
沧州市	Cangzhou	85463	11090	35538	12638	4407	1806	80669	14766
廊坊市	Langfang	57846	13339	20706	6451	1992	907	66232	16528
衡水市	Hengshui	53057	14443	20413	9118	2258	1407	44361	12869
山西省	**Shanxi**								
太原市	Taiyuan	80748	69616	42857	39768	15637	15325	62818	52864
大同市	Datong	45395	26497	15900	10742	3985	3220	52485	29743
阳泉市	Yangquan	18219	10470	7913	5222	1345	1017	25395	16804
长治市	Changzhi	50013	15838	22276	10216	4230	1954	51924	16658
晋城市	Jincheng	26853	7150	11701	3973	1920	1239	31941	8257
朔州市	Shuozhou	23102	12618	7881	4012	1702	876	34117	17065
晋中市	Jinzhong	48601	10503	19103	5360	3661	973	53311	12405
运城市	Yuncheng	65464	12329	26168	7778	4410	2138	72026	17032
忻州市	Xinzhou	45056	9951	15974	4929	1905	810	52641	10457
临汾市	Linfen	54259	13017	21114	7772	3885	1067	77828	16022
吕梁市	Lvliang	54890	7070	13971	2639	3094	1260	67186	18073
内蒙古自治区	**Inner Mongolia**								
呼和浩特市	Hohhot	51287	39176	20135	17564	10507	10117	52421	39151
包头市	Baotou	31942	26885	18699	17056	3165	2735	36121	29649
乌海市	Wuhai	6723	6723	3378	3378	538	538	10275	10275
赤峰市	Chifeng	64978	20001	22488	9476	2491	1297	58381	16760
通辽市	Tongliao	43392	13387	17630	8757	2547	1369	41543	13118
鄂尔多斯市	Erdos	28285	6923	10982	3566	3630	2127	48297	12814
呼伦贝尔市	Hulunbuir	35712	8145	22665	6622	5432	2685	51290	11158
巴彦淖尔市	Bayannur	19345	8102	11510	5749	1774	831	33009	12830
乌兰察布市	Ulanqab	26539	7601	9872	4388	2147	1200	50656	13897
辽宁省	**Liaoning**								
沈阳市	Shenyang	122953	109846	79551	72717	15346	14742	86972	75105
大连市	Dalian	85442	70247	47589	38602	10797	10190	63431	49968
鞍山市	Anshan	47763	25596	25295	16731	3851	2989	42883	22578
抚顺市	Fushun	22808	16410	14274	11271	2565	2301	25400	18668
本溪市	Benxi	17235	11957	15426	12452	1571	1185	23692	16956
丹东市	Dandong	27655	10356	17951	9753	1918	1248	27418	13914
锦州市	Jinzhou	39450	22932	20245	13716	3225	2627	35766	21177
营口市	Yingkou	21307	11063	12555	7591	1971	1474	37789	24133

2-10 续表 1 continued 1

单位：人 (person)

城 市	City	(11)教育 Education 全 市 Total City	(11)教育 Education 市辖区 Districts under City	(12)卫生、社会保障和社会福利业 Health, Social Security and Social Welfare 全 市 Total City	(12)卫生、社会保障和社会福利业 Health, Social Security and Social Welfare 市辖区 Districts under City	(13)文化、体育、娱乐用房屋 Culture, Sports and Entertainment 全 市 Total City	(13)文化、体育、娱乐用房屋 Culture, Sports and Entertainment 市辖区 Districts under City	(14)公共管理和社会组织 Public Management and Social Organization 全 市 Total City	(14)公共管理和社会组织 Public Management and Social Organization 市辖区 Districts under City
阜新市	Fuxin	24719	13707	13056	8949	1571	1270	24053	12839
辽阳市	Liaoyang	15667	8591	10898	7874	1360	1147	21932	13664
盘锦市	Panjin	17775	14401	8683	7840	2656	2485	29983	25465
铁岭市	Tieling	28592	5180	15675	5878	1445	542	33979	12742
朝阳市	Chaoyang	39197	8473	18080	5673	1322	637	50633	15743
葫芦岛市	Huludao	26387	9572	13394	4950	836	252	34386	15463
吉林省	**Jilin**								
长春市	Changchun	125614	92197	61323	51861	15541	14161	81170	64082
吉林市	Jilin	51600	27589	29538	17845	3733	3138	51736	30676
四平市	Siping	36726	11208	22091	9312	2768	856	27382	11137
辽源市	Liaoyuan	13231	5058	7404	3593	992	561	14172	8053
通化市	Tonghua	24725	6862	14042	5063	2148	1076	31803	10213
白山市	Baishan	16621	6803	8912	4427	2634	655	32713	15204
松原市	Songyuan	30498	8531	14112	4240	2009	1056	33782	12162
白城市	Baicheng	32486	14531	14532	7266	1578	742	43309	16665
黑龙江省	**Heilongjiang**								
哈尔滨市	Harbin	145179	108155	73623	60074	16468	15303	116348	81675
齐齐哈尔市	Qiqihar	44349	16830	27518	16304	3350	2007	41448	14734
鸡西市	Jixi	19619	8147	8967	4019	1762	1026	24503	10898
鹤岗市	Hegang	11739	6356	10414	7015	1213	856	16349	8120
双鸭山市	Shuangyashan	13924	5339	5756	2074	1675	823	28333	15065
大庆市	Daqing	39805	24642	21020	16156	4089	3519	35527	21424
伊春市	Yichun	12377	9680	7117	5791	1087	982	15422	9981
佳木斯市	Jiamusi	23315	11177	12166	6931	1563	1083	29119	12457
七台河市	Qitaihe	7606	5378	5064	3923	693	473	11601	8533
牡丹江市	Mudanjiang	26999	12112	18044	10934	2374	1487	29372	10052
黑河市	Heihe	13708	1968	8026	1022	1325	747	26126	5274
绥化市	Suihua	50757	8046	18310	1613	2354	279	49094	3331
上海市	**Shanghai**	**296841**	**296841**	**189476**	**189476**	**60328**	**60328**	**205302**	**205302**
江苏省	**Jiangsu**								
南京市	Nanjing	148200	148200	67100	67100	26800	26800	96100	96100
无锡市	Wuxi	66602	34960	43200	25696	6500	4578	54000	32279
徐州市	Xuzhou	104984	42349	57400	29980	4600	3403	76300	37357
常州市	Changzhou	55428	47901	32000	28065	8000	7486	41100	34029
苏州市	Suzhou	101400	56631	67400	34094	9000	5205	99500	45484
南通市	Nantong	76986	31198	41100	19078	3600	1537	55600	22634
连云港市	Lianyungang	51813	27581	25400	15117	2000	1671	43700	26062
淮安市	Huai'an	62598	39986	24100	18615	2600	1955	40900	27456
盐城市	Yancheng	73706	28676	37000	16588	5000	3239	58800	24921
扬州市	Yangzhou	60247	39311	25600	15556	3900	3067	42600	25922
镇江市	Zhenjiang	37837	19160	21900	11572	2900	2163	35100	16887
泰州市	Taizhou	49840	20480	29300	12113	2300	1530	42600	20709
宿迁市	Suqian	60042	10920	23100	7433	1400	709	33100	13174
浙江省	**Zhejiang**								
杭州市	Hangzhou	181376	155265	112846	96379	24407	23225	136939	111747
宁波市	Ningbo	90932	52829	61734	39214	8839	4931	96268	56818
温州市	Wenzhou	98571	32881	54833	26552	6940	3377	98959	34876

2-10 续表 2 continued 2

单位：人 (person)

城市	City	(11)教育 Education		(12)卫生、社会保障和社会福利业 Health, Social Security and Social Welfare		(13)文化、体育、娱乐用房屋 Culture, Sports and Entertainment		(14)公共管理和社会组织 Public Management and Social Organization	
		全市 Total City	市辖区 Districts under City	全市 Total City	市辖区 Districts under City	全市 Total City	市辖区 Districts under City	全市 Total City	市辖区 Districts under City
嘉兴市	Jiaxing	55289	16554	33752	12873	4255	1597	45880	13693
湖州市	Huzhou	32467	14214	20753	10317	3433	982	33437	12970
绍兴市	Shaoxing	57866	30112	33663	18425	4525	3033	46292	26488
金华市	Jinhua	62576	17268	41786	11523	5374	2096	69380	15180
衢州市	Quzhou	23988	10357	14812	7009	1793	952	35672	15403
舟山市	Zhoushan	15300	9600	11000	7400	5600	5300	25800	25400
台州市	Taizhou	63334	19409	39270	14252	3758	1868	69026	26105
丽水市	Lishui	32860	7604	19156	7508	2701	1079	42269	9796
安徽省	**Anhui**								
合肥市	Hefei	107989	65070	53963	39803	11405	10447	75411	41970
芜湖市	Wuhu	44037	22088	22660	14839	1713	1147	31558	17146
蚌埠市	Bengbu	36923		17180		1396		22617	
淮南市	Huainan	36016	22212	17932	12617	1763	1154	25040	15067
马鞍山市	Maanshan	22934	10909	11024	6881	1055	714	23885	12879
淮北市	Huaibei	23896	12498	13583	7895	508	421	17587	11760
铜陵市	Tongling	16242	8792	8448	6086	1032	835	16428	13431
安庆市	Anqing	50778		20994		2866		42326	
黄山市	Huangshan	14350	5881	9119	5120	1654	739	21784	10607
滁州市	Chuzhou	39177	7762	18522	4588	978	467	31172	8065
阜阳市	Fuyang	69031	22111	31759	11799	1634	844	48684	19689
宿州市	Suzhou	59000		58000		15000		35000	
六安市	Lu'an	78385	17764	46478	10419	16854	879	74820	12747
亳州市	Bozhou	50386	15191	17211	5351	1509	652	27338	10195
池州市	Chizhou	14346	6374	6777	3277	2301	2165	16539	7634
宣城市	Xuancheng	22339	7269	12857	3688	1236	453	26955	8621
福建省	**Fujian**								
福州市	Fuzhou	117530	44438	56330	38188	14449	11114	92817	52999
厦门市	Xiamen	60487	60487	28675	28675	9344	9344	35242	35242
莆田市	Putian	40257	27793	14442	10429	2058	1809	23152	18089
三明市	Sanming	37352	5774	16715	4030	1589	740	40851	8255
泉州市	Quanzhou	96381	24225	29537	11131	4562	2791	58981	20679
漳州市	Zhangzhou	54434	12525	24811	9424	2875	1298	44643	13083
南平市	Nanping	34321	9414	18153	6686	2660	529	34163	12242
龙岩市	Longyan	41330	17390	21645	10359	2679	1549	37650	16847
宁德市	Ningde	39338	7961	18167	4548	2010	701	37639	10350
江西省	**Jiangxi**								
南昌市	Nanchang	75929	59934	41005	33961	20636	20159	63869	48866
景德镇市	Jingdezhen	16772	7651	9259	6107	2556	2228	23095	11785
萍乡市	Pingxiang	22476	11108	10996	7493	897	800	29602	16339
九江市	Jiujiang	47552	11032	27081	9935	3013	1421	61646	15132
新余市	Xinyu	11904	9550	5403	4101	845	691	14064	10910
鹰潭市	Yingtan	11177	3197	3882	1453	1007	755	15127	7657
赣州市	Ganzhou	108456	19823	53914	16482	3420	1308	85602	18474
吉安市	Ji'an	45289	5191	21035	3600	2401	726	50572	11013
宜春市	Yichun	57315	11380	28053	7143	1699	696	54860	12521
抚州市	Fuzhou	52913	17227	17503	5944	1869	834	47716	9996
上饶市	Shangrao	68556	13313	28947	8154	3714	733	72882	17355

2-10 续表 3 continued 3

单位：人 (person)

城 市	City	(11)教育 Education		(12)卫生、社会保障和社会福利业 Health, Social Security and Social Welfare		(13)文化、体育、娱乐用房屋 Culture, Sports and Entertainment		(14)公共管理和社会组织 Public Management and Social Organization	
		全 市 Total City	市辖区 Districts under City	全 市 Total City	市辖区 Districts under City	全 市 Total City	市辖区 Districts under City	全 市 Total City	市辖区 Districts under City
山东省	**Shandong**								
济南市	Jinan	104419	89531	66685	59846	15736	15504	95471	76092
青岛市	Qingdao	125054	78057	62710	43412	11083	9238	101067	61591
淄博市	Zibo	68198	48764	35488	28515	6894	6646	51235	39905
枣庄市	Zaozhuang	43327	26625	24854	15820	1612	1295	57241	44393
东营市	Dongying	26208	16415	12143	8378	1056	762	32395	22430
烟台市	Yantai	111524	47515	51802	21352	6341	2725	75504	31345
潍坊市	Weifang	105066	22958	54948	16424	3107	997	88098	34757
济宁市	Jining	82665	21469	48944	22357	3685	1610	90524	27103
泰安市	Tai'an	63221	23923	32296	15237	2362	1751	51801	24268
威海市	Weihai	34851	23770	23948	16103	2436	2119	29712	19594
日照市	Rizhao	26900	12560	16140	8268	1488	1113	27046	17172
莱芜市	Laiwu	9259	9259	7332	7332	284	284	12000	12000
临沂市	Linyi	111149	34834	56422	23086	3674	1923	87836	29893
德州市	Dezhou	65950	15995	28467	8228	2799	1384	84478	20670
聊城市	Liaocheng	64867	19583	35168	14689	2772	1350	68140	17543
滨州市	Binzhou	37494	9977	21564	8877	1320	851	51235	21985
菏泽市	Heze	91425	24634	45437	13921	3244	1623	104255	31624
河南省	**Henan**								
郑州市	Zhengzhou	152937	85305	96291	69660	23246	20760	136182	79075
开封市	Kaifeng	49848	23146	29934	14555	3702	2671	56624	28296
洛阳市	Luoyang	81875	27714	43393	21811	6116	3956	86883	37215
平顶山市	Pingdingshan	52256	16609	27357	8127	4102	1630	62674	20834
安阳市	Anyang	54576	14919	27907	11822	3009	1462	52114	19926
鹤壁市	Hebi	16162	8273	8407	4512	571	392	20849	12418
新乡市	Xinxiang	66450	18210	33238	10671	2605	1068	65654	16039
焦作市	Jiaozuo	39995	12366	21507	7715	2333	1298	51147	20527
濮阳市	Puyang	37526	7406	14527	5031	1697	607	45784	14721
许昌市	Xuchang	44099	12985	23502	8838	2889	1067	49337	16156
漯河市	Luohe	32171	18829	14099	9168	2412	1537	31631	18721
三门峡市	Sanmenxia	26910	9551	14443	6341	1857	811	30314	12977
南阳市	Nanyang	170739	42539	67270	21747	6355	3097	94676	22490
商丘市	Shangqiu	102873	16944	49956	10973	2934	973	99848	32119
信阳市	Xinyang	100179	19369	32372	9292	3847	758	74317	22311
周口市	Zhoukou	110104	10297	36154	5792	3758	1621	92543	14505
驻马店市	Zhumadian	97878	16755	39280	9348	5749	2038	75597	20609
湖北省	**Hubei**								
武汉市	Wuhan	180946	139678	91206	76425	27212	25939	98573	75899
黄石市	Huangshi	28279	10662	18831	11182	2447	1798	27211	11543
十堰市	Shiyan	43511	21202	32729	19290	4200	2563	44271	19923
宜昌市	Yichang	48775	21256	28077	12533	10660	4486	43473	15908
襄阳市	Xiangyang	82514	35117	44787	20042	6276	3123	70514	37470
鄂州市	Ezhou	13138	13138	7839	7839	1291	1291	10930	10930
荆门市	Jingmen	31420	17285	19857	8611	3088	2799	32143	21375
孝感市	Xiaogan	61540	14885	31630	7749	7570	584	53119	12544
荆州市	Jingzhou	51267	14355	34550	13927	3555	1886	58513	12038
黄冈市	Huanggang	72644	7432	37851	4688	2837	632	63491	8473
咸宁市	Xianning	36211	13066	23128	11742	1636	677	38433	10010
随州市	Suizhou	19500	7129	11525	4626	931	532	16987	6434

2-10 续表 4 continued 4

单位：人 (person)

城市	City	(11)教育 Education 全市 Total City	(11)教育 Education 市辖区 Districts under City	(12)卫生、社会保障和社会福利业 Health, Social Security and Social Welfare 全市 Total City	(12)卫生、社会保障和社会福利业 Health, Social Security and Social Welfare 市辖区 Districts under City	(13)文化、体育、娱乐用房屋 Culture, Sports and Entertainment 全市 Total City	(13)文化、体育、娱乐用房屋 Culture, Sports and Entertainment 市辖区 Districts under City	(14)公共管理和社会组织 Public Management and Social Organization 全市 Total City	(14)公共管理和社会组织 Public Management and Social Organization 市辖区 Districts under City
湖南省	**Hunan**								
长沙市	Changsha	105871	72114	72374	54319	21859	20470	96364	66221
株洲市	Zhuzhou	33359	17174	22967	11982	3416	2536	49999	20401
湘潭市	Xiangtan	31723	17162	20866	11290	7880	5128	30419	13952
衡阳市	Hengyang	72340	17742	39490	15248	4355	2006	80413	17466
邵阳市	Shaoyang	57701	7880	33353	9197	1535	518	71279	13639
岳阳市	Yueyang	52730	17500	28328	10171	3873	923	74127	25400
常德市	Changde	53164	14436	30736	10525	3658	1916	65637	26266
张家界市	Zhangjiajie	11929	3478	7000	2490	2009	1197	24296	13857
益阳市	Yiyang	42580	11528	23060	7954	1956	414	42739	9682
郴州市	Chenzhou	46561	11565	27102	10327	2583	1521	61301	18656
永州市	Yongzhou	55477	12652	27005	9031	2529	749	75176	20320
怀化市	Huaihua	50304	8600	29125	8203	2961	1267	67379	12805
娄底市	Loudi	34843	8295	20024	6824	1536	833	47240	12780
广东省	**Guangdong**								
广州市	Guangzhou	241538	241538	130197	130197	40031	40031	182332	182332
韶关市	Shaoguan	39029	14979	20687	10017	1862	1058	41331	17558
深圳市	Shenzhen	99181	99181	60371	60371	28731	28731	134942	134942
珠海市	Zhuhai	29763	29763	15222	15222	2923	2923	34504	34504
汕头市	Shantou	62066	61245	24435	24162	3163	3143	37467	36048
佛山市	Foshan	82301	82301	47069	47069	5931	5931	60570	60570
江门市	Jiangmen	42232	19021	27958	14087	2693	1354	47183	23493
湛江市	Zhanjiang	88535	29384	34650	16539	2741	1793	49251	21274
茂名市	Maoming	89235	37797	30082	13332	2262	1375	43780	22037
肇庆市	Zhaoqing	50350	19375	26718	13034	1915	1377	45116	19930
惠州市	Huizhou	53951	28652	28366	17945	3902	2748	62177	36947
梅州市	Meizhou	55576	13460	23476	10159	1831	1145	44771	15613
汕尾市	Shanwei	29775	6031	8854	2872	1217	271	25378	8345
河源市	Heyuan	37915	6539	14826	4265	1841	816	36907	11956
阳江市	Yangjiang	31091	15554	14285	7475	1127	512	33766	21336
清远市	Qingyuan	37258	13013	20011	8378	1930	1319	47137	22145
东莞市	Dongguan	37854	37854	46677	46677	6714	6714	56534	56534
中山市	Zhongshan	29925	29925	19735	19735	2507	2507	24470	24470
潮州市	Chaozhou	27708	18058	11231	8163	1724	1605	16367	11073
揭阳市	Jieyang	59679	19774	16855	6511	1859	1143	35114	15850
云浮市	Yunfu	31059	7615	13135	3600	1015	264	28206	10734
广西壮族自治区	**Guangxi**								
南宁市	Nanning	111061	80721	60915	46489	13074	12616	79986	58235
柳州市	Liuzhou	55697	32628	34927	22395	2708	2009	43947	21132
桂林市	Guilin	61519	27925	31916	15282	4921	3505	53802	18831
梧州市	Wuzhou	36897	11924	19962	10636	1531	1209	26753	13155
北海市	Beihai	21642	11104	10654	6035	1217	1012	18286	12987
防城港市	Fangchenggang	11911	6817	6531	4285	449	326	16563	10509
钦州市	Qinzhou	40632	16359	20561	10162	813	522	26413	16181
贵港市	Guigang	51489	18800	19851	8920	495	345	31996	17427

2-10 续表 5 continued 5

单位：人 (person)

城市	City	(11)教育 Education		(12)卫生、社会保障和社会福利业 Health, Social Security and Social Welfare		(13)文化、体育、娱乐用房屋 Culture, Sports and Entertainment		(14)公共管理和社会组织 Public Management and Social Organization	
		全市 Total City	市辖区 Districts under City	全市 Total City	市辖区 Districts under City	全市 Total City	市辖区 Districts under City	全市 Total City	市辖区 Districts under City
玉林市	Yulin	71461	17822	30237	11884	1884	974	36769	13129
百色市	Baise	41745	8224	22413	5553	1135	610	51291	10363
贺州市	Hezhou	25658	13126	10889	5784	924	610	25369	13366
河池市	Hechi	40761	5024	22534	4888	1567	661	41848	8661
来宾市	Laibin	23299	10625	12487	5660	827	405	24873	11063
崇左市	Chongzuo	24550	5680	12497	2583	849	302	27467	7019
海南省	**Hainan**								
海口市	Haikou	47305	47305	27801	27801	7693	7693	45779	45779
三亚市	Sanya	10572	10572	5625	5625	1876	1876	18044	18044
三沙市	Sansa								
儋州市	Danzhou	9817		4682		1071		6297	
重庆市	**Chongqing**	**418335**	**321817**	**197187**	**164719**	**29130**	**26237**	**319824**	**247852**
四川省	**Sichuan**								
成都市	Chengdu	248395		180561		85599		193260	
自贡市	Zigong	25495	14444	16601	10833	1653	1408	22251	13687
攀枝花市	Panzhihua	14915	10299	9148	7028	1656	1526	18690	12971
泸州市	Luzhou	46927	18415	20673	11982	2009	1569	36708	18339
德阳市	Deyang	37292	10790	21173	7339	1395	419	33773	11123
绵阳市	Mianyang	58925	30741	26308	12868	3036	2331	48745	22567
广元市	Guangyuan	26242	8087	14615	7197	937	711	40062	22349
遂宁市	Suining	31495	12700	14164	6816	2184	1012	25235	14266
内江市	Neijiang	36847	13936	17336	8151	1757	805	34225	15290
乐山市	Leshan	30387	10879	16827	7673	1573	1232	43981	19793
南充市	Nanchong	71055	25107	28354	12170	3874	2182	60107	24624
眉山市	Meishan	31165	10099	14608	7149	858	639	34316	12978
宜宾市	Yibin	51371	15652	24051	11146	2356	824	47805	17381
广安市	Guang'an	33261	10209	14472	5059	2237	2047	31415	12887
达州市	Dazhou	65410	19321	26468	8516	2033	1268	57245	22966
雅安市	Ya'an	18488	8717	11153	5625	562	361	25760	9410
巴中市	Bazhong	35485	13025	14614	5351	3147	1817	34732	14996
资阳市	Ziyang	23862	7300	14105	6450	1542	1017	22450	10040
贵州省	**Guizhou**								
贵阳市	Guiyang	75406	59608	39668	32403	9678	9067	83721	63678
六盘水市	Liupanshui	36810	9469	10758	3811	1953	813	39170	12869
遵义市	Zunyi	87537	28408	39713	17364	2477	1464	77835	27238
安顺市	Anshun	34353	17369	11602	6919	942	645	36273	20852
毕节市	Bijie	97645	18893	26571	5546	1475	592	69075	14851
铜仁市	Tongren	63206	11001	18986	4622	1713	808	57569	16149
云南省	**Yunnan**								
昆明市	Kunming	119400	80134	67670	51991	14687	11377	90968	55206
曲靖市	Qujing	71549	14254	16419	4757	1455	768	44893	10133
玉溪市	Yuxi	28596	11155	16515	7640	1650	877	29468	11808
保山市	Baoshan	29580	9890	14059	5623	964	440	25405	10046
昭通市	Zhaotong	68114	12350	23582	5982	1795	768	54097	12604
丽江市	Lijiang	18384	4592	6213	1364	2227	531	21564	7752
普洱市	Pu'er	26816	5479	13486	4277	1578	610	30685	7927
临沧市	Lincang	26498	5082	11062	2950	680	211	28370	7132

2-10 续表 6 continued 6

单位：人 (person)

城市	City	(11)教育 Education		(12)卫生、社会保障和社会福利业 Health, Social Security and Social Welfare		(13)文化、体育、娱乐用房屋 Culture, Sports and Entertainment		(14)公共管理和社会组织 Public Management and Social Organization	
		全市 Total City	市辖区 Districts under City	全市 Total City	市辖区 Districts under City	全市 Total City	市辖区 Districts under City	全市 Total City	市辖区 Districts under City
西藏自治区	**Tibet**								
拉萨市	Lasa	14504		7543		8357		37970	
日喀则市	Rikaze	10276		3759		776		24421	
昌都市	Changdu								
林芝市	Linzhi								
山南市	Shannan								
陕西省	**Shaanxi**								
西安市	Xi'an	173200	170908	77151	59012	21787	10909	120148	98749
铜川市	Tongchuan	8141	7627	6875	6393	754	658	20668	17667
宝鸡市	Baoji	44906	20593	27610	14270	3228	1729	39045	17574
咸阳市	Xianyang	73287	15189	30141	12301	5197	1273	67314	14919
渭南市	Weinan	70745	17684	26119	6122	4297	1116	66924	11950
延安市	Yan'an	36604	9785	21257	10571	3836	2133	71249	17289
汉中市	Hanzhong	44992	9471	24985	9200	2716	1034	53106	10668
榆林市	Yulin	49072	11548	21059	5753	3944	1344	80349	12711
安康市	Ankang	33821	12310	16943	7111	1574	884	42887	15246
商洛市	Shangluo	34076	9942	13064	4500	1979	627	31259	7300
甘肃省	**Gansu**								
兰州市	Lanzhou	68935	54704	32502	28636	9672	9252	64580	52030
嘉峪关市	Jiayuguan	4000	4000	1964	1964	405	405	5733	5733
金昌市	Jinchang	5738	2966	3428	2222	468	460	9669	6101
白银市	Baiyin	27486	7906	6705	3758	493	236	32086	18484
天水市	Tianshui	44140	18472	16687	9466	2155	1366	48522	25193
武威市	Wuwei	24670	13348	10011	6249	633	440	21611	11932
张掖市	Zhangye	21407	10958	8809	3892	1765	1056	22627	10003
平凉市	Pingliang	32480	6589	11412	3174	1409	536	28336	7351
酒泉市	Jiuquan	14818	5449	7098	2738	3227	480	20081	7108
庆阳市	Qingyang	35999	7550	10302	3374	1796	668	39971	9811
定西市	Dingxi	37821	6554	13338	3010	1401	412	35930	10156
陇南市	Longnan	27500	5577	10800	1539	3200	135	34400	6773
青海省	**Qinghai**								
西宁市	Xining	29482	17695	23434	20038	4512	4006	30192	21449
海东市	Haidong	18008	5632	5423	1240	713	286	17574	4785
宁夏回族自治区	**Ningxia**								
银川市	Yinchuan	32481	23237	21287	18397	6343	6016	43754	32612
石嘴山市	Shizuishan	9128	6009	6192	4542	696	610	12827	9516
吴忠市	Wuzhong	10681	2669	6043	2193	884	430	23617	12980
固原市	Guyuan	20664	6490	6447	3102	660	397	15088	6672
中卫市	Zhongwei	15472	4941	5823	2876	1468	1250	12002	4779
新疆维吾尔自治区	**Xinjiang**								
乌鲁木齐市	Urumqi	54433	53404	39069	38743	11888	11884	114435	112394
克拉玛依市	Karamay	7166	7166	3513	3513	606	606	12537	12537
吐鲁番市	Tulufan								
哈密市	Hami								

2-11 行政区域土地面积及水资源总量
Total Land Area and Total Water Resources

城 市	City	行政区域土地面积(平方公里) Total Land Area of Administrative region (sq.km)		建成区面积 Built-up area	水资源总量(万立方米) Total Water Resources (10 000 cu.m)
		全 市 Total City	市辖区 Districts under City	市辖区 Districts under City	全 市 Total City
北京市	**Beijing**	**16411**	**16411**	**1420**	**351000**
天津市	**Tianjin**	**11917**	**11917**	**1008**	**189200**
河北省	**Hebei**				
石家庄市	Shijiazhuang	13056	2194	278	276800
唐山市	Tangshan	13472	4574	323	223600
秦皇岛市	Qinhuangdao	7802	2132	131	215300
邯郸市	Handan	12065	2667	172	178500
邢台市	Xingtai	12433	425	90	146000
保定市	Baoding	22185	2565	187	264700
张家口市	Zhangjiakou	36797	4373	100	177600
承德市	Chengde	39493	1253	117	173000
沧州市	Cangzhou	14035	183	73	65300
廊坊市	Langfang	6382	292	68	70800
衡水市	Hengshui	8815	1510	76	65000
山西省	**Shanxi**				
太原市	Taiyuan	6988	1500		70552
大同市	Datong	14176	2080	125	86977
阳泉市	Yangquan	4570	652	56	50600
长治市	Changzhi	13896	334	59	138605
晋城市	Jincheng	9425	143	46	160945
朔州市	Shuozhou	10625	4107	42	82812
晋中市	Jinzhong	16444	1311	77	99787
运城市	Yuncheng	14183	1205	66	165731
忻州市	Xinzhou	25152	1987	37	187000
临汾市	Linfen	20275	1316	58	138100
吕梁市	Lvliang	21239	1339	26	168000
内蒙古自治区	**Inner Mongolia**				
呼和浩特市	Hohhot	17453	2065	260	124250
包头市	Baotou	27768	2965	201	
乌海市	Wuhai	1669	1669	62	16004
赤峰市	Chifeng	90021	7076	106	389800
通辽市	Tongliao	59329	3212	61	388200
鄂尔多斯市	Erdos	86752	2530	117	284700
呼伦贝尔市	Hulunbuir	252777	1752	93	3161900
巴彦淖尔市	Bayannur	66277	2333	51	531450
乌兰察布市	Ulanqab	54500	527	60	
辽宁省	**Liaoning**				
沈阳市	Shenyang	12860	5116		322800
大连市	Dalian	12574	2567	396	174900
鞍山市	Anshan	9255	792	172	248600
抚顺市	Fushun	11272	1416	139	394500
本溪市	Benxi	8411	1518	109	303500
丹东市	Dandong	14967	941		767400
锦州市	Jinzhou	10047	825	112	121941
营口市	Yingkou	5242	702	189	74445
阜新市	Fuxin	10355	490	77	83614

2-11 续表 1 continued 1

城市	City	行政区域土地面积（平方公里）Total Land Area of Administrative region (sq.km) 全市 Total City	市辖区 Districts under City	建成区面积 Built-up area 市辖区 Districts under City	水资源总量（万立方米）Total Water Resources (10 000 cu.m) 全市 Total City
辽阳市	Liaoyang	4788	1111	105	131460
盘锦市	Panjin	4065	2029	75	37520
铁岭市	Tieling	12985	659	57	381812
朝阳市	Chaoyang	19698	1138	57	135860
葫芦岛市	Huludao	10414	2347	93	206600
吉林省	**Jilin**				
长春市	Changchun	20594	6991	519	437700
吉林市	Jilin	27711	3774	189	880500
四平市	Siping	14382	758	58	260300
辽源市	Liaoyuan	5140	432	46	148700
通化市	Tonghua	15612	746	54	444300
白山市	Baishan	17505	2729	47	915500
松原市	Songyuan	21089	1250	51	162300
白城市	Baicheng	25759	2578	43	242200
黑龙江省	**Heilongjiang**				
哈尔滨市	Harbin	53100	10198	431	1114700
齐齐哈尔市	Qiqihar	42496	4365	140	565560
鸡西市	Jixi	22531	2300	81	408111
鹤岗市	Hegang	14679	4551	53	490300
双鸭山市	Shuangyashan	22681	1760	58	516700
大庆市	Daqing	21219	5107	245	166800
伊春市	Yichun	32800	19608	157	1051500
佳木斯市	Jiamusi	32704	1875	97	461600
七台河市	Qitaihe	6221	3646	68	92400
牡丹江市	Mudanjiang	38827	2360	82	843000
黑河市	Heihe	69345	14446	20	
绥化市	Suihua	34873	2754	45	466503
上海市	**Shanghai**	**6341**	**6341**	**999**	**610200**
江苏省	**Jiangsu**				
南京市	Nanjing	6587	6587	774	687900
无锡市	Wuxi	4627	1643	332	612400
徐州市	Xuzhou	11765	3063	261	456500
常州市	Changzhou	4373	2838	261	656500
苏州市	Suzhou	8657	4652	461	817900
南通市	Nantong	10549	2140	216	881900
连云港市	Lianyungang	7615	3012	213	209100
淮安市	Huai'an	10030	4476	179	478200
盐城市	Yancheng	16931	5129	147	850300
扬州市	Yangzhou	6591	2306	149	499100
镇江市	Zhenjiang	3840	1088	139	432400
泰州市	Taizhou	5787	1567	115	529400
宿迁市	Suqian	8524	2154	86	306000
浙江省	**Zhejiang**				
杭州市	Hangzhou	16596	4876	541	2131002
宁波市	Ningbo	9816	3730	331	1038383
温州市	Wenzhou	12083	1311	241	1846639
嘉兴市	Jiaxing	4223	987	101	406081

2-11 续表 2 continued 2

城 市	City	行政区域土地面积（平方公里）Total Land Area of Administrative region (sq.km) 全 市 Total City	市辖区 Districts under City	建成区面积 Built-up area 市辖区 Districts under City	水资源总量（万立方米）Total Water Resources (10 000 cu.m) 全 市 Total City
湖州市	Huzhou	5820	1565	106	841074
绍兴市	Shaoxing	8279	2965	204	800309
金华市	Jinhua	10942	2049	98	1182776
衢州市	Quzhou	8845	2354	71	1279447
舟山市	Zhoushan	1456	1034	63	115752
台州市	Taizhou	9411	1536	140	1002197
丽水市	Lishui	17298	1502	35	2506611
安徽省	**Anhui**				
合肥市	Hefei	11445	1312	460	862300
芜湖市	Wuhu	6026	1491	172	709800
蚌埠市	Bengbu	5951	611	145	217200
淮南市	Huainan	5532	1736	110	209700
马鞍山市	Maanshan	4049	704	95	396000
淮北市	Huaibei	2741	760	85	75500
铜陵市	Tongling	2991	1200	81	343400
安庆市	Anqing	13538	810	90	
黄山市	Huangshan	9678	2358	67	1494730
滁州市	Chuzhou	13516	1406	85	635500
阜阳市	Fuyang	10118	1957	124	389000
宿州市	Suzhou	9939	2907	79	278500
六安市	Lu'an	15451	4139	77	1504100
亳州市	Bozhou	8521	2263	62	270000
池州市	Chizhou	8399	2539	37	1243700
宣城市	Xuancheng	12313	2585	55	1843200
福建省	**Fujian**				
福州市	Fuzhou	12675	1786	265	1734700
厦门市	Xiamen	1699	1699	335	251290
莆田市	Putian	4131	2290	90	722000
三明市	Sanming	23095	1178	39	3905400
泉州市	Quanzhou	11015	855	231	1783260
漳州市	Zhangzhou	12554	401	67	3842600
南平市	Nanping	26280	6036	41	4637300
龙岩市	Longyan	19063	4901	62	3450700
宁德市	Ningde	13247	1537	32	2150600
江西省	**Jiangxi**				
南昌市	Nanchang	7402	3095	317	757700
景德镇市	Jingdezhen	5261	430	79	534000
萍乡市	Pingxiang	3831	1070	52	486300
九江市	Jiujiang	19798	699	107	2092800
新余市	Xinyu	3178	1789	78	355200
鹰潭市	Yingtan	3560	136	39	521400
赣州市	Ganzhou	39363	2334	142	5888500
吉安市	Ji'an	25373	1382	56	3190000
宜春市	Yichun	18669	2532	70	2185800
抚州市	Fuzhou	18799	2125	60	2712384
上饶市	Shangrao	22791	1687	78	3163900

2-11 续表 3 continued 3

城市	City	行政区域土地面积（平方公里）Total Land Area of Administrative region (sq.km) 全市 Total City	市辖区 Districts under City	建成区面积 Built-up area 市辖区 Districts under City	水资源总量（万立方米）Total Water Resources (10 000 cu.m) 全市 Total City
山东省	**Shandong**				
济南市	Jinan	7998	5022	448	169000
青岛市	Qingdao	11282	3293	599	65200
淄博市	Zibo	5965	2989	271	124181
枣庄市	Zaozhuang	4564	3069	151	90300
东营市	Dongying	8243	5777	151	44923
烟台市	Yantai	13852	2738	330	85371
潍坊市	Weifang	16143	2638	179	139800
济宁市	Jining	11311	1648	199	477000
泰安市	Tai'an	7762	2087	155	150000
威海市	Weihai	5798	2607	193	47841
日照市	Rizhao	5359	2043	104	123000
莱芜市	Laiwu	2246	2246	120	59600
临沂市	Linyi	17191	2294	208	368200
德州市	Dezhou	10358	1751	154	129100
聊城市	Liaocheng	8984	1710	101	123500
滨州市	Binzhou	9660	3258	156	112354
菏泽市	Heze	12256	2261	125	219701
河南省	**Henan**				
郑州市	Zhengzhou	7446	1010	457	96002
开封市	Kaifeng	6444	1596	129	92061
洛阳市	Luoyang	15236	879	216	132800
平顶山市	Pingdingshan	7882	443	73	118116
安阳市	Anyang	7384	534	82	165011
鹤壁市	Hebi	2182	679	64	38777
新乡市	Xinxiang	8666	431	118	202800
焦作市	Jiaozuo	4071	578	113	98448
濮阳市	Puyang	4188	263	59	45373
许昌市	Xuchang	4997	1099	108	72325
漯河市	Luohe	2617	1020	67	58000
三门峡市	Sanmenxia	10496	1927	49	104402
南阳市	Nanyang	26509	2135	150	355172
商丘市	Shangqiu	12725	1697	63	175601
信阳市	Xinyang	18787	3604	94	1075423
周口市	Zhoukou	11961	333	70	216177
驻马店市	Zhumadian	15087	1365	80	386282
湖北省	**Hubei**				
武汉市	Wuhan	8569	1738	458	997900
黄石市	Huangshi	4583	237	79	594800
十堰市	Shiyan	23680	5053	107	669265
宜昌市	Yichang	21230	4234	167	1399000
襄阳市	Xiangyang	19728	3671	190	546518
鄂州市	Ezhou	1594	1594	64	222797
荆门市	Jingmen	12404	2391	63	834081
孝感市	Xiaogan	8910	1020	79	797157
荆州市	Jingzhou	14243	1576	86	1259350
黄冈市	Huanggang	17457	362	53	2192037
咸宁市	Xianning	9861	1503	66	1086230
随州市	Suizhou	9636	1351	71	408344

2-11 续表 4 continued 4

城　市	City	行政区域土地面积(平方公里) Total Land Area of Administrative region (sq.km)		建成区面积 Built-up area	水资源总量(万立方米) Total Water Resources (10 000 cu.m)
		全　市 Total City	市辖区 Districts under City	市辖区 Districts under City	全　市 Total City
湖南省	**Hunan**				
长沙市	Changsha	11816	1909	375	1393000
株洲市	Zhuzhou	11307	882	142	1385407
湘潭市	Xiangtan	5008	658	80	535400
衡阳市	Hengyang	15303	697	159	1027300
邵阳市	Shaoyang	20830	436	72	1624000
岳阳市	Yueyang	14858	1413	100	1375000
常德市	Changde	18190	2527	93	1732000
张家界市	Zhangjiajie	9534	2594	34	1200100
益阳市	Yiyang	12320	1851	76	1263000
郴州市	Chenzhou	19654	2246	77	2488000
永州市	Yongzhou	22260	3181	64	2471320
怀化市	Huaihua	27758	723	64	173135
娄底市	Loudi	8109	429	50	151200
广东省	**Guangdong**				
广州市	Guangzhou	7434	7434	1249	944400
韶关市	Shaoguan	18413	2871	102	2519900
深圳市	Shenzhen	1997	1997	923	304000
珠海市	Zhuhai	1732	1732	141	215000
汕头市	Shantou	2199	2085	258	274000
佛山市	Foshan	3798	3798	159	421200
江门市	Jiangmen	9509	1786	152	1453300
湛江市	Zhanjiang	13263	1705	111	880400
茂名市	Maoming	11429	2716	128	1371500
肇庆市	Zhaoqing	14891	2892	120	1807000
惠州市	Huizhou	11346	2697	263	1811300
梅州市	Meizhou	15865	3047	58	2253600
汕尾市	Shanwei	4865	421	22	851400
河源市	Heyuan	15654	362		2264500
阳江市	Yangjiang	7956	2483	64	1219900
清远市	Qingyuan	19036	3650	86	3157751
东莞市	Dongguan	2460	2460	957	340576
中山市	Zhongshan	1784	1784	149	254800
潮州市	Chaozhou	3146	1414		503300
揭阳市	Jieyang	5265	1047	131	911000
云浮市	Yunfu	7787	1967	29	745234
广西壮族自治区	**Guangxi**				
南宁市	Nanning	22244	9947	310	1218600
柳州市	Liuzhou	18597	1017	188	2103400
桂林市	Guilin	27667	2805	102	4193000
梧州市	Wuzhou	12588	1793	57	1358600
北海市	Beihai	3337	957	76	347300
防城港市	Fangchenggang	6238	2836	41	1130000
钦州市	Qinzhou	12187	4839	95	908521
贵港市	Guigang	10602	3548	73	1032500

2-11 续表 5 continued 5

城　市	City	行政区域土地面积(平方公里) Total Land Area of Administrative region (sq.km)		建成区面积 Built-up area	水资源总量(万立方米) Total Water Resources (10 000 cu.m)
		全　市 Total City	市辖区 Districts under City	市辖区 Districts under City	全　市 Total City
玉林市	Yulin	12835	1251	70	1430000
百色市	Baise	36202	3718	49	1308700
贺州市	Hezhou	11753	5517	66	1685922
河池市	Hechi	33476	2346	24	2638000
来宾市	Laibin	13411	4363	43	1210100
崇左市	Chongzuo	17332	2918	30	814500
海南省	**Hainan**				
海口市	Haikou	2304	2304	147	262200
三亚市	Sanya	1921	1921	56	190000
三沙市	Sansa	13	13		
儋州市	Danzhou	3400			197600
重庆市	**Chongqing**	**82402**	**43263**	**1351**	**6048668**
四川省	**Sichuan**				
成都市	Chengdu	14335	3677	837	
自贡市	Zigong	4381	1434	116	178000
攀枝花市	Panzhihua	7401	2018	76	476728
泸州市	Luzhou	12236	2133	136	782519
德阳市	Deyang	5911	648	75	238200
绵阳市	Mianyang	20248	2751	139	826200
广元市	Guangyuan	16319	4581	60	503900
遂宁市	Suining	5322	1874	79	89600
内江市	Neijiang	5385	1566	76	130005
乐山市	Leshan	12723	2506	76	1041000
南充市	Nanchong	12477	2526	120	255300
眉山市	Meishan	7140	1798	64	470000
宜宾市	Yibin	13271	1835	94	122400
广安市	Guang'an	6339	1533	58	296365
达州市	Dazhou	16588	3134	108	685200
雅安市	Ya'an	15046	1681	34	1599000
巴中市	Bazhong	12293	2560	48	546100
资阳市	Ziyang	5748	1633	49	147600
贵州省	**Guizhou**				
贵阳市	Guiyang	8043	2525	249	
六盘水市	Liupanshui	9914	467	73	537600
遵义市	Zunyi	30762	3284	120	1714309
安顺市	Anshun	9267	2703	68	621700
毕节市	Bijie	26849	3411	55	1388440
铜仁市	Tongren	18003	1853	48	1480000
云南省	**Yunnan**				
昆明市	Kunming	21026	5179	436	593600
曲靖市	Qujing	28905	1553	76	1620172
玉溪市	Yuxi	15233	1867	38	43966
保山市	Baoshan	19637	5011	37	1352200
昭通市	Zhaotong	22140	2163	42	1380000
丽江市	Lijiang	20680	1268	24	893100
普洱市	Pu'er	45385	4093	27	2947000
临沧市	Lincang	23620	2557	22	1614400

2-11 续表 6 continued 6

城市	City	行政区域土地面积(平方公里) Total Land Area of Administrative region (sq.km) 全市 Total City	市辖区 Districts under City	建成区面积 Built-up area 市辖区 Districts under City	水资源总量(万立方米) Total Water Resources (10 000 cu.m) 全市 Total City
西藏自治区	**Tibet**				
拉萨市	Lasa	29518	3227	72	
日喀则市	Rikaze	182000	3700		
昌都市	Changdu				
林芝市	Linzhi				
山南市	Shannan				
陕西省	**Shaanxi**				
西安市	Xi'an	10106	3873	517	215600
铜川市	Tongchuan	3882	2406	40	22950
宝鸡市	Baoji	18117	3625	90	80244
咸阳市	Xianyang	10189	528	92	74300
渭南市	Weinan	13134	1264	75	183150
延安市	Yan'an	37037	3539	36	133500
汉中市	Hanzhong	27246	556	42	1095700
榆林市	Yulin	42923	6797	64	320085
安康市	Ankang	23536	3646	45	810800
商洛市	Shangluo	19292	2672	26	501400
甘肃省	**Gansu**				
兰州市	Lanzhou	13086	1632	247	20090
嘉峪关市	Jiayuguan	2935	2935	70	47832
金昌市	Jinchang	8896	3019	43	53740
白银市	Baiyin	21158	3478	63	108800
天水市	Tianshui	14277	5858	56	52700
武威市	Wuwei	33238	5081	32	149300
张掖市	Zhangye	41924	4240	64	265100
平凉市	Pingliang	11170	1936	36	129500
酒泉市	Jiuquan	193974	3386	55	353100
庆阳市	Qingyang	27119	996	25	82000
定西市	Dingxi	19609	3646	25	628550
陇南市	Longnan	27839	4683	14	68708
青海省	**Qinghai**				
西宁市	Xining	7660	477	92	131400
海东市	Haidong	13161	3590		182000
宁夏回族自治区	**Ningxia**				
银川市	Yinchuan	9025	2311	171	19420
石嘴山市	Shizuishan	5310	2262	103	10110
吴忠市	Wuzhong	16758	1107	54	13330
固原市	Guyuan	13047	4489	35	37340
中卫市	Zhongwei	17448	6877	54	15640
新疆维吾尔自治区	**Xinjiang**				
乌鲁木齐市	Urumqi	13788	9576	436	143337
克拉玛依市	Karamay	7735	7735	75	59948
吐鲁番市	Tulufan				
哈密市	Hami				

2-12 城市建设用地状况(市辖区)
Land Used for Urban Construction(Districts under City)

城市	City	城市建设用地面积(平方公里) Area of Land Used for Urban Construction (sq.km)	居住用地面积 Area of Land Used for Living	城市建设用地占市区面积比重(%) Land Used for Urban Construction as Percentage to Urban Area (%)
北京市	**Beijing**	**1603**	**421**	**9.77**
天津市	**Tianjin**	**962**	**259**	**8.07**
河北省	**Hebei**			
石家庄市	Shijiazhuang	264	96	12.03
唐山市	Tangshan			
秦皇岛市	Qinhuangdao	131	39	6.14
邯郸市	Handan	171	69	6.41
邢台市	Xingtai	95	35	22.35
保定市	Baoding	180	62	7.02
张家口市	Zhangjiakou	100	26	2.29
承德市	Chengde	67	22	5.35
沧州市	Cangzhou	73	27	39.89
廊坊市	Langfang	68	23	23.29
衡水市	Hengshui	75	28	4.97
山西省	**Shanxi**			
太原市	Taiyuan			
大同市	Datong	125	44	6.01
阳泉市	Yangquan	45	16	6.90
长治市	Changzhi	59	17	17.66
晋城市	Jincheng	46	13	32.17
朔州市	Shuozhou	34	8	0.83
晋中市	Jinzhong	73	24	5.57
运城市	Yuncheng	42	18	3.49
忻州市	Xinzhou	37	14	1.86
临汾市	Linfen	53	17	4.03
吕梁市	Lvliang	24	8	1.79
内蒙古自治区	**Inner Mongolia**			
呼和浩特市	Hohhot	233	76	11.28
包头市	Baotou	196	59	6.61
乌海市	Wuhai	42	10	2.52
赤峰市	Chifeng	82	20	1.16
通辽市	Tongliao	61	14	1.90
鄂尔多斯市	Erdos	117	27	4.62
呼伦贝尔市	Hulunbuir	78	22	4.45
巴彦淖尔市	Bayannur	61	20	2.61
乌兰察布市	Ulanqab	52	18	9.87
辽宁省	**Liaoning**			
沈阳市	Shenyang			
大连市	Dalian	385	111	15.00
鞍山市	Anshan	172	59	21.72
抚顺市	Fushun	139	35	9.82
本溪市	Benxi	92	28	6.06
丹东市	Dandong	96	30	10.20
锦州市	Jinzhou	73	28	8.85
营口市	Yingkou	167	18	23.79

2-12 续表 1 continued 1

城 市	City	城市建设用地面积（平方公里）Area of Land Used for Urban Construction (sq.km)	居住用地面积 Area of Land Used for Living	城市建设用地占市区面积比重(%) Land Used for Urban Construction as Percentage to Urban Area (%)
阜新市	Fuxin	77	21	15.71
辽阳市	Liaoyang	105	38	9.45
盘锦市	Panjin	75	27	3.70
铁岭市	Tieling	50	20	7.59
朝阳市	Chaoyang	57	17	5.01
葫芦岛市	Huludao	90	29	3.83
吉林省	**Jilin**			
长春市	Changchun	508	152	7.27
吉林市	Jilin	198	59	5.25
四平市	Siping	61	23	8.05
辽源市	Liaoyuan	46	28	10.65
通化市	Tonghua	54	18	7.24
白山市	Baishan	42	20	1.54
松原市	Songyuan	51	16	4.08
白城市	Baicheng	43	12	1.67
黑龙江省	**Heilongjiang**			
哈尔滨市	Harbin	431	133	4.23
齐齐哈尔市	Qiqihar	140	44	3.21
鸡西市	Jixi	79	48	3.43
鹤岗市	Hegang	53	19	1.16
双鸭山市	Shuangyashan	58	16	3.30
大庆市	Daqing	321	77	6.29
伊春市	Yichun	156	69	0.80
佳木斯市	Jiamusi	83	27	4.43
七台河市	Qitaihe	68	41	1.87
牡丹江市	Mudanjiang	82	33	3.47
黑河市	Heihe	20	6	0.14
绥化市	Suihua	37	12	1.34
上海市	**Shanghai**	**1913**	**546**	**30.17**
江苏省	**Jiangsu**			
南京市	Nanjing	770	214	11.69
无锡市	Wuxi	287	88	17.47
徐州市	Xuzhou	244	60	7.97
常州市	Changzhou	261	67	9.20
苏州市	Suzhou	456	131	9.80
南通市	Nantong	246	77	11.50
连云港市	Lianyungang	238	93	7.90
淮安市	Huai'an	245	73	5.47
盐城市	Yancheng	148	41	2.89
扬州市	Yangzhou	148	43	6.42
镇江市	Zhenjiang	141	40	12.96
泰州市	Taizhou	163	48	10.40
宿迁市	Suqian	86	21	3.99
浙江省	**Zhejiang**			
杭州市	Hangzhou	506	139	10.38
宁波市	Ningbo	341	86	9.14
温州市	Wenzhou	180	46	13.73

2-12 续表 2 continued 2

城 市	City	城市建设用地面积 (平方公里) Area of Land Used for Urban Construction (sq.km)	居住用地面积 Area of Land Used for Living	城市建设用地占市区面积比重 (%) Land Used for Urban Construction as Percentage to Urban Area (%)
嘉兴市	Jiaxing	101	29	10.23
湖州市	Huzhou	106	32	6.77
绍兴市	Shaoxing	214	73	7.22
金华市	Jinhua	98	30	4.78
衢州市	Quzhou	72	16	3.06
舟山市	Zhoushan	59	21	5.71
台州市	Taizhou	130	42	8.46
丽水市	Lishui	39	12	2.60
安徽省	**Anhui**			
合肥市	Hefei	436	124	33.23
芜湖市	Wuhu	167	37	11.20
蚌埠市	Bengbu	143	48	23.40
淮南市	Huainan	110	48	6.34
马鞍山市	Maanshan	91	22	12.93
淮北市	Huaibei	91	33	11.97
铜陵市	Tongling	80	22	6.67
安庆市	Anqing	100	33	12.35
黄山市	Huangshan	50	17	2.12
滁州市	Chuzhou	85	26	6.05
阜阳市	Fuyang	119	57	6.08
宿州市	Suzhou	78	26	2.68
六安市	Lu'an	77	25	1.86
亳州市	Bozhou	69	19	3.05
池州市	Chizhou	37	14	1.46
宣城市	Xuancheng	54	13	2.09
福建省	**Fujian**			
福州市	Fuzhou	243	103	13.61
厦门市	Xiamen	351	93	20.66
莆田市	Putian	123	64	5.37
三明市	Sanming	34	11	2.89
泉州市	Quanzhou	194	63	22.69
漳州市	Zhangzhou	67	19	16.71
南平市	Nanping	38	10	0.63
龙岩市	Longyan	59	17	1.20
宁德市	Ningde	30	12	1.95
江西省	**Jiangxi**			
南昌市	Nanchang	275	87	8.89
景德镇市	Jingdezhen	61	17	14.19
萍乡市	Pingxiang	63	23	5.89
九江市	Jiujiang	105	33	15.02
新余市	Xinyu	71	26	3.97
鹰潭市	Yingtan	34	10	25.00
赣州市	Ganzhou	135	39	5.78
吉安市	Ji'an	52	11	3.76
宜春市	Yichun	70	16	2.76
抚州市	Fuzhou	60	19	2.82
上饶市	Shangrao	74	29	4.39

2-12 续表 3 continued 3

城 市	City	城市建设用地面积（平方公里）Area of Land Used for Urban Construction (sq.km)	居住用地面积 Area of Land Used for Living	城市建设用地占市区面积比重(%) Land Used for Urban Construction as Percentage to Urban Area (%)
山东省	**Shandong**			
济南市	Jinan	465	119	9.26
青岛市	Qingdao	493	148	14.97
淄博市	Zibo	269	94	9.00
枣庄市	Zaozhuang	139	55	4.53
东营市	Dongying	143	49	2.48
烟台市	Yantai	283	64	10.34
潍坊市	Weifang	177	61	6.71
济宁市	Jining	185	53	11.23
泰安市	Tai'an	155	50	7.43
威海市	Weihai	189	49	7.25
日照市	Rizhao	104	32	5.09
莱芜市	Laiwu	106	38	4.72
临沂市	Linyi	198	56	8.63
德州市	Dezhou	152	41	8.68
聊城市	Liaocheng	96	30	5.61
滨州市	Binzhou	118	46	3.62
菏泽市	Heze	122	42	5.40
河南省	**Henan**			
郑州市	Zhengzhou	410	105	40.59
开封市	Kaifeng	125	41	7.83
洛阳市	Luoyang	215	70	24.46
平顶山市	Pingdingshan	73	29	16.48
安阳市	Anyang	82	26	15.36
鹤壁市	Hebi	64	15	9.43
新乡市	Xinxiang	111	40	25.75
焦作市	Jiaozuo	113	41	19.55
濮阳市	Puyang	88	24	33.46
许昌市	Xuchang	108	38	9.83
漯河市	Luohe	64	16	6.27
三门峡市	Sanmenxia	44	13	2.28
南阳市	Nanyang	148	45	6.93
商丘市	Shangqiu	63	11	3.71
信阳市	Xinyang	80	25	2.22
周口市	Zhoukou	52	15	15.62
驻马店市	Zhumadian	71	17	5.20
湖北省	**Hubei**			
武汉市	Wuhan	525	161	30.21
黄石市	Huangshi	87	22	36.71
十堰市	Shiyan	107	32	2.12
宜昌市	Yichang	167	47	3.94
襄阳市	Xiangyang	170	47	4.63
鄂州市	Ezhou	33	8	2.07
荆门市	Jingmen	63	14	2.63
孝感市	Xiaogan	46	12	4.51
荆州市	Jingzhou	86	21	5.46
黄冈市	Huanggang	52	16	14.36
咸宁市	Xianning	51	24	3.39
随州市	Suizhou	71	27	5.26

2-12 续表 4 continued 4

城市	City	城市建设用地面积(平方公里) Area of Land Used for Urban Construction (sq.km)	居住用地面积 Area of Land Used for Living	城市建设用地占市区面积比重(%) Land Used for Urban Construction as Percentage to Urban Area (%)
湖南省	**Hunan**			
长沙市	Changsha	348	127	18.23
株洲市	Zhuzhou	142	47	16.10
湘潭市	Xiangtan	80	27	12.16
衡阳市	Hengyang	113	30	16.21
邵阳市	Shaoyang	66	25	15.14
岳阳市	Yueyang	93	25	6.58
常德市	Changde	112	25	4.43
张家界市	Zhangjiajie	34	11	1.31
益阳市	Yiyang	70	28	3.78
郴州市	Chenzhou	73	26	3.25
永州市	Yongzhou	64	16	2.01
怀化市	Huaihua	54	25	7.47
娄底市	Loudi	50	17	11.66
广东省	**Guangdong**			
广州市	Guangzhou			
韶关市	Shaoguan	102	35	3.55
深圳市	Shenzhen	921	209	46.12
珠海市	Zhuhai	124	44	7.16
汕头市	Shantou	254	99	12.18
佛山市	Foshan			
江门市	Jiangmen	39	10	2.18
湛江市	Zhanjiang	72	26	4.22
茂名市	Maoming	126	62	4.64
肇庆市	Zhaoqing	113	37	3.91
惠州市	Huizhou	254	79	9.42
梅州市	Meizhou	51	22	1.67
汕尾市	Shanwei	29	10	6.89
河源市	Heyuan			
阳江市	Yangjiang	81	24	3.26
清远市	Qingyuan	61	19	1.67
东莞市	Dongguan	1063	277	43.21
中山市	Zhongshan	127	43	7.12
潮州市	Chaozhou			
揭阳市	Jieyang	147	41	14.04
云浮市	Yunfu	24	3	1.22
广西壮族自治区	**Guangxi**			
南宁市	Nanning	305	90	3.07
柳州市	Liuzhou	188	49	18.49
桂林市	Guilin	101	30	3.60
梧州市	Wuzhou	56	19	3.12
北海市	Beihai	76	27	7.94
防城港市	Fangchenggang	38	7	1.34
钦州市	Qinzhou	90	23	1.86
贵港市	Guigang	70	23	1.97

2-12 续表 5 continued 5

城市	City	城市建设用地面积（平方公里）Area of Land Used for Urban Construction (sq.km)	居住用地面积 Area of Land Used for Living	城市建设用地占市区面积比重(%) Land Used for Urban Construction as Percentage to Urban Area (%)
玉林市	Yulin	69	26	5.52
百色市	Baise	46	15	1.24
贺州市	Hezhou	63	20	1.14
河池市	Hechi	24	7	1.02
来宾市	Laibin	43	11	0.99
崇左市	Chongzuo	19	6	0.65
海南省	**Hainan**			
海口市	Haikou	98	44	4.25
三亚市	Sanya	188	42	9.79
三沙市	Sansa			
儋州市	Danzhou			
重庆市	**Chongqing**	**1180**	**371**	**2.73**
四川省	**Sichuan**			
成都市	Chengdu	771	257	20.97
自贡市	Zigong	116	38	8.09
攀枝花市	Panzhihua	75	21	3.72
泸州市	Luzhou	127	33	5.95
德阳市	Deyang	75	21	11.57
绵阳市	Mianyang	139	40	5.05
广元市	Guangyuan	56	14	1.22
遂宁市	Suining	77	24	4.11
内江市	Neijiang	76	28	4.85
乐山市	Leshan	69	23	2.75
南充市	Nanchong	120	45	4.75
眉山市	Meishan	61	24	3.39
宜宾市	Yibin	87	19	4.74
广安市	Guang'an	52	18	3.39
达州市	Dazhou	79	24	2.52
雅安市	Ya'an	32	8	1.90
巴中市	Bazhong	34	12	1.33
资阳市	Ziyang	45	11	2.76
贵州省	**Guizhou**			
贵阳市	Guiyang			
六盘水市	Liupanshui	100	26	21.41
遵义市	Zunyi	78	23	2.38
安顺市	Anshun	60	19	2.22
毕节市	Bijie	45	15	1.32
铜仁市	Tongren	36	16	1.94
云南省	**Yunnan**			
昆明市	Kunming	430	181	8.30
曲靖市	Qujing	68	25	4.38
玉溪市	Yuxi	35	6	1.87
保山市	Baoshan	26	14	0.52
昭通市	Zhaotong	30	9	1.39
丽江市	Lijiang	21	4	1.66
普洱市	Pu'er	24	5	0.59
临沧市	Lincang	49	8	1.92

2-12 续表 6 continued 6

城市	City	城市建设用地面积 (平方公里) Area of Land Used for Urban Construction (sq.km)	居住用地面积 Area of Land Used for Living	城市建设用地占市区面积比重 (%) Land Used for Urban Construction as Percentage to Urban Area (%)
西藏自治区	**Tibet**			
拉萨市	Lasa	72	25	2.23
日喀则市	Rikaze			
昌都市	Changdu			
林芝市	Linzhi			
山南市	Shannan			
陕西省	**Shaanxi**			
西安市	Xi'an	513	125	13.25
铜川市	Tongchuan	42	10	1.75
宝鸡市	Baoji	89	10	2.46
咸阳市	Xianyang	92	23	17.42
渭南市	Weinan	70	27	5.54
延安市	Yan'an	29		0.82
汉中市	Hanzhong	38	6	6.83
榆林市	Yulin	70	17	1.03
安康市	Ankang	45	13	1.23
商洛市	Shangluo	19	3	0.71
甘肃省	**Gansu**			
兰州市	Lanzhou	234	62	14.34
嘉峪关市	Jiayuguan	72	15	2.45
金昌市	Jinchang	43	8	1.42
白银市	Baiyin	62	18	1.78
天水市	Tianshui	51	11	0.87
武威市	Wuwei	32	20	0.63
张掖市	Zhangye	40	17	0.94
平凉市	Pingliang	36	13	1.86
酒泉市	Jiuquan	55	10	1.62
庆阳市	Qingyang	24	8	2.41
定西市	Dingxi	24	6	0.66
陇南市	Longnan	14	7	0.30
青海省	**Qinghai**			
西宁市	Xining	87	45	18.24
海东市	Haidong			
宁夏回族自治区	**Ningxia**			
银川市	Yinchuan	171	52	7.40
石嘴山市	Shizuishan	53	22	2.34
吴忠市	Wuzhong	53	18	4.79
固原市	Guyuan	34	10	0.76
中卫市	Zhongwei	48	14	0.70
新疆维吾尔自治区	**Xinjiang**			
乌鲁木齐市	Urumqi	436	149	4.55
克拉玛依市	Karamay	71	24	0.92
吐鲁番市	Tulufan			
哈密市	Hami			

(二)综合经济
General Economy

2-13 地区生产总值
Gross Regional Product

城市	City	地区生产总值(当年价格)(万元) Gross Regional Product (Current Prices) (10 000 yuan)		人均地区生产总值(元) Per Capita GRP (yuan)		地区生产总值增长率(%) GRP Growth Rate (%)	
		全市 Total City	市辖区 Districts under City	全市 Total City	市辖区 Districts under City	全市 Total City	市辖区 Districts under City
北京市	**Beijing**	**256691300**	**256691300**	**118198**	**118198**	**6.80**	**6.80**
天津市	**Tianjin**	**178853900**	**178853900**	**115053**	**115053**	**9.10**	**9.10**
河北省	**Hebei**						
石家庄市	Shijiazhuang	59277293	32148250	55177	67493	6.80	7.30
唐山市	Tangshan	63548675	33238336	81239	93110	6.80	7.40
秦皇岛市	Qinhuangdao	13493526	9340031	73755	56805	7.00	7.40
邯郸市	Handan	33370903	13663695	35265	38365	6.08	5.99
邢台市	Xingtai	19757460	3143341	27038	33372	7.10	6.70
保定市	Baoding	34771269	11416785	29992	40087	7.20	5.40
张家口市	Zhangjiakou	14659911	6652782	33142	4134	7.00	5.69
承德市	Chengde	14385741	3051752	40741	46535	6.95	6.26
沧州市	Cangzhou	35446800	7104329	47425	100717	7.90	8.49
廊坊市	Langfang	27063015	9031261	58972	105362	8.00	8.30
衡水市	Hengshui	14201825	3998117	31955	42121	7.80	7.70
山西省	**Shanxi**						
太原市	Taiyuan	29556045	27549377	68234	77896	7.50	7.40
大同市	Datong	10257962	8186718	30046	45710	1.00	0.79
阳泉市	Yangquan	6228625	4014561	44461	54350	3.39	3.40
长治市	Changzhi	12704767	3720097	37063	46601	4.60	6.30
晋城市	Jincheng	10493400	2498081	45271	50783	3.90	5.00
朔州市	Shuozhou	9180640	4529330	52010	124078	4.20	
晋中市	Jinzhong	10911041	2162832	32646	32190	5.10	5.20
运城市	Yuncheng	12223486	2248834	23106	32162	4.00	5.70
忻州市	Xinzhou	7161357	1200652	22747	21405	4.70	3.90
临汾市	Linfen	12051761	2612024	27102	26823	3.40	4.50
吕梁市	Lvliang	9953079	704473	25896	21239	4.10	5.40
内蒙古自治区	**Inner Mongolia**						
呼和浩特市	Hohhot	31735900	23657500	103235	109106	7.75	7.95
包头市	Baotou	38676300	34850571	136021	152817	7.60	7.90
乌海市	Wuhai	5722261	5722261	102725	102725	6.80	6.80
赤峰市	Chifeng	19332792	8478442	44936	60764	7.30	6.90
通辽市	Tongliao	19493818	7296811	62424	78948	7.40	7.70
鄂尔多斯市	Erdos	44179341	10267100	215488	155409	7.30	7.40
呼伦贝尔市	Hulunbuir	16208500	3689583	64140	91359	7.00	6.85
巴彦淖尔市	Bayannur	9153800	2973000	54480	53810	7.00	7.50
乌兰察布市	Ulanqab	9388700	1879000	44517		6.80	7.01
辽宁省	**Liaoning**						
沈阳市	Shenyang	55464498	49225697	66893	71120	-5.60	-2.93
大连市	Dalian	68101998	38556875	97470	113529	6.50	6.64
鞍山市	Anshan	14619713	7395813	40532	46901	-10.30	-5.00
抚顺市	Fushun	8650721	7308829	41741	50577	-7.10	-4.30
本溪市	Benxi	7667098	5319574	44745	47517	-8.80	-7.00
丹东市	Dandong	7512352	2143736	31223	27336	-2.10	1.60
锦州市	Jinzhou	10328139		33692		-6.55	
营口市	Yingkou	11562477	7335429	47358	66714	-7.50	-6.45

2-13 续表 1 continued 1

城 市	City	地区生产总值(当年价格)(万元) Gross Regional Product (Current Prices) (10 000 yuan)		人均地区生产总值(元) Per Capita GRP (yuan)		地区生产总值增长率(%) GRP Growth Rate (%)	
		全 市 Total City	市辖区 Districts under City	全 市 Total City	市辖区 Districts under City	全 市 Total City	市辖区 Districts under City
阜新市	Fuxin	4078179	2022941	22956	32141	-12.30	-10.40
辽阳市	Liaoyang	6541758	4169004	35476			
盘锦市	Panjin	10071351	8368189	70110	72544	-4.20	-3.50
铁岭市	Tieling	5880423	1249816	22178	28745	-4.60	-1.20
朝阳市	Chaoyang	7165334	1800369	24285	27094	-6.00	-2.84
葫芦岛市	Huludao	6473518	3172837	25347	41017	1.10	-0.20
吉林省	**Jilin**						
长春市	Changchun	59864200	47070059	79434	109257	7.70	7.60
吉林市	Jilin	24535091	14427815	57818	79569	3.10	4.60
四平市	Siping	11938035	2163395	36732	36959	-0.80	-5.90
辽源市	Liaoyuan	7652485	4220181	63480	93695	6.40	12.30
通化市	Tonghua	9475914	2336600	42979	53023	-3.80	-31.10
白山市	Baishan	6966243	3503989	56411	58400	7.30	7.10
松原市	Songyuan	16516898	5206604	59413	78757	2.60	2.80
白城市	Baicheng	7001392	1817450	35892	36716	2.80	5.00
黑龙江省	**Heilongjiang**						
哈尔滨市	Harbin	61016096	44726875	63445	81338	7.30	7.40
齐齐哈尔市	Qiqihar	13253110	6208060	25690	46106	6.15	4.50
鸡西市	Jixi	5183793	1647817	28647	19909	6.50	4.90
鹤岗市	Hegang	2641031	1316322	25244	20448	-1.20	-2.20
双鸭山市	Shuangyashan	4373971	1213525	29959	24783	2.60	2.40
大庆市	Daqing	26100031	21008498	94690	153506	1.90	0.80
伊春市	Yichun	2512167	1541046	21043	20317	2.90	3.98
佳木斯市	Jiamusi	8450332	4314432	36878	55627	6.40	6.60
七台河市	Qitaihe	2166414	1638973	26500	32529	0.60	0.40
牡丹江市	Mudanjiang	13681181	3479095	49618	35929	6.60	6.90
黑河市	Heihe	4708056	337171	27889	32992	6.20	1.40
绥化市	Suihua	13163122	1667169	24109	20014	6.70	8.00
上海市	**Shanghai**	**281786500**	**281786500**	**116562**	**116562**	**6.90**	**6.90**
江苏省	**Jiangsu**						
南京市	Nanjing	105030200	105030200	127264	127264	8.00	8.00
无锡市	Wuxi	92100200	47490200	141258	130935	7.50	7.70
徐州市	Xuzhou	58085200	30721800	66845	94402	8.20	6.00
常州市	Changzhou	57738600	49856600	122721	126424	8.50	8.40
苏州市	Suzhou	154750900	80084500	145556	145576	7.50	7.50
南通市	Nantong	67682000	24750300	92702	105599	9.30	9.20
连云港市	Lianyungang	23764800	13075900	52987	62788	7.80	7.70
淮安市	Huai'an	30480000	20623300	62446	67635	9.00	8.90
盐城市	Yancheng	45760800	18846400	63278	80123	8.90	9.00
扬州市	Yangzhou	44493800	29003000	99151	119578	9.40	9.30
镇江市	Zhenjiang	38338400	17116000	120603	139126	9.30	9.30
泰州市	Taizhou	41017800	17182700	88330	105789	9.50	10.50
宿迁市	Suqian	23511200	8604300	48311	54078	9.10	9.60
浙江省	**Zhejiang**						
杭州市	Hangzhou	113137223	98354845	124286	134798	9.60	9.70
宁波市	Ningbo	86864911	55746604	110656	135769	7.10	6.70
温州市	Wenzhou	51015586	20547155	55779	47486	8.40	8.12

2-13 续表 2 continued 2

城 市	City	地区生产总值(当年价格)(万元) Gross Regional Product (Current Prices) (10 000 yuan)		人均地区生产总值(元) Per Capita GRP (yuan)		地区生产总值增长率(%) GRP Growth Rate (%)	
		全 市 Total City	市辖区 Districts under City	全 市 Total City	市辖区 Districts under City	全 市 Total City	市辖区 Districts under City
嘉兴市	Jiaxing	38621104	9704077	83968	78576	7.05	7.59
湖州市	Huzhou	22843743	10111736	77110	76369	7.64	7.11
绍兴市	Shaoxing	47890304	28018421	96204	102575	5.52	4.46
金华市	Jinhua	36849362	6931263	67158	61804	7.47	6.91
衢州市	Quzhou	12515883	5284700	58281	64613	7.20	7.00
舟山市	Zhoushan	12411989	9081679	107463	103395	11.35	11.43
台州市	Taizhou	38986594	14125346	64287		7.80	7.20
丽水市	Lishui	12102414	3061470	56238	65068	7.12	5.65
安徽省	**Anhui**						
合肥市	Hefei	62743777	41916963	80138	111013	9.80	10.30
芜湖市	Wuhu	26994385	16597763	73715	100745	9.70	9.79
蚌埠市	Bengbu	13858228	7452491	41855	65217	9.40	9.30
淮南市	Huainan	9638395	5902912	27990	32451	6.61	6.99
马鞍山市	Maanshan	14937617	9102501	65833	95951	9.00	8.40
淮北市	Huaibei	7990337	5458064	36427	51939	4.95	3.40
铜陵市	Tongling	9573000	7518962	59960		9.06	9.42
安庆市	Anqing	15311776	4568872	33294	55854	8.00	8.00
黄山市	Huangshan	5768174	2685327	41905	54049	7.76	7.88
滁州市	Chuzhou	14228257	3704448	35301	63487	9.20	9.60
阜阳市	Fuyang	14018589	4853593	17642	21620	9.00	8.54
宿州市	Suzhou	13518116	5759654	24270	33637	9.10	9.20
六安市	Lu'an	11081469	4816400	23298	24486	7.20	8.20
亳州市	Bozhou	10461044	3676131	20611	20003	8.90	9.00
池州市	Chizhou	5890196	3131798	40919	50676	8.13	8.01
宣城市	Xuancheng	10578243	2907263	40740	36182	8.70	8.70
福建省	**Fujian**						
福州市	Fuzhou	61976395	31442815	82251	101576	8.50	9.20
厦门市	Xiamen	37842662	37842662	97282	97282	7.90	7.90
莆田市	Putian	18234281	14841126	63313	73308	8.95	8.98
三明市	Sanming	18608197	3786755	73261	99468	7.80	7.10
泉州市	Quanzhou	66466294	14902697	77784	96771	8.00	7.86
漳州市	Zhangzhou	31253456	7167938	62196	92086	9.30	10.50
南平市	Nanping	14577378	4632497	55009	59126	6.80	13.20
龙岩市	Longyan	18956670	9068668	72354	83855	8.10	7.80
宁德市	Ningde	16231142	3001926	56358	67489	7.45	8.06
江西省	**Jiangxi**						
南昌市	Nanchang	43549927	33005883	81598	92993	9.00	8.90
景德镇市	Jingdezhen	8401484	4407005	50989	89039	8.60	8.60
萍乡市	Pingxiang	9982752	6125529	52330	64551	9.10	8.80
九江市	Jiujiang	20961347	7914683	43338	111249	9.37	9.05
新余市	Xinyu	10361912	8100212	88548	94419	8.60	8.80
鹰潭市	Yingtan	6953489	2157320	60136	98239	8.80	10.30
赣州市	Ganzhou	22071959	5207912	25761	47699	9.50	10.40
吉安市	Ji'an	14613721	2329066	29772	42343	9.20	9.30
宜春市	Yichun	17819520	2489444	32269	23298	9.00	9.30
抚州市	Fuzhou	12109070	3711188	30259	33289	8.80	8.80
上饶市	Shangrao	18177664	5348006	26996	44686	9.00	9.50

2-13 续表 3 continued 3

城　市	City	地区生产总值(当年价格)(万元) Gross Regional Product (Current Prices) (10 000 yuan)		人均地区生产总值(元) Per Capita GRP (yuan)		地区生产总值增长率(%) GRP Growth Rate (%)	
		全　市 Total City	市辖区 Districts under City	全　市 Total City	市辖区 Districts under City	全　市 Total City	市辖区 Districts under City
山东省	**Shandong**						
济南市	Jinan	65361165	58166505	90999	101681	7.76	13.23
青岛市	Qingdao	100112900	65059600	109407	131794	7.90	10.10
淄博市	Zibo	44120100	34041315	94587	118655	7.70	7.50
枣庄市	Zaozhuang	21426335	10778290	54984	48219	7.15	7.04
东营市	Dongying	34796000	24250510	164024	186378	7.00	6.70
烟台市	Yantai	69256587	29477224	98388	176961	8.06	8.44
潍坊市	Weifang	51706000	15860954	59275	74546	8.00	8.10
济宁市	Jining	43018200	12095800	51662	77344	7.96	7.69
泰安市	Tai'an	33167900	10049200	59027	56580	7.20	7.25
威海市	Weihai	32122000	16228618	114220	105924	8.00	8.31
日照市	Rizhao	18024900	12874400	62357	90947	8.10	7.42
莱芜市	Laiwu	7027600	7027600	51533	51533	7.20	7.20
临沂市	Linyi	40267500	16627346	38803	60932	7.60	8.01
德州市	Dezhou	29329900	8339378	50856	64139	7.17	6.24
聊城市	Liaocheng	28591800	5208300	47624	39966	7.30	7.00
滨州市	Binzhou	24701013	7927506	63745	74259	7.18	8.10
菏泽市	Heze	25602400	7068855	29904	35602	8.50	8.80
河南省	**Henan**						
郑州市	Zhengzhou	81139666	46097077	84114	82826	8.47	8.60
开封市	Kaifeng	17551002	6371007	38619	39506	8.50	7.90
洛阳市	Luoyang	38201075	14885127	56410	68603	8.60	8.40
平顶山市	Pingdingshan	18251414	5109628	36708	47257	7.71	6.56
安阳市	Anyang	20298494	5531860	39603	44816	8.00	5.60
鹤壁市	Hebi	7717894	3694029	47940	56042	7.90	6.90
新乡市	Xinxiang	21669705	7201086	37805	63407	8.27	7.58
焦作市	Jiaozuo	20950796	4735637	59183	46140	8.30	7.60
濮阳市	Puyang	14495555	3872670	40059	54304	8.70	4.80
许昌市	Xuchang	23777133	6600388	54522	51110	8.90	7.30
漯河市	Luohe	10819257	6476335	41138	48198	8.10	8.30
三门峡市	Sanmenxia	13258631	3850064	58894	57496	7.50	9.50
南阳市	Nanyang	31149653	7166475	31010	38577	8.40	5.60
商丘市	Shangqiu	19891538	4300455	27332	24329	8.70	8.20
信阳市	Xinyang	20378010	5361541	31733	38514	8.32	8.04
周口市	Zhoukou	22638615	2111843	25682	29507	8.50	7.60
驻马店市	Zhumadian	19729881	3323114	28305	34470	8.50	8.10
湖北省	**Hubei**						
武汉市	Wuhan	119126100	96306028	111469	125463	7.80	8.00
黄石市	Huangshi	13055500	6166200	53033	69459	7.20	7.40
十堰市	Shiyan	14291500	9334567	42083	68048	8.90	10.14
宜昌市	Yichang	37093600	15930190	89978	108701	8.80	8.20
襄阳市	Xiangyang	36945100	18588198	65663	80691	8.53	7.91
鄂州市	Ezhou	7978200	7978200	74983	74983	8.00	8.00
荆门市	Jingmen	15210000	5138400	52470	74551	8.50	8.30
孝感市	Xiaogan	15766900	2877351	32236	31128	7.90	8.00
荆州市	Jingzhou	17267500	5699800	30305	46163	7.30	8.40
黄冈市	Huanggang	17261700	2031609	27373	52280	7.60	7.00
咸宁市	Xianning	11079300	2591100	44027	439321	7.60	8.70
随州市	Suizhou	8521800	3930900	38801	62217	8.00	8.20

2-13 续表 4 continued 4

城 市	City	地区生产总值(当年价格)(万元) Gross Regional Product (Current Prices) (10 000 yuan)		人均地区生产总值(元) Per Capita GRP (yuan)		地区生产总值增长率(%) GRP Growth Rate (%)	
		全 市 Total City	市辖区 Districts under City	全 市 Total City	市辖区 Districts under City	全 市 Total City	市辖区 Districts under City
湖南省	**Hunan**						
长沙市	Changsha	93569088	58671952	124122	145061	9.40	8.80
株洲市	Zhuzhou	24884543	11762526	62081	96005	7.85	7.42
湘潭市	Xiangtan	18667869	11232425	65946	105045	8.40	8.70
衡阳市	Hengyang	28530158	8242740	39020	73907	7.90	8.40
邵阳市	Shaoyang	15302577	3122444	20987	40758	8.00	8.30
岳阳市	Yueyang	31008720	12664062	54832	98545	7.80	7.80
常德市	Changde	29538202	14719530	50543	94067	8.70	6.40
张家界市	Zhangjiajie	4930990	2529181	32300	19391	8.10	7.70
益阳市	Yiyang	14931802	6256799	33772	48838	7.80	8.30
郴州市	Chenzhou	22041285	6580564	46691	76474	8.30	8.50
永州市	Yongzhou	15658072	4500498	28744	41244	7.96	7.82
怀化市	Huaihua	14003368	3177354	28515	37667	8.12	8.67
娄底市	Loudi	14001393	4038204	36058	78867	7.60	8.00
广东省	**Guangdong**						
广州市	Guangzhou	195474420	195474420	141933	141933	8.20	8.20
韶关市	Shaoguan	12183920	5793453	41388	56086	6.30	6.00
深圳市	Shenzhen	194926012	194926012	167411	167411	9.00	9.00
珠海市	Zhuhai	22263708	22263708	134546	134546	8.50	8.50
汕头市	Shantou	20809729	20638521	37390	37500	8.70	8.70
佛山市	Foshan	86300002	86300002	115891	115891	8.30	8.30
江门市	Jiangmen	24187806	13034050	53374	69809	7.40	7.50
湛江市	Zhanjiang	25844327	11456202	35612	68278	7.90	7.20
茂名市	Maoming	26367435	12951610	43211	51459	7.10	6.20
肇庆市	Zhaoqing	20840190	11003144	51178	71598	5.04	2.71
惠州市	Huizhou	34121671	20842055	71605	85251	8.20	6.67
梅州市	Meizhou	10455668	4049570	24032	42133	7.50	5.80
汕尾市	Shanwei	8284882	2189696	27351	41740	7.00	4.70
河源市	Heyuan	8987162	3370986	29205	69426	8.60	10.10
阳江市	Yangjiang	12707564	6711045	50431	57222	6.00	6.10
清远市	Qingyuan	13877104	7423882	36136	47324	7.88	7.52
东莞市	Dongguan	68276868	68276868	82682	82682	8.10	8.10
中山市	Zhongshan	32027780	32027780	99471	99471	7.80	7.80
潮州市	Chaozhou	9768303	7740573	36956		7.10	
揭阳市	Jieyang	20068992	9243437	33027	47048	6.30	6.70
云浮市	Yunfu	7783051	2341634	31502	35840	7.90	7.30
广西壮族自治区	**Guangxi**						
南宁市	Nanning	37033300	27815094	52723	70320	5.90	7.29
柳州市	Liuzhou	24769396	17983490	62855	112005	7.30	7.30
桂林市	Guilin	20548216	8472393	41216	54910	6.90	8.36
梧州市	Wuzhou	11756486	5617612	39072	69810	7.60	6.40
北海市	Beihai	10066500	7742714	61580	108517	7.27	7.41
防城港市	Fangchenggang	6760383	5112922	73188	91827	9.05	9.27
钦州市	Qinzhou	11020466	5111313	34160	40428	9.00	11.40
贵港市	Guigang	9587564	3975420	22230	25299	7.90	8.40

2-13 续表 5 continued 5

城 市	City	地区生产总值(当年价格)(万元) Gross Regional Product (Current Prices) (10 000 yuan)		人均地区生产总值(元) Per Capita GRP (yuan)		地区生产总值增长率(%) GRP Growth Rate (%)	
		全 市 Total City	市辖区 Districts under City	全 市 Total City	市辖区 Districts under City	全 市 Total City	市辖区 Districts under City
玉林市	Yulin	15538300	4389410	27111	39475	8.00	9.40
百色市	Baise	11143094	2257111	30881	56991	8.84	9.48
贺州市	Hezhou	5181900	2998636	25499	28575	8.10	9.95
河池市	Hechi	6571808	1172935	18842	34077	4.90	6.00
来宾市	Laibin	5891105	2604242	26885	27170	3.90	4.50
崇左市	Chongzuo	7662005	1596760	37161	47269	8.20	8.30
海南省	**Hainan**						
海口市	Haikou	12576653	12576653	56315	56315	7.75	7.75
三亚市	Sanya	4755567	4755567	63273	63273	7.80	7.80
三沙市	Sansa						
儋州市	Danzhou	2577835		28770		7.70	
重庆市	**Chongqing**	**177405900**	**157244600**	**57902**	**65586**	**10.70**	**10.70**
四川省	**Sichuan**						
成都市	Chengdu	121702335	96855794	76960	92772	7.70	7.50
自贡市	Zigong	12345637	7906011	44481	57682	7.72	7.39
攀枝花市	Panzhihua	10146839	7455246	82221	88508	8.00	7.64
泸州市	Luzhou	14819105	7740699	34497	53822	9.50	9.90
德阳市	Deyang	17524542	5000819	49835	66901	8.40	8.20
绵阳市	Mianyang	18304207	9928902	38202	55173	8.30	8.80
广元市	Guangyuan	6600100	3085367	25072	33330	8.00	7.90
遂宁市	Suining	10084521	4167305	30615	31670	9.13	9.62
内江市	Neijiang	12976712	4716968	34667	34584	7.61	6.90
乐山市	Leshan	14065848	6740860	43110	54938	8.20	7.80
南充市	Nanchong	16514004	5928165	25871	30606	7.20	7.68
眉山市	Meishan	11172317	5163288	37227	44563	8.41	8.62
宜宾市	Yibin	16530529	6615900	36735	55050	8.28	8.05
广安市	Guang'an	10786241	3168569	33130	36042	7.90	7.70
达州市	Dazhou	14470836	4480657	25921	26995	7.50	6.30
雅安市	Ya'an	5453272	2144695	35335	33860	8.10	7.00
巴中市	Bazhong	5446605	1957575	16415	16789	7.80	10.30
资阳市	Ziyang	9434411	4455251	37308	50065	7.80	8.20
贵州省	**Guizhou**						
贵阳市	Guiyang	31577001	24036527	67772	72571	10.10	10.74
六盘水市	Liupanshui	13137000	4229736	45325	69873	12.00	13.24
遵义市	Zunyi	24039400	9847900	38709	44877	12.40	12.70
安顺市	Anshun	7013500	3892600	30216	35756	12.40	13.60
毕节市	Bijie	16257900	3334197	24544	28855	12.10	13.00
铜仁市	Tongren	8569700	1846400	27366	42990	11.90	13.24
云南省	**Yunnan**						
昆明市	Kunming	43000780	33361425	64156	83626	8.50	8.60
曲靖市	Qujing	17751063	5766234	29266	74731	8.60	9.20
玉溪市	Yuxi	13118823	6926416	55389	87037	7.60	2.80
保山市	Baoshan	6133904	2345910	23692	24265	11.10	11.40
昭通市	Zhaotong	7655307	2335744	14040	28247	8.60	8.60
丽江市	Lijiang	3092899	1167840	24116	53595	7.00	6.00
普洱市	Pu'er	5675443	1324134	21685	41811	10.20	9.30
临沧市	Lincang	5508172	995947	21906	29685	10.20	10.00

2-13 续表 6 continued 6

城　市	City	地区生产总值(当年价格)(万元) Gross Regional Product (Current Prices) (10 000 yuan)		人均地区生产总值(元) Per Capita GRP (yuan)		地区生产总值增长率(%) GRP Growth Rate (%)	
		全　市 Total City	市辖区 Districts under City	全　市 Total City	市辖区 Districts under City	全　市 Total City	市辖区 Districts under City
西藏自治区	**Tibet**						
拉萨市	Lasa	4249500	2454700	64804		10.00	
日喀则市	Rikaze	1877546	628355	23838	52990	10.10	6.10
昌都市	Changdu						
林芝市	Linzhi						
山南市	Shannan						
陕西省	**Shaanxi**						
西安市	Xi'an	62571800	55276600	71357	78002	8.50	8.30
铜川市	Tongchuan	3116070	2784950	36803	37083	7.00	6.80
宝鸡市	Baoji	19321400	10037750	51262	68912	9.30	8.60
咸阳市	Xianyang	23909700	8644920	48016	89208	7.70	8.00
渭南市	Weinan	14886210	3331950	27743	37172	7.50	10.00
延安市	Yan'an	10829110	2551400	48300	52551	1.30	1.90
汉中市	Hanzhong	11564920	2522720	33597	46699	9.00	10.80
榆林市	Yulin	27730540	5567150	81764	85464	6.50	8.50
安康市	Ankang	8428616	2521583	31770	28729	11.00	10.50
商洛市	Shangluo	6992980	1360880	29574	25347	10.00	9.60
甘肃省	**Gansu**						
兰州市	Lanzhou	22642318	18822489	61207	70681	8.30	7.70
嘉峪关市	Jiayuguan	1534089	1534089	62641	62641	7.30	7.30
金昌市	Jinchang	2078152	1419351	44202	60747	6.40	6.80
白银市	Baiyin	4422085	2588993	25813	52298	7.40	7.60
天水市	Tianshui	5905136	3473280	17800	28439	8.60	8.90
武威市	Wuwei	4617272	2869897	25396	28349	8.50	8.50
张掖市	Zhangye	3999436	1687684	32729	32790	8.00	8.00
平凉市	Pingliang	3673000	1310696	17486	24997	7.00	7.70
酒泉市	Jiuquan	5779341	1687131	51721	38370	6.20	4.80
庆阳市	Qingyang	5978324	1718881	26734	45527	7.70	7.20
定西市	Dingxi	3310768	761211	11892	17850	7.00	7.70
陇南市	Longnan	3398884	1037419	13805	18303	8.40	9.00
青海省	**Qinghai**						
西宁市	Xining	12481677	9665491	53756	76530	9.80	9.60
海东市	Haidong	4227986	1534305	28999	93686	10.00	9.35
宁夏回族自治区	**Ningxia**						
银川市	Yinchuan	16177071	9733671	74288	69709	8.10	8.30
石嘴山市	Shizuishan	5135744	3634560	64880	71845	6.60	6.40
吴忠市	Wuzhong	4424283	1638951	32039	40214	9.00	10.50
固原市	Guyuan	2398058	1033238	19720	24685	8.20	8.90
中卫市	Zhongwei	3391289	1557157	29549	38480	6.80	7.00
新疆维吾尔自治区	**Xinjiang**						
乌鲁木齐市	Urumqi	24589766	24380800	69865	71214	7.60	7.70
克拉玛依市	Karamay	6209989	6209989	137307	137307	2.30	2.30
吐鲁番市	Tulufan						
哈密市	Hami						

2-14 地区生产总值构成
Composition of Gross Regional Product

单位：% (%)

城 市	City	第一产业占GRP的比重 Primary Industry as Percentage to GRP		第二产业占GRP的比重 Secondary Industry as Percentage to GRP		第三产业占GRP的比重 Tertiary Industry as Percentage to GRP	
		全 市 Total City	市辖区 Districts under City	全 市 Total City	市辖区 Districts under City	全 市 Total City	市辖区 Districts under City
北京市	**Beijing**	**0.51**	**0.51**	**19.26**	**19.26**	**80.23**	**80.23**
天津市	**Tianjin**	**1.23**	**1.23**	**42.33**	**42.33**	**56.44**	**56.44**
河北省	**Hebei**						
石家庄市	Shijiazhuang	8.11	4.19	45.45	38.79	46.44	57.02
唐山市	Tangshan	9.43	5.42	55.07	54.75	35.50	39.83
秦皇岛市	Qinhuangdao	14.52	7.43	34.73	37.21	50.75	55.36
邯郸市	Handan	12.50	10.42	47.24	45.72	40.26	43.85
邢台市	Xingtai	13.65	1.69	46.86	39.86	39.49	58.45
保定市	Baoding	13.02	8.30	48.37	56.63	38.61	35.07
张家口市	Zhangjiakou	18.15	8.57	37.32	41.60	44.53	49.83
承德市	Chengde	16.53	1.70	45.79	50.89	37.68	47.40
沧州市	Cangzhou	8.71	1.34	49.59	47.72	41.70	50.94
廊坊市	Langfang	7.33	2.69	44.07	38.81	48.60	58.50
衡水市	Hengshui	12.98	5.64	47.06	56.78	39.96	37.58
山西省	**Shanxi**						
太原市	Taiyuan	1.31	0.59	36.12	35.19	62.57	64.22
大同市	Datong	5.84	1.56	36.52	38.91	57.65	59.53
阳泉市	Yangquan	1.65	0.55	48.03	42.41	50.31	57.04
长治市	Changzhi	4.83	0.98	50.92	40.70	44.25	58.33
晋城市	Jincheng	4.75	0.30	52.88	32.40	42.37	67.31
朔州市	Shuozhou	6.13	3.69	43.05	42.47	50.82	53.84
晋中市	Jinzhong	9.93	9.23	42.95	30.09	47.12	60.67
运城市	Yuncheng	16.49	6.01	36.31	29.34	47.20	64.66
忻州市	Xinzhou	8.84	7.75	44.11	25.89	47.05	66.36
临汾市	Linfen	7.96	3.35	46.56	21.82	45.48	74.83
吕梁市	Lvliang	5.39	2.88	55.79	23.53	38.82	73.60
内蒙古自治区	**Inner Mongolia**						
呼和浩特市	Hohhot	3.58	1.02	27.87	20.39	68.56	78.59
包头市	Baotou	2.46	0.85	47.11	44.59	50.43	54.56
乌海市	Wuhai	0.85	0.85	56.58	56.58	42.57	42.57
赤峰市	Chifeng	15.12	8.22	47.00	44.98	37.88	46.79
通辽市	Tongliao	13.47	7.85	50.15	48.05	36.37	44.10
鄂尔多斯市	Erdos	2.44	0.13	55.71	35.32	41.85	64.55
呼伦贝尔市	Hulunbuir	15.33	2.48	44.67	44.31	40.00	53.20
巴彦淖尔市	Bayannur	17.28	13.96	50.62	46.18	32.10	39.86
乌兰察布市	Ulanqab	13.62	2.18	49.02	43.32	37.35	54.50
辽宁省	**Liaoning**						
沈阳市	Shenyang	4.80	2.62	38.79	39.95	56.41	57.43
大连市	Dalian	6.80	4.76	41.85	49.99	51.36	45.25
鞍山市	Anshan	6.84	0.83	35.84	44.86	57.32	54.31
抚顺市	Fushun	6.74	2.10	50.38	55.60	42.88	42.30
本溪市	Benxi	8.84	3.29	43.46	48.84	47.70	47.87
丹东市	Dandong	17.01	3.97	30.77	33.21	52.22	62.83
锦州市	Jinzhou	19.91		34.20		45.89	
营口市	Yingkou	9.60	3.72	40.77	40.93	49.63	55.34

2-14 续表 1 continued 1

单位：% (%)

城 市	City	第一产业占GRP的比重 Primary Industry as Percentage to GRP		第二产业占GRP的比重 Secondary Industry as Percentage to GRP		第三产业占GRP的比重 Tertiary Industry as Percentage to GRP	
		全 市 Total City	市辖区 Districts under City	全 市 Total City	市辖区 Districts under City	全 市 Total City	市辖区 Districts under City
阜新市	Fuxin	23.65	2.41	27.17	40.18	49.19	57.41
辽阳市	Liaoyang	11.02	3.73	39.96	49.38	49.02	46.89
盘锦市	Panjin	12.05	8.36	45.52	46.05	42.44	45.60
铁岭市	Tieling	23.75	3.51	32.52	34.44	43.73	62.05
朝阳市	Chaoyang	25.04	8.59	24.54	28.66	50.42	62.75
葫芦岛市	Huludao	16.89	5.46	34.76	45.18	48.36	49.37
吉林省	**Jilin**						
长春市	Changchun	5.40	1.50	49.40	54.26	45.20	44.24
吉林市	Jilin	9.80	3.30	43.02	44.47	47.18	52.23
四平市	Siping	25.28	4.71	39.24	62.63	35.48	32.66
辽源市	Liaoyuan	7.72	0.85	57.19	59.60	35.09	39.54
通化市	Tonghua	8.91	1.88	47.70	51.63	43.39	46.49
白山市	Baishan	8.42	4.88	54.43	55.21	37.15	39.90
松原市	Songyuan	16.28	3.28	41.90	59.66	41.82	37.06
白城市	Baicheng	15.67	11.24	44.60	18.99	39.73	69.78
黑龙江省	**Heilongjiang**						
哈尔滨市	Harbin	11.33	6.14	31.08	32.34	57.59	61.52
齐齐哈尔市	Qiqihar	22.77	3.88	30.85	29.03	46.38	67.09
鸡西市	Jixi	35.65	9.09	24.27	38.46	40.08	52.45
鹤岗市	Hegang	34.28	9.66	29.91	49.10	35.81	41.24
双鸭山市	Shuangyashan	36.23	3.09	22.09	28.57	41.68	68.33
大庆市	Daqing	7.17	2.49	56.07	58.77	36.76	38.74
伊春市	Yichun	42.28	36.54	19.70	22.60	38.03	40.85
佳木斯市	Jiamusi	31.24	6.22	21.48	26.59	47.28	67.19
七台河市	Qitaihe	14.69	9.44	36.52	41.29	48.79	49.28
牡丹江市	Mudanjiang	16.76	4.58	35.63	35.26	47.61	60.16
黑河市	Heihe	47.35	3.17	14.95	32.41	37.70	64.42
绥化市	Suihua	38.95	46.57	25.49	25.82	35.56	27.61
上海市	**Shanghai**	**0.39**	**0.39**	**29.83**	**29.83**	**69.78**	**69.78**
江苏省	**Jiangsu**						
南京市	Nanjing	2.40	2.40	39.20	39.20	58.39	58.39
无锡市	Wuxi	1.47	0.89	47.20	41.19	51.34	57.92
徐州市	Xuzhou	9.35	3.55	43.28	46.96	47.38	49.49
常州市	Changzhou	2.64	2.09	46.46	45.95	50.90	51.95
苏州市	Suzhou	1.43	1.01	47.03	46.02	51.54	52.97
南通市	Nantong	5.42	2.42	46.84	45.00	47.74	52.57
连云港市	Lianyungang	12.69	9.08	44.18	44.01	43.13	46.92
淮安市	Huai'an	10.65	8.76	41.61	43.16	47.74	48.08
盐城市	Yancheng	11.67	8.53	44.80	50.51	43.53	40.96
扬州市	Yangzhou	5.65	3.18	49.39	48.98	44.96	47.84
镇江市	Zhenjiang	3.59	1.71	48.79	48.48	47.62	49.81
泰州市	Taizhou	5.85	3.55	47.15	50.26	47.00	46.19
宿迁市	Suqian	11.71	7.33	48.49	49.22	39.81	43.44
浙江省	**Zhejiang**	**4.08**	**2.49**	**44.67**	**41.81**	**51.25**	**55.70**
杭州市	Hangzhou	2.69	1.73	36.42	34.64	60.89	63.63
宁波市	Ningbo	3.48	1.68	51.29	49.10	45.23	49.22
温州市	Wenzhou	2.74	0.86	41.09	44.34	56.17	54.80

2-14 续表 2 continued 2

单位：% (%)

城 市	City	第一产业占GRP的比重 Primary Industry as Percentage to GRP		第二产业占GRP的比重 Secondary Industry as Percentage to GRP		第三产业占GRP的比重 Tertiary Industry as Percentage to GRP	
		全 市 Total City	市辖区 Districts under City	全 市 Total City	市辖区 Districts under City	全 市 Total City	市辖区 Districts under City
嘉兴市	Jiaxing	3.55	3.10	52.06	44.98	44.40	51.92
湖州市	Huzhou	5.58	4.50	48.13	45.82	46.29	49.68
绍兴市	Shaoxing	4.34	3.38	50.08	48.86	45.59	47.76
金华市	Jinhua	4.03	4.92	44.60	36.80	51.38	58.28
衢州市	Quzhou	7.05	5.80	45.11	44.80	47.84	49.40
舟山市	Zhoushan	10.21	7.02	41.09	41.57	48.70	51.41
台州市	Taizhou	6.52	3.61	43.50	42.75	49.98	53.64
丽水市	Lishui	7.90	5.90	44.90	37.39	47.20	56.71
安徽省	**Anhui**						
合肥市	Hefei	4.31	0.40	50.70	47.66	44.99	51.94
芜湖市	Wuhu	4.70	1.63	56.00	55.87	39.30	42.50
蚌埠市	Bengbu	14.43	3.32	43.95	51.26	41.61	45.42
淮南市	Huainan	12.29	7.03	47.17	47.24	40.55	45.73
马鞍山市	Maanshan	5.61	1.40	55.40	53.37	38.99	45.23
淮北市	Huaibei	7.70	3.64	56.34	59.48	35.95	36.88
铜陵市	Tongling	5.12	1.89	59.50	62.14	35.38	35.98
安庆市	Anqing	12.54	3.02	47.49	42.98	39.97	53.99
黄山市	Huangshan	9.78	6.29	38.87	32.72	51.35	60.99
滁州市	Chuzhou	15.85	5.41	49.71	64.96	34.44	29.63
阜阳市	Fuyang	21.57	12.82	39.79	35.63	38.65	51.55
宿州市	Suzhou	19.25	11.60	37.94	38.56	42.82	49.83
六安市	Lu'an	18.34	19.31	44.27	42.70	37.39	37.99
亳州市	Bozhou	19.72	16.97	38.71	41.64	41.57	41.39
池州市	Chizhou	12.08	9.68	43.77	48.68	44.15	41.64
宣城市	Xuancheng	12.06	12.89	47.47	40.35	40.47	46.76
福建省	**Fujian**						
福州市	Fuzhou	7.94	0.44	41.80	32.52	50.26	67.04
厦门市	Xiamen	0.61	0.61	40.82	40.82	58.57	58.57
莆田市	Putian	6.95	6.35	56.07	57.48	36.98	36.17
三明市	Sanming	14.81	4.69	50.10	51.42	35.09	43.89
泉州市	Quanzhou	2.99	1.18	58.48	55.34	38.54	43.48
漳州市	Zhangzhou	13.30	2.07	46.75	45.11	39.95	52.82
南平市	Nanping	22.11	15.98	42.14	48.71	35.75	35.31
龙岩市	Longyan	11.79	6.87	51.01	55.79	37.20	37.33
宁德市	Ningde	17.62	12.68	49.70	45.06	32.68	42.27
江西省	**Jiangxi**						
南昌市	Nanchang	4.17	1.93	52.98	50.57	42.85	47.50
景德镇市	Jingdezhen	7.37	1.65	55.53	56.33	37.10	42.02
萍乡市	Pingxiang	5.71	3.02	55.00	55.27	39.29	41.71
九江市	Jiujiang	7.28	0.79	51.95	40.98	40.77	58.23
新余市	Xinyu	6.15	5.23	52.07	54.05	41.78	40.72
鹰潭市	Yingtan	7.59	0.79	58.18	46.07	34.23	53.15
赣州市	Ganzhou	15.15	6.01	41.64	39.46	43.21	54.53
吉安市	Ji'an	15.96	8.23	48.51	45.78	35.53	45.98
宜春市	Yichun	15.49	13.51	45.07	36.20	39.43	50.29
抚州市	Fuzhou	16.27	11.94	48.83	54.80	34.90	33.26
上饶市	Shangrao	13.07	5.43	46.82	41.79	40.11	52.78

2-14 续表 3 continued 3

单位：% (%)

城　　市	City	第一产业占GRP的比重 Primary Industry as Percentage to GRP		第二产业占GRP的比重 Secondary Industry as Percentage to GRP		第三产业占GRP的比重 Tertiary Industry as Percentage to GRP	
		全　市 Total City	市辖区 Districts under City	全　市 Total City	市辖区 Districts under City	全　市 Total City	市辖区 Districts under City
山东省	**Shandong**						
济南市	Jinan	4.85	3.15	36.24	34.62	58.90	62.23
青岛市	Qingdao	3.71	1.30	41.56	37.10	54.73	61.60
淄博市	Zibo	3.42	2.12	52.48	52.26	44.10	45.63
枣庄市	Zaozhuang	7.56	8.06	51.24	52.68	41.19	39.25
东营市	Dongying	3.50	2.10	62.17	62.43	34.33	35.47
烟台市	Yantai	6.75	2.90	49.98	50.83	43.27	46.26
潍坊市	Weifang	8.80	3.05	48.17	48.47	43.02	48.48
济宁市	Jining	11.17	6.26	45.32	45.78	43.51	47.96
泰安市	Tai'an	8.47	6.95	44.79	40.84	46.74	52.20
威海市	Weihai	7.14	6.16	45.56	46.87	47.30	46.97
日照市	Rizhao	8.15	6.04	47.26	51.44	44.58	42.52
莱芜市	Laiwu	7.84	7.84	50.14	50.14	42.02	42.02
临沂市	Linyi	8.91	1.99	43.12	52.28	47.97	45.73
德州市	Dezhou	10.10	4.98	47.84	49.26	42.06	45.76
聊城市	Liaocheng	11.83	10.54	49.48	45.41	38.70	44.05
滨州市	Binzhou	9.40	8.21	46.26	43.84	44.34	47.95
菏泽市	Heze	10.96	8.17	51.27	47.65	37.77	44.18
河南省	**Henan**						
郑州市	Zhengzhou	1.93	0.71	46.79	41.42	51.28	57.87
开封市	Kaifeng	16.39	11.03	40.62	35.94	42.99	53.03
洛阳市	Luoyang	6.13	1.26	46.89	39.48	46.98	59.26
平顶山市	Pingdingshan	9.68	1.35	49.04	52.26	41.28	46.39
安阳市	Anyang	10.47	1.47	47.84	45.76	41.70	52.77
鹤壁市	Hebi	8.03	3.28	65.21	63.34	26.76	33.38
新乡市	Xinxiang	10.29	1.17	49.56	43.62	40.15	55.21
焦作市	Jiaozuo	6.39	1.41	59.28	44.08	34.33	54.52
濮阳市	Puyang	11.17	4.91	54.76	46.81	34.07	48.28
许昌市	Xuchang	6.83	4.01	58.82	55.38	34.35	40.62
漯河市	Luohe	10.53	8.06	62.35	62.93	27.12	29.01
三门峡市	Sanmenxia	9.31	6.68	56.49	44.68	34.20	48.64
南阳市	Nanyang	16.55	7.03	43.80	36.91	39.65	56.06
商丘市	Shangqiu	19.42	16.23	41.42	42.82	39.17	40.95
信阳市	Xinyang	21.89	13.18	39.55	45.38	38.56	41.44
周口市	Zhoukou	20.21	4.15	45.95	49.58	33.84	46.27
驻马店市	Zhumadian	20.93	8.26	39.23	46.40	39.85	45.34
湖北省	**Hubei**						
武汉市	Wuhan	3.28	0.25	43.88	41.29	52.84	58.47
黄石市	Huangshi	8.74	0.83	55.26	57.33	36.00	41.85
十堰市	Shiyan	12.13	3.08	47.69	57.78	40.17	39.14
宜昌市	Yichang	10.75	4.59	57.23	62.42	32.02	32.99
襄阳市	Xiangyang	11.66	7.02	55.40	59.11	32.94	33.86
鄂州市	Ezhou	12.18	12.18	54.47	54.47	33.34	33.34
荆门市	Jingmen	14.01	5.85	51.91	53.21	34.08	40.94
孝感市	Xiaogan	17.86	10.86	47.97	48.57	34.17	40.57
荆州市	Jingzhou	22.16	9.57	42.65	51.00	35.19	39.43
黄冈市	Huanggang	22.90	7.30	37.89	44.68	39.21	48.02
咸宁市	Xianning	16.64	11.13	47.64	57.87	35.72	31.00
随州市	Suizhou	16.49	5.99	46.76	47.65	36.75	46.36

2-14 续表 4 continued 4

单位：% (%)

城 市	City	第一产业占GRP的比重 Primary Industry as Percentage to GRP		第二产业占GRP的比重 Secondary Industry as Percentage to GRP		第三产业占GRP的比重 Tertiary Industry as Percentage to GRP	
		全 市 Total City	市辖区 Districts under City	全 市 Total City	市辖区 Districts under City	全 市 Total City	市辖区 Districts under City
湖南省	**Hunan**						
长沙市	Changsha	3.96	1.27	48.23	38.42	47.80	60.31
株洲市	Zhuzhou	7.92	2.29	52.98	52.33	39.10	45.39
湘潭市	Xiangtan	8.08	2.03	52.29	55.80	39.63	42.16
衡阳市	Hengyang	15.09	2.73	41.53	54.12	43.38	43.15
邵阳市	Shaoyang	21.36	4.94	35.53	46.64	43.11	48.42
岳阳市	Yueyang	11.15	3.64	47.38	42.79	41.47	53.57
常德市	Changde	12.97	4.41	42.56	49.57	44.46	46.02
张家界市	Zhangjiajie	11.43	7.52	21.24	15.89	67.33	76.58
益阳市	Yiyang	18.24	10.82	39.76	51.56	42.00	37.62
郴州市	Chenzhou	9.81	4.08	52.06	44.92	38.13	51.00
永州市	Yongzhou	20.87	16.69	34.83	39.97	44.30	43.35
怀化市	Huaihua	14.32	3.27	38.23	24.56	47.46	72.17
娄底市	Loudi	14.72	3.11	48.31	56.64	36.98	40.25
广东省	**Guangdong**						
广州市	Guangzhou	1.22	1.22	29.42	29.42	69.35	69.35
韶关市	Shaoguan	13.76	5.42	36.64	34.95	49.60	59.64
深圳市	Shenzhen	0.04	0.04	39.91	39.91	60.05	60.05
珠海市	Zhuhai	1.96	1.96	48.50	48.50	49.54	49.54
汕头市	Shantou	5.15	4.99	50.51	50.66	44.34	44.35
佛山市	Foshan	1.68	1.68	59.63	59.63	38.69	38.69
江门市	Jiangmen	7.81	4.00	47.58	52.23	44.61	43.77
湛江市	Zhanjiang	19.25	6.46	38.15	47.61	42.60	45.93
茂名市	Maoming	16.53	10.93	40.15	49.05	43.32	40.02
肇庆市	Zhaoqing	15.21	7.84	47.96	55.13	36.83	37.04
惠州市	Huizhou	5.03	2.19	53.85	57.07	41.12	40.73
梅州市	Meizhou	19.80	14.45	35.30	43.86	44.90	41.69
汕尾市	Shanwei	15.66	10.92	44.50	49.36	39.84	39.72
河源市	Heyuan	11.22	0.86	43.55	54.63	45.23	44.51
阳江市	Yangjiang	17.24	12.88	40.99	48.67	41.78	38.45
清远市	Qingyuan	15.40	8.69	36.63	43.16	47.97	48.15
东莞市	Dongguan	0.35	0.35	46.48	46.48	53.17	53.17
中山市	Zhongshan	2.13	2.13	52.37	52.37	45.50	45.50
潮州市	Chaozhou	7.21	3.41	51.47	57.73	41.32	38.86
揭阳市	Jieyang	9.39	5.66	55.73	61.73	34.88	32.61
云浮市	Yunfu	20.16	13.78	41.38	50.67	38.46	35.55
广西壮族自治区	**Guangxi**						
南宁市	Nanning	10.69	4.60	38.52	38.18	50.79	57.22
柳州市	Liuzhou	7.27	0.88	54.98	60.24	37.75	38.88
桂林市	Guilin	17.58	6.06	44.61	43.10	37.80	50.85
梧州市	Wuzhou	11.17	3.04	57.97	57.61	30.86	39.35
北海市	Beihai	17.36	11.44	51.27	58.72	31.37	29.84
防城港市	Fangchenggang	12.22	8.84	57.14	60.54	30.65	30.61
钦州市	Qinzhou	20.06	22.22	43.73	35.48	36.21	42.31
贵港市	Guigang	19.84	17.42	41.01	35.76	39.15	46.81

2-14 续表 5 continued 5

单位：% (%)

城市	City	第一产业占GRP的比重 Primary Industry as Percentage to GRP		第二产业占GRP的比重 Secondary Industry as Percentage to GRP		第三产业占GRP的比重 Tertiary Industry as Percentage to GRP	
		全市 Total City	市辖区 Districts under City	全市 Total City	市辖区 Districts under City	全市 Total City	市辖区 Districts under City
玉林市	Yulin	17.90	9.42	42.80	37.18	39.30	53.40
百色市	Baise	16.36	12.32	53.37	44.69	30.27	42.99
贺州市	Hezhou	21.51	16.93	40.82	44.41	37.67	38.66
河池市	Hechi	22.95	10.91	30.41	27.68	46.64	61.41
来宾市	Laibin	25.04	23.69	37.34	33.87	37.63	42.44
崇左市	Chongzuo	21.89	16.56	40.55	44.35	37.56	39.09
海南省	**Hainan**						
海口市	Haikou	5.08	5.08	18.57	18.57	76.35	76.35
三亚市	Sanya	14.05	14.05	19.86	19.86	66.09	66.09
三沙市	Sansa						
儋州市	Danzhou	44.62		12.19		43.19	
重庆市	**Chongqing**	**7.35**	**6.09**	**44.52**	**44.84**	**48.13**	**49.07**
四川省	**Sichuan**						
成都市	Chengdu	3.90	1.66	42.99	43.12	53.11	55.22
自贡市	Zigong	11.03	6.45	57.54	60.61	31.43	32.94
攀枝花市	Panzhihua	3.38	1.69	70.50	68.47	26.12	29.84
泸州市	Luzhou	12.02	6.65	59.10	64.57	28.89	28.79
德阳市	Deyang	12.53	6.03	54.00	55.22	33.47	38.76
绵阳市	Mianyang	15.31	8.00	47.86	55.77	36.83	36.23
广元市	Guangyuan	16.13	9.27	46.58	51.46	37.30	39.27
遂宁市	Suining	15.23	13.93	52.57	50.65	32.19	35.41
内江市	Neijiang	15.76	13.78	57.15	54.81	27.09	31.42
乐山市	Leshan	10.90	6.45	54.10	60.12	35.00	33.43
南充市	Nanchong	21.50	14.35	46.06	47.21	32.44	38.44
眉山市	Meishan	15.17	11.61	52.54	54.63	32.30	33.75
宜宾市	Yibin	14.03	6.94	54.88	57.86	31.09	35.20
广安市	Guang'an	15.78	12.62	51.64	51.57	32.58	35.81
达州市	Dazhou	21.42	16.03	41.55	41.93	37.03	42.04
雅安市	Ya'an	14.04	15.70	53.41	42.31	32.55	41.99
巴中市	Bazhong	16.51	15.41	46.62	38.27	36.87	46.31
资阳市	Ziyang	16.46	10.55	54.21	63.82	29.32	25.63
贵州省	**Guizhou**						
贵阳市	Guiyang	4.34	1.89	38.60	34.95	57.06	63.17
六盘水市	Liupanshui	9.55	1.38	50.24	45.94	40.21	52.68
遵义市	Zunyi	15.41	10.07	44.22	40.37	40.37	49.56
安顺市	Anshun	17.69	12.69	32.38	37.86	49.93	49.45
毕节市	Bijie	21.19	19.81	38.00	31.79	40.81	48.41
铜仁市	Tongren	23.66	12.26	28.40	38.92	47.94	48.82
云南省	**Yunnan**						
昆明市	Kunming	4.66	0.91	38.61	39.31	56.73	59.78
曲靖市	Qujing	18.90	4.16	49.68	48.86	31.41	46.98
玉溪市	Yuxi	10.29	4.44	52.24	65.00	37.47	30.56
保山市	Baoshan	24.67	20.87	34.89	34.33	40.44	44.81
昭通市	Zhaotong	19.52	11.62	42.07	49.12	38.41	39.26
丽江市	Lijiang	15.31	4.70	38.91	30.82	45.79	64.48
普洱市	Pu'er	26.83	10.36	34.43	39.01	38.74	50.63
临沧市	Lincang	28.08	15.71	33.73	35.42	38.19	48.87

2-14 续表 6 continued 6

单位：% (%)

城 市	City	第一产业占GRP的比重 Primary Industry as Percentage to GRP		第二产业占GRP的比重 Secondary Industry as Percentage to GRP		第三产业占GRP的比重 Tertiary Industry as Percentage to GRP	
		全 市 Total City	市辖区 Districts under City	全 市 Total City	市辖区 Districts under City	全 市 Total City	市辖区 Districts under City
西藏自治区	**Tibet**						
拉萨市	Lasa	3.56	1.06	38.31	31.63	58.13	67.32
日喀则市	Rikaze	16.45	7.69	35.54	36.90	48.02	55.42
昌都市	Changdu						
林芝市	Linzhi						
山南市	Shannan						
陕西省	**Shaanxi**						
西安市	Xi'an	3.71	2.58	35.12	37.50	61.17	59.92
铜川市	Tongchuan	7.67	6.31	51.90	51.27	40.42	42.42
宝鸡市	Baoji	8.87	3.24	63.51	67.16	27.62	29.60
咸阳市	Xianyang	14.44	3.48	57.93	68.41	27.63	28.11
渭南市	Weinan	15.10	11.03	46.03	45.51	38.87	43.46
延安市	Yan'an	10.86	5.03	53.02	32.37	36.11	62.60
汉中市	Hanzhong	17.79	7.26	42.80	44.29	39.41	48.45
榆林市	Yulin	5.86	5.12	60.61	54.25	33.53	40.63
安康市	Ankang	11.88	9.40	53.47	43.57	34.66	47.03
商洛市	Shangluo	13.82	10.25	53.17	44.58	33.01	45.17
甘肃省	**Gansu**						
兰州市	Lanzhou	2.67	1.19	34.89	32.43	62.44	66.38
嘉峪关市	Jiayuguan	2.89	2.89	39.32	39.32	57.79	57.79
金昌市	Jinchang	9.97	3.88	50.11	61.02	39.92	35.10
白银市	Baiyin	14.02	3.20	40.28	51.17	45.71	45.64
天水市	Tianshui	17.00	7.44	32.17	39.47	50.83	53.09
武威市	Wuwei	23.45	21.07	36.98	37.93	39.57	41.01
张掖市	Zhangye	25.61	22.18	27.54	23.14	46.86	54.68
平凉市	Pingliang	28.04	14.58	24.79	23.66	47.17	61.76
酒泉市	Jiuquan	15.09	16.54	34.99	24.40	49.92	59.05
庆阳市	Qingyang	14.30	6.30	48.17	43.03	37.53	50.67
定西市	Dingxi	23.79	16.41	22.79	29.64	53.43	53.95
陇南市	Longnan	21.73	17.09	21.57	13.68	56.70	69.23
青海省	**Qinghai**						
西宁市	Xining	3.14	0.27	47.72	41.69	49.14	58.03
海东市	Haidong	13.00	10.43	50.14	47.84	36.86	41.73
宁夏回族自治区	**Ningxia**						
银川市	Yinchuan	3.62	1.78	51.04	36.16	45.34	62.06
石嘴山市	Shizuishan	5.08	1.87	63.00	65.03	31.92	33.10
吴忠市	Wuzhong	12.51	10.33	56.62	59.72	30.87	29.95
固原市	Guyuan	20.47	13.84	25.49	25.43	54.04	60.73
中卫市	Zhongwei	15.48	14.78	43.97	37.47	40.55	47.75
新疆维吾尔自治区	**Xinjiang**						
乌鲁木齐市	Urumqi	1.14	0.86	28.63	28.72	70.22	70.41
克拉玛依市	Karamay	0.86	0.86	69.55	69.55	29.59	29.59
吐鲁番市	Tulufan						
哈密市	Hami						

2-15 地方公共财政收支状况(全市)
Public Finance Income and Expenditure (Total City)

单位：万元 (10 000yuan)

城　市	City	公共财政收入 Public Finance Income	公共财政支出 Public Finance Expenditure	科学技术支出 Expenditure for Science and Technology	教育支出 Expenditure for Education
北京市	**Beijing**	**50812595**	**64066737**	**2857785**	**8873761**
天津市	**Tianjin**	**27235000**	**36994300**	**1251740**	**5024901**
河北省	**Hebei**				
石家庄市	Shijiazhuang	4107238	7461188	122300	1591856
唐山市	Tangshan	3550699	6425412	85842	1167144
秦皇岛市	Qinhuangdao	1160083	2455712	29152	484208
邯郸市	Handan	2045018	5316404	44242	1066510
邢台市	Xingtai	1114802	4093874	24504	824884
保定市	Baoding	2400998	6120552	37453	1307572
张家口市	Zhangjiakou	1416970	4151921	22530	713234
承德市	Chengde	821331	3037531	24083	607532
沧州市	Cangzhou	2203968	5048978	43578	1066808
廊坊市	Langfang	3387244	5089037	76455	789061
衡水市	Hengshui	957247	3027787	17033	500467
山西省	**Shanxi**				
太原市	Taiyuan	2826893	4240666	83197	703360
大同市	Datong	889263	2858886	9014	542410
阳泉市	Yangquan	412776	957303	5324	205350
长治市	Changzhi	985278	2343437	35306	452597
晋城市	Jincheng	893229	1725079	9704	336436
朔州市	Shuozhou	491229	1276607	4645	240244
晋中市	Jinzhong	1008005	2471699	15134	459275
运城市	Yuncheng	591100	2878358	13375	585159
忻州市	Xinzhou	692427	2475508	10618	444686
临汾市	Linfen	859858	3109586	9366	513263
吕梁市	Lvliang	895988	2758512	16646	599429
内蒙古自治区	**Inner Mongolia**				
呼和浩特市	Hohhot	2696530	4199738	42768	527952
包头市	Baotou	2712122	4143569	58364	534160
乌海市	Wuhai	815552	1333233	17931	142619
赤峰市	Chifeng	1117777	4388482	13924	830157
通辽市	Tongliao	1283365	3580764	13200	524338
鄂尔多斯市	Erdos	4510263	5616384	20642	567046
呼伦贝尔市	Hulunbuir	1060263	4127288	34328	501899
巴彦淖尔市	Bayannur	699542	2358775	8585	289949
乌兰察布市	Ulanqab	566795	3031272	6565	383503
辽宁省	**Liaoning**				
沈阳市	Shenyang	6209494	8253935	223880	1151256
大连市	Dalian	6119041	8702783	205481	1093409
鞍山市	Anshan	1329602	2499227	11573	316868
抚顺市	Fushun	773283	1751798	4272	184715
本溪市	Benxi	555520	1376437	5920	189195
丹东市	Dandong	684913	1870057	11081	302438
锦州市	Jinzhou	848118	2170940	9223	293422
营口市	Yingkou	1051831	1978871	3707	217182
阜新市	Fuxin	358394	1379752	3076	232631

2-15 续表 1 continued 1

单位：万元 (10 000yuan)

城 市	City	公共财政收入 Public Finance Income	公共财政支出 Public Finance Expenditure	科学技术支出 Expenditure for Science and Technology	教育支出 Expenditure for Education
辽阳市	Liaoyang	707749	1425655	6044	187116
盘锦市	Panjin	1004831	1831204	12559	179672
铁岭市	Tieling	565822	2011336	8271	306482
朝阳市	Chaoyang	510204	2151690	3364	328459
葫芦岛市	Huludao	607138	1867305	2631	303972
吉林省	**Jilin**				
长春市	Changchun	4154853	7705743	95407	1076136
吉林市	Jilin	1355597	3802096	27194	599423
四平市	Siping	634445	2612708	4000	429730
辽源市	Liaoyuan	242097	1105557	3497	182100
通化市	Tonghua	827809	2588675	66721	361711
白山市	Baishan	470252	1788066	11475	222992
松原市	Songyuan	507079	2235018	4305	351450
白城市	Baicheng	420400	2224702	9390	299546
黑龙江省	**Heilongjiang**				
哈尔滨市	Harbin	3762384	8762945	76353	1221745
齐齐哈尔市	Qiqihar	763519	6630353	4490	654378
鸡西市	Jixi	363372	1719214	5142	212576
鹤岗市	Hegang	188701	1063289	3458	134133
双鸭山市	Shuangyashan	208670	1344188	1289	187018
大庆市	Daqing	1302463	2635331	12134	431759
伊春市	Yichun	140451	1269338	2629	73493
佳木斯市	Jiamusi	377667	2362182	4281	243810
七台河市	Qitaihe	154606	916832	753	86570
牡丹江市	Mudanjiang	680098	2590112	6267	348351
黑河市	Heihe	303182	1703750	6426	170002
绥化市	Suihua	558018	3798551	6065	575328
上海市	**Shanghai**	**64061300**	**69189405**	**3417109**	**8409686**
江苏省	**Jiangsu**				
南京市	Nanjing	11426000	11738400	531300	2028600
无锡市	Wuxi	8750000	8673600	372400	1373400
徐州市	Xuzhou	5160600	7979900	207600	1653300
常州市	Changzhou	4802900	5081100	240200	836900
苏州市	Suzhou	17300400	16171100	952000	2623200
南通市	Nantong	5901800	7492200	228329	1548735
连云港市	Lianyungang	2114700	3731200	100300	737600
淮安市	Huai'an	3155100	4834700	92900	778300
盐城市	Yancheng	4151800	7303300	323600	1297600
扬州市	Yangzhou	3453000	4789700	122800	847300
镇江市	Zhenjiang	2930100	3629400	134800	670500
泰州市	Taizhou	3211800	4489300	116500	755900
宿迁市	Suqian	2380800	4245700	86300	692000
浙江省	**Zhejiang**				
杭州市	Hangzhou	14023826	14043065	749190	2530114
宁波市	Ningbo	11145409	12892601	566227	1983694
温州市	Wenzhou	4398744	6667495	134104	1624404
嘉兴市	Jiaxing	3879341	4421926	179357	897234

2-15 续表 2 continued 2

单位：万元 (10 000yuan)

城市	City	公共财政收入 Public Finance Income	公共财政支出 Public Finance Expenditure	科学技术支出 Expenditure for Science and Technology	教育支出 Expenditure for Education
湖州市	Huzhou	2111792	2886169	93215	581217
绍兴市	Shaoxing	3903010	4560959	228725	971151
金华市	Jinhua	3381394	5423599	182163	988721
衢州市	Quzhou	1025553	2680843	75844	453017
舟山市	Zhoushan	1203248	2505417	58786	291712
台州市	Taizhou	3432835	5143996	115254	1084686
丽水市	Lishui	1035668	3416717	63560	589829
安徽省	**Anhui**				
合肥市	Hefei	6148493	8598503	1016998	1190748
芜湖市	Wuhu	2987167	4094405	517841	585118
蚌埠市	Bengbu	1338791	2680543	133824	495467
淮南市	Huainan	974455	2180016	29203	373112
马鞍山市	Maanshan	1403191	2136960	103014	311122
淮北市	Huaibei	591763	1426554	9646	256519
铜陵市	Tongling	807211	1510941	83119	234571
安庆市	Anqing	1279945	3371512	78775	634842
黄山市	Huangshan	757948	1710263	39754	175953
滁州市	Chuzhou	1673062	3348542	77473	555549
阜阳市	Fuyang	1334441	4358049	49722	924879
宿州市	Suzhou	956248	3113458	62472	617301
六安市	Lu'an	982613	3421307	45563	651272
亳州市	Bozhou	870239	2785781	26729	511230
池州市	Chizhou	714530	1489985	17851	197653
宣城市	Xuancheng	1393235	2547727	90305	381003
福建省	**Fujian**				
福州市	Fuzhou	5989113	8299274	112461	1530806
厦门市	Xiamen	6479366	7586381	212673	1090629
莆田市	Putian	1157255	2069116	24704	545006
三明市	Sanming	946978	2538020	44261	514457
泉州市	Quanzhou	4240759	5976651	132399	1286821
漳州市	Zhangzhou	1876410	3691462	45000	661874
南平市	Nanping	829718	2498214	18099	463089
龙岩市	Longyan	1314144	2742714	55758	550790
宁德市	Ningde	1009731	2669204	18212	505394
江西省	**Jiangxi**				
南昌市	Nanchang	4021831	5832565	101403	900287
景德镇市	Jingdezhen	887215	1738028	18680	262742
萍乡市	Pingxiang	1054926	2000197	44868	291243
九江市	Jiujiang	2605192	4654633	58853	829246
新余市	Xinyu	957403	1529509	26742	208021
鹰潭市	Yingtan	816182	1280314	28610	185759
赣州市	Ganzhou	2431804	6768320	126100	1367740
吉安市	Ji'an	1570217	3831014	73901	789720
宜春市	Yichun	2200447	4348479	98801	840622
抚州市	Fuzhou	1228002	3123357	55699	571351
上饶市	Shangrao	2275447	4955749	47468	965141

2-15 续表 3 continued 3

单位：万元 (10 000yuan)

城市	City	公共财政收入 Public Finance Income	公共财政支出 Public Finance Expenditure	科学技术支出 Expenditure for Science and Technology	教育支出 Expenditure for Education
山东省	**Shandong**				
济南市	Jinan	6412167	7412641	118638	1308610
青岛市	Qingdao	11000303	13528516	241427	2530205
淄博市	Zibo	3453776	4184326	105312	938341
枣庄市	Zaozhuang	1473995	2469788	16715	490993
东营市	Dongying	2218659	2681450	29646	525599
烟台市	Yantai	5771130	6792598	233111	1313358
潍坊市	Weifang	5215369	6376024	166100	1651986
济宁市	Jining	3915168	5556446	76727	1249685
泰安市	Tai'an	2067106	3305875	34247	647517
威海市	Weihai	2604969	3386024	127987	751238
日照市	Rizhao	1287300	2050777	25252	449436
莱芜市	Laiwu	530005	865777	20760	204826
临沂市	Linyi	2939167	5743259	72525	1340715
德州市	Dezhou	1835081	3309202	59565	651703
聊城市	Liaocheng	1874983	3549120	13190	683139
滨州市	Binzhou	2200082	3205406	62596	617857
菏泽市	Heze	1850447	4284032	29715	923903
河南省	**Henan**				
郑州市	Zhengzhou	10111833	13215255	217190	1555258
开封市	Kaifeng	1132123	2957759	31111	515701
洛阳市	Luoyang	3026563	5169122	93307	944713
平顶山市	Pingdingshan	1244603	2756609	30406	505125
安阳市	Anyang	1174474	2917332	41910	630525
鹤壁市	Hebi	556089	1157997	12709	183212
新乡市	Xinxiang	1480562	3257109	51131	664379
焦作市	Jiaozuo	1241772	2178204	31726	347903
濮阳市	Puyang	721626	2216231	23007	445609
许昌市	Xuchang	1318896	2650608	28343	549117
漯河市	Luohe	759870	1793449	11716	271411
三门峡市	Sanmenxia	1001216	1868141	20768	369686
南阳市	Nanyang	1670678	5487831	70715	1087962
商丘市	Shangqiu	1174346	4224335	19428	698090
信阳市	Xinyang	946542	4048670	21613	925329
周口市	Zhoukou	1038582	4755175	25997	965144
驻马店市	Zhumadian	1053862	4140220	42093	816584
湖北省	**Hubei**				
武汉市	Wuhan	13220962	15246791	864219	2310728
黄石市	Huangshi	1054700	2225300	40684	370432
十堰市	Shiyan	1002678	3225397	33972	498172
宜昌市	Yichang	3000394	5319706	136885	752670
襄阳市	Xiangyang	3207048	6397400	206938	810718
鄂州市	Ezhou	529051	1001860	29981	170306
荆门市	Jingmen	917290	2467600	58149	311571
孝感市	Xiaogan	1292286	3551200	95569	576646
荆州市	Jingzhou	1154489	3847050	87332	631528
黄冈市	Huanggang	1195244	4525414	78114	888591
咸宁市	Xianning	833400	2162000	37400	373700
随州市	Suizhou	455489	1467200	18694	231231

2-15 续表 4 continued 4

单位：万元 (10 000yuan)

城　市	City	公共财政收入 Public Finance Income	公共财政支出 Public Finance Expenditure	科学技术支出 Expenditure for Science and Technology	教育支出 Expenditure for Education
湖南省	**Hunan**				
长沙市	Changsha	7436954	10414331	246112	1567751
株洲市	Zhuzhou	3128122	4052291	66079	533096
湘潭市	Xiangtan	1864802	2725867	33279	322907
衡阳市	Hengyang	2046698	5394202	21438	876772
邵阳市	Shaoyang	1412536	4800569	21675	765952
岳阳市	Yueyang	3307521	4310233	54655	565581
常德市	Changde	1571801	4630473	23264	663349
张家界市	Zhangjiajie	494862	1444074	4851	214827
益阳市	Yiyang	680302	3103902	22120	502037
郴州市	Chenzhou	2355419	4040665	49291	700834
永州市	Yongzhou	1025496	3992256	23928	717648
怀化市	Huaihua	1231500	3746196	19286	658206
娄底市	Loudi	682471	2675845	8667	467402
广东省	**Guangdong**				
广州市	Guangzhou	13936442	19437465	1129546	3219820
韶关市	Shaoguan	850427	2680179	48391	474054
深圳市	Shenzhen	31364923	42110429	4035240	4147269
珠海市	Zhuhai	2923683	4171576	352358	572555
汕头市	Shantou	1370934	2957418	58376	760300
佛山市	Foshan	6045001	6958523	349559	1244663
江门市	Jiangmen	2041744	2932116	94638	671034
湛江市	Zhanjiang	1129375	3811065	46222	1026009
茂名市	Maoming	1214200	3497300	15698	1022581
肇庆市	Zhaoqing	917002	2481551	42231	563662
惠州市	Huizhou	3613044	5090750	218192	1019079
梅州市	Meizhou	1054643	3840163	35423	732294
汕尾市	Shanwei	307778	2068834	36853	421750
河源市	Heyuan	688934	2939538	54133	542639
阳江市	Yangjiang	579861	1943148	19527	329176
清远市	Qingyuan	956388	3037684	49942	710229
东莞市	Dongguan	5447543	5992899	279373	1429470
中山市	Zhongshan	2950082	3668972	278829	654918
潮州市	Chaozhou	444022	1466967	19773	352383
揭阳市	Jieyang	736436	2669413	33738	684154
云浮市	Yunfu	574186	1649251	28829	348616
广西壮族自治区	**Guangxi**				
南宁市	Nanning	3127921	5869793	51647	974586
柳州市	Liuzhou	1591642	3395562	41497	680635
桂林市	Guilin	1453260	3990296	35700	727542
梧州市	Wuzhou	956070	2279850	10252	471369
北海市	Beihai	500696	1500566	23933	280438
防城港市	Fangchenggang	556461	1276001	6507	152457
钦州市	Qinzhou	495104	1940680	18304	455154
贵港市	Guigang	476194	2125466	4242	568416

2-15 续表 5 continued 5

单位：万元 (10 000yuan)

城市	City	公共财政收入 Public Finance Income	公共财政支出 Public Finance Expenditure	科学技术支出 Expenditure for Science and Technology	教育支出 Expenditure for Education
玉林市	Yulin	1048077	3175494	22317	817308
百色市	Baise	794829	3411585	24581	660734
贺州市	Hezhou	324189	1611509	6050	323116
河池市	Hechi	333584	2897592	12616	576263
来宾市	Laibin	303221	1596124	4545	333314
崇左市	Chongzuo	407569	2028699	10111	345721
海南省	**Hainan**				
海口市	Haikou	1155064	2003000	28162	313432
三亚市	Sanya	895772	1257662	41668	199021
三沙市	Sansa				
儋州市	Danzhou	201433	624699	3499	149236
重庆市	**Chongqing**	**22279117**	**40018090**	**516208**	**5751833**
四川省	**Sichuan**				
成都市	Chengdu	11754109	15958949	462043	2275985
自贡市	Zigong	487574	1795524	18662	299877
攀枝花市	Panzhihua	567573	1220322	14232	242045
泸州市	Luzhou	1386632	3371677	37880	668091
德阳市	Deyang	1000653	2271346	20925	344656
绵阳市	Mianyang	1076241	3350412	50353	556365
广元市	Guangyuan	405661	2305016	11418	373319
遂宁市	Suining	545580	1999945	9932	348738
内江市	Neijiang	536799	2002280	11328	378257
乐山市	Leshan	931001	2570351	12510	384773
南充市	Nanchong	943388	4271765	15440	737133
眉山市	Meishan	903008	2160095	7530	378455
宜宾市	Yibin	1256843	3387430	28069	660779
广安市	Guang'an	642182	2436359	8107	541562
达州市	Dazhou	846580	3591154	16700	773113
雅安市	Ya'an	321792	1515500	9423	173065
巴中市	Bazhong	442911	2671902	8798	466086
资阳市	Ziyang	468360	1883649	9346	290999
贵州省	**Guizhou**				
贵阳市	Guiyang	3663181	5252621	172621	992693
六盘水市	Liupanshui	1336857	2864957	49294	560499
遵义市	Zunyi	1874930	5227080	61318	1205159
安顺市	Anshun	703231	2225884	19460	442625
毕节市	Bijie	1126347	4510669	31597	1224705
铜仁市	Tongren	620490	3409639	33943	830435
云南省	**Yunnan**				
昆明市	Kunming	5300026	6884046	151578	1091141
曲靖市	Qujing	1263071	4001463	25665	941203
玉溪市	Yuxi	1541695	2333523	31031	418644
保山市	Baoshan	575064	2126514	9516	396133
昭通市	Zhaotong	598005	4100618	8121	849456
丽江市	Lijiang	482460	1500724	10529	233258
普洱市	Pu'er	500578	2457189	14040	419007
临沧市	Lincang	382735	2133903	5438	378279

2-15 续表 6 continued 6

单位：万元 (10 000yuan)

城市	City	公共财政收入 Public Finance Income	公共财政支出 Public Finance Expenditure	科学技术支出 Expenditure for Science and Technology	教育支出 Expenditure for Education
西藏自治区	**Tibet**				
拉萨市	Lasa	707891	2481050	8833	345324
日喀则市	Rikaze	123672	3123701	5389	334764
昌都市	Changdu				
林芝市	Linzhi				
山南市	Shannan				
陕西省	**Shaanxi**				
西安市	Xi'an	6410655	9425238	274783	1196292
铜川市	Tongchuan	215072	968712	7123	189632
宝鸡市	Baoji	751641	2830366	34393	608766
咸阳市	Xianyang	815414	3389164	20167	688056
渭南市	Weinan	656930	3525107	27652	710553
延安市	Yan'an	1305464	3273434	24676	525320
汉中市	Hanzhong	451905	2801731	17308	581332
榆林市	Yulin	2326940	4711306	56526	920029
安康市	Ankang	301067	2478005	12422	565252
商洛市	Shangluo	267707	1929800	7982	392181
甘肃省	**Gansu**				
兰州市	Lanzhou	2154794	4241597	45156	740910
嘉峪关市	Jiayuguan	170946	242761	771	38380
金昌市	Jinchang	207479	574615	1475	74631
白银市	Baiyin	287191	1607503	8729	291248
天水市	Tianshui	422152	2515359	10766	525682
武威市	Wuwei	311034	1759339	291349	62808
张掖市	Zhangye	270966	1454936	8512	227292
平凉市	Pingliang	265500	1729000	4900	381300
酒泉市	Jiuquan	362187	1276374	7443	220740
庆阳市	Qingyang	427604	2152339	9045	428865
定西市	Dingxi	250964	2005013	8381	458960
陇南市	Longnan	556158	2084443	6147	382997
青海省	**Qinghai**				
西宁市	Xining	752163	2878050	14999	441135
海东市	Haidong	179938	2054107	4941	340521
宁夏回族自治区	**Ningxia**				
银川市	Yinchuan	1731960	3310717	49503	322099
石嘴山市	Shizuishan	284282	877721	6923	123201
吴忠市	Wuzhong	424704	1937856	10208	258210
固原市	Guyuan	225025	2195438	5379	356298
中卫市	Zhongwei	231458	1429628	12833	215354
新疆维吾尔自治区	**Xinjiang**				
乌鲁木齐市	Urumqi	3696734	4175628	94672	717515
克拉玛依市	Karamay	791422	995636	14040	212515
吐鲁番市	Tulufan				
哈密市	Hami				

2-16 地方公共财政收支状况(市辖区)
Public Finance Income and Expenditure (Districts under City)

单位：万元 (10 000yuan)

城 市	City	公共财政收入 Public Finance Income	公共财政支出 Public Finance Expenditure	科学技术支出 Expenditure for Science and Technology	教育支出 Expenditure for Education
北京市	**Beijing**	**50812595**	**64066737**	**2857785**	**8873761**
天津市	**Tianjin**	**27235000**	**36994300**	**1251740**	**5024901**
河北省	**Hebei**				
石家庄市	Shijiazhuang	3149665	4435983	96324	888882
唐山市	Tangshan	2505814	4044681	69103	625733
秦皇岛市	Qinhuangdao	991131	1748452	28396	324955
邯郸市	Handan	1114867	2393369	18464	426932
邢台市	Xingtai	279838	586251	7982	129340
保定市	Baoding	1211335	2048781	22712	376208
张家口市	Zhangjiakou	807552	1795718	13769	217591
承德市	Chengde	382096	1045008	10913	170060
沧州市	Cangzhou	990560	1560205	31192	264599
廊坊市	Langfang	506393	616919	7539	95893
衡水市	Hengshui	488989	1203573	9080	170851
山西省	**Shanxi**				
太原市	Taiyuan	839780	1322694	7172	291055
大同市	Datong	777456	1608843	6690	305048
阳泉市	Yangquan	323042	587189	3582	117931
长治市	Changzhi	401451	671598	2591	124762
晋城市	Jincheng	387882	602948	3901	116689
朔州市	Shuozhou	336061	650068	2659	115335
晋中市	Jinzhong	120602	261559	921	54321
运城市	Yuncheng	111976	300549	1890	56703
忻州市	Xinzhou	45355	199312	250	47389
临汾市	Linfen	119266	350913	452	58930
吕梁市	Lvliang	80108	206784	6313	39994
内蒙古自治区	**Inner Mongolia**				
呼和浩特市	Hohhot	1281827	1126746	7517	243553
包头市	Baotou	2260870	3385652	55828	457756
乌海市	Wuhai	815552	1333233	17931	142619
赤峰市	Chifeng	489602	843232	6382	216575
通辽市	Tongliao	403006	599949	695	90956
鄂尔多斯市	Erdos	1622068	1828915	9568	178542
呼伦贝尔市	Hulunbuir	201080	413853	5627	76384
巴彦淖尔市	Bayannur	198553	420969	1107	76015
乌兰察布市	Ulanqab	179480	358900	718	45580
辽宁省	**Liaoning**				
沈阳市	Shenyang	5227173	3783372	49663	738177
大连市	Dalian	5403776	7240779	201922	829943
鞍山市	Anshan	1008280	1658295	9713	167629
抚顺市	Fushun	600788	389959	376	60522
本溪市	Benxi	432882	982129	3498	118828
丹东市	Dandong	188947	236611	589	45005
锦州市	Jinzhou	651940	1004287	8151	125162
营口市	Yingkou	825775	1297027	3086	125480
阜新市	Fuxin	263169	686286	2833	107013

2-16 续表 1 continued 1

单位：万元 (10 000yuan)

城 市	City	公共财政收入 Public Finance Income	公共财政支出 Public Finance Expenditure	科学技术支出 Expenditure for Science and Technology	教育支出 Expenditure for Education
辽阳市	Liaoyang	509320	999986	4786	104309
盘锦市	Panjin	913379	1564301	9592	148651
铁岭市	Tieling	105562	149374	1040	25050
朝阳市	Chaoyang	254735	662041	1258	83740
葫芦岛市	Huludao	320684	386579	417	95035
吉林省	**Jilin**				
长春市	Changchun	3833337	6035680	93997	770260
吉林市	Jilin	945379	2238314	22467	283398
四平市	Siping	291926	819930	2076	113839
辽源市	Liaoyuan	158883	583458	2824	76576
通化市	Tonghua	182595	833235	22035	87715
白山市	Baishan	204434	723706	8092	85032
松原市	Songyuan	249239	868912	2904	89871
白城市	Baicheng	146239	716731	5720	74790
黑龙江省	**Heilongjiang**				
哈尔滨市	Harbin	3424806	6240309	58301	836765
齐齐哈尔市	Qiqihar	466625	16776592	3512	238157
鸡西市	Jixi	247028	978262	1219	84726
鹤岗市	Hegang	141438	734488	588	89135
双鸭山市	Shuangyashan	120516	643707	483	77432
大庆市	Daqing	1182102	1752648	10884	290662
伊春市	Yichun	99223	940810	1213	36903
佳木斯市	Jiamusi	223666	964747	2195	75458
七台河市	Qitaihe	132138	676361	588	56741
牡丹江市	Mudanjiang	353793	1070736	4063	118604
黑河市	Heihe	112080	235300	816	13156
绥化市	Suihua	40073	354013	296	70347
上海市	**Shanghai**	**64061300**	**69189405**	**3417109**	**8409686**
江苏省	**Jiangsu**				
南京市	Nanjing	11426000	11738400	531300	2028600
无锡市	Wuxi	5364446	5236835	274626	771759
徐州市	Xuzhou	2685553	3501263	119645	677670
常州市	Changzhou	4212865	4386655	206021	697583
苏州市	Suzhou	9198240	8887176	452826	1349042
南通市	Nantong	2635428	2945545	104954	560532
连云港市	Lianyungang	1449094	2173478	69408	423713
淮安市	Huai'an	2337495	3228672	54825	509608
盐城市	Yancheng	1984240	2993652	158318	488502
扬州市	Yangzhou	2356295	3067129	77612	493630
镇江市	Zhenjiang	1544787	1917368	79312	277421
泰州市	Taizhou	1744106	2260959	66302	343291
宿迁市	Suqian	1012408	1704062	29897	260821
浙江省	**Zhejiang**				
杭州市	Hangzhou	13249776	12428708	691666	2224354
宁波市	Ningbo	7773669	8576622	384819	1168185
温州市	Wenzhou	2036852	2219762	70751	538381
嘉兴市	Jiaxing	1241649	1526690	52342	211011

2-16 续表 2 continued 2

单位：万元 (10 000yuan)

城市	City	公共财政收入 Public Finance Income	公共财政支出 Public Finance Expenditure	科学技术支出 Expenditure for Science and Technology	教育支出 Expenditure for Education
湖州市	Huzhou	878330	1279207	33727	221226
绍兴市	Shaoxing	2555576	2658135	127204	529472
金华市	Jinhua	820517	1368739	44261	204939
衢州市	Quzhou	550984	1075082	32632	162840
舟山市	Zhoushan	995084	1887944	46591	224164
台州市	Taizhou	1451939	1662867	48884	355095
丽水市	Lishui	390976	742391	24077	130068
安徽省	**Anhui**				
合肥市	Hefei	4723493	5915512	954447	665424
芜湖市	Wuhu	1928716	2367726	495020	293802
蚌埠市	Bengbu	927317	1436867	68714	182779
淮南市	Huainan	646888	1270361	21672	170387
马鞍山市	Maanshan	828076	2052858	87166	309991
淮北市	Huaibei	430360	921807	8086	140548
铜陵市	Tongling	723724	1144724	78134	165313
安庆市	Anqing	708086	1057769	34161	114788
黄山市	Huangshan	465524	913985	18855	69292
滁州市	Chuzhou	656397	1024371	39324	145393
阜阳市	Fuyang	629753	1556892	20580	261563
宿州市	Suzhou	565729	1437663	57718	220235
六安市	Lu'an	587493	1744600	35698	277820
亳州市	Bozhou	479618	1164019	16140	190727
池州市	Chizhou	446219	842654	8716	86340
宣城市	Xuancheng	255225	446421	8633	70879
福建省	**Fujian**				
福州市	Fuzhou	3572049	3806942	68640	641522
厦门市	Xiamen	6479366	7586381	212673	1090629
莆田市	Putian	972675	1595289	21476	409332
三明市	Sanming	301396	591961	7681	97908
泉州市	Quanzhou	1366525	1724711	46392	345826
漳州市	Zhangzhou	610732	749987	11419	129279
南平市	Nanping	363978	865295	8784	155408
龙岩市	Longyan	841477	1215701	15958	218130
宁德市	Ningde	336498	615627	10595	115330
江西省	**Jiangxi**				
南昌市	Nanchang	3188331	4406795	71344	616404
景德镇市	Jingdezhen	504191	981649	6139	98360
萍乡市	Pingxiang	722524	1231607	28656	147987
九江市	Jiujiang	933869	1338666	27325	192491
新余市	Xinyu	709240	1153727	19226	161732
鹰潭市	Yingtan	305606	462100	5195	40672
赣州市	Ganzhou	615691	1158226	18535	204693
吉安市	Ji'an	154018	368887	5166	75742
宜春市	Yichun	179877	456566	11923	83124
抚州市	Fuzhou	242607	485325	12864	58687
上饶市	Shangrao	458745	776488	6938	144128

2-16 续表 3 continued 3

单位：万元 (10 000yuan)

城市	City	公共财政收入 Public Finance Income	公共财政支出 Public Finance Expenditure	科学技术支出 Expenditure for Science and Technology	教育支出 Expenditure for Education
山东省	**Shandong**				
济南市	Jinan	5960117	6489040	111296	1078465
青岛市	Qingdao	8012045	9452188	199962	1565292
淄博市	Zibo	2792084	3235656	88308	695639
枣庄市	Zaozhuang	783977	1588206	14489	300924
东营市	Dongying	1680492	1955891	20154	341909
烟台市	Yantai	2765927	3281449	161382	511788
潍坊市	Weifang	1696433	2274380	103323	435838
济宁市	Jining	1809542	2113175	62623	447030
泰安市	Tai'an	976613	1358766	15503	211791
威海市	Weihai	1603332	2017016	87559	374488
日照市	Rizhao	1035738	1369860	18371	254053
莱芜市	Laiwu	530005	865777	20760	204826
临沂市	Linyi	1580405	2198950	52255	414190
德州市	Dezhou	557530	650018	21486	125398
聊城市	Liaocheng	746846	1321107	5661	187458
滨州市	Binzhou	858359	1301244	30878	200325
菏泽市	Heze	686321	1439145	17563	313009
河南省	**Henan**				
郑州市	Zhengzhou	7742584	9599964	179999	1000047
开封市	Kaifeng	620906	1289360	17713	198302
洛阳市	Luoyang	1812771	2531780	53320	335343
平顶山市	Pingdingshan	641606	964500	18335	180774
安阳市	Anyang	632367	1086869	28121	206611
鹤壁市	Hebi	404487	692994	9429	98923
新乡市	Xinxiang	708374	1109582	28575	212808
焦作市	Jiaozuo	616199	926893	11902	138705
濮阳市	Puyang	433428	770603	11348	168809
许昌市	Xuchang	672842	1086675	12780	186898
漯河市	Luohe	585330	1156523	9176	163874
三门峡市	Sanmenxia	400388	795456	7764	146801
南阳市	Nanyang	723442	1525352	21364	245878
商丘市	Shangqiu	421434	1233994	5759	174866
信阳市	Xinyang	480747	1103735	7699	210777
周口市	Zhoukou	246830	775031	5107	102490
驻马店市	Zhumadian	434386	853493	16042	152559
湖北省	**Hubei**				
武汉市	Wuhan	11338613	12140896	807222	1740496
黄石市	Huangshi	501030	995377	19289	147431
十堰市	Shiyan	299309	670624	9053	135078
宜昌市	Yichang	1700767	2377506	101531	342940
襄阳市	Xiangyang	1934707	3205637	134847	349252
鄂州市	Ezhou	529051	1001860	29981	170306
荆门市	Jingmen	482488	913703	20837	106306
孝感市	Xiaogan	485242	1102445	34397	142439
荆州市	Jingzhou	612326	1264243	38568	204485
黄冈市	Huanggang	63820	184341	3927	34462
咸宁市	Xianning	369333	677756	13714	119805
随州市	Suizhou	140275	337006	3846	51524

2-16 续表 4 continued 4

单位：万元 (10 000yuan)

城 市	City	公共财政收入 Public Finance Income	公共财政支出 Public Finance Expenditure	科学技术支出 Expenditure for Science and Technology	教育支出 Expenditure for Education
湖南省	**Hunan**				
长沙市	Changsha	5689182	7417905	205919	1067212
株洲市	Zhuzhou	2024511	2151834	35253	190092
湘潭市	Xiangtan	1347319	1497307	23571	130290
衡阳市	Hengyang	1227878	2173729	16820	236438
邵阳市	Shaoyang	403506	810099	3009	67978
岳阳市	Yueyang	2635976	1926215	43847	183935
常德市	Changde	1104288	1978320	15868	259420
张家界市	Zhangjiajie	156683	300406	1754	73060
益阳市	Yiyang	413984	1266005	13078	159751
郴州市	Chenzhou	701251	1165691	13307	191295
永州市	Yongzhou	220771	633475	4216	119275
怀化市	Huaihua	464455	722392	3156	104139
娄底市	Loudi	352010	712153	3033	95489
广东省	**Guangdong**				
广州市	Guangzhou	13936442	19437465	1129546	3219820
韶关市	Shaoguan	514942	1145596	29343	167224
深圳市	Shenzhen	31364923	42110429	4035240	4147269
珠海市	Zhuhai	2923683	4171576	352358	572555
汕头市	Shantou	1349076	2870759	55951	748797
佛山市	Foshan	6045001	6958523	349559	1244663
江门市	Jiangmen	1228977	1594792	70903	342255
湛江市	Zhanjiang	786568	1527490	34022	342138
茂名市	Maoming	836100	1573870	12340	471848
肇庆市	Zhaoqing	610195	1236341	27299	233670
惠州市	Huizhou	2758062	3324151	197766	625063
梅州市	Meizhou	541102	1396560	20652	185255
汕尾市	Shanwei	140910	608153	22280	91978
河源市	Heyuan	358341	927521	38183	131558
阳江市	Yangjiang	409846	1230394	13333	171088
清远市	Qingyuan	584778	1427907	38493	354226
东莞市	Dongguan	5447543	5992899	279373	1429470
中山市	Zhongshan	2950082	3668972	278829	654918
潮州市	Chaozhou	363828	1039195	17845	213692
揭阳市	Jieyang	429069	1028541	23377	228387
云浮市	Yunfu	212182	533857	13709	100784
广西壮族自治区	**Guangxi**				
南宁市	Nanning	2705885	3795113	41123	540465
柳州市	Liuzhou	1302431	1925533	32331	354460
桂林市	Guilin	882199	1554936	19737	255207
梧州市	Wuzhou	606830	1089869	5111	151282
北海市	Beihai	435235	1041808	23162	171477
防城港市	Fangchenggang	364974	797332	3475	85459
钦州市	Qinzhou	381595	1116921	13980	244786
贵港市	Guigang	260269	935214	2137	229069

2-16 续表 5 continued 5

单位：万元 (10 000yuan)

城市	City	公共财政收入 Public Finance Income	公共财政支出 Public Finance Expenditure	科学技术支出 Expenditure for Science and Technology	教育支出 Expenditure for Education
玉林市	Yulin	476540	968932	9676	179961
百色市	Baise	180165	621536	2314	137737
贺州市	Hezhou	227747	875403	2546	165794
河池市	Hechi	94018	417843	2655	74546
来宾市	Laibin	182983	327935	1533	63842
崇左市	Chongzuo	84360	500312	1228	68745
海南省	**Hainan**				
海口市	Haikou	1155064	2003000	28162	313432
三亚市	Sanya	895772	1257662	41668	199021
三沙市	Sansa				
儋州市	Danzhou				
重庆市	**Chongqing**	**12363739**	**22550370**	**287558**	**3503491**
四川省	**Sichuan**				
成都市	Chengdu	6978520	9055163	319918	1383978
自贡市	Zigong	358329	1077025	16742	145989
攀枝花市	Panzhihua	430680	912527	12808	182728
泸州市	Luzhou	916924	1665516	27594	265766
德阳市	Deyang	432487	766573	8102	91535
绵阳市	Mianyang	686997	1567340	44691	250399
广元市	Guangyuan	258992	1085186	5858	160970
遂宁市	Suining	208830	684999	2379	120908
内江市	Neijiang	299349	935181	9266	157645
乐山市	Leshan	537597	1129538	9410	135651
南充市	Nanchong	531444	1552923	10230	266760
眉山市	Meishan	506880	672908	2620	125774
宜宾市	Yibin	714316	1251040	14762	205285
广安市	Guang'an	258859	897646	3054	107061
达州市	Dazhou	200480	842205	1758	183293
雅安市	Ya'an	33939	292076	1142	43283
巴中市	Bazhong	128417	742772	1720	151083
资阳市	Ziyang	263871	937340	5314	98655
贵州省	**Guizhou**				
贵阳市	Guiyang	2011755	2714818	105499	516719
六盘水市	Liupanshui	235000	354621	9068	93195
遵义市	Zunyi	582717	1377786	16841	315104
安顺市	Anshun	348129	917451	6771	181299
毕节市	Bijie	242262	635239	6004	188453
铜仁市	Tongren	280228	822937	7713	170322
云南省	**Yunnan**				
昆明市	Kunming	1868932	2171884	39632	408808
曲靖市	Qujing	197158	416097	2117	82979
玉溪市	Yuxi	1026292	1107486	15020	180070
保山市	Baoshan	167894	509749	2701	99794
昭通市	Zhaotong	116001	525153	766	96786
丽江市	Lijiang	137565	268192	3387	48388
普洱市	Pu'er	80006	211814	1648	45135
临沧市	Lincang	67676	280129	466	51494

2-16 续表 6 continued 6

单位：万元 (10 000yuan)

城 市	City	公共财政收入 Public Finance Income	公共财政支出 Public Finance Expenditure	科学技术支出 Expenditure for Science and Technology	教育支出 Expenditure for Education
西藏自治区	**Tibet**				
拉萨市	Lasa	151686	420653	2210	91300
日喀则市	Rikaze	17059	177558	417	29825
昌都市	Changdu				
林芝市	Linzhi				
山南市	Shannan				
陕西省	**Shaanxi**				
西安市	Xi'an	5266510	5818175	221449	816446
铜川市	Tongchuan	102521	536479	5027	140901
宝鸡市	Baoji	131605	589827	8311	182126
咸阳市	Xianyang	178104	426911	2355	110781
渭南市	Weinan	74109	421865	14650	113665
延安市	Yan'an	108050	286122	2091	77923
汉中市	Hanzhong	110065	285947	693	70932
榆林市	Yulin	215935	450187	7600	131616
安康市	Ankang	53861	510856	448	128399
商洛市	Shangluo	42899	310358	1135	68600
甘肃省	**Gansu**				
兰州市	Lanzhou	2011158	3555227	43042	564546
嘉峪关市	Jiayuguan	170946	242761	771	38380
金昌市	Jinchang	38897	101969	150	9436
白银市	Baiyin	207294	725346	7558	88198
天水市	Tianshui	310510	1270650	8311	199558
武威市	Wuwei	198032	794990	144434	39207
张掖市	Zhangye	84167	393576	317	69979
平凉市	Pingliang	52601	282066	279	54556
酒泉市	Jiuquan	70714	265580	315	61986
庆阳市	Qingyang	79406	269372	1910	85142
定西市	Dingxi	39284	318055	666	73206
陇南市	Longnan	50989	356945	344	70731
青海省	**Qinghai**				
西宁市	Xining	260046	670552	4619	109661
海东市	Haidong	43622	496314	2493	85042
宁夏回族自治区	**Ningxia**				
银川市	Yinchuan	1213995	2162047	32652	192985
石嘴山市	Shizuishan	167205	581829	5638	75950
吴忠市	Wuzhong	177334	571655	6373	67257
固原市	Guyuan	104135	586211	493	60814
中卫市	Zhongwei	109634	594620	8116	72521
新疆维吾尔自治区	**Xinjiang**				
乌鲁木齐市	Urumqi	3641227	4044023	92044	693689
克拉玛依市	Karamay	791422	995636	14040	212515
吐鲁番市	Tulufan				
哈密市	Hami				

2-17 年末金融机构存贷款余额
Deposits and Loans of National Banking System at Year-end

单位：万元 (10 000yuan)

城 市	City	年末金融机构人民币各项存款余额 Deposits of National Banking System at Year-end		居民人民币储蓄存款余额 Household Saving Deposits at Year-end		年末金融机构人民币各项贷款余额 Loans of National Banking System at Year-end	
		全 市 Total City	市辖区 Districts under City	全 市 Total City	市辖区 Districts under City	全 市 Total City	市辖区 Districts under City
北京市	**Beijing**	**1327919063**	**1327919063**	**280120329**	**280120329**	**566188715**	**566188715**
天津市	**Tianjin**	**290413611**	**290413611**	**91253832**	**91253832**	**273679661**	**273679661**
河北省	**Hebei**						
石家庄市	Shijiazhuang	110779000	83929944	53482000	30072116	51758900	40051607
唐山市	Tangshan	82798680	56443411	48931575	28513010	49749952	36672565
秦皇岛市	Qinhuangdao	25848868	19976649	17411356	12528122	15264501	13169360
邯郸市	Handan	46210917	27141465	30979895	16222794	31292456	21312712
邢台市	Xingtai	33352519	10930829	24023525	6288267	19958967	8850627
保定市	Baoding	62985430	26753093	41666122	14676032	30834461	13127891
张家口市	Zhangjiakou	28828410	10208481	18166138	8696020	20264312	8696020
承德市	Chengde	22103454	9055346	14386586	5172687	16567565	7860359
沧州市	Cangzhou	42987063	11528204	29593421	5394019	24747228	8463892
廊坊市	Langfang	61798824	24695540	28602556	8531765	49052475	15167087
衡水市	Hengshui	25665457	10528927	19245804	6768464	14588009	6948966
山西省	**Shanxi**						
太原市	Taiyuan	110700400	105676229	36617600	33098445	101033600	98601331
大同市	Datong	26290797	20954812	17834520	13647008	12257116	10712288
阳泉市	Yangquan	13612117	9776978	7730744	4757046	7426183	5444107
长治市	Changzhi	21221771	11223330	14202977	6595314	11968158	7000988
晋城市	Jincheng	19345530	12717226	10480927	6114442	10822150	8273514
朔州市	Shuozhou	12904618	7864497	9124257	5000453	5773309	3887432
晋中市	Jinzhong	23613888	9765052	15771195	4765107	13798738	7202543
运城市	Yuncheng	18878308	6127620	13938691	3642712	10130473	4466820
忻州市	Xinzhou	17622824	4946500	13456498	3696289	7777249	2776200
临汾市	Linfen	21347931	9164927	15040381	5466024	11833712	6150141
吕梁市	Lvliang	18111051	4111425	13291297	2305893	9509213	2600025
内蒙古自治区	**Inner Mongolia**						
呼和浩特市	Hohhot	61788314	56925022	18660141	16255342	70518364	57691233
包头市	Baotou	32359956	30079881	13713081	12299914	24030526	22515973
乌海市	Wuhai	7027901	7027901	3493129	3493129	5338880	5338880
赤峰市	Chifeng	18425687	10391941	11691892	6067909	13814954	8534200
通辽市	Tongliao	9858734	5899211	5995513	3672176	9917126	6371332
鄂尔多斯市	Erdos	31182000	17994100	15748000	7384800	29098000	20164200
呼伦贝尔市	Hulunbuir	14736401	5603571	8393781	2514965	10749874	3607868
巴彦淖尔市	Bayannur	9371000	4778937	6107000	2762256	7594000	4430991
乌兰察布市	Ulanqab	10599487	3884537	6864256	3416075	6136983	2536060
辽宁省	**Liaoning**						
沈阳市	Shenyang	142427559	138068458	61455466	57779368	125696109	123253528
大连市	Dalian	141794778	129751491	52776562	43734621	110047982	102893838
鞍山市	Anshan	32076366	22088604	21254130	12518614	21364276	16801326
抚顺市	Fushun	15943085	12893709	11615109	9218496	7593099	6086872
本溪市	Benxi	12111293	9387514	7905083	5774349	9157327	7955472
丹东市	Dandong	18425637	9106000			11049605	5974000
锦州市	Jinzhou	26416301	19449741	13764166	7730894	13528818	10400787
营口市	Yingkou	25813756	19117374	12169260	7384413	18544613	14968547
阜新市	Fuxin	10056732	7540821	6585452	4529119	8393718	6632405

2-17 续表 1 continued 1

单位：万元 (10 000yuan)

城　市	City	年末金融机构人民币各项存款余额 Deposits of National Banking System at Year-end		居民人民币储蓄存款余额 Household Saving Deposits at Year-end		年末金融机构人民币各项贷款余额 Loans of National Banking System at Year-end	
		全　市 Total City	市辖区 Districts under City	全　市 Total City	市辖区 Districts under City	全　市 Total City	市辖区 Districts under City
辽阳市	Liaoyang	21973453	17446561	9551613	6155386	11689383	8851257
盘锦市	Panjin	16706653	15036000	10468372	9212000	8427693	7416000
铁岭市	Tieling	12234423	5636729	9695428	4189503	8411929	3721506
朝阳市	Chaoyang	15679175	7393912	11704860	5130500	9925807	5964970
葫芦岛市	Huludao	15720000	9278725	10180400		9316000	5391680
吉林省	**Jilin**						
长春市	Changchun	110344634	101906399	42180932	35624264	99217577	90790126
吉林市	Jilin	26784001	19156127	17223407	11604473	21085152	15032948
四平市	Siping	12419438	4586589	8898453	3165877	10861553	4298349
辽源市	Liaoyuan	4970991	2914666	3836571	2141155	4051158	2307198
通化市	Tonghua	12794049	4134586	8059296	2436769	6950334	2665277
白山市	Baishan	8778019	5257162	4475110	2287753	4170307	2620093
松原市	Songyuan	11090590	4122878	6552275	2677160	9315759	2272928
白城市	Baicheng	7371919	3254543	4210004	1782812	7064323	2388603
黑龙江省	**Heilongjiang**						
哈尔滨市	Harbin	98039983	87990274	46718970	38614035	90487421	84337593
齐齐哈尔市	Qiqihar	17142146	10050687	12267810	664700	15608312	9622481
鸡西市	Jixi	10327713	4793469	7512790	2953170	6941614	2845135
鹤岗市	Hegang	5931244	3690203	4351911	2759607	4865452	1413689
双鸭山市	Shuangyashan	7768392	3748162	5772975	2372304	8372448	5702249
大庆市	Daqing	22567994	19676246	14458255	12185597	9575146	6497092
伊春市	Yichun	6229373	4457398	4430662	3075583	1663856	1159308
佳木斯市	Jiamusi	12717904	5955327	9221503	4435107	15080874	1933585
七台河市	Qitaihe	4106104	3279862	2750275	2118352	2688418	1784572
牡丹江市	Mudanjiang	15279104	7299794	10185062	4291826	7194897	4242894
黑河市	Heihe	7127650	1180892	4986817		5631653	580367
绥化市	Suihua	12735891	3802106	9950831	2547405	8819167	3029104
上海市	**Shanghai**	**1031639421**	**1031639421**	**236398015**	**236398015**	**539850966**	**539850966**
江苏省	**Jiangsu**						
南京市	Nanjing	276335510	276335510	58944680	58944680	216812775	216812775
无锡市	Wuxi	141013973	86887503	48674266	28291064	103829309	63009887
徐州市	Xuzhou	54953059	33728605	30902119	16492141	36202134	23834094
常州市	Changzhou	85408245	75460000	33668494	28883400	60431550	52442100
苏州市	Suzhou	258642564	157054282	79138477	40250000	219244382	139932501
南通市	Nantong	110977428	50648960	55548915	20058541	68354644	33026983
连云港市	Lianyungang	25018401	17437038	11687081	7016532	20469307	14803672
淮安市	Huai'an	30660032	22926041	13605124	8882096	23042159	17218309
盐城市	Yancheng	52550637	28350831	26824604	10722137	36993178	21086332
扬州市	Yangzhou	53615533	37240867	25609777	16329203	35081333	25482306
镇江市	Zhenjiang	47059945	24574767	18791047	7481972	34443576	14874099
泰州市	Taizhou	52756180	27420744	24747108	10535790	36567947	19529704
宿迁市	Suqian	22074303	11256668	10863293	3755782	19603739	9534048
浙江省	**Zhejiang**						
杭州市	Hangzhou	325146405	309316483	83131325	74566987	254648309	242670362
宁波市	Ningbo	161960114	119434066	56894416	33840937	158067586	114924381
温州市	Wenzhou	102133087	58713619	51357521	23169704	80114741	41185751
嘉兴市	Jiaxing	66302180	22903820	32455855	9190586	51852269	17882987

2-17 续表 2 continued 2

单位：万元 (10 000yuan)

城市	City	年末金融机构人民币各项存款余额 Deposits of National Banking System at Year-end		居民人民币储蓄存款余额 Household Saving Deposits at Year-end		年末金融机构人民币各项贷款余额 Loans of National Banking System at Year-end	
		全市 Total City	市辖区 Districts under City	全市 Total City	市辖区 Districts under City	全市 Total City	市辖区 Districts under City
湖州市	Huzhou	34768018	17967114	17447634	9122563	27403590	12985515
绍兴市	Shaoxing	72633137	49223090	34052747	20891870	61111742	40631072
金华市	Jinhua	74783132	16083225	39386670	6794264	61673953	14139284
衢州市	Quzhou	18966349	8595901	9927550	3895129	16524498	8428621
舟山市	Zhoushan	18078318	15196768	7158648	5669137	14840103	13510530
台州市	Taizhou	69232204	32105333	35933933	14930219	57589217	27309637
丽水市	Lishui	20378684	6213430	11847588	2853511	15434467	5721023
安徽省	**Anhui**						
合肥市	Hefei	131509496	110935212	32812636	21425474	115506045	102144306
芜湖市	Wuhu	28930433	18631681	12356833	6170837	28439658	21516772
蚌埠市	Bengbu	18551354	12284580	8673159	4690549	14001415	10044048
淮南市	Huainan	17718005	12633484	9934350	6574181	11729457	8815044
马鞍山市	Maanshan	18420477	11880377	9655664	5027664	13414553	9649853
淮北市	Huaibei	13218145	9476052	6549069	3997168	7955018	6124878
铜陵市	Tongling	12193153	8914383	6716819	4070703	9446878	8483593
安庆市	Anqing	26377940	9896949	15931539	4300218	14814174	7037529
黄山市	Huangshan	10258100	5238639	6294645	2626298	6091381	3252227
滁州市	Chuzhou	19752453	6880904	10994867	2757226	14280348	5771825
阜阳市	Fuyang	29990081	12702771	19023361	6588719	15698215	8696909
宿州市	Suzhou	17471864	8285917	11439615	4663713	9793467	6100228
六安市	Lu'an	20740000	10497000	11707000	5301000	11928000	6518000
亳州市	Bozhou	15898916	6823820	10063520	3725290	10365077	5681555
池州市	Chizhou	8754981	4392541	5452235	2525637	5053593	2972191
宣城市	Xuancheng	14482113	5767090	8155725	2596685	10413552	4224631
福建省	**Fujian**						
福州市	Fuzhou	120765033	83618435	40875352	20704930	121246927	90730198
厦门市	Xiamen	91884883	91884883	21720007	21720007	77449945	77449945
莆田市	Putian	16926778	13622866	10201395	7573825	16505828	14062160
三明市	Sanming	14900918	4471810	7434856	1592639	12644809	4733925
泉州市	Quanzhou	66398150	23830196	32236582	7570594	57884158	20093919
漳州市	Zhangzhou	25198864	9582159	12606875	3592359	21407105	9857821
南平市	Nanping	15686706	6679686	8481103	2894906	11687612	5911934
龙岩市	Longyan	17537603	10383484	8093020	4373198	14341940	9596560
宁德市	Ningde	13474510	4432052	6680148	1511281	14899528	4671652
江西省	**Jiangxi**						
南昌市	Nanchang	95029990	83554848	27224199	21042302	86045684	79160237
景德镇市	Jingdezhen	9404677	6046701	5720221	3164199	5743234	3985554
萍乡市	Pingxiang	9415786	6392139	5134957	3414746	6179254	4380832
九江市	Jiujiang	25938113	11340328	13243870	4034024	17545824	8672899
新余市	Xinyu	9592084	8249211	4475404	3696214	7143742	6141277
鹰潭市	Yingtan	6812450	3507754	3631229	1464410	5317390	2845865
赣州市	Ganzhou	41418374	16719355	23422667	7567206	28421841	13378545
吉安市	Ji'an	22921610	6344314	14487192	2939329	12731989	4280186
宜春市	Yichun	24305577	6165726	15200313	2872931	15661700	4100203
抚州市	Fuzhou	16456385	6874814	10603220	3772457	11318147	4972110
上饶市	Shangrao	27162435	9195583	16576624	4159484	17421248	7398667

2-17 续表 3 continued 3

单位：万元 (10 000yuan)

城市	City	年末金融机构人民币各项存款余额 Deposits of National Banking System at Year-end 全市 Total City	市辖区 Districts under City	居民人民币储蓄存款余额 Household Saving Deposits at Year-end 全市 Total City	市辖区 Districts under City	年末金融机构人民币各项贷款余额 Loans of National Banking System at Year-end 全市 Total City	市辖区 Districts under City
山东省	**Shandong**						
济南市	Jinan	150327948	145140587	42799453	39154810	113701787	110771754
青岛市	Qingdao	140071344		53263262		118916821	
淄博市	Zibo	41545085	34210765	24787721	20341980	28550130	22204243
枣庄市	Zaozhuang	16648569	10304469	11004902	6600885	11000734	7022251
东营市	Dongying	38377427	30999071	12485816	9546604	34039281	23097673
烟台市	Yantai	71612181	37068552	39771191	16446338	45301947	25451238
潍坊市	Weifang	69769302	25314169	40020000	12071782	47979146	18616037
济宁市	Jining	45580724	20162611	27910894	10149348	28229988	14478545
泰安市	Tai'an	30561935	15341407	19229034	8069760	19366775	10016460
威海市	Weihai	29652272	19855317	16636928	10072057	18750396	12449136
日照市	Rizhao	20581038	14246109	11057431	6505541	21947761	17113509
莱芜市	Laiwu	9076722	9076722	5386568	5386568	6612483	6612483
临沂市	Linyi	53052048	27303795	28759343	11887986	39384075	23817803
德州市	Dezhou	28451086	11532554	19356726	6625099	16515738	7419507
聊城市	Liaocheng	30154229	12076546	19316874	5764158	20995458	9017705
滨州市	Binzhou	26770252	10368905	12829052	4345417	23517307	8029460
菏泽市	Heze	30247126	10695824	22166426	6459091	18050614	6878006
河南省	**Henan**						
郑州市	Zhengzhou	190007395	164461550	62976278	47005045	154223852	140056202
开封市	Kaifeng	16393966	9723621	11463920	6018290	11885386	8293295
洛阳市	Luoyang	49823792	33289850	23645934	13475257	30119020	22203829
平顶山市	Pingdingshan	22775542	12037005	14406220	6183602	15894114	10020364
安阳市	Anyang	21965406	9268887	15355226	5280021	11607903	6573907
鹤壁市	Hebi	5944153	3622511	3881809	2157368	5368295	2945339
新乡市	Xinxiang	23254500	10018208	16004284	5493138	13395399	6875164
焦作市	Jiaozuo	16296238	8836311	10319752	4274028	10872375	6501196
濮阳市	Puyang	13381746	6944037	9595971	4503613	6357907	3676220
许昌市	Xuchang	19974373	9573750	12745182	5132052	14642214	8085251
漯河市	Luohe	10320414	6834654	6603562	4213968	6412302	4853044
三门峡市	Sanmenxia	11432271	4860285	7383996	2817262	7011239	3635929
南阳市	Nanyang	34544088	13870839	23448313	7885231	18853332	8439824
商丘市	Shangqiu	22872099	8158126	16826494	5383880	12885545	5785810
信阳市	Xinyang	26923328	9261589	19060477	5562348	14426938	6195158
周口市	Zhoukou	23967324	4054412	19521732	2545577	9763961	3653435
驻马店市	Zhumadian	25262850	6748989	18510667	3851385	12276424	5313155
湖北省	**Hubei**						
武汉市	Wuhan	217927961	200552271	64648837	55132807	193862964	182648907
黄石市	Huangshi	15420000	8705495	8116030	4272997	10130000	6090480
十堰市	Shiyan	20299050	11490815	11425064	6236236	11362842	7449333
宜昌市	Yichang	31300286	18197316	16823212	8066834	23534106	16005729
襄阳市	Xiangyang	30618789	17648399	19619551	10021937	18025447	11713941
鄂州市	Ezhou	5815400	5815400	3350300	3350300	3914700	3914700
荆门市	Jingmen	16602300	7290400	10979400	3891200	8721600	5079200
孝感市	Xiaogan	20790000	6417200	13895278	3850795	10232173	3705352
荆州市	Jingzhou	25435829	9874211	17615992	6034030	11856559	5938096
黄冈市	Huanggang	26810000	3926000	18410700	1898000	11606000	2292100
咸宁市	Xianning	12070000	4646681	6845364	2078199	7208333	3376969
随州市	Suizhou	11020000	5052583	7720061	3100531	5274516	3631079

2-17 续表 4 continued 4

单位：万元 (10 000yuan)

城 市	City	年末金融机构人民币各项存款余额 Deposits of National Banking System at Year-end		居民人民币储蓄存款余额 Household Saving Deposits at Year-end		年末金融机构人民币各项贷款余额 Loans of National Banking System at Year-end	
		全 市 Total City	市辖区 Districts under City	全 市 Total City	市辖区 Districts under City	全 市 Total City	市辖区 Districts under City
湖南省	**Hunan**						
长沙市	Changsha	154596810	124884000	48686355	32915700	138138443	117899000
株洲市	Zhuzhou	25509965	16544511	14105269	8071384	13354404	8914913
湘潭市	Xiangtan	20274760	12827171	11808995	6136168	13861500	9825354
衡阳市	Hengyang	32460452	15103374	19955002	6955994	13051799	7640784
邵阳市	Shaoyang	24471241	6838242	16566370	3470220	10529969	3720067
岳阳市	Yueyang	21718289	11417103	12361662	5317600	10126845	5412985
常德市	Changde	27138052	12869406	16333307	5853817	12826668	7317437
张家界市	Zhangjiajie	6831157	3313321	3958012	1874257	4178435	2644361
益阳市	Yiyang	16556246	7375781	10886062	4421518	7276194	3976165
郴州市	Chenzhou	23925264	9998095	13664967	4552770	10618735	4988371
永州市	Yongzhou	19124973	6385155	12756054	3701684	9655273	3794546
怀化市	Huaihua	17565861	6167965	11657243	3112546	9158673	3979085
娄底市	Loudi	15057575	5551292	10400609	3188689	8296268	3686375
广东省	**Guangdong**						
广州市	Guangzhou	459373383	459373383	139957861	139957861	288855427	288855427
韶关市	Shaoguan	16696995	9125807	10088724	4767908	7725079	4319934
深圳市	Shenzhen	595622500	595622500	103911400	103911400	351654600	351654600
珠海市	Zhuhai	56890799	56890799	14242136	14242136	39156076	39156076
汕头市	Shantou	31252000	30910100	20931000	20723600	13039000	12867300
佛山市	Foshan	127896063	127896063	66584572	66584572	85156155	85156155
江门市	Jiangmen	38700574	22675692	24014199	12428576	23670598	14831404
湛江市	Zhanjiang	28344970	16376572	16658555	7642857	16292782	11384889
茂名市	Maoming	22169300	11116700	15328100	6895203	10058700	5877900
肇庆市	Zhaoqing	20230922	12487858	12217472	6599189	12831758	8064233
惠州市	Huizhou	45447300	35365487	19452277	12793580	31551265	25755166
梅州市	Meizhou	18130465	8161532	11426270	4351164	8293288	4285154
汕尾市	Shanwei	7395575	2889568	4283441	1081308	3498675	1562127
河源市	Heyuan	11392577	4477229	6607752	2010042	8880791	4905537
阳江市	Yangjiang	11223383	6931173	7376009	4331311	8255951	6029432
清远市	Qingyuan	19060629	11040754	11230913	5523593	11370621	7495339
东莞市	Dongguan	111984273	111984273	48829068	48829068	64024779	64024779
中山市	Zhongshan	50310008	50310008	23094433	23094433	33670854	33670854
潮州市	Chaozhou	12035698	5863056	8145361	3525986	3685501	2039372
揭阳市	Jieyang	20172641	8910491	13927290	5846789	9923933	4934901
云浮市	Yunfu	10221389	3953716	6789502	2155135	6495265	2911288
广西壮族自治区	**Guangxi**						
南宁市	Nanning	89017247	82220220	29245457	23865365	94237920	90462353
柳州市	Liuzhou	33051421	26418577	13136420	8557134	22738976	18028692
桂林市	Guilin	29610297	18598553	16879292	8312260	18595821	11039120
梧州市	Wuzhou	10449067	4821197	6581443	2363532	7219228	3404232
北海市	Beihai	8156332	5975895	5241542	3355607	5351476	4197697
防城港市	Fangchenggang	5623096	3754038	3203381	1830392	5114744	3980282
钦州市	Qinzhou	9064175	5549894	5860072	2919860	5949771	4279025
贵港市	Guigang	10899226	5126807	8173287	3447801	6838538	3707717

2-17 续表 5 continued 5

单位：万元 (10 000yuan)

城市	City	年末金融机构人民币各项存款余额 Deposits of National Banking System at Year-end		居民人民币储蓄存款余额 Household Saving Deposits at Year-end		年末金融机构人民币各项贷款余额 Loans of National Banking System at Year-end	
		全市 Total City	市辖区 Districts under City	全市 Total City	市辖区 Districts under City	全市 Total City	市辖区 Districts under City
玉林市	Yulin	16361195	6228437	12530275	3782813	10149420	4239979
百色市	Baise	11117552	3234643	6599517	1515550	8150828	2154622
贺州市	Hezhou	6150719	3752874	3787507	1972632	3703604	2330169
河池市	Hechi	10013697	2327416	6249004	1243063	5750440	1430082
来宾市	Laibin	6066767	3054426	3467512	1405758	4054647	2476508
崇左市	Chongzuo	6994782	1816846	4531684	734756	3902322	1050413
海南省	**Hainan**						
海口市	Haikou	48512544	48512544	14454862	14454862	41780503	41780503
三亚市	Sanya	14815246	14815246			10791746	10791746
三沙市	Sansa	110016	110016			584	584
儋州市	Danzhou	2806105		1564068		1517678	
重庆市	**Chongqing**	**312164546**	**282484328**	**133994384**	**114879518**	**247851923**	**232238649**
四川省	**Sichuan**						
成都市	Chengdu	314340000	279260000	108080000	84390000	250090000	230910000
自贡市	Zigong	15240526	10081809	9235692	4966962	7083495	4658047
攀枝花市	Panzhihua	9385880	8014894	5229693	4358087	7386284	6361014
泸州市	Luzhou	21792291	13651169	13134727	6964779	12816409	8711702
德阳市	Deyang	23077152	8684612	14253611	4220646	11900395	5253900
绵阳市	Mianyang	31816934	19577011	18382475	9359874	16674319	10784728
广元市	Guangyuan	13036998	6488099	8124274	3499352	6307341	3522460
遂宁市	Suining	13767616	7349295	9104430	4304709	8202049	4794673
内江市	Neijiang	13669049	6288287	10456155	4043386	7316547	3463073
乐山市	Leshan	18648214	9615643	12814524	5620330	13111767	7947576
南充市	Nanchong	30472987	14997561	20096844	8253373	14796819	8400546
眉山市	Meishan	16703558	8680646	11567461	6072143	7471930	4057054
宜宾市	Yibin	23224657	13687096	11506224	4663323	12238164	6532690
广安市	Guang'an	16635981	6914009	11993644	4203853	6555121	2886459
达州市	Dazhou	26249820	13250026	17395223	6771407	10776238	5552147
雅安市	Ya'an	10420579	5454907	5433518	2657312	5278470	2845627
巴中市	Bazhong	11457991	5306453	7419352	3121504	5425019	2780137
资阳市	Ziyang	11216241	5428336	8086481	3120141	5225889	2978044
贵州省	**Guizhou**						
贵阳市	Guiyang	99283045	93939745	22297600	21097569	91532038	87349538
六盘水市	Liupanshui	12077492	9263636	5432895	2819890	9355571	5756301
遵义市	Zunyi	43058242	20152548	16980483	7790752	22649239	11711668
安顺市	Anshun	10908457	7464344	4440448	2972024	6879849	4296345
毕节市	Bijie	16673066	6120665	8048033		11483072	3861251
铜仁市	Tongren	12801514	4609151	5908455	1530228	8176527	2408558
云南省	**Yunnan**						
昆明市	Kunming	126762402	111769388	35407104	28577452	135533348	116790705
曲靖市	Qujing	20082139	8014984	10468209	3274304	12994771	5796447
玉溪市	Yuxi	15156746	8894068	7523358	3657339	9035049	5149773
保山市	Baoshan	9860924	4471507	5083912	2034423	5990917	2718819
昭通市	Zhaotong	13983623	5052824	6186585	1761556	6458167	2361288
丽江市	Lijiang	6036700	3074100	3309800	1363700	4305700	2710300
普洱市	Pu'er	8791152	3048424	4427754	1229599	6018417	2851183
临沧市	Lincang	5766905	1788288	3056009	744095	4433461	1853327

2-17 续表 6 continued 6

单位：万元 (10 000yuan)

城 市	City	年末金融机构人民币各项存款余额 Deposits of National Banking System at Year-end		居民人民币储蓄存款余额 Household Saving Deposits at Year-end		年末金融机构人民币各项贷款余额 Loans of National Banking System at Year-end	
		全 市 Total City	市辖区 Districts under City	全 市 Total City	市辖区 Districts under City	全 市 Total City	市辖区 Districts under City
西藏自治区	**Tibet**						
拉萨市	Lasa	25661007		4088700		20115145	
日喀则市	Rikaze	4945230	1284867	938225	59606	1347236	220803
昌都市	Changdu						
林芝市	Linzhi						
山南市	Shannan						
陕西省	**Shaanxi**						
西安市	Xi'an	190739616	184301067	70358100	65851489	152826450	151030400
铜川市	Tongchuan	4639878	4341267	3236183	2562869	1734932	1616473
宝鸡市	Baoji	23644064	13058584	14530417	6514989	11827622	8086468
咸阳市	Xianyang	25163833	12379733	16420127	6582123	11417827	6469489
渭南市	Weinan	20615940	6002022	14634711	3454024	10353499	2510200
延安市	Yan'an	14515327	6837267	7959032	3308479	9253876	5147223
汉中市	Hanzhong	17525904	5924120	12160005	3647953	6802081	2611069
榆林市	Yulin	30300400	10340882	15272598	4956890	19793301	8772042
安康市	Ankang	11723954	5180494	7164743	2951033	6270107	3068008
商洛市	Shangluo	8724600	3148370	5889000	1874450	3915400	1751353
甘肃省	**Gansu**						
兰州市	Lanzhou	86231121	72399076	27962448	24547060	84015554	54454577
嘉峪关市	Jiayuguan	3326605	3326605	1546335	1546335	4887728	4887728
金昌市	Jinchang	3277965	2314300	2092130	1428200	3562876	2571500
白银市	Baiyin	6832353	3993015	4250620	2305485	5823952	3312979
天水市	Tianshui	11557918	7138308	8024876	4608620	7486223	4933550
武威市	Wuwei	8273938	5319900	5664685	3527000	7688473	4605900
张掖市	Zhangye	5745568	3044905	3658898	1868865	5557829	2918253
平凉市	Pingliang	7354800	2824500	5092800	170100	4928576	2094700
酒泉市	Jiuquan	9257136	3962387	5070755	2090951	7256894	3377286
庆阳市	Qingyang	8779686	3146939	6403360	2125327	6420368	3151561
定西市	Dingxi	7649515	2243546	4912233	1248359	6661996	1722170
陇南市	Longnan	7826446	2128200	4994668	1129100	5584134	1959200
青海省	**Qinghai**						
西宁市	Xining	37560141	34547203	12671813	10866740	46334281	44742912
海东市	Haidong	5914926	2850670	2843601	1194811	2896541	1923039
宁夏回族自治区	**Ningxia**						
银川市	Yinchuan	33434020	29025495	13913467	10979245	40765663	36318691
石嘴山市	Shizuishan	5444309	4149347	3487476	2469362	4228289	3183393
吴忠市	Wuzhong	6246954	2911951	3388702	1684976	5003872	2426592
固原市	Guyuan	4552869	2262193	2160496	1004191	2647652	1662778
中卫市	Zhongwei	4737231	2376970	2310716	1134744	4033419	1878065
新疆维吾尔自治区	**Xinjiang**						
乌鲁木齐市	Urumqi	74066010	73428612	22956888	22710084	52872036	52463250
克拉玛依市	Karamay	10796511	10796511	2960509	2960509	5944952	5944952
吐鲁番市	Tulufan						
哈密市	Hami						

(三)工业

Industry

2-18 规模以上工业企业数
Number of Industrial Enterprises above Designated Size

单位：个 (unit)

城市	City	工业企业数 Number of Industrial Enterprises		内资企业 Domestic Funded		港、澳、台商投资企业 Enterprises with Funds from Hong Kong, Macao and Taiwan		外商投资企业 Foreign Funded Enterprises	
		全市 Total City	市辖区 Districts under City	全市 Total City	市辖区 Districts under City	全市 Total City	市辖区 Districts under City	全市 Total City	市辖区 Districts under City
北京市	**Beijing**	**3340**	**3340**	**2594**	**2594**	**181**	**181**	**565**	**565**
天津市	**Tianjin**	**5203**	**5203**	**3849**	**3849**	**278**	**278**	**1076**	**1076**
河北省	**Hebei**								
石家庄市	Shijiazhuang	2704	1022	2616	973	37	17	51	32
唐山市	Tangshan	1432	736	1342	680	28	12	62	44
秦皇岛市	Qinhuangdao	356	283	286	219	14	12	56	52
邯郸市	Handan	1350	446	1315	429	22	9	13	8
邢台市	Xingtai	1334	101	1295	96	13	1	26	4
保定市	Baoding	1841	427	1748	397	27	10	66	20
张家口市	Zhangjiakou	482	205	457	196	8	2	17	7
承德市	Chengde	488	87	478	84	5	2	5	1
沧州市	Cangzhou	2395	200	2302	176	37	13	56	11
廊坊市	Langfang	1190	214	1043	126	35	20	112	68
衡水市	Hengshui	1185	249	1144	236	18	8	23	5
山西省	**Shanxi**								
太原市	Taiyuan	355	261	335	244	3	3	17	14
大同市	Datong	168	83	158	78	4		6	5
阳泉市	Yangquan	125	47	118	42	2	2	5	3
长治市	Changzhi	316	54	307	51	5	2	4	1
晋城市	Jincheng	241	40	226	35	5	2	10	3
朔州市	Shuozhou	232	62	228	59	2	2	2	1
晋中市	Jinzhong	517	91	489	82	14	5	14	4
运城市	Yuncheng	454	77	439	75	1		14	2
忻州市	Xinzhou	339	30	336	30	1		2	
临汾市	Linfen	354	44	343	42	9	1	2	1
吕梁市	Lvliang	448	23	437	23	6		5	
内蒙古自治区	**Inner Mongolia**								
呼和浩特市	Hohhot	265	77	242	73	12	3	11	1
包头市	Baotou	677	528	651	505	8	6	18	17
乌海市	Wuhai	149	149	146	146	1	1	2	2
赤峰市	Chifeng	525	175	513	166	6	4	6	5
通辽市	Tongliao	590	198	573	191	7	5	10	2
鄂尔多斯市	Erdos	379	63	362	61	9	1	8	1
呼伦贝尔市	Hulunbuir	389	70	371	66	18	4		
巴彦淖尔市	Bayannur	283	76	273	73	3	2	7	1
乌兰察布市	Ulanqab	312	30	300	28	6	1	6	1
辽宁省	**Liaoning**								
沈阳市	Shenyang	2371	1710	2077	1430	83	79	211	201
大连市	Dalian	1745	1265	1172	754	105	87	468	424
鞍山市	Anshan	740	232	685	210	21	10	34	12
抚顺市	Fushun	215	157	189	134	10	9	16	14
本溪市	Benxi	164	113	148	102	10	8	6	3
丹东市	Dandong	336	81	296	65	8	6	32	10
锦州市	Jinzhou	377	137	331	100	19	14	27	23
营口市	Yingkou	580	331	481	266	30	21	69	44

2-18 续表 1 continued 1

单位：个 (unit)

城市	City	工业企业数 Number of Industrial Enterprises		内资企业 Domestic Funded		港、澳、台商投资企业 Enterprises with Funds from Hong Kong, Macao and Taiwan		外商投资企业 Foreign Funded Enterprises	
		全市 Total City	市辖区 Districts under City	全市 Total City	市辖区 Districts under City	全市 Total City	市辖区 Districts under City	全市 Total City	市辖区 Districts under City
阜新市	Fuxin	237	141	220	131	9	3	8	7
辽阳市	Liaoyang	223	122	202	107	7	3	14	12
盘锦市	Panjin	345	257	320	238	7	6	18	13
铁岭市	Tieling	240	58	220	50	8	2	12	6
朝阳市	Chaoyang	240	61	224	59	10	2	6	
葫芦岛市	Huludao	211	64	201	61	1	1	9	2
吉林省	**Jilin**								
长春市	Changchun	1581	1044	1419	890	31	29	131	125
吉林市	Jilin	1062	456	1032	436	11	6	19	14
四平市	Siping	598	229	580	219	13	9	5	1
辽源市	Liaoyuan	314	158	307	153	3	2	4	3
通化市	Tonghua	618	139	598	135	5	1	15	3
白山市	Baishan	367	132	350	128	6	1	11	3
松原市	Songyuan	620	169	610	164	5	1	5	4
白城市	Baicheng	335	104	317	97	6	3	12	4
黑龙江省	**Heilongjiang**								
哈尔滨市	Harbin	1337	699	1258	631	23	20	56	48
齐齐哈尔市	Qiqihar	382	186	365	181	7	2	10	3
鸡西市	Jixi	151	54	142	51	6	3	3	
鹤岗市	Hegang	108	70	105	69	2	1	1	
双鸭山市	Shuangyashan	127	41	123	40	4	1		
大庆市	Daqing	356	190	337	178	7	3	12	9
伊春市	Yichun	92	68	86	63			6	5
佳木斯市	Jiamusi	314	119	304	111	1	1	9	7
七台河市	Qitaihe	67	39	66	38			1	1
牡丹江市	Mudanjiang	483	95	459	88	6	3	18	4
黑河市	Heihe	99	25	95	24	1		3	1
绥化市	Suihua	373	42	363	41	4	1	6	
上海市	**Shanghai**	**8351**	**8351**	**4798**	**4798**	**1001**	**1001**	**2552**	**2552**
江苏省	**Jiangsu**								
南京市	Nanjing	2661	2661	2070	2070	189	189	402	402
无锡市	Wuxi	4888	2664	3693	1861	463	276	732	527
徐州市	Xuzhou	2992	779	2818	706	82	33	92	40
常州市	Changzhou	4139	3746	3375	3024	281	264	483	458
苏州市	Suzhou	9616	4358	5442	2327	1264	618	2910	1413
南通市	Nantong	5071	1515	3963	1120	417	100	691	295
连云港市	Lianyungang	1815	798	1626	686	70	33	119	79
淮安市	Huai'an	2609	1481	2402	1335	108	75	99	71
盐城市	Yancheng	3185	1204	2827	994	126	64	232	146
扬州市	Yangzhou	2686	1385	2317	1146	180	114	189	125
镇江市	Zhenjiang	2635	906	2157	716	230	82	248	108
泰州市	Taizhou	3018	1210	2677	1047	144	65	197	98
宿迁市	Suqian	2599	643	2465	584	68	27	66	32
浙江省	**Zhejiang**								
杭州市	Hangzhou	5684	4235	4738	3404	435	370	511	461
宁波市	Ningbo	7286	3735	5678	2714	881	540	727	481
温州市	Wenzhou	4871	1556	4705	1472	67	28	99	56

2-18 续表 2 continued 2

单位：个 (unit)

城 市	City	工业企业数 Number of Industrial Enterprises		内资企业 Domestic Funded		港、澳、台商投资企业 Enterprises with Funds from Hong Kong, Macao and Taiwan		外商投资企业 Foreign Funded Enterprises	
		全 市 Total City	市辖区 Districts under City	全 市 Total City	市辖区 Districts under City	全 市 Total City	市辖区 Districts under City	全 市 Total City	市辖区 Districts under City
嘉兴市	Jiaxing	5051	980	4021	742	503	94	527	144
湖州市	Huzhou	2806	1025	2387	885	228	72	191	68
绍兴市	Shaoxing	4430	2496	3764	2069	427	280	239	147
金华市	Jinhua	3968	649	3751	577	114	43	103	29
衢州市	Quzhou	934	288	889	267	16	5	29	16
舟山市	Zhoushan	375	300	355	288	6	4	14	8
台州市	Taizhou	3618	1116	3443	1061	87	28	88	27
丽水市	Lishui	1115	209	1085	202	13	3	17	4
安徽省	**Anhui**								
合肥市	Hefei	2535	936	2357	812	63	44	115	80
芜湖市	Wuhu	2089	793	1948	686	56	40	85	67
蚌埠市	Bengbu	1162	538	1121	513	23	11	18	14
淮南市	Huainan	603	334	585	321	10	7	8	6
马鞍山市	Maanshan	1214	479	1154	441	26	18	34	20
淮北市	Huaibei	774	500	755	488	6	4	13	8
铜陵市	Tongling	541	301	520	282	13	11	8	8
安庆市	Anqing	1768	273	1726	252	17	5	25	16
黄山市	Huangshan	563	229	548	218	9	6	6	5
滁州市	Chuzhou	1577	392	1501	351	23	13	53	28
阜阳市	Fuyang	1718	476	1698	470	12	5	8	1
宿州市	Suzhou	1315	524	1287	510	14	7	14	7
六安市	Lu'an	948	443	928	434	6	3	14	6
亳州市	Bozhou	931	289	923	283	2	2	6	4
池州市	Chizhou	605	262	587	252	6	4	12	6
宣城市	Xuancheng	1462	243	1414	236	15	3	33	4
福建省	**Fujian**								
福州市	Fuzhou	2220	718	1645	491	314	127	261	100
厦门市	Xiamen	1719	1719	1001	1001	394	394	324	324
莆田市	Putian	1261	952	1074	781	134	124	53	47
三明市	Sanming	1796	276	1720	266	58	8	18	2
泉州市	Quanzhou	4514	664	3036	390	1104	211	374	63
漳州市	Zhangzhou	2228	346	1727	264	353	51	148	31
南平市	Nanping	1124	287	1070	272	26	6	28	9
龙岩市	Longyan	1205	604	1095	562	74	23	36	19
宁德市	Ningde	1195	105	1163	99	20	4	12	2
江西省	**Jiangxi**								
南昌市	Nanchang	1385	848	1250	753	61	40	74	55
景德镇市	Jingdezhen	321	128	299	117	9	5	13	6
萍乡市	Pingxiang	648	349	624	331	19	15	5	3
九江市	Jiujiang	1430	239	1325	205	64	17	41	17
新余市	Xinyu	392	306	364	280	15	13	13	13
鹰潭市	Yingtan	290	93	276	86	6	4	8	3
赣州市	Ganzhou	1530	490	1298	440	165	26	67	24
吉安市	Ji'an	1247	160	1152	148	60	6	35	6
宜春市	Yichun	1446	186	1365	173	50	7	31	6
抚州市	Fuzhou	943	251	880	234	46	9	17	8
上饶市	Shangrao	1162	244	1128	233	23	9	11	2

2-18 续表 3 continued 3

单位：个 (unit)

城市	City	工业企业数 Number of Industrial Enterprises		内资企业 Domestic Funded		港、澳、台商投资企业 Enterprises with Funds from Hong Kong, Macao and Taiwan		外商投资企业 Foreign Funded Enterprises	
		全市 Total City	市辖区 Districts under City	全市 Total City	市辖区 Districts under City	全市 Total City	市辖区 Districts under City	全市 Total City	市辖区 Districts under City
山东省	**Shandong**								
济南市	Jinan	1963	1374	1813	1264	48	27	102	83
青岛市	Qingdao	4431	1596	3226	1086	231	110	974	400
淄博市	Zibo	2976	2378	2804	2243	74	58	98	77
枣庄市	Zaozhuang	1363	918	1300	869	27	20	36	29
东营市	Dongying	954	531	903	492	26	21	25	18
烟台市	Yantai	2575	785	1954	474	168	66	453	245
潍坊市	Weifang	3812	696	3508	607	102	37	202	52
济宁市	Jining	2599	820	2483	768	44	19	72	33
泰安市	Tai'an	1640	344	1578	317	21	7	41	20
威海市	Weihai	1883	921	1425	675	63	29	395	217
日照市	Rizhao	657	232	581	174	17	13	59	45
莱芜市	Laiwu	548	548	523	523	13	13	12	12
临沂市	Linyi	4047	1449	3853	1364	83	36	111	49
德州市	Dezhou	2991	505	2907	467	22	8	62	30
聊城市	Liaocheng	2646	334	2605	321	14	3	27	10
滨州市	Binzhou	1201	304	1158	286	17	8	26	10
菏泽市	Heze	3264	695	3200	675	26	7	38	13
河南省	**Henan**								
郑州市	Zhengzhou	2897	640	2788	570	49	31	60	39
开封市	Kaifeng	1343	359	1311	336	13	8	19	15
洛阳市	Luoyang	1920	535	1870	513	27	9	23	13
平顶山市	Pingdingshan	877	190	854	180	10	3	13	7
安阳市	Anyang	1110	157	1091	150	9	3	10	4
鹤壁市	Hebi	562	303	554	296	4	3	4	4
新乡市	Xinxiang	1257	307	1204	281	15	11	38	15
焦作市	Jiaozuo	1336	222	1309	213	14	4	13	5
濮阳市	Puyang	1010	224	990	217	12	2	8	5
许昌市	Xuchang	1718	413	1692	400	13	7	13	6
漯河市	Luohe	701	428	684	414	8	6	9	8
三门峡市	Sanmenxia	653	158	645	152	3	3	5	3
南阳市	Nanyang	2479	319	2432	300	32	12	15	7
商丘市	Shangqiu	1358	374	1333	364	15	2	10	8
信阳市	Xinyang	1294	305	1276	296	8	5	10	4
周口市	Zhoukou	1282	68	1260	62	12	3	10	3
驻马店市	Zhumadian	1670	191	1641	178	16	5	13	8
湖北省	**Hubei**								
武汉市	Wuhan	2516	1380	2191	1117	81	65	244	198
黄石市	Huangshi	761	281	722	258	23	11	16	12
十堰市	Shiyan	911	555	892	541	8	5	11	9
宜昌市	Yichang	1481	425	1416	391	42	21	23	13
襄阳市	Xiangyang	1877	704	1811	660	30	14	36	30
鄂州市	Ezhou	525	525	502	502	10	10	13	13
荆门市	Jingmen	1155	291	1123	277	22	10	10	4
孝感市	Xiaogan	1288	242	1233	220	29	8	26	14
荆州市	Jingzhou	1269	476	1236	452	17	14	16	10
黄冈市	Huanggang	1458	132	1415	120	31	8	12	4
咸宁市	Xianning	845	249	817	241	18	4	10	4
随州市	Suizhou	668	233	645	220	15	8	8	5

2-18 续表 4 continued 4

单位：个 (unit)

城市	City	工业企业数 Number of Industrial Enterprises		内资企业 Domestic Funded		港、澳、台商投资企业 Enterprises with Funds from Hong Kong, Macao and Taiwan		外商投资企业 Foreign Funded Enterprises	
		全市 Total City	市辖区 Districts under City	全市 Total City	市辖区 Districts under City	全市 Total City	市辖区 Districts under City	全市 Total City	市辖区 Districts under City
湖南省	**Hunan**								
长沙市	Changsha	2793	980	2653	929	67	26	73	25
株洲市	Zhuzhou	1557	386	1511	367	20	6	26	13
湘潭市	Xiangtan	902	408	871	383	16	12	15	13
衡阳市	Hengyang	948	261	911	243	21	5	16	13
邵阳市	Shaoyang	1140	189	1114	177	14	8	12	4
岳阳市	Yueyang	1287	321	1251	304	16	9	20	8
常德市	Changde	1009	331	972	315	28	12	9	4
张家界市	Zhangjiajie	196	77	190	76	5	1	1	
益阳市	Yiyang	1021	476	987	458	25	15	9	3
郴州市	Chenzhou	1047	211	999	196	42	13	6	2
永州市	Yongzhou	879	247	828	236	41	7	10	4
怀化市	Huaihua	599	60	588	58	5		6	2
娄底市	Loudi	736	191	723	184	8	3	5	4
广东省	**Guangdong**								
广州市	Guangzhou	4662	4662	3190	3190	808	808	664	664
韶关市	Shaoguan	593	145	523	125	54	13	16	7
深圳市	Shenzhen	6627	6627	4180	4180	1818	1818	629	629
珠海市	Zhuhai	1048	1048	562	562	291	291	195	195
汕头市	Shantou	1846	1841	1618	1617	150	148	78	76
佛山市	Foshan	5671	5671	4506	4506	735	735	430	430
江门市	Jiangmen	1998	1069	1296	695	515	277	187	97
湛江市	Zhanjiang	833	242	760	197	42	23	31	22
茂名市	Maoming	978	380	913	367	52	8	13	5
肇庆市	Zhaoqing	1100	626	828	435	181	124	91	67
惠州市	Huizhou	2140	1117	1261	556	650	388	229	173
梅州市	Meizhou	458	151	405	133	39	11	14	7
汕尾市	Shanwei	242	45	179	26	58	18	5	1
河源市	Heyuan	589	215	426	125	133	69	30	21
阳江市	Yangjiang	560	370	478	314	58	38	24	18
清远市	Qingyuan	621	347	451	252	135	69	35	26
东莞市	Dongguan	5869	5869	2989	2989	1889	1889	991	991
中山市	Zhongshan	3089	3089	2131	2131	614	614	344	344
潮州市	Chaozhou	885	772	737	637	107	96	41	39
揭阳市	Jieyang	1991	1064	1810	969	143	75	38	20
云浮市	Yunfu	914	403	806	350	89	43	19	10
广西壮族自治区	**Guangxi**								
南宁市	Nanning	910	687	836	621	39	35	35	31
柳州市	Liuzhou	792	622	758	592	13	12	21	18
桂林市	Guilin	640	204	610	186	10	4	20	14
梧州市	Wuzhou	380	174	333	141	35	24	12	9
北海市	Beihai	210	135	172	107	24	19	14	9
防城港市	Fangchenggang	150	99	131	82	7	6	12	11
钦州市	Qinzhou	316	140	291	123	16	10	9	7
贵港市	Guigang	456	228	423	212	22	12	11	4

2-18 续表 5 continued 5

单位：个 (unit)

城 市	City	工业企业数 Number of Industrial Enterprises		内资企业 Domestic Funded		港、澳、台商投资企业 Enterprises with Funds from Hong Kong, Macao and Taiwan		外商投资企业 Foreign Funded Enterprises	
		全 市 Total City	市辖区 Districts under City	全 市 Total City	市辖区 Districts under City	全 市 Total City	市辖区 Districts under City	全 市 Total City	市辖区 Districts under City
玉林市	Yulin	560	86	497	77	52	5	11	4
百色市	Baise	329	49	315	45	13	4	1	
贺州市	Hezhou	183	115	166	106	14	8	3	1
河池市	Hechi	173	30	169	29	3		1	1
来宾市	Laibin	220	74	208	68	8	4	4	2
崇左市	Chongzuo	159	28	143	22	5	2	11	4
海南省	**Hainan**								
海口市	Haikou	149	149	113	113	10	10	26	26
三亚市	Sanya	24	24	19	19	2	2	3	3
三沙市	Sansa								
儋州市	Danzhou	21		17		2		2	
重庆市	**Chongqing**	**6782**	**6130**	**6392**	**5752**	**151**	**140**	**239**	**238**
四川省	**Sichuan**								
成都市	Chengdu	3605	2245	3279	1980	102	84	224	181
自贡市	Zigong	543	339	533	331	1		9	8
攀枝花市	Panzhihua	324	247	319	243	3	2	2	2
泸州市	Luzhou	652	344	639	337	5	3	8	4
德阳市	Deyang	1370	359	1327	347	15	2	28	10
绵阳市	Mianyang	894	459	854	427	20	16	20	16
广元市	Guangyuan	448	230	440	224	2	1	6	5
遂宁市	Suining	519	250	499	236	8	7	12	7
内江市	Neijiang	396	139	380	132	8	3	8	4
乐山市	Leshan	617	238	602	233	8	1	7	4
南充市	Nanchong	700	271	689	265	5	3	6	3
眉山市	Meishan	603	301	581	283	6	5	16	13
宜宾市	Yibin	665	165	657	162	5	3	3	
广安市	Guang'an	505	122	494	115	9	6	2	1
达州市	Dazhou	507	165	501	160	4	4	2	1
雅安市	Ya'an	329	86	320	82	7	4	2	
巴中市	Bazhong	277	123	274	122	2	1	1	
资阳市	Ziyang	362	156	351	148	4	3	7	5
贵州省	**Guizhou**								
贵阳市	Guiyang	679	411	650	390	12	9	17	12
六盘水市	Liupanshui	436	90	431	88	1		4	2
遵义市	Zunyi	992	334	983	326	6	5	3	3
安顺市	Anshun	354	257	349	253	4	3	1	1
毕节市	Bijie	512	78	507	78	4		1	
铜仁市	Tongren	562	120	559	119	3	1		
云南省	**Yunnan**								
昆明市	Kunming	1006	460	922	407	40	26	44	27
曲靖市	Qujing	612	99	601	95	4	3	7	1
玉溪市	Yuxi	420	158	411	152	8	5	1	1
保山市	Baoshan	235	86	230	84	1		4	2
昭通市	Zhaotong	195	35	189	31	6	4		
丽江市	Lijiang	84	12	81	12	1		2	
普洱市	Pu'er	156	35	149	32	3		4	3
临沧市	Lincang	171	34	168	32			3	2

2-18 续表 6 continued 6

单位：个 (unit)

城市	City	工业企业数 Number of Industrial Enterprises 全市 Total City	工业企业数 Number of Industrial Enterprises 市辖区 Districts under City	内资企业 Domestic Funded 全市 Total City	内资企业 Domestic Funded 市辖区 Districts under City	港、澳、台商投资企业 Enterprises with Funds from Hong Kong, Macao and Taiwan 全市 Total City	港、澳、台商投资企业 Enterprises with Funds from Hong Kong, Macao and Taiwan 市辖区 Districts under City	外商投资企业 Foreign Funded Enterprises 全市 Total City	外商投资企业 Foreign Funded Enterprises 市辖区 Districts under City
西藏自治区	**Tibet**								
拉萨市	Lasa	72	41	68	38	2	1	2	2
日喀则市	Rikaze	15	5	15	5				
昌都市	Changdu								
林芝市	Linzhi								
山南市	Shannan								
陕西省	**Shaanxi**								
西安市	Xi'an	1220	1051	1105	943	26	25	89	83
铜川市	Tongchuan	205	189	202	186			3	3
宝鸡市	Baoji	662	259	648	250	4		10	9
咸阳市	Xianyang	956	299	918	287	17	7	21	5
渭南市	Weinan	512	113	499	110	2		11	3
延安市	Yan'an	144	24	141	23	2	1	1	
汉中市	Hanzhong	482	101	473	99	6	1	3	1
榆林市	Yulin	767	117	759	113	3	1	5	3
安康市	Ankang	568	129	565	129	1		2	
商洛市	Shangluo	229	22	229	22				
甘肃省	**Gansu**								
兰州市	Lanzhou	357	204	340	196	9	2	8	6
嘉峪关市	Jiayuguan	43	43	43	43				
金昌市	Jinchang	90	42	90	42				
白银市	Baiyin	159	80	153	75	3	2	3	3
天水市	Tianshui	162	99	159	96			3	3
武威市	Wuwei	261	141	260	140	1	1		
张掖市	Zhangye	226	80	221	77	5	3		
平凉市	Pingliang	121	28	121	28				
酒泉市	Jiuquan	266	54	251	52	6	1	9	1
庆阳市	Qingyang	121	28	119	28	1		1	
定西市	Dingxi	152	53	151	53			1	
陇南市	Longnan	87	13	87	13				
青海省	**Qinghai**								
西宁市	Xining	278	182	263	170	5	3	10	9
海东市	Haidong	111	42	110	42	1			
宁夏回族自治区	**Ningxia**								
银川市	Yinchuan	464	136	434	115	12	7	18	14
石嘴山市	Shizuishan	205	122	197	118	2	1	6	3
吴忠市	Wuzhong	340	121	339	120	1	1		
固原市	Guyuan	52	22	52	22				
中卫市	Zhongwei	120	73	117	73	2		1	
新疆维吾尔自治区	**Xinjiang**								
乌鲁木齐市	Urumqi	368	364	352	348	5	5	11	11
克拉玛依市	Karamay	79	79	77	77	1	1	1	1
吐鲁番市	Tulufan								
哈密市	Hami								

2-19 规模以上工业总产值(全市)
Gross Industrial Output Value above Designated Size(Total City)

单位：万元 (10 000 yuan)

城　市	City	工业总产值(当年价格) Gross Industrial Output Value (current price)	内资企业 Domestic Funded	港、澳、台商投资企业 Enterprises with Funds from Hong Kong, Macao and Taiwan	外商投资企业 Foreign Funded Enterprises
北京市	**Beijing**	**180872720**	**108071575**	**16802997**	**55998148**
天津市	**Tianjin**	**274016801**	**187428281**	**20456056**	**66132464**
河北省	**Hebei**				
石家庄市	Shijiazhuang	96447877	90799432	3318785	2329660
唐山市	Tangshan	99676824	86259039	2628720	10789065
秦皇岛市	Qinhuangdao	14388887	10508127	537472	3343288
邯郸市	Handan	50550724	46620284	2646112	1284328
邢台市	Xingtai	29336505	26592789	1674170	1069546
保定市	Baoding	47215014	43470842	1910325	1833847
张家口市	Zhangjiakou	12565834	11246516	166303	1153015
承德市	Chengde	17438834	17219874	147313	71647
沧州市	Cangzhou	56908888	52977991	1581380	2349517
廊坊市	Langfang	37918713	33453344	1416651	3048718
衡水市	Hengshui	17932880	16950242	404140	578498
山西省	**Shanxi**				
太原市	Taiyuan	22074174	15284559	5362050	1427565
大同市	Datong	8018295	7840129	61490	116676
阳泉市	Yangquan	5367177	5217513	45910	103754
长治市	Changzhi	15437907	14741029	72089	624789
晋城市	Jincheng	8418659	6521434	1234833	662392
朔州市	Shuozhou	7425510	7180337	123138	122035
晋中市	Jinzhong	12003510	11194801	452742	355967
运城市	Yuncheng	13151144	12906742	55664	188738
忻州市	Xinzhou	6736248	6702431	12926	20891
临汾市	Linfen	12777866	12488587	248166	41113
吕梁市	Lvliang	13973062	12565410	1175353	232299
内蒙古自治区	**Inner Mongolia**				
呼和浩特市	Hohhot	17308577	13593965	1178269	2536343
包头市	Baotou	34409058	33134171	473019	801868
乌海市	Wuhai	9840100	9720767	7074	112259
赤峰市	Chifeng	21110039	20485733	246672	377634
通辽市	Tongliao	26900585	24785860	478594	1636131
鄂尔多斯市	Erdos	48455019	45620597	432238	2402184
呼伦贝尔市	Hulunbuir	12827961	12340995	486966	
巴彦淖尔市	Bayannur	9262155	8165994	592008	504153
乌兰察布市	Ulanqab	10356487	10186275	56016	114196
辽宁省	**Liaoning**				
沈阳市	Shenyang	53372034	29172332	2848529	21351173
大连市	Dalian	62693934	39819009	2015160	20859765
鞍山市	Anshan	11469179	10778264	294576	396339
抚顺市	Fushun	7992755	7588840	154441	249474
本溪市	Benxi	7443741	6021244	1377462	45035
丹东市	Dandong	4265652	3674210	48414	543028
锦州市	Jinzhou	6182119	4717341	670097	794681
营口市	Yingkou	11554940	8493300	967916	2093724

2-19 续表 1 continued 1

单位：万元 (10 000 yuan)

城　市	City	工业总产值（当年价格）Gross Industrial Output Value (current price)	内资企业 Domestic Funded	港、澳、台商投资企业 Enterprises with Funds from Hong Kong, Macao and Taiwan	外商投资企业 Foreign Funded Enterprises
阜新市	Fuxin	2652321	2426075	97025	129221
辽阳市	Liaoyang	6839931	4716891	1646179	476861
盘锦市	Panjin	15726293	14661449	535674	529170
铁岭市	Tieling	4273054	3889046	116553	267455
朝阳市	Chaoyang	3771403	3619177	89501	62725
葫芦岛市	Huludao	5724848	5541140	8473	175235
吉林省	**Jilin**				
长春市	Changchun	91524565	79304142	1782622	10437801
吉林市	Jilin	32238811	30442978	937036	858797
四平市	Siping	19655896	18359963	928945	366988
辽源市	Liaoyuan	15537276	14997966	340685	198625
通化市	Tonghua	23531381	22537975	396546	596860
白山市	Baishan	14363900	13477000	377300	509600
松原市	Songyuan	21367675	21015631	97051	254993
白城市	Baicheng	7376101	6422825	69919	883357
黑龙江省	**Heilongjiang**				
哈尔滨市	Harbin	38500004	33299816	1150096	4050092
齐齐哈尔市	Qiqihar	10796633	9140150	922929	733554
鸡西市	Jixi	2199558	2009178	148165	42215
鹤岗市	Hegang	1880439	1869872	6308	4259
双鸭山市	Shuangyashan	2538020	2413631	124389	
大庆市	Daqing	28364794	25454272	1147545	1762977
伊春市	Yichun	894189	856990		37199
佳木斯市	Jiamusi	5357053	5002117	2484	352452
七台河市	Qitaihe	1445225	1442228		2997
牡丹江市	Mudanjiang	10518288	9965227	83090	469971
黑河市	Heihe	1348451	1287270	16555	44626
绥化市	Suihua	10071966	9648650	87889	335427
上海市	**Shanghai**	**311360286**	**119736469**	**42572656**	**149051161**
江苏省	**Jiangsu**				
南京市	Nanjing	129450200	75542438	10275312	43632450
无锡市	Wuxi	143529600	91080503	17364519	35084578
徐州市	Xuzhou	136443600	124425144	7042101	4976355
常州市	Changzhou	120968200	80503745	19943889	20520566
苏州市	Suzhou	307139900	108456143	52335754	146348003
南通市	Nantong	145257200	99525543	17139962	28591695
连云港市	Lianyungang	59748100	46084215	2470048	11193837
淮安市	Huai'an	69513200	57585524	8723336	3204340
盐城市	Yancheng	91808400	71048102	3863710	16896588
扬州市	Yangzhou	96616500	68754115	11741873	16120512
镇江市	Zhenjiang	87228400	59251362	13207650	14769388
泰州市	Taizhou	121708000	97759846	7937595	16010559
宿迁市	Suqian	40967000	36791163	2903634	1272203
浙江省	**Zhejiang**				
杭州市	Hangzhou	124209588	91381358	14056749	18771481
宁波市	Ningbo	145002400	98107097	29541129	17354174
温州市	Wenzhou	52295784	48690861	1152303	2452620

2-19 续表 2 continued 2

单位：万元 (10 000 yuan)

城市	City	工业总产值(当年价格) Gross Industrial Output Value (current price)	内资企业 Domestic Funded	港、澳、台商投资企业 Enterprises with Funds from Hong Kong, Macao and Taiwan	外商投资企业 Foreign Funded Enterprises
嘉兴市	Jiaxing	78829406	54339505	9397207	15092694
湖州市	Huzhou	46060507	35163790	6018287	4878430
绍兴市	Shaoxing	98269408	77707145	13499729	7062534
金华市	Jinhua	47057703	43674281	2212870	1170552
衢州市	Quzhou	16293076	14944711	203908	1144457
舟山市	Zhoushan	18721066	17175484	134273	1411309
台州市	Taizhou	40840353	36582617	1429196	2828540
丽水市	Lishui	17900091	17390084	390448	119559
安徽省	**Anhui**				
合肥市	Hefei	101245159	77583634	11017452	12644073
芜湖市	Wuhu	63192695	53101035	2351593	7740067
蚌埠市	Bengbu	29764505	27372791	2008038	383676
淮南市	Huainan	10076851	9289222	707720	79909
马鞍山市	Maanshan	28107553	25447457	616805	2043291
淮北市	Huaibei	18259414	17321579	316835	621000
铜陵市	Tongling	24169614	19095654	4490327	583633
安庆市	Anqing	29109398	27692027	907052	510319
黄山市	Huangshan	6340311	6230287	75146	34878
滁州市	Chuzhou	28606107	26279185	326883	2000039
阜阳市	Fuyang	22930399	22204318	479946	246135
宿州市	Suzhou	18486524	17694418	631205	160901
六安市	Lu'an	16271690	14938561	129366	1203763
亳州市	Bozhou	10583480	10508301	11117	64062
池州市	Chizhou	8052373	7720502	108370	223501
宣城市	Xuancheng	19201157	18237768	111835	851554
福建省	**Fujian**				
福州市	Fuzhou	84196464	53696433	18116543	12383488
厦门市	Xiamen	51979798	17895080	15159571	18925147
莆田市	Putian	28395053	21312390	4055791	3026872
三明市	Sanming	36059908	34327281	1376571	356056
泉州市	Quanzhou	123366889	68718623	39159497	15488769
漳州市	Zhangzhou	50406623	33172275	14237980	2996368
南平市	Nanping	18682777	17035093	777593	870091
龙岩市	Longyan	20782113	18237300	1322356	1222457
宁德市	Ningde	31571310	29863882	1362371	345057
江西省	**Jiangxi**				
南昌市	Nanchang	61339695	52980083	4315060	4044552
景德镇市	Jingdezhen	11793661	11008947	396870	387844
萍乡市	Pingxiang	17427765	16489943	483718	454104
九江市	Jiujiang	53282678	46384804	4488597	2409277
新余市	Xinyu	15459759	12615363	995252	1849144
鹰潭市	Yingtan	20580876	20199559	54497	326820
赣州市	Ganzhou	35411363	27689223	4666660	3055480
吉安市	Ji'an	32817400	27701800	3281000	1834600
宜春市	Yichun	41088633	36262890	3100185	1725558
抚州市	Fuzhou	16944583	15945520	768945	230118
上饶市	Shangrao	32523951	27086235	5223681	214035

2-19 续表 3 continued 3

单位：万元 (10 000 yuan)

城　　市	City	工业总产值(当年价格) Gross Industrial Output Value (current price)	内资企业 Domestic Funded	港、澳、台商投资企业 Enterprises with Funds from Hong Kong, Macao and Taiwan	外商投资企业 Foreign Funded Enterprises
山东省	**Shandong**				
济南市	Jinan	54865627	50551234	1263892	3050501
青岛市	Qingdao	163438133	121616076	8534806	33287251
淄博市	Zibo	120115157	106562145	3111803	10441209
枣庄市	Zaozhuang	34535793	32528414	890940	1116439
东营市	Dongying	133346461	124920991	3457011	4968459
烟台市	Yantai	164346563	106472991	8900620	48972952
潍坊市	Weifang	133458579	122839268	5092172	5527139
济宁市	Jining	54996507	52217214	1013855	1765438
泰安市	Tai'an	56314459	54107458	707063	1499938
威海市	Weihai	71412943	53171438	1635225	16606280
日照市	Rizhao	24595699	18011815	233591	6350293
莱芜市	Laiwu	17880411	17548641	132513	199257
临沂市	Linyi	108306805	97154490	3291395	7860920
德州市	Dezhou	105694516	100324500	884613	4485403
聊城市	Liaocheng	89999112	82982287	2295954	4720871
滨州市	Binzhou	73820268	71804995	636904	1378369
菏泽市	Heze	79341553	74445454	3059605	1836494
河南省	**Henan**				
郑州市	Zhengzhou	144656312	109124976	29037713	6493623
开封市	Kaifeng	30132731	29059848	354706	718177
洛阳市	Luoyang	74473323	71909027	1400646	1163650
平顶山市	Pingdingshan	26659261	25512885	551753	594623
安阳市	Anyang	39910272	39238271	438727	233274
鹤壁市	Hebi	20042063	19527564	315525	198974
新乡市	Xinxiang	45351098	41940681	790431	2619986
焦作市	Jiaozuo	58932353	56865821	1541396	525136
濮阳市	Puyang	38181670	36718483	993289	469898
许昌市	Xuchang	64130832	61847840	344061	1938931
漯河市	Luohe	30135249	25767204	2452093	1915952
三门峡市	Sanmenxia	36075267	33848362	216898	2010007
南阳市	Nanyang	48189306	46579625	1251894	357787
商丘市	Shangqiu	35655024	34499054	993557	162413
信阳市	Xinyang	28264847	27414764	641015	209068
周口市	Zhoukou	46616035	44563924	389113	1662998
驻马店市	Zhumadian	31611261	30265774	500676	844811
湖北省	**Hubei**				
武汉市	Wuhan	129352100	88603200	6443700	34305200
黄石市	Huangshi	20897900	17339500	1695000	1863400
十堰市	Shiyan	19898593	15176657	51448	4670488
宜昌市	Yichang	61711938	57781494	2950711	979733
襄阳市	Xiangyang	65308000	59683107	1420470	4204423
鄂州市	Ezhou	14243000	13054693	779140	409167
荆门市	Jingmen	33194800	31079300	870400	1245100
孝感市	Xiaogan	28088979	25899261	1354222	835496
荆州市	Jingzhou	24686737	23010847	800657	875233
黄冈市	Huanggang	19298700	18057400	766700	474600
咸宁市	Xianning	18159100	16720826	852859	585415
随州市	Suizhou	14015921	13324868	541367	149686

2-19 续表 4 continued 4

单位：万元 (10 000 yuan)

城市	City	工业总产值(当年价格) Gross Industrial Output Value (current price)	内资企业 Domestic Funded	港、澳、台商投资企业 Enterprises with Funds from Hong Kong, Macao and Taiwan	外商投资企业 Foreign Funded Enterprises
湖南省	**Hunan**				
长沙市	Changsha	115582830	98583323	10542595	6456912
株洲市	Zhuzhou	33750000	32230000	680000	840000
湘潭市	Xiangtan	32907164	29571245	919793	2416126
衡阳市	Hengyang	21906767	20187050	649935	1069782
邵阳市	Shaoyang	21211641	20471436	421353	318852
岳阳市	Yueyang	50211883	48179231	693190	1339462
常德市	Changde	25987282	24660471	957030	369781
张家界市	Zhangjiajie	1415334	1365436	47464	2434
益阳市	Yiyang	22281619	21098287	852664	330668
郴州市	Chenzhou	32058216	30165282	1769658	123276
永州市	Yongzhou	12639245	11701852	711515	225878
怀化市	Huaihua	10238330	9788885	92041	357404
娄底市	Loudi	19455281	18310028	850284	294969
广东省	**Guangdong**				
广州市	Guangzhou	195704254	85852009	30562924	79289321
韶关市	Shaoguan	12375377	10486600	1293976	594801
深圳市	Shenzhen	272922943	160463061	72345326	40114556
珠海市	Zhuhai	43533772	23704668	7304945	12524159
汕头市	Shantou	33038038	28232585	2414718	2390735
佛山市	Foshan	211873244	145396144	36010477	30466623
江门市	Jiangmen	42743780	21802336	15598434	5343010
湛江市	Zhanjiang	25645570	19477703	5387472	780395
茂名市	Maoming	24834149	23632298	858612	343239
肇庆市	Zhaoqing	40221152	25182471	8909905	6128776
惠州市	Huizhou	76173423	31839076	21601869	22732478
梅州市	Meizhou	7456287	6306813	767699	381775
汕尾市	Shanwei	12334652	8579496	3098566	656590
河源市	Heyuan	15991841	10755191	3274275	1962375
阳江市	Yangjiang	20064683	15446429	2522350	2095904
清远市	Qingyuan	18135123	12549583	4652690	932850
东莞市	Dongguan	146924605	75513738	42823577	28587290
中山市	Zhongshan	66147981	31595218	13730937	20821826
潮州市	Chaozhou	14229594	11579376	1666494	983724
揭阳市	Jieyang	51311444	43544548	5683965	2082931
云浮市	Yunfu	12216094	9510046	2189047	517001
广西壮族自治区	**Guangxi**				
南宁市	Nanning	35219997	28324718	5369942	1525337
柳州市	Liuzhou	47053953	34434143	1718633	10901177
桂林市	Guilin	25165521	23342945	243555	1579021
梧州市	Wuzhou	23053436	20707570	1556025	789841
北海市	Beihai	21474663	16352352	4425552	696759
防城港市	Fangchenggang	14761841	9814751	499393	4447697
钦州市	Qinzhou	15113300	13435640	410593	1267067
贵港市	Guigang	9759385	8228750	1025248	505387

2-19 续表 5 continued 5

单位：万元 (10 000 yuan)

城　市	City	工业总产值（当年价格） Gross Industrial Output Value (current price)	内资企业 Domestic Funded	港、澳、台商投资企业 Enterprises with Funds from Hong Kong, Macao and Taiwan	外商投资企业 Foreign Funded Enterprises
玉林市	Yulin	16584254	13406779	1093190	2084285
百色市	Baise	14748167	14093496	645894	8777
贺州市	Hezhou	4766352	4270080	431471	64801
河池市	Hechi	3445400	3382659	53265	9476
来宾市	Laibin	5262911	5052889	127680	82342
崇左市	Chongzuo	7410448	5550089	184374	1675985
海南省	**Hainan**				
海口市	Haikou	5035555	4196396	223484	615675
三亚市	Sanya	615007	548810	15580	50617
三沙市	Sansa				
儋州市	Danzhou	455313	387613	5523	62177
重庆市	**Chongqing**	**239065803**	**186882781**	**16859718**	**35323304**
四川省	**Sichuan**				
成都市	Chengdu	122956041	81320063	15706077	25929901
自贡市	Zigong	18174602	17722878	16064	435660
攀枝花市	Panzhihua	16504458	16394127	17972	92359
泸州市	Luzhou	20178816	19881340	145526	151950
德阳市	Deyang	35452116	32657642	1845028	949446
绵阳市	Mianyang	26035066	24270417	1119848	644801
广元市	Guangyuan	8195442	7702695	62461	430286
遂宁市	Suining	13282680	12589836	326283	366561
内江市	Neijiang	17726500	17116700	320500	289300
乐山市	Leshan	17070878	16559096	348535	163247
南充市	Nanchong	24692605	24111141	264390	317074
眉山市	Meishan	15498525	14539754	162119	796652
宜宾市	Yibin	22025659	21423502	483986	118171
广安市	Guang'an	16702101	16355922	300756	45423
达州市	Dazhou	10112884	10022038	19899	70947
雅安市	Ya'an	5540121	5339354	160793	39974
巴中市	Bazhong	6026771	6001261	19381	6129
资阳市	Ziyang	10003285	9631215	23560	348510
贵州省	**Guizhou**				
贵阳市	Guiyang	28322714	26998750	388697	935267
六盘水市	Liupanshui	15823624	15692715	46377	84532
遵义市	Zunyi	24034692	23679200	146700	208792
安顺市	Anshun	6124112	5940175	182387	1550
毕节市	Bijie	9878400	9773200	83700	21500
铜仁市	Tongren	6887420	6817692	69728	
云南省	**Yunnan**				
昆明市	Kunming	29027776	26610225	1061541	1356010
曲靖市	Qujing	16042696	15643729	323902	75065
玉溪市	Yuxi	13452716	13066125	148614	237977
保山市	Baoshan	4022955	3932307	54227	36421
昭通市	Zhaotong	3259652	3171888	87764	
丽江市	Lijiang	1314366	1276817	2517	35032
普洱市	Pu'er	2459106	2274141	43932	141033
临沧市	Lincang	2913101	2870387		42714

2-19 续表 6 continued 6

单位：万元 (10 000 yuan)

城 市	City	工业总产值（当年价格） Gross Industrial Output Value (current price)	内资企业 Domestic Funded	港、澳、台商投资企业 Enterprises with Funds from Hong Kong, Macao and Taiwan	外商投资企业 Foreign Funded Enterprises
西藏自治区	**Tibet**				
拉萨市	Lasa	1090100	988400	48700	53000
日喀则市	Rikaze	157529	157529		
昌都市	Changdu				
林芝市	Linzhi				
山南市	Shannan				
陕西省	**Shaanxi**				
西安市	Xi'an	52662497	42800644	3026840	6835013
铜川市	Tongchuan	5598300	5557164		41136
宝鸡市	Baoji	29296453	26989117	881874	1425462
咸阳市	Xianyang	35415050	32893760	768750	1752540
渭南市	Weinan	21423722	21012892	25168	385662
延安市	Yan'an	10309910	10290266	10652	8992
汉中市	Hanzhong	11523455	11272382	174798	76275
榆林市	Yulin	32724961	32478159	67257	179545
安康市	Ankang	10928999	10805328	2273	121398
商洛市	Shangluo	9353100	9353100		
甘肃省	**Gansu**				
兰州市	Lanzhou	21103200	19895200	564600	643400
嘉峪关市	Jiayuguan	4759319	4759319		
金昌市	Jinchang	7925258	7925258		
白银市	Baiyin	5953800	5839497	17827	96476
天水市	Tianshui	3348208	3276465		71743
武威市	Wuwei	4700967	4696092	4875	
张掖市	Zhangye	3570220	3471697	98523	
平凉市	Pingliang	1659401	1659401		
酒泉市	Jiuquan	4117152	4013235	40774	63143
庆阳市	Qingyang	5208361	5186599	17995	3767
定西市	Dingxi	1806108	1796947		9161
陇南市	Longnan	1707056	1707056		
青海省	**Qinghai**				
西宁市	Xining	15434494	14655411	261295	517788
海东市	Haidong	3740338	3294275	446063	
宁夏回族自治区	**Ningxia**				
银川市	Yinchuan	19855450	17043481	2130009	681960
石嘴山市	Shizuishan	8877730	8694300	34880	148550
吴忠市	Wuzhong	6340193	6182137	158056	
固原市	Guyuan	427466	427466		
中卫市	Zhongwei	5069584	5049959	9847	9778
新疆维吾尔自治区	**Xinjiang**				
乌鲁木齐市	Urumqi	19691755	19209667	116455	365633
克拉玛依市	Karamay	9862856	9854504	2276	6076
吐鲁番市	Tulufan				
哈密市	Hami				

2-20 规模以上工业总产值(市辖区)
Gross Industrial Output Value above Designated Size(Districts under City)

单位：万元 (10 000 yuan)

城 市	City	工业总产值(当年价格) Gross Industrial Output Value (current price)	内资企业 Domestic Funded	港、澳、台商投资企业 Enterprises with Funds from Hong Kong, Macao and Taiwan	外商投资企业 Foreign Funded Enterprises
北京市	**Beijing**	**180872720**	**108071575**	**16802997**	**55998148**
天津市	**Tianjin**	**274016801**	**187428281**	**20456056**	**66132464**
河北省	**Hebei**				
石家庄市	Shijiazhuang	41663437	37741878	2199110	1722449
唐山市	Tangshan	56330118	51768767	1008163	3553188
秦皇岛市	Qinhuangdao	11104075	7285121	528741	3290213
邯郸市	Handan	16807749	15539059	175672	1093018
邢台市	Xingtai	5055794	4343813	630242	81739
保定市	Baoding	22168898	21116428	201347	851123
张家口市	Zhangjiakou	8088095	7767686	13747	306662
承德市	Chengde	4744457	4702984	25098	16375
沧州市	Cangzhou	12531630	10440085	603430	1488115
廊坊市	Langfang	7280519	4446630	982979	1850910
衡水市	Hengshui	6879488	6426923	303503	149062
山西省	**Shanxi**				
太原市	Taiyuan	19525827	12869914	5362050	1293863
大同市	Datong	7045906	6936974		108932
阳泉市	Yangquan	2676652	2545378	45910	85364
长治市	Changzhi	3993647	3950027	29136	14484
晋城市	Jincheng	3236513	2198608	1000563	37342
朔州市	Shuozhou	3446229	3209606	123138	113485
晋中市	Jinzhong	2458727	2193546	151793	113388
运城市	Yuncheng	2101709	2073412		28297
忻州市	Xinzhou	892260	892260		
临汾市	Linfen	892576	843649	20269	28658
吕梁市	Lvliang	430496	430496		
内蒙古自治区	**Inner Mongolia**				
呼和浩特市	Hohhot	5720757	5203518	462720	54519
包头市	Baotou	25869479	24644720	433705	791054
乌海市	Wuhai	9840100	9720767	7074	112259
赤峰市	Chifeng	7762236	7292861	103327	366048
通辽市	Tongliao	9499326	8602633	279742	616951
鄂尔多斯市	Erdos	5948739	5204516	4200	740023
呼伦贝尔市	Hulunbuir	2219126	2152720	66406	
巴彦淖尔市	Bayannur	3226281	2743339	361853	121089
乌兰察布市	Ulanqab	1330284	1301748	9515	19021
辽宁省	**Liaoning**				
沈阳市	Shenyang	49234617	25311954	2721861	21200802
大连市	Dalian	49532980	28062852	1714906	19755222
鞍山市	Anshan	7626536	7324613	121324	180599
抚顺市	Fushun	7559611	7165775	151282	242554
本溪市	Benxi	6841815	5514720	1319055	8040
丹东市	Dandong	894214	750157	29342	114715
锦州市	Jinzhou	4478315	3211754	633344	633217
营口市	Yingkou	8598289	6195777	886034	1516478

2-20 续表 1 continued 1

单位：万元 (10 000 yuan)

城 市	City	工业总产值(当年价格) Gross Industrial Output Value (current price)	内资企业 Domestic Funded	港、澳、台商投资企业 Enterprises with Funds from Hong Kong, Macao and Taiwan	外商投资企业 Foreign Funded Enterprises
阜新市	Fuxin	1886966	1754331	21454	111181
辽阳市	Liaoyang	5629705	3595523	1564294	469888
盘锦市	Panjin	13247372	12504374	520558	222440
铁岭市	Tieling	860581	708233	86555	65793
朝阳市	Chaoyang	1420431	1404878	15553	
葫芦岛市	Huludao	3804606	3710152	8473	85981
吉林省	**Jilin**				
长春市	Changchun	80390546	68686294	1692537	10011715
吉林市	Jilin	19218879	18023628	772119	423132
四平市	Siping	6865539	6520275	344530	734
辽源市	Liaoyuan	9675315	9211148	323662	140505
通化市	Tonghua	10772467	10619797	129815	22855
白山市	Baishan	6516800	6295500	91700	129600
松原市	Songyuan	6041723	5807051	2163	232509
白城市	Baicheng	2111335	1375924	30000	705411
黑龙江省	**Heilongjiang**				
哈尔滨市	Harbin	26325588	21722807	1071642	3531139
齐齐哈尔市	Qiqihar	4594274	4314335	44921	235018
鸡西市	Jixi	1063218	1015519	47699	
鹤岗市	Hegang	1211988	1205680	6308	
双鸭山市	Shuangyashan	1370730	1358671	12059	
大庆市	Daqing	19489906	19273716	68406	147784
伊春市	Yichun	693574	659884		33690
佳木斯市	Jiamusi	1816843	1489084	2484	325275
七台河市	Qitaihe	1235836	1232839		2997
牡丹江市	Mudanjiang	1567052	1275104	46039	245909
黑河市	Heihe	296496	291128		5368
绥化市	Suihua	773720	762358	11362	
上海市	**Shanghai**	**311360286**	**119736469**	**42572656**	**149051161**
江苏省	**Jiangsu**				
南京市	Nanjing	129450200	75542438	10275312	43632450
无锡市	Wuxi	63880947	28052323	8212729	27615895
徐州市	Xuzhou	57012670	49994667	4108074	2909929
常州市	Changzhou	107333951	71272892	16124927	19936132
苏州市	Suzhou	120465256	36435664	20864192	63165400
南通市	Nantong	47718785	27193246	5049725	15475814
连云港市	Lianyungang	36635413	24539693	1573153	10522567
淮安市	Huai'an	45570900	35221453	7833634	2515813
盐城市	Yancheng	39323564	24505929	1182657	13634978
扬州市	Yangzhou	59185006	41939916	7768811	9476279
镇江市	Zhenjiang	34216164	18695499	4284794	11235871
泰州市	Taizhou	54895727	43217707	3606947	8071073
宿迁市	Suqian	12677752	10313962	1710825	652965
浙江省	**Zhejiang**				
杭州市	Hangzhou	105688299	74689513	13056760	17942026
宁波市	Ningbo	94441103	58721229	24243192	11476682
温州市	Wenzhou	17782094	16590161	339901	852032

2-20 续表 2 continued 2

单位：万元 (10 000 yuan)

城 市	City	工业总产值（当年价格）Gross Industrial Output Value (current price)	内资企业 Domestic Funded	港、澳、台商投资企业 Enterprises with Funds from Hong Kong, Macao and Taiwan	外商投资企业 Foreign Funded Enterprises
嘉兴市	Jiaxing	17963312	11448250	1854644	4660418
湖州市	Huzhou	16729022	13536993	1476922	1715107
绍兴市	Shaoxing	64377558	49264552	10501265	4611741
金华市	Jinhua	6243820	5000197	964162	279461
衢州市	Quzhou	7586265	6803893	41138	741234
舟山市	Zhoushan	14591561	14145014	115244	331303
台州市	Taizhou	14213867	12812571	448893	952403
丽水市	Lishui	3990522	3939917	15341	35264
安徽省	**Anhui**				
合肥市	Hefei	60645455	43135506	5864692	11645257
芜湖市	Wuhu	38208723	28703373	2048844	7456506
蚌埠市	Bengbu	15897829	14015981	1617960	263888
淮南市	Huainan	7648682	6924481	662590	61611
马鞍山市	Maanshan	13784947	12236147	513508	1035292
淮北市	Huaibei	12597242	12273605	81972	241665
铜陵市	Tongling	20254017	15205363	4465021	583633
安庆市	Anqing	6769097	6300142	82474	386481
黄山市	Huangshan	2623460	2540070	53272	30118
滁州市	Chuzhou	8992108	7152399	263587	1576122
阜阳市	Fuyang	5923936	5677624	216115	30197
宿州市	Suzhou	7251417	6695569	522262	33586
六安市	Lu'an	7624316	7388966	88065	147285
亳州市	Bozhou	4642284	4575085	11117	56082
池州市	Chizhou	4047278	3888626	76868	81784
宣城市	Xuancheng	2718975	2679422	8090	31463
福建省	**Fujian**				
福州市	Fuzhou	26129387	17191658	5079277	3858452
厦门市	Xiamen	51979798	17895080	15159571	18925147
莆田市	Putian	23591246	16686184	3974189	2930873
三明市	Sanming	7434130	7238045	184924	11161
泉州市	Quanzhou	27031745	10373043	9530105	7128597
漳州市	Zhangzhou	10224735	4904213	4782063	538459
南平市	Nanping	5726808	5160965	349351	216492
龙岩市	Longyan	10134781	8909054	491087	734640
宁德市	Ningde	4719926	3401191	1146203	172532
江西省	**Jiangxi**				
南昌市	Nanchang	46489192	39872500	3206564	3410128
景德镇市	Jingdezhen	5469897	5072930	189326	207641
萍乡市	Pingxiang	11103193	10447390	427627	228176
九江市	Jiujiang	13750342	11436471	1336974	976897
新余市	Xinyu	13213065	10542297	865258	1805510
鹰潭市	Yingtan	5743456	5683309	21368	38779
赣州市	Ganzhou	13193757	10160023	1325245	1708489
吉安市	Ji'an	4678700	3981100	99900	597700
宜春市	Yichun	3689126	3466905	146032	76189
抚州市	Fuzhou	6241361	5911580	243121	86660
上饶市	Shangrao	7361092	6589440	725966	45686

2-20 续表 3 continued 3

单位：万元 (10 000 yuan)

城　市	City	工业总产值（当年价格） Gross Industrial Output Value (current price)	内资企业 Domestic Funded	港、澳、台商投资企业 Enterprises with Funds from Hong Kong, Macao and Taiwan	外商投资企业 Foreign Funded Enterprises
山东省	**Shandong**				
济南市	Jinan	43022551	39699982	832816	2489753
青岛市	Qingdao	82664570	61682859	4559598	16422113
淄博市	Zibo	92822255	85721135	2013000	5088120
枣庄市	Zaozhuang	21378468	19944955	663214	770299
东营市	Dongying	72764307	65321730	3363343	4079234
烟台市	Yantai	67398614	23097777	4409269	39891568
潍坊市	Weifang	28272703	25877772	1060998	1333933
济宁市	Jining	29950718	28001367	737805	1211546
泰安市	Tai'an	10480687	9692292	100144	688251
威海市	Weihai	32348904	24960490	986004	6402410
日照市	Rizhao	13867926	7723860	131244	6012822
莱芜市	Laiwu	17880411	17548641	132513	199257
临沂市	Linyi	51484580	43108365	2194712	6181503
德州市	Dezhou	25569575	23487246	478990	1603339
聊城市	Liaocheng	9981675	9500537	84635	396503
滨州市	Binzhou	12959930	12175589	107721	676620
菏泽市	Heze	21630694	18420605	2215608	994481
河南省	**Henan**				
郑州市	Zhengzhou	56883726	25802409	28579645	2501672
开封市	Kaifeng	9015020	8255994	188205	570821
洛阳市	Luoyang	25164716	24014594	445691	704431
平顶山市	Pingdingshan	7726196	7115967	332247	277982
安阳市	Anyang	9128409	8849571	166785	112053
鹤壁市	Hebi	7572339	7194838	178527	198974
新乡市	Xinxiang	14763364	12456949	612168	1694247
焦作市	Jiaozuo	11075800	10816525	164963	94312
濮阳市	Puyang	6605699	6500954	27812	76933
许昌市	Xuchang	14224632	13663995	160114	400523
漯河市	Luohe	17053658	13026835	2242940	1783883
三门峡市	Sanmenxia	8667415	6988398	216898	1462119
南阳市	Nanyang	7581934	6980705	348652	252577
商丘市	Shangqiu	7320771	7147544	59849	113378
信阳市	Xinyang	7875527	7662069	133767	79691
周口市	Zhoukou	4191271	3075980	39047	1076244
驻马店市	Zhumadian	5857425	4931971	125105	800349
湖北省	**Hubei**				
武汉市	Wuhan	97303100	64317500	4056600	28929000
黄石市	Huangshi	9940100	6720700	1489800	1729600
十堰市	Shiyan	15205980	10517145	41879	4646956
宜昌市	Yichang	23028777	21317379	940455	770943
襄阳市	Xiangyang	30010000	25224198	728027	4057775
鄂州市	Ezhou	14243000	13054693	779140	409167
荆门市	Jingmen	9057500	8249700	534500	273300
孝感市	Xiaogan	3121757	2340779	330586	450392
荆州市	Jingzhou	9193080	7809785	631237	752058
黄冈市	Huanggang	1413358	1116310	255505	41543
咸宁市	Xianning	5313004	4758956	236865	317183
随州市	Suizhou	5293447	4984358	260038	49051

2-20 续表 4 continued 4

单位：万元 (10 000 yuan)

城 市	City	工业总产值（当年价格）Gross Industrial Output Value (current price)	内资企业 Domestic Funded	港、澳、台商投资企业 Enterprises with Funds from Hong Kong, Macao and Taiwan	外商投资企业 Foreign Funded Enterprises
湖南省	**Hunan**				
长沙市	Changsha	48870142	45412956	2269752	1187434
株洲市	Zhuzhou	15710000	15080000	180000	450000
湘潭市	Xiangtan	18229400	15149100	746300	2334000
衡阳市	Hengyang	8092921	6753135	311449	1028337
邵阳市	Shaoyang	5039696	4597411	271821	170464
岳阳市	Yueyang	17522520	16488169	282037	752314
常德市	Changde	12868903	11964404	615931	288568
张家界市	Zhangjiajie	559615	557058	2557	
益阳市	Yiyang	11687282	10833720	635024	218538
郴州市	Chenzhou	8711962	8084153	570940	56869
永州市	Yongzhou	3836504	3660024	80567	95913
怀化市	Huaihua	1332873	1263846		69027
娄底市	Loudi	7819346	7050529	477884	290933
广东省	**Guangdong**				
广州市	Guangzhou	195704254	85852009	30562924	79289321
韶关市	Shaoguan	5785530	5028630	626859	130041
深圳市	Shenzhen	272922943	160463061	72345326	40114556
珠海市	Zhuhai	43533772	23704668	7304945	12524159
汕头市	Shantou	33011732	28225263	2406755	2379714
佛山市	Foshan	211873244	145396144	36010477	30466623
江门市	Jiangmen	25087555	12966643	9244975	2875937
湛江市	Zhanjiang	13346161	8429046	4404100	513015
茂名市	Maoming	16260986	15829185	189212	242589
肇庆市	Zhaoqing	25151921	14192121	6015129	4944671
惠州市	Huizhou	51115189	17189756	12912843	21012590
梅州市	Meizhou	3651762	2981369	346478	323915
汕尾市	Shanwei	4330899	2885237	1338942	106720
河源市	Heyuan	8458039	4688261	2008426	1761352
阳江市	Yangjiang	14185597	10855566	1536369	1793662
清远市	Qingyuan	12156650	9692177	1652791	811682
东莞市	Dongguan	146924605	75513738	42823577	28587290
中山市	Zhongshan	66147981	31595218	13730937	20821826
潮州市	Chaozhou	11513018	9449009	1528573	535436
揭阳市	Jieyang	24660346	21910380	1870466	879500
云浮市	Yunfu	4741045	3814732	668866	257447
广西壮族自治区	**Guangxi**				
南宁市	Nanning	30377230	23848291	5219963	1308976
柳州市	Liuzhou	43530909	30950473	1716088	10864348
桂林市	Guilin	10410787	8981349	93912	1335526
梧州市	Wuzhou	13479025	11854999	1064491	559535
北海市	Beihai	19880527	15083201	4272957	524369
防城港市	Fangchenggang	12089088	7472452	186880	4429756
钦州市	Qinzhou	9401915	7980065	214244	1207606
贵港市	Guigang	3790058	2969925	782900	37233

2-20 续表 5 continued 5

单位：万元 (10 000 yuan)

城　市	City	工业总产值（当年价格） Gross Industrial Output Value (current price)	内资企业 Domestic Funded	港、澳、台商投资企业 Enterprises with Funds from Hong Kong, Macao and Taiwan	外商投资企业 Foreign Funded Enterprises
玉林市	Yulin	3599503	1827038	66177	1706288
百色市	Baise	2552528	2426987	125541	
贺州市	Hezhou	3152659	3084767	52998	14894
河池市	Hechi	556273	546797		9476
来宾市	Laibin	2365481	2277082	12498	75901
崇左市	Chongzuo	1877433	1114768	130710	631955
海南省	**Hainan**				
海口市	Haikou	5035555	4196396	223484	615675
三亚市	Sanya	615007	548810	15580	50617
三沙市	Sansa				
儋州市	Danzhou				
重庆市	**Chongqing**	**228971634**	**176934773**	**16720448**	**35316413**
四川省	**Sichuan**				
成都市	Chengdu	89437529	50024040	15012263	24401226
自贡市	Zigong	13272167	12852018		420149
攀枝花市	Panzhihua	13040809	12935580	12870	92359
泸州市	Luzhou	13098424	12923652	43056	131716
德阳市	Deyang	9231558	8966946	98573	166039
绵阳市	Mianyang	18201580	16553081	1042587	605912
广元市	Guangyuan	4844233	4379963	54954	409316
遂宁市	Suining	6029403	5517675	319587	192141
内江市	Neijiang	5565700	5200600	149900	215200
乐山市	Leshan	8012171	7915636	9678	86857
南充市	Nanchong	11077935	10758741	158864	160330
眉山市	Meishan	9061047	8146385	158382	756280
宜宾市	Yibin	9695142	9495449	199693	
广安市	Guang'an	4429404	4247414	149125	32865
达州市	Dazhou	3645545	3606079	19899	19567
雅安市	Ya'an	1730643	1656894	73749	
巴中市	Bazhong	2072633	2059379	13254	
资阳市	Ziyang	5825734	5469069	19072	337593
贵州省	**Guizhou**				
贵阳市	Guiyang	17685937	16761367	280431	644139
六盘水市	Liupanshui	4565511	4536311		29200
遵义市	Zunyi	11816700	11595600	12308	208792
安顺市	Anshun	4906204	4741777	162877	1550
毕节市	Bijie	2095800	2095800		
铜仁市	Tongren	1379999	1376084	3915	
云南省	**Yunnan**				
昆明市	Kunming	19315464	17758968	739097	817399
曲靖市	Qujing	5996288	5859867	70938	65483
玉溪市	Yuxi	7663141	7387842	145228	130071
保山市	Baoshan	1371245	1368930		2315
昭通市	Zhaotong	1099067	1045472	53595	
丽江市	Lijiang	214900	214900		
普洱市	Pu'er	594749	458038		136711
临沧市	Lincang	459150	441655		17495

2-20 续表 6 continued 6

单位：万元 (10 000 yuan)

城市	City	工业总产值（当年价格） Gross Industrial Output Value (current price)	内资企业 Domestic Funded	港、澳、台商投资企业 Enterprises with Funds from Hong Kong, Macao and Taiwan	外商投资企业 Foreign Funded Enterprises
西藏自治区	**Tibet**				
拉萨市	Lasa	616400	518400	45000	53000
日喀则市	Rikaze	10262	10262		
昌都市	Changdu				
林芝市	Linzhi				
山南市	Shannan				
陕西省	**Shaanxi**				
西安市	Xi'an	49676248	40802013	2173706	6700529
铜川市	Tongchuan	4807482	4766346		41136
宝鸡市	Baoji	14486189	13123395		1362794
咸阳市	Xianyang	14719305	14103550	451670	164085
渭南市	Weinan	3046661	2977291		69370
延安市	Yan'an	8045072	8041171	3901	
汉中市	Hanzhong	2145029	2139714	2392	2923
榆林市	Yulin	5305300	5200100	28600	76600
安康市	Ankang	2200198	2200198		
商洛市	Shangluo	1695200	1695200		
甘肃省	**Gansu**				
兰州市	Lanzhou	14566700	13996100	61300	509300
嘉峪关市	Jiayuguan	4759319	4759319		
金昌市	Jinchang	7074836	7074836		
白银市	Baiyin	5071636	4964389	10771	96476
天水市	Tianshui	2681553	2609810		71743
武威市	Wuwei	3222363	3217488	4875	
张掖市	Zhangye	1118878	1088118	30760	
平凉市	Pingliang	292376	292376		
酒泉市	Jiuquan	703309	698995	3423	891
庆阳市	Qingyang	1931205	1931205		
定西市	Dingxi	669192	669192		
陇南市	Longnan	148451	148451		
青海省	**Qinghai**				
西宁市	Xining	7887765	7137171	243819	506775
海东市	Haidong	1515126	1515126		
宁夏回族自治区	**Ningxia**				
银川市	Yinchuan	5698678	4957839	150070	590769
石嘴山市	Shizuishan	5076452	4991586	16175	68691
吴忠市	Wuzhong	2408098	2250042	158056	
固原市	Guyuan	150072	150072		
中卫市	Zhongwei	2218595	2218595		
新疆维吾尔自治区	**Xinjiang**				
乌鲁木齐市	Urumqi	19662466	19180378	116455	365633
克拉玛依市	Karamay	9862856	9854504	2276	6076
吐鲁番市	Tulufan				
哈密市	Hami				

2-21 规模以上工业企业资产状况
Assets of Industrial Enterprises above Designated Size

单位：万元 (10 000 yuan)

城 市	City	流动资产合计 Total Current Assets		固定资产合计 Total Fixed Assets	
		全 市 Total City	市辖区 Districts under City	全 市 Total City	市辖区 Districts under City
北京市	**Beijing**	**166431586**	**166431586**	**68330561**	**68330561**
天津市	**Tianjin**	**122534551**	**122534551**	**91918073**	**91918073**
河北省	**Hebei**				
石家庄市	Shijiazhuang	23789786	16340280	27020478	13848623
唐山市	Tangshan	34116136	22339892	50879271	29283528
秦皇岛市	Qinhuangdao	9398824	7937101	5764654	4539126
邯郸市	Handan	20766453	8120084	24575864	13732385
邢台市	Xingtai	11563083	3355865	10302189	2915890
保定市	Baoding	21545781	12821124	13273107	7081265
张家口市	Zhangjiakou	7824788	4867201	10088227	4285590
承德市	Chengde	9068350	3174279	9718093	3895521
沧州市	Cangzhou	13860146	5294306	30951463	6444254
廊坊市	Langfang	13179297	4565653	12829092	2667851
衡水市	Hengshui	7765819	3904398	5132720	2186476
山西省	**Shanxi**				
太原市	Taiyuan	20998353	18928227	16316604	14264058
大同市	Datong	10392665	9349702	14836836	12458287
阳泉市	Yangquan	13915490	12358319	5428836	3129570
长治市	Changzhi	14382343	2045255	13001494	2230937
晋城市	Jincheng	13378462	7846279	9740489	2866213
朔州市	Shuozhou	6313587	2936958	10756585	7171249
晋中市	Jinzhong	10745032	1251344	10983793	1359189
运城市	Yuncheng	9734108	2159478	8008408	1133091
忻州市	Xinzhou	5235985	531166	7450931	600794
临汾市	Linfen	10243570	847990	9500316	1314476
吕梁市	Lvliang	16823527	1662707	15199027	678482
内蒙古自治区	**Inner Mongolia**				
呼和浩特市	Hohhot	9708680	3504704	7933959	3053883
包头市	Baotou	21143662	18758829	17540611	13793244
乌海市	Wuhai	5401156	5401156	4266126	4266126
赤峰市	Chifeng	6235037	3361703	10417804	3760279
通辽市	Tongliao	5608381	2151222	12953940	1644495
鄂尔多斯市	Erdos	26736944	5435354	34132287	7328439
呼伦贝尔市	Hulunbuir	5517485	1810512	10287200	2166435
巴彦淖尔市	Bayannur	4109969	1006985	6562334	200585
乌兰察布市	Ulanqab	3942866	531535	8181562	1130317
辽宁省	**Liaoning**				
沈阳市	Shenyang	42922896	41454784	23536104	21135832
大连市	Dalian	51650928	44913371	30756669	20444986
鞍山市	Anshan	16250986	12260973	8870542	6537092
抚顺市	Fushun	4523026	3861304	5479789	5141179
本溪市	Benxi	7786060	7180851	5411209	4958914
丹东市	Dandong	4378999	976113	2396817	682308
锦州市	Jinzhou	4918087	3037649	3499750	1972990
营口市	Yingkou	11183150	7633340	7298929	6061783

2-21 续表 1 continued 1

单位：万元 (10 000 yuan)

城 市	City	流动资产合计 Total Current Assets		固定资产合计 Total Fixed Assets	
		全 市 Total City	市辖区 Districts under City	全 市 Total City	市辖区 Districts under City
阜新市	Fuxin	2688680	1935776	2960806	2163156
辽阳市	Liaoyang	7672564	6333238	3308823	2537129
盘锦市	Panjin	9298586	8066260	10450588	9750725
铁岭市	Tieling	2955973	713951	3913489	769604
朝阳市	Chaoyang	3254151	886246	2307469	1121592
葫芦岛市	Huludao	2976358	1802361	2812253	1510965
吉林省	**Jilin**				
长春市	Changchun	47108953	45163061	26163729	24203063
吉林市	Jilin	9187001	4966977	13056541	8603071
四平市	Siping	3535876	1443451	5137262	1152580
辽源市	Liaoyuan	3282431	2379678	5046499	3591490
通化市	Tonghua	7038090	3607396	4298484	2720451
白山市	Baishan	2370300	1251100	3522900	2204900
松原市	Songyuan	3553981	2262388	12177065	7491336
白城市	Baicheng	2296391	836395	2644338	732802
黑龙江省	**Heilongjiang**				
哈尔滨市	Harbin	24681450	22030409	16312091	13307720
齐齐哈尔市	Qiqihar	6763544	4774827	5502733	3653068
鸡西市	Jixi	2021444	1049881	2032139	1515128
鹤岗市	Hegang	1192861	927631	1615301	1277366
双鸭山市	Shuangyashan	1599298	1115473	2502154	2061956
大庆市	Daqing	13956427	11601778	26339578	23358967
伊春市	Yichun	1176984	1014364	1611696	1235009
佳木斯市	Jiamusi	1908285	973787		
七台河市	Qitaihe	1650898	1347102	1748033	1630604
牡丹江市	Mudanjiang	2544083	1290891		
黑河市	Heihe	929025	169589	969248	241920
绥化市	Suihua	2725420	147029	3157468	259685
上海市	**Shanghai**	**234148176**	**234148176**	**86121250**	**86121250**
江苏省	**Jiangsu**				
南京市	Nanjing	59959524	59959524	38068419	38068419
无锡市	Wuxi	92180583	40099437	36160614	17268710
徐州市	Xuzhou	25896707	18485350	34894381	20664744
常州市	Changzhou	52172376	47095321	25881008	22932194
苏州市	Suzhou	171499147	76188609	76248018	29377912
南通市	Nantong	41547357	15656550	30095180	11772497
连云港市	Lianyungang	13478637	10155087	15390470	10331540
淮安市	Huai'an	12383114	7955559	13832161	10755643
盐城市	Yancheng	20561913	10823129	25695846	9436783
扬州市	Yangzhou	23810792	14590077	17587206	11503065
镇江市	Zhenjiang	28998023	10437546	20189663	9566589
泰州市	Taizhou	36025776	14644860	21158414	8676640
宿迁市	Suqian	16326470	7174094	13153173	4759346
浙江省	**Zhejiang**				
杭州市	Hangzhou	85029167	75255365	30412722	26192005
宁波市	Ningbo	78513525	50138428	38639481	26690239
温州市	Wenzhou	27154235	7752037	10424249	3199301

2-21 续表 2 continued 2

单位：万元 (10 000 yuan)

城 市	City	流动资产合计 Total Current Assets		固定资产合计 Total Fixed Assets	
		全 市 Total City	市辖区 Districts under City	全 市 Total City	市辖区 Districts under City
嘉兴市	Jiaxing	42702264	10430586	29415598	5593841
湖州市	Huzhou	20778856	8843924	10879761	3990039
绍兴市	Shaoxing	51541888	31164356	20047603	14366708
金华市	Jinhua	25740937	4823662	11928912	1797257
衢州市	Quzhou	9161363	4888936	6233932	3288096
舟山市	Zhoushan	8246342	5580224	5427874	4027531
台州市	Taizhou	25030078	10151321	12529585	4045694
丽水市	Lishui	7341509	2799846	3972441	976746
安徽省	**Anhui**				
合肥市	Hefei	43833069	27910865	22696178	12583843
芜湖市	Wuhu	26799281	20231119	15108290	10205406
蚌埠市	Bengbu	7980220	6007384	4824574	3651823
淮南市	Huainan	4878781	4311605	9591508	9050229
马鞍山市	Maanshan	10039522	7205013	9887887	7478936
淮北市	Huaibei	6996700	5474354	8832603	7697694
铜陵市	Tongling	8831806	8396350	6186397	5644522
安庆市	Anqing	8167420	2714787	6944345	3413405
黄山市	Huangshan	2261741	1073029	1245762	555221
滁州市	Chuzhou	9136626	2895251	9836773	3153656
阜阳市	Fuyang	5752038	2261203	5212232	2454998
宿州市	Suzhou	3181461	1622571	4390040	2221278
六安市	Lu'an	4946903	1978428	4399371	1843514
亳州市	Bozhou	3762707	2371314	3492877	1088844
池州市	Chizhou	2332528	1292792	2830959	1919906
宣城市	Xuancheng	6972162	795577	4492795	1014505
福建省	**Fujian**				
福州市	Fuzhou	29948760	9968683	23113851	5293404
厦门市	Xiamen	34518959	34518959	12658317	12658317
莆田市	Putian	7303878	5915522	5079165	4359637
三明市	Sanming	6423296	1773192	6351966	2136294
泉州市	Quanzhou	42316884	9015365	22455172	6112720
漳州市	Zhangzhou	17380175	2884977	9612651	1780719
南平市	Nanping	4719573	1858668	4135638	1569801
龙岩市	Longyan	9477534	4912284	5520756	2784912
宁德市	Ningde	10771950	3846824	10389415	1879816
江西省	**Jiangxi**				
南昌市	Nanchang	23353950	19071488	19028419	14807980
景德镇市	Jingdezhen	3795262	2974451	3821622	2412312
萍乡市	Pingxiang	2176988	1255841	7984129	5416880
九江市	Jiujiang	8874764	2762417	11465816	3287105
新余市	Xinyu	6545074	5507188	8086167	6859304
鹰潭市	Yingtan	9575146	942415	8870647	2861054
赣州市	Ganzhou	8985029	3711257	6386777	2153530
吉安市	Ji'an	5116900	961850	6666800	1518515
宜春市	Yichun	9441504	1943787	10804968	728497
抚州市	Fuzhou	4113232	1894930	4303460	1551083
上饶市	Shangrao	8365358	1662919	6293428	1166787

2-21 续表 3 continued 3

单位：万元 (10 000 yuan)

城 市	City	流动资产合计 Total Current Assets		固定资产合计 Total Fixed Assets	
		全 市 Total City	市辖区 Districts under City	全 市 Total City	市辖区 Districts under City
山东省	**Shandong**				
济南市	Jinan	32228452	28631092	12271090	9751325
青岛市	Qingdao	65107630	49585059	35955054	15651201
淄博市	Zibo	27962051	19725857	28595186	23015532
枣庄市	Zaozhuang	8730295	6236144	10371888	5891874
东营市	Dongying	49201808	29622269	44199566	31912184
烟台市	Yantai	43701942	24613546	37013376	12202976
潍坊市	Weifang	43626097	13246921	36559420	7810783
济宁市	Jining	34046814	13541007	24210687	8686874
泰安市	Tai'an	18077979	5844829	13467446	3737081
威海市	Weihai	22683780	14965822	21555766	12317102
日照市	Rizhao	17029275	12696160	9687555	6964411
莱芜市	Laiwu	5578557	5578557	6143866	6143866
临沂市	Linyi	23134581	10303174	30643640	11955337
德州市	Dezhou	13489146	3762656	26115488	4016284
聊城市	Liaocheng	20731993	3146106	19199953	2948326
滨州市	Binzhou	29845048	4322146	25897961	4774705
菏泽市	Heze	14929170	2956631	17880052	4433750
河南省	**Henan**				
郑州市	Zhengzhou	78917292	50041263	38377185	11079846
开封市	Kaifeng	8099585	3811850	12597768	3752196
洛阳市	Luoyang	28873160	10711730	26817129	8410432
平顶山市	Pingdingshan	13629849	6436379	12769164	5567856
安阳市	Anyang	10456484	3836680	12305919	4270904
鹤壁市	Hebi	4398516	1985427	8338088	3799040
新乡市	Xinxiang	13476008	5238608	12366562	3916184
焦作市	Jiaozuo	12559126	4007023	16405007	4472137
濮阳市	Puyang	7306137	2693624	9365693	3763550
许昌市	Xuchang	20393903	3029721	18045803	3386158
漯河市	Luohe	7157540	4241800	7344734	4532097
三门峡市	Sanmenxia	11566195	2819583	11384377	1938634
南阳市	Nanyang	17958061	4407870	18744606	5224573
商丘市	Shangqiu	8975527	1452717	8834168	1616296
信阳市	Xinyang	4985492	1709358	9483143	2583998
周口市	Zhoukou	10939700	1611715	16027588	926164
驻马店市	Zhumadian	6558369	2002742	12995706	3121652
湖北省	**Hubei**				
武汉市	Wuhan	67288000	58190600	41990300	36440600
黄石市	Huangshi	9786100	5248600	7151000	4980500
十堰市	Shiyan	15490443	13764281	5267794	3051988
宜昌市	Yichang	14645610	7334263	24956769	17516148
襄阳市	Xiangyang	16126000	10160000	15534000	7930000
鄂州市	Ezhou	2846672	2846672	2952200	2952200
荆门市	Jingmen	5993000	2527900	6675400	2691200
孝感市	Xiaogan	5985923	1464620	6498133	1036085
荆州市	Jingzhou	7544573	2960119	6898390	2659176
黄冈市	Huanggang	4821600	771059	4564200	742250
咸宁市	Xianning	3984000	518000	9447000	1095000
随州市	Suizhou	3076000	1988000	7210000	3792000

2-21 续表 4 continued 4

单位：万元 (10 000 yuan)

城 市	City	流动资产合计 Total Current Assets		固定资产合计 Total Fixed Assets	
		全 市 Total City	市辖区 Districts under City	全 市 Total City	市辖区 Districts under City
湖南省	**Hunan**				
长沙市	Changsha	48302600	26543239	25806732	13941316
株洲市	Zhuzhou	13790000	10820000	11640000	3660000
湘潭市	Xiangtan	8228037	7610085	5980865	5022618
衡阳市	Hengyang	5828991	3331303	7039645	2871848
邵阳市	Shaoyang	2284959	1059909	5167361	1206442
岳阳市	Yueyang	5719000	3212600	10778700	5346000
常德市	Changde	9937446	7134971	6266584	3399369
张家界市	Zhangjiajie	397616	185773	676561	359214
益阳市	Yiyang	3699651	1715200	5104330	2190000
郴州市	Chenzhou	6303000	3898100	8130900	2529300
永州市	Yongzhou	2204050	1159354	6279752	2302805
怀化市	Huaihua	1699419	206768	4783657	444155
娄底市	Loudi	4339068	2300139	6250332	3128943
广东省	**Guangdong**				
广州市	Guangzhou	88188186	88188186	43660288	43660288
韶关市	Shaoguan	5367395	3117497	5954521	3445673
深圳市	Shenzhen	199629810	199629810	39208359	39208359
珠海市	Zhuhai	38162557	38162557	12810649	12810649
汕头市	Shantou	11306656	11282673	9217092	9139081
佛山市	Foshan	63689697	63689697	37775433	37775433
江门市	Jiangmen	18095685	12017309	9285722	5526776
湛江市	Zhanjiang	10136797	5501104	9369192	7901530
茂名市	Maoming	4140815	3106128	6347594	3578512
肇庆市	Zhaoqing	7560840	5120680	10141570	6686014
惠州市	Huizhou	29218152	24388213	17168494	12902730
梅州市	Meizhou	3922570	2399801	2975668	1477390
汕尾市	Shanwei	2762730	1437857	3343388	1802925
河源市	Heyuan	4524346	2389566	4125762	2133069
阳江市	Yangjiang	3952688	2277543	10073068	6929126
清远市	Qingyuan	7816676	4738954	5631978	3903976
东莞市	Dongguan	74454397	74454397	23833905	23833905
中山市	Zhongshan	27590188	27590188	8869435	8869435
潮州市	Chaozhou	3601048	3115752	3087772	2160726
揭阳市	Jieyang	10738031	3661455	6542388	2416850
云浮市	Yunfu	3438006	1183116	3094073	2047882
广西壮族自治区	**Guangxi**				
南宁市	Nanning	10596141	8847034	8151481	6099908
柳州市	Liuzhou	18870677	17900912	9785420	8432727
桂林市	Guilin	6120065	3707291	4983354	2681472
梧州市	Wuzhou	3427762	2168686	4168345	2584174
北海市	Beihai	4425696	3857517	3289576	3006818
防城港市	Fangchenggang	3998430	3567720	3024015	2678075
钦州市	Qinzhou	3787784	2996441	5047011	4665550
贵港市	Guigang	3655686	2178243	2406988	1477713

2-21 续表 5 continued 5

单位：万元 (10 000 yuan)

城市	City	流动资产合计 Total Current Assets		固定资产合计 Total Fixed Assets	
		全市 Total City	市辖区 Districts under City	全市 Total City	市辖区 Districts under City
玉林市	Yulin	4633635	1823995	2476735	892514
百色市	Baise	5176666	1072084	5747541	998050
贺州市	Hezhou	1797575	1101542	1638583	720541
河池市	Hechi	2618863	885066	3878986	633714
来宾市	Laibin	2136882	1264192	2724012	1716960
崇左市	Chongzuo	2752380	803878	2266195	1081415
海南省	**Hainan**				
海口市	Haikou	4063625	4063625	2062634	2062634
三亚市	Sanya	547299	547299	860511	860511
三沙市	Sansa				
儋州市	Danzhou	203978		433951	
重庆市	**Chongqing**	**92379294**	**88860779**	**80001548**	**74886822**
四川省	**Sichuan**				
成都市	Chengdu	63328549	48631705	35050417	23887111
自贡市	Zigong	6562659	5334163	2401408	1691949
攀枝花市	Panzhihua	7620078	6100710	7119504	4573927
泸州市	Luzhou	5231463	3057042	4383657	2526659
德阳市	Deyang	16235025	6808890	6458709	2055885
绵阳市	Mianyang	12215080	10117976	6183945	3038071
广元市	Guangyuan	1647282	1040589	4010696	1611790
遂宁市	Suining	3431714	1072196	3365830	1799346
内江市	Neijiang	3235136	910073	4256610	1285033
乐山市	Leshan	7068839	3805616	8977111	4616022
南充市	Nanchong	5308654	3271360	7683986	3762503
眉山市	Meishan	3917554	2104679	9086116	1458182
宜宾市	Yibin	13084594	9597135	10667376	3614651
广安市	Guang'an	2332029	952689	6692148	1496172
达州市	Dazhou	3212224	1479338	5200990	1600088
雅安市	Ya'an	2010345	778246	8573267	1038831
巴中市	Bazhong	817515	335918	911146	323791
资阳市	Ziyang	2412286	1856765	1848619	1150571
贵州省	**Guizhou**				
贵阳市	Guiyang	16039147	10223806		
六盘水市	Liupanshui	8480247	2283200	8988424	2493800
遵义市	Zunyi	15977241	3275532	28774056	7782961
安顺市	Anshun	3592690	2945348	2813758	1784429
毕节市	Bijie	3562300	601300	6496700	575800
铜仁市	Tongren	1460947	399800	1579011	401268
云南省	**Yunnan**				
昆明市	Kunming	24175551	17142038	15876747	9662658
曲靖市	Qujing	7512668	3183943	7709013	2487678
玉溪市	Yuxi	8530165	6356255	17296870	12441660
保山市	Baoshan	1734973	771913	2819312	1366797
昭通市	Zhaotong	1814603	771772	9384042	1179739
丽江市	Lijiang	1706864	320241	4674033	634032
普洱市	Pu'er	1626681	467379	10137295	1728913
临沧市	Lincang	1462129	161698	3868851	430553

2-21 续表 6 continued 6

单位：万元 (10 000 yuan)

城　市	City	流动资产合计 Total Current Assets 全　市 Total City	流动资产合计 Total Current Assets 市辖区 Districts under City	固定资产合计 Total Fixed Assets 全　市 Total City	固定资产合计 Total Fixed Assets 市辖区 Districts under City
西藏自治区	**Tibet**				
拉萨市	Lasa	1384800	757300	4022800	351700
日喀则市	Rikaze	204699	35183	147335	20793
昌都市	Changdu				
林芝市	Linzhi				
山南市	Shannan				
陕西省	**Shaanxi**				
西安市	Xi'an	38229490	36858390	22002192	21196236
铜川市	Tongchuan	2102892	1926889	2312558	2044684
宝鸡市	Baoji	11196461	7836871	9386085	4887826
咸阳市	Xianyang	8900440	3380730	14591490	5384260
渭南市	Weinan	9437036	1203723	9840388	1022482
延安市	Yan'an	12340095	10361185	27568956	24795593
汉中市	Hanzhong	4924828	881643	4333809	676403
榆林市	Yulin	18767400	1763492	44554800	6160168
安康市	Ankang	1793054	445969	2521272	367587
商洛市	Shangluo	2494000	760600	2076000	716900
甘肃省	**Gansu**				
兰州市	Lanzhou	10941900	6956500	8025300	4609700
嘉峪关市	Jiayuguan	5120398	5120398	7859843	7859843
金昌市	Jinchang	6538580	5962217	10183239	8737874
白银市	Baiyin	4982337	4490571	4607303	3638847
天水市	Tianshui	1957473	1719829	2063075	1721465
武威市	Wuwei	1941582	1218184	2868629	1429868
张掖市	Zhangye	1519878	548771	2208695	832176
平凉市	Pingliang	1157299	138780	2508435	519287
酒泉市	Jiuquan	3412333	826774	7398872	586736
庆阳市	Qingyang	1357345	360037	6139855	511417
定西市	Dingxi	1009229	391885	1760180	555427
陇南市	Longnan	1192514	65794	1868595	294069
青海省	**Qinghai**				
西宁市	Xining	6914765	3407747	12792848	4655801
海东市	Haidong	1708000	479909	2401000	287345
宁夏回族自治区	**Ningxia**				
银川市	Yinchuan	12583396	3527030	17061221	3187089
石嘴山市	Shizuishan	5143676	3344574	5859678	3994106
吴忠市	Wuzhong	3784432	1343031	6050697	1488297
固原市	Guyuan	373318	213232	813222	350155
中卫市	Zhongwei	5878907	1743322	4113363	2520827
新疆维吾尔自治区	**Xinjiang**				
乌鲁木齐市	Urumqi	13997276	13958853	19931060	19576544
克拉玛依市	Karamay	4743642	4743642	12866580	12866580
吐鲁番市	Tulufan				
哈密市	Hami				

2-22 规模以上工业企业主要财务指标
Main Financial Indicators of Industrial Enterprises above Designated Size

单位：万元 (10 000 yuan)

城市	city	主营业务税金及附加 Tax and Extra Charges from Principal Business		本年应交增值税 Value-added Tax Payable		利润总额 Total Profits	
		全市 Total City	市辖区 Districts under City	全市 Total City	市辖区 Districts under City	全市 Total City	市辖区 Districts under City
北京市	**Beijing**	**3221330**	**3221330**	**5667337**	**5667337**	**16082648**	**16082648**
天津市	**Tianjin**	**3339703**	**3339703**	**8427538**	**8427538**	**20466908**	**20466908**
河北省	**Hebei**						
石家庄市	Shijiazhuang	1427123	1242681	2290603	1318143	8209311	3664714
唐山市	Tangshan					4381435	1261958
秦皇岛市	Qinhuangdao	85325	71885	270191	207227	364541	582243
邯郸市	Handan	178639	61152	989912	344802	2394116	402827
邢台市	Xingtai	91221	25735	589579	221979	1635038	196735
保定市	Baoding	713152	573352	1198491	635978	3485143	1744177
张家口市	Zhangjiakou	411253	378010	311565	204638	666647	198679
承德市	Chengde	132839	19753	396255	107329	875343	122688
沧州市	Cangzhou	1475312	575942	1113384	326874	3200094	1400542
廊坊市	Langfang	179903	58013	878514	296832	1887415	474989
衡水市	Hengshui	109283		333623		1059010	549471
山西省	**Shanxi**						
太原市	Taiyuan	364588	349782	620360	572410	174837	176253
大同市	Datong	51633	35989	353049	331960	118965	103483
阳泉市	Yangquan	170233	136399	238926	184810	52596	85190
长治市	Changzhi	343907	23294	659321	88258	755635	98616
晋城市	Jincheng	287333	120964	495893	186329	562903	323244
朔州市	Shuozhou	211726	126230	445214	197894	458485	80431
晋中市	Jinzhong	197233	11664	327270	44879	-186279	-9354
运城市	Yuncheng	60939	9375	273650	34964	385206	89231
忻州市	Xinzhou	99236	1415	260199	5739	242328	71169
临汾市	Linfen	160995	14257	417570	31260	-38883	-87353
吕梁市	Lvliang	387211	16673	650286	18510	114583	15819
内蒙古自治区	**Inner Mongolia**						
呼和浩特市	Hohhot	1110719	1046973	447897	147709	1346973	57949
包头市	Baotou	212070	138093	1148676	836893	1124819	436941
乌海市	Wuhai					160327	160327
赤峰市	Chifeng					607167	52640
通辽市	Tongliao	280970	90199	513520	127506	1701305	522851
鄂尔多斯市	Erdos	950022	115546	2540151	251835	6348583	722104
呼伦贝尔市	Hulunbuir	165779	36935	468581	79930	470518	18158
巴彦淖尔市	Bayannur	57934	10415	103821	34082	243949	75219
乌兰察布市	Ulanqab	42465	4408	201697	49905	832438	548774
辽宁省	**Liaoning**						
沈阳市	Shenyang	1201429	1170870	1451349	1356277	2746242	2542026
大连市	Dalian	2464811	2404823	1517445	1405246	2958209	2573355
鞍山市	Anshan	159275	112442	474225	361814	194890	-18773
抚顺市	Fushun	759693	750645	453387	428257	395846	398840
本溪市	Benxi	58266	50582	120157	83489	235375	179481
丹东市	Dandong	23137	7555	88515	26948	208766	51036
锦州市	Jinzhou	589854	577689	236755	202435	281819	187880
营口市	Yingkou	289208	254143	307734	227542	154083	122031

2-22 续表 1 continued 1

单位：万元 (10 000 yuan)

城 市	city	主营业务税金及附加 Tax and Extra Charges from Principal Business		本年应交增值税 Value-added Tax Payable		利润总额 Total Profits	
		全 市 Total City	市辖区 Districts under City	全 市 Total City	市辖区 Districts under City	全 市 Total City	市辖区 Districts under City
阜新市	Fuxin	21548	18436	89972	80297	107332	50638
辽阳市	Liaoyang	349245	339686	262111	226898	50754	80152
盘锦市	Panjin	781386	769273	547211	500803	-1867393	-1910664
铁岭市	Tieling	46136	7418	149731	21285	-24753	-1899
朝阳市	Chaoyang	37378	6991	128034	45448	32805	42117
葫芦岛市	Huludao	599413	585117	226723	169969	127995	51142
吉林省	**Jilin**						
长春市	Changchun	2609440	2518762	3260292	3210409	7519835	7048240
吉林市	Jilin	1150323	1061775	943031	584321	1182779	833251
四平市	Siping	175112	140703	160194	62299	982215	253989
辽源市	Liaoyuan	43800	28300	88600	71800	311153	171405
通化市	Tonghua	187570	25218	565742	128765	1501017	530685
白山市	Baishan	101500	36800	155500	90600	253600	52500
松原市	Songyuan	322759	198466	186506	118965	471168	-310729
白城市	Baicheng	38799	6010	71990	30800	196811	91733
黑龙江省	**Heilongjiang**						
哈尔滨市	Harbin	1012631	977466	983138	851670	1751616	1095291
齐齐哈尔市	Qiqihar	63193	31130	254925	111530	3258	-466123
鸡西市	Jixi	15824	15413	70796	70083	34125	12940
鹤岗市	Hegang	21331	17013	50416	38682	-37678	-68048
双鸭山市	Shuangyashan	23715	18428	79490	65381	-20573	-28538
大庆市	Daqing	1942161	1906507	1106607	1015349	-97238	-522760
伊春市	Yichun	14454	3325	16561	17072	-42017	-23625
佳木斯市	Jiamusi	16741	8495	66539	10474	174988	-24220
七台河市	Qitaihe	28518	26949	106464	97984	-38874	-43578
牡丹江市	Mudanjiang	47570	24480	360002	74616	593245	120053
黑河市	Heihe	13958	6318	25822	7079	76508	35325
绥化市	Suihua					642343	26284
上海市	**Shanghai**	**10222075**	**10222075**	**10135337**	**10135337**	**29139106**	**29139106**
江苏省	**Jiangsu**						
南京市	Nanjing					9593500	9593500
无锡市	Wuxi					9680200	4930838
徐州市	Xuzhou					11088900	4881617
常州市	Changzhou					7252700	6461876
苏州市	Suzhou					17727400	7583632
南通市	Nantong					11182700	3327084
连云港市	Lianyungang					4965300	3234834
淮安市	Huai'an					4048100	3016726
盐城市	Yancheng					4758300	2022534
扬州市	Yangzhou					5931500	3341922
镇江市	Zhenjiang					5821700	2568000
泰州市	Taizhou					9386700	4070176
宿迁市	Suqian					3919300	1563793
浙江省	**Zhejiang**						
杭州市	Hangzhou	2834976	2736082	4233991	3663910	9460607	8286135
宁波市	Ningbo	3653454	3280414	4037939	2531883	10168929	6793156
温州市	Wenzhou	255836	104649	1587112	517824	2831284	779544

2-22 续表 2 continued 2

单位：万元 (10 000 yuan)

城市	city	主营业务税金及附加 Tax and Extra Charges from Principal Business		本年应交增值税 Value-added Tax Payable		利润总额 Total Profits	
		全市 Total City	市辖区 Districts under City	全市 Total City	市辖区 Districts under City	全市 Total City	市辖区 Districts under City
嘉兴市	Jiaxing	381119	80497	2395618	432970	5105855	1054345
湖州市	Huzhou	316331	98873	1208405	403297	2952594	986079
绍兴市	Shaoxing	409140	273918	2255390	1517457	5921035	3728922
金华市	Jinhua	246442	30389	1480938	189766	2738272	232374
衢州市	Quzhou	78611	34732	574744	337949	989234	392317
舟山市	Zhoushan	42594	33619	197846	178966	276696	235600
台州市	Taizhou	248493	77920	1302031	444359	2598113	770346
丽水市	Lishui	76180	19596	453371	128870	1371896	332131
安徽省	**Anhui**						
合肥市	Hefei	951158	385884	2191454	1147568	5404676	3405753
芜湖市	Wuhu	824968	696669	1362897	804209	3086914	2022828
蚌埠市	Bengbu	554482	495138	319442	255846	826496	478332
淮南市	Huainan	124117	116659	509131	493621	512202	412802
马鞍山市	Maanshan	147290	70524	715514	377721	1158296	473617
淮北市	Huaibei	223540	147551	568829	483921	741417	453049
铜陵市	Tongling	71562	46772	297286	246276	429486	251335
安庆市	Anqing	846826	738799	662672	288694	2034364	457704
黄山市	Huangshan	22893	10015	95205	43864	243642	114717
滁州市	Chuzhou	380746	294215	747429	287667	2760835	864412
阜阳市	Fuyang	374644	215357	615731	126113	1095580	296875
宿州市	Suzhou	94959	46328	228137	115564	767385	385752
六安市	Lu'an	121945	43829	217579	101037	715314	319394
亳州市	Bozhou	163379	114283	182657	140833	610598	333481
池州市	Chizhou	43088	16049	174906	117706	512519	225989
宣城市	Xuancheng	105296	23841	512416	113868	1334981	167928
福建省	**Fujian**						
福州市	Fuzhou	390396	130249	1626892	535079	4771066	1062255
厦门市	Xiamen	726309	726309	789640	789640	2878578	2878578
莆田市	Putian	176882	153280	525878	436940	2785153	2473813
三明市	Sanming	153994	38816	429412	140861	898112	270011
泉州市	Quanzhou	1768255	996931	3079712	863002	9289657	2320979
漳州市	Zhangzhou	198882	36907	1917401	371373	4615686	996935
南平市	Nanping	100578	30851	430892	124571	1021596	288161
龙岩市	Longyan	898086	832219	631907	396288	718769	431173
宁德市	Ningde	110792	18765	523568	47211	1913944	696834
江西省	**Jiangxi**						
南昌市	Nanchang	1104974	1023305	1493452	1239610	3610540	2810099
景德镇市	Jingdezhen	110965	67170	333399	156111	542072	140819
萍乡市	Pingxiang	214311	87469	343155	191712	1952260	1151354
九江市	Jiujiang	1120488	1003137	1397852	436073	4149819	800980
新余市	Xinyu	88293	79807	267930	210667	713118	616964
鹰潭市	Yingtan	134757	43263	495698	110948	998463	328432
赣州市	Ganzhou	242667	77349	990275	348526	2372327	847839
吉安市	Ji'an	221400	40121	896100	169271	2704600	354569
宜春市	Yichun	336880	14507	1178789	173759	3477321	243348
抚州市	Fuzhou	95269	31072	548741	214918	1053512	431213
上饶市	Shangrao	230268	93340	754161	202321	2792638	655739

2-22 续表 3 continued 3

单位：万元 (10 000 yuan)

城市	city	主营业务税金及附加 Tax and Extra Charges from Principal Business		本年应交增值税 Value-added Tax Payable		利润总额 Total Profits	
		全市 Total City	市辖区 Districts under City	全市 Total City	市辖区 Districts under City	全市 Total City	市辖区 Districts under City
山东省	**Shandong**						
济南市	Jinan	1184173	1099713	1902241	1606412	4211147	3214175
青岛市	Qingdao	2516607	1687495	4002777	1931070	9312964	4714167
淄博市	Zibo	1749725	1502345	3395938	2926265	8039058	6289349
枣庄市	Zaozhuang	274522	191346	710082	433355	1655215	1009705
东营市	Dongying	1174639	888235	2378459	1327650	6117941	1677884
烟台市	Yantai	664719	353383	2683207	1270215	11810051	4655540
潍坊市	Weifang	782407	176052	2755658	755321	7482840	1825929
济宁市	Jining	494928	161200	1717861	754736	3440945	1547858
泰安市	Tai'an	545344	57657	1009334	302924	3544959	817278
威海市	Weihai	453925	203581	1407318	736179	4102376	2060826
日照市	Rizhao	159154	131275	593247	348606	834352	397984
莱芜市	Laiwu	55117	55117	194762	194762	552454	552454
临沂市	Linyi	641032	238922	1893463	815286	5223531	2108153
德州市	Dezhou	1276989	315248	1071536	272488	5840950	1342340
聊城市	Liaocheng	498505	21227	1787350	134818	5939470	517065
滨州市	Binzhou	547712	87739	817735	224468	2847041	553157
菏泽市	Heze	833178	176605	2363596	581828	5834363	2196712
河南省	**Henan**						
郑州市	Zhengzhou	1275688	824242	2990313	708172	10791408	2572424
开封市	Kaifeng	172739	53588	347359	137900	2577260	577807
洛阳市	Luoyang	1050888	833402	1168132	531547	2760032	697114
平顶山市	Pingdingshan	178679	54008	630817	261459	1849713	556283
安阳市	Anyang	455165	315733	634706	213793	1676907	134179
鹤壁市	Hebi	128361	45826	277790	94313	1096827	113290
新乡市	Xinxiang	170790	31114	575033	197054	3317851	844484
焦作市	Jiaozuo	319805	40610	881287	172976	3625275	316325
濮阳市	Puyang	348693	176549	471604	159876	1782568	-1228039
许昌市	Xuchang	1011877	529309	1372282	385726	5344579	1002275
漯河市	Luohe	257354	212112	470142	347624	3365284	1728711
三门峡市	Sanmenxia	125485	10722	404645	55731	1617846	116973
南阳市	Nanyang	392917	223348	821559	175813	2057267	-299279
商丘市	Shangqiu	214350	28087	488684	56383	2278295	228917
信阳市	Xinyang	210971	54054	436877	126630	1744736	406086
周口市	Zhoukou	289224	36882	496739	47698	4888319	389143
驻马店市	Zhumadian	262361	105684	567334	99139	2163746	239415
湖北省	**Hubei**						
武汉市	Wuhan	5588600	5337700	3960800	3459300	6913100	5562000
黄石市	Huangshi	157900	58700	460100	250300	765700	259500
十堰市	Shiyan	217749	187031	477184	369184	2125321	1876648
宜昌市	Yichang	430254	161606	1664582	695856	3873090	3060407
襄阳市	Xiangyang	403000	228000	973000	512000	3875700	1629000
鄂州市	Ezhou	81502	81502	218473	218473	405200	405200
荆门市	Jingmen	801700	669300	602800	301400	1505600	556900
孝感市	Xiaogan	361351	10101	518032	46027	1219915	176494
荆州市	Jingzhou	126554	33222	394439	137038	1122119	366674
黄冈市	Huanggang	115200	5093	258900	21416	806200	45721
咸宁市	Xianning	371000	38000	245000	17000	1425100	102000
随州市	Suizhou	84000	14000	152000	39000	906000	148000

2-22 续表 4 continued 4

单位：万元 (10 000 yuan)

城市	city	主营业务税金及附加 Tax and Extra Charges from Principal Business		本年应交增值税 Value-added Tax Payable		利润总额 Total Profits	
		全市 Total City	市辖区 Districts under City	全市 Total City	市辖区 Districts under City	全市 Total City	市辖区 Districts under City
湖南省	**Hunan**						
长沙市	Changsha	6304222	5251332	3685395	2061356	6355174	2720876
株洲市	Zhuzhou	400000	90000	610000	450000	1750000	800001
湘潭市	Xiangtan	261152	121571	458845	349426	1735133	532736
衡阳市	Hengyang	186730	67697	334124	151181	1043671	252165
邵阳市	Shaoyang	174133	75578	142179	47274	657307	164070
岳阳市	Yueyang	1933053	1375892	821901	487341	1597100	600700
常德市	Changde	3628858	3512567	1192230	928133	1740848	1028732
张家界市	Zhangjiajie	15870	5321	38168	19860	110729	37879
益阳市	Yiyang	180280	93100	236483	128700	768350	286200
郴州市	Chenzhou	601400	298800	382700	195400	1772600	297000
永州市	Yongzhou	290322	232995	216445	96151	414575	128267
怀化市	Huaihua	68282	9426	302380	18008	434915	29909
娄底市	Loudi	139585	33102	417071	146235	1127384	357367
广东省	**Guangdong**						
广州市	Guangzhou	3788058	3788058	5177392	5177392	12316359	12316359
韶关市	Shaoguan	375460	311459	465526	230534	753932	257241
深圳市	Shenzhen					17699071	17699071
珠海市	Zhuhai	278028	278028	1173043	1173043	4205794	4205794
汕头市	Shantou					2724964	2719845
佛山市	Foshan	1012511	1012511	5418399	5418399	15898049	15898049
江门市	Jiangmen	202221	131945	1212345	786643	2381823	1577512
湛江市	Zhanjiang	1096388	1006522	660981	490349	725300	514140
茂名市	Maoming	1924621	1812512	1135489	744520	2967722	2067480
肇庆市	Zhaoqing	258633	156067	1196065	743210	2252303	1405392
惠州市	Huizhou	697444	621984	1652110	1332372	4837202	2754139
梅州市	Meizhou	399574	374335	280822	176453	491087	346011
汕尾市	Shanwei					384676	154624
河源市	Heyuan	81396	38115	364980	157446	1275317	304404
阳江市	Yangjiang	68043	47946	529947	399643	1289405	953007
清远市	Qingyuan	79146	56957	564189	384304	1096451	749642
东莞市	Dongguan	476901	476901	2758748	2758748	5027329	5027329
中山市	Zhongshan	226473	226473	1975226	1975226	3326896	3326896
潮州市	Chaozhou	75360	64012	435526	362745	1330299	1016077
揭阳市	Jieyang	309925	118145	1078052	429385	2623960	949650
云浮市	Yunfu	75638	27869	323909	162195	715151	316037
广西壮族自治区	**Guangxi**						
南宁市	Nanning	637543	614112	792584	679424	2253421	1923529
柳州市	Liuzhou	1116859	1100896	1047918	975521	1345477	1281588
桂林市	Guilin	147317	67258	633145	206866	1696041	847995
梧州市	Wuzhou	135398	70834	792241	474297	2166273	1052780
北海市	Beihai	892525	882722	771407	731937	2044371	1983963
防城港市	Fangchenggang	36800	30732	181375	136668	350630	237298
钦州市	Qinzhou	630906	569572	557473	418137	669426	418251
贵港市	Guigang	60977	12071	195309	79823	644886	94049

2-22 续表 5 continued 5

单位：万元 (10 000 yuan)

城市	city	主营业务税金及附加 Tax and Extra Charges from Principal Business		本年应交增值税 Value-added Tax Payable		利润总额 Total Profits	
		全市 Total City	市辖区 Districts under City	全市 Total City	市辖区 Districts under City	全市 Total City	市辖区 Districts under City
玉林市	Yulin	83427	18464	361855	97736	911414	199443
百色市	Baise	49844	12014	260827	47055	200219	24520
贺州市	Hezhou	20899	10808	118727	66966	267357	151221
河池市	Hechi	31412	5234	184044	23084	449514	36507
来宾市	Laibin	23561	7543	162397	104124	44572	13555
崇左市	Chongzuo	38804	13375	163246	29790	1041030	286879
海南省	**Hainan**						
海口市	Haikou	172808	172808	236169	236169	360343	360343
三亚市	Sanya	4209	4209	34792	34792	46225	46225
三沙市	Sansa						
儋州市	Danzhou	2213		21382		12334	
重庆市	**Chongqing**	**3003499**	**2911660**	**8068020**	**7668875**	**16483624**	**15735787**
四川省	**Sichuan**						
成都市	Chengdu	2978408	2029890	4408549	3624843	8450074	6801072
自贡市	Zigong	134028	103753	555504	457655	715029	511488
攀枝花市	Panzhihua	75260	39889	387549	268236	-638345	-1115556
泸州市	Luzhou	516433	346070	425808	287479	1194496	751872
德阳市	Deyang	464517	64374	1006596	296782	2342118	236022
绵阳市	Mianyang	168197	122040	895463	624726	1222658	852134
广元市	Guangyuan	52320	33014	142796	77456	424213	259767
遂宁市	Suining	212494	41086	407468	206085	787238	405456
内江市	Neijiang	131493	45796	464733	188028	670113	275444
乐山市	Leshan	72004	26436	340844	137286	812837	326544
南充市	Nanchong	337899	150537	660863	340150	1766946	823003
眉山市	Meishan	84711	36717	458087	237836	925620	445786
宜宾市	Yibin	464845	262302	823191	435724	2058529	1138983
广安市	Guang'an	105736	23695	235500	40121	619429	115591
达州市	Dazhou	95941	19329	217606	55123	139874	-47126
雅安市	Ya'an	29549	10305	188776	49261	302408	86411
巴中市	Bazhong	101440	18033	101024	26901	201939	99907
资阳市	Ziyang	91690	43720	142084	61265	568502	204989
贵州省	**Guizhou**						
贵阳市	Guiyang	1095905	999297	798893	595262	2204152	1773712
六盘水市	Liupanshui	156498	34300	352957	89800	402722	189500
遵义市	Zunyi	937929	121358	1004065	228657	3327003	531943
安顺市	Anshun	53668	44155	145775	98784	710613	644392
毕节市	Bijie	186400	26000	369100	50400	437000	71900
铜仁市	Tongren	39062	10070	200852	28664	490480	103925
云南省	**Yunnan**						
昆明市	Kunming	1768011	1699011	1108043	916701	1108785	1406613
曲靖市	Qujing	1090254	730756	521608	246282	250519	153783
玉溪市	Yuxi	2491388	2458097	753921	639571	4201408	817536
保山市	Baoshan	30392	9249	133826	28188	302145	84909
昭通市	Zhaotong	396346	370321	336704	98732	603040	106200
丽江市	Lijiang	14179	2246	88576	16976	14047	12584
普洱市	Pu'er	21561	4364	148791	34749	39998	33393
临沧市	Lincang	15290	1231	73160	7141	99120	-1082

2-22 续表 6 continued 6

单位：万元 (10 000 yuan)

城市	city	主营业务税金及附加 Tax and Extra Charges from Principal Business		本年应交增值税 Value-added Tax Payable		利润总额 Total Profits	
		全市 Total City	市辖区 Districts under City	全市 Total City	市辖区 Districts under City	全市 Total City	市辖区 Districts under City
西藏自治区	**Tibet**						
拉萨市	Lasa	10200	5300	30800	27200	132800	107500
日喀则市	Rikaze	4493	47	11023	353	61836	3573
昌都市	Changdu						
林芝市	Linzhi						
山南市	Shannan						
陕西省	**Shaanxi**						
西安市	Xi'an	255125	245497	1212906	1161184	2909622	2793923
铜川市	Tongchuan	69133	53040	110665	96924	135864	114599
宝鸡市	Baoji	615347	498124	574415	264554	1358461	445405
咸阳市	Xianyang	1099400	746360	1382020	450890	3654950	924900
渭南市	Weinan	76484	4180	310377	14076	590382	56582
延安市	Yan'an	2181234	2101046	673178	525774	-13694	-263189
汉中市	Hanzhong	265838	13456	314832	103084	492555	130054
榆林市	Yulin	1512200	154886	1698700	259804	3923800	867120
安康市	Ankang	82561	11828	378540	62945	1202853	222373
商洛市	Shangluo	60900	2400	292800	13400	450600	83600
甘肃省	**Gansu**						
兰州市	Lanzhou	1978400	1954300	683000	622500	144000	101600
嘉峪关市	Jiayuguan	48296	48296	199819	199819	362257	362257
金昌市	Jinchang	33673	31702	188643	173152	-127640	-83352
白银市	Baiyin	29967	27509	125273	118832	-7337	-8920
天水市	Tianshui	10917	6676	62884	45741	97414	126757
武威市	Wuwei	14320	10292	-30826	-12436	60852	48452
张掖市	Zhangye	14665	1509	24585	7486	50320	17017
平凉市	Pingliang	27857	1934	92516	13270	14893	28550
酒泉市	Jiuquan	274965	5054	71181	10864	-317876	5448
庆阳市	Qingyang	647634	566545	263182	150954	387395	165812
定西市	Dingxi	4466	1737	10518	10245	20664	6554
陇南市	Longnan	34094	589	63355	3318	100124	277
青海省	**Qinghai**						
西宁市	Xining	31033	18190	259117	39020	132053	165352
海东市	Haidong	25000	2252	28000	8735	45000	-23877
宁夏回族自治区	**Ningxia**						
银川市	Yinchuan					718626	363496
石嘴山市	Shizuishan	74702	62231	162171	115861	609397	279171
吴忠市	Wuzhong	108430	87727	12533	19410	337402	132425
固原市	Guyuan	9081	1231	-3507	-8903	25535	15537
中卫市	Zhongwei	9832	5048	2820	-34137	249969	61944
新疆维吾尔自治区	**Xinjiang**						
乌鲁木齐市	Urumqi	1063186	1062979	517060	512269	279132	274507
克拉玛依市	Karamay	1461763	1461763	729887	729887	-429811	-429811
吐鲁番市	Tulufan						
哈密市	Hami						

(四)交通运输、邮电通信
Transport, Postal and Telecommunication Services

2-23 按运输方式分类的客运量(全市)
Passenger Traffic by Mode of Transport (Total City)

单位：万人 (10 000 persons)

城市	City	公路客运量 Highway Passenger Traffic	水运客运量 Waterway Passenger Traffic	民用航空客运量 Civil Aviation Passenger Traffic
北京市	**Beijing**	**48039**		**7872**
天津市	**Tianjin**	**13741**		**1645**
河北省	**Hebei**			
石家庄市	Shijiazhuang	4582		
唐山市	Tangshan	2510		24
秦皇岛市	Qinhuangdao	1422	5	23
邯郸市	Handan	5346		46
邢台市	Xingtai	2709		
保定市	Baoding	10749		
张家口市	Zhangjiakou	1731		35
承德市	Chengde	1074		
沧州市	Cangzhou	4916		
廊坊市	Langfang	3064		
衡水市	Hengshui	1387		
山西省	**Shanxi**			
太原市	Taiyuan	876		985
大同市	Datong	1381		54
阳泉市	Yangquan	1104		
长治市	Changzhi	3295	8	74
晋城市	Jincheng	1416		
朔州市	Shuozhou	1210		
晋中市	Jinzhong	2065		
运城市	Yuncheng	2921		84
忻州市	Xinzhou	1453		11
临汾市	Linfen	1463		20
吕梁市	Lvliang	1391	6	21
内蒙古自治区	**Inner Mongolia**			
呼和浩特市	Hohhot	466		819
包头市	Baotou	657		99
乌海市	Wuhai	111		34
赤峰市	Chifeng	2791		104
通辽市	Tongliao	1628		71
鄂尔多斯市	Erdos	647		171
呼伦贝尔市	Hulunbuir	1468		233
巴彦淖尔市	Bayannur	1368		27
乌兰察布市	Ulanqab	343		
辽宁省	**Liaoning**			
沈阳市	Shenyang	15244		674
大连市	Dalian	7647	386	771
鞍山市	Anshan	5769		
抚顺市	Fushun	2109		
本溪市	Benxi	2159		
丹东市	Dandong	3908	93	
锦州市	Jinzhou	4463		
营口市	Yingkou	2759		

2-23 续表 1 continued 1

单位：万人 (10 000 persons)

城 市	City	公路客运量 Highway Passenger Traffic	水运客运量 Waterway Passenger Traffic	民用航空客运量 Civil Aviation Passenger Traffic
阜新市	Fuxin	1155		
辽阳市	Liaoyang	3043		
盘锦市	Panjin	2439		
铁岭市	Tieling	3552		
朝阳市	Chaoyang	2171		
葫芦岛市	Huludao	2637	59	
吉林省	**Jilin**			
长春市	Changchun	7113	27	477
吉林市	Jilin	3838	62	
四平市	Siping	3327	12	
辽源市	Liaoyuan	2248		
通化市	Tonghua	2508	29	4
白山市	Baishan	1754	8	27
松原市	Songyuan	2839	17	
白城市	Baicheng	1489		
黑龙江省	**Heilongjiang**			
哈尔滨市	Harbin	7448		820
齐齐哈尔市	Qiqihar	4365		16
鸡西市	Jixi	3704		19
鹤岗市	Hegang	610	25	
双鸭山市	Shuangyashan	1260		
大庆市	Daqing	1515	7	49
伊春市	Yichun	752		12
佳木斯市	Jiamusi	2095	156	46
七台河市	Qitaihe	592		
牡丹江市	Mudanjiang			
黑河市	Heihe	526	24	15
绥化市	Suihua	3593		
上海市	**Shanghai**	**3402**	**404**	**9412**
江苏省	**Jiangsu**			
南京市	Nanjing	8490	19	2236
无锡市	Wuxi	5785	511	556
徐州市	Xuzhou	13217		149
常州市	Changzhou	5423	370	196
苏州市	Suzhou	31589	561	
南通市	Nantong	8204	473	154
连云港市	Lianyungang	4654	5	85
淮安市	Huai'an	7226	3	86
盐城市	Yancheng	8283		121
扬州市	Yangzhou	3840	11	144
镇江市	Zhenjiang	3574		
泰州市	Taizhou	7300	319	
宿迁市	Suqian	5909		
浙江省	**Zhejiang**			
杭州市	Hangzhou	12282	584	1622
宁波市	Ningbo	4813	170	779
温州市	Wenzhou	22125	30	438

2-23 续表 2 continued 2

单位：万人 (10 000 persons)

城 市	City	公路客运量 Highway Passenger Traffic	水运客运量 Waterway Passenger Traffic	民用航空客运量 Civil Aviation Passenger Traffic
嘉兴市	Jiaxing	3000	48	
湖州市	Huzhou	4925	81	
绍兴市	Shaoxing	2957	124	
金华市	Jinhua	12235	1	123
衢州市	Quzhou	4913	4	21
舟山市	Zhoushan	2464	2588	80
台州市	Taizhou	9895	209	35
丽水市	Lishui	3244	110	
安徽省	**Anhui**			
合肥市	Hefei	10127	19	399
芜湖市	Wuhu	3808	1	
蚌埠市	Bengbu	2978		
淮南市	Huainan	4034		
马鞍山市	Maanshan	2729		
淮北市	Huaibei	1736		
铜陵市	Tongling	2141	594	
安庆市	Anqing	4247	51	33
黄山市	Huangshan	3584	109	60
滁州市	Chuzhou	7836		
阜阳市	Fuyang	7803		45
宿州市	Suzhou	4683		
六安市	Lu'an	6207	26	
亳州市	Bozhou	5257		
池州市	Chizhou	1715		36
宣城市	Xuancheng	3484	7	
福建省	**Fujian**			
福州市	Fuzhou	10152	188	1161
厦门市	Xiamen	4139	791	2274
莆田市	Putian	2764	285	
三明市	Sanming	2343	34	7
泉州市	Quanzhou	6580	12	379
漳州市	Zhangzhou	2401	268	
南平市	Nanping	2024		32
龙岩市	Longyan	2023	51	12
宁德市	Ningde	6712	388	
江西省	**Jiangxi**			
南昌市	Nanchang	3001		786
景德镇市	Jingdezhen	1803		54
萍乡市	Pingxiang	6322		
九江市	Jiujiang	8820	44	
新余市	Xinyu	1247	40	
鹰潭市	Yingtan	1957	56	
赣州市	Ganzhou	8801	134	108
吉安市	Ji'an	4744	10	54
宜春市	Yichun	4163		47
抚州市	Fuzhou	4351		
上饶市	Shangrao	8157	28	

2-23 续表 3 continued 3

单位：万人 (10 000 persons)

城市	City	公路客运量 Highway Passenger Traffic	水运客运量 Waterway Passenger Traffic	民用航空客运量 Civil Aviation Passenger Traffic
山东省	**Shandong**			
济南市	Jinan	3212	27	645
青岛市	Qingdao	4532	225	2051
淄博市	Zibo	581		
枣庄市	Zaozhuang	2493	107	
东营市	Dongying	599	47	38
烟台市	Yantai	5019	651	237
潍坊市	Weifang	5972		54
济宁市	Jining	3623	195	62
泰安市	Tai'an	2920	45	
威海市	Weihai	2666	434	174
日照市	Rizhao	2414	78	41
莱芜市	Laiwu	137	39	
临沂市	Linyi	4943	49	120
德州市	Dezhou	1893	11	
聊城市	Liaocheng	1809	16	
滨州市	Binzhou	1136		
菏泽市	Heze	4874		
河南省	**Henan**			
郑州市	Zhengzhou	11007		479
开封市	Kaifeng	4070	18	
洛阳市	Luoyang	11456	39	92
平顶山市	Pingdingshan	7781		
安阳市	Anyang	5446		
鹤壁市	Hebi	1248		
新乡市	Xinxiang	5458		
焦作市	Jiaozuo	2628		
濮阳市	Puyang	3890	52	
许昌市	Xuchang	3956		
漯河市	Luohe	2337	4	
三门峡市	Sanmenxia	2335		
南阳市	Nanyang	11058	64	61
商丘市	Shangqiu	8231	7	
信阳市	Xinyang	6773	26	
周口市	Zhoukou	5778	46	
驻马店市	Zhumadian	11770	16	
湖北省	**Hubei**			
武汉市	Wuhan	11484		1300
黄石市	Huangshi	3391		
十堰市	Shiyan	3326	27	39
宜昌市	Yichang	10899	246	154
襄阳市	Xiangyang	10974	27	82
鄂州市	Ezhou	2029	83	
荆门市	Jingmen	2917	9	
孝感市	Xiaogan	6942		
荆州市	Jingzhou	6403	31	
黄冈市	Huanggang	10165		
咸宁市	Xianning	5953	80	
随州市	Suizhou	3316	22	

2-23 续表 4 continued 4

单位：万人 (10 000 persons)

城　市	City	公路客运量 Highway Passenger Traffic	水运客运量 Waterway Passenger Traffic	民用航空客运量 Civil Aviation Passenger Traffic
湖南省	**Hunan**			
长沙市	Changsha	7578		974
株洲市	Zhuzhou	8567	5	
湘潭市	Xiangtan	1635	14	
衡阳市	Hengyang	9801		22
邵阳市	Shaoyang	12720	57	
岳阳市	Yueyang	9678	4	
常德市	Changde	9894		41
张家界市	Zhangjiajie	5431	159	170
益阳市	Yiyang	7336	78	
郴州市	Chenzhou	4796	256	
永州市	Yongzhou	8930	246	11
怀化市	Huaihua	13020	644	12
娄底市	Loudi	6016	23	
广东省	**Guangdong**			
广州市	Guangzhou	91323	246	7404
韶关市	Shaoguan	5166		
深圳市	Shenzhen	5585	454	4354
珠海市	Zhuhai	3019	690	176
汕头市	Shantou	1556		2920
佛山市	Foshan	5246	61	36
江门市	Jiangmen	9556	191	
湛江市	Zhanjiang	7988	672	155
茂名市	Maoming	5909	68	
肇庆市	Zhaoqing	3039		
惠州市	Huizhou	6422		
梅州市	Meizhou	2693	12	34
汕尾市	Shanwei	1196		
河源市	Heyuan	3109	36	
阳江市	Yangjiang	1514	5	
清远市	Qingyuan	2587	236	
东莞市	Dongguan	4874	27	
中山市	Zhongshan	1469	130	
潮州市	Chaozhou	2228	12	
揭阳市	Jieyang	2011		382
云浮市	Yunfu	2994		
广西壮族自治区	**Guangxi**			
南宁市	Nanning	5719		603
柳州市	Liuzhou	2280	20	65
桂林市	Guilin	7701	223	358
梧州市	Wuzhou	1690		7
北海市	Beihai	2042	273	123
防城港市	Fangchenggang	860	22	
钦州市	Qinzhou	1591	6	
贵港市	Guigang	2831	1	

2-23 续表 5 continued 5

单位：万人 (10 000 persons)

城 市	City	公路客运量 Highway Passenger Traffic	水运客运量 Waterway Passenger Traffic	民用航空客运量 Civil Aviation Passenger Traffic
玉林市	Yulin	3130		
百色市	Baise	4061	1	10
贺州市	Hezhou	1195	2	
河池市	Hechi	3672	13	3
来宾市	Laibin	1674		
崇左市	Chongzuo	1304	1	
海南省	**Hainan**			
海口市	Haikou	2827	945	2890
三亚市	Sanya	889	487	449
三沙市	Sansa		4	
儋州市	Danzhou	803		
重庆市	**Chongqing**	**55594**	**750**	**2147**
四川省	**Sichuan**			
成都市	Chengdu	12370		2285
自贡市	Zigong	4851	101	
攀枝花市	Panzhihua	2267	35	
泸州市	Luzhou	7573	38	99
德阳市	Deyang	5831		
绵阳市	Mianyang	5349	24	217
广元市	Guangyuan	1910	89	24
遂宁市	Suining	3133	76	
内江市	Neijiang	12638	241	
乐山市	Leshan	4252	234	
南充市	Nanchong	7098	627	60
眉山市	Meishan	4653	148	
宜宾市	Yibin	5875	178	76
广安市	Guang'an	143643	164	
达州市	Dazhou	5879	372	40
雅安市	Ya'an	2429		
巴中市	Bazhong	2956	191	
资阳市	Ziyang	4302	21	
贵州省	**Guizhou**			
贵阳市	Guiyang	62385	72	1511
六盘水市	Liupanshui		34	23
遵义市	Zunyi	90241	120	114
安顺市	Anshun	8900	184	25
毕节市	Bijie			73
铜仁市	Tongren	9864	734	58
云南省	**Yunnan**			
昆明市	Kunming	7376	128	4198
曲靖市	Qujing	7045		
玉溪市	Yuxi	305	1912	
保山市	Baoshan	2103		122
昭通市	Zhaotong	2094	1	22
丽江市	Lijiang	2913		678
普洱市	Pu'er	1512	59	49
临沧市	Lincang	995		35

2-23 续表 6 continued 6

单位：万人 (10 000 persons)

城　市	City	公路客运量 Highway Passenger Traffic	水运客运量 Waterway Passenger Traffic	民用航空客运量 Civil Aviation Passenger Traffic
西藏自治区	**Tibet**			
拉萨市	Lasa	323		
日喀则市	Rikaze	268		5
昌都市	Changdu			
林芝市	Linzhi			
山南市	Shannan			
陕西省	**Shaanxi**			
西安市	Xi'an	15773		3699
铜川市	Tongchuan	1348		
宝鸡市	Baoji	9505		
咸阳市	Xianyang	8435		
渭南市	Weinan	9319	15	
延安市	Yan'an	3145		24
汉中市	Hanzhong	2303		20
榆林市	Yulin	2870	19	151
安康市	Ankang	3371	307	
商洛市	Shangluo	3250		
甘肃省	**Gansu**			
兰州市	Lanzhou	4213	70	1090
嘉峪关市	Jiayuguan	7993		40
金昌市	Jinchang	440		11
白银市	Baiyin	2007		
天水市	Tianshui	3194		11
武威市	Wuwei	4779		
张掖市	Zhangye	1819		12
平凉市	Pingliang	3761		
酒泉市	Jiuquan	8540		50
庆阳市	Qingyang	2814		32
定西市	Dingxi	2856		
陇南市	Longnan	3254		
青海省	**Qinghai**			
西宁市	Xining	1950		511
海东市	Haidong	1789		
宁夏回族自治区	**Ningxia**			
银川市	Yinchuan	3447		298
石嘴山市	Shizuishan	1134		
吴忠市	Wuzhong	1112		
固原市	Guyuan	1141		11
中卫市	Zhongwei	1046	94	10
新疆维吾尔自治区	**Xinjiang**			
乌鲁木齐市	Urumqi	1805		1043
克拉玛依市	Karamay	93		26
吐鲁番市	Tulufan			
哈密市	Hami			

2-24 按运输方式分类的货运量(全市)
Freight Traffic by Mode of Transport (Total City)

城　市	City	公路货运量 (万吨) Highway Freight Traffic(10 000 tons)	水运货运量 (万吨) waterway Freight Traffic (10 000 tons)	民用航空货邮运量 (吨) Civil Aviation Freight Traffic (ton)
北京市	**Beijing**	**19972**		**1629082**
天津市	**Tianjin**	**32841**	**9515**	**66900**
河北省	**Hebei**			
石家庄市	Shijiazhuang	40639		
唐山市	Tangshan	38965	1116	836
秦皇岛市	Qinhuangdao	6300	544	426
邯郸市	Handan	18744		516
邢台市	Xingtai	20190		
保定市	Baoding	11042		
张家口市	Zhangjiakou	12188		97
承德市	Chengde	4326		
沧州市	Cangzhou	21728	1131	
廊坊市	Langfang	10384		
衡水市	Hengshui	4770		
山西省	**Shanxi**			
太原市	Taiyuan	15043		49100
大同市	Datong	10315		4141
阳泉市	Yangquan	3709		
长治市	Changzhi	8713		717
晋城市	Jincheng	5990		
朔州市	Shuozhou	3243		
晋中市	Jinzhong	11021		
运城市	Yuncheng	13432		3200
忻州市	Xinzhou	8439		11
临汾市	Linfen	14669		145
吕梁市	Lvliang	8159		21
内蒙古自治区	**Inner Mongolia**			
呼和浩特市	Hohhot	16887		37446
包头市	Baotou	29803		3335
乌海市	Wuhai	5580		1000
赤峰市	Chifeng	13539		1640
通辽市	Tongliao	9292		1472
鄂尔多斯市	Erdos	17426		13000
呼伦贝尔市	Hulunbuir	10078		24200
巴彦淖尔市	Bayannur	8885		891
乌兰察布市	Ulanqab	6384		
辽宁省	**Liaoning**			
沈阳市	Shenyang	21503		67300
大连市	Dalian	27251	12612	74440
鞍山市	Anshan	19248		
抚顺市	Fushun	8780		
本溪市	Benxi	7835		
丹东市	Dandong	6829	332	
锦州市	Jinzhou	16311	152	
营口市	Yingkou	15432	270	

2-24 续表 1 continued 1

城　市	City	公路货运量(万吨) Highway Freight Traffic(10 000 tons)	水运货运量(万吨) waterway Freight Traffic (10 000 tons)	民用航空货邮运量(吨) Civil Aviation Freight Traffic (ton)
阜新市	Fuxin	4579		
辽阳市	Liaoyang	13474		
盘锦市	Panjin	12928	67	
铁岭市	Tieling	7012		
朝阳市	Chaoyang	4891		
葫芦岛市	Huludao	11298	30	
吉林省	**Jilin**			
长春市	Changchun	10895	210	86554
吉林市	Jilin	5444		
四平市	Siping	8010		
辽源市	Liaoyuan	2284		
通化市	Tonghua	2194		235
白山市	Baishan	1061		1916
松原市	Songyuan	6123	96	
白城市	Baicheng	1522	33	
黑龙江省	**Heilongjiang**			
哈尔滨市	Harbin	7238	437	44000
齐齐哈尔市	Qiqihar	11207		66
鸡西市	Jixi	3672		388
鹤岗市	Hegang	1193	77	
双鸭山市	Shuangyashan	1203		
大庆市	Daqing	8114	114	1347
伊春市	Yichun	588		44
佳木斯市	Jiamusi	4486	374	1080
七台河市	Qitaihe	1157		
牡丹江市	Mudanjiang			
黑河市	Heihe	775	15	89
绥化市	Suihua	2900		
上海市	**Shanghai**	**39055**	**48787**	**1439800**
江苏省	**Jiangsu**			
南京市	Nanjing	12463	13814	341267
无锡市	Wuxi	13225	2521	95984
徐州市	Xuzhou	17586	5801	9088
常州市	Changzhou	11095	2191	15690
苏州市	Suzhou	12287	1221	
南通市	Nantong	11535	8311	35371
连云港市	Lianyungang	8378	1837	1245
淮安市	Huai'an	5663	6548	4638
盐城市	Yancheng	5076	10860	5118
扬州市	Yangzhou	6546	5778	7715
镇江市	Zhenjiang	6950	1458	
泰州市	Taizhou	2577	16736	
宿迁市	Suqian	3785	2238	
浙江省	**Zhejiang**			
杭州市	Hangzhou	25194	4673	487984
宁波市	Ningbo	25635	18229	151300
温州市	Wenzhou	9678	3277	46571

2-24 续表 2 continued 2

城 市	City	公路货运量 (万吨) Highway Freight Traffic(10 000 tons)	水运货运量 (万吨) waterway Freight Traffic (10 000 tons)	民用航空货邮运量 (吨) Civil Aviation Freight Traffic (ton)
嘉兴市	Jiaxing	11306	8762	
湖州市	Huzhou	8618	5908	
绍兴市	Shaoxing	11134	1313	
金华市	Jinhua	8723	9	13783
衢州市	Quzhou	9975	4	639
舟山市	Zhoushan	7244	20932	319
台州市	Taizhou	11658	11213	3500
丽水市	Lishui	4832	225	
安徽省	**Anhui**			
合肥市	Hefei	28975	5177	58097
芜湖市	Wuhu	6762	18137	
蚌埠市	Bengbu	20802	12939	
淮南市	Huainan	10509	4189	
马鞍山市	Maanshan	6180	7085	
淮北市	Huaibei	12469		
铜陵市	Tongling	3090	2665	
安庆市	Anqing	11837	5386	1400
黄山市	Huangshan	4775	16	2067
滁州市	Chuzhou	27366	2066	
阜阳市	Fuyang	43334	19756	547
宿州市	Suzhou	22115	1025	
六安市	Lu'an	20752	12190	
亳州市	Bozhou	26420	4145	
池州市	Chizhou	3377	6606	367
宣城市	Xuancheng	8202	9687	
福建省	**Fujian**			
福州市	Fuzhou	15694	9797	121657
厦门市	Xiamen	19008	8100	328400
莆田市	Putian	4797	668	
三明市	Sanming	9288		81
泉州市	Quanzhou	14548	10040	49683
漳州市	Zhangzhou	7362	1983	
南平市	Nanping	3316	95	1582
龙岩市	Longyan	8281		493
宁德市	Ningde	3469	982	
江西省	**Jiangxi**			
南昌市	Nanchang	11067	1058	50600
景德镇市	Jingdezhen	3146	20	1810
萍乡市	Pingxiang	3266		
九江市	Jiujiang	10768	1129	
新余市	Xinyu	16608	38	
鹰潭市	Yingtan	3793	491	
赣州市	Ganzhou	9302	1421	7306
吉安市	Ji'an	10309	1971	3011
宜春市	Yichun	18764	2494	275
抚州市	Fuzhou	14183	163	
上饶市	Shangrao	21666	814	

2-24 续表 3 continued 3

城 市	City	公路货运量 (万吨) Highway Freight Traffic(10 000 tons)	水运货运量 (万吨) waterway Freight Traffic (10 000 tons)	民用航空货邮运量 (吨) Civil Aviation Freight Traffic (ton)
山东省	**Shandong**			
济南市	Jinan	21212	117	50946
青岛市	Qingdao	20701	1685	230747
淄博市	Zibo	17053		
枣庄市	Zaozhuang	5307	807	
东营市	Dongying	5144	243	298
烟台市	Yantai	17504	4271	20625
潍坊市	Weifang	23680	1619	22105
济宁市	Jining	24784	3750	1813
泰安市	Tai'an	6702	94	
威海市	Weihai	6927	1809	5256
日照市	Rizhao	7602	887	457
莱芜市	Laiwu	6742		
临沂市	Linyi	29419		5129
德州市	Dezhou	13418		
聊城市	Liaocheng	17051		
滨州市	Binzhou	12184	240	
菏泽市	Heze	14312	118	
河南省	**Henan**			
郑州市	Zhengzhou	19269		190000
开封市	Kaifeng	3081	2	
洛阳市	Luoyang	22046	55	1486
平顶山市	Pingdingshan	11749		
安阳市	Anyang	10624		
鹤壁市	Hebi	6472		
新乡市	Xinxiang	12336		
焦作市	Jiaozuo	9796		
濮阳市	Puyang	5141	201	
许昌市	Xuchang	8116		
漯河市	Luohe	5947	653	
三门峡市	Sanmenxia	5014		
南阳市	Nanyang	15449	822	3600
商丘市	Shangqiu	13494	437	
信阳市	Xinyang	6021	3104	
周口市	Zhoukou	13015	2427	
驻马店市	Zhumadian	11567	3864	
湖北省	**Hubei**			
武汉市	Wuhan	28892	14332	138300
黄石市	Huangshi	5849	1130	
十堰市	Shiyan	5490	500	
宜昌市	Yichang	8763	5269	10989
襄阳市	Xiangyang	25335	1287	2511
鄂州市	Ezhou	1519	620	
荆门市	Jingmen	2964	65	
孝感市	Xiaogan	3287	337	
荆州市	Jingzhou	7305	8155	
黄冈市	Huanggang	7905	3562	
咸宁市	Xianning	8921	11	
随州市	Suizhou	6632	31	

2-24 续表 4 continued 4

城 市	City	公路货运量 (万吨) Highway Freight Traffic(10 000 tons)	水运货运量 (万吨) waterway Freight Traffic (10 000 tons)	民用航空货邮运量 (吨) Civil Aviation Freight Traffic (ton)
湖南省	**Hunan**			
长沙市	Changsha	34047	2388	62720
株洲市	Zhuzhou	15375	802	
湘潭市	Xiangtan	6922	690	
衡阳市	Hengyang	16578	1494	677
邵阳市	Shaoyang	22505	378	
岳阳市	Yueyang	19575	9545	
常德市	Changde	10629	2990	258
张家界市	Zhangjiajie	2088	441	1014
益阳市	Yiyang	8691	3106	
郴州市	Chenzhou	19987	141	
永州市	Yongzhou	5871	404	49
怀化市	Huaihua	5224	347	
娄底市	Loudi	8953	545	
广东省	**Guangdong**			
广州市	Guangzhou	76375	30212	1250300
韶关市	Shaoguan	12876	4521	
深圳市	Shenzhen	23788	7211	1125900
珠海市	Zhuhai	9244	1625	15001
汕头市	Shantou	5243	745	2
佛山市	Foshan	25103	4269	1666
江门市	Jiangmen	10361	4921	
湛江市	Zhanjiang	12351	3672	4237
茂名市	Maoming	9053	600	
肇庆市	Zhaoqing	5069	1558	
惠州市	Huizhou	10935	12520	
梅州市	Meizhou	7784	35	194
汕尾市	Shanwei	2506	9	
河源市	Heyuan	6131	14	
阳江市	Yangjiang	9106	869	
清远市	Qingyuan	11937	2631	
东莞市	Dongguan	10325	5269	
中山市	Zhongshan	15241	3095	
潮州市	Chaozhou	4140	913	
揭阳市	Jieyang	3723	26	48144
云浮市	Yunfu	4702	1133	
广西壮族自治区	**Guangxi**			
南宁市	Nanning	28672	3486	54597
柳州市	Liuzhou	12705	728	2077
桂林市	Guilin	8591	44	13805
梧州市	Wuzhou	4993	2442	17
北海市	Beihai	5381	737	4655
防城港市	Fangchenggang	3713	1374	
钦州市	Qinzhou	10459	2352	
贵港市	Guigang	8566	14426	

2-24 续表 5 continued 5

城 市	City	公路货运量 (万吨) Highway Freight Traffic(10 000 tons)	水运货运量 (万吨) waterway Freight Traffic (10 000 tons)	民用航空货邮运量 (吨) Civil Aviation Freight Traffic (ton)
玉林市	Yulin	20191	135	
百色市	Baise	8665	328	
贺州市	Hezhou	4086	110	
河池市	Hechi	6179	18	7
来宾市	Laibin	1772	406	
崇左市	Chongzuo	4074	30	
海南省	**Hainan**			
海口市	Haikou	2659	6971	331746
三亚市	Sanya	1710		30777
三沙市	Sansa		2	
儋州市	Danzhou	342		
重庆市	**Chongqing**	**89389**	**16649**	**134600**
四川省	**Sichuan**			
成都市	Chengdu	24505		690000
自贡市	Zigong	5049	221	
攀枝花市	Panzhihua	9179	19	
泸州市	Luzhou	7025	1974	3293
德阳市	Deyang	9696		
绵阳市	Mianyang	5930		16920
广元市	Guangyuan	4307	1107	946
遂宁市	Suining	3891	198	
内江市	Neijiang	3146	379	
乐山市	Leshan	12494	274	
南充市	Nanchong	6698	1473	3100
眉山市	Meishan	6129		
宜宾市	Yibin	5922	802	2920
广安市	Guang'an	292426	642	
达州市	Dazhou	11360	378	1474
雅安市	Ya'an	5091		
巴中市	Bazhong	2715	290	
资阳市	Ziyang	4216	175	
贵州省	**Guizhou**			
贵阳市	Guiyang	37355	8	95900
六盘水市	Liupanshui		18	51
遵义市	Zunyi	51598	693	976
安顺市	Anshun	4647	4	955
毕节市	Bijie			433
铜仁市	Tongren	4562	7	55
云南省	**Yunnan**			
昆明市	Kunming	26065	37	382900
曲靖市	Qujing	1502		
玉溪市	Yuxi	80973	10054	
保山市	Baoshan	3888		2284
昭通市	Zhaotong	3954	299	84
丽江市	Lijiang	2473		9299
普洱市	Pu'er	2850	19	814
临沧市	Lincang	3255		

2-24 续表 6 continued 6

城 市	City	公路货运量 (万吨) Highway Freight Traffic(10 000 tons)	水运货运量 (万吨) waterway Freight Traffic (10 000 tons)	民用航空货邮运量 (吨) Civil Aviation Freight Traffic (ton)
西藏自治区	**Tibet**			
拉萨市	Lasa	793		
日喀则市	Rikaze	334		300
昌都市	Changdu			
林芝市	Linzhi			
山南市	Shannan			
陕西省	**Shaanxi**			
西安市	Xi'an	23011		233800
铜川市	Tongchuan	8583		
宝鸡市	Baoji	11819		
咸阳市	Xianyang	12014		
渭南市	Weinan	16249	85	
延安市	Yan'an	6347		217
汉中市	Hanzhong	3835		402
榆林市	Yulin	24698		3709
安康市	Ankang	3657	157	
商洛市	Shangluo	3231		
甘肃省	**Gansu**			
兰州市	Lanzhou	11461	5	59455
嘉峪关市	Jiayuguan	8710		1704
金昌市	Jinchang	1189		139
白银市	Baiyin	8147		
天水市	Tianshui	3417		38
武威市	Wuwei	5180		
张掖市	Zhangye	3027		90
平凉市	Pingliang	3946		
酒泉市	Jiuquan	3476		518
庆阳市	Qingyang	3797		37
定西市	Dingxi	4813		
陇南市	Longnan	2077		
青海省	**Qinghai**			
西宁市	Xining	6642		25000
海东市	Haidong	3414		
宁夏回族自治区	**Ningxia**			
银川市	Yinchuan	8779		14900
石嘴山市	Shizuishan	4903		
吴忠市	Wuzhong	9957		
固原市	Guyuan	6212		8
中卫市	Zhongwei	7571	31	89
新疆维吾尔自治区	**Xinjiang**			
乌鲁木齐市	Urumqi	14938		71600
克拉玛依市	Karamay	3474		211
吐鲁番市	Tulufan			
哈密市	Hami			

2-25 邮政局(所)数及邮政、电信业务收入(全市)

Number of Post Offices and Revenue from Postal and Telecommunication Services (Total City)

城　市	City	年末邮政局(所)数(处) Number of Post Offices at Year-end (unit)	邮政业务收入(万元) Revenue from Postal Services (10 000 yuan)	电信业务收入(万元) Revenue from Telecommunication Services (10 000 yuan)
北京市	**Beijing**	**949**	**721895**	**13964015**
天津市	**Tianjin**	**421**	**827049**	**3980178**
河北省	**Hebei**			
石家庄市	Shijiazhuang	292	286392	867303
唐山市	Tangshan	240	120400	546578
秦皇岛市	Qinhuangdao	111	27289	243009
邯郸市	Handan	269	86200	454865
邢台市	Xingtai	215	88425	350823
保定市	Baoding	347	258725	707538
张家口市	Zhangjiakou	257	47675	261229
承德市	Chengde	225	40064	224260
沧州市	Cangzhou	258	54427	119476
廊坊市	Langfang	136	31309	459428
衡水市	Hengshui	132	67896	214652
山西省	**Shanxi**			
太原市	Taiyuan	163	70624	567829
大同市	Datong	145	33168	216935
阳泉市	Yangquan	67	11428	249563
长治市	Changzhi	195	23040	228606
晋城市	Jincheng	111	13101	401923
朔州市	Shuozhou	86	12611	134543
晋中市	Jinzhong	157	35196	224155
运城市	Yuncheng	172	64000	812000
忻州市	Xinzhou	207	29000	406000
临汾市	Linfen	197	29160	769476
吕梁市	Lvliang	174	22536	314407
内蒙古自治区	**Inner Mongolia**			
呼和浩特市	Hohhot	118	100791	731647
包头市	Baotou	109	21181	273656
乌海市	Wuhai	37	10428	61037
赤峰市	Chifeng	282	46400	277939
通辽市	Tongliao	138	26410	204593
鄂尔多斯市	Erdos	118	25000	182000
呼伦贝尔市	Hulunbuir	188	20999	231600
巴彦淖尔市	Bayannur	129	17000	138000
乌兰察布市	Ulanqab	167	13000	291000
辽宁省	**Liaoning**			
沈阳市	Shenyang	229	315198	1066256
大连市	Dalian	241	234678	895271
鞍山市	Anshan	102	56251	289224
抚顺市	Fushun	86	27957	156940
本溪市	Benxi	69	23892	114523
丹东市	Dandong	95	37581	172819
锦州市	Jinzhou	121	38023	204877
营口市	Yingkou	78	35399	199773
阜新市	Fuxin	97	15811	120845

2-25 续表 1 continued 1

城 市	City	年末邮政局(所)数(处) Number of Post Offices at Year-end (unit)	邮政业务收入(万元) Revenue from Postal Services (10 000 yuan)	电信业务收入(万元) Revenue from Telecommunication Services (10 000 yuan)
辽阳市	Liaoyang	104	34648	135754
盘锦市	Panjin	77	36152	135054
铁岭市	Tieling	124	35022	163008
朝阳市	Chaoyang	180	40022	186098
葫芦岛市	Huludao	143	41791	169605
吉林省	**Jilin**			
长春市	Changchun	205	229045	932332
吉林市	Jilin	143	72141	281000
四平市	Siping	110	43984	173000
辽源市	Liaoyuan	49	10950	68000
通化市	Tonghua	114	40758	128000
白山市	Baishan	62	27281	76000
松原市	Songyuan	96	28400	141038
白城市	Baicheng	87	22887	110000
黑龙江省	**Heilongjiang**			
哈尔滨市	Harbin	383	137022	937465
齐齐哈尔市	Qiqihar	254	30581	769900
鸡西市	Jixi	123	31128	150728
鹤岗市	Hegang	73	16248	64989
双鸭山市	Shuangyashan	114	18147	124820
大庆市	Daqing	181	45209	300714
伊春市	Yichun	88	7611	66807
佳木斯市	Jiamusi	116	25117	118000
七台河市	Qitaihe	39	7052	48257
牡丹江市	Mudanjiang	182	32390	165475
黑河市	Heihe	120	17521	88589
绥化市	Suihua	246	39709	
上海市	**Shanghai**	**538**	**677737**	**5693463**
江苏省	**Jiangsu**			
南京市	Nanjing	181	787887	1322322
无锡市	Wuxi	141	568562	983853
徐州市	Xuzhou	235	237731	607779
常州市	Changzhou	150	338707	624760
苏州市	Suzhou	240	1341418	2010602
南通市	Nantong	311	374088	649165
连云港市	Lianyungang	129	111782	307518
淮安市	Huai'an	171	145327	307818
盐城市	Yancheng	227	151923	477810
扬州市	Yangzhou	183	192454	422884
镇江市	Zhenjiang	105	124142	301897
泰州市	Taizhou	174	144412	370329
宿迁市	Suqian	134	114855	316848
浙江省	**Zhejiang**			
杭州市	Hangzhou	287	2151732	1908315
宁波市	Ningbo	270	681394	1189948
温州市	Wenzhou	206	565509	1183336
嘉兴市	Jiaxing	148	49932	879175

2-25 续表 2 continued 2

城　市	City	年末邮政局(所)数(处) Number of Post Offices at Year-end (unit)	邮政业务收入(万元) Revenue from Postal Services (10 000 yuan)	电信业务收入(万元) Revenue from Telecommunication Services (10 000 yuan)
湖州市	Huzhou	90	33091	326084
绍兴市	Shaoxing	158	58569	541104
金华市	Jinhua	209	161410	771357
衢州市	Quzhou	109	18624	167720
舟山市	Zhoushan	54	13966	143706
台州市	Taizhou	144	58916	705566
丽水市	Lishui	196	88076	184260
安徽省	**Anhui**			
合肥市	Hefei	187	388300	890053
芜湖市	Wuhu	120	134700	451360
蚌埠市	Bengbu	101	25018	212181
淮南市	Huainan	128	46841	347671
马鞍山市	Maanshan	69	18348	167635
淮北市	Huaibei	47	15779	125681
铜陵市	Tongling	65	19524	89951
安庆市	Anqing	150	44258	234915
黄山市	Huangshan	123	13489	95751
滁州市	Chuzhou	164	26492	505961
阜阳市	Fuyang	196	69696	81209
宿州市	Suzhou	140	50707	244590
六安市	Lu'an	171	36000	238000
亳州市	Bozhou	102	64389	477300
池州市	Chizhou	72	7947	90700
宣城市	Xuancheng	141	63796	173651
福建省	**Fujian**			
福州市	Fuzhou	238	403617	1060425
厦门市	Xiamen	91	461700	2099000
莆田市	Putian	66	30079	262898
三明市	Sanming	175	58483	231139
泉州市	Quanzhou	220	531077	1028722
漳州市	Zhangzhou	142	105540	420993
南平市	Nanping	191	41338	211223
龙岩市	Longyan	141	57153	621873
宁德市	Ningde	136	68505	260576
江西省	**Jiangxi**			
南昌市	Nanchang	161	314000	679300
景德镇市	Jingdezhen	61	14395	108808
萍乡市	Pingxiang	84	16079	132535
九江市	Jiujiang	240	31647	287119
新余市	Xinyu	47	21500	275000
鹰潭市	Yingtan	45	21562	70522
赣州市	Ganzhou	375	70700	466400
吉安市	Ji'an	259	77872	210024
宜春市	Yichun	199	40972	239000
抚州市	Fuzhou	191	28655	169812
上饶市	Shangrao	246	69500	306000

2-25 续表 3 continued 3

城市	City	年末邮政局(所)数(处) Number of Post Offices at Year-end (unit)	邮政业务收入(万元) Revenue from Postal Services (10 000 yuan)	电信业务收入(万元) Revenue from Telecommunication Services (10 000 yuan)
山东省	**Shandong**			
济南市	Jinan	204	413900	790500
青岛市	Qingdao	271	249061	1040026
淄博市	Zibo	144	93280	330435
枣庄市	Zaozhuang	100	50900	201495
东营市	Dongying	86	22704	215801
烟台市	Yantai	269	64621	865500
潍坊市	Weifang	267	75364	572649
济宁市	Jining	210	54515	415511
泰安市	Tai'an	137	83800	267138
威海市	Weihai	104	87867	243460
日照市	Rizhao	76	37300	233331
莱芜市	Laiwu	45	20283	67884
临沂市	Linyi	254	70400	359790
德州市	Dezhou	236	59221	270961
聊城市	Liaocheng	172	67226	278800
滨州市	Binzhou	127	58394	218743
菏泽市	Heze	187	92555	604055
河南省	**Henan**			
郑州市	Zhengzhou	247	641962	1297811
开封市	Kaifeng	135	32628	476691
洛阳市	Luoyang	199	66416	458861
平顶山市	Pingdingshan	135	42700	261887
安阳市	Anyang	118	77086	310465
鹤壁市	Hebi	31	9878	84210
新乡市	Xinxiang	166	110792	861898
焦作市	Jiaozuo	112	35422	201216
濮阳市	Puyang	97	35271	556537
许昌市	Xuchang	102	35326	236861
漯河市	Luohe	59	22750	35450
三门峡市	Sanmenxia	84	24087	138610
南阳市	Nanyang	272	59169	610027
商丘市	Shangqiu	209	84928	390729
信阳市	Xinyang	225	59027	424208
周口市	Zhoukou	200	80926	400809
驻马店市	Zhumadian	201	65061	418306
湖北省	**Hubei**			
武汉市	Wuhan	260	736200	1480456
黄石市	Huangshi	61	56900	218800
十堰市	Shiyan	148	39600	181457
宜昌市	Yichang	137	36413	298901
襄阳市	Xiangyang	165	50893	322161
鄂州市	Ezhou	38	12075	79523
荆门市	Jingmen	84	48334	161740
孝感市	Xiaogan	135	58700	240700
荆州市	Jingzhou	166	64029	314182
黄冈市	Huanggang	152	70800	281600
咸宁市	Xianning	87	39656	156109
随州市	Suizhou	60	25567	112732

2-25 续表 4 continued 4

城 市	City	年末邮政局(所)数(处) Number of Post Offices at Year-end (unit)	邮政业务收入(万元) Revenue from Postal Services (10 000 yuan)	电信业务收入(万元) Revenue from Telecommunication Services (10 000 yuan)
湖南省	**Hunan**			
长沙市	Changsha	230	368747	1084510
株洲市	Zhuzhou	128	22378	406323
湘潭市	Xiangtan	97	24417	300428
衡阳市	Hengyang	213	66336	335200
邵阳市	Shaoyang	245	58027	818486
岳阳市	Yueyang	183	64275	304013
常德市	Changde	239	46906	325502
张家界市	Zhangjiajie	63	17926	104020
益阳市	Yiyang	124	59512	221177
郴州市	Chenzhou	264	69984	215784
永州市	Yongzhou	232	48814	130130
怀化市	Huaihua	337	46284	717657
娄底市	Loudi	100	28229	223045
广东省	**Guangdong**			
广州市	Guangzhou	243	3070185	3419036
韶关市	Shaoguan	139	49482	189009
深圳市	Shenzhen	745		
珠海市	Zhuhai	69		
汕头市	Shantou	67	215791	488819
佛山市	Foshan	188	455266	1363974
江门市	Jiangmen	121	160761	1499412
湛江市	Zhanjiang	141	115621	1922084
茂名市	Maoming	125	84375	330514
肇庆市	Zhaoqing	135	77048	280577
惠州市	Huizhou	164	30522	609900
梅州市	Meizhou	159	73149	213000
汕尾市	Shanwei	60	40769	170215
河源市	Heyuan	116	41534	170553
阳江市	Yangjiang	57	64694	184933
清远市	Qingyuan	121	51678	251364
东莞市	Dongguan	787	1395519	1555812
中山市	Zhongshan	654	481250	623395
潮州市	Chaozhou		59025	184851
揭阳市	Jieyang	366		
云浮市	Yunfu	80	40961	568689
广西壮族自治区	**Guangxi**			
南宁市	Nanning	197	70365	826197
柳州市	Liuzhou	124	45632	315786
桂林市	Guilin	185	56158	327616
梧州市	Wuzhou	78	32818	152249
北海市	Beihai	34	20497	144045
防城港市	Fangchenggang	33	6069	83630
钦州市	Qinzhou	74	29770	169863
贵港市	Guigang	83	48355	191091

2-25 续表 5 continued 5

城 市	City	年末邮政局(所)数(处) Number of Post Offices at Year-end (unit)	邮政业务收入(万元) Revenue from Postal Services (10 000 yuan)	电信业务收入(万元) Revenue from Telecommunication Services (10 000 yuan)
玉林市	Yulin	115	38204	283111
百色市	Baise	173	29470	211897
贺州市	Hezhou	71	16680	96145
河池市	Hechi	173	28997	190059
来宾市	Laibin	79	15636	109280
崇左市	Chongzuo	87	24467	125578
海南省	**Hainan**			
海口市	Haikou	58	85623	359631
三亚市	Sanya	33	7838	398506
三沙市	Sansa	1		64
儋州市	Danzhou	16	5670	15073
重庆市	**Chongqing**	**1780**	**766900**	**2453000**
四川省	**Sichuan**			
成都市	Chengdu	572	815600	2019100
自贡市	Zigong	176	27808	49632
攀枝花市	Panzhihua	68	20408	79563
泸州市	Luzhou	251	62139	267137
德阳市	Deyang	185	28222	219779
绵阳市	Mianyang	447	45218	333648
广元市	Guangyuan	287	32989	162276
遂宁市	Suining	135	24991	139626
内江市	Neijiang	214	36202	134298
乐山市	Leshan	251	39791	246242
南充市	Nanchong	518	86064	299836
眉山市	Meishan	239	43192	208108
宜宾市	Yibin	254	46156	263894
广安市	Guang'an	204	34735	156031
达州市	Dazhou	428	57840	302886
雅安市	Ya'an	157	10280	99748
巴中市	Bazhong	295	39151	480725
资阳市	Ziyang	247	38938	111600
贵州省	**Guizhou**			
贵阳市	Guiyang	187	48095	628295
六盘水市	Liupanshui	140	23053	187900
遵义市	Zunyi	310	81501	438117
安顺市	Anshun	109	20221	140851
毕节市	Bijie	259	35000	316699
铜仁市	Tongren		26200	193000
云南省	**Yunnan**			
昆明市	Kunming	279	256354	1034000
曲靖市	Qujing	148	21428	725689
玉溪市	Yuxi	81	9589	147094
保山市	Baoshan	98	15600	56786
昭通市	Zhaotong	163	16590	238381
丽江市	Lijiang	72	7422	82961
普洱市	Pu'er	125	15400	15943
临沧市	Lincang	80	12271	137338

2-25 续表 6 continued 6

城 市	City	年末邮政局(所)数(处) Number of Post Offices at Year-end (unit)	邮政业务收入(万元) Revenue from Postal Services (10 000 yuan)	电信业务收入(万元) Revenue from Telecommunication Services (10 000 yuan)
西藏自治区	**Tibet**			
拉萨市	Lasa	44	8696	322556
日喀则市	Rikaze	214	3316	26310
昌都市	Changdu			
林芝市	Linzhi			
山南市	Shannan			
陕西省	**Shaanxi**			
西安市	Xi'an	297	439867	1420707
铜川市	Tongchuan	48	7229	15989
宝鸡市	Baoji	174	52200	241800
咸阳市	Xianyang	121	41199	298339
渭南市	Weinan	186	41200	326400
延安市	Yan'an	135	15324	204600
汉中市	Hanzhong	235	52358	211623
榆林市	Yulin	251	26356	314052
安康市	Ankang	179	26715	200744
商洛市	Shangluo	131	19297	98503
甘肃省	**Gansu**			
兰州市	Lanzhou	156	42072	526469
嘉峪关市	Jiayuguan	15	4095	35248
金昌市	Jinchang	18	4086	97785
白银市	Baiyin	96	9011	190248
天水市	Tianshui	152	30900	173766
武威市	Wuwei	121	9500	150100
张掖市	Zhangye	92	7147	84550
平凉市	Pingliang	135	7733	314800
酒泉市	Jiuquan	116	12718	56189
庆阳市	Qingyang	142	13275	120129
定西市	Dingxi	151	12958	135807
陇南市	Longnan	120	14906	88229
青海省	**Qinghai**			
西宁市	Xining	106	29600	615100
海东市	Haidong	28	6396	81863
宁夏回族自治区	**Ningxia**			
银川市	Yinchuan	103	20514	327739
石嘴山市	Shizuishan	27	5072	60871
吴忠市	Wuzhong	53	7055	27351
固原市	Guyuan	84	6400	23015
中卫市	Zhongwei	50	3785	215565
新疆维吾尔自治区	**Xinjiang**			
乌鲁木齐市	Urumqi	167	48384	622991
克拉玛依市	Karamay	34	6844	55266
吐鲁番市	Tulufan			
哈密市	Hami			

2-26 电话及互联网用户数(全市)
Number of Subscribers of Telephone and Internet Services (Total City)

单位：万户 (10 000 households)

城　市	City	固定电话年末用户数 Number of Subscribers of Local Telephones at Year-end	移动电话年末用户数 Number of Subscribers of Mobile Telephones at Year-end	互联网宽带接入用户数 Number of Subscribers of Internet Services
北京市	**Beijing**	**694**	**3869**	**476**
天津市	**Tianjin**	**311**	**1500**	**284**
河北省	**Hebei**			
石家庄市	Shijiazhuang	144	1170	281
唐山市	Tangshan	100	955	168
秦皇岛市	Qinhuangdao	50	356	90
邯郸市	Handan	59	805	148
邢台市	Xingtai	67	617	136
保定市	Baoding	127	1023	248
张家口市	Zhangjiakou	37	386	83
承德市	Chengde	28	319	67
沧州市	Cangzhou	93	680	146
廊坊市	Langfang	89	604	120
衡水市	Hengshui	62	410	92
山西省	**Shanxi**			
太原市	Taiyuan	84	691	135
大同市	Datong	26	298	53
阳泉市	Yangquan	10	147	37
长治市	Changzhi	25	306	55
晋城市	Jincheng	17	225	54
朔州市	Shuozhou	15	175	25
晋中市	Jinzhong	34	308	201
运城市	Yuncheng	39	459	101
忻州市	Xinzhou	57	273	40
临汾市	Linfen	21	411	80
吕梁市	Lvliang	24	286	58
内蒙古自治区	**Inner Mongolia**			
呼和浩特市	Hohhot	64	320	46
包头市	Baotou	29	346	47
乌海市	Wuhai	21	81	14
赤峰市	Chifeng	32	450	61
通辽市	Tongliao	10	343	38
鄂尔多斯市	Erdos	11	209	26
呼伦贝尔市	Hulunbuir	35	287	47
巴彦淖尔市	Bayannur	20	209	26
乌兰察布市	Ulanqab	13	175	26
辽宁省	**Liaoning**			
沈阳市	Shenyang	189	1226	208
大连市	Dalian	212	833	150
鞍山市	Anshan	61	328	81
抚顺市	Fushun	37	194	53
本溪市	Benxi	25	163	46
丹东市	Dandong	60	204	56
锦州市	Jinzhou	62	253	68
营口市	Yingkou	41	211	53

2-26 续表 1 continued 1

单位：万户 (10 000 households)

城 市	City	固定电话年末用户数 Number of Subscribers of Local Telephones at Year-end	移动电话年末用户数 Number of Subscribers of Mobile Telephones at Year-end	互联网宽带接入用户数 Number of Subscribers of Internet Services
阜新市	Fuxin	32	150	46
辽阳市	Liaoyang	26	167	48
盘锦市	Panjin	31	143	35
铁岭市	Tieling	29	198	48
朝阳市	Chaoyang	53	216	54
葫芦岛市	Huludao	42	203	55
吉林省	**Jilin**			
长春市	Changchun	116	1489	100
吉林市	Jilin	77	419	71
四平市	Siping	36	286	43
辽源市	Liaoyuan	23	113	17
通化市	Tonghua	49	188	32
白山市	Baishan	35	112	20
松原市	Songyuan	36	328	34
白城市	Baicheng	31	178	25
黑龙江省	**Heilongjiang**			
哈尔滨市	Harbin	196	1222	198
齐齐哈尔市	Qiqihar	48	354	76
鸡西市	Jixi	21	173	22
鹤岗市	Hegang	4	108	14
双鸭山市	Shuangyashan	24	179	28
大庆市	Daqing	41	379	61
伊春市	Yichun	15	111	18
佳木斯市	Jiamusi	30	255	35
七台河市	Qitaihe	5	94	14
牡丹江市	Mudanjiang	38	255	46
黑河市	Heihe	21	138	88
绥化市	Suihua			
上海市	**Shanghai**	**732**	**3156**	**636**
江苏省	**Jiangsu**			
南京市	Nanjing	244	1115	374
无锡市	Wuxi	168	800	270
徐州市	Xuzhou	116	762	224
常州市	Changzhou	123	540	195
苏州市	Suzhou	314	1448	472
南通市	Nantong	180	679	225
连云港市	Lianyungang	71	368	115
淮安市	Huai'an	57	383	111
盐城市	Yancheng	99	585	174
扬州市	Yangzhou	109	437	147
镇江市	Zhenjiang	76	306	108
泰州市	Taizhou	105	405	135
宿迁市	Suqian	47	372	106
浙江省	**Zhejiang**			
杭州市	Hangzhou	266	1734	444
宁波市	Ningbo	238	1210	336
温州市	Wenzhou	157	1115	321

2-26 续表 2 continued 2

单位：万户 (10 000 households)

城 市	City	固定电话年末用户数 Number of Subscribers of Local Telephones at Year-end	移动电话年末用户数 Number of Subscribers of Mobile Telephones at Year-end	互联网宽带接入用户数 Number of Subscribers of Internet Services
嘉兴市	Jiaxing	110	608	164
湖州市	Huzhou	82	456	118
绍兴市	Shaoxing	127	783	181
金华市	Jinhua	99	946	207
衢州市	Quzhou	37	225	54
舟山市	Zhoushan	33	162	46
台州市	Taizhou	107	771	208
丽水市	Lishui	36	305	66
安徽省	**Anhui**			
合肥市	Hefei	135	799	217
芜湖市	Wuhu	45	310	86
蚌埠市	Bengbu	36	258	59
淮南市	Huainan	29	216	59
马鞍山市	Maanshan	32	175	51
淮北市	Huaibei	22	162	42
铜陵市	Tongling	18	108	31
安庆市	Anqing	50	316	74
黄山市	Huangshan	25	108	27
滁州市	Chuzhou	41	319	72
阜阳市	Fuyang	51	492	99
宿州市	Suzhou	35	416	70
六安市	Lu'an	36	298	55
亳州市	Bozhou	23	341	52
池州市	Chizhou	19	105	28
宣城市	Xuancheng	30	203	51
福建省	**Fujian**			
福州市	Fuzhou	181	868	245
厦门市	Xiamen	130	571	169
莆田市	Putian	62	272	266
三明市	Sanming	51	253	67
泉州市	Quanzhou	193	913	243
漳州市	Zhangzhou	91	465	118
南平市	Nanping	46	250	68
龙岩市	Longyan	57	260	75
宁德市	Ningde	49	285	76
江西省	**Jiangxi**			
南昌市	Nanchang	102	625	143
景德镇市	Jingdezhen	17	137	39
萍乡市	Pingxiang	23	148	36
九江市	Jiujiang	70	375	95
新余市	Xinyu	13	109	29
鹰潭市	Yingtan	12	89	41
赣州市	Ganzhou	87	615	162
吉安市	Ji'an	41	355	71
宜春市	Yichun	52	353	71
抚州市	Fuzhou	25	242	56
上饶市	Shangrao	67	492	90

2-26 续表 3 continued 3

单位：万户 (10 000 households)

城　市	City	固定电话年末用户数 Number of Subscribers of Local Telephones at Year-end	移动电话年末用户数 Number of Subscribers of Mobile Telephones at Year-end	互联网宽带接入用户数 Number of Subscribers of Internet Services
山东省	**Shandong**			
济南市	Jinan	156	1088	262
青岛市	Qingdao	178	1446	294
淄博市	Zibo	70	498	119
枣庄市	Zaozhuang	29	317	86
东营市	Dongying	29	257	53
烟台市	Yantai	67	818	181
潍坊市	Weifang	95	894	206
济宁市	Jining	39	709	162
泰安市	Tai'an	54	476	121
威海市	Weihai	48	343	91
日照市	Rizhao	23	292	64
莱芜市	Laiwu	17	116	36
临沂市	Linyi	56	879	205
德州市	Dezhou	36	445	117
聊城市	Liaocheng	34	470	113
滨州市	Binzhou	37	370	111
菏泽市	Heze	18	643	114
河南省	**Henan**			
郑州市	Zhengzhou	195	1373	275
开封市	Kaifeng	33	416	52
洛阳市	Luoyang	95	673	152
平顶山市	Pingdingshan	34	367	50
安阳市	Anyang	57	501	105
鹤壁市	Hebi	16	134	37
新乡市	Xinxiang	59	539	125
焦作市	Jiaozuo	48	425	136
濮阳市	Puyang	56	657	126
许昌市	Xuchang	33	354	84
漯河市	Luohe	15	54	22
三门峡市	Sanmenxia	12	203	136
南阳市	Nanyang	53	732	126
商丘市	Shangqiu	46	628	121
信阳市	Xinyang	38	540	133
周口市	Zhoukou	22	571	104
驻马店市	Zhumadian	32	553	95
湖北省	**Hubei**			
武汉市	Wuhan	222	1519	489
黄石市	Huangshi	36	205	45
十堰市	Shiyan	38	290	66
宜昌市	Yichang	53	388	128
襄阳市	Xiangyang	61	479	111
鄂州市	Ezhou	16	95	24
荆门市	Jingmen	30	217	48
孝感市	Xiaogan	47	320	66
荆州市	Jingzhou	60	396	131
黄冈市	Huanggang	72	389	91
咸宁市	Xianning	40	228	55
随州市	Suizhou	21	169	39

2-26 续表 4 continued 4

单位：万户 (10 000 households)

城 市	City	固定电话年末用户数 Number of Subscribers of Local Telephones at Year-end	移动电话年末用户数 Number of Subscribers of Mobile Telephones at Year-end	互联网宽带接入用户数 Number of Subscribers of Internet Services
湖南省	**Hunan**			
长沙市	Changsha	171	1048	227
株洲市	Zhuzhou	56	331	76
湘潭市	Xiangtan	24	260	54
衡阳市	Hengyang	76	477	93
邵阳市	Shaoyang	51	452	52
岳阳市	Yueyang	71	397	85
常德市	Changde	53	465	93
张家界市	Zhangjiajie	12	120	30
益阳市	Yiyang	30	303	52
郴州市	Chenzhou	49	353	72
永州市	Yongzhou	25	317	61
怀化市	Huaihua	38	323	59
娄底市	Loudi	33	281	55
广东省	**Guangdong**			
广州市	Guangzhou	434	2828	496
韶关市	Shaoguan	42	275	187
深圳市	Shenzhen	644	2505	632
珠海市	Zhuhai	74	337	89
汕头市	Shantou	117	578	114
佛山市	Foshan	236	1196	235
江门市	Jiangmen	120	624	160
湛江市	Zhanjiang	63	692	87
茂名市	Maoming	59	355	90
肇庆市	Zhaoqing	63	306	83
惠州市	Huizhou	102	697	149
梅州市	Meizhou	50	252	69
汕尾市	Shanwei	35	177	36
河源市	Heyuan	40	235	47
阳江市	Yangjiang	40	229	51
清远市	Qingyuan	32	335	59
东莞市	Dongguan	273	1575	185
中山市	Zhongshan	106	599	157
潮州市	Chaozhou	51	228	57
揭阳市	Jieyang	77	474	57
云浮市	Yunfu	36	222	103
广西壮族自治区	**Guangxi**			
南宁市	Nanning	71	778	201
柳州市	Liuzhou	30	366	91
桂林市	Guilin	40	412	89
梧州市	Wuzhou	16	192	39
北海市	Beihai	19	174	37
防城港市	Fangchenggang	11	89	18
钦州市	Qinzhou	28	216	38
贵港市	Guigang	29	264	47

2-26 续表 5 continued 5

单位：万户 (10 000 households)

城 市	City	固定电话年末用户数 Number of Subscribers of Local Telephones at Year-end	移动电话年末用户数 Number of Subscribers of Mobile Telephones at Year-end	互联网宽带接入用户数 Number of Subscribers of Internet Services
玉林市	Yulin	44	358	70
百色市	Baise	19	253	42
贺州市	Hezhou	9	133	25
河池市	Hechi	18	240	42
来宾市	Laibin	9	142	26
崇左市	Chongzuo	10	163	25
海南省	**Hainan**			
海口市	Haikou	47	335	63
三亚市	Sanya	26	121	26
三沙市	Sansa			
儋州市	Danzhou	7	71	13
重庆市	**Chongqing**	**542**	**2880**	**849**
四川省	**Sichuan**			
成都市	Chengdu	544	2407	599
自贡市	Zigong	47	247	59
攀枝花市	Panzhihua	26	97	30
泸州市	Luzhou	58	382	88
德阳市	Deyang	63	402	86
绵阳市	Mianyang	86	521	127
广元市	Guangyuan	40	230	46
遂宁市	Suining	32	222	49
内江市	Neijiang	60	281	65
乐山市	Leshan	61	332	56
南充市	Nanchong	85	507	101
眉山市	Meishan	45	287	76
宜宾市	Yibin	60	410	86
广安市	Guang'an	37	262	56
达州市	Dazhou	64	358	70
雅安市	Ya'an	26	153	35
巴中市	Bazhong	32	254	43
资阳市	Ziyang	26	190	34
贵州省	**Guizhou**			
贵阳市	Guiyang	88	656	124
六盘水市	Liupanshui	19	281	31
遵义市	Zunyi	53	595	72
安顺市	Anshun	15	215	27
毕节市	Bijie	22	432	332
铜仁市	Tongren	13	260	36
云南省	**Yunnan**			
昆明市	Kunming	118	963	187
曲靖市	Qujing	21	438	98
玉溪市	Yuxi	11	225	63
保山市	Baoshan	11	206	28
昭通市	Zhaotong	13	358	26
丽江市	Lijiang	7	98	17
普洱市	Pu'er	11	207	23
临沧市	Lincang	12	199	35

2-26 续表 6 continued 6

单位：万户 (10 000 households)

城　市	City	固定电话年末用户数 Number of Subscribers of Local Telephones at Year-end	移动电话年末用户数 Number of Subscribers of Mobile Telephones at Year-end	互联网宽带接入用户数 Number of Subscribers of Internet Services
西藏自治区	**Tibet**			
拉萨市	Lasa	22	96	
日喀则市	Rikaze	5	5357	6
昌都市	Changdu			
林芝市	Linzhi			
山南市	Shannan			
陕西省	**Shaanxi**			
西安市	Xi'an	284	1740	336
铜川市	Tongchuan	12	85	15
宝鸡市	Baoji	54	369	61
咸阳市	Xianyang	44	495	89
渭南市	Weinan	78	485	80
延安市	Yan'an	32	249	37
汉中市	Hanzhong	47	347	49
榆林市	Yulin	43	395	62
安康市	Ankang	34	241	40
商洛市	Shangluo	25	183	26
甘肃省	**Gansu**			
兰州市	Lanzhou	66	535	102
嘉峪关市	Jiayuguan	11	44	8
金昌市	Jinchang	6	48	12
白银市	Baiyin	22	160	23
天水市	Tianshui	32	284	78
武威市	Wuwei	15	139	27
张掖市	Zhangye	23	115	27
平凉市	Pingliang	23	184	26
酒泉市	Jiuquan	18	126	25
庆阳市	Qingyang	20	157	21
定西市	Dingxi	11	239	32
陇南市	Longnan	17	202	14
青海省	**Qinghai**			
西宁市	Xining	38	284	47
海东市	Haidong	12	136	11
宁夏回族自治区	**Ningxia**			
银川市	Yinchuan	39	391	64
石嘴山市	Shizuishan	6	86	16
吴忠市	Wuzhong	10	114	17
固原市	Guyuan	5	103	11
中卫市	Zhongwei	11	95	12
新疆维吾尔自治区	**Xinjiang**			
乌鲁木齐市	Urumqi	127	503	111
克拉玛依市	Karamay	12	59	36
吐鲁番市	Tulufan			
哈密市	Hami			

(五)贸易、外经
Trade, Foreign Trade and Economic Cooperation

2-27 社会消费品零售总额及批发零售贸易业情况
Total Retail Sales of Consumer Goods and Basic Conditions

城市	City	限额以上批发零售业商品销售总额(万元) Total Sales of Commodities of Enterprises above Designated Size in Wholesale and Retail Trades (10 000 yuan)		社会消费品零售总额(万元) Total Retail Sales of Consumer Goods (10 000 yuan)		限额以上批发零售业企业数(法人数)(个) Number of Enterprises above Designated Size of Wholesale and Retail Trades (Number of Legal Entities) (unit)	
		全市 Total City	市辖区 Districts under City	全市 Total City	市辖区 Districts under City	全市 Total City	市辖区 Districts under City
北京市	**Beijing**	**548665725**	**548665725**	**110051000**	**110051000**	**6010**	**6010**
天津市	**Tianjin**	**352708169**	**352708169**	**56358078**	**56358078**	**5320**	**5320**
河北省	**Hebei**						
石家庄市	Shijiazhuang	18827060	8112891	29752321	16588893	548	394
唐山市	Tangshan	14753468	8686686	23711061	12016700	456	278
秦皇岛市	Qinhuangdao	7186957	6893487	6998048	5537365	255	229
邯郸市	Handan	15933185	13933200	15088817	7359132	383	187
邢台市	Xingtai	4028133	3055698	9698859	2371973	364	115
保定市	Baoding	19040356	16527471	18281891	6904872	529	189
张家口市	Zhangjiakou	1510027	986836	6831739	3528518	203	106
承德市	Chengde	2622783	1956696	5433067	1618319	166	69
沧州市	Cangzhou	7411893	5242778	12278129	2398974	484	178
廊坊市	Langfang	6080125	4455441	8819112	2325233	336	135
衡水市	Hengshui	4129637	2895068	6754345	2514707	409	180
山西省	**Shanxi**						
太原市	Taiyuan	39092406	38003838	16662400	15438351	697	616
大同市	Datong	16988922	15355842	6090130	4765321	191	154
阳泉市	Yangquan	8253720	8014633	3062665	2235047	137	109
长治市	Changzhi	9103907	1948467	5666196	3736602	320	154
晋城市	Jincheng	2513454	1706467	3861943	2046880	261	121
朔州市	Shuozhou	951988	430474	2910719	1091799	190	78
晋中市	Jinzhong	4089491	897019	5692111	980018	262	38
运城市	Yuncheng	4008927	1901413	7047230	2304419	279	43
忻州市	Xinzhou	2124130	821467	3380208	880336	207	45
临汾市	Linfen	5217443	4917334	6094418	2394536	252	92
吕梁市	Lvliang	1681645	563551	4337402	670719	192	38
内蒙古自治区	**Inner Mongolia**						
呼和浩特市	Hohhot	11446634	10115257	14814578	12180383	399	349
包头市	Baotou	7443910	6602662	14002176	13083085	290	265
乌海市	Wuhai	1114085	1114085	1519317	1519317	141	141
赤峰市	Chifeng	3195477	2280626	7002480	3482744	152	83
通辽市	Tongliao	2301695	1679247	5153418	2558395	267	150
鄂尔多斯市	Erdos	10062705	3661402	7268068	3519070	253	103
呼伦贝尔市	Hulunbuir	2518579	1077941	6002700	1967681	249	69
巴彦淖尔市	Bayannur	1556383	1005972	2576784	1213000	75	36
乌兰察布市	Ulanqab	820827	711881	3171070	856248	53	38
辽宁省	**Liaoning**						
沈阳市	Shenyang	70335706	69421501	39858992	37352423	1626	1547
大连市	Dalian	31500916	28196163	34101246	29653697	1236	1006

2-27 续表 1 continued 1

城市	City	限额以上批发零售业商品销售总额(万元) Total Sales of Commodities of Enterprises above Designated Size in Wholesale and Retail Trades (10 000 yuan)		社会消费品零售总额(万元) Total Retail Sales of Consumer Goods (10 000 yuan)		限额以上批发零售业企业数(法人数)(个) Number of Enterprises above Designated Size of Wholesale and Retail Trades (Number of Legal Entities) (unit)	
		全市 Total City	市辖区 Districts under City	全市 Total City	市辖区 Districts under City	全市 Total City	市辖区 Districts under City
鞍山市	Anshan	6092097	4328887	9921057	5056779	373	258
抚顺市	Fushun	2783693	2722601	6695021	5782098	118	111
本溪市	Benxi	1237514	1152063	3773503	2628820	189	152
丹东市	Dandong	1438670	1259527	5419730	2430590	134	82
锦州市	Jinzhou	2967085	2748071	6107005	3663600	206	140
营口市	Yingkou	2876535	1944959	5027307	2891456	219	112
阜新市	Fuxin	1650293	1405360	2821339	2186042	148	107
辽阳市	Liaoyang	6253081	6032574	3200166	1933953	102	77
盘锦市	Panjin	5578271	3176557	3726915	3436470	179	157
铁岭市	Tieling	1085792	823026	4288288	1330716	91	39
朝阳市	Chaoyang	3019655	1019929	4486722	1224399	142	67
葫芦岛市	Huludao	2233956	1075307	4713707	2686928	178	92
吉林省	**Jilin**						
长春市	Changchun	17295738	16806556	26502844	22137061	594	529
吉林市	Jilin	8369922	5195387	14465105	9042782	483	209
四平市	Siping	3099414	972013	6058340	1819627	210	58
辽源市	Liaoyuan	649395	411952	2261899	1466363	64	45
通化市	Tonghua	3121810	1204067	5323740	1460586	189	71
白山市	Baishan	721526	479732	2927361	1265720	65	29
松原市	Songyuan	2493429	809131	6692064	1590101	94	32
白城市	Baicheng	1295494	1021892	3402418	1900203	56	18
黑龙江省	**Heilongjiang**						
哈尔滨市	Harbin	23803325	15968203	37441758	31231074	840	539
齐齐哈尔市	Qiqihar	1262592	858552	7490623	659668	175	138
鸡西市	Jixi	1332262	695250	2428615	1503560	90	42
鹤岗市	Hegang	432525	411789	1255364	1163093	57	44
双鸭山市	Shuangyashan	640465	294206	1191970	609196	48	15
大庆市	Daqing	11111751	10618019	10926070	10066999	251	225
伊春市	Yichun	458397	325187	1192145	863533	28	22
佳木斯市	Jiamusi	1448316	1204318	4461506	2343653	52	23
七台河市	Qitaihe	302690	277861	1003634	783476	18	15
牡丹江市	Mudanjiang	4743068	1402736	5883295	3018001	270	53
黑河市	Heihe	681856	294304	1146524	70977	50	15
绥化市	Suihua	1725643	429258	5693467	952110	84	14
上海市	**Shanghai**	**715447559**	**715447559**	**109465690**	**109465690**	**5673**	**5673**
江苏省	**Jiangsu**						
南京市	Nanjing	211989068	211989068	50881980	50881980	2618	2618
无锡市	Wuxi	28809434	16196145	31195622	17871398	1543	888
徐州市	Xuzhou	24335185	15180587	26593863	16552091	2392	1074
常州市	Changzhou	35445436	33064267	22028322	18998069	2009	1798
苏州市	Suzhou	43430180	22961813	49367885	25585002	3625	1721

2-27 续表 2 continued 2

城 市	City	限额以上批发零售业商品销售总额(万元) Total Sales of Commodities of Enterprises above Designated Size in Wholesale and Retail Trades (10 000 yuan)		社会消费品零售总额(万元) Total Retail Sales of Consumer Goods (10 000 yuan)		限额以上批发零售业企业数(法人数)(个) Number of Enterprises above Designated Size of Wholesale and Retail Trades (Number of Legal Entities) (unit)	
		全 市 Total City	市辖区 Districts under City	全 市 Total City	市辖区 Districts under City	全 市 Total City	市辖区 Districts under City
南通市	Nantong	24067807	9510480	26328725	10291337	2217	873
连云港市	Lianyungang	8296410	4865535	9333099	5444381	522	313
淮安市	Huai'an	9783007	6671618	10838277	7391408	1125	781
盐城市	Yancheng	14652606	6608234	16308800	7302056	1436	569
扬州市	Yangzhou	12013875	8227349	13588007	9286075	714	448
镇江市	Zhenjiang	10869459	5663349	12367803	6382266	548	276
泰州市	Taizhou	9649414	4976482	11183404	5569079	865	474
宿迁市	Suqian	6145481	2673737	7055395	3019842	546	193
浙江省	**Zhejiang**						
杭州市	Hangzhou	150065936	146677917	51762033	46581230	4134	3665
宁波市	Ningbo	134881914	122321656	36676341	23972252	3545	2802
温州市	Wenzhou	31877720	23123656	30068973	15774070	2141	1176
嘉兴市	Jiaxing	20910200	8834899	16384941	4498376	1543	439
湖州市	Huzhou	27220597	11398220	10688648	5446315	696	318
绍兴市	Shaoxing	27410004	20547361	17833404	9744323	2072	1446
金华市	Jinhua	15268098	6049814	19778681	5624741	1152	318
衢州市	Quzhou	4035673	2538662	6093102	2354494	364	178
舟山市	Zhoushan	14826609		4573956		334	
台州市	Taizhou	15358755	10184269	20131405	8116470	1012	444
丽水市	Lishui	5446475	2870675	5716390	1846208	282	87
安徽省	**Anhui**						
合肥市	Hefei	42012839	39524031	24456959	20059544	1192	928
芜湖市	Wuhu	10627911	9247187	8281706	5521303	806	473
蚌埠市	Bengbu	4799530	3939943	6439881	4041278	437	243
淮南市	Huainan	2503448	2156851	5124626	3550657	332	220
马鞍山市	Maanshan	4061389	3217881	4706254	2836062	250	141
淮北市	Huaibei	1904548	1381780	3158564	2292172	251	161
铜陵市	Tongling	1837396	1710799	3056798	2342330	214	163
安庆市	Anqing	3695824	2286996	6816837	2824890	535	176
黄山市	Huangshan	1299471	1034907	3131163	1735517	177	91
滁州市	Chuzhou	4293720	2410501	5151519	1318858	470	117
阜阳市	Fuyang	11400874	6640160	7593756	3149394	563	198
宿州市	Suzhou	4772513	3459185	4769222	2233481	428	181
六安市	Lu'an	3273931	2579419	5414623	2695056	280	138
亳州市	Bozhou	3732586	1119776	4921376	1782700	490	174
池州市	Chizhou	1146903	860519	2220692	1244923	201	109
宣城市	Xuancheng	3275250	2005000	4758406	1807843	311	89
福建省	**Fujian**						
福州市	Fuzhou	53486552	46120485	37631418	26302827	2039	1467
厦门市	Xiamen	93661767	93661767	12834595	12834595	1864	1864
莆田市	Putian	10467789	9530829	6231302	5350267	1024	925

2-27 续表 3 continued 3

城 市	City	限额以上批发零售业商品销售总额(万元) Total Sales of Commodities of Enterprises above Designated Size in Wholesale and Retail Trades (10 000 yuan)		社会消费品零售总额(万元) Total Retail Sales of Consumer Goods (10 000 yuan)		限额以上批发零售业企业数(法人数)(个) Number of Enterprises above Designated Size of Wholesale and Retail Trades (Number of Legal Entities) (unit)	
		全 市 Total City	市辖区 Districts under City	全 市 Total City	市辖区 Districts under City	全 市 Total City	市辖区 Districts under City
三明市	Sanming	6467270	3833626	4806339	1129921	640	263
泉州市	Quanzhou	36816296	11641504	27246536	7295243	2402	536
漳州市	Zhangzhou	9729032	6158440	8755936	3001766	866	287
南平市	Nanping	3187392	1746532	5566788	1864407	393	141
龙岩市	Longyan	10699089	6391937	7290015	3885741	1702	812
宁德市	Ningde	3074426	1652140	5123472	1228590	484	138
江西省	**Jiangxi**						
南昌市	Nanchang	20368749	17425538	18680021	16158161	833	727
景德镇市	Jingdezhen	1098855	987652	3006126	1961825	67	39
萍乡市	Pingxiang	992348	824999	3380777	2216801	115	58
九江市	Jiujiang	3446040	2053989	6567812	2825093	292	83
新余市	Xinyu	1108942	1031398	2399510	1880255	80	62
鹰潭市	Yingtan	1493129	713165	1946627	897264	151	46
赣州市	Ganzhou	2767847	1936701	7902438	3454910	295	125
吉安市	Ji'an	2247466	822596	4486619	916845	340	65
宜春市	Yichun	4593539	1958384	5962459	1919309	350	114
抚州市	Fuzhou	1345900	684412	4802681	1742207	188	45
上饶市	Shangrao	3627271	1479808	7211204	1940187	433	123
山东省	**Shandong**						
济南市	Jinan	39553491	37947051	37647762	34537877	1636	1358
青岛市	Qingdao	57562378	50564579	41049345	26268678	1742	1215
淄博市	Zibo	17059359	14630754	21550307	17261172	926	743
枣庄市	Zaozhuang	8294155	4193562	8922827	4879075	759	467
东营市	Dongying	12858803	5378899	7897167	4960788	499	226
烟台市	Yantai	29051778	17389679	29760692	12425474	1275	682
潍坊市	Weifang	25247462	9843641	25148523	7728611	1548	272
济宁市	Jining	17954306	8506775	20718899	8223516	1628	429
泰安市	Tai'an	22780943	5703800	14627683	5373152	1247	473
威海市	Weihai	10229175	7080738	14567293	8560802	527	357
日照市	Rizhao	10456837	8790077	6600935	4014704	221	133
莱芜市	Laiwu	3641999	3641999	3477980	3477980	270	270
临沂市	Linyi	30921833	19116192	24880114	11339120	1446	699
德州市	Dezhou	15048463	4111952	13949692	4213889	1213	265
聊城市	Liaocheng	10406384	3211396	11731289	3804880	687	180
滨州市	Binzhou	7984949	2360506	8897039	3288728	377	155
菏泽市	Heze	13288748	3590185	15030038	3636618	1346	374
河南省	**Henan**						
郑州市	Zhengzhou	62585089	44803987	36658275	22913780	2014	1340
开封市	Kaifeng	5394992	2517160	7563303	3825140	739	232
洛阳市	Luoyang	12769030	10044903	18073767	9409895	879	565
平顶山市	Pingdingshan	6853470	3819595	7717130	3676276	675	131

2-27 续表 4 continued 4

城 市	City	限额以上批发零售业商品销售总额(万元) Total Sales of Commodities of Enterprises above Designated Size in Wholesale and Retail Trades (10 000 yuan)		社会消费品零售总额(万元) Total Retail Sales of Consumer Goods (10 000 yuan)		限额以上批发零售业企业数(法人数)(个) Number of Enterprises above Designated Size of Wholesale and Retail Trades (Number of Legal Entities) (unit)	
		全 市 Total City	市辖区 Districts under City	全 市 Total City	市辖区 Districts under City	全 市 Total City	市辖区 Districts under City
安阳市	Anyang	5948900	3767998	7557854	3636286	418	135
鹤壁市	Hebi	3113029	2050201	2058894	1100979	151	82
新乡市	Xinxiang	5101624	3865327	8623950	4293146	537	219
焦作市	Jiaozuo	3247502	1945015	6989173	2346619	358	138
濮阳市	Puyang	4685704	2204445	5299562	1391945	458	122
许昌市	Xuchang	8522266	3146517	7942878	2809076	1075	187
漯河市	Luohe	3924030	2540634	4915521	3048583	261	164
三门峡市	Sanmenxia	3075545	1990190	4411337	1523788	325	114
南阳市	Nanyang	13504513	5152509	17564280	5038961	1616	343
商丘市	Shangqiu	9866530	5815095	9185338	3841973	790	234
信阳市	Xinyang	6923472	3990230	9814734	2918123	490	155
周口市	Zhoukou	5323572	1904567	10940893	1588065	522	92
驻马店市	Zhumadian	3732352	1195134	8491133	1746800	662	129
湖北省	**Hubei**						
武汉市	Wuhan	107885362	98656170	56105883	47163496	1865	1531
黄石市	Huangshi	7938223	6195664	6495900	3446400	395	199
十堰市	Shiyan	5953800	4891481	7249600	4649970	387	210
宜昌市	Yichang	11686517	4611428	12403273	6655785	1145	396
襄阳市	Xiangyang	8397107	4233043	13252553	6499501	958	356
鄂州市	Ezhou	1829306	1829306	2984536	2984536	80	80
荆门市	Jingmen	5259748	3469315	6142260	2354612	590	250
孝感市	Xiaogan	3493693	1637750	8836626	1649589	361	92
荆州市	Jingzhou	4956693	2793273	10561334	3765120	779	269
黄冈市	Huanggang	3255900	1776820	9739400	1288405	564	70
咸宁市	Xianning	2559941	856156	4425352	1156288	247	50
随州市	Suizhou	3208845	1696083	4460990	2055535	257	108
湖南省	**Hunan**						
长沙市	Changsha	43411120	32679852	41174019	31317706	1638	1024
株洲市	Zhuzhou	6684118	4288992	9364854	3026604	512	175
湘潭市	Xiangtan	2791027	2443330	5823627	3771745	339	220
衡阳市	Hengyang	5715133	4873310	11279795	4680985	628	344
邵阳市	Shaoyang	5217777	1911666	8348161	1907708	675	112
岳阳市	Yueyang	7280939	3498292	11428833	5957270	469	226
常德市	Changde	3996928	3081330	10579981	4217164	544	167
张家界市	Zhangjiajie	826108	679458	1981067	1099253	62	28
益阳市	Yiyang	3446721	867015	6414707	2713301	334	145
郴州市	Chenzhou	9171472	5625431	9051100	4362022	578	212
永州市	Yongzhou	2936280	1034562	5899046	2046889	304	70
怀化市	Huaihua	1774168	1315801	5618962	1944160	142	74
娄底市	Loudi	3223138	742369	4852746	1105856	367	94

2-27 续表 5 continued 5

城 市	City	限额以上批发零售业商品销售总额(万元) Total Sales of Commodities of Enterprises above Designated Size in Wholesale and Retail Trades (10 000 yuan)		社会消费品零售总额(万元) Total Retail Sales of Consumer Goods (10 000 yuan)		限额以上批发零售业企业数(法人数)(个) Number of Enterprises above Designated Size of Wholesale and Retail Trades (Number of Legal Entities) (unit)	
		全 市 Total City	市辖区 Districts under City	全 市 Total City	市辖区 Districts under City	全 市 Total City	市辖区 Districts under City
广东省	**Guangdong**						
广州市	Guangzhou	275055040	275055040	87064876	87064876	6503	6503
韶关市	Shaoguan	4310826	1923499	6382101	3956321	394	218
深圳市	Shenzhen	259213424	259213424	55127556	55127556	4728	4728
珠海市	Zhuhai	25976763	25976763	10161281	10161281	826	826
汕头市	Shantou	14436649	14391748	15151946	14931536	767	756
佛山市	Foshan	66271916	66271916	30177645	30177645	1993	1993
江门市	Jiangmen	10904406	8377746	11590639	5263534	781	470
湛江市	Zhanjiang	9863312	7971129	14329570	8168088	631	298
茂名市	Maoming	16007286	14061599	13398771	8731143	891	654
肇庆市	Zhaoqing	6935922	6630198	7319824	5464677	288	241
惠州市	Huizhou	20222377	12801800	12278804	7528510	630	322
梅州市	Meizhou	2582744	1958944	6197680	2729632	158	94
汕尾市	Shanwei	958597	737311	5331054	1124308	65	26
河源市	Heyuan	1673413	1347833	5374414	1555024	221	83
阳江市	Yangjiang	1977030	1522129	6348348	3535484	221	147
清远市	Qingyuan	3225782	2002905	6267990	3646052	366	221
东莞市	Dongguan	39108916	39108916	24707782	24707782	1423	1423
中山市	Zhongshan	14962693	14962693	12058435	12058435	1043	1043
潮州市	Chaozhou	2887446	2129451	4956141	3899060	215	173
揭阳市	Jieyang	13091338	6304714	9784204	4047454	1060	507
云浮市	Yunfu	3246204	968593	3452179	1228228	366	141
广西壮族自治区	**Guangxi**						
南宁市	Nanning	31819480	31359147	19803601	17221754	882	795
柳州市	Liuzhou	10391521	10052278	10451288	8516603	479	402
桂林市	Guilin	4095193	3300702	8364549	5160254	280	157
梧州市	Wuzhou	1260212	1142869	3959472	2040009	195	114
北海市	Beihai	1643781	1561882	2253354	1452017	152	128
防城港市	Fangchenggang	1794851	942528	1118874	668896	80	50
钦州市	Qinzhou	2147377	1975553	3736302	1994345	163	105
贵港市	Guigang	1533308	1347392	4318949	2498220	123	78
玉林市	Yulin	2978310	2314685	6604332	3064775	246	133
百色市	Baise	2060698	1313890	2468426	770131	200	48
贺州市	Hezhou	670395	628606	1609765	869536	61	46
河池市	Hechi	1064249	836906	2679645	670628	105	35
来宾市	Laibin	570197	501425	1591111	701810	71	35
崇左市	Chongzuo	2864221	475643	1313394	273296	141	23
海南省	**Hainan**						
海口市	Haikou	14166383	14166383	6538916	6538916	212	212
三亚市	Sanya	1562328	1562328	1980837	1980837	38	38
三沙市	Sansa						
儋州市	Danzhou	16793		763714		8	

2-27 续表 6 continued 6

城　市	City	限额以上批发零售业商品销售总额(万元) Total Sales of Commodities of Enterprises above Designated Size in Wholesale and Retail Trades (10 000 yuan)		社会消费品零售总额(万元) Total Retail Sales of Consumer Goods (10 000 yuan)		限额以上批发零售业企业数(法人数)(个) Number of Enterprises above Designated Size of Wholesale and Retail Trades (Number of Legal Entities) (unit)	
		全　市 Total City	市辖区 Districts under City	全　市 Total City	市辖区 Districts under City	全　市 Total City	市辖区 Districts under City
重庆市	**Chongqing**	**119114624**	**110938420**	**72713516**	**64200065**	**5883**	**4822**
四川省	**Sichuan**						
成都市	Chengdu	71501907	66899272	57423661	49914240	1664	1412
自贡市	Zigong	1596294	1106247	5558073	3674771	212	125
攀枝花市	Panzhihua	2672310	2256674	3169046	2670303	201	173
泸州市	Luzhou	7676407	5004146	6371529	3187263	593	314
德阳市	Deyang	3812931	1590799	6988068	2021133	350	103
绵阳市	Mianyang	8210743	6881677	9884783	5570655	454	248
广元市	Guangyuan	1648451	1486541	3310685	1729951	165	112
遂宁市	Suining	2628576	1707715	4703892	2213419	259	132
内江市	Neijiang	2643574	1426505	4605438	1957770	295	104
乐山市	Leshan	3107984	1884710	6242618	2837949	261	114
南充市	Nanchong	3450427	2504418	7856249	3355922	398	177
眉山市	Meishan	2439778	1738128	4380662	2005896	225	98
宜宾市	Yibin	4957494	2320013	7633995	3223377	380	115
广安市	Guang'an	2178367	897634	4687869	1704408	266	85
达州市	Dazhou	4453624	2388987	7617181	2805656	301	107
雅安市	Ya'an	1095124	992270	2231816	1076904	71	34
巴中市	Bazhong	1378706		2874218	1167993	267	112
资阳市	Ziyang	1514335	826787	3260373	1187661	162	56
贵州省	**Guizhou**						
贵阳市	Guiyang	18190112	17225148	11953393	11252438	536	443
六盘水市	Liupanshui	3127308	1910731	3128971	1910915	184	75
遵义市	Zunyi	14981575	5593337	7234354	4105282	587	236
安顺市	Anshun	1644029	1580482	1763086	956876	154	108
毕节市	Bijie	3334561	2464825	3401468	1036033	224	54
铜仁市	Tongren	1584482	1215119	1870908	571274	254	63
云南省	**Yunnan**						
昆明市	Kunming	47028679	40653830	23100867	19850509	876	676
曲靖市	Qujing	5359292	3190589	5649666	1699242	305	78
玉溪市	Yuxi	3861830	2563275	3267664	1776865	221	108
保山市	Baoshan	2017306	1686299	2001754	1143226	151	49
昭通市	Zhaotong	207	172	238	96	112	31
丽江市	Lijiang	1006573	784035	1048532	503431	76	36
普洱市	Pu'er	1989294	1333950	1630418	543059	109	38
临沧市	Lincang	1733679	1056354	1736538	525858	146	39
西藏自治区	**Tibet**						
拉萨市	Lasa	1475378	1471599	2296683	2179666	63	61
日喀则市	Rikaze	220284	220284	832035	622235	10	10
昌都市	Changdu						
林芝市	Linzhi						
山南市	Shannan						

2-27 续表 7 continued 7

城　市	City	限额以上批发零售业商品销售总额（万元） Total Sales of Commodities of Enterprises above Designated Size in Wholesale and Retail Trades (10 000 yuan)		社会消费品零售总额（万元） Total Retail Sales of Consumer Goods (10 000 yuan)		限额以上批发零售业企业数(法人数)（个） Number of Enterprises above Designated Size of Wholesale and Retail Trades (Number of Legal Entities) (unit)	
		全　市 Total City	市辖区 Districts under City	全　市 Total City	市辖区 Districts under City	全　市 Total City	市辖区 Districts under City
陕西省	**Shaanxi**						
西安市	Xi'an	52008989	51778916	37307015	35559991	1036	972
铜川市	Tongchuan	1000155	896187	1249748	1244390	135	123
宝鸡市	Baoji	14787539	7983877	7021616	4732238	569	348
咸阳市	Xianyang	7567469	5341015	6885480	2518526	513	158
渭南市	Weinan	3560838	2763746	5740098	1560768	444	89
延安市	Yan'an	1920653	1354799	2579467	1173856	298	110
汉中市	Hanzhong	2963825	2234219	3691688	1454853	300	88
榆林市	Yulin	9765657	2023399	4220515	1246879	426	90
安康市	Ankang	2353607	1547463	2598136	1140194	489	142
商洛市	Shangluo	904101	680296	1749280	429545	126	33
甘肃省	**Gansu**						
兰州市	Lanzhou	33467753	31949042	12633456	11518187	599	519
嘉峪关市	Jiayuguan	1518696	1518696	600024	600024	75	75
金昌市	Jinchang	472280	399261	829244	570356	52	26
白银市	Baiyin	924103	627439	1936374	1271722	113	46
天水市	Tianshui	6204062	3517143	2886602	1922211	153	96
武威市	Wuwei	2822098	1322236	1781506	1049667	86	46
张掖市	Zhangye	907978	697975	1609038	884809	111	53
平凉市	Pingliang	3113937	423260	1941643	705200	67	26
酒泉市	Jiuquan	4456380	740754	1933330	819410	168	68
庆阳市	Qingyang	756576	580192	2231075	691190	108	38
定西市	Dingxi	907328	577638	1176647	386629	71	18
陇南市	Longnan	615665	410103	994963	393181	67	21
青海省	**Qinghai**						
西宁市	Xining	11561893	10313752	5130676	4663880	251	244
海东市	Haidong	275103	65952	892193	425555	9	8
宁夏回族自治区	**Ningxia**						
银川市	Yinchuan	7915764	6111450	5141927	3468519	261	146
石嘴山市	Shizuishan	384793	370236	1023161	784352	39	33
吴忠市	Wuzhong	331962	191131	1027632	521914	70	44
固原市	Guyuan	379481	364758	649799	318512	23	15
中卫市	Zhongwei	1875003	479963	658505	362453	50	29
新疆维吾尔自治区	**Xinjiang**						
乌鲁木齐市	Urumqi	41604317	41604317	12366940	12279340	745	745
克拉玛依市	Karamay	1035267	1035267	627173	627173	86	86
吐鲁番市	Tulufan						
哈密市	Hami						

2-28 利用外资情况
Utilization of Foreign Capital

城　市	City	外商直接投资合同项目（个）Number of Projects for Contracted Foreign Direct Investment (unit)		当年实际使用外资金额（万美元）Amount of Foreign Capital Actually Utilized (USD 10000)	
		全　市 Total City	市辖区 Districts under City	全　市 Total City	市辖区 Districts under City
北京市	**Beijing**	**1073**		**1302858**	**1302858**
天津市	**Tianjin**	**1106**	**1106**	**3082563**	**3082563**
河北省	**Hebei**				
石家庄市	Shijiazhuang	22	17	122102	98090
唐山市	Tangshan	26	21	148301	86814
秦皇岛市	Qinhuangdao	5	4	90438	77861
邯郸市	Handan	10	5	102156	44088
邢台市	Xingtai	10	2	54422	6008
保定市	Baoding	17	5	70346	36407
张家口市	Zhangjiakou	20	7	46003	14826
承德市	Chengde	6	2	20006	4816
沧州市	Cangzhou	27	16	56506	38730
廊坊市	Langfang	28	6	80207	48648
衡水市	Hengshui	5	1	23752	6393
山西省	**Shanxi**				
太原市	Taiyuan	12	12	46214	46214
大同市	Datong	4	2	20110	8661
阳泉市	Yangquan	1		31146	
长治市	Changzhi	1	1	47502	5421
晋城市	Jincheng	1	1	20012	20012
朔州市	Shuozhou			9833	3646
晋中市	Jinzhong	6	3	37870	11545
运城市	Yuncheng	1		2229	2077
忻州市	Xinzhou	3		3321	
临汾市	Linfen	4		16661	
吕梁市	Lvliang	2	2		
内蒙古自治区	**Inner Mongolia**				
呼和浩特市	Hohhot	11		87935	
包头市	Baotou	29	25	101035	86035
乌海市	Wuhai	1	1	200	200
赤峰市	Chifeng	6	3	11217	7500
通辽市	Tongliao	4	4	1658	1658
鄂尔多斯市	Erdos	7	1	195000	99000
呼伦贝尔市	Hulunbuir	3		4612	
巴彦淖尔市	Bayannur	4		15000	
乌兰察布市	Ulanqab	6		79092	
辽宁省	**Liaoning**				
沈阳市	Shenyang	132	131	81606	77625
大连市	Dalian	206	197	300200	296777
鞍山市	Anshan	2	2	2634	2088
抚顺市	Fushun	8	4	16	15
本溪市	Benxi	7	5	6076	6076
丹东市	Dandong	13	7	578	316
锦州市	Jinzhou	9	7	2142	1702
营口市	Yingkou	19	17	2414	2413
阜新市	Fuxin	1		677	153

2-28 续表 1 continued 1

城 市	City	外商直接投资合同项目（个）Number of Projects for Contracted Foreign Direct Investment (unit)		当年实际使用外资金额（万美元）Amount of Foreign Capital Actually Utilized (USD 10000)	
		全 市 Total City	市辖区 Districts under City	全 市 Total City	市辖区 Districts under City
辽阳市	Liaoyang	5	5	8390	8390
盘锦市	Panjin	6	6	18501	18501
铁岭市	Tieling	6	2	5337	1274
朝阳市	Chaoyang	9	6	1337	1337
葫芦岛市	Huludao	7	2	322	112
吉林省	**Jilin**				
长春市	Changchun	28	24	649792	616126
吉林市	Jilin	6		115403	
四平市	Siping			28516	15596
辽源市	Liaoyuan			32455	
通化市	Tonghua	4		46939	
白山市	Baishan	1		29860	10165
松原市	Songyuan	4	2	38557	17978
白城市	Baicheng	4	2	17512	2769
黑龙江省	**Heilongjiang**				
哈尔滨市	Harbin	69	62	320730	274931
齐齐哈尔市	Qiqihar	3	3	50788	50788
鸡西市	Jixi	8	5	14842	11742
鹤岗市	Hegang	1	1	7482	7482
双鸭山市	Shuangyashan				
大庆市	Daqing				
伊春市	Yichun	1		459	459
佳木斯市	Jiamusi	4	2	1981	1718
七台河市	Qitaihe			2530	2530
牡丹江市	Mudanjiang	21	4	54093	23372
黑河市	Heihe	2		11869	
绥化市	Suihua			28067	
上海市	**Shanghai**	**5153**	**5153**	**1851378**	**1851378**
江苏省	**Jiangsu**				
南京市	Nanjing	510	510	347937	347937
无锡市	Wuxi	354	258	341273	219947
徐州市	Xuzhou	166	75	150574	93091
常州市	Changzhou	269	252	250020	216418
苏州市	Suzhou	784	443	600300	331211
南通市	Nantong	329	122	238724	99565
连云港市	Lianyungang	112	70	55044	42914
淮安市	Huai'an	240	184	116135	77953
盐城市	Yancheng	150	79	70669	45149
扬州市	Yangzhou	70	46	120392	97481
镇江市	Zhenjiang	106	53	135068	68976
泰州市	Taizhou	107	75	134448	78565
宿迁市	Suqian	46	2	44988	12092
浙江省	**Zhejiang**				
杭州市	Hangzhou	462	413	720915	665929
宁波市	Ningbo	458	317	451333	329254
温州市	Wenzhou	61	31	24330	9482
嘉兴市	Jiaxing	275	68	269240	85535

2-28 续表 2 continued 2

城 市	City	外商直接投资合同项目（个） Number of Projects for Contracted Foreign Direct Investment (unit)		当年实际使用外资金额（万美元） Amount of Foreign Capital Actually Utilized (USD 10000)	
		全 市 Total City	市辖区 Districts under City	全 市 Total City	市辖区 Districts under City
湖州市	Huzhou	110		100131	
绍兴市	Shaoxing	277	218	80031	43981
金华市	Jinhua	400	14	34329	13920
衢州市	Quzhou	11	7	6109	2966
舟山市	Zhoushan	25	22	21017	20124
台州市	Taizhou	36	17	33683	6008
丽水市	Lishui	36	17	22130	7549
安徽省	**Anhui**				
合肥市	Hefei	95	81	282976	213630
芜湖市	Wuhu	36	27	251145	162012
蚌埠市	Bengbu	10	10	150383	101071
淮南市	Huainan	6	4	22298	13336
马鞍山市	Maanshan	29	18	209531	144507
淮北市	Huaibei	2	2	64780	41980
铜陵市	Tongling	10	10	24303	21001
安庆市	Anqing	7	5	18074	12638
黄山市	Huangshan	4	2	16052	8198
滁州市	Chuzhou	13	8	114366	44575
阜阳市	Fuyang	4	2	20309	15455
宿州市	Suzhou	11	5	73033	36495
六安市	Lu'an	10	6	38009	12410
亳州市	Bozhou	4		72279	19980
池州市	Chizhou	11	6	36132	20710
宣城市	Xuancheng	13	3	85976	11425
福建省	**Fujian**				
福州市	Fuzhou	483	403	181372	116325
厦门市	Xiamen	1278	1278	222401	222401
莆田市	Putian	28	25	40020	35020
三明市	Sanming	26	4	17090	3002
泉州市	Quanzhou	124	21	162780	37722
漳州市	Zhangzhou	115	18	116366	12610
南平市	Nanping	19	7	16249	5836
龙岩市	Longyan	32	10	27768	10496
宁德市	Ningde	10	5	23120	12187
江西省	**Jiangxi**				
南昌市	Nanchang	72	54	306452	243938
景德镇市	Jingdezhen	11	9	18772	8766
萍乡市	Pingxiang	47	23	33664	16753
九江市	Jiujiang	75	14	180313	47233
新余市	Xinyu	7	4	39868	30535
鹰潭市	Yingtan	61	21	26460	9545
赣州市	Ganzhou	68	15	151543	44811
吉安市	Ji'an	116	18	97473	12331
宜春市	Yichun	14	1	70969	5706
抚州市	Fuzhou	46	14	42608	9950
上饶市	Shangrao	73	21	103857	18855

2-28 续表 3 continued 3

城 市	City	外商直接投资合同项目(个) Number of Projects for Contracted Foreign Direct Investment (unit)		当年实际使用外资金额(万美元) Amount of Foreign Capital Actually Utilized (USD 10000)	
		全 市 Total City	市辖区 Districts under City	全 市 Total City	市辖区 Districts under City
山东省	**Shandong**				
济南市	Jinan	104	55	171624	112724
青岛市	Qingdao	680	547	700273	431152
淄博市	Zibo	28	24	63509	48673
枣庄市	Zaozhuang	10	7	10504	6893
东营市	Dongying	7	6	22304	22296
烟台市	Yantai	232	137	206173	117283
潍坊市	Weifang	45	21	106431	35761
济宁市	Jining	21		50657	
泰安市	Tai'an	61	20	51605	17281
威海市	Weihai	188	142	121145	97582
日照市	Rizhao	30	25	57858	49208
莱芜市	Laiwu	6	6	15291	15291
临沂市	Linyi	26	11	22768	5934
德州市	Dezhou	12	3	12099	3294
聊城市	Liaocheng	11	7	6721	1630
滨州市	Binzhou	5	2	41045	7044
菏泽市	Heze	11	4	25018	8221
河南省	**Henan**				
郑州市	Zhengzhou	72	57	403305	321436
开封市	Kaifeng	5	4	16755	14357
洛阳市	Luoyang	24	14	268798	147448
平顶山市	Pingdingshan	4	1	43221	14388
安阳市	Anyang	12	12	50076	27119
鹤壁市	Hebi	3		81394	60760
新乡市	Xinxiang	7	3	102289	41986
焦作市	Jiaozuo	4	3	82733	21252
濮阳市	Puyang	5	2	63304	20802
许昌市	Xuchang	10	6	71951	26066
漯河市	Luohe	16	13	90032	62706
三门峡市	Sanmenxia	5	4	106296	47256
南阳市	Nanyang	9	4	65221	14881
商丘市	Shangqiu	7	3	36249	12448
信阳市	Xinyang	2		52415	17485
周口市	Zhoukou	6		51668	10336
驻马店市	Zhumadian	8	3	38879	6988
湖北省	**Hubei**				
武汉市	Wuhan	142	129	852255	646744
黄石市	Huangshi	4	2	14600	11655
十堰市	Shiyan	4	2	27752	21915
宜昌市	Yichang	12	3	39149	17922
襄阳市	Xiangyang	5	1	82426	54849
鄂州市	Ezhou	6	6	27087	27087
荆门市	Jingmen	16	6	37630	13328
孝感市	Xiaogan	14	2	37269	
荆州市	Jingzhou	10	3	14360	
黄冈市	Huanggang	7	5	12930	1560
咸宁市	Xianning	10	5	6998	1278
随州市	Suizhou	5	5	12858	6637

2-28 续表 4 continued 4

城市	City	外商直接投资合同项目（个）Number of Projects for Contracted Foreign Direct Investment (unit)		当年实际使用外资金额（万美元）Amount of Foreign Capital Actually Utilized (USD 10000)	
		全市 Total City	市辖区 Districts under City	全市 Total City	市辖区 Districts under City
湖南省	**Hunan**				
长沙市	Changsha	177	150	481384	356815
株洲市	Zhuzhou	105	65	105130	69333
湘潭市	Xiangtan	37	8	105503	18438
衡阳市	Hengyang	144	18	114559	19340
邵阳市	Shaoyang	18	6	22547	4178
岳阳市	Yueyang	9	8	41538	22764
常德市	Changde	6	2	88889	33783
张家界市	Zhangjiajie	3	2	10179	7221
益阳市	Yiyang	9	5	23947	15026
郴州市	Chenzhou	41	18	151975	59662
永州市	Yongzhou	41	8	95300	27900
怀化市	Huaihua			4095	3119
娄底市	Loudi	16		39800	
广东省	**Guangdong**				
广州市	Guangzhou	1757	1757	570120	570120
韶关市	Shaoguan	14	4	5062	1570
深圳市	Shenzhen	4132	4132	673227	673227
珠海市	Zhuhai	803	803	229466	229466
汕头市	Shantou	21	20	9085	9085
佛山市	Foshan	229	229	147167	147167
江门市	Jiangmen	123	74	47634	21834
湛江市	Zhanjiang	13	9	6312	3467
茂名市	Maoming	57	17	7548	3720
肇庆市	Zhaoqing	42	24	37049	23304
惠州市	Huizhou	154	100	114252	100631
梅州市	Meizhou	37	16	5710	2095
汕尾市	Shanwei	16	8	4443	3762
河源市	Heyuan	35	23	9502	6837
阳江市	Yangjiang	15	15	6990	5388
清远市	Qingyuan	16	10	10718	6924
东莞市	Dongguan	446	446	392617	392617
中山市	Zhongshan	133	133	47446	47446
潮州市	Chaozhou	4	4	3430	3160
揭阳市	Jieyang	10	4	3072	1397
云浮市	Yunfu	24	12	4259	1222
广西壮族自治区	**Guangxi**				
南宁市	Nanning	49	47	15959	15618
柳州市	Liuzhou	16	12	2777	2406
桂林市	Guilin	36	14	16137	12339
梧州市	Wuzhou	11	6	418	340
北海市	Beihai	8	8	21000	21000
防城港市	Fangchenggang	2		8981	8981
钦州市	Qinzhou	9		12079	
贵港市	Guigang	8	8	2910	2000

2-28 续表 5 continued 5

城 市	City	外商直接投资合同项目（个） Number of Projects for Contracted Foreign Direct Investment (unit)		当年实际使用外资金额（万美元） Amount of Foreign Capital Actually Utilized (USD 10000)	
		全 市 Total City	市辖区 Districts under City	全 市 Total City	市辖区 Districts under City
玉林市	Yulin	8	5	2593	1104
百色市	Baise	8	8	299	270
贺州市	Hezhou	2	1	1331	899
河池市	Hechi	2		194	19
来宾市	Laibin	1	1	2382	2382
崇左市	Chongzuo	5	5	1784	1784
海南省	**Hainan**				
海口市	Haikou	51	51	3576	3576
三亚市	Sanya	10	10	20823	20823
三沙市	Sansa				
儋州市	Danzhou				
重庆市	**Chongqing**	**260**	**212**	**1134184**	**976669**
四川省	**Sichuan**				
成都市	Chengdu	268		600453	
自贡市	Zigong			1030	1030
攀枝花市	Panzhihua	1		3095	
泸州市	Luzhou	4	2	8201	4944
德阳市	Deyang	14	1	12142	5100
绵阳市	Mianyang	9	8	18240	11634
广元市	Guangyuan	5	4	1680	1080
遂宁市	Suining	3	2	5562	4743
内江市	Neijiang	3	3	4725	4725
乐山市	Leshan	1	1	5011	4378
南充市	Nanchong			5200	4947
眉山市	Meishan	6	3	11015	6394
宜宾市	Yibin	2	1	4135	2867
广安市	Guang'an			5011	1972
达州市	Dazhou	2	1	5087	701
雅安市	Ya'an	5	4	543	100
巴中市	Bazhong	1	1	1973	1973
资阳市	Ziyang	3	3	7252	7232
贵州省	**Guizhou**				
贵阳市	Guiyang	24	13	111988	72045
六盘水市	Liupanshui	4		31280	
遵义市	Zunyi	11	6	36610	6763
安顺市	Anshun	19	11	15916	7673
毕节市	Bijie	1		21924	18955
铜仁市	Tongren	8		1742	
云南省	**Yunnan**				
昆明市	Kunming	70	63	73996	20475
曲靖市	Qujing	8	1	7124	1521
玉溪市	Yuxi	1	1	117	117
保山市	Baoshan	1	1	1208	282
昭通市	Zhaotong			84	
丽江市	Lijiang	5	4	100	100
普洱市	Pu'er	4		10203	
临沧市	Lincang	1		150	

2-28 续表 6 continued 6

城 市	City	外商直接投资合同项目（个）Number of Projects for Contracted Foreign Direct Investment (unit)		当年实际使用外资金额（万美元）Amount of Foreign Capital Actually Utilized (USD 10000)	
		全 市 Total City	市辖区 Districts under City	全 市 Total City	市辖区 Districts under City
西藏自治区	**Tibet**				
拉萨市	Lasa				
日喀则市	Rikaze				
昌都市	Changdu				
林芝市	Linzhi				
山南市	Shannan				
陕西省	**Shaanxi**				
西安市	Xi'an	72	70	450466	446722
铜川市	Tongchuan				
宝鸡市	Baoji	3	1	572	
咸阳市	Xianyang	5	3	1995	595
渭南市	Weinan	3	1	1328	451
延安市	Yan'an	1			
汉中市	Hanzhong	4		2013	
榆林市	Yulin	2		3558	
安康市	Ankang				
商洛市	Shangluo				
甘肃省	**Gansu**				
兰州市	Lanzhou	9	5	33753	31353
嘉峪关市	Jiayuguan				
金昌市	Jinchang				
白银市	Baiyin				
天水市	Tianshui				
武威市	Wuwei	2	1	874	678
张掖市	Zhangye				
平凉市	Pingliang				
酒泉市	Jiuquan	3		5989	
庆阳市	Qingyang				
定西市	Dingxi				
陇南市	Longnan				
青海省	**Qinghai**				
西宁市	Xining	6		9076	
海东市	Haidong				
宁夏回族自治区	**Ningxia**				
银川市	Yinchuan	18		3555	
石嘴山市	Shizuishan				
吴忠市	Wuzhong	2		5481	
固原市	Guyuan				
中卫市	Zhongwei				
新疆维吾尔自治区	**Xinjiang**				
乌鲁木齐市	Urumqi	24	24	23700	23700
克拉玛依市	Karamay				
吐鲁番市	Tulufan				
哈密市	Hami				

(六)固定资产投资
Investment in Fixed Assets

2-29 固定资产投资情况
Basic Conditions of Investment in Fixed Assets

单位：万元 (10 000 yuan)

城市	City	固定资产投资(不含农户) Investment in Fixed Assets (Excluding Rural Households)		房地产开发投资完成额 Investment in Real Estate Development		住宅 Residential Buildings	
		全市 Total City	市辖区 Districts under City	全市 Total City	市辖区 Districts under City	全市 Total City	市辖区 Districts under City
北京市	**Beijing**	**78887000**	**78887000**	**40454000**	**40454000**	**19510000**	**19510000**
天津市	**Tianjin**	**127563593**	**127563593**	**23000100**	**23000100**	**15982700**	**15982700**
河北省	**Hebei**						
石家庄市	Shijiazhuang	56784633	30662065	10157650	8981092	6637791	5898083
唐山市	Tangshan	49751053	26794139	4589368	3865068	3221046	2690260
秦皇岛市	Qinhuangdao	8746590	5880840	2516902	2143127	1843342	1625828
邯郸市	Handan	37651978	16022211	3817210	3373098	2682606	2374973
邢台市	Xingtai	20259144	3434077	1915410	1269431	1557386	1010302
保定市	Baoding	29095007	8832603	7357727	2390611	5928028	1797248
张家口市	Zhangjiakou	16312702	6925633	3259972	1848181	2481311	1259876
承德市	Chengde	16154912	2767648	1365741	540652	977852	336903
沧州市	Cangzhou	34810735	11067910	2833656	1766575	2091329	1253411
廊坊市	Langfang	24585169	4386403	7036431	1815870	5628131	1495992
衡水市	Hengshui	12308344	4028627	1900820	1203295	1543387	909055
山西省	**Shanxi**						
太原市	Taiyuan	20277123	18173411	6819017	6683142	4955449	4845627
大同市	Datong	12128208	5621904	1677293	1633533	1124348	1100992
阳泉市	Yangquan	5531598	2321821	639781	305446	518305	248003
长治市	Changzhi	15144247	4133803	677962	354210	489227	259848
晋城市	Jincheng	11503657	4056451	803648	496344	589152	368519
朔州市	Shuozhou	6376804	1459099	280730	198829	205592	154558
晋中市	Jinzhong	13758360	2758083	1790361	874118	1308767	25269
运城市	Yuncheng	14837212	2948846	1163114	731070	884876	551480
忻州市	Xinzhou	11676598	1213060	440958	186840	285964	84502
临汾市	Linfen	13942534	2521124	975340	532068	682008	380376
吕梁市	Lvliang	11184608	1185676	705328	52368	538021	46486
内蒙古自治区	**Inner Mongolia**						
呼和浩特市	Hohhot	18491700	9768729	5205200	5035101	3690900	3586516
包头市	Baotou	29558162	23095670	1845728	1784235	1235309	1197438
乌海市	Wuhai	1651212	1651212	220991	220991	169239	169239
赤峰市	Chifeng	14657846	5916617	1099213	876837	834273	700178
通辽市	Tongliao	14755122	6037265	488483	374130	368344	287767
鄂尔多斯市	Erdos	30500757	5521085	588446	522245	429413	377262
呼伦贝尔市	Hulunbuir	9823270	2544348	877585	468393	513496	275479
巴彦淖尔市	Bayannur	7346863	1760364	295876	238110	212630	172106
乌兰察布市	Ulanqab	6613780	761949				
辽宁省	**Liaoning**						
沈阳市	Shenyang	16316212	14446928	7096706	6856978	4903834	4736851
大连市	Dalian	14363557	11141659	5351742	4863482	3924658	3567886
鞍山市	Anshan	4736858	2189600	1495845	1056195	1077826	809371
抚顺市	Fushun	1571218	1315204	565671	520399	421870	390873
本溪市	Benxi	2349774	1730020	283064	222259	213838	177270
丹东市	Dandong	2802029	1271320	800511	340386	624760	286940
锦州市	Jinzhou	3797753	1710714	1042617	785241	852457	653079
营口市	Yingkou	4101911	2702852	956106	685266	676989	500614

2-29 续表 1 continued 1

单位：万元 (10 000 yuan)

城市	City	固定资产投资(不含农户) Investment in Fixed Assets (Excluding Rural Households) 全市 Total City	市辖区 Districts under City	房地产开发投资完成额 Investment in Real Estate Development 全市 Total City	市辖区 Districts under City	住宅 Residential Buildings 全市 Total City	市辖区 Districts under City
阜新市	Fuxin	889792	350576	256566	189380	116532	95999
辽阳市	Liaoyang	1978142	1088413	384667	309987	230303	184933
盘锦市	Panjin	6014213	4869248	873281	801002	677624	623493
铁岭市	Tieling	1222429	271233	581296	159888	424515	114770
朝阳市	Chaoyang	2439102	433649	461850	205496	333964	133042
葫芦岛市	Huludao	1780282	876580	798529	398282	575049	263325
吉林省	**Jilin**						
长春市	Changchun	46590421	37354517	5966477	5392308	4014549	3650326
吉林市	Jilin	28048577	17650330	1318258	993350	955203	717306
四平市	Siping	8841900	2791844	427912	223057	268097	86818
辽源市	Liaoyuan	6584698	3566398	121525	111111	95799	88301
通化市	Tonghua	10657295	2110981	639013	112437	502897	95042
白山市	Baishan	6627200	2824109	135986	83984	105484	63222
松原市	Songyuan	14157342	4401638	352662	104462	262200	85933
白城市	Baicheng	7290400	1601118	241223	211060	189812	171646
黑龙江省	**Heilongjiang**						
哈尔滨市	Harbin	50400546	41981593	5121301	4792857	3484393	3235490
齐齐哈尔市	Qiqihar	9165212	2826053	764700	548850	587304	433251
鸡西市	Jixi	2382644	1308502	232082	208964	120428	104964
鹤岗市	Hegang	960675	747059	37987	27693	27942	16818
双鸭山市	Shuangyashan	1298500	558501	87374	37581	62566	13362
大庆市	Daqing	5652597	1603127	540192	416494	370078	272678
伊春市	Yichun	762998	498178	74515	70819	37874	35091
佳木斯市	Jiamusi	5883482	1943608	526126	372482	384991	285139
七台河市	Qitaihe	801137	608331	63645	63045	2934	2634
牡丹江市	Mudanjiang	12174398	3056223	563153	306771	455975	237360
黑河市	Heihe	2752803	257822	101575	18593	71703	13138
绥化市	Suihua	7705753	946868	375931	113870	270390	89216
上海市	**Shanghai**	**67516768**	**67516768**	**37090311**	**37090311**	**19654280**	**19654280**
江苏省	**Jiangsu**						
南京市	Nanjing	55335643	55335643	18456004	18456004	13927627	13927627
无锡市	Wuxi	47936947	31249060	10336226	6638210	6844248	4192908
徐州市	Xuzhou	47973323	23522260	5491309	3263851	4150360	2326576
常州市	Changzhou	36050770	31185240	4467017	4026369	3164802	2809677
苏州市	Suzhou	56484864	31563905	21632440	13811954	16552368	10601983
南通市	Nantong	48119518	18788009	5841356	3513701	4258754	2434012
连云港市	Lianyungang	23851577	15643232	2354133	1658649	1929150	1299085
淮安市	Huai'an	25351856	16537061	3214134	2400447	2229907	1732329
盐城市	Yancheng	38828338	16582936	3585666	2093651	2730183	1572447
扬州市	Yangzhou	32886833	19893339	4101757	3158411	2892766	2081615
镇江市	Zhenjiang	28734336	16935183	4486433	2395860	3414502	1696702
泰州市	Taizhou	31558701	15570028	2499636	1254513	1949073	983865
宿迁市	Suqian	20595815	7849091	3097565	1207978	2250955	859569
浙江省	**Zhejiang**						
杭州市	Hangzhou	58424194	49572744	26064090	24325359	15599790	14389769
宁波市	Ningbo	49613931	30787277	12703341	9526636	7926763	5897122
温州市	Wenzhou	39057352	14108382	9020098	3888020	6721726	3060993

2-29 续表 2 continued 2

单位：万元 (10 000 yuan)

城 市	City	固定资产投资(不含农户) Investment in Fixed Assets (Excluding Rural Households)		房地产开发投资完成额 Investment in Real Estate Development		住 宅 Residential Buildings	
		全 市 Total City	市辖区 Districts under City	全 市 Total City	市辖区 Districts under City	全 市 Total City	市辖区 Districts under City
嘉兴市	Jiaxing	27901555	7608600	4783968	1733078	3348439	1143016
湖州市	Huzhou	15921759	6929966	2742244	1574221	1758212	1025696
绍兴市	Shaoxing	28824824	17012272	6411932	3685176	4313513	2451445
金华市	Jinhua	20840146	4537109	4088512	1236077	2591707	930788
衢州市	Quzhou	9817382	4073345	1242486	675780	840729	462209
舟山市	Zhoushan	13111370	10556752	1718863	1670330	1222053	1194019
台州市	Taizhou	22726317	7718594	4242066	2214927	2632860	1236526
丽水市	Lishui	8416456	2147719	1676083	762242	1110601	528726
安徽省	**Anhui**						
合肥市	Hefei	65011693	41667080	13525944	9925132	8610231	6199607
芜湖市	Wuhu	30068978	18137797	4080965	3154461	2735842	2030690
蚌埠市	Bengbu	16664290	9815553	3885755	2359423	2729787	1631224
淮南市	Huainan	9549513	5863992	1218810	725112	911157	607537
马鞍山市	Maanshan	20646170	11331494	2189306	1004638	1690754	712671
淮北市	Huaibei	9588824	6811785	920917	762499	607866	493570
铜陵市	Tongling	11968783	9836155	1173869	908105	666185	479523
安庆市	Anqing	15219181	3697127	1405467	748167	948637	444048
黄山市	Huangshan	5977143	2871934	1112145	876368	660835	520331
滁州市	Chuzhou	16992134	4722251	3361508	1039611	1280331	495087
阜阳市	Fuyang	12926242	5553038	3505381	2127411	2301052	1361019
宿州市	Suzhou	12699776	5751084	2357812	1647598	1676016	1117439
六安市	Lu'an	10750015	4516229	2366269	1555369	1674963	1136340
亳州市	Bozhou	8748940	3785084	2314415	1079050	1406459	488347
池州市	Chizhou	6525869	3874286	825501	587597	681963	509191
宣城市	Xuancheng	14142678	2377516	1791561	682937	1395985	529591
福建省	**Fujian**						
福州市	Fuzhou	51843601	21819806	16794355	9469476	11235935	6630537
厦门市	Xiamen	21598097	21598097	7657970	7657970	4280550	4280550
莆田市	Putian	19380779	16099590	3533053	3011450	2320447	2043468
三明市	Sanming	21417227	4332405	1043666	372019	695595	251689
泉州市	Quanzhou	37480062	7684303	7061435	2513938	4565464	1464647
漳州市	Zhangzhou	28279268	4687999	4628479	1748706	3348593	1138434
南平市	Nanping	16943968	4528155	1577926	839733	1149427	669494
龙岩市	Longyan	21880416	10026317	1801018	1385155	1113778	855318
宁德市	Ningde	12251483	3365519	1790411	552833	1288765	412959
江西省	**Jiangxi**						
南昌市	Nanchang	45402629	34309797	6745980	5559026	4718485	3788146
景德镇市	Jingdezhen	7836443	3379735	428769	313851	376134	281167
萍乡市	Pingxiang	11628647	7176122	485147	385431	274153	211164
九江市	Jiujiang	24285809	5486938	1238501	612104	808071	383002
新余市	Xinyu	9212150	7302441	200735	176606	140995	124526
鹰潭市	Yingtan	6041635	1184593	624765	450970	427749	295765
赣州市	Ganzhou	22055101	8194972	2912373	1689918	1840682	975959
吉安市	Ji'an	17101622	2090884	939192	322201	720471	262331
宜春市	Yichun	18214270	2285800	1819353	730847	1416275	555178
抚州市	Fuzhou	12513001	2097546	1115713	452029	897382	365461
上饶市	Shangrao	17902920	3990563	1198914	397870	847685	230352

2-29 续表 3 continued 3

单位：万元 (10 000 yuan)

城 市	City	固定资产投资(不含农户) Investment in Fixed Assets (Excluding Rural Households) 全 市 Total City	市辖区 Districts under City	房地产开发投资完成额 Investment in Real Estate Development 全 市 Total City	市辖区 Districts under City	住 宅 Residential Buildings 全 市 Total City	市辖区 Districts under City
山东省	**Shandong**						
济南市	Jinan	39743278	21610368	11639381	11132009	8055689	7686150
青岛市	Qingdao	74547006	39179482	13691425	11755679	9561782	8065059
淄博市	Zibo	30997983	23019576	2218211	1911402	1580377	1309231
枣庄市	Zaozhuang	17885072	11325824	1589165	966095	1182426	688427
东营市	Dongying	24725471	16879004	2088087	1558280	1576090	1170038
烟台市	Yantai	52972249	23974731	5510205	4283941	4213219	3321540
潍坊市	Weifang	51125346	12542626	4432931	1921726	3415269	1425952
济宁市	Jining	32789741	11710936	2785190	1258848	1546276	684727
泰安市	Tai'an	28996178	9280416	1810897	1398548	1507572	1180285
威海市	Weihai	28793526	15152750	2150701	1472275	1748920	1160848
日照市	Rizhao	15977773	11832759	1585005	1366232	1190210	1000409
莱芜市	Laiwu	6356731	6356731	471712	471712	326079	326079
临沂市	Linyi	36033246	14762897	3745021	2374316	2826759	1706459
德州市	Dezhou	25377827	6992279	2203755	912305	1704926	740562
聊城市	Liaocheng	23575733	5328290	2485127	1391870	1929357	1066461
滨州市	Binzhou	21565714	8314412	1146712	551801	913597	391937
菏泽市	Heze	12182062	3684452	2826115	1183795	2384702	1042211
河南省	**Henan**						
郑州市	Zhengzhou	69986438	39359682	27789452	22889487	19163971	15278048
开封市	Kaifeng	13516862	6350232	1902163	1592570	1476444	1140010
洛阳市	Luoyang	40826848	12042261	3725110	3176424	2649573	2232382
平顶山市	Pingdingshan	17327371	2828624	1484115	1160382	1090548	827773
安阳市	Anyang	20748515	5183847	2798025	1930071	2218016	1581842
鹤壁市	Hebi	8090568	4915948	761958	550601	570795	398970
新乡市	Xinxiang	20068608	7347424	3658640	2463639	3325217	2228349
焦作市	Jiaozuo	21980084	5383908	1126013	795063	866982	599954
濮阳市	Puyang	15232828	4091360	1241321	775028	983393	654344
许昌市	Xuchang	22637868	6809553	1746054	1023374	1384231	767185
漯河市	Luohe	10605145	6436291	611619	463219	553130	421529
三门峡市	Sanmenxia	17731244	6539841	1146252	855803	665392	464275
南阳市	Nanyang	33954889	5931291	1844267	1203453	1469988	937796
商丘市	Shangqiu	19911662	5262179	5650300	1038416	2339589	808098
信阳市	Xinyang	22177021	8168286	3584781	1750046	2965348	1049310
周口市	Zhoukou	18621524	2191794	2192206	732432	1693098	542128
驻马店市	Zhumadian	16927128	3629399	2784544	961080	2330158	736319
湖北省	**Hubei**						
武汉市	Wuhan	70397912	52544283	25174350	21355054	17267922	14909840
黄石市	Huangshi	13508339	5078318	1323708	665245	827128	423952
十堰市	Shiyan	13238101	6694166	872797	696535	605726	496306
宜昌市	Yichang	31911462	13341355	2441815	1984188	1872867	1533722
襄阳市	Xiangyang	31886444	15044095	3407560	2165855	2451800	1480850
鄂州市	Ezhou	8532581	8532581	228818	228818	186260	186260
荆门市	Jingmen	15314587	5734552	1003925	568737	717212	403898
孝感市	Xiaogan	18994300	4105095	1600246	1026062	1160942	695749
荆州市	Jingzhou	20016728	8064164	1515263	955876	1100683	693805
黄冈市	Huanggang	20416500	2477910	2657300	421837	1989900	363656
咸宁市	Xianning	14382904	3508422	569908	215280	405373	143088
随州市	Suizhou	9742661	3989610	240450	227782	200651	189769

2-29 续表 4 continued 4

单位：万元 (10 000 yuan)

城市	City	固定资产投资(不含农户) Investment in Fixed Assets (Excluding Rural Households)		房地产开发投资完成额 Investment in Real Estate Development		住宅 Residential Buildings	
		全市 Total City	市辖区 Districts under City	全市 Total City	市辖区 Districts under City	全市 Total City	市辖区 Districts under City
湖南省	**Hunan**						
长沙市	Changsha	66933188	38215904	12605475	10714905	6899559	5755157
株洲市	Zhuzhou	23458016	13029169	2691955	1820001	1869392	1290433
湘潭市	Xiangtan	19382197	14252288	1296088	918727	792871	479719
衡阳市	Hengyang	22821813	8645152	1508431	672803	1130415	498925
邵阳市	Shaoyang	16276438	2574395	1457223	657982	972957	469585
岳阳市	Yueyang	21844198	6273919	1329500	935470	963959	691947
常德市	Changde	20069315	8017374	1399557	905789	912338	533342
张家界市	Zhangjiajie	3057042	1674012	399445	280912	247168	139577
益阳市	Yiyang	13156800	6422100	1081917	665948	669467	363789
郴州市	Chenzhou	23273626	6639295	2120776	1239628	1510529	833048
永州市	Yongzhou	15584366	4372556	946556	269401	780865	208368
怀化市	Huaihua	10818776	1737169	1263441	634196	970313	469277
娄底市	Loudi	11999232	4404370	928895	444570	651689	332776
广东省	**Guangdong**						
广州市	Guangzhou	57035860	57035860	25408549	25408549	15944355	15944355
韶关市	Shaoguan	7020936	2447120	1468356	983094	1065942	708622
深圳市	Shenzhen	40781638	40781638	17565209	17565209	10445362	10445362
珠海市	Zhuhai	13897545	13897545	6410315	6410315	4494982	4494982
汕头市	Shantou	15795263	15640247	3063846	2943707	2111700	2021988
佛山市	Foshan	35120393	35120393	12299669	12299669	8632104	8632104
江门市	Jiangmen	15177723	7152891	3536167	2170022	2704922	1543583
湛江市	Zhanjiang	15315995	6045041	2232103	1884070	1381672	930052
茂名市	Maoming	12627596	5976263	1098424	694196	842793	485761
肇庆市	Zhaoqing	13737439	7111963	1451967	924701	1131561	688538
惠州市	Huizhou	20397056	11126176	7476324	4778439	5973431	3674360
梅州市	Meizhou	6503604	2840244	1725329	1061522	1195996	701290
汕尾市	Shanwei	6524487	768379	567656	214082	454867	180052
河源市	Heyuan	6522908	2425983	1757240	1048306	1299286	777960
阳江市	Yangjiang	5039155	3119684	1013812	728959	835546	578733
清远市	Qingyuan	6209516	3633842	2275208	1616832	1757877	1258861
东莞市	Dongguan	15574580	15574580	6427591	6427591	4391349	4391349
中山市	Zhongshan	11490146	11490146	5435851	5435851	3777780	3777780
潮州市	Chaozhou	4546211	3787480	617461	537893	457261	392409
揭阳市	Jieyang	14855429	7097758	535058	320598	423988	227356
云浮市	Yunfu	5915133	2681520	711817	352402	483867	185711
广西壮族自治区	**Guangxi**						
南宁市	Nanning	37588277	31387879	8539976	8111863	6020586	5624912
柳州市	Liuzhou	23386111	15187573	3447861	2859865	2554850	2090044
桂林市	Guilin	21316230	8016278	2807249	2221270	2129936	1727255
梧州市	Wuzhou	11685111	5626567	643683	333552	568685	266730
北海市	Beihai	10110980	7958152	1763054	1641772	1344650	1242408
防城港市	Fangchenggang	6001408	4308605	877993	738950	645038	523321
钦州市	Qinzhou	9508896	1055353	785673	542476	567503	401050
贵港市	Guigang	8416886	4344319	1024442	533341	807626	368477

2-29 续表 5 continued 5

单位：万元 (10 000 yuan)

城 市	City	固定资产投资(不含农户) Investment in Fixed Assets (Excluding Rural Households)		房地产开发投资完成额 Investment in Real Estate Development		住 宅 Residential Buildings	
		全 市 Total City	市辖区 Districts under City	全 市 Total City	市辖区 Districts under City	全 市 Total City	市辖区 Districts under City
玉林市	Yulin	14670983	4786362	1361587	816653	1137022	624040
百色市	Baise	10614026	1585544	817250	346579	521319	224907
贺州市	Hezhou	6508250	3929719	314733	209297	235359	163979
河池市	Hechi	4040217	908196	559687	198954	544435	164005
来宾市	Laibin	3709066	1727344	392336	168669	269676	103900
崇左市	Chongzuo	8314056	1355869	644338	129384	464658	91112
海南省	**Hainan**						
海口市	Haikou	12717285	12717285	5510947	5510947	3422209	3422209
三亚市	Sanya	7830871	7830871	4100443	4100443	2607322	2607322
三沙市	Sansa						
儋州市	Danzhou	1635817		779764		661309	
重庆市	**Chongqing**	**172457647**	**147331624**	**37259452**	**34482732**	**23199701**	**21245198**
四川省	**Sichuan**						
成都市	Chengdu	83525000	54700000	26388901	23401218	14164154	12221630
自贡市	Zigong	5559697	3825587	1238666	855884	902470	641664
攀枝花市	Panzhihua	6633095	4490803	550348	352761	368192	196705
泸州市	Luzhou	17053775	8299992	2391967	1571719	1583959	1023018
德阳市	Deyang	10990796	3094317	1257762	794403	810741	523401
绵阳市	Mianyang	12299722	7368104	2055775	1490103	1282195	891350
广元市	Guangyuan	5833526	2995671	946342	660469	559510	373403
遂宁市	Suining	11008162	5777491	1445572	798129	1021562	540347
内江市	Neijiang	8785213	3662313	1228068	474808	983609	424368
乐山市	Leshan	10643164	5393036	2120161	1180055	1190922	669948
南充市	Nanchong	15263105	5609105	2166442	999895	1554992	759726
眉山市	Meishan	11345529	5815619	1942877	932486	1243231	584070
宜宾市	Yibin	14365206	4145193	1895549	821481	1353660	597894
广安市	Guang'an	12714579	5158057	2582230	1102684	1879361	811016
达州市	Dazhou	14651248	4524379	932842	374935	644701	245564
雅安市	Ya'an	5058286	1373539	539393	370448	306412	181104
巴中市	Bazhong	11852485	4572893	1189645	669988	824038	442991
资阳市	Ziyang	7302505	3094604	1501755	929425	1021709	631602
贵州省	**Guizhou**						
贵阳市	Guiyang	33807314	22587813	9273162	8659067	4933266	4567442
六盘水市	Liupanshui	13577730	3280884	683726	354957	409800	226722
遵义市	Zunyi	20688821	8496210	3502114	1520998	2227734	831324
安顺市	Anshun	6529485	4318885	802565	567533	448678	309432
毕节市	Bijie	16018168	2260000	1773420	546580	1052943	358205
铜仁市	Tongren	8738948	2035445	1107030	294352	712337	194045
云南省	**Yunnan**						
昆明市	Kunming	39200747	25973525	15304999	13164331	9318238	8127181
曲靖市	Qujing	17940049	5655382	937549	388985	639758	224884
玉溪市	Yuxi	8936911	3460110	986878	496965	621795	318957
保山市	Baoshan	6673280	2428523	617254	228829	536981	200171
昭通市	Zhaotong	7393000	2031683	515321	332504	292877	176947
丽江市	Lijiang	3456296	1010010	347516	280306	100911	66952
普洱市	Pu'er	5021025	1251670	671919	414819	324817	178183
临沧市	Lincang	9170447	1818917	746237	363243	396518	188265

2-29 续表 6 continued 6

单位：万元 (10 000 yuan)

城 市	City	固定资产投资(不含农户) Investment in Fixed Assets (Excluding Rural Households)		房地产开发投资完成额 Investment in Real Estate Development		住 宅 Residential Buildings	
		全 市 Total City	市辖区 Districts under City	全 市 Total City	市辖区 Districts under City	全 市 Total City	市辖区 Districts under City
西藏自治区	**Tibet**						
拉萨市	Lasa	5822745	3839478	445423	445423	366276	366276
日喀则市	Rikaze	2534420	470579				
昌都市	Changdu						
林芝市	Linzhi						
山南市	Shannan						
陕西省	**Shaanxi**						
西安市	Xi'an	50970036	45980433	19558202	19277822	13420504	13222646
铜川市	Tongchuan	4098643	3698961	427444	412324	216994	216994
宝鸡市	Baoji	31161816	12430429	1324102	1200548	1042185	959410
咸阳市	Xianyang	35964930	16399576	1788639	1531312	1514371	1338122
渭南市	Weinan	22335584	4974966	969542	560989	640885	357780
延安市	Yan'an	12039397	3663213	549824	432013	452073	364240
汉中市	Hanzhong	10612489	3176394	854003	263740	541441	155481
榆林市	Yulin	12579817	3578602	405454	208912	322564	146847
安康市	Ankang	8676995	2989219	951187	611956	674124	558358
商洛市	Shangluo	9052007	1770150	200568	96920	153291	59719
甘肃省	**Gansu**						
兰州市	Lanzhou	19909541	12310429	3911500	2869227	2502841	1828664
嘉峪关市	Jiayuguan	1604314	1604314	379120	379120	208546	208546
金昌市	Jinchang	2291132	1571811	232169	186582	155742	114310
白银市	Baiyin	5283819	2657645	274813	176123	248266	173639
天水市	Tianshui	6711785	3275647	471219	330640	321585	186737
武威市	Wuwei	6892245	3528914	416210	374927	234417	204161
张掖市	Zhangye	3497188	1233046	518178	305334	350582	201158
平凉市	Pingliang	6707535	1430685	557602	372100	369544	217482
酒泉市	Jiuquan	12156817	2954871	330288	274497	269590	233227
庆阳市	Qingyang	13133760	2941642	479669	319265	355571	244925
定西市	Dingxi	6211980	1412426	340358	154052	211303	77175
陇南市	Longnan	6540223	1077382	178424	103506	130043	63871
青海省	**Qinghai**						
西宁市	Xining	13760883	10471035	3164971	3079674	1733835	1690627
海东市	Haidong	6354291	2626731	609249	309173	414109	204335
宁夏回族自治区	**Ningxia**						
银川市	Yinchuan	17081882	7678967	4749414	3851393	2781617	2184451
石嘴山市	Shizuishan	5100571	3446516	421474	260905	215281	136931
吴忠市	Wuzhong	7835482	3025453	647121	248187	443649	151106
固原市	Guyuan	2969900	1336813	867576	595310	519074	364679
中卫市	Zhongwei	3622399	1567073	596062	420846	394494	317990
新疆维吾尔自治区	**Xinjiang**						
乌鲁木齐市	Urumqi	16077843	15478840	3624975	3604736	2139140	2118901
克拉玛依市	Karamay	1961422	1961422	264890	264890	195185	195185
吐鲁番市	Tulufan						
哈密市	Hami						

(七)教育、文化、卫生
Education, Culture and Public Health

2-30 学校数(一)
Number of Schools (I)

单位：所 (unit)

城 市	City	普通高等学校 Regular Institutions of Higher Education	中等职业教育学校 Vocational Secondary Schools	
		全 市 Total City	全 市 Total City	市辖区 Districts under City
北京市	**Beijing**	**91**	**121**	**121**
天津市	**Tianjin**	**55**	**87**	**87**
河北省	**Hebei**			
石家庄市	Shijiazhuang	49	141	92
唐山市	Tangshan	10	66	46
秦皇岛市	Qinhuangdao	13	44	34
邯郸市	Handan	5	63	42
邢台市	Xingtai	4	65	21
保定市	Baoding	16	77	29
张家口市	Zhangjiakou	4	42	21
承德市	Chengde	5	30	16
沧州市	Cangzhou	8	41	14
廊坊市	Langfang		28	10
衡水市	Hengshui	2	33	15
山西省	**Shanxi**			
太原市	Taiyuan	44	93	89
大同市	Datong	1	48	25
阳泉市	Yangquan	2	18	14
长治市	Changzhi	6	47	23
晋城市	Jincheng	1	14	6
朔州市	Shuozhou	3	23	10
晋中市	Jinzhong	16	23	11
运城市	Yuncheng	7	57	24
忻州市	Xinzhou	4	52	8
临汾市	Linfen	5	53	21
吕梁市	Lvliang	1	38	10
内蒙古自治区	**Inner Mongolia**			
呼和浩特市	Hohhot	24	59	44
包头市	Baotou	5	20	16
乌海市	Wuhai	1	1	1
赤峰市	Chifeng	4	43	18
通辽市	Tongliao		24	10
鄂尔多斯市	Erdos	4	3	3
呼伦贝尔市	Hulunbuir	4	27	3
巴彦淖尔市	Bayannur	2	11	5
乌兰察布市	Ulanqab	3	24	
辽宁省	**Liaoning**			
沈阳市	Shenyang	47	112	109
大连市	Dalian	30	78	70
鞍山市	Anshan	3	23	12
抚顺市	Fushun	7	13	10
本溪市	Benxi	7	13	11
丹东市	Dandong	3	15	12
锦州市	Jinzhou	9	9	5
营口市	Yingkou	3	16	14

2-30 续表 1 continued 1

单位：所 (unit)

城 市	City	普通高等学校 Regular Institutions of Higher Education	中等职业教育学校 Vocational Secondary Schools	
		全 市 Total City	全 市 Total City	市辖区 Districts under City
阜新市	Fuxin	2	13	12
辽阳市	Liaoyang	2	10	7
盘锦市	Panjin	2	7	5
铁岭市	Tieling	4	19	13
朝阳市	Chaoyang	1	16	11
葫芦岛市	Huludao	2	10	2
吉林省	**Jilin**			
长春市	Changchun	38	96	84
吉林市	Jilin	8	35	22
四平市	Siping	4	26	14
辽源市	Liaoyuan	1	10	6
通化市	Tonghua	1	28	11
白山市	Baishan	1	16	10
松原市	Songyuan	1	21	10
白城市	Baicheng	3	18	8
黑龙江省	**Heilongjiang**			
哈尔滨市	Harbin	51	88	78
齐齐哈尔市	Qiqihar	6	24	13
鸡西市	Jixi	1	11	6
鹤岗市	Hegang	1	6	3
双鸭山市	Shuangyashan	1	6	3
大庆市	Daqing	7	11	6
伊春市	Yichun	1	8	6
佳木斯市	Jiamusi	5	14	8
七台河市	Qitaihe	1	2	1
牡丹江市	Mudanjiang	7	15	5
黑河市	Heihe	1	15	5
绥化市	Suihua		15	1
上海市	**Shanghai**	**64**	**84**	**84**
江苏省	**Jiangsu**			
南京市	Nanjing	44	53	53
无锡市	Wuxi	12	36	23
徐州市	Xuzhou	10	32	27
常州市	Changzhou	10	24	21
苏州市	Suzhou	22	36	22
南通市	Nantong	8	29	13
连云港市	Lianyungang	4	25	19
淮安市	Huai'an	7	25	20
盐城市	Yancheng	6	25	15
扬州市	Yangzhou	6	28	21
镇江市	Zhenjiang	6	16	11
泰州市	Taizhou	3	15	10
宿迁市	Suqian	3	20	10
浙江省	**Zhejiang**			
杭州市	Hangzhou	39	62	52
宁波市	Ningbo	14	42	23
温州市	Wenzhou	11	41	15

2-30 续表 2 continued 2

单位：所 (unit)

城 市	City	普通高等学校 Regular Institutions of Higher Education	中等职业教育学校 Vocational Secondary Schools	
		全 市 Total City	全 市 Total City	市辖区 Districts under City
嘉兴市	Jiaxing	6	18	5
湖州市	Huzhou	3	12	4
绍兴市	Shaoxing	10	20	11
金华市	Jinhua	2	33	12
衢州市	Quzhou	2	14	7
舟山市	Zhoushan	4	4	3
台州市	Taizhou	4	32	11
丽水市	Lishui	2	17	5
安徽省	**Anhui**			
合肥市	Hefei	50	55	31
芜湖市	Wuhu	10	25	14
蚌埠市	Bengbu	5	25	12
淮南市	Huainan	6	30	19
马鞍山市	Maanshan	4	10	5
淮北市	Huaibei	3	12	10
铜陵市	Tongling	3	9	6
安庆市	Anqing	5	33	16
黄山市	Huangshan	2	16	5
滁州市	Chuzhou	4	17	6
阜阳市	Fuyang	5	41	19
宿州市	Suzhou	3	25	5
六安市	Lu'an	4	35	20
亳州市	Bozhou	2	29	10
池州市	Chizhou	3	8	5
宣城市	Xuancheng	1	13	5
福建省	**Fujian**			
福州市	Fuzhou	32	52	34
厦门市	Xiamen	16	21	21
莆田市	Putian	2	18	12
三明市	Sanming	3	14	4
泉州市	Quanzhou	18	40	19
漳州市	Zhangzhou	7	18	5
南平市	Nanping	4	22	10
龙岩市	Longyan	2	18	10
宁德市	Ningde	2	12	2
江西省	**Jiangxi**			
南昌市	Nanchang	53	52	38
景德镇市	Jingdezhen	4	11	8
萍乡市	Pingxiang	3	20	12
九江市	Jiujiang	7	26	10
新余市	Xinyu	5	20	20
鹰潭市	Yingtan	2	12	4
赣州市	Ganzhou	9	53	24
吉安市	Ji'an	2	48	12
宜春市	Yichun	4	35	10
抚州市	Fuzhou	4	36	15
上饶市	Shangrao	3	47	13

2-30 续表 3 continued 3

单位：所 (unit)

城市	City	普通高等学校 Regular Institutions of Higher Education	中等职业教育学校 Vocational Secondary Schools	
		全市 Total City	全市 Total City	市辖区 Districts under City
山东省	**Shandong**			
济南市	Jinan	71	60	55
青岛市	Qingdao	26	78	
淄博市	Zibo	8	18	15
枣庄市	Zaozhuang	3	18	13
东营市	Dongying	4	8	6
烟台市	Yantai	11	54	26
潍坊市	Weifang	14	47	21
济宁市	Jining	7	20	6
泰安市	Tai'an	9	20	12
威海市	Weihai	9	19	15
日照市	Rizhao	2	14	10
莱芜市	Laiwu	3	10	10
临沂市	Linyi	3	41	25
德州市	Dezhou	4	26	12
聊城市	Liaocheng	3	32	12
滨州市	Binzhou	3	18	9
菏泽市	Heze	4	38	23
河南省	**Henan**			
郑州市	Zhengzhou	56	123	82
开封市	Kaifeng	5	32	19
洛阳市	Luoyang	7	84	50
平顶山市	Pingdingshan	5	30	12
安阳市	Anyang	6	23	9
鹤壁市	Hebi	3	12	4
新乡市	Xinxiang	9	37	10
焦作市	Jiaozuo	6	31	13
濮阳市	Puyang	1	28	9
许昌市	Xuchang	4	27	15
漯河市	Luohe	3	29	14
三门峡市	Sanmenxia	1	21	10
南阳市	Nanyang	6	84	34
商丘市	Shangqiu	6	37	12
信阳市	Xinyang	5	45	10
周口市	Zhoukou	3	39	10
驻马店市	Zhumadian	2	34	9
湖北省	**Hubei**			
武汉市	Wuhan	84	130	
黄石市	Huangshi	4	17	11
十堰市	Shiyan	8	20	9
宜昌市	Yichang	5	15	7
襄阳市	Xiangyang	5	30	19
鄂州市	Ezhou	1	10	10
荆门市	Jingmen	2	13	6
孝感市	Xiaogan	3	17	9
荆州市	Jingzhou	7	20	7
黄冈市	Huanggang	4	27	14
咸宁市	Xianning	2	16	8
随州市	Suizhou	1	7	4

2-30 续表 4 continued 4

单位：所 (unit)

城 市	City	普通高等学校 Regular Institutions of Higher Education	中等职业教育学校 Vocational Secondary Schools	
		全 市 Total City	全 市 Total City	市辖区 Districts under City
湖南省	**Hunan**			
长沙市	Changsha	51	65	46
株洲市	Zhuzhou	11	22	11
湘潭市	Xiangtan	10	20	9
衡阳市	Hengyang	9	35	15
邵阳市	Shaoyang	2	59	24
岳阳市	Yueyang	4	33	16
常德市	Changde	5	47	21
张家界市	Zhangjiajie	3	12	7
益阳市	Yiyang	4	22	13
郴州市	Chenzhou	3	25	8
永州市	Yongzhou	3	39	10
怀化市	Huaihua	3	43	17
娄底市	Loudi	3	23	6
广东省	**Guangdong**			
广州市	Guangzhou	82	83	83
韶关市	Shaoguan	2	18	11
深圳市	Shenzhen	12	15	15
珠海市	Zhuhai	10	9	9
汕头市	Shantou	1	25	24
佛山市	Foshan	3	48	48
江门市	Jiangmen	3	39	18
湛江市	Zhanjiang	6	55	36
茂名市	Maoming	4	12	9
肇庆市	Zhaoqing	5	18	13
惠州市	Huizhou	4	35	
梅州市	Meizhou	1	27	13
汕尾市	Shanwei	1	12	5
河源市	Heyuan	1	15	7
阳江市	Yangjiang	1	5	3
清远市	Qingyuan	1	14	6
东莞市	Dongguan	9	26	26
中山市	Zhongshan	5	11	11
潮州市	Chaozhou	1	9	5
揭阳市	Jieyang	2	18	11
云浮市	Yunfu	1	14	4
广西壮族自治区	**Guangxi**			
南宁市	Nanning	32	70	65
柳州市	Liuzhou	6	27	20
桂林市	Guilin	10	30	15
梧州市	Wuzhou	2	17	13
北海市	Beihai	4	7	5
防城港市	Fangchenggang	1	3	1
钦州市	Qinzhou	3	10	5
贵港市	Guigang		11	8

2-30 续表 5 continued 5

单位：所 (unit)

城 市	City	普通高等学校 Regular Institutions of Higher Education	中等职业教育学校 Vocational Secondary Schools	
		全 市 Total City	全 市 Total City	市辖区 Districts under City
玉林市	Yulin	1	21	12
百色市	Baise	4	20	7
贺州市	Hezhou	1	8	3
河池市	Hechi	2	17	5
来宾市	Laibin	2	11	6
崇左市	Chongzuo	6	14	6
海南省	**Hainan**			
海口市	Haikou	11	53	53
三亚市	Sanya	5	3	3
三沙市	Sansa			
儋州市	Danzhou		3	
重庆市	**Chongqing**	**65**	**182**	**105**
四川省	**Sichuan**			
成都市	Chengdu	56	86	
自贡市	Zigong	2	19	15
攀枝花市	Panzhihua	2	4	3
泸州市	Luzhou	5	22	13
德阳市	Deyang	6	19	12
绵阳市	Mianyang	10	25	16
广元市	Guangyuan	2	12	5
遂宁市	Suining	1	13	4
内江市	Neijiang	3	24	13
乐山市	Leshan	3	23	12
南充市	Nanchong	4	39	23
眉山市	Meishan	2	16	8
宜宾市	Yibin	2	25	11
广安市	Guang'an	1	22	5
达州市	Dazhou	2	36	10
雅安市	Ya'an	2	8	4
巴中市	Bazhong	1	29	15
资阳市	Ziyang	1	7	3
贵州省	**Guizhou**			
贵阳市	Guiyang	32	60	30
六盘水市	Liupanshui	2	37	6
遵义市	Zunyi	6	24	13
安顺市	Anshun	2	9	4
毕节市	Bijie	6	16	1
铜仁市	Tongren	4	17	5
云南省	**Yunnan**			
昆明市	Kunming	45	78	50
曲靖市	Qujing	3	35	12
玉溪市	Yuxi	2	12	4
保山市	Baoshan	2	6	2
昭通市	Zhaotong	2	17	7
丽江市	Lijiang	2	11	3
普洱市	Pu'er	1	26	8
临沧市	Lincang	1	20	6

2-30 续表 6 continued 6

单位：所 (unit)

城 市	City	普通高等学校 Regular Institutions of Higher Education	中等职业教育学校 Vocational Secondary Schools	
		全 市 Total City	全 市 Total City	市辖区 Districts under City
西藏自治区	**Tibet**			
拉萨市	Lasa	6	3	3
日喀则市	Rikaze		1	1
昌都市	Changdu			
林芝市	Linzhi			
山南市	Shannan			
陕西省	**Shaanxi**			
西安市	Xi'an	63	166	158
铜川市	Tongchuan	1	5	4
宝鸡市	Baoji	3	28	19
咸阳市	Xianyang	13	32	17
渭南市	Weinan	1	33	15
延安市	Yan'an	2	15	3
汉中市	Hanzhong	3	13	3
榆林市	Yulin	2	25	14
安康市	Ankang	2	14	5
商洛市	Shangluo	2	9	3
甘肃省	**Gansu**			
兰州市	Lanzhou	23	57	50
嘉峪关市	Jiayuguan	1	3	3
金昌市	Jinchang	1	2	1
白银市	Baiyin	1	16	9
天水市	Tianshui	4	24	16
武威市	Wuwei	4	15	9
张掖市	Zhangye	1	11	5
平凉市	Pingliang	2	11	5
酒泉市	Jiuquan	1	9	5
庆阳市	Qingyang	3	13	10
定西市	Dingxi		20	6
陇南市	Longnan	1	21	2
青海省	**Qinghai**			
西宁市	Xining	10	20	13
海东市	Haidong	2	6	1
宁夏回族自治区	**Ningxia**			
银川市	Yinchuan	16	16	11
石嘴山市	Shizuishan	1	2	1
吴忠市	Wuzhong	1	3	
固原市	Guyuan	1	5	1
中卫市	Zhongwei		3	1
新疆维吾尔自治区	**Xinjiang**			
乌鲁木齐市	Urumqi	25	38	38
克拉玛依市	Karamay	3	1	1
吐鲁番市	Tulufan			
哈密市	Hami			

2-31 学校数(二)
Number of Schools (Ⅱ)

单位：所 (unit)

城 市	City	普通中学 Regular Secondary Schools		普通小学 Regular Primary Schools	
		全 市 Total City	市辖区 Districts under City	全 市 Total City	市辖区 Districts under City
北京市	**Beijing**	**646**	**646**	**984**	**984**
天津市	**Tianjin**	**516**	**516**	**857**	**857**
河北省	**Hebei**				
石家庄市	Shijiazhuang	410	158	1401	489
唐山市	Tangshan	330	132	1126	413
秦皇岛市	Qinhuangdao	157	85	416	173
邯郸市	Handan	386	139	1719	521
邢台市	Xingtai	277	41	1202	125
保定市	Baoding	459	115	2144	390
张家口市	Zhangjiakou	165	63	532	255
承德市	Chengde	121	23	447	56
沧州市	Cangzhou	317	26	1318	74
廊坊市	Langfang	181	26	804	134
衡水市	Hengshui	172	46	835	90
山西省	**Shanxi**				
太原市	Taiyuan	218	161	433	221
大同市	Datong	212	94	436	159
阳泉市	Yangquan	82	38	265	78
长治市	Changzhi	209	49	643	89
晋城市	Jincheng	156	31	494	67
朔州市	Shuozhou	89	33	182	51
晋中市	Jinzhong	226	33	678	100
运城市	Yuncheng	326	43	820	75
忻州市	Xinzhou	260	40	504	101
临汾市	Linfen	283	62	1012	198
吕梁市	Lvliang	288	22	576	46
内蒙古自治区	**Inner Mongolia**				
呼和浩特市	Hohhot	108	70	208	117
包头市	Baotou	94	81	136	104
乌海市	Wuhai	15	15	24	24
赤峰市	Chifeng	148	53	379	101
通辽市	Tongliao	136	20	298	21
鄂尔多斯市	Erdos	68	20	131	37
呼伦贝尔市	Hulunbuir	132	24	138	22
巴彦淖尔市	Bayannur	48	17	89	30
乌兰察布市	Ulanqab	68	19	148	26
辽宁省	**Liaoning**				
沈阳市	Shenyang	296	239	272	235
大连市	Dalian	289	205	508	302
鞍山市	Anshan	165	68	522	67
抚顺市	Fushun	105	61	118	60
本溪市	Benxi	58	37	64	35
丹东市	Dandong	125	39	441	74
锦州市	Jinzhou	129	43	340	58
营口市	Yingkou	101	39	150	54

2-31 续表 1 continued 1

单位：所 (unit)

城 市	City	普通中学 Regular Secondary Schools		普通小学 Regular Primary Schools	
		全 市 Total City	市辖区 Districts under City	全 市 Total City	市辖区 Districts under City
阜新市	Fuxin	94	40	71	37
辽阳市	Liaoyang	78	37	152	34
盘锦市	Panjin	70	54	44	42
铁岭市	Tieling	126	22	251	28
朝阳市	Chaoyang	166	30	561	90
葫芦岛市	Huludao	130	33	460	84
吉林省	**Jilin**				
长春市	Changchun	336	189	1067	381
吉林市	Jilin	179	69	553	131
四平市	Siping	133	28	605	78
辽源市	Liaoyuan	62	17	299	37
通化市	Tonghua	130	19	213	35
白山市	Baishan	108	36	149	45
松原市	Songyuan	149	28	717	87
白城市	Baicheng	120	30	338	53
黑龙江省	**Heilongjiang**				
哈尔滨市	Harbin	446	243	366	214
齐齐哈尔市	Qiqihar	246	69	523	54
鸡西市	Jixi	83	31	65	23
鹤岗市	Hegang	37	25	53	25
双鸭山市	Shuangyashan	64	22	61	21
大庆市	Daqing	144	78	178	88
伊春市	Yichun	50	40	51	36
佳木斯市	Jiamusi	105	35	135	35
七台河市	Qitaihe	46	29	33	18
牡丹江市	Mudanjiang	111	40	126	53
黑河市	Heihe	61	11	97	7
绥化市	Suihua	251	31	228	33
上海市	**Shanghai**	**801**	**801**	**753**	**753**
江苏省	**Jiangsu**				
南京市	Nanjing	227	227	346	346
无锡市	Wuxi	183	93	197	100
徐州市	Xuzhou	337	116	928	256
常州市	Changzhou	160	126	201	161
苏州市	Suzhou	292	146	391	200
南通市	Nantong	206	59	322	89
连云港市	Lianyungang	174	75	451	175
淮安市	Huai'an	188	109	252	126
盐城市	Yancheng	277	96	329	96
扬州市	Yangzhou	166	86	203	98
镇江市	Zhenjiang	110	42	111	46
泰州市	Taizhou	186	62	149	49
宿迁市	Suqian	186	51	156	43
浙江省	**Zhejiang**				
杭州市	Hangzhou	326	241	447	317
宁波市	Ningbo	293	124	444	176
温州市	Wenzhou	451	99	554	128

2-31 续表 2 continued 2

单位：所 (unit)

城 市	City	普通中学 Regular Secondary Schools 全 市 Total City	普通中学 Regular Secondary Schools 市辖区 Districts under City	普通小学 Regular Primary Schools 全 市 Total City	普通小学 Regular Primary Schools 市辖区 Districts under City
嘉兴市	Jiaxing	170	54	146	27
湖州市	Huzhou	120	52	126	45
绍兴市	Shaoxing	186	86	343	165
金华市	Jinhua	241	59	393	75
衢州市	Quzhou	96	36	199	54
舟山市	Zhoushan	42	32	56	36
台州市	Taizhou	269	84	346	81
丽水市	Lishui	97	22	215	18
安徽省	**Anhui**				
合肥市	Hefei	358	121	551	156
芜湖市	Wuhu	210	79	309	134
蚌埠市	Bengbu	172	53	660	132
淮南市	Huainan	190	97	450	189
马鞍山市	Maanshan	105	32	242	61
淮北市	Huaibei	122	73	311	137
铜陵市	Tongling	85	43	217	77
安庆市	Anqing	314	43	830	103
黄山市	Huangshan	120	37	129	32
滁州市	Chuzhou	264	32	238	43
阜阳市	Fuyang	420	112	1350	360
宿州市	Suzhou	242	72	790	249
六安市	Lu'an	335	132	698	278
亳州市	Bozhou	285	60	1122	260
池州市	Chizhou	98	41	213	96
宣城市	Xuancheng	152	48	174	57
福建省	**Fujian**				
福州市	Fuzhou	319	84	900	198
厦门市	Xiamen	93	93	300	300
莆田市	Putian	146	91	554	356
三明市	Sanming	158	20	234	26
泉州市	Quanzhou	326	47	1342	158
漳州市	Zhangzhou	206	31	845	86
南平市	Nanping	164	41	307	82
龙岩市	Longyan	168	57	391	132
宁德市	Ningde	174	33	279	29
江西省	**Jiangxi**				
南昌市	Nanchang	292	198	672	321
景德镇市	Jingdezhen	101	34	363	55
萍乡市	Pingxiang	106	40	377	144
九江市	Jiujiang	282	33	743	62
新余市	Xinyu	40	33	97	76
鹰潭市	Yingtan	84	18	256	47
赣州市	Ganzhou	468	66	1704	238
吉安市	Ji'an	308	26	716	91
宜春市	Yichun	246	48	896	187
抚州市	Fuzhou	221	56	707	249
上饶市	Shangrao	460	73	1789	232

2-31 续表 3 continued 3

单位：所 (unit)

城　　市	City	普通中学 Regular Secondary Schools		普通小学 Regular Primary Schools	
		全　市 Total City	市辖区 Districts under City	全　市 Total City	市辖区 Districts under City
山东省	**Shandong**				
济南市	Jinan	224	176	582	471
青岛市	Qingdao	302	152	743	297
淄博市	Zibo	184	131	300	193
枣庄市	Zaozhuang	125	78	515	304
东营市	Dongying	94	62	113	72
烟台市	Yantai	261	73	291	111
潍坊市	Weifang	325	75	823	186
济宁市	Jining	288	69	1068	170
泰安市	Tai'an	180	63	517	158
威海市	Weihai	102	49	89	64
日照市	Rizhao	93	40	295	114
莱芜市	Laiwu	50	50	124	124
临沂市	Linyi	334	75	1293	273
德州市	Dezhou	189	32	851	182
聊城市	Liaocheng	214	47	752	156
滨州市	Binzhou	166	48	314	73
菏泽市	Heze	379	81	1377	332
河南省	**Henan**				
郑州市	Zhengzhou	428	213	932	402
开封市	Kaifeng	267	92	996	389
洛阳市	Luoyang	427	102	1305	167
平顶山市	Pingdingshan	249	55	1341	144
安阳市	Anyang	303	54	1301	132
鹤壁市	Hebi	83	35	343	79
新乡市	Xinxiang	396	61	1437	137
焦作市	Jiaozuo	212	53	540	82
濮阳市	Puyang	213	69	1106	103
许昌市	Xuchang	241	55	1002	151
漯河市	Luohe	111	48	501	192
三门峡市	Sanmenxia	125	36	234	57
南阳市	Nanyang	508	94	2491	246
商丘市	Shangqiu	438	86	2156	488
信阳市	Xinyang	377	66	1642	220
周口市	Zhoukou	585	33	3081	143
驻马店市	Zhumadian	347	40	2323	199
湖北省	**Hubei**				
武汉市	Wuhan	367		594	
黄石市	Huangshi	126	31	441	62
十堰市	Shiyan	169	61	428	149
宜昌市	Yichang	174	62	263	76
襄阳市	Xiangyang	240	95	462	159
鄂州市	Ezhou	50	50	247	247
荆门市	Jingmen	124	31	221	54
孝感市	Xiaogan	222	46	453	71
荆州市	Jingzhou	240	54	391	61
黄冈市	Huanggang	301	25	696	34
咸宁市	Xianning	146	24	354	60
随州市	Suizhou	99	34	189	41

2-31 续表 4 continued 4

单位：所 (unit)

城市	City	普通中学 Regular Secondary Schools		普通小学 Regular Primary Schools	
		全市 Total City	市辖区 Districts under City	全市 Total City	市辖区 Districts under City
湖南省	**Hunan**				
长沙市	Changsha	302	119	931	371
株洲市	Zhuzhou	196	46	353	87
湘潭市	Xiangtan	167	35	391	57
衡阳市	Hengyang	434	42	1431	138
邵阳市	Shaoyang	462	36	1178	94
岳阳市	Yueyang	304	54	805	131
常德市	Changde	287	67	511	100
张家界市	Zhangjiajie	85	25	117	46
益阳市	Yiyang	226	55	398	125
郴州市	Chenzhou	283	46	490	59
永州市	Yongzhou	321	59	464	93
怀化市	Huaihua	355	30	266	19
娄底市	Loudi	285	27	770	48
广东省	**Guangdong**				
广州市	Guangzhou	514	514	953	953
韶关市	Shaoguan	152	44	191	64
深圳市	Shenzhen	352	352	337	337
珠海市	Zhuhai	73	73	118	118
汕头市	Shantou	303	298	747	743
佛山市	Foshan	198	198	408	408
江门市	Jiangmen	188	79	316	126
湛江市	Zhanjiang	309	89	780	82
茂名市	Maoming	257	85	1381	300
肇庆市	Zhaoqing	179	65	222	75
惠州市	Huizhou	252	123	456	239
梅州市	Meizhou	228	44	452	64
汕尾市	Shanwei	168	26	467	62
河源市	Heyuan	188	32	340	48
阳江市	Yangjiang	108	66	146	71
清远市	Qingyuan	178	64	318	123
东莞市	Dongguan	231	231	328	328
中山市	Zhongshan	102	102	206	206
潮州市	Chaozhou	139	98	615	379
揭阳市	Jieyang	289	109	1232	251
云浮市	Yunfu	101	24	165	59
广西壮族自治区	**Guangxi**				
南宁市	Nanning	352	213	1276	539
柳州市	Liuzhou	151	75	329	134
桂林市	Guilin	215	38	585	85
梧州市	Wuzhou	134	34	720	142
北海市	Beihai	95	53	384	107
防城港市	Fangchenggang	47	27	518	197
钦州市	Qinzhou	123	53	1284	370
贵港市	Guigang	219	83	1065	351

2-31 续表 5 continued 5

单位：所 (unit)

城 市	City	普通中学 Regular Secondary Schools		普通小学 Regular Primary Schools	
		全 市 Total City	市辖区 Districts under City	全 市 Total City	市辖区 Districts under City
玉林市	Yulin	284	56	1388	241
百色市	Baise	184	21	955	81
贺州市	Hezhou	105	45	524	300
河池市	Hechi	192	15	1107	43
来宾市	Laibin	80	41	219	113
崇左市	Chongzuo	87	15	313	65
海南省	**Hainan**				
海口市	Haikou	104	104	163	163
三亚市	Sanya	46	46	116	116
三沙市	Sansa			1	1
儋州市	Danzhou	44		222	
重庆市	**Chongqing**	**1120**	**797**	**2979**	**2002**
四川省	**Sichuan**				
成都市	Chengdu	602		556	
自贡市	Zigong	136	52	119	60
攀枝花市	Panzhihua	54	41	64	34
泸州市	Luzhou	219	61	216	48
德阳市	Deyang	147	26	352	36
绵阳市	Mianyang	226	76	404	92
广元市	Guangyuan	164	50	264	88
遂宁市	Suining	164	59	202	77
内江市	Neijiang	180	58	280	89
乐山市	Leshan	210	72	293	65
南充市	Nanchong	496	113	256	93
眉山市	Meishan	152	61	208	66
宜宾市	Yibin	282	60	311	48
广安市	Guang'an	271	72	199	40
达州市	Dazhou	383	102	1530	345
雅安市	Ya'an	86	36	158	37
巴中市	Bazhong	216	89	203	48
资阳市	Ziyang	200	67	192	90
贵州省	**Guizhou**				
贵阳市	Guiyang	316	243	550	370
六盘水市	Liupanshui	217	51	509	76
遵义市	Zunyi	438	123	1222	334
安顺市	Anshun	143	67	532	202
毕节市	Bijie	458	97	2371	267
铜仁市	Tongren	261	36	1567	112
云南省	**Yunnan**				
昆明市	Kunming	300	179	937	322
曲靖市	Qujing	246	33	1696	111
玉溪市	Yuxi	107	24	529	74
保山市	Baoshan	120	36	861	282
昭通市	Zhaotong	226	34	1715	173
丽江市	Lijiang	72	11	460	41
普洱市	Pu'er	127	13	513	38
临沧市	Lincang	121	23	836	78

2-31 续表 6 continued 6

单位：所 (unit)

城　市	City	普通中学 Regular Secondary Schools		普通小学 Regular Primary Schools	
		全　市 Total City	市辖区 Districts under City	全　市 Total City	市辖区 Districts under City
西藏自治区	**Tibet**				
拉萨市	Lasa	22	16	71	31
日喀则市	Rikaze	30	7	224	18
昌都市	Changdu				
林芝市	Linzhi				
山南市	Shannan				
陕西省	**Shaanxi**				
西安市	Xi'an	422	307	1190	722
铜川市	Tongchuan	44	37	87	73
宝鸡市	Baoji	202	81	505	138
咸阳市	Xianyang	294	62	807	80
渭南市	Weinan	314	56	753	123
延安市	Yan'an	119	36	299	71
汉中市	Hanzhong	211	25	489	51
榆林市	Yulin	198	42	364	99
安康市	Ankang	201	79	578	273
商洛市	Shangluo	107	39	415	148
甘肃省	**Gansu**				
兰州市	Lanzhou	197	118	515	217
嘉峪关市	Jiayuguan	11	11	19	19
金昌市	Jinchang	21	11	28	13
白银市	Baiyin	144	36	662	88
天水市	Tianshui	255	81	1004	207
武威市	Wuwei	136	75	554	238
张掖市	Zhangye	65	38	214	86
平凉市	Pingliang	132	34	848	163
酒泉市	Jiuquan	59	21	141	41
庆阳市	Qingyang	166	25	974	101
定西市	Dingxi	271	48	770	63
陇南市	Longnan	231	24	1607	259
青海省	**Qinghai**				
西宁市	Xining	136	50	151	66
海东市	Haidong	100	19	297	53
宁夏回族自治区	**Ningxia**				
银川市	Yinchuan	91	60	203	101
石嘴山市	Shizuishan	38	24	66	43
吴忠市	Wuzhong	60	19	306	59
固原市	Guyuan	69	17	666	156
中卫市	Zhongwei	64	25	291	62
新疆维吾尔自治区	**Xinjiang**				
乌鲁木齐市	Urumqi	153	144	132	121
克拉玛依市	Karamay	19	19	29	29
吐鲁番市	Tulufan				
哈密市	Hami				

2-32 专任教师数(一)
Number of Full-time Teachers (I)

单位：人 (person)

城 市	City	普通高等学校 Regular Institutions of Higher Education		中等职业教育学校 Vocational Secondary Schools	
		全 市 Total City	市辖区 Districts under City	全 市 Total City	市辖区 Districts under City
北京市	**Beijing**	**66149**	**66149**	**8235**	**8235**
天津市	**Tianjin**	**30509**	**30509**	**8101**	**8101**
河北省	**Hebei**				
石家庄市	Shijiazhuang	25052		8399	5161
唐山市	Tangshan	6027	5929	6496	3994
秦皇岛市	Qinhuangdao	6220	6220	3779	2518
邯郸市	Handan	3626	3626	5318	2807
邢台市	Xingtai	2453	2453	4326	1494
保定市	Baoding	13473	12442	6893	2553
张家口市	Zhangjiakou	1216	1145	3211	1719
承德市	Chengde	2653	2653	2051	694
沧州市	Cangzhou	1703	1044	3474	934
廊坊市	Langfang			1913	486
衡水市	Hengshui	1268	1268	2623	1267
山西省	**Shanxi**				
太原市	Taiyuan	23308	23308	6769	6560
大同市	Datong	1540	1540	3458	1632
阳泉市	Yangquan	591	368	949	688
长治市	Changzhi	1803	1803	2536	1387
晋城市	Jincheng	377	377	1365	713
朔州市	Shuozhou	561	561	1652	631
晋中市	Jinzhong	9240	7001	2805	1065
运城市	Yuncheng	2530	2530	2892	1185
忻州市	Xinzhou	1493	1064	1931	452
临汾市	Linfen	3009	3009	2488	778
吕梁市	Lvliang	569	569	2302	710
内蒙古自治区	**Inner Mongolia**				
呼和浩特市	Hohhot	11978	11978	2058	1116
包头市	Baotou	4484	4484	1374	1191
乌海市	Wuhai	220	220	178	178
赤峰市	Chifeng	1864	1864	2674	890
通辽市	Tongliao			1024	319
鄂尔多斯市	Erdos	857	857	339	339
呼伦贝尔市	Hulunbuir	1010	683	1688	385
巴彦淖尔市	Bayannur	652	652	1127	605
乌兰察布市	Ulanqab	1132		1357	
辽宁省	**Liaoning**				
沈阳市	Shenyang	27123	27123	6440	6255
大连市	Dalian	18639		4195	3760
鞍山市	Anshan	2069	2069	1580	723
抚顺市	Fushun	2432	2432	1083	928
本溪市	Benxi	3348	3348	1981	1749
丹东市	Dandong	1558	1558	1016	557
锦州市	Jinzhou	5049	5049	1200	761
营口市	Yingkou	1035	1035	1401	1101

2-32 续表 1 continued 1

单位：人 (person)

城 市	City	普通高等学校 Regular Institutions of Higher Education		中等职业教育学校 Vocational Secondary Schools	
		全 市 Total City	市辖区 Districts under City	全 市 Total City	市辖区 Districts under City
阜新市	Fuxin	2115	2115	1090	886
辽阳市	Liaoyang	987	987	911	716
盘锦市	Panjin	494	494	529	426
铁岭市	Tieling	1307	1307	826	428
朝阳市	Chaoyang	491	491	1390	701
葫芦岛市	Huludao	957		795	103
吉林省	**Jilin**				
长春市	Changchun	27113	27113	4637	3771
吉林市	Jilin	5706	5706	2683	1986
四平市	Siping	2348	2348	1141	549
辽源市	Liaoyuan	327	327	463	278
通化市	Tonghua	829	829	1202	413
白山市	Baishan	244	244	565	303
松原市	Songyuan	500	500	1223	461
白城市	Baicheng	1045	1045	1067	311
黑龙江省	**Heilongjiang**				
哈尔滨市	Harbin	32558	32089	5326	4662
齐齐哈尔市	Qiqihar	3291	3291	1321	746
鸡西市	Jixi	331		452	204
鹤岗市	Hegang	214		429	273
双鸭山市	Shuangyashan	1507	674	310	120
大庆市	Daqing	3528	3528	965	624
伊春市	Yichun	199	199	491	370
佳木斯市	Jiamusi	2436	2436	607	236
七台河市	Qitaihe	144	144	32	4
牡丹江市	Mudanjiang	2849	2849	885	193
黑河市	Heihe	525	525	670	225
绥化市	Suihua			866	169
上海市	**Shanghai**	**42308**	**42308**	**8058**	**8058**
江苏省	**Jiangsu**				
南京市	Nanjing	48854	48854	6922	6922
无锡市	Wuxi	6144	5464	6635	4189
徐州市	Xuzhou	8217	8217	5193	3813
常州市	Changzhou	5878	5878	4144	3637
苏州市	Suzhou	12143	9250	5968	3260
南通市	Nantong	4937	4937	4794	1661
连云港市	Lianyungang	2128	2128	3314	2420
淮安市	Huai'an	3797	3718	3507	2457
盐城市	Yancheng	3543	3482	4195	2507
扬州市	Yangzhou	4780	4780	3882	2720
镇江市	Zhenjiang	5690	5690	2199	1373
泰州市	Taizhou	3134	3134	1838	810
宿迁市	Suqian	922	912	3436	2147
浙江省	**Zhejiang**				
杭州市	Hangzhou	29222	27762	6462	5377
宁波市	Ningbo	8056		5399	2515
温州市	Wenzhou	5381	5381	4253	1481

2-32 续表 2 continued 2

单位：人 (person)

城 市	City	普通高等学校 Regular Institutions of Higher Education		中等职业教育学校 Vocational Secondary Schools	
		全 市 Total City	市辖区 Districts under City	全 市 Total City	市辖区 Districts under City
嘉兴市	Jiaxing	2418	1886	3149	883
湖州市	Huzhou	1511	1511	2087	717
绍兴市	Shaoxing	4072	3744	2988	1707
金华市	Jinhua	2233	2233	4196	1574
衢州市	Quzhou	698	698	1525	714
舟山市	Zhoushan	1276	1276	565	466
台州市	Taizhou	1667	709	4629	1512
丽水市	Lishui	1127	1127	1995	431
安徽省	**Anhui**				
合肥市	Hefei	26382	20206	3584	1924
芜湖市	Wuhu	6801	6801	1951	975
蚌埠市	Bengbu	3028	2969	1830	833
淮南市	Huainan	3334	3244	1669	1205
马鞍山市	Maanshan	2941	2941	1216	896
淮北市	Huaibei	2090	2090	807	674
铜陵市	Tongling	1441	1441	511	286
安庆市	Anqing	2302	2085	2490	730
黄山市	Huangshan	987	987	505	138
滁州市	Chuzhou	2491	1394	2000	447
阜阳市	Fuyang	2075	2047	3037	1660
宿州市	Suzhou	1246	1246	2000	580
六安市	Lu'an	2050	1960	2094	1079
亳州市	Bozhou	744	744	3152	1061
池州市	Chizhou	1313	1313	630	371
宣城市	Xuancheng	340	340	1622	659
福建省	**Fujian**				
福州市	Fuzhou	19822	19822	4573	3110
厦门市	Xiamen	9284	9284	2097	2097
莆田市	Putian	818	628	1209	847
三明市	Sanming	1188	929	1309	238
泉州市	Quanzhou	6781	5014	2994	957
漳州市	Zhangzhou	3822	3822	1266	510
南平市	Nanping	1288	1163	1189	600
龙岩市	Longyan	745	745	1284	604
宁德市	Ningde	619	455	1255	208
江西省	**Jiangxi**				
南昌市	Nanchang	43653	43653	2430	2047
景德镇市	Jingdezhen	1569	1475	414	335
萍乡市	Pingxiang	1031	1031	1021	655
九江市	Jiujiang	4887	4246	1649	659
新余市	Xinyu	2025	2025	590	590
鹰潭市	Yingtan	443	443	341	179
赣州市	Ganzhou	5935	5935	2487	897
吉安市	Ji'an	1363	1363	1170	247
宜春市	Yichun	2108	1752	1002	78
抚州市	Fuzhou	1632	1632	803	307
上饶市	Shangrao	1296		1451	375

2-32 续表 3 continued 3

单位：人 (person)

城 市	City	普通高等学校 Regular Institutions of Higher Education 全 市 Total City	市辖区 Districts under City	中等职业教育学校 Vocational Secondary Schools 全 市 Total City	市辖区 Districts under City
山东省	**Shandong**				
济南市	Jinan	44569	44569	6595	6023
青岛市	Qingdao	20151	20151	8062	
淄博市	Zibo	5531	5407	2128	1611
枣庄市	Zaozhuang	1581	1164	1797	1094
东营市	Dongying	1891	1678	1072	724
烟台市	Yantai	9246	7552	6487	2562
潍坊市	Weifang	9258	6262	6229	1432
济宁市	Jining	5639	2158	3081	955
泰安市	Tai'an	6415	6415	2219	1008
威海市	Weihai	3712	2647	1903	1297
日照市	Rizhao	1393	1393	1756	1071
莱芜市	Laiwu	620	620	546	546
临沂市	Linyi	3150	3150	3918	1423
德州市	Dezhou	3159	2313	2863	1299
聊城市	Liaocheng	2023	2023	4588	1317
滨州市	Binzhou	2911	2911	1992	746
菏泽市	Heze	2211	1934	2711	1061
河南省	**Henan**				
郑州市	Zhengzhou	46153	46153	11161	7258
开封市	Kaifeng	5697	5697	1974	1138
洛阳市	Luoyang	6062	5561	4442	1738
平顶山市	Pingdingshan	3320	3137	2669	1564
安阳市	Anyang	3976	3976	2611	1007
鹤壁市	Hebi	1135	1135	1320	385
新乡市	Xinxiang	8370	8183	3907	1701
焦作市	Jiaozuo	4444	3826	2552	1264
濮阳市	Puyang	650	650	2127	707
许昌市	Xuchang	2280	2251	2006	781
漯河市	Luohe	2177	2177	2120	1106
三门峡市	Sanmenxia	852	852	1353	702
南阳市	Nanyang	4368	4212	4363	1316
商丘市	Shangqiu	4879	4541	2628	741
信阳市	Xinyang	4069	3968	3738	718
周口市	Zhoukou	2446	2446	3516	1057
驻马店市	Zhumadian	1221	1221	3367	1043
湖北省	**Hubei**				
武汉市	Wuhan	57803		6897	
黄石市	Huangshi	3310	3310	1140	600
十堰市	Shiyan	2795	2774	1853	934
宜昌市	Yichang	3620	3620	1755	619
襄阳市	Xiangyang	2367	2367	1792	911
鄂州市	Ezhou	779	779	219	219
荆门市	Jingmen	757	757	1175	604
孝感市	Xiaogan	2140	2140	1156	487
荆州市	Jingzhou	4469	4469	1695	853
黄冈市	Huanggang	2405	2390	2406	1060
咸宁市	Xianning	1771	1771	699	233
随州市	Suizhou	415		298	99

2-32 续表 4 continued 4

单位：人 (person)

城 市	City	普通高等学校 Regular Institutions of Higher Education		中等职业教育学校 Vocational Secondary Schools	
		全 市 Total City	市辖区 Districts under City	全 市 Total City	市辖区 Districts under City
湖南省	**Hunan**				
长沙市	Changsha	33542	28421	4538	2652
株洲市	Zhuzhou	4527	4527	1489	612
湘潭市	Xiangtan	7119	7119	1215	680
衡阳市	Hengyang	8023	6623	2202	1502
邵阳市	Shaoyang	1565	1565	2404	603
岳阳市	Yueyang	2350	2350	1946	721
常德市	Changde	2482	2209	2156	535
张家界市	Zhangjiajie	1104	750	732	222
益阳市	Yiyang	1911	1911	1488	547
郴州市	Chenzhou	1547	1547	1832	905
永州市	Yongzhou	1623	1623	2471	525
怀化市	Huaihua	1667	1667	2082	685
娄底市	Loudi	1696	1696	1389	387
广东省	**Guangdong**				
广州市	Guangzhou	59704	59704	7812	7812
韶关市	Shaoguan	1720	1720	1533	909
深圳市	Shenzhen	5092	5092	2511	2511
珠海市	Zhuhai	6333	6333	906	906
汕头市	Shantou	963	963	2430	2419
佛山市	Foshan	1928	1928	4728	4728
江门市	Jiangmen	1840	1840	2994	1566
湛江市	Zhanjiang	5615	5098	3242	2472
茂名市	Maoming			2264	779
肇庆市	Zhaoqing	3344	3344	2417	1638
惠州市	Huizhou	1926	1926	3342	
梅州市	Meizhou	1257	1257	1522	856
汕尾市	Shanwei	252	252	754	264
河源市	Heyuan	537	537	1588	877
阳江市	Yangjiang	447	447	587	354
清远市	Qingyuan	565	565	1576	775
东莞市	Dongguan	4651	4651	3257	3257
中山市	Zhongshan	2065	2065	1496	1496
潮州市	Chaozhou	855	855		
揭阳市	Jieyang	547	266	2316	849
云浮市	Yunfu	312	312	1039	367
广西壮族自治区	**Guangxi**				
南宁市	Nanning	18808	18808	9169	8797
柳州市	Liuzhou	3596	3596	2852	2445
桂林市	Guilin	8105	8105	1725	869
梧州市	Wuzhou	731	731	1505	730
北海市	Beihai	1497	1497	813	674
防城港市	Fangchenggang	185	185	118	55
钦州市	Qinzhou	1094	1094	1022	593
贵港市	Guigang			1328	681

2-32 续表 5 continued 5

单位：人 (person)

城市	City	普通高等学校 Regular Institutions of Higher Education 全市 Total City	普通高等学校 市辖区 Districts under City	中等职业教育学校 Vocational Secondary Schools 全市 Total City	中等职业教育学校 市辖区 Districts under City
玉林市	Yulin	898	898	1319	705
百色市	Baise	1929	1603	979	348
贺州市	Hezhou	672	672	767	577
河池市	Hechi	764	190	1090	440
来宾市	Laibin	518	518	643	377
崇左市	Chongzuo	1788	947	852	206
海南省	**Hainan**				
海口市	Haikou	6481	6481	2564	2564
三亚市	Sanya	2297	2297	398	398
三沙市	Sansa				
儋州市	Danzhou			134	
重庆市	**Chongqing**	**40583**	**40583**	**19108**	**11963**
四川省	**Sichuan**				
成都市	Chengdu	49488		9776	
自贡市	Zigong	2095	2095	1204	812
攀枝花市	Panzhihua	1272	1272	800	800
泸州市	Luzhou	2246	2084	2154	878
德阳市	Deyang	4417	3729	1279	436
绵阳市	Mianyang	7575	7123	1640	875
广元市	Guangyuan	682	682	1109	411
遂宁市	Suining	634	634	1515	556
内江市	Neijiang	1623	1073	1502	792
乐山市	Leshan	2446	2446	1517	811
南充市	Nanchong	4273	4273	3058	1596
眉山市	Meishan	1221	1221	1345	530
宜宾市	Yibin	1311	1311	2716	1203
广安市	Guang'an	487	487	1405	267
达州市	Dazhou	1214	1214	3536	771
雅安市	Ya'an	2783	2783	404	207
巴中市	Bazhong	164	164	1358	434
资阳市	Ziyang	248	248	908	475
贵州省	**Guizhou**				
贵阳市	Guiyang	19156	2331	5463	1753
六盘水市	Liupanshui	786		880	266
遵义市	Zunyi	3366	3366	2602	1182
安顺市	Anshun	1152	1152	721	377
毕节市	Bijie	2001	913	3190	217
铜仁市	Tongren	1776		1611	694
云南省	**Yunnan**				
昆明市	Kunming	28698	28698	5567	3857
曲靖市	Qujing	1410	1255	3210	1467
玉溪市	Yuxi	852	852	1355	812
保山市	Baoshan	695	695	1028	328
昭通市	Zhaotong	497	497	633	554
丽江市	Lijiang	856		508	259
普洱市	Pu'er	477	477	1316	561
临沧市	Lincang	355	355	843	404

2-32 续表 6 continued 6

单位：人 (person)

城　市	City	普通高等学校 Regular Institutions of Higher Education		中等职业教育学校 Vocational Secondary Schools	
		全　市 Total City	市辖区 Districts under City	全　市 Total City	市辖区 Districts under City
西藏自治区	**Tibet**				
拉萨市	Lasa	2126	2126	514	514
日喀则市	Rikaze			181	181
昌都市	Changdu				
林芝市	Linzhi				
山南市	Shannan				
陕西省	**Shaanxi**				
西安市	Xi'an	47158	45184	9495	8953
铜川市	Tongchuan	225	225	152	127
宝鸡市	Baoji	1933	1933	1949	1304
咸阳市	Xianyang	6370	6370	1530	452
渭南市	Weinan	1423	1423	1891	656
延安市	Yan'an	1631	1631	761	148
汉中市	Hanzhong	2189	1709	932	175
榆林市	Yulin	928	928	2134	856
安康市	Ankang	950	950	581	133
商洛市	Shangluo	1319	881	632	143
甘肃省	**Gansu**				
兰州市	Lanzhou	15998	15998	2860	2498
嘉峪关市	Jiayuguan	118	118	259	259
金昌市	Jinchang	148	148	238	90
白银市	Baiyin	214	214	1318	604
天水市	Tianshui	1745	1745	1679	820
武威市	Wuwei	831	831	930	429
张掖市	Zhangye	895	895	732	325
平凉市	Pingliang	445	445	1543	492
酒泉市	Jiuquan	416	416	562	279
庆阳市	Qingyang	1099	1099	1514	690
定西市	Dingxi			1678	488
陇南市	Longnan	383		1094	92
青海省	**Qinghai**				
西宁市	Xining	4152	4152	1792	1286
海东市	Haidong	334	334	389	84
宁夏回族自治区	**Ningxia**				
银川市	Yinchuan	6920	6269	1196	870
石嘴山市	Shizuishan	438	438	346	241
吴忠市	Wuzhong	357	357	172	
固原市	Guyuan	405	405	616	171
中卫市	Zhongwei			363	183
新疆维吾尔自治区	**Xinjiang**				
乌鲁木齐市	Urumqi	11485	11485	2484	2484
克拉玛依市	Karamay	395	395	226	226
吐鲁番市	Tulufan				
哈密市	Hami				

2-33 专任教师数(二)
Number of Full-time Teachers (Ⅱ)

单位：人 (person)

城 市	City	普通中学 Regular Secondary Schools		普通小学 Regular Primary Schools	
		全 市 Total City	市辖区 Districts under City	全 市 Total City	市辖区 Districts under City
北京市	**Beijing**	**64549**	**64549**	**51787**	**51787**
天津市	**Tianjin**	**43033**	**43033**	**41547**	**41547**
河北省	**Hebei**				
石家庄市	Shijiazhuang	38065	17641	44499	17591
唐山市	Tangshan	30297	12823	31095	13028
秦皇岛市	Qinhuangdao	12804	7066	15067	7544
邯郸市	Handan	36839	15409	51816	17154
邢台市	Xingtai	24914	4911	37775	4425
保定市	Baoding	42120	11020	47286	10629
张家口市	Zhangjiakou	15785	7108	20389	7161
承德市	Chengde	12134	2675	17734	2594
沧州市	Cangzhou	26330	3142	36212	3736
廊坊市	Langfang	16132	3188	23811	4183
衡水市	Hengshui	20461	8349	18836	4214
山西省	**Shanxi**				
太原市	Taiyuan	18911	15103	17093	12687
大同市	Datong	15744	8478	17629	8873
阳泉市	Yangquan	5780	2939	5382	2704
长治市	Changzhi	16764	5473	15107	3638
晋城市	Jincheng	11118	2988	9277	1927
朔州市	Shuozhou	10339	4029	9024	3549
晋中市	Jinzhong	16074	7129	14252	2541
运城市	Yuncheng	28651	4953	23210	3142
忻州市	Xinzhou	14236	3522	16234	2373
临汾市	Linfen	21330	5874	21404	4232
吕梁市	Lvliang	19062	1896	19864	1746
内蒙古自治区	**Inner Mongolia**				
呼和浩特市	Hohhot	10822	7279	8978	5804
包头市	Baotou	10110	8633	8888	6837
乌海市	Wuhai	1388	1388	2137	2137
赤峰市	Chifeng	17221	6088	18980	5607
通辽市	Tongliao	11913	3955	14857	2139
鄂尔多斯市	Erdos	8675	2727	8541	2554
呼伦贝尔市	Hulunbuir	10405	2020	10552	1165
巴彦淖尔市	Bayannur	4771	1358	5356	1853
乌兰察布市	Ulanqab	6472	2417	6850	1552
辽宁省	**Liaoning**				
沈阳市	Shenyang	24659	20101	22856	17566
大连市	Dalian	21901	15850	18725	13483
鞍山市	Anshan	11997	5876	10921	3589
抚顺市	Fushun	7038	4736	6523	3834
本溪市	Benxi	6226	3879	5705	3279
丹东市	Dandong	9817	2690	7017	2022
锦州市	Jinzhou	9324	3240	9834	2912
营口市	Yingkou	10153	5681	7306	2925

2-33 续表 1 continued 1

单位：人 (person)

城市	City	普通中学 Regular Secondary Schools		普通小学 Regular Primary Schools	
		全市 Total City	市辖区 Districts under City	全市 Total City	市辖区 Districts under City
阜新市	Fuxin	6582	2866	7139	2612
辽阳市	Liaoyang	6994	3568	4404	2129
盘锦市	Panjin	6192	5086	5202	4169
铁岭市	Tieling	10011	2297	10172	1540
朝阳市	Chaoyang	13929	2933	13613	2524
葫芦岛市	Huludao	10191	2551	10181	3333
吉林省	**Jilin**				
长春市	Changchun	31212	20457	26559	12641
吉林市	Jilin	14839	6032	13923	5046
四平市	Siping	8079	2528	9897	2456
辽源市	Liaoyuan	4427	1647	5336	1530
通化市	Tonghua	9848	1680	6352	1374
白山市	Baishan	6818	2578	3878	1366
松原市	Songyuan	10372	2791	11462	2271
白城市	Baicheng	9123	2072	7957	1553
黑龙江省	**Heilongjiang**				
哈尔滨市	Harbin	34989	22332	30986	15628
齐齐哈尔市	Qiqihar	17536	5424	11237	3293
鸡西市	Jixi	7997	4007	4369	2601
鹤岗市	Hegang	3559	2762	2259	1348
双鸭山市	Shuangyashan	3259	1549	3609	1332
大庆市	Daqing	9280	5275	9528	4067
伊春市	Yichun	4238	3406	3567	2707
佳木斯市	Jiamusi	7336	2801	7657	2708
七台河市	Qitaihe	3068	2161	2379	1517
牡丹江市	Mudanjiang	8426	2622	7441	2855
黑河市	Heihe	4207	646	4893	581
绥化市	Suihua	16586	3254	15326	2739
上海市	**Shanghai**	**55757**	**55757**	**53389**	**53389**
江苏省	**Jiangsu**				
南京市	Nanjing	22982	22982	23644	23644
无锡市	Wuxi	19991	10265	20119	11802
徐州市	Xuzhou	33695	11515	42716	13259
常州市	Changzhou	14060	11327	14173	11702
苏州市	Suzhou	27726	15102	35770	18726
南通市	Nantong	24493	6915	19636	6467
连云港市	Lianyungang	19959	9608	23614	10389
淮安市	Huai'an	19454	11229	21067	12145
盐城市	Yancheng	26634	8671	26548	7335
扬州市	Yangzhou	16467	8890	13593	7736
镇江市	Zhenjiang	10088	3603	9632	3556
泰州市	Taizhou	19014	6727	14108	4913
宿迁市	Suqian	17104	5140	24582	6743
浙江省	**Zhejiang**				
杭州市	Hangzhou	29485	22841	32549	26503
宁波市	Ningbo	23577	10560	26171	12037
温州市	Wenzhou	31994	8367	35114	9627

2-33 续表 2 continued 2

单位：人 (person)

城市	City	普通中学 Regular Secondary Schools 全市 Total City	市辖区 Districts under City	普通小学 Regular Primary Schools 全市 Total City	市辖区 Districts under City
嘉兴市	Jiaxing	14465	4157	14237	3881
湖州市	Huzhou	10097	4191	8800	3940
绍兴市	Shaoxing	18814	9320	15718	7876
金华市	Jinhua	19137	4508	21134	4355
衢州市	Quzhou	8808	3260	8709	3037
舟山市	Zhoushan	3251	2493	3546	2721
台州市	Taizhou	25105	8131	20902	6209
丽水市	Lishui	8284	1898	9949	1934
安徽省	**Anhui**				
合肥市	Hefei	29360	11652	25394	10815
芜湖市	Wuhu	12927	4888	11938	4985
蚌埠市	Bengbu	11935	3931	13819	4459
淮南市	Huainan	14868	7663	11965	5619
马鞍山市	Maanshan	8538	3530	7532	2867
淮北市	Huaibei	8545	4533	8138	4245
铜陵市	Tongling	6604	3173	5327	2739
安庆市	Anqing	20731	3413	17586	2371
黄山市	Huangshan	4927	1708	5143	1613
滁州市	Chuzhou	15879	2515	14130	2165
阜阳市	Fuyang	27739	7857	36125	8533
宿州市	Suzhou	17121	5445	22052	6358
六安市	Lu'an	19066	8744	19312	7589
亳州市	Bozhou	18150	5531	25502	6503
池州市	Chizhou	5861	2396	5612	2361
宣城市	Xuancheng	9051	3157	9196	2925
福建省	**Fujian**				
福州市	Fuzhou	24243	8927	26421	9821
厦门市	Xiamen	10785	10785	15405	15405
莆田市	Putian	14266	9834	14233	9838
三明市	Sanming	11275	1575	11968	1370
泉州市	Quanzhou	30948	6540	32744	6031
漳州市	Zhangzhou	20139	3685	20671	3098
南平市	Nanping	11536	3177	13318	3726
龙岩市	Longyan	12744	4611	12128	4578
宁德市	Ningde	12592	1969	14062	2324
江西省	**Jiangxi**				
南昌市	Nanchang	24623	16750	17794	9948
景德镇市	Jingdezhen	7381	2851	6505	1745
萍乡市	Pingxiang	8028	3699	7428	3306
九江市	Jiujiang	17225	3130	21278	2896
新余市	Xinyu	4171	3673	5196	3917
鹰潭市	Yingtan	4709	1242	5903	1499
赣州市	Ganzhou	36308	6521	45152	8196
吉安市	Ji'an	20386	2301	20019	2361
宜春市	Yichun	19840	3856	25115	4752
抚州市	Fuzhou	15077	3190	21177	5504
上饶市	Shangrao	29108	5784	31990	5738

2-33 续表 3 continued 3

单位：人 (person)

城市	City	普通中学 Regular Secondary Schools		普通小学 Regular Primary Schools	
		全市 Total City	市辖区 Districts under City	全市 Total City	市辖区 Districts under City
山东省	**Shandong**				
济南市	Jinan	24318	18934	26976	20464
青岛市	Qingdao	33882	15562	34154	17737
淄博市	Zibo	21937	14873	15618	10605
枣庄市	Zaozhuang	13772	8158	19018	12350
东营市	Dongying	11674	7142	8317	5455
烟台市	Yantai	33482	9105	14650	5478
潍坊市	Weifang	40949	9187	38757	8908
济宁市	Jining	36883	8428	35391	7897
泰安市	Tai'an	23284	7434	18301	4324
威海市	Weihai	12477	6916	7849	4638
日照市	Rizhao	11929	5988	11568	5315
莱芜市	Laiwu	6026	6026	4341	4341
临沂市	Linyi	45374	10671	46058	14473
德州市	Dezhou	21267	4688	26922	5731
聊城市	Liaocheng	23597	5796	26622	6388
滨州市	Binzhou	16751	4503	16252	4469
菏泽市	Heze	34422	8084	47987	10947
河南省	**Henan**				
郑州市	Zhengzhou	39860	20113	38040	20273
开封市	Kaifeng	19022	7156	22844	7536
洛阳市	Luoyang	32093	9679	27671	7222
平顶山市	Pingdingshan	17653	4249	26184	5988
安阳市	Anyang	22255	5134	24859	5815
鹤壁市	Hebi	6969	3286	7096	3007
新乡市	Xinxiang	24455	4767	27153	4529
焦作市	Jiaozuo	17344	4972	14382	3694
濮阳市	Puyang	18180	6868	20168	3040
许昌市	Xuchang	17645	5221	24117	5000
漯河市	Luohe	9997	5100	10382	5493
三门峡市	Sanmenxia	10516	2867	9900	2621
南阳市	Nanyang	42018	8266	51755	8695
商丘市	Shangqiu	34639	7708	46315	8732
信阳市	Xinyang	35394	6727	36704	5614
周口市	Zhoukou	43341	3483	51989	3176
驻马店市	Zhumadian	33738	4398	39214	4220
湖北省	**Hubei**				
武汉市	Wuhan	31293		27561	
黄石市	Huangshi	10534	3030	11366	2404
十堰市	Shiyan	13101	6179	12299	4680
宜昌市	Yichang	12725	5256	11010	4072
襄阳市	Xiangyang	21869	10180	18790	8931
鄂州市	Ezhou	3815	3815	5017	5017
荆门市	Jingmen	9106	2516	9190	2379
孝感市	Xiaogan	18000	3514	16121	3116
荆州市	Jingzhou	20122	4344	14417	2382
黄冈市	Huanggang	22465	1899	22962	890
咸宁市	Xianning	8626	2089	11118	2297
随州市	Suizhou	7263	2728	7314	2251

2-33 续表 4 continued 4

单位：人 (person)

城市	City	普通中学 Regular Secondary Schools 全市 Total City	普通中学 Regular Secondary Schools 市辖区 Districts under City	普通小学 Regular Primary Schools 全市 Total City	普通小学 Regular Primary Schools 市辖区 Districts under City
湖南省	**Hunan**				
长沙市	Changsha	28000	15085	24770	13787
株洲市	Zhuzhou	13135	4786	11212	3613
湘潭市	Xiangtan	9884	2685	7714	2447
衡阳市	Hengyang	28879	4779	25682	4982
邵阳市	Shaoyang	24134	2543	26151	2677
岳阳市	Yueyang	19469	5080	18469	4232
常德市	Changde	19963	5066	16925	4104
张家界市	Zhangjiajie	7058	1955	5094	1914
益阳市	Yiyang	14143	4454	13812	4290
郴州市	Chenzhou	21761	4907	18817	3597
永州市	Yongzhou	20024	4371	25076	5399
怀化市	Huaihua	17669	2724	20479	2422
娄底市	Loudi	18962	3646	13221	2011
广东省	**Guangdong**				
广州市	Guangzhou	41894	41894	52075	52075
韶关市	Shaoguan	12671	3979	13420	4021
深圳市	Shenzhen	30674	30674	46975	46975
珠海市	Zhuhai	8187	8187	6534	6534
汕头市	Shantou	31631	31262	21871	21539
佛山市	Foshan	23157	23157	24357	24357
江门市	Jiangmen	9562	3314	13877	5937
湛江市	Zhanjiang	34557	9572	35588	8412
茂名市	Maoming	35490	12129	33706	13041
肇庆市	Zhaoqing	19824	6970	17317	5515
惠州市	Huizhou	20076	10215	26253	13363
梅州市	Meizhou	22648	4939	19585	3926
汕尾市	Shanwei	14378	2716	16134	2468
河源市	Heyuan	18469	3711	15592	2631
阳江市	Yangjiang	13603	7783	10956	4872
清远市	Qingyuan	15167	6028	18097	6761
东莞市	Dongguan	18885	18885	32302	32302
中山市	Zhongshan	10869	10869	14740	14740
潮州市	Chaozhou	11636	7325	10415	6816
揭阳市	Jieyang	28973	9318	29854	8735
云浮市	Yunfu	10977	2491	12684	3070
广西壮族自治区	**Guangxi**				
南宁市	Nanning	25466	15056	32398	19917
柳州市	Liuzhou	13321	6450	15528	6002
桂林市	Guilin	15838	3568	20450	4121
梧州市	Wuzhou	11947	2847	14988	3395
北海市	Beihai	6567	3307	7571	3639
防城港市	Fangchenggang	2906	1799	4570	2557
钦州市	Qinzhou	11503	4781	17305	6629
贵港市	Guigang	20990	9116	22443	8575

2-33 续表 5 continued 5

单位：人 (person)

城市	City	普通中学 Regular Secondary Schools		普通小学 Regular Primary Schools	
		全市 Total City	市辖区 Districts under City	全市 Total City	市辖区 Districts under City
玉林市	Yulin	23430	4861	29547	4808
百色市	Baise	11765	1609	16763	1801
贺州市	Hezhou	7286	2770	10269	4780
河池市	Hechi	12276	1421	19122	1613
来宾市	Laibin	8212	1284	10354	4833
崇左市	Chongzuo	6271	1294	9696	1648
海南省	**Hainan**				
海口市	Haikou	8926	8926	9288	9288
三亚市	Sanya	3103	3103	3670	3670
三沙市	Sansa			8	8
儋州市	Danzhou	4678		4984	
重庆市	**Chongqing**	**115217**	**83928**	**123066**	**84905**
四川省	**Sichuan**				
成都市	Chengdu	50178		46742	
自贡市	Zigong	7922	3486	9128	4330
攀枝花市	Panzhihua	5158	3426	5017	2840
泸州市	Luzhou	15716	5195	18915	5619
德阳市	Deyang	10856	2541	10970	2413
绵阳市	Mianyang	19355	9177	15871	5823
广元市	Guangyuan	10663	4776	11685	2943
遂宁市	Suining	12205	5445	11138	4705
内江市	Neijiang	11190	3821	12940	4609
乐山市	Leshan	10748	3842	11097	2804
南充市	Nanchong	23549	7143	22866	6653
眉山市	Meishan	10481	3702	9599	3358
宜宾市	Yibin	18961	5716	20741	5018
广安市	Guang'an	15626	5629	13895	3721
达州市	Dazhou	20866	5169	23820	6624
雅安市	Ya'an	5028	1998	6029	1897
巴中市	Bazhong	14316	5657	14848	4921
资阳市	Ziyang	11176	3890	7617	2751
贵州省	**Guizhou**				
贵阳市	Guiyang	18204	12634	18590	13183
六盘水市	Liupanshui	14882	4150	14188	3284
遵义市	Zunyi	35156	11084	29943	9051
安顺市	Anshun	10318	4937	12867	5412
毕节市	Bijie	38999	7917	41793	7397
铜仁市	Tongren	21006	3442	21074	2658
云南省	**Yunnan**				
昆明市	Kunming	24672	13048	27918	14864
曲靖市	Qujing	25337	3393	31234	3248
玉溪市	Yuxi	9322	2223	10687	1961
保山市	Baoshan	10667	3670	11354	3868
昭通市	Zhaotong	21556	2372	28995	4611
丽江市	Lijiang	5344	1115	6764	992
普洱市	Pu'er	8140	1250	10609	1224
临沧市	Lincang	8346	1716	12588	1685

2-33 续表 6 continued 6

单位：人 (person)

城 市	City	普通中学 Regular Secondary Schools 全 市 Total City	普通中学 Regular Secondary Schools 市辖区 Districts under City	普通小学 Regular Primary Schools 全 市 Total City	普通小学 Regular Primary Schools 市辖区 Districts under City
西藏自治区	**Tibet**				
拉萨市	Lasa	3589		3907	
日喀则市	Rikaze	3664	1062	4850	676
昌都市	Changdu				
林芝市	Linzhi				
山南市	Shannan				
陕西省	**Shaanxi**				
西安市	Xi'an	33962	26207	30941	24365
铜川市	Tongchuan	3396	3016	2804	2392
宝鸡市	Baoji	15990	6155	13202	5109
咸阳市	Xianyang	25569	6163	20582	2588
渭南市	Weinan	25084	5104	19480	3068
延安市	Yan'an	10066	2994	11713	2991
汉中市	Hanzhong	15728	2413	12208	1799
榆林市	Yulin	17293	4275	15379	3693
安康市	Ankang	11442	5106	11749	3545
商洛市	Shangluo	6411	1300	8429	1890
甘肃省	**Gansu**				
兰州市	Lanzhou	13995	9336	14365	8943
嘉峪关市	Jiayuguan	1059	1059	934	934
金昌市	Jinchang	2305	1156	1747	894
白银市	Baiyin	11669	3500	10128	2421
天水市	Tianshui	18290	6170	17183	5824
武威市	Wuwei	8600	4588	9852	5498
张掖市	Zhangye	5628	2518	6168	2398
平凉市	Pingliang	11680	2182	12222	2417
酒泉市	Jiuquan	5545	1982	4170	1919
庆阳市	Qingyang	11619	2761	14733	2585
定西市	Dingxi	17388	2896	12747	1897
陇南市	Longnan	11718	2456	14638	3553
青海省	**Qinghai**				
西宁市	Xining	11763	5098	5583	3357
海东市	Haidong	6778	1648	7064	1883
宁夏回族自治区	**Ningxia**				
银川市	Yinchuan	8752	5804	8581	5111
石嘴山市	Shizuishan	3459	2344	3262	2292
吴忠市	Wuzhong	6137	1970	7395	2116
固原市	Guyuan	6912	2446	8224	2592
中卫市	Zhongwei	5782	2006	5821	1641
新疆维吾尔自治区	**Xinjiang**				
乌鲁木齐市	Urumqi	12455	12223	11603	11227
克拉玛依市	Karamay	2438	2438	1776	1776
吐鲁番市	Tulufan				
哈密市	Hami				

2-34 在校学生数(一)
Number of Students Enrollment (Ⅰ)

单位：人 (person)

城　市	City	普通高等学校 Regular Institutions of Higher Education		中等职业教育学校 Vocational Secondary Schools	
		全　市 Total City	市辖区 Districts under City	全　市 Total City	市辖区 Districts under City
北京市	**Beijing**	**599188**	**599188**	**121065**	**121065**
天津市	**Tianjin**	**513842**	**513842**	**122850**	**122850**
河北省	**Hebei**				
石家庄市	Shijiazhuang	441812		158745	130889
唐山市	Tangshan	115879	114314	68386	42994
秦皇岛市	Qinhuangdao	154101	154101	35350	21406
邯郸市	Handan	57383	57383	76675	51559
邢台市	Xingtai	48874	48874	44666	15242
保定市	Baoding	215527	200800	73666	31798
张家口市	Zhangjiakou	17565	17565	40125	25762
承德市	Chengde	43063	43063	36527	14116
沧州市	Cangzhou	78262	56166	84753	22490
廊坊市	Langfang			29121	10800
衡水市	Hengshui	15596	15596	33561	23658
山西省	**Shanxi**				
太原市	Taiyuan	432234	432234	120926	117951
大同市	Datong	28142	28142	27468	17505
阳泉市	Yangquan	14297	10882	7362	5731
长治市	Changzhi	38129	38129	34005	23385
晋城市	Jincheng	6325	6325	25590	17854
朔州市	Shuozhou	11357	11357	20827	6343
晋中市	Jinzhong	176197	132248	40066	16585
运城市	Yuncheng	55222	55222	44249	22933
忻州市	Xinzhou	26944	19738	24284	5982
临汾市	Linfen	47585	47585	25272	11863
吕梁市	Lvliang	23000	23000	23250	6732
内蒙古自治区	**Inner Mongolia**				
呼和浩特市	Hohhot	237734	237734	42252	21161
包头市	Baotou	80246	80246	27132	24524
乌海市	Wuhai	4806	4806	9732	9732
赤峰市	Chifeng	21732	21732	34649	18596
通辽市	Tongliao			11655	5886
鄂尔多斯市	Erdos	7982	7982	7731	7731
呼伦贝尔市	Hulunbuir	19144	15110	11528	2712
巴彦淖尔市	Bayannur	10606	9952	18031	11044
乌兰察布市	Ulanqab	21054		9927	
辽宁省	**Liaoning**				
沈阳市	Shenyang	403589	403589	87577	84545
大连市	Dalian	290217		68487	61114
鞍山市	Anshan	34113	34113	16530	11893
抚顺市	Fushun	44021	44021	13355	11288
本溪市	Benxi	28904	28904	9743	9141
丹东市	Dandong	27617	27617	16316	12548
锦州市	Jinzhou	82851	82851	26830	21538
营口市	Yingkou	21155	21155	18067	15599

2-34 续表 1 continued 1

单位：人 (person)

城市	City	普通高等学校 Regular Institutions of Higher Education		中等职业教育学校 Vocational Secondary Schools	
		全市 Total City	市辖区 Districts under City	全市 Total City	市辖区 Districts under City
阜新市	Fuxin	38192	38192	14443	12351
辽阳市	Liaoyang	17180	17180	13722	11208
盘锦市	Panjin	6865	6865	9894	8307
铁岭市	Tieling	18809	18809	14129	9020
朝阳市	Chaoyang	5393	5393	19715	7858
葫芦岛市	Huludao	19483		13147	1186
吉林省	**Jilin**				
长春市	Changchun	434366	434366	43630	40628
吉林市	Jilin	104018	104018	28839	23762
四平市	Siping	39028	39028	18109	13152
辽源市	Liaoyuan	5780	5780	2534	1616
通化市	Tonghua	12858	12858	7501	3521
白山市	Baishan	1713	1713	4028	1898
松原市	Songyuan	2772	2772	7082	2904
白城市	Baicheng	20130	20130	6257	3054
黑龙江省	**Heilongjiang**				
哈尔滨市	Harbin	636240	628664	90510	84860
齐齐哈尔市	Qiqihar	55042	55042	29669	5651
鸡西市	Jixi	8725	8725	2527	1010
鹤岗市	Hegang	2234		1433	499
双鸭山市	Shuangyashan	22231	8814	3811	474
大庆市	Daqing	60889	60889	7397	6836
伊春市	Yichun	1611	1611	6301	5952
佳木斯市	Jiamusi	31822	31822	4242	694
七台河市	Qitaihe	3149	3149	246	138
牡丹江市	Mudanjiang	41298	41298	9833	1255
黑河市	Heihe	9871	9871	9859	5076
绥化市	Suihua			6544	748
上海市	**Shanghai**	**514683**	**514683**	**95235**	**95235**
江苏省	**Jiangsu**				
南京市	Nanjing	827773	827773	119909	119909
无锡市	Wuxi	113732	102348	66747	46530
徐州市	Xuzhou	140825	140825	100449	58626
常州市	Changzhou	123815	123815	63629	57503
苏州市	Suzhou	219271	161166	84738	53177
南通市	Nantong	94840	94840	82302	28908
连云港市	Lianyungang	38647	38647	58838	38216
淮安市	Huai'an	69653	69549	57584	42354
盐城市	Yancheng	69637	69637	69932	49681
扬州市	Yangzhou	80450	74417	61807	42204
镇江市	Zhenjiang	87481	87481	30413	20676
泰州市	Taizhou	59201	59201	31236	18324
宿迁市	Suqian	19852	19852	56897	32137
浙江省	**Zhejiang**				
杭州市	Hangzhou	427978	406031	107735	94046
宁波市	Ningbo	155144		65725	30793
温州市	Wenzhou	86276	86276	69106	20608

2-34 续表 2 continued 2

单位：人 (person)

城　市	City	普通高等学校 Regular Institutions of Higher Education		中等职业教育学校 Vocational Secondary Schools	
		全　市 Total City	市辖区 Districts under City	全　市 Total City	市辖区 Districts under City
嘉兴市	Jiaxing	65441	55650	48224	14184
湖州市	Huzhou	26668	26668	28349	10072
绍兴市	Shaoxing	90277	84157	49763	28683
金华市	Jinhua	34566	34566	71579	29459
衢州市	Quzhou	13523	13523	28145	14367
舟山市	Zhoushan	24521	24521	7897	7300
台州市	Taizhou	34205	23073	79843	25016
丽水市	Lishui	36724	36724	29964	6376
安徽省	**Anhui**				
合肥市	Hefei	499515	357313	102284	60274
芜湖市	Wuhu	165114	165114	52253	23964
蚌埠市	Bengbu	61292	59670	55979	20101
淮南市	Huainan	79932	78677	42661	26994
马鞍山市	Maanshan	53714	53714	33288	20931
淮北市	Huaibei	39800	39800	18058	15830
铜陵市	Tongling	36239	36239	13826	7890
安庆市	Anqing	40103	36453	48213	8941
黄山市	Huangshan	22555	22555	16079	5554
滁州市	Chuzhou	51397	28725	54967	14433
阜阳市	Fuyang	36943	36426	106035	41448
宿州市	Suzhou	23764	23764	52732	20005
六安市	Lu'an	40807	40807	69513	39210
亳州市	Bozhou	11219	11219	73355	24693
池州市	Chizhou	24178	24178	14475	9545
宣城市	Xuancheng	6802	6802	31950	10957
福建省	**Fujian**				
福州市	Fuzhou	317477	317477	92392	64530
厦门市	Xiamen	142948	142948	44162	44162
莆田市	Putian	21005	16079	31185	20241
三明市	Sanming	24648	18949	30701	8998
泉州市	Quanzhou	125999	89924	92099	41498
漳州市	Zhangzhou	71449	71449	28824	11468
南平市	Nanping	25238	23935	25475	17884
龙岩市	Longyan	18044	18044	23846	16729
宁德市	Ningde	10452	6856	18321	2363
江西省	**Jiangxi**				
南昌市	Nanchang	611819	611819	94509	75207
景德镇市	Jingdezhen	32210	30253	7696	6237
萍乡市	Pingxiang	11632	11632	22924	15937
九江市	Jiujiang	92430	79962	26021	13028
新余市	Xinyu	39767	39767	16967	16967
鹰潭市	Yingtan	8607	8607	7636	5687
赣州市	Ganzhou	137176	137176	73859	38609
吉安市	Ji'an	34833	34833	25592	8255
宜春市	Yichun	43200	39484	23814	6355
抚州市	Fuzhou	29035	29035	7819	3571
上饶市	Shangrao	28820		39222	17139

2-34 续表 3 continued 3

单位：人 (person)

城 市	City	普通高等学校 Regular Institutions of Higher Education		中等职业教育学校 Vocational Secondary Schools	
		全 市 Total City	市辖区 Districts under City	全 市 Total City	市辖区 Districts under City
山东省	**Shandong**				
济南市	Jinan	726301	726301	120537	115244
青岛市	Qingdao	340875	340875	119626	
淄博市	Zibo	107151	105530	30596	22329
枣庄市	Zaozhuang	34024	25922	50462	37135
东营市	Dongying	32624	27044	24397	17432
烟台市	Yantai	195488	160899	86034	44715
潍坊市	Weifang	171283	116878	120986	49358
济宁市	Jining	110651	40957	46725	14426
泰安市	Tai'an	130858	130858	47156	27673
威海市	Weihai	85467	61123	22296	15078
日照市	Rizhao	29145	29145	30258	19276
莱芜市	Laiwu	11012	11012	10168	10168
临沂市	Linyi	75748	75748	76055	35393
德州市	Dezhou	58413	44682	52961	29850
聊城市	Liaocheng	45418	45418	50541	14381
滨州市	Binzhou	53567	53567	40614	17965
菏泽市	Heze	50617	43650	54702	23330
河南省	**Henan**				
郑州市	Zhengzhou	889329	649328	287614	206475
开封市	Kaifeng	91191	91191	42007	28657
洛阳市	Luoyang	134827	132592	105412	68377
平顶山市	Pingdingshan	57913	57913	53452	30736
安阳市	Anyang	78308	78308	41706	21508
鹤壁市	Hebi	13833	13833	33265	19731
新乡市	Xinxiang	150912	148887	68584	33726
焦作市	Jiaozuo	74003	61717	39997	31950
濮阳市	Puyang	11212	11212	45344	20044
许昌市	Xuchang	38659	38311	34046	13748
漯河市	Luohe	30763	30763	39614	23905
三门峡市	Sanmenxia	14035	14035	16209	9968
南阳市	Nanyang	80438	77358	77993	40939
商丘市	Shangqiu	91113	85329	49441	23721
信阳市	Xinyang	68668	67700	62899	16821
周口市	Zhoukou	42301	42301	51193	25917
驻马店市	Zhumadian	24039	24039	54925	23264
湖北省	**Hubei**				
武汉市	Wuhan	948768		212308	
黄石市	Huangshi	42205	42205	15139	9869
十堰市	Shiyan	52491	52414	22858	12369
宜昌市	Yichang	58116	58116	26388	11489
襄阳市	Xiangyang	50213	50213	28715	18748
鄂州市	Ezhou	17396	17396	6432	6432
荆门市	Jingmen	12674	12674	14231	5808
孝感市	Xiaogan	43700	43700	21404	9580
荆州市	Jingzhou	91786	91786	32901	22212
黄冈市	Huanggang	40487	40487	40261	11020
咸宁市	Xianning	41000	12000	15898	4848
随州市	Suizhou	6111		8359	3260

2-34 续表 4 continued 4

单位：人 (person)

城市	City	普通高等学校 Regular Institutions of Higher Education		中等职业教育学校 Vocational Secondary Schools	
		全市 Total City	市辖区 Districts under City	全市 Total City	市辖区 Districts under City
湖南省	**Hunan**				
长沙市	Changsha	590020	481845	103390	48464
株洲市	Zhuzhou	94042	94042	31641	17021
湘潭市	Xiangtan	129780	129780	24168	13947
衡阳市	Hengyang	118657	118657	72674	41263
邵阳市	Shaoyang	29208	29208	72644	24100
岳阳市	Yueyang	45171	45171	55090	19698
常德市	Changde	46921	43603	53633	18766
张家界市	Zhangjiajie	21431	13608	12899	5620
益阳市	Yiyang	34399	34399	32919	17252
郴州市	Chenzhou	26236	26236	34493	17438
永州市	Yongzhou	27721	27721	58401	16700
怀化市	Huaihua	29202	29202	49759	22075
娄底市	Loudi	28728	28728	34238	18792
广东省	**Guangdong**				
广州市	Guangzhou	1057281	1057281	216974	216974
韶关市	Shaoguan	39044	39044	24888	15557
深圳市	Shenzhen	91883	91883	39665	39665
珠海市	Zhuhai	133626	133626	21597	21597
汕头市	Shantou	10817	10817	77800	77700
佛山市	Foshan	49994	49994	88455	88455
江门市	Jiangmen	40055	40055	69148	41095
湛江市	Zhanjiang	108882	98742	71251	52472
茂名市	Maoming	37900	37900	47980	18298
肇庆市	Zhaoqing	86556	86556	58290	43901
惠州市	Huizhou	37322	37322	81697	
梅州市	Meizhou	25874	25874	32523	19596
汕尾市	Shanwei	5866	5866	12211	3520
河源市	Heyuan	12085	12085	32181	25868
阳江市	Yangjiang	9884	9884	14751	7941
清远市	Qingyuan	12624	12624	32755	18245
东莞市	Dongguan	112603	112603	74700	74700
中山市	Zhongshan	48661	48661	23139	23139
潮州市	Chaozhou	17311	17311	10606	7986
揭阳市	Jieyang	11944	6906	117899	25365
云浮市	Yunfu	9050	9050	25088	12602
广西壮族自治区	**Guangxi**				
南宁市	Nanning	400531	400531	295749	282189
柳州市	Liuzhou	76065	76065	66657	63036
桂林市	Guilin	229590	229590	38051	19068
梧州市	Wuzhou	19081	19081	55485	26403
北海市	Beihai	32541	32541	28300	22654
防城港市	Fangchenggang	3620	3620	8602	4513
钦州市	Qinzhou	29280	26112	28737	11631
贵港市	Guigang			25128	12153

2-34 续表 5 continued 5

单位：人 (person)

城市	City	普通高等学校 Regular Institutions of Higher Education		中等职业教育学校 Vocational Secondary Schools	
		全市 Total City	市辖区 Districts under City	全市 Total City	市辖区 Districts under City
玉林市	Yulin	18020	18020	36543	24752
百色市	Baise	39383	33532	44131	17700
贺州市	Hezhou	13746	13746	25128	17589
河池市	Hechi	18477	5908	31945	11913
来宾市	Laibin	11914	11914	24771	13030
崇左市	Chongzuo	43489	20051	8274	6401
海南省	**Hainan**				
海口市	Haikou	132514	132514	74350	74350
三亚市	Sanya	48543	48543	7092	7092
三沙市	Sansa				
儋州市	Danzhou			2273	
重庆市	**Chongqing**	**732475**	**732475**	**401632**	**265421**
四川省	**Sichuan**				
成都市	Chengdu	791593		239981	
自贡市	Zigong	34659	34659	24758	17785
攀枝花市	Panzhihua	25128	25128	18156	18156
泸州市	Luzhou	46745	42221	71441	33629
德阳市	Deyang	88810	76007	28683	10616
绵阳市	Mianyang	129020	121805	48705	27760
广元市	Guangyuan	13112	13112	23202	9304
遂宁市	Suining	13821	13821	25636	12521
内江市	Neijiang	29179	20263	33030	17408
乐山市	Leshan	41804	41804	35910	26131
南充市	Nanchong	73362	73362	61179	43933
眉山市	Meishan	23811	23811	31566	15274
宜宾市	Yibin	25687	25687	65947	26722
广安市	Guang'an	9165	9165	40883	7835
达州市	Dazhou	23647	23647	63756	12727
雅安市	Ya'an	48221	48221	12173	8622
巴中市	Bazhong	3638	3638	31395	8401
资阳市	Ziyang	6574	6574	27527	14835
贵州省	**Guizhou**				
贵阳市	Guiyang	404401	59063	137953	40947
六盘水市	Liupanshui	13633		34052	13412
遵义市	Zunyi	86535	86535	76430	30112
安顺市	Anshun	15683	15683	23262	13460
毕节市	Bijie	33966	9027	64155	3467
铜仁市	Tongren	35519		39336	16214
云南省	**Yunnan**				
昆明市	Kunming	465464	465464	173398	130806
曲靖市	Qujing	27239	20825	68502	57596
玉溪市	Yuxi	15687	15687	65586	30737
保山市	Baoshan	12919	12919	42006	14943
昭通市	Zhaotong			25639	15000
丽江市	Lijiang	24975		7570	5638
普洱市	Pu'er	10655	10655	22539	14876
临沧市	Lincang	7155	7155	16616	12003

2-34 续表 6 continued 6

单位：人 (person)

城市	City	普通高等学校 Regular Institutions of Higher Education		中等职业教育学校 Vocational Secondary Schools	
		全市 Total City	市辖区 Districts under City	全市 Total City	市辖区 Districts under City
西藏自治区	**Tibet**				
拉萨市	Lasa	37205	37205	7195	7195
日喀则市	Rikaze			2140	2140
昌都市	Changdu				
林芝市	Linzhi				
山南市	Shannan				
陕西省	**Shaanxi**				
西安市	Xi'an	831569	793547	158675	147127
铜川市	Tongchuan	4562	4562	263	152
宝鸡市	Baoji	32096	32096	41045	28300
咸阳市	Xianyang	131283	131283	47933	15194
渭南市	Weinan	16300	16300	23316	10123
延安市	Yan'an	23146	23146	17873	3634
汉中市	Hanzhong	42020	31469	16400	1927
榆林市	Yulin	17379	17379	16672	6553
安康市	Ankang	21001	21001	18821	5999
商洛市	Shangluo	18117	18117	13750	3010
甘肃省	**Gansu**				
兰州市	Lanzhou	424842	424842	49045	45543
嘉峪关市	Jiayuguan	2919	2919	2261	2261
金昌市	Jinchang	3318	3318	2532	958
白银市	Baiyin	3678	3678	12871	4039
天水市	Tianshui	43608	43608	31053	15249
武威市	Wuwei	16560	16560	13267	6915
张掖市	Zhangye	19638	19638	9317	4414
平凉市	Pingliang	5670	5670	24500	5313
酒泉市	Jiuquan	8469	8469	13193	7994
庆阳市	Qingyang	17123	17123	14001	5885
定西市	Dingxi			12894	3972
陇南市	Longnan	6133	3465	21787	5282
青海省	**Qinghai**				
西宁市	Xining	71464	71464	35503	18856
海东市	Haidong	4854	4854	17076	4506
宁夏回族自治区	**Ningxia**				
银川市	Yinchuan	98912	86775	41434	30657
石嘴山市	Shizuishan	8611	8611	8110	4769
吴忠市	Wuzhong	3435	3435	8790	3494
固原市	Guyuan	6545	3816	12236	3816
中卫市	Zhongwei			8173	5073
新疆维吾尔自治区	**Xinjiang**				
乌鲁木齐市	Urumqi	173847	173847	63006	63006
克拉玛依市	Karamay	8448	8448	931	931
吐鲁番市	Tulufan				
哈密市	Hami				

2-35 在校学生数(二)
Number of Students Enrollment (II)

单位：万人 (10 000 persons)

城市	City	普通中学 Regular Secondary Schools 全市 Total City	普通中学 Regular Secondary Schools 市辖区 Districts under City	普通小学 Regular Primary Schools 全市 Total City	普通小学 Regular Primary Schools 市辖区 Districts under City
北京市	**Beijing**	**43**	**43**	**87**	**87**
天津市	**Tianjin**	**42**	**42**	**63**	**63**
河北省	**Hebei**				
石家庄市	Shijiazhuang	49	24	81	33
唐山市	Tangshan	34	14	51	21
秦皇岛市	Qinhuangdao	13	7	20	10
邯郸市	Handan	54	21	101	32
邢台市	Xingtai	37	7	65	9
保定市	Baoding	58	14	98	23
张家口市	Zhangjiakou	20	8	31	11
承德市	Chengde	17	3	28	4
沧州市	Cangzhou	34	5	69	6
廊坊市	Langfang	22	4	44	8
衡水市	Hengshui	27	11	35	8
山西省	**Shanxi**				
太原市	Taiyuan	20	17	29	24
大同市	Datong	15	8	20	11
阳泉市	Yangquan	7	4	8	4
长治市	Changzhi	17	6	21	6
晋城市	Jincheng	12	4	12	4
朔州市	Shuozhou	13	4	13	5
晋中市	Jinzhong	16	3	24	4
运城市	Yuncheng	26	6	29	6
忻州市	Xinzhou	15	4	19	4
临汾市	Linfen	22	7	27	6
吕梁市	Lvliang	20	3	27	4
内蒙古自治区	**Inner Mongolia**				
呼和浩特市	Hohhot	14	10	18	13
包头市	Baotou	11	9	14	12
乌海市	Wuhai	1	1	3	3
赤峰市	Chifeng	21	7	25	8
通辽市	Tongliao	16	5	18	4
鄂尔多斯市	Erdos	8	3	14	4
呼伦贝尔市	Hulunbuir	5	2	11	2
巴彦淖尔市	Bayannur	6	2	7	2
乌兰察布市	Ulanqab	8	2	8	
辽宁省	**Liaoning**				
沈阳市	Shenyang	27	22	37	31
大连市	Dalian	22	16	31	24
鞍山市	Anshan	13	5	17	6
抚顺市	Fushun	6	4	7	5
本溪市	Benxi	5	3	5	3
丹东市	Dandong	9	3	9	3
锦州市	Jinzhou	11	4	13	4
营口市	Yingkou	8	4	11	5
阜新市	Fuxin	7	3	8	3

2-35 续表 1 continued 1

单位：万人 (10 000 persons)

城 市	City	普通中学 Regular Secondary Schools		普通小学 Regular Primary Schools	
		全 市 Total City	市辖区 Districts under City	全 市 Total City	市辖区 Districts under City
辽阳市	Liaoyang	6	3	7	4
盘锦市	Panjin	7	6	7	6
铁岭市	Tieling	11	2	12	2
朝阳市	Chaoyang	16	4	19	4
葫芦岛市	Huludao	12	3	15	5
吉林省	**Jilin**				
长春市	Changchun	30	17	40	24
吉林市	Jilin	14	6	18	7
四平市	Siping	9	3	11	3
辽源市	Liaoyuan	5	2	5	2
通化市	Tonghua	8	2	9	2
白山市	Baishan	4	2	4	2
松原市	Songyuan	13	4	16	4
白城市	Baicheng	7	2	9	2
黑龙江省	**Heilongjiang**				
哈尔滨市	Harbin	38	24	42	24
齐齐哈尔市	Qiqihar	17	5	21	5
鸡西市	Jixi	7	4	5	2
鹤岗市	Hegang	3	2	3	2
双鸭山市	Shuangyashan	3	1	5	1
大庆市	Daqing	15	7	12	6
伊春市	Yichun	3	3	3	2
佳木斯市	Jiamusi	9	3	10	3
七台河市	Qitaihe	4	3	3	2
牡丹江市	Mudanjiang	9	3	10	3
黑河市	Heihe	5	1	5	1
绥化市	Suihua	22	3	18	3
上海市	**Shanghai**	**57**	**57**	**79**	**79**
江苏省	**Jiangsu**				
南京市	Nanjing	22	22	38	38
无锡市	Wuxi	22	12	36	21
徐州市	Xuzhou	36	12	91	29
常州市	Changzhou	17	14	28	24
苏州市	Suzhou	31	15	69	36
南通市	Nantong	24	7	33	12
连云港市	Lianyungang	23	10	43	18
淮安市	Huai'an	22	13	35	20
盐城市	Yancheng	27	9	45	13
扬州市	Yangzhou	18	10	21	13
镇江市	Zhenjiang	10	4	14	6
泰州市	Taizhou	17	6	22	8
宿迁市	Suqian	23	6	47	13
浙江省	**Zhejiang**				
杭州市	Hangzhou	33	26	54	45
宁波市	Ningbo	28	12	48	21
温州市	Wenzhou	37	9	63	18
嘉兴市	Jiaxing	16	5	25	8

2-35 续表 2 continued 2

单位：万人 (10 000 persons)

城市	City	普通中学 Regular Secondary Schools 全市 Total City	普通中学 Regular Secondary Schools 市辖区 Districts under City	普通小学 Regular Primary Schools 全市 Total City	普通小学 Regular Primary Schools 市辖区 Districts under City
湖州市	Huzhou	11	4	16	7
绍兴市	Shaoxing	23	11	26	14
金华市	Jinhua	25	6	41	8
衢州市	Quzhou	11	4	14	5
舟山市	Zhoushan	3	2	5	4
台州市	Taizhou	29	9	47	14
丽水市	Lishui	11	2	17	4
安徽省	**Anhui**				
合肥市	Hefei	37	16	48	24
芜湖市	Wuhu	15	6	18	8
蚌埠市	Bengbu	16	5	27	8
淮南市	Huainan	16	7	24	11
马鞍山市	Maanshan	10	4	12	5
淮北市	Huaibei	10	5	14	7
铜陵市	Tongling	7	3	7	4
安庆市	Anqing	23	4	26	4
黄山市	Huangshan	5	2	7	3
滁州市	Chuzhou	19	3	24	4
阜阳市	Fuyang	49	13	75	18
宿州市	Suzhou	26	8	45	13
六安市	Lu'an	24	10	32	13
亳州市	Bozhou	28	8	50	12
池州市	Chizhou	8	3	9	4
宣城市	Xuancheng	10	3	13	4
福建省	**Fujian**				
福州市	Fuzhou	31	13	54	22
厦门市	Xiamen	15	15	30	30
莆田市	Putian	17	11	25	18
三明市	Sanming	12	2	18	2
泉州市	Quanzhou	39	8	72	12
漳州市	Zhangzhou	24	5	35	7
南平市	Nanping	14	4	20	6
龙岩市	Longyan	12	5	19	8
宁德市	Ningde	13	2	23	4
江西省	**Jiangxi**				
南昌市	Nanchang	29	18	41	26
景德镇市	Jingdezhen	9	3	15	5
萍乡市	Pingxiang	10	4	15	6
九江市	Jiujiang	27	5	40	4
新余市	Xinyu	7	6	10	8
鹰潭市	Yingtan	6	2	11	3
赣州市	Ganzhou	61	11	91	16
吉安市	Ji'an	27	3	47	5
宜春市	Yichun	33	7	50	11
抚州市	Fuzhou	23	9	35	10
上饶市	Shangrao	42	5	66	12

2-35 续表 3 continued 3

单位：万人 (10 000 persons)

城市	City	普通中学 Regular Secondary Schools		普通小学 Regular Primary Schools	
		全市 Total City	市辖区 Districts under City	全市 Total City	市辖区 Districts under City
山东省	**Shandong**				
济南市	Jinan	30	23	43	34
青岛市	Qingdao	36	17	55	29
淄博市	Zibo	27	18	21	15
枣庄市	Zaozhuang	19	12	35	24
东营市	Dongying	13	9	11	8
烟台市	Yantai	30	9	26	10
潍坊市	Weifang	42	9	59	14
济宁市	Jining	40	11	65	14
泰安市	Tai'an	34	11	27	8
威海市	Weihai	11	7	11	7
日照市	Rizhao	14	7	20	9
莱芜市	Laiwu	8	8	5	5
临沂市	Linyi	52	15	96	33
德州市	Dezhou	29	7	41	9
聊城市	Liaocheng	29	8	55	13
滨州市	Binzhou	19	5	25	7
菏泽市	Heze	50	12	96	22
河南省	**Henan**				
郑州市	Zhengzhou	53	28	83	35
开封市	Kaifeng	28	10	46	15
洛阳市	Luoyang	41	12	59	17
平顶山市	Pingdingshan	27	6	55	10
安阳市	Anyang	32	7	61	12
鹤壁市	Hebi	11	5	15	6
新乡市	Xinxiang	36	7	62	10
焦作市	Jiaozuo	21	6	25	7
濮阳市	Puyang	25	10	39	9
许昌市	Xuchang	24	7	41	10
漯河市	Luohe	14	8	20	11
三门峡市	Sanmenxia	12	3	15	4
南阳市	Nanyang	64	14	126	24
商丘市	Shangqiu	49	11	76	15
信阳市	Xinyang	50	9	68	13
周口市	Zhoukou	70	4	92	6
驻马店市	Zhumadian	50	7	77	9
湖北省	**Hubei**				
武汉市	Wuhan	31		50	
黄石市	Huangshi	11	3	21	5
十堰市	Shiyan	14	5	23	10
宜昌市	Yichang	13	6	16	7
襄阳市	Xiangyang	23	11	36	15
鄂州市	Ezhou	4	4	7	7
荆门市	Jingmen	10	3	13	4
孝感市	Xiaogan	17	4	26	6
荆州市	Jingzhou	22	5	30	5
黄冈市	Huanggang	28	1	42	1
咸宁市	Xianning	12	3	22	5
随州市	Suizhou	8	3	13	4

2-35 续表 4 continued 4

单位：万人 (10 000 persons)

城市	City	普通中学 Regular Secondary Schools 全市 Total City	普通中学 Regular Secondary Schools 市辖区 Districts under City	普通小学 Regular Primary Schools 全市 Total City	普通小学 Regular Primary Schools 市辖区 Districts under City
湖南省	**Hunan**				
长沙市	Changsha	37	20	54	29
株洲市	Zhuzhou	16	5	26	8
湘潭市	Xiangtan	12	4	15	6
衡阳市	Hengyang	42	6	57	9
邵阳市	Shaoyang	42	5	63	6
岳阳市	Yueyang	24	6	34	8
常德市	Changde	21	5	29	7
张家界市	Zhangjiajie	8	2	11	5
益阳市	Yiyang	17	6	25	8
郴州市	Chenzhou	29	6	48	10
永州市	Yongzhou	30	6	51	10
怀化市	Huaihua	22	4	35	6
娄底市	Loudi	22	4	33	6
广东省	**Guangdong**				
广州市	Guangzhou	51	51	97	97
韶关市	Shaoguan	15	5	23	7
深圳市	Shenzhen	40	40	91	91
珠海市	Zhuhai	9	9	16	16
汕头市	Shantou	37	37	52	51
佛山市	Foshan	31	31	51	51
江门市	Jiangmen	21	9	31	14
湛江市	Zhanjiang	43	12	60	15
茂名市	Maoming	47	16	60	23
肇庆市	Zhaoqing	24	8	36	12
惠州市	Huizhou	28	15	53	28
梅州市	Meizhou	24	5	33	7
汕尾市	Shanwei	19	3	25	4
河源市	Heyuan	18	4	29	7
阳江市	Yangjiang	13	6	22	11
清远市	Qingyuan	19	9	32	14
东莞市	Dongguan	30	30	74	74
中山市	Zhongshan	15	15	29	29
潮州市	Chaozhou	14	9	20	14
揭阳市	Jieyang	38	11	50	15
云浮市	Yunfu	13	3	22	5
广西壮族自治区	**Guangxi**				
南宁市	Nanning	39	23	62	37
柳州市	Liuzhou	19	9	30	12
桂林市	Guilin	22	5	37	8
梧州市	Wuzhou	19	4	29	7
北海市	Beihai	11	5	16	8
防城港市	Fangchenggang	5	3	9	5
钦州市	Qinzhou	22	10	35	14
贵港市	Guigang	34	14	45	17

2-35 续表 5 continued 5

单位：万人 (10 000 persons)

城 市	City	普通中学 Regular Secondary Schools		普通小学 Regular Primary Schools	
		全 市 Total City	市辖区 Districts under City	全 市 Total City	市辖区 Districts under City
玉林市	Yulin	41	8	62	11
百色市	Baise	22	3	35	3
贺州市	Hezhou	11	5	20	10
河池市	Hechi	22	2	36	3
来宾市	Laibin	12	6	19	8
崇左市	Chongzuo	10	2	17	3
海南省	**Hainan**				
海口市	Haikou	12	12	19	19
三亚市	Sanya	4	4	7	7
三沙市	Sansa				
儋州市	Danzhou	5		8	
重庆市	**Chongqing**	**157**	**110**	**210**	**149**
四川省	**Sichuan**				
成都市	Chengdu	59		90	
自贡市	Zigong	14	7	18	8
攀枝花市	Panzhihua	6	4	7	4
泸州市	Luzhou	26	8	40	11
德阳市	Deyang	13	3	17	4
绵阳市	Mianyang	24	13	26	11
广元市	Guangyuan	13	5	15	5
遂宁市	Suining	13	6	17	7
内江市	Neijiang	16	6	23	8
乐山市	Leshan	12	4	18	5
南充市	Nanchong	31	10	36	11
眉山市	Meishan	12	4	15	5
宜宾市	Yibin	26	7	38	9
广安市	Guang'an	22	7	25	7
达州市	Dazhou	32	8	42	12
雅安市	Ya'an	6	3	9	3
巴中市	Bazhong	20	8	20	7
资阳市	Ziyang	12	4	19	7
贵州省	**Guizhou**				
贵阳市	Guiyang	24	16	35	25
六盘水市	Liupanshui	23	7	26	7
遵义市	Zunyi	49	15	55	17
安顺市	Anshun	17	8	24	10
毕节市	Bijie	66	13	83	15
铜仁市	Tongren	32	5	33	5
云南省	**Yunnan**				
昆明市	Kunming	32	17	49	28
曲靖市	Qujing	43	5	54	7
玉溪市	Yuxi	12	3	15	3
保山市	Baoshan	15	5	19	6
昭通市	Zhaotong	41	6	54	8
丽江市	Lijiang	7	1	9	2
普洱市	Pu'er	11	2	18	3
临沧市	Lincang	12	3	19	3

2-35 续表 6 continued 6

单位：万人 (10 000 persons)

城市	City	普通中学 Regular Secondary Schools		普通小学 Regular Primary Schools	
		全市 Total City	市辖区 Districts under City	全市 Total City	市辖区 Districts under City
西藏自治区	**Tibet**				
拉萨市	Lasa	4		5	
日喀则市	Rikaze	5	1	7	1
昌都市	Changdu				
林芝市	Linzhi				
山南市	Shannan				
陕西省	**Shaanxi**				
西安市	Xi'an	41	32	60	51
铜川市	Tongchuan	4	3	4	3
宝鸡市	Baoji	18	8	20	8
咸阳市	Xianyang	25	6	31	7
渭南市	Weinan	26	6	28	5
延安市	Yan'an	13	4	20	6
汉中市	Hanzhong	18	3	20	3
榆林市	Yulin	17	5	27	7
安康市	Ankang	15	6	18	6
商洛市	Shangluo	11	2	14	3
甘肃省	**Gansu**				
兰州市	Lanzhou	17	11	21	15
嘉峪关市	Jiayuguan	1	1	2	2
金昌市	Jinchang	3	1	3	2
白银市	Baiyin	11	3	11	3
天水市	Tianshui	22	7	26	9
武威市	Wuwei	10	5	10	6
张掖市	Zhangye	6	3	8	3
平凉市	Pingliang	14	3	15	4
酒泉市	Jiuquan	6	3	7	3
庆阳市	Qingyang	13	3	18	4
定西市	Dingxi	17	2	18	2
陇南市	Longnan	15	2	20	5
青海省	**Qinghai**				
西宁市	Xining	17	7	10	6
海东市	Haidong	9	2	12	3
宁夏回族自治区	**Ningxia**				
银川市	Yinchuan	13	9	17	10
石嘴山市	Shizuishan	4	3	5	3
吴忠市	Wuzhong	9	3	14	4
固原市	Guyuan	9	4	12	5
中卫市	Zhongwei	7	2	10	3
新疆维吾尔自治区	**Xinjiang**				
乌鲁木齐市	Urumqi	17	17	22	22
克拉玛依市	Karamay	3	3	2	2
吐鲁番市	Tulufan				
哈密市	Hami				

2-36 图书藏量和电视节目覆盖率
Total Collections of Books in Public Libraries and Population Loverage Rate of TV Programs

城　市	City	公共图书馆图书总藏量 (千册、千件) Total Collections of Public Libraries (1000 copies,1000 pieces)		电视节目综合人口覆盖率 (%) Population Coverage Rate of TV Programs (%)	
		全　市 Total City	市辖区 Districts under City	全　市 Total City	市辖区 Districts under City
北京市	**Beijing**	**62290**	**62290**	**100.00**	**100.00**
天津市	**Tianjin**	**18060**	**18060**	**100.00**	**100.00**
河北省	**Hebei**				
石家庄市	Shijiazhuang	3645	2245	99.38	100.00
唐山市	Tangshan	2517	1529	100.00	100.00
秦皇岛市	Qinhuangdao	1478	1124	94.00	100.00
邯郸市	Handan	1832	775	98.90	100.00
邢台市	Xingtai	1384	392	99.35	100.00
保定市	Baoding	2208	108	98.34	100.00
张家口市	Zhangjiakou	1454	650	99.71	100.00
承德市	Chengde	979	402	98.00	99.50
沧州市	Cangzhou	1605	661	100.00	100.00
廊坊市	Langfang	2369	1741	100.00	100.00
衡水市	Hengshui	674	493	100.00	100.00
山西省	**Shanxi**				
太原市	Taiyuan	7494	6833	99.80	100.00
大同市	Datong	763	400	99.49	100.00
阳泉市	Yangquan	647	457	100.00	100.00
长治市	Changzhi	1908	697	99.57	100.00
晋城市	Jincheng	1115	766	98.83	100.00
朔州市	Shuozhou	617	117	100.00	100.00
晋中市	Jinzhong	1267	223	99.72	100.00
运城市	Yuncheng	1423	153	99.50	99.50
忻州市	Xinzhou	788		99.03	99.30
临汾市	Linfen	1636	160	99.20	99.66
吕梁市	Lvliang	1186	113	99.19	98.07
内蒙古自治区	**Inner Mongolia**				
呼和浩特市	Hohhot	4548	4276	99.10	100.00
包头市	Baotou	1588	1402	99.51	100.00
乌海市	Wuhai	698	698	99.31	99.31
赤峰市	Chifeng	1889	504	99.14	99.35
通辽市	Tongliao	1200	620	99.21	100.00
鄂尔多斯市	Erdos	27611	2304	99.00	100.00
呼伦贝尔市	Hulunbuir	1710	68	99.10	100.00
巴彦淖尔市	Bayannur	833	60	99.30	100.00
乌兰察布市	Ulanqab			99.24	99.30
辽宁省	**Liaoning**				
沈阳市	Shenyang	14259	13947	100.00	100.00
大连市	Dalian	18982	17787	99.86	100.00
鞍山市	Anshan	2854	2072	97.91	100.00
抚顺市	Fushun	1143	983	98.85	100.00
本溪市	Benxi	1664	1392	99.45	99.64
丹东市	Dandong	1346	110	98.00	98.00
锦州市	Jinzhou	1463	1007	99.15	100.00
营口市	Yingkou	1457	1214	99.82	100.00

2-36 续表 1 continued 1

城 市	City	公共图书馆图书总藏量 (千册、千件) Total Collections of Public Libraries (1000 copies,1000 pieces)		电视节目综合人口覆盖率 (%) Population Coverage Rate of TV Programs (%)	
		全 市 Total City	市辖区 Districts under City	全 市 Total City	市辖区 Districts under City
阜新市	Fuxin	501	374	98.47	100.00
辽阳市	Liaoyang	945	855	85.00	93.00
盘锦市	Panjin	688	584	100.00	100.00
铁岭市	Tieling	730	216	97.76	100.00
朝阳市	Chaoyang	905	531	99.02	100.00
葫芦岛市	Huludao	994	238	98.10	100.00
吉林省	**Jilin**				
长春市	Changchun	4906	4555	100.00	100.00
吉林市	Jilin	2535	1862	96.87	100.00
四平市	Siping	735	518	100.00	100.00
辽源市	Liaoyuan	426	273	97.00	100.00
通化市	Tonghua	929	361	99.22	99.95
白山市	Baishan	889	254	95.37	93.95
松原市	Songyuan	823	292	98.94	99.00
白城市	Baicheng	535	281	99.94	100.00
黑龙江省	**Heilongjiang**				
哈尔滨市	Harbin	8695	7058	99.96	100.00
齐齐哈尔市	Qiqihar	2218	1438	100.00	100.00
鸡西市	Jixi	391	182	98.90	98.73
鹤岗市	Hegang	506	333	75.00	75.00
双鸭山市	Shuangyashan	923	226	98.88	98.88
大庆市	Daqing	2566		99.00	100.00
伊春市	Yichun	1146	982	99.82	99.88
佳木斯市	Jiamusi	363		100.00	100.00
七台河市	Qitaihe	283	183	100.00	100.00
牡丹江市	Mudanjiang	1177	670	99.62	100.00
黑河市	Heihe	386	138	97.40	97.23
绥化市	Suihua	1428	141	100.00	100.00
上海市	**Shanghai**	**76764**	**76764**	**100.00**	**100.00**
江苏省	**Jiangsu**				
南京市	Nanjing	19886	19886	100.00	100.00
无锡市	Wuxi	7100	3755	100.00	100.00
徐州市	Xuzhou	3300	1628	100.00	100.00
常州市	Changzhou	4520	4102	100.00	100.00
苏州市	Suzhou	18780	11737	100.00	100.00
南通市	Nantong	5000	2085	100.00	100.00
连云港市	Lianyungang	2650	1472	100.00	100.00
淮安市	Huai'an	2860	2173	100.00	100.00
盐城市	Yancheng	3350	1945	100.00	100.00
扬州市	Yangzhou	3540	2717	100.00	100.00
镇江市	Zhenjiang	3150	1935	100.00	100.00
泰州市	Taizhou	2710	1523	100.00	100.00
宿迁市	Suqian	1440	580	100.00	100.00
浙江省	**Zhejiang**				
杭州市	Hangzhou	21373	19034	99.95	100.00
宁波市	Ningbo	7573	5628	100.00	100.00
温州市	Wenzhou	10124	5861	98.95	100.00

2-36 续表 2 continued 2

城 市	City	公共图书馆图书总藏量(千册、千件) Total Collections of Public Libraries (1000 copies,1000 pieces)		电视节目综合人口覆盖率(%) Population Coverage Rate of TV Programs (%)	
		全 市 Total City	市辖区 Districts under City	全 市 Total City	市辖区 Districts under City
嘉兴市	Jiaxing	7871	2362	100.00	100.00
湖州市	Huzhou	2077	813	100.00	100.00
绍兴市	Shaoxing	4174	2876	100.00	100.00
金华市	Jinhua	3713	943	99.84	99.72
衢州市	Quzhou	1766	795	98.95	99.26
舟山市	Zhoushan	1844	1435	100.00	100.00
台州市	Taizhou	5492	2795	99.76	100.00
丽水市	Lishui	1999	377	100.00	100.00
安徽省	**Anhui**				
合肥市	Hefei	5256	4437	99.00	100.00
芜湖市	Wuhu	2139	978	99.86	100.00
蚌埠市	Bengbu	1287	958	99.00	99.00
淮南市	Huainan	625	335	100.00	100.00
马鞍山市	Maanshan				
淮北市	Huaibei	919	839	96.00	96.00
铜陵市	Tongling	1090	957	100.00	100.00
安庆市	Anqing	5582	1934	100.00	100.00
黄山市	Huangshan	1053	575	98.68	98.66
滁州市	Chuzhou	1056	253	98.90	100.00
阜阳市	Fuyang	583	110	100.00	100.00
宿州市	Suzhou	944	619	96.73	95.50
六安市	Lu'an	691	195	95.75	94.01
亳州市	Bozhou	962	705	100.00	100.00
池州市	Chizhou	519	163	98.90	98.90
宣城市	Xuancheng	899	109	98.39	99.52
福建省	**Fujian**				
福州市	Fuzhou	4937	2507	100.00	100.00
厦门市	Xiamen	5874	5874	100.00	100.00
莆田市	Putian	1086	952	98.60	98.60
三明市	Sanming	5092	715	99.24	99.78
泉州市	Quanzhou	7338	2036	98.43	99.68
漳州市	Zhangzhou	4542	299	99.18	100.00
南平市	Nanping	2129	703	98.71	98.87
龙岩市	Longyan	1887	994	98.62	99.48
宁德市	Ningde	1147	364	99.42	100.00
江西省	**Jiangxi**				
南昌市	Nanchang	1690	900	116.89	100.00
景德镇市	Jingdezhen	1050	699	100.00	100.00
萍乡市	Pingxiang	954	734	99.84	100.00
九江市	Jiujiang	2242	1349	98.68	100.00
新余市	Xinyu	751	591	99.78	99.84
鹰潭市	Yingtan	427	220	97.52	97.52
赣州市	Ganzhou	3326	801	99.37	99.37
吉安市	Ji'an	1604	1244	99.60	100.00
宜春市	Yichun	460	242	98.38	99.62
抚州市	Fuzhou	1494	232	99.70	99.70
上饶市	Shangrao	3197	1211	99.50	99.60

2-36 续表 3 continued 3

城 市	City	公共图书馆图书总藏量 (千册、千件) Total Collections of Public Libraries (1000 copies,1000 pieces)		电视节目综合人口覆盖率 (%) Population Coverage Rate of TV Programs (%)	
		全 市 Total City	市辖区 Districts under City	全 市 Total City	市辖区 Districts under City
山东省	**Shandong**				
济南市	Jinan	12845	12522	100.00	100.00
青岛市	Qingdao	6463	5381	98.80	
淄博市	Zibo	2609	2039	99.42	99.50
枣庄市	Zaozhuang	1437	1145	91.86	91.86
东营市	Dongying	2168	445	99.90	99.83
烟台市	Yantai	7522	4051	100.00	100.00
潍坊市	Weifang	4224	1453	98.35	100.00
济宁市	Jining	1955	302	98.62	100.00
泰安市	Tai'an	9432	2086	99.59	100.00
威海市	Weihai	3713	2071	100.00	100.00
日照市	Rizhao	866	525	99.07	99.46
莱芜市	Laiwu	518	518	99.73	99.73
临沂市	Linyi	2891	1041	100.00	100.00
德州市	Dezhou	1576	462	100.00	100.00
聊城市	Liaocheng	3625	362	100.00	100.00
滨州市	Binzhou	1416	548	100.00	100.00
菏泽市	Heze	1347	781	95.00	99.02
河南省	**Henan**				
郑州市	Zhengzhou	6607	5537	100.00	100.00
开封市	Kaifeng	2175	595	100.00	100.00
洛阳市	Luoyang	2526	1419	97.96	100.00
平顶山市	Pingdingshan	1502	858	97.13	100.00
安阳市	Anyang	1276	868	99.69	100.00
鹤壁市	Hebi	592	503	100.00	100.00
新乡市	Xinxiang	1353	865	99.30	100.00
焦作市	Jiaozuo	2055	625	100.00	100.00
濮阳市	Puyang	1004	691	97.32	100.00
许昌市	Xuchang	1052	654	100.00	100.00
漯河市	Luohe	480	350	100.00	100.00
三门峡市	Sanmenxia	1477	1017	97.85	96.50
南阳市	Nanyang	1694	818	96.57	91.31
商丘市	Shangqiu	1010	324	100.00	100.00
信阳市	Xinyang	1196	537	95.91	97.26
周口市	Zhoukou	784	233	99.53	100.00
驻马店市	Zhumadian	777	163	98.43	100.00
湖北省	**Hubei**				
武汉市	Wuhan	15491	6916	100.00	
黄石市	Huangshi	1397	1120	99.05	100.00
十堰市	Shiyan	1269	884	98.17	98.09
宜昌市	Yichang	6190	1638	98.92	100.00
襄阳市	Xiangyang	2033	1251	99.28	100.00
鄂州市	Ezhou	420	420	99.89	99.89
荆门市	Jingmen	1085	611	98.81	100.00
孝感市	Xiaogan	1063	366	99.77	100.00
荆州市	Jingzhou	1242	626	98.48	100.00
黄冈市	Huanggang	2423	105	98.88	100.00
咸宁市	Xianning	948	160	97.98	98.24
随州市	Suizhou	329	173	97.62	98.31

2-36 续表 4 continued 4

城　市	City	公共图书馆图书总藏量（千册、千件） Total Collections of Public Libraries (1000 copies,1000 pieces) 全　市 Total City	市辖区 Districts under City	电视节目综合人口覆盖率 (%) Population Coverage Rate of TV Programs (%) 全　市 Total City	市辖区 Districts under City
湖南省	**Hunan**				
长沙市	Changsha	10797	9909	99.04	100.00
株洲市	Zhuzhou	1804	1117	99.96	100.00
湘潭市	Xiangtan	1410	1220	99.83	99.83
衡阳市	Hengyang	2040	1082	99.34	100.00
邵阳市	Shaoyang	1467	520	97.00	100.00
岳阳市	Yueyang	1190	450	99.17	100.00
常德市	Changde	1648	653	96.52	100.00
张家界市	Zhangjiajie	227	50	96.73	96.40
益阳市	Yiyang	1180	570	98.83	100.00
郴州市	Chenzhou	1583	536	97.76	100.00
永州市	Yongzhou	1460	736	96.98	99.09
怀化市	Huaihua	1545	135	98.55	99.97
娄底市	Loudi	969	140	99.74	100.00
广东省	**Guangdong**				
广州市	Guangzhou	24014	24014	100.00	100.00
韶关市	Shaoguan	1847	954	99.95	99.99
深圳市	Shenzhen	36043	36043	100.00	100.00
珠海市	Zhuhai	1535	1535	100.00	100.00
汕头市	Shantou	3462	3448	98.30	100.00
佛山市	Foshan	4920	4920	100.00	100.00
江门市	Jiangmen	2693	1704	100.00	100.00
湛江市	Zhanjiang	1667	1165	100.00	100.00
茂名市	Maoming	1216	706	100.00	100.00
肇庆市	Zhaoqing	3817	444	100.00	100.00
惠州市	Huizhou	1679	887	100.00	100.00
梅州市	Meizhou	2801	1862	100.00	100.00
汕尾市	Shanwei	310	140	99.14	98.90
河源市	Heyuan	1429	1085	99.13	100.00
阳江市	Yangjiang	941	739	98.57	98.80
清远市	Qingyuan	1608	858	100.00	100.00
东莞市	Dongguan	10138	10138	100.00	100.00
中山市	Zhongshan	1880	1880	100.00	100.00
潮州市	Chaozhou	779		100.00	100.00
揭阳市	Jieyang	1051	530	100.00	100.00
云浮市	Yunfu	1048	429	100.00	100.00
广西壮族自治区	**Guangxi**				
南宁市	Nanning	6871	5800	99.50	100.00
柳州市	Liuzhou	1875	1203	99.14	100.00
桂林市	Guilin	4363	3045	98.43	100.00
梧州市	Wuzhou	1098	595	98.49	98.94
北海市	Beihai	648	425	99.60	99.99
防城港市	Fangchenggang	331	239	98.29	98.53
钦州市	Qinzhou	3610	3112	98.00	98.00
贵港市	Guigang	1004	544	98.63	99.25

2-36 续表 5 continued 5

城 市	City	公共图书馆图书总藏量（千册、千件）Total Collections of Public Libraries (1000 copies,1000 pieces)		电视节目综合人口覆盖率 (%) Population Coverage Rate of TV Programs (%)	
		全 市 Total City	市辖区 Districts under City	全 市 Total City	市辖区 Districts under City
玉林市	Yulin	1815	738	97.80	98.73
百色市	Baise	1770	297	98.00	100.00
贺州市	Hezhou	754	424	98.11	98.55
河池市	Hechi	1233	253	98.50	96.68
来宾市	Laibin	833	390	97.88	98.20
崇左市	Chongzuo	785	161	97.45	97.20
海南省	**Hainan**				
海口市	Haikou	484	484	98.00	98.00
三亚市	Sanya	576	576	98.00	98.00
三沙市	Sansa				
儋州市	Danzhou	106		94.00	
重庆市	**Chongqing**	**14418**	**12943**	**99.19**	**99.47**
四川省	**Sichuan**				
成都市	Chengdu	17069		100.00	
自贡市	Zigong	540	360	99.41	100.00
攀枝花市	Panzhihua	968	719	99.20	99.88
泸州市	Luzhou	1054	728	99.33	100.00
德阳市	Deyang	925	146	96.30	100.00
绵阳市	Mianyang	1985	675	99.56	100.00
广元市	Guangyuan	1440	568	99.00	99.10
遂宁市	Suining	768	513	98.91	99.23
内江市	Neijiang	614	313	98.28	100.00
乐山市	Leshan	812	414	98.00	99.32
南充市	Nanchong	1803	1253	97.60	98.80
眉山市	Meishan	422	73	99.99	100.00
宜宾市	Yibin	1309	662	96.14	98.34
广安市	Guang'an	2234	1600	99.73	99.73
达州市	Dazhou	1055	229	95.71	98.63
雅安市	Ya'an	792	459	98.60	98.50
巴中市	Bazhong	802	177	99.26	98.66
资阳市	Ziyang	462	280	98.24	100.00
贵州省	**Guizhou**				
贵阳市	Guiyang	7442		99.70	
六盘水市	Liupanshui	479	36	98.30	98.81
遵义市	Zunyi	2350	760	95.45	100.00
安顺市	Anshun	540	296	94.04	95.42
毕节市	Bijie	865	590	95.05	99.00
铜仁市	Tongren	2433	619	97.39	100.00
云南省	**Yunnan**				
昆明市	Kunming	5943	1860	99.87	99.98
曲靖市	Qujing	1402	102	97.73	98.01
玉溪市	Yuxi	1385	780	99.20	99.50
保山市	Baoshan	1542	356	96.85	99.00
昭通市	Zhaotong	824	25	96.73	97.74
丽江市	Lijiang	555	72	92.91	100.00
普洱市	Pu'er	969	266	99.50	100.00
临沧市	Lincang	869	408	99.00	99.50

2-36 续表 6 continued 6

城 市	City	公共图书馆图书总藏量（千册、千件）Total Collections of Public Libraries (1000 copies,1000 pieces) 全 市 Total City	市辖区 Districts under City	电视节目综合人口覆盖率(%) Population Coverage Rate of TV Programs (%) 全 市 Total City	市辖区 Districts under City
西藏自治区	**Tibet**				
拉萨市	Lasa			98.58	
日喀则市	Rikaze			96.50	100.00
昌都市	Changdu				
林芝市	Linzhi				
山南市	Shannan				
陕西省	**Shaanxi**				
西安市	Xi'an	12076		99.11	100.00
铜川市	Tongchuan	834	778	99.89	100.00
宝鸡市	Baoji	1433		99.97	100.00
咸阳市	Xianyang	1547	510	99.17	100.00
渭南市	Weinan	1015	123	97.59	99.83
延安市	Yan'an	1034	324	99.93	100.00
汉中市	Hanzhong	965	226	99.10	100.00
榆林市	Yulin	1312	190	97.33	95.96
安康市	Ankang	689	104	97.95	98.04
商洛市	Shangluo	640	295	99.09	99.10
甘肃省	**Gansu**				
兰州市	Lanzhou	1060	1060	99.70	99.93
嘉峪关市	Jiayuguan	206	206	99.60	99.60
金昌市	Jinchang	658	514	98.82	98.94
白银市	Baiyin	779	488	99.80	99.81
天水市	Tianshui	839	549	99.15	99.59
武威市	Wuwei	359	183	99.72	99.97
张掖市	Zhangye	3370	1410	98.67	100.00
平凉市	Pingliang	729	89	97.45	100.00
酒泉市	Jiuquan	629	120	98.94	100.00
庆阳市	Qingyang	745	30	100.00	100.00
定西市	Dingxi	783	137	96.84	99.04
陇南市	Longnan	802	175	95.68	96.21
青海省	**Qinghai**				
西宁市	Xining	1715	650	99.59	99.59
海东市	Haidong	445	250	98.00	95.75
宁夏回族自治区	**Ningxia**				
银川市	Yinchuan	3923	3435	100.00	100.00
石嘴山市	Shizuishan	665	507	100.00	100.00
吴忠市	Wuzhong	1100	353	98.86	100.00
固原市	Guyuan	695	275	98.00	100.00
中卫市	Zhongwei	423	210	98.98	99.70
新疆维吾尔自治区	**Xinjiang**				
乌鲁木齐市	Urumqi	3008	3007	99.80	99.80
克拉玛依市	Karamay	2350	2350	99.00	99.00
吐鲁番市	Tulufan				
哈密市	Hami				

2-37 医院、卫生院数，床位数和医生数
Number of Hospitals, Health Centers, Beds and Doctors

城市	City	医院、卫生院数(个) Number of Hospitals and Health centers (unit)		医院、卫生院床位数(张) Number of Beds of Hospitals and Health Centers (bed)		医生数(执业医师+执业助理医师)(人) Number of Doctors (Licensed Doctors+Assistant Doctors) (person)	
		全市 Total City	市辖区 Districts under City	全市 Total City	市辖区 Districts under City	全市 Total City	市辖区 Districts under City
北京市	**Beijing**	**713**	**713**	**110021**	**110021**	**89411**	**89411**
天津市	**Tianjin**	**571**	**571**	**61764**	**61764**	**37804**	**36088**
河北省	**Hebei**						
石家庄市	Shijiazhuang	425	66	49573	5602	31781	3058
唐山市	Tangshan	351	152	38587	21544	18737	10754
秦皇岛市	Qinhuangdao	143	70	15450	9706	6023	3967
邯郸市	Handan	408	174	44532	22706	19834	10222
邢台市	Xingtai	330	63	31465	8836	16024	4386
保定市	Baoding	605	144	47299	16945	25391	10218
张家口市	Zhangjiakou	348	75	22151	10751	7786	2794
承德市	Chengde	251	31	18791	5812	8496	2831
沧州市	Cangzhou	319	24	34257	9898	18444	4869
廊坊市	Langfang	227	51	19385	5114	9591	3031
衡水市	Hengshui	226	48	18331	6499	7371	3194
山西省	**Shanxi**						
太原市	Taiyuan	245	174	36559	33199	20835	19355
大同市	Datong	287	129	18103	13468	9389	7113
阳泉市	Yangquan	83	46	7065	6142	3843	2776
长治市	Changzhi	251	86	16133	9051	8038	4035
晋城市	Jincheng	176	39	10611	3950	5532	2616
朔州市	Shuozhou	155	66	7299	3675	2827	1702
晋中市	Jinzhong	267	43	15501	4650	6813	2216
运城市	Yuncheng	446	110	27574	6726	10937	2339
忻州市	Xinzhou	299	57	11274	2725	5877	1135
临汾市	Linfen	343	77	18829	6408	10587	3596
吕梁市	Lvliang	994	232	12202	1876	7268	1246
内蒙古自治区	**Inner Mongolia**						
呼和浩特市	Hohhot	185	107	17775	15513	9023	7957
包头市	Baotou	137	75	15825	14213	8264	7383
乌海市	Wuhai	28	28	3203	3203	1646	1646
赤峰市	Chifeng	326	85	23889	10937	11494	5410
通辽市	Tongliao	198	51	12370	6426	5967	2343
鄂尔多斯市	Erdos	175	42	11022	3725	5109	1604
呼伦贝尔市	Hulunbuir	221	46	13606	3695	7544	1445
巴彦淖尔市	Bayannur	163	48	8865	4626	4582	3120
乌兰察布市	Ulanqab	226	21	7810	1969	3681	1530
辽宁省	**Liaoning**						
沈阳市	Shenyang	383	262	61894	57548	26504	25518
大连市	Dalian	315	227	42301	32010	19485	16224
鞍山市	Anshan	174	71	20807	12751	5548	3407
抚顺市	Fushun	112	61	13187	10417	5561	4414
本溪市	Benxi	75	37	11415	8850	2751	2048
丹东市	Dandong	122	40	14293	6429	5413	2599
锦州市	Jinzhou	143	37	15583	8215	9661	5799
营口市	Yingkou	176	84	13642	8028	5824	3621

2-37 续表 1 continued 1

城市	City	医院、卫生院数(个) Number of Hospitals and Health centers (unit)		医院、卫生院床位数(张) Number of Beds of Hospitals and Health Centers (bed)		医生数(执业医师+执业助理医师)(人) Number of Doctors (Licensed Doctors+ Assistant Doctors) (person)	
		全市 Total City	市辖区 Districts under City	全市 Total City	市辖区 Districts under City	全市 Total City	市辖区 Districts under City
阜新市	Fuxin	116	47	11411	8401	3000	1979
辽阳市	Liaoyang	102	64	12917	10020	4187	3130
盘锦市	Panjin	87	72	9184	8279	3862	3590
铁岭市	Tieling	138	27	11458	3347	5916	1821
朝阳市	Chaoyang	212	33	16483	5333	6933	2227
葫芦岛市	Huludao	150	42	12050	5408	4458	2169
吉林省	**Jilin**						
长春市	Changchun	297	174	47129	37306	21251	17080
吉林市	Jilin	236	119	26209	16516	12236	7888
四平市	Siping	163	40	15331	6680	6964	2460
辽源市	Liaoyuan	64	19	6140	3031	2818	1495
通化市	Tonghua	153	31	12350	4298	5935	1595
白山市	Baishan	102	35	8276	4373	3566	1668
松原市	Songyuan	138	29	8795	3466	5674	2016
白城市	Baicheng	134	37	7331	2722	4633	1675
黑龙江省	**Heilongjiang**						
哈尔滨市	Harbin	471	359	71181	63722	23819	20877
齐齐哈尔市	Qiqihar	988	429	26075	11733	9495	4062
鸡西市	Jixi	123	46	11735	5857	4387	1987
鹤岗市	Hegang	69	35	7958	5590	2887	1768
双鸭山市	Shuangyashan	51	24	7213	3400	8608	2787
大庆市	Daqing	174	101	17025	13280	9668	6561
伊春市	Yichun	54	28	6452	4677	2630	1969
佳木斯市	Jiamusi	185	68	14942	9148	4096	2129
七台河市	Qitaihe	46	32	4189	3438	1605	1245
牡丹江市	Mudanjiang	146	50	17764	11027	7475	3832
黑河市	Heihe	136	19	8344	920	3029	480
绥化市	Suihua	222	30	16414	3267	7372	1378
上海市	**Shanghai**	**656**	**656**	**126838**	**126838**	**65386**	**65386**
江苏省	**Jiangsu**						
南京市	Nanjing	225	225	45195	45195	25272	25272
无锡市	Wuxi	191	106	36150	22995	18107	11409
徐州市	Xuzhou	291	107	48926	27018	21836	10477
常州市	Changzhou	114	88	23408	21091	12447	10568
苏州市	Suzhou	283	128	60847	33061	27667	13929
南通市	Nantong	321	72	38154	16118	17967	7604
连云港市	Lianyungang	171	82	21446	10852	10979	6090
淮安市	Huai'an	185	104	25500	16347	12385	8265
盐城市	Yancheng	286	91	37139	12987	18124	6721
扬州市	Yangzhou	142	70	18421	11788	10405	6373
镇江市	Zhenjiang	97	41	12714	7245	7884	4050
泰州市	Taizhou	183	65	21865	8984	11287	4437
宿迁市	Suqian	231	75	25266	8682	10327	3314
浙江省	**Zhejiang**						
杭州市	Hangzhou	365	235	64557	56560	38172	33344
宁波市	Ningbo	251	106	33412	20321	22941	12961
温州市	Wenzhou	403	107	35086	16288	24976	9670

2-37 续表 2 continued 2

城市	City	医院、卫生院数(个) Number of Hospitals and Health centers (unit)		医院、卫生院床位数(张) Number of Beds of Hospitals and Health Centers (bed)		医生数(执业医师+执业助理医师)(人) Number of Doctors (Licensed Doctors+Assistant Doctors) (person)	
		全市 Total City	市辖区 Districts under City	全市 Total City	市辖区 Districts under City	全市 Total City	市辖区 Districts under City
嘉兴市	Jiaxing	144	44	23283	8718	10408	3720
湖州市	Huzhou	146	54	12836	6617	7619	3754
绍兴市	Shaoxing	193	96	25225	14205	14171	7719
金华市	Jinhua	282	73	26930	8434	15630	4148
衢州市	Quzhou	183	60	11948	5727	6780	3094
舟山市	Zhoushan	68	49	4970	4205	6327	5216
台州市	Taizhou	271	71	25656	8250	16637	5665
丽水市	Lishui	243	34	12383	4723	7271	2424
安徽省	**Anhui**						
合肥市	Hefei	462	232	43880	30775	19285	13294
芜湖市	Wuhu	140	61	18486	13239	7940	5270
蚌埠市	Bengbu	137	58	17812	9694	6460	3781
淮南市	Huainan	156	93	15817	11678	6249	5138
马鞍山市	Maanshan	97	41	8075	4349	4402	2638
淮北市	Huaibei	98	59	10613	6506	4283	2776
铜陵市	Tongling	62	34	7874	5456	3314	2282
安庆市	Anqing	196	39	17405	6557	8090	2454
黄山市	Huangshan	132	46	7364	3879	3273	1596
滁州市	Chuzhou	162	17	16598	3595	6314	1500
阜阳市	Fuyang	270	81	34153	12176	13181	4879
宿州市	Suzhou	185	56	20168	8646	8701	3597
六安市	Lu'an	163	61	17516	9030	8626	4606
亳州市	Bozhou	152	52	16976	5976	5663	1813
池州市	Chizhou	88	35	5945	3068	2637	1302
宣城市	Xuancheng	123	31	11192	3939	5151	1528
福建省	**Fujian**						
福州市	Fuzhou	230	77	31637	22012	18841	13312
厦门市	Xiamen	60	60	13971	13971	11119	11119
莆田市	Putian	93	66	13968	10824	5244	4087
三明市	Sanming	165	13	12692	2655	5033	1290
泉州市	Quanzhou	258	84	35171	13571	14935	5992
漳州市	Zhangzhou	179	35	20387	7187	9946	3694
南平市	Nanping	164	43	15045	5241	5002	1751
龙岩市	Longyan	158	54	15628	8017	5859	3154
宁德市	Ningde	150	22	12179	3061	5240	1317
江西省	**Jiangxi**						
南昌市	Nanchang	194	117	28477	23528	13139	10970
景德镇市	Jingdezhen	73	21	7778	4511	4783	2918
萍乡市	Pingxiang	81	40	10345	6585	4413	2910
九江市	Jiujiang	259	29	20631	10440	9399	3124
新余市	Xinyu	46	29	5114	4005	2478	1834
鹰潭市	Yingtan	62	20	4997	2693	2446	989
赣州市	Ganzhou	423	80	38687	11730	12495	4478
吉安市	Ji'an	283	25	20661	4047	7619	1730
宜春市	Yichun	220	35	21218	6015	7971	1887
抚州市	Fuzhou	222	76	12658	4432	5308	1868
上饶市	Shangrao	402	65	25080	7192	10552	3150

2-37 续表 3 continued 3

城　市	City	医院、卫生院数(个) Number of Hospitals and Health centers (unit)		医院、卫生院床位数(张) Number of Beds of Hospitals and Health Centers (bed)		医生数(执业医师+执业助理医师)(人) Number of Doctors (Licensed Doctors+ Assistant Doctors) (person)	
		全　市 Total City	市辖区 Districts under City	全　市 Total City	市辖区 Districts under City	全　市 Total City	市辖区 Districts under City
山东省	**Shandong**						
济南市	Jinan	270	228	47524	42594	34386	31428
青岛市	Qingdao	322	160	47309	28664	27675	19912
淄博市	Zibo	230	169	27471	21242	13851	10986
枣庄市	Zaozhuang	118	76	18994	11629	8826	5455
东营市	Dongying	104	73	12050	8532	6296	3610
烟台市	Yantai	276	84	37507	13173	17597	7397
潍坊市	Weifang	315	92	46323	12032	23854	6701
济宁市	Jining	305	83	42356	16952	20415	8231
泰安市	Tai'an	168	59	27691	11446	13007	6034
威海市	Weihai	94	46	15494	8947	7545	4981
日照市	Rizhao	87	40	12002	5699	5780	3486
莱芜市	Laiwu	42	42	6043	6043	3219	3219
临沂市	Linyi	346	101	50085	19787	17724	7002
德州市	Dezhou	220	62	21648	7977	11940	4121
聊城市	Liaocheng	330	102	27308	10459	11386	4651
滨州市	Binzhou	178	65	18858	7859	9197	4097
菏泽市	Heze	338	121	40597	15457	19515	6465
河南省	**Henan**						
郑州市	Zhengzhou	317	175	80925	58374	27251	20720
开封市	Kaifeng	181	69	19298	9634	10287	5037
洛阳市	Luoyang	286	95	41943	22409	16800	8754
平顶山市	Pingdingshan	218	75	27006	9405	10807	3945
安阳市	Anyang	195	41	26346	8898	12422	4590
鹤壁市	Hebi	60	30	7683	3702	3474	1889
新乡市	Xinxiang	259	45	32942	10403	13813	4751
焦作市	Jiaozuo	174	60	20360	8736	8792	3576
濮阳市	Puyang	136	33	18884	8009	7393	3480
许昌市	Xuchang	188	68	17783	6956	9410	3221
漯河市	Luohe	101	58	12543	8396	5679	4314
三门峡市	Sanmenxia	128	32	12624	5506	5428	2394
南阳市	Nanyang	368	93	39760	16422	15756	6806
商丘市	Shangqiu	271	49	31448	7294	13954	3404
信阳市	Xinyang	277	61	22551	6909	9347	2881
周口市	Zhoukou	322	34	36289	4852	15736	2609
驻马店市	Zhumadian	308	23	35261	6335	13904	2260
湖北省	**Hubei**						
武汉市	Wuhan	386	277	78896	66281	34730	28853
黄石市	Huangshi	71	43	15400	8831	5334	3079
十堰市	Shiyan	182	62	25695	13438	9312	5352
宜昌市	Yichang	177	67	24949	12596	10459	3999
襄阳市	Xiangyang	221	85	32107	13836	13234	7263
鄂州市	Ezhou	489	489	5804	5804	2191	2191
荆门市	Jingmen	111	30	15743	6934	7278	2678
孝感市	Xiaogan	159	32	18856	5228	8485	2064
荆州市	Jingzhou	182	45	26751	9791	12695	4370
黄冈市	Huanggang	286	22	34031	3980	12859	1451
咸宁市	Xianning	95	21	13716	4371	6720	1735
随州市	Suizhou	106	47	10431	4801	4218	1849

2-37 续表 4 continued 4

城 市	City	医院、卫生院数(个) Number of Hospitals and Health centers (unit)		医院、卫生院床位数(张) Number of Beds of Hospitals and Health Centers (bed)		医生数(执业医师+执业助理医师)(人) Number of Doctors (Licensed Doctors+ Assistant Doctors) (person)	
		全 市 Total City	市辖区 Districts under City	全 市 Total City	市辖区 Districts under City	全 市 Total City	市辖区 Districts under City
湖南省	**Hunan**						
长沙市	Changsha	286	173	64805	47300	27271	19647
株洲市	Zhuzhou	163	56	24256	15060	8562	5962
湘潭市	Xiangtan	108	44	16757	9516	6903	3539
衡阳市	Hengyang	330	217	39300	15003	17100	6798
邵阳市	Shaoyang	1115	276	34165	8712	9037	3400
岳阳市	Yueyang	241	158	27589	14437	14312	4106
常德市	Changde	295	84	31211	9976	13347	4273
张家界市	Zhangjiajie	120	35	7739	3534	3175	1136
益阳市	Yiyang	168	60	21625	8232	10570	3974
郴州市	Chenzhou	342	67	29485	9923	10161	3793
永州市	Yongzhou	320	64	33859	9479	11274	3370
怀化市	Huaihua	394	33	29703	5739	10959	2988
娄底市	Loudi	161	51	21787	6147	6341	1666
广东省	**Guangdong**						
广州市	Guangzhou	273	273	80767	80767	46791	46791
韶关市	Shaoguan	160	50	15429	7652	4991	2146
深圳市	Shenzhen	136	136	38205	38205	30559	30559
珠海市	Zhuhai	53	53	8217	8217	5806	5806
汕头市	Shantou	71	67	15987	15901	9341	9206
佛山市	Foshan	115	115	32823	32823	16534	16534
江门市	Jiangmen	41	22	15487	9915	9298	4948
湛江市	Zhanjiang	187	134	29595	18294	8422	4789
茂名市	Maoming	163	60	27617	11759	12635	5625
肇庆市	Zhaoqing	148	55	14846	7869	7151	3848
惠州市	Huizhou	144	62	19383	11645	11283	7432
梅州市	Meizhou	163	42	15144	7095	9562	3173
汕尾市	Shanwei	76	13	7763	2003	4783	1384
河源市	Heyuan	115	12	9034	1791	11916	2727
阳江市	Yangjiang	83	45	10402	5756	4787	2827
清远市	Qingyuan	182	61	14489	6343	7484	3750
东莞市	Dongguan	89	89	27450	27450	16680	16680
中山市	Zhongshan	53	53	13656	13656	7425	7425
潮州市	Chaozhou	79		6354		4397	
揭阳市	Jieyang	114	38	15685	6795	9746	3525
云浮市	Yunfu	74	19	7897	2685	4320	1370
广西壮族自治区	**Guangxi**						
南宁市	Nanning	228	131	39984	29212	21910	17073
柳州市	Liuzhou	163	58	21191	12684	9971	6656
桂林市	Guilin	203	46	19062	7579	11407	5235
梧州市	Wuzhou	98	30	12495	5972	5748	3025
北海市	Beihai	52	25	8052	3261	2551	1467
防城港市	Fangchenggang	41	20	3928	2694	1936	1206
钦州市	Qinzhou	84	41	14128	11260	5132	3208
贵港市	Guigang	116	47	14344	6073	6158	2715

2-37 续表 5 continued 5

城 市	City	医院、卫生院数(个) Number of Hospitals and Health centers (unit)		医院、卫生院床位数(张) Number of Beds of Hospitals and Health Centers (bed)		医生数(执业医师+执业助理医师)(人) Number of Doctors (Licensed Doctors+Assistant Doctors) (person)	
		全 市 Total City	市辖区 Districts under City	全 市 Total City	市辖区 Districts under City	全 市 Total City	市辖区 Districts under City
玉林市	Yulin	191	36	10219	8206	8713	3109
百色市	Baise	222	20	17237	4345	6073	1406
贺州市	Hezhou	80	33	7314	3863	3283	1933
河池市	Hechi	180	18	15432	3420	5917	1370
来宾市	Laibin	93	32	9580	4141	3685	1690
崇左市	Chongzuo	120	17	7513	1326	3380	364
海南省	**Hainan**						
海口市	Haikou	139	139	13247	13247	10517	10517
三亚市	Sanya	30	30	3417	3417	2162	2162
三沙市	Sansa	1	1	30	30	7	7
儋州市	Danzhou	47		3983		2184	
重庆市	**Chongqing**	**1606**	**1115**	**177410**	**142708**	**64709**	**53857**
四川省	**Sichuan**						
成都市	Chengdu	866		121383		54718	
自贡市	Zigong	164	85	17771	11425	4308	2711
攀枝花市	Panzhihua	73	33	9867	8165	3895	3050
泸州市	Luzhou	251	86	24777	12226	8646	4740
德阳市	Deyang	211	44	20394	5577	5893	1974
绵阳市	Mianyang	363	93	32634	13508	11184	5261
广元市	Guangyuan	329	107	18820	9964	4346	2187
遂宁市	Suining	176	73	17562	9491	6134	2743
内江市	Neijiang	189	78	20688	9529	5311	2633
乐山市	Leshan	300	101	19187	9461	7220	3421
南充市	Nanchong	591	162	34601	12843	12505	4922
眉山市	Meishan	182	80	15739	7991	5645	2690
宜宾市	Yibin	290	74	28562	12096	8651	3969
广安市	Guang'an	234	62	15304	4883	5142	1563
达州市	Dazhou	380	105	24322	9539	6198	2295
雅安市	Ya'an	188	64	11652	6603	3761	1774
巴中市	Bazhong	296	103	15892	5781	6609	3101
资阳市	Ziyang	177	63	15823	7034	4932	2095
贵州省	**Guizhou**						
贵阳市	Guiyang	258		30540		15834	
六盘水市	Liupanshui	204	57	16803	5852	3799	2113
遵义市	Zunyi	401	137	39775	16563	12911	6384
安顺市	Anshun	152	73	10657	6255	3265	2084
毕节市	Bijie	500	76	32349	4429	8315	1607
铜仁市	Tongren	260	47	19008	4917	4346	1265
云南省	**Yunnan**						
昆明市	Kunming	414	214	53117	37098	26049	20802
曲靖市	Qujing	191	41	29172	3717	8574	2406
玉溪市	Yuxi	140	49	12848	6246	5572	2755
保山市	Baoshan	126	42	11499	4738	3899	1650
昭通市	Zhaotong	297	53	23571	5676	7298	2440
丽江市	Lijiang	87	16	5279	1767	1408	493
普洱市	Pu'er	139	17	10459	3608	3877	1203
临沧市	Lincang	134	25	10509	3346	2988	1019

2-37 续表 6 continued 6

城 市	City	医院、卫生院数(个) Number of Hospitals and Health centers (unit)		医院、卫生院床位数(张) Number of Beds of Hospitals and Health Centers (bed)		医生数(执业医师+执业助理医师)(人) Number of Doctors (Licensed Doctors+ Assistant Doctors) (person)	
		全 市 Total City	市辖区 Districts under City	全 市 Total City	市辖区 Districts under City	全 市 Total City	市辖区 Districts under City
西藏自治区	**Tibet**						
拉萨市	Lasa	80		3702		2362	
日喀则市	Rikaze	255	4	3725	606	1827	200
昌都市	Changdu						
林芝市	Linzhi						
山南市	Shannan						
陕西省	**Shaanxi**						
西安市	Xi'an	392	287	53008	50311	27864	25206
铜川市	Tongchuan	81	69	5484	5169	2321	2163
宝鸡市	Baoji	264	105	22568	12951	6086	3592
咸阳市	Xianyang	365	93	28302	12089	10767	4995
渭南市	Weinan	663	80	20572	6823	8651	4210
延安市	Yan'an	222	39	12983	5710	4621	2267
汉中市	Hanzhong	276	49	20580	7034	6660	2381
榆林市	Yulin	332	46	19859	5452	6659	2084
安康市	Ankang	220	59	13976	5523	8043	2154
商洛市	Shangluo	167	33	11765	3798	3829	1471
甘肃省	**Gansu**						
兰州市	Lanzhou	172	168	24031	20549	13133	11695
嘉峪关市	Jiayuguan	14	14	1785	1785	864	864
金昌市	Jinchang	25	11	2649	1714	1313	795
白银市	Baiyin	107	36	7628	4108	3055	1612
天水市	Tianshui	169	62	12151	6679	4832	2593
武威市	Wuwei	290	143	9263	5893	3566	2099
张掖市	Zhangye	124	62	7944	3217	3095	1576
平凉市	Pingliang	146	89	12251	3826	4317	1404
酒泉市	Jiuquan	1000	35	6581	2903	2900	1203
庆阳市	Qingyang	152	20	8977	3606	3936	1485
定西市	Dingxi	175	28	13484	2867	4438	1053
陇南市	Longnan	234	48	8055	1925	2691	466
青海省	**Qinghai**						
西宁市	Xining	127		18070	14653	7880	6410
海东市	Haidong	193	61	4429	1385	1987	375
宁夏回族自治区	**Ningxia**						
银川市	Yinchuan	104	54	14729	13375	8306	7226
石嘴山市	Shizuishan	58	35	4851	3793	2352	1718
吴忠市	Wuzhong	906	291	6194	2692	2440	1092
固原市	Guyuan	109	24	5558	1362	2204	1002
中卫市	Zhongwei	64	19	4325	2105	1737	779
新疆维吾尔自治区	**Xinjiang**						
乌鲁木齐市	Urumqi	152	144	26734	26659	14410	14338
克拉玛依市	Karamay	9	9	1564	1564	2001	2001
吐鲁番市	Tulufan						
哈密市	Hami						

2-38 在岗职工人数及工资状况
Number and Wages of Staff and Workers

城市	City	在岗职工平均人数(万人) Average Number of Employed Staff and Workers (10 000 persons)		在岗职工工资总额(万元) Total Wage Bill of Employed Staff and Workers (10 000 yuan)		在岗职工平均工资(元) Average Wage of Employed Staff and Workers (yuan)	
		全市 Total City	市辖区 Districts under City	全市 Total City	市辖区 Districts under City	全市 Total City	市辖区 Districts under City
北京市	**Beijing**	**729**	**729**	**90005000**	**90005000**	**122749**	**122749**
天津市	**Tianjin**	**247**	**247**	**23855100**	**23855100**	**87806**	**87806**
河北省	**Hebei**						
石家庄市	Shijiazhuang	91	68	5554609	3992000	61189	58876
唐山市	Tangshan	78	68	4769279	3458352	59623	65483
秦皇岛市	Qinhuangdao	31	26	1919216	1668920	61988	64536
邯郸市	Handan	70	39	3563600	2050900	50847	53197
邢台市	Xingtai	42	16	2109627	595683	50205	56946
保定市	Baoding	91	44	4953597	2532881	54395	58160
张家口市	Zhangjiakou	35	20	1809067	1077432	52277	54671
承德市	Chengde	27	12	1442875	735483	53449	57154
沧州市	Cangzhou	47	17	2745897	993473	58122	60009
廊坊市	Langfang	42	20	3036324	1724081	72744	85182
衡水市	Hengshui	27	11	1334863	646199	50294	60064
山西省	**Shanxi**						
太原市	Taiyuan	100	94	6459585	6222256	64820	65969
大同市	Datong	38	31	2088149	1727903	55450	55645
阳泉市	Yangquan	25	19	1194481	931393	48195	49463
长治市	Changzhi	40	13	2030036	655610	51070	49405
晋城市	Jincheng	34	16	1869757	937623	55453	58794
朔州市	Shuozhou	18	10	9433042	5735024	51377	54676
晋中市	Jinzhong	31	8	1655138	484932	53196	59034
运城市	Yuncheng	32	9	1597284	472938	49912	52600
忻州市	Xinzhou	23	7	1093221	290269	47265	41585
临汾市	Linfen	35	8	1643788	482774	50482	58020
吕梁市	Lvliang	33	5	1800369	257816	55357	54014
内蒙古自治区	**Inner Mongolia**						
呼和浩特市	Hohhot	42	35	2342433	1961511	56213	56666
包头市	Baotou	37	34	2373214	2158962	63987	64404
乌海市	Wuhai	9	9	552935	552935	58301	58301
赤峰市	Chifeng	33	14	1972002	861139	59602	61065
通辽市	Tongliao	29	11	1649441	620510	57029	55960
鄂尔多斯市	Erdos	31	10	2330410	753307	74496	76098
呼伦贝尔市	Hulunbuir	37	7	2150154	404847	58386	62729
巴彦淖尔市	Bayannur	14	7	805874	393120	54427	56701
乌兰察布市	Ulanqab	15	6	986355	367879	65280	63215
辽宁省	**Liaoning**						
沈阳市	Shenyang	120	114	8060411	7772590	67444	68421
大连市	Dalian	101	91	7435103	6835356	73764	75350
鞍山市	Anshan	46	32	2197520	1714464	48164	52948
抚顺市	Fushun	25	21	1295852	1145235	52708	54355
本溪市	Benxi	23	19	1048976	875219	46662	46137
丹东市	Dandong	21	13	832014	484783	38763	36410
锦州市	Jinzhou	29	22	1419803	1149246	49162	52520
营口市	Yingkou	26	20	1233496	981827	46999	47996

2-38 续表 1 continued 1

城市	City	在岗职工平均人数(万人) Average Number of Employed Staff and Workers (10 000 persons)		在岗职工工资总额(万元) Total Wage Bill of Employed Staff and Workers (10 000 yuan)		在岗职工平均工资(元) Average Wage of Employed Staff and Workers (yuan)	
		全市 Total City	市辖区 Districts under City	全市 Total City	市辖区 Districts under City	全市 Total City	市辖区 Districts under City
阜新市	Fuxin	15	11	746538	536811	49601	49912
辽阳市	Liaoyang	16	13	860278	717776	54507	53193
盘锦市	Panjin	42	36	1816426	1669448	42944	46904
铁岭市	Tieling	22	5	973970	248617	43596	48240
朝阳市	Chaoyang	24	9	1127018	450817	47846	48269
葫芦岛市	Huludao	20	13	997978	659416	50711	52368
吉林省	**Jilin**						
长春市	Changchun	121	109	8301631	7748926	68434	71002
吉林市	Jilin	39	26	2079465	1482387	53392	57218
四平市	Siping	18	8	926140	399663	50676	53112
辽源市	Liaoyuan	12	9	580196	422166	46910	46775
通化市	Tonghua	26	14	1245516	702217	47506	48971
白山市	Baishan	15	8	712882	363928	47294	43677
松原市	Songyuan	25	11	1266262	646630	50592	58843
白城市	Baicheng	19	9	844647	404003	44619	44247
黑龙江省	**Heilongjiang**						
哈尔滨市	Harbin	122	103	7658485	6750459	62583	65504
齐齐哈尔市	Qiqihar	35	26	1935585	1346733	50558	52076
鸡西市	Jixi	14	11	688028	512051	47866	48283
鹤岗市	Hegang	11	9	529936	433269	48745	49624
双鸭山市	Shuangyashan	11	7	598603	387068	52648	53006
大庆市	Daqing	52	46	3557582	3278896	72459	75798
伊春市	Yichun	15	12	569336	440440	36793	38046
佳木斯市	Jiamusi	16	8	804555	447342	50020	59210
七台河市	Qitaihe	9	8	449890	403198	48695	49203
牡丹江市	Mudanjiang	21	8	1133377	485963	55054	60780
黑河市	Heihe	11	2	552001	142970	51422	61896
绥化市	Suihua	24	3	1112258	121890	45545	48911
上海市	**Shanghai**	**592**	**592**	**71314653**	**71314653**	**120503**	**120503**
江苏省	**Jiangsu**						
南京市	Nanjing	191	191	17231399	17231399	90191	90191
无锡市	Wuxi	95	61	8033397	5392391	84931	89129
徐州市	Xuzhou	92	47	5266856	2945037	57228	63077
常州市	Changzhou	56	52	4576120	4181615	81058	81001
苏州市	Suzhou	279	142	22304334	11830876	79870	83293
南通市	Nantong	143	43	10227763	3386639	71743	78700
连云港市	Lianyungang	44	28	2677032	1895271	61262	66973
淮安市	Huai'an	62	44	3717674	2701829	59642	61136
盐城市	Yancheng	73	31	4277011	1973435	58205	63530
扬州市	Yangzhou	97	67	6542829	4686315	67611	69705
镇江市	Zhenjiang	45	20	3116130	1423921	68874	72441
泰州市	Taizhou	97	47	5941995	2953128	61069	62996
宿迁市	Suqian	43	22	2427615	1357653	55844	61233
浙江省	**Zhejiang**						
杭州市	Hangzhou	266	247	23184590	21677301	87153	87921
宁波市	Ningbo	129	81	11401300	7612925	83656	
温州市	Wenzhou	92	32	6430275	2767898	70069	85621

2-38 续表 2 continued 2

城　市	City	在岗职工平均人数(万人) Average Number of Employed Staff and Workers (10 000 persons)		在岗职工工资总额(万元) Total Wage Bill of Employed Staff and Workers (10 000 yuan)		在岗职工平均工资(元) Average Wage of Employed Staff and Workers (yuan)	
		全　市 Total City	市辖区 Districts under City	全　市 Total City	市辖区 Districts under City	全　市 Total City	市辖区 Districts under City
嘉兴市	Jiaxing	70	22	5165763	1805206	73836	76558
湖州市	Huzhou	44	23	2853385	1433731	65051	62902
绍兴市	Shaoxing	133	85	8155143	5280025	61394	61767
金华市	Jinhua	52	14	3823212	1122686	72962	82530
衢州市	Quzhou	17	9	1437245	793329	85527	86509
舟山市	Zhoushan	17	14	1378804	1124029	80311	82106
台州市	Taizhou	84	34	5443263	2266336	64816	66693
丽水市	Lishui	17	5	1450169	484290	85058	96378
安徽省	**Anhui**						
合肥市	Hefei	130	102	9220629	7630512	71054	74855
芜湖市	Wuhu	42	31	2577931	2013539	61385	64674
蚌埠市	Bengbu	21	14	1180090	838057	56015	58254
淮南市	Huainan	31	22	1805082	1313312	58543	58955
马鞍山市	Maanshan	21	15	1359718	994421	65060	65141
淮北市	Huaibei	22	18	1059876	864392	48266	48284
铜陵市	Tongling	16	13	962521	832878	61501	61997
安庆市	Anqing	39	13	1599997	693322	52954	55457
黄山市	Huangshan	11	7	623863	389033	59325	58784
滁州市	Chuzhou	23	9	1416567	588289	61436	62253
阜阳市	Fuyang	33	16	1738369	835597	52718	51423
宿州市	Suzhou	28	14	1373373	722556	49356	50512
六安市	Lu'an	18	8	1080470	466109	59107	60561
亳州市	Bozhou	21	8	1043084	411415	50292	54134
池州市	Chizhou	10	5	534430	302939	55068	55691
宣城市	Xuancheng	14	3	908973	198676	63622	66505
福建省	**Fujian**						
福州市	Fuzhou	139	84	9378510	5825095	67630	69011
厦门市	Xiamen	132	132	9068265	9068265	69218	69218
莆田市	Putian	46	38	2612961	2205859	56548	57351
三明市	Sanming	21	7	1341611	514322	64324	70836
泉州市	Quanzhou	143	35	8169233	2129691	57141	61501
漳州市	Zhangzhou	46	13	2836888	830901	62093	65565
南平市	Nanping	22	9	1318607	581317	59537	63685
龙岩市	Longyan	28	12	1677618	766393	59329	65925
宁德市	Ningde	27	10	1676561	660286	61309	67072
江西省	**Jiangxi**						
南昌市	Nanchang	105	83	6940303	5774188	65812	69438
景德镇市	Jingdezhen	18	11	883041	552979	49909	50541
萍乡市	Pingxiang	19	14	1011429	776118	52389	54688
九江市	Jiujiang	40	12	2267309	820473	56331	68789
新余市	Xinyu	14	11	752888	648969	54602	60733
鹰潭市	Yingtan	15	4	876578	240938	59595	59023
赣州市	Ganzhou	55	18	3003326	1168630	55253	64833
吉安市	Ji'an	35	8	1807466	483419	52402	63358
宜春市	Yichun	43	8	2138359	462752	49614	59415
抚州市	Fuzhou	36	16	1887706	854208	54607	51065
上饶市	Shangrao	38	11	2052161	651089	54322	60576

2-38 续表 3 continued 3

城　市	City	在岗职工平均人数(万人) Average Number of Employed Staff and Workers (10 000 persons)		在岗职工工资总额(万元) Total Wage Bill of Employed Staff and Workers (10 000 yuan)		在岗职工平均工资(元) Average Wage of Employed Staff and Workers (yuan)	
		全　市 Total City	市辖区 Districts under City	全　市 Total City	市辖区 Districts under City	全　市 Total City	市辖区 Districts under City
山东省	**Shandong**						
济南市	Jinan	124	113	9560176	8979186	77012	79802
青岛市	Qingdao	138	94	10552135	7849989	76616	83365
淄博市	Zibo	80	54	4940912	3503745	61928	65324
枣庄市	Zaozhuang	43	28	2328138	1556454	53793	55236
东营市	Dongying	41	34	3052151	2586928	73129	76261
烟台市	Yantai	101	55	6501831	3826267	64219	69263
潍坊市	Weifang	79	33	4864911	2108399	61815	63574
济宁市	Jining	77	36	4440842	2025223	57362	61640
泰安市	Tai'an	65	24	3602801	1459570	55493	60732
威海市	Weihai	58	39	3354036	2287326	57812	59232
日照市	Rizhao	30	19	1758272	1178274	59095	62654
莱芜市	Laiwu	16	16	901637	901637	55014	55014
临沂市	Linyi	84	37	5023767	2322752	60039	62255
德州市	Dezhou	53	20	2893601	1103327	54390	56299
聊城市	Liaocheng	44	14	2426201	929717	55223	64492
滨州市	Binzhou	48	17	2841768	1013519	58659	59671
菏泽市	Heze	50	20	2550981	1091499	50979	53433
河南省	**Henan**						
郑州市	Zhengzhou	187	133	11446353	8827331	61149	66320
开封市	Kaifeng	47	27	2451180	1435233	48807	53319
洛阳市	Luoyang	71	38	3625422	2232315	51295	58557
平顶山市	Pingdingshan	52	30	2435311	1428645	46759	48170
安阳市	Anyang	52	17	2395208	884172	45734	50558
鹤壁市	Hebi	22	14	915402	597388	42424	43781
新乡市	Xinxiang	58	18	2567952	923485	44237	51712
焦作市	Jiaozuo	50	20	2315134	967895	46410	49589
濮阳市	Puyang	38	21	1761267	1069072	46227	51646
许昌市	Xuchang	46	19	2233764	972633	48235	51201
漯河市	Luohe	32	21	1325770	928456	41389	42825
三门峡市	Sanmenxia	24	8	1108273	470651	46479	57866
南阳市	Nanyang	89	26	4236818	1359903	47468	52064
商丘市	Shangqiu	67	22	3212510	1018865	47508	47343
信阳市	Xinyang	58	18	2648285	850420	45413	46286
周口市	Zhoukou	70	12	3245121	698085	46355	59565
驻马店市	Zhumadian	65	19	2903216	861107	44830	44931
湖北省	**Hubei**						
武汉市	Wuhan	198	152	14232713	11833905	71963	77859
黄石市	Huangshi	46	32	2057881	1518464	44549	46875
十堰市	Shiyan	61	42	2801205	2017677	46056	47828
宜昌市	Yichang	94	37	4420237	1842141	47193	49930
襄阳市	Xiangyang	56	33	3150869	1821731	50677	54634
鄂州市	Ezhou	22	22	892566	892566	41189	41189
荆门市	Jingmen	37	15	1615868	645875	43245	54578
孝感市	Xiaogan	78	25	3325691	1178769	42666	46802
荆州市	Jingzhou	37	16	1877784	880651	43111	
黄冈市	Huanggang	72	9	2989362	355595	41497	41775
咸宁市	Xianning	34	12	1413831	566454	41019	45708
随州市	Suizhou	13	8	651215	376471	44226	44740

2-38 续表 4 continued 4

城市	City	在岗职工平均人数(万人) Average Number of Employed Staff and Workers (10 000 persons)		在岗职工工资总额(万元) Total Wage Bill of Employed Staff and Workers (10 000 yuan)		在岗职工平均工资(元) Average Wage of Employed Staff and Workers (yuan)	
		全市 Total City	市辖区 Districts under City	全市 Total City	市辖区 Districts under City	全市 Total City	市辖区 Districts under City
湖南省	**Hunan**						
长沙市	Changsha	113	80	8754045	6653933	77782	83138
株洲市	Zhuzhou	42	25	2485809	1584369	59423	64108
湘潭市	Xiangtan	26	16	1473568	956024	56619	59145
衡阳市	Hengyang	49	16	2494503	912782	50768	56457
邵阳市	Shaoyang	31	8	1628057	463496	52334	51813
岳阳市	Yueyang	42	17	2041832	745144	49009	55443
常德市	Changde	41	16	2063484	970972	55317	59569
张家界市	Zhangjiajie	5	2	309320	200058	65363	43089
益阳市	Yiyang	23	8	1292370	428860	55880	53359
郴州市	Chenzhou	32	13	1768330	824310	55560	61706
永州市	Yongzhou	29	9	1532967	473607	53085	54626
怀化市	Huaihua	24	6	1305362	357989	54835	59320
娄底市	Loudi	28	12	1373975	610804	48530	51627
广东省	**Guangdong**						
广州市	Guangzhou	311	311	25980229	25980229	89096	89096
韶关市	Shaoguan	32	18	1959129	1200071	61465	67752
深圳市	Shenzhen	445	445	39940453	39940453	89757	89757
珠海市	Zhuhai	67	67	5053389	5053389	74931	74931
汕头市	Shantou	55	54	3050374	3019387	55867	55811
佛山市	Foshan	170	170	11403952	11403952	67187	67187
江门市	Jiangmen	56	32	3413926	2116321	61366	66639
湛江市	Zhanjiang	48	22	2687719	1445784	55565	67221
茂名市	Maoming	43	22	2474816	1283891	57059	58717
肇庆市	Zhaoqing	41	26	2427755	1659911	59591	63110
惠州市	Huizhou	92	68	5990003	4525395	64766	66704
梅州市	Meizhou	28	11	1659652	761258	60191	71277
汕尾市	Shanwei	23	9	1233346	519342	54425	58106
河源市	Heyuan	27	14	1543918	815620	56513	59034
阳江市	Yangjiang	22	13	1216805	714295	54245	56505
清远市	Qingyuan	31	19	2086551	1235176	66648	66539
东莞市	Dongguan	228	228	13160504	13160504	57649	57649
中山市	Zhongshan	80	80	5152880	5152880	64790	64790
潮州市	Chaozhou	19	16	1046310	902371	53940	55497
揭阳市	Jieyang	40	15	1942864	780673	48156	50684
云浮市	Yunfu	21	6	1151614	381041	54780	62190
广西壮族自治区	**Guangxi**						
南宁市	Nanning	88	78	6030113	5472283	68560	69868
柳州市	Liuzhou	53	44	3214107	2616022	60228	59899
桂林市	Guilin	39	22	2285089	1371171	59129	61307
梧州市	Wuzhou	18	10	950595	514844	52479	53506
北海市	Beihai	12	9	689537	517592	55502	55986
防城港市	Fangchenggang	8	5	415761	308759	55409	57771
钦州市	Qinzhou	20	12	1064481	652677	52127	57816
贵港市	Guigang	16	8	895864	463494	55121	58809

2-38 续表 5 continued 5

城市	City	在岗职工平均人数(万人) Average Number of Employed Staff and Workers (10 000 persons)		在岗职工工资总额(万元) Total Wage Bill of Employed Staff and Workers (10 000 yuan)		在岗职工平均工资(元) Average Wage of Employed Staff and Workers (yuan)	
		全市 Total City	市辖区 Districts under City	全市 Total City	市辖区 Districts under City	全市 Total City	市辖区 Districts under City
玉林市	Yulin	31	11	1653458	656026	52771	61500
百色市	Baise	21	7	1184432	364815	55364	54585
贺州市	Hezhou	9	5	564127	323035	62110	59852
河池市	Hechi	16	4	1008137	269431	61259	63279
来宾市	Laibin	11	6	666611	338017	59982	59119
崇左市	Chongzuo	12	3	650249	207412	53954	60562
海南省	**Hainan**						
海口市	Haikou	49	49	3038393	3038393	62030	62030
三亚市	Sanya	12	12	801885	801885	65030	65030
三沙市	Sansa						
儋州市	Danzhou	3		226308		65085	
重庆市	**Chongqing**	**375**	**333**	**25242283**	**22638433**	**67386**	**68074**
四川省	**Sichuan**						
成都市	Chengdu	247	187	18341341	14138957	74408	75727
自贡市	Zigong	15	11	962261	693578	62588	62295
攀枝花市	Panzhihua	18	16	1197916	1050555	68152	66888
泸州市	Luzhou	35	20	1984606	1219750	56048	61000
德阳市	Deyang	27	11	1842442	831945	67166	73267
绵阳市	Mianyang	45	30	2892624	2043325	63618	68459
广元市	Guangyuan	15	6	929339	428472	64237	66458
遂宁市	Suining	17	7	929139	456601	55279	63391
内江市	Neijiang	40	14	1816145	761196	45234	53082
乐山市	Leshan	27	14	1440671	718058	54222	52222
南充市	Nanchong	39	18	2178462	1043973	55202	57000
眉山市	Meishan	34	15	1661930	763673	48714	51185
宜宾市	Yibin	33	16	2011913	1085469	61399	69051
广安市	Guang'an	13	5	879272	356901	66034	
达州市	Dazhou	29	12	1560787	678623	53081	55948
雅安市	Ya'an	10	4	590430	221699	54361	59441
巴中市	Bazhong	19	8	1004207	419001	52213	53512
资阳市	Ziyang	15	8	805072	454016	55033	59260
贵州省	**Guizhou**						
贵阳市	Guiyang	94	81	6511239	5828869	70535	71395
六盘水市	Liupanshui	20	9	1269273	503481	65015	66931
遵义市	Zunyi	37	16	2804026	1189967	75480	74042
安顺市	Anshun	17	12	1131694	786247	66742	68017
毕节市	Bijie	31	7	1926571	511587	63487	66500
铜仁市	Tongren	17	5	1328223	413090	78809	82125
云南省	**Yunnan**						
昆明市	Kunming	117	77	7994681	5532837	68375	71799
曲靖市	Qujing			2271944	709316	53270	53900
玉溪市	Yuxi	25	13	1495739	776682	60408	57108
保山市	Baoshan	18	9	976232	472015	53186	53299
昭通市	Zhaotong	15	4	976071	273505	63410	75982
丽江市	Lijiang	9	3	577932	213118	64304	63512
普洱市	Pu'er	15	4	983569	305116	66033	69825
临沧市	Lincang	13	4	758079	221884	59626	62773

2-38 续表 6 continued 6

城 市	City	在岗职工平均人数(万人) Average Number of Employed Staff and Workers (10 000 persons)		在岗职工工资总额(万元) Total Wage Bill of Employed Staff and Workers (10 000 yuan)		在岗职工平均工资(元) Average Wage of Employed Staff and Workers (yuan)	
		全 市 Total City	市辖区 Districts under City	全 市 Total City	市辖区 Districts under City	全 市 Total City	市辖区 Districts under City
西藏自治区	**Tibet**						
拉萨市	Lasa	12		1298911		111009	
日喀则市	Rikaze	5		436923	43532	95598	104243
昌都市	Changdu						
林芝市	Linzhi						
山南市	Shannan						
陕西省	**Shaanxi**						
西安市	Xi'an	188	166	13096850	11918133	69611	71995
铜川市	Tongchuan	10	9	525564	481751	53652	53827
宝鸡市	Baoji	37	22	1990895	1171391	53366	54310
咸阳市	Xianyang	55	20	2671810	1036499	48542	48707
渭南市	Weinan	40	9	2064077	491184	51057	56960
延安市	Yan'an	27	9	1707691	458340	63562	51670
汉中市	Hanzhong	26	8	1464060	485635	55739	59424
榆林市	Yulin	35	8	2310441	534770	65265	66522
安康市	Ankang	19	8	970856	409337	52195	54510
商洛市	Shangluo	17	5	885927	248898	47481	47114
甘肃省	**Gansu**						
兰州市	Lanzhou	66	58	4399262	3948745	67011	68073
嘉峪关市	Jiayuguan	6	6	292898	292898	66925	66925
金昌市	Jinchang	9	7	475728	370842	53996	55514
白银市	Baiyin	16	11	880639	569341	53848	54113
天水市	Tianshui	19	11	965988	548781	50861	48244
武威市	Wuwei	13	9	701596	457626	56148	53463
张掖市	Zhangye	11	5	641780	332040	57708	60359
平凉市	Pingliang	17	5	927100	221777	55693	46744
酒泉市	Jiuquan	13	5	734007	260127	56144	50663
庆阳市	Qingyang	16	7	1007412	466582	61669	67084
定西市	Dingxi	15	4	804191	228628	54735	53090
陇南市	Longnan	14	5	7156821	122651	52205	57590
青海省	**Qinghai**						
西宁市	Xining	32	25	2052976	1664618	61069	61367
海东市	Haidong	7	2	480787	143245	64761	58777
宁夏回族自治区	**Ningxia**						
银川市	Yinchuan	33	26	2352479	1867014	70840	72860
石嘴山市	Shizuishan	8	6	459720	345208	56989	56565
吴忠市	Wuzhong	9	3	543982	188321	62064	56242
固原市	Guyuan	6	3	432248	170763	71168	66678
中卫市	Zhongwei	6	3	376773	193541	61689	62362
新疆维吾尔自治区	**Xinjiang**						
乌鲁木齐市	Urumqi	78	78	5712852	5688639	73254	73317
克拉玛依市	Karamay	15	15	1331921	1331921	87001	87001
吐鲁番市	Tulufan						
哈密市	Hami						

(八)人民生活、社会保障
People's Living Conditions and Social Security

2-39 社会保障主要指标
Main Indicators of Social Security

单位：人 (person)

城市	City	城镇职工基本养老保险参保人数 Number of Employees Joining Urban Basic Pension Insurance		城镇职工基本医疗保险参保人数 Number of Employees Joining Urban Basic Medical Care System		失业保险参保人数 Persons Covered of Unemployment Insurance	
		全市 Total City	市辖区 Districts under City	全市 Total City	市辖区 Districts under City	全市 Total City	市辖区 Districts under City
北京市	**Beijing**	**14590760**	**14590760**	**15176243**	**15176243**	**11175010**	**11175010**
天津市	**Tianjin**	**6390300**	**6390300**	**5356800**	**5356800**	**3024700**	**3024700**
河北省	**Hebei**						
石家庄市	Shijiazhuang	2293449	1737158	1456265	1131723	920546	777845
唐山市	Tangshan	2228703	1553311	1559596	1161362	827641	605417
秦皇岛市	Qinhuangdao	810010	660446	628595	536057	333147	289390
邯郸市	Handan	1283056	862883	1023025	676467	682540	484211
邢台市	Xingtai	730312	357365	649700	364300	350286	177737
保定市	Baoding	1031000	297931	1125200	537344	522800	159858
张家口市	Zhangjiakou	493118	148673	655294	414342	387176	270076
承德市	Chengde	553458	284368	436404	213863	222874	129165
沧州市	Cangzhou	930743	372245	671128	96656	366046	61966
廊坊市	Langfang	927128	482613	629275	295852	296892	196853
衡水市	Hengshui	534143	264683	349618	173712	184223	94043
山西省	**Shanxi**						
太原市	Taiyuan	1402192	311818	2446302	923758	898579	155964
大同市	Datong	686634	527916	820050	461860	451415	388399
阳泉市	Yangquan	288588	224055	378150	312100	251253	208635
长治市	Changzhi	576064	313602	616039		413225	219991
晋城市	Jincheng	421910	227758	404168	227687	302900	196705
朔州市	Shuozhou	270218	81392	193007	48205	183258	49239
晋中市	Jinzhong	507100	137300	543121	75886	308263	73930
运城市	Yuncheng	550694	39492			339492	22750
忻州市	Xinzhou	420263	81882	406312	30120	209013	16870
临汾市	Linfen	576444	232024	581802	218194	346572	203624
吕梁市	Lvliang	361840	29750	336722	21204	321300	41500
内蒙古自治区	**Inner Mongolia**						
呼和浩特市	Hohhot	442679	383348	613745	510209	475000	426400
包头市	Baotou	944116	855670	812792	761017	425020	403760
乌海市	Wuhai	180316	180316	221623	221623	90000	90000
赤峰市	Chifeng	400757	105622	552141	116247	267126	67514
通辽市	Tongliao	521000	89000	378700	158900	182000	43500
鄂尔多斯市	Erdos	357229	155478	358972	144952	204274	93326
呼伦贝尔市	Hulunbuir	688478	110010	575324	104407	265039	33031
巴彦淖尔市	Bayannur	373702	54807	217615	39000	100006	20000
乌兰察布市	Ulanqab	422826	67464	276304	35184	132628	19500
辽宁省	**Liaoning**						
沈阳市	Shenyang	3807050	3632045	3385242	3240780	1400512	1343474
大连市	Dalian	1980806	1749157	3969895	3472428	1454642	1315304
鞍山市	Anshan	1115631	759169	1099163	897286	549353	452308
抚顺市	Fushun	918478		1059652		488025	
本溪市	Benxi	805587	649073	768702	632853	401026	360005
丹东市	Dandong	916064	498226	800865	500041	228027	166000
锦州市	Jinzhou	805800	114223	1075245	572891	331789	263443
营口市	Yingkou	788906	509552	692613	487987	239123	114604

2-39 续表 1 continued 1

单位：人 (person)

城市	City	城镇职工基本养老保险参保人数 Number of Employees Joining Urban Basic Pension Insurance		城镇职工基本医疗保险参保人数 Number of Employees Joining Urban Basic Medical Care System		失业保险参保人数 Persons Covered of Unemployment Insurance	
		全市 Total City	市辖区 Districts under City	全市 Total City	市辖区 Districts under City	全市 Total City	市辖区 Districts under City
阜新市	Fuxin	536151	394866	554159	472201	196152	150102
辽阳市	Liaoyang	645578	214074	610439	458527	227253	183688
盘锦市	Panjin	605932	484046	531577	481722	352807	331964
铁岭市	Tieling	546876	261548	658749		258603	
朝阳市	Chaoyang	415649	166005	452601	195279	238998	96844
葫芦岛市	Huludao	574210	137977	531960	106866	241274	37435
吉林省	**Jilin**						
长春市	Changchun	2112286	1787227	1615286	1399847	958664	803447
吉林市	Jilin	653708	434960	948791	613195	427759	309275
四平市	Siping	249262	151180	563108	235278	194600	114800
辽源市	Liaoyuan	135471	95813	264006	185905	72265	43852
通化市	Tonghua	460419	235636	1155139	15950	158091	96895
白山市	Baishan	209660	95917	278474	54049	115540	50302
松原市	Songyuan	362883	190370	404043	222891	163071	102179
白城市	Baicheng	172766	72042	372167	134207	132853	69099
黑龙江省	**Heilongjiang**						
哈尔滨市	Harbin	2363766	1831685	2245815	1861411	969600	
齐齐哈尔市	Qiqihar	1727700	1064830	1724375	1136536	165600	165600
鸡西市	Jixi	297028	67845	353245		158700	127000
鹤岗市	Hegang	194331	112262	222518	193301	78044	72603
双鸭山市	Shuangyashan	173429	123517	191278	111035	125400	82200
大庆市	Daqing	406729	320585	467665	372784	171192	121388
伊春市	Yichun	368000		322664	291901	125684	120321
佳木斯市	Jiamusi	19980	7461	391084	254356	136500	110432
七台河市	Qitaihe	96403	90870	176243	143782	99568	87568
牡丹江市	Mudanjiang	350907	207470	531209	339019	153225	120360
黑河市	Heihe	40709	18243			4000	
绥化市	Suihua	540835	38462	372516	38713	100928	38774
上海市	**Shanghai**	**14468500**	**14468500**	**14686400**	**14686400**	**9473200**	**9473200**
江苏省	**Jiangsu**						
南京市	Nanjing	3035000	3035000	4002100	4002100	2597600	2597600
无锡市	Wuxi	3149717	1974901	3145345	1944353	2042500	1327200
徐州市	Xuzhou	1555741	1061376	1570277	1095913	889650	570255
常州市	Changzhou	1072725	961841	1940387	1739490	1115694	987602
苏州市	Suzhou	5206815	2628090	6350852	3167592	4466224	2337338
南通市	Nantong	2157862	1025636	1879247	873793	1025000	496200
连云港市	Lianyungang	606624	419231	751081	548490	398574	272786
淮安市	Huai'an	902687	645308	814232	575061	643023	454331
盐城市	Yancheng	1144967	520767	1296800	574700	743662	337949
扬州市	Yangzhou	1074222	647612	1241937	798125	654869	433360
镇江市	Zhenjiang	902931	415055	900567	514832	528737	276133
泰州市	Taizhou	1185944	517925	1216836	567726	655152	294975
宿迁市	Suqian	475437	205042	557455	226638	320824	143688
浙江省	**Zhejiang**						
杭州市	Hangzhou	5759791	5069152	5293163	4728878	3741601	3443279
宁波市	Ningbo	4120816	2357671	3869041	2460605	2624839	1776866
温州市	Wenzhou	2456494	934687	1680534	774893	1128999	510906

2-39 续表 2 continued 2

单位：人 (person)

城市	City	城镇职工基本养老保险参保人数 Number of Employees Joining Urban Basic Pension Insurance		城镇职工基本医疗保险参保人数 Number of Employees Joining Urban Basic Medical Care System		失业保险参保人数 Persons Covered of Unemployment Insurance	
		全市 Total City	市辖区 Districts under City	全市 Total City	市辖区 Districts under City	全市 Total City	市辖区 Districts under City
嘉兴市	Jiaxing	1619875	486661	2085085	648270	1187318	358682
湖州市	Huzhou	1355516	528589	1169500	469100	656060	267835
绍兴市	Shaoxing	2112295	1306591	1696537	1033213	1270476	848604
金华市	Jinhua	1846957	485503	1438090	386966	802537	252937
衢州市	Quzhou	713162	328578	631300	327700	265989	135764
舟山市	Zhoushan	593414	459592	389074	308512	214127	176683
台州市	Taizhou	1938744	763989	1290458	537209	1035947	407929
丽水市	Lishui	737278	195260	400920	150546	228326	87708
安徽省	**Anhui**						
合肥市	Hefei	1597441	1362318	1680600	1352333	1287843	1125860
芜湖市	Wuhu	806262	580869	718759	554041	411505	316107
蚌埠市	Bengbu	550229	423089	472995	369750	219455	167539
淮南市	Huainan	531316	407177	575383	476414	308193	254593
马鞍山市	Maanshan	619604	471273	496317	389661	256154	201568
淮北市	Huaibei	337151	289760	461071	418166	253777	230076
铜陵市	Tongling	290231	251727	329442	297907	183911	165005
安庆市	Anqing	555589	306303	436200	252500	248329	136614
黄山市	Huangshan	205536	121077	195122	116395	98461	61791
滁州市	Chuzhou	466882	148099	416868	160006	224159	83911
阜阳市	Fuyang	360572	209774	399554	204939	254517	118827
宿州市	Suzhou	288365	140303	312416	151238	201000	95000
六安市	Lu'an	312406	167888	325184	173561	170229	89758
亳州市	Bozhou	211266	101402	226904	105506	154082	56113
池州市	Chizhou	114585	67683	138993	75645	72160	39360
宣城市	Xuancheng	457047	98795	323825	62018	140246	20500
福建省	**Fujian**						
福州市	Fuzhou	1898409	1408838	1549487	1155189	1195108	951779
厦门市	Xiamen	2211000	2211000	2231600	2231600	1924600	1924600
莆田市	Putian	397029	314959	341897	265136	278370	228043
三明市	Sanming	416062	125645	402855	154680	320459	99960
泉州市	Quanzhou	1438572	536144	1200985	512844	656770	288982
漳州市	Zhangzhou	574820	137921	605360	257468	393417	162555
南平市	Nanping	366304	156118	422543	180010	364913	167886
龙岩市	Longyan	363929	217655	422216	256898	382894	191999
宁德市	Ningde	317792	90959	346935	117827	219767	55906
江西省	**Jiangxi**						
南昌市	Nanchang	1311623	1097643	994424	825438	623827	152263
景德镇市	Jingdezhen	423673	81329	321546	223412	140000	98500
萍乡市	Pingxiang	416233	298236	463474	333833	155028	127484
九江市	Jiujiang	742281	252701	673100	259441	351521	160421
新余市	Xinyu	188984	158260	275715	241701	111900	98900
鹰潭市	Yingtan	236519	98429	150477	57003	81268	38666
赣州市	Ganzhou	1149191	384900	693171	237471	369900	98451
吉安市	Ji'an	670473	167955	496304	97614	226549	46929
宜春市	Yichun	771297	113489	708729	42348	260000	25000
抚州市	Fuzhou	626771	180897	370678	121865	210074	61134
上饶市	Shangrao	1078536	266810	625335	164534	300442	91783

2-39 续表 3 continued 3

单位：人 (person)

城市	City	城镇职工基本养老保险参保人数 Number of Employees Joining Urban Basic Pension Insurance		城镇职工基本医疗保险参保人数 Number of Employees Joining Urban Basic Medical Care System		失业保险参保人数 Persons Covered of Unemployment Insurance	
		全市 Total City	市辖区 Districts under City	全市 Total City	市辖区 Districts under City	全市 Total City	市辖区 Districts under City
山东省	**Shandong**						
济南市	Jinan	2842750	2652810	2144793	1997651	1357797	1275820
青岛市	Qingdao	4237482	3130174	3317018	2593274	1943046	1452898
淄博市	Zibo	1154569	927213	1319591	1114514	804000	637353
枣庄市	Zaozhuang	819457	520108	600845	425840	427737	301926
东营市	Dongying	552364	405352	699000	594457	285879	205003
烟台市	Yantai	2422156	1286838	2138190	1120154	1083030	638783
潍坊市	Weifang	1883580	705383	1666443	669347	941148	357166
济宁市	Jining	1157285	531999	1142927	642329	812854	321466
泰安市	Tai'an	1328068	454453	1047181	538132	615095	309851
威海市	Weihai	1170870	751205	920803	594595	563519	386001
日照市	Rizhao	695517	479090	387520	252416	270896	185876
莱芜市	Laiwu	437649	437649	275664	275664	212603	212603
临沂市	Linyi	1415784	515597	1103335	507523	601085	241869
德州市	Dezhou	818632	140774	697818	105561	366142	55455
聊城市	Liaocheng	767670	228731	612916	237991	338132	114968
滨州市	Binzhou	746862	265965	561273	233596	414500	159591
菏泽市	Heze	814047	282252	706121	235770	366908	135163
河南省	**Henan**						
郑州市	Zhengzhou	3505606	1922794	1458000	1167978	1819258	1484417
开封市	Kaifeng	585689	354531	543788	399826	238457	92383
洛阳市	Luoyang	1109221	824172	1113460	806188	635910	438621
平顶山市	Pingdingshan	697245	469859	952048	704434	457886	325338
安阳市	Anyang	853892	499320	583454	369264	418898	240862
鹤壁市	Hebi	211258	137952	159498	105384	142100	101100
新乡市	Xinxiang	922829	570840	807099	417288	442622	195835
焦作市	Jiaozuo	607290	340742	488503	275138	348586	204666
濮阳市	Puyang	353590	154392	335000	139600	301152	187348
许昌市	Xuchang	537330	256193	439406	249563	275000	131300
漯河市	Luohe	377803	243500	478714	286300	175637	120600
三门峡市	Sanmenxia	327993	173741	279452	153953	230620	92776
南阳市	Nanyang	900182	355601	819980	307594	620685	256280
商丘市	Shangqiu	396104	150415	492537	157611	342300	139200
信阳市	Xinyang	621817	127729	612544	435687	356011	127894
周口市	Zhoukou	582960	95024	583687	93830	378260	42400
驻马店市	Zhumadian	581849	170499	479745	152896	378210	92000
湖北省	**Hubei**						
武汉市	Wuhan	2748300		3918900	3592600	1925900	1699800
黄石市	Huangshi	644247	440591	509608	361350	270112	217461
十堰市	Shiyan	413951	197194	494924	253574	260152	146008
宜昌市	Yichang	767221	356600	843252	445106	510576	313049
襄阳市	Xiangyang	997190	549311	797294	551190	408953	272612
鄂州市	Ezhou	256658	256658	174228	174228	83246	83246
荆门市	Jingmen	522613	210510	380307	184520	186944	88035
孝感市	Xiaogan	608816	160452	375871	130265	245230	56096
荆州市	Jingzhou	1124285	440379	641762	353248	332724	153557
黄冈市	Huanggang	640901	53591	474867	65826	222567	10511
咸宁市	Xianning	398230	137927	260890	99417	138162	54133
随州市	Suizhou	230397	84747	171304	45618	75012	21510

2-39 续表 4 continued 4

单位：人 (person)

城　市	City	城镇职工基本养老保险参保人数 Number of Employees Joining Urban Basic Pension Insurance		城镇职工基本医疗保险参保人数 Number of Employees Joining Urban Basic Medical Care System		失业保险参保人数 Persons Covered of Unemployment Insurance	
		全　市 Total City	市辖区 Districts under City	全　市 Total City	市辖区 Districts under City	全　市 Total City	市辖区 Districts under City
湖南省	**Hunan**						
长沙市	Changsha	2120339	1627647	1745990	1400076	1296210	1028475
株洲市	Zhuzhou	881447	422499	673835	424826	368922	280932
湘潭市	Xiangtan	620805	421380	475820	347632	322418	268567
衡阳市	Hengyang	822459	398017	1752026	859764	600360	302184
邵阳市	Shaoyang	460969	174612	528401	201097	301495	112665
岳阳市	Yueyang	659900	221028	606700	62868	361300	27436
常德市	Changde	1086731	490212	557114	241893	299234	145636
张家界市	Zhangjiajie	162410	52789	134106	44446	100000	27200
益阳市	Yiyang	581380	251778	352137	104804	210138	87607
郴州市	Chenzhou	308600	155302	521369	267751	292987	178889
永州市	Yongzhou	518232	202896	426682	145899	304279	127321
怀化市	Huaihua	231161	63746	408345	100641	295676	95846
娄底市	Loudi	633854	321455	375887	150007	320315	126305
广东省	**Guangdong**						
广州市	Guangzhou	11022950	11022950	6368229	6368229	5021366	5021366
韶关市	Shaoguan	535824	289952	556280	346909	292648	177705
深圳市	Shenzhen	10288926	10288926	10930554	10930554	10261264	10261264
珠海市	Zhuhai	1022538	1022538	1125515	1125515	921908	921908
汕头市	Shantou	1389374	1377944	547542	542101	723237	716695
佛山市	Foshan	4278368	4278368	2887199	2887199	2298121	2298121
江门市	Jiangmen	1935710	969103			768675	466951
湛江市	Zhanjiang	859277	485308	636073	396190	396236	241643
茂名市	Maoming	1050000	432800	443800	273300	261600	152400
肇庆市	Zhaoqing	819604	467173	647338	414089	436433	286478
惠州市	Huizhou	2147049		1562028		1246426	
梅州市	Meizhou	758304	350042	460184	215989	270135	135439
汕尾市	Shanwei	578165	168442	315049	118940	200214	74609
河源市	Heyuan	717149	447511	311091	148605	289073	141871
阳江市	Yangjiang	511500	296595	274660	174011	212395	123525
清远市	Qingyuan	1116053	693134	581805	350104	364132	240980
东莞市	Dongguan	6375420	6375420	5745699	5745699	4091081	4091081
中山市	Zhongshan	2115921	2115921	1555471	1555471	1402273	1402273
潮州市	Chaozhou	461010	357931	327716	263795	325576	267451
揭阳市	Jieyang	837456	320480	376902	152057	240003	119003
云浮市	Yunfu	435193	139038	223213	78763	175166	60267
广西壮族自治区	**Guangxi**						
南宁市	Nanning	1027061	807332	932034	772891	523407	447069
柳州市	Liuzhou	948791	726779	835626	662053	396014	309220
桂林市	Guilin	735126	483505	597236	345702	290516	198686
梧州市	Wuzhou	417560	256474	294115	188552	137163	79930
北海市	Beihai	200400	140200	212100	147500	108100	81100
防城港市	Fangchenggang	125685	90496	112347	79273	69349	49487
钦州市	Qinzhou	108200	106500	485900	500427	88672	47121
贵港市	Guigang	203706	106041	223418	112300	100441	46716

2-39 续表 5 continued 5

单位：人 (person)

城市	City	城镇职工基本养老保险参保人数 Number of Employees Joining Urban Basic Pension Insurance		城镇职工基本医疗保险参保人数 Number of Employees Joining Urban Basic Medical Care System		失业保险参保人数 Persons Covered of Unemployment Insurance	
		全 市 Total City	市辖区 Districts under City	全 市 Total City	市辖区 Districts under City	全 市 Total City	市辖区 Districts under City
玉林市	Yulin	518078	174263	385957	148740	163486	64284
百色市	Baise	235682	30401	300224	27387	122777	11106
贺州市	Hezhou	182152	94910	151780	95955	77269	45147
河池市	Hechi	240761	23211	253826	23570	121031	10708
来宾市	Laibin	223485	97648	120313	118807	71559	36043
崇左市	Chongzuo	236782	58325	162703	43226	80398	21848
海南省	**Hainan**						
海口市	Haikou	523792	523792	480498	480498	488739	488739
三亚市	Sanya	185214	185214	215378	215378	190304	190304
三沙市	Sansa	296	296	298	298	161	161
儋州市	Danzhou	130535		113177		51983	
重庆市	**Chongqing**	**8622500**	**7767200**	**6047600**	**5500100**	**4471000**	**3732300**
四川省	**Sichuan**						
成都市	Chengdu					3594400	2933600
自贡市	Zigong	330895	227368	371670	294573	124066	97539
攀枝花市	Panzhihua	261383	42395	326445	64950	195321	30583
泸州市	Luzhou	927231	492251	435366	276645	230532	143746
德阳市	Deyang	618540	253302	703460	340154	322547	159468
绵阳市	Mianyang	1148130	585557	687760	426586	366085	255528
广元市	Guangyuan	547480	121640	315760	167862	143319	89464
遂宁市	Suining	612971	264170	253904	134177	95274	56248
内江市	Neijiang	709685	280886	387266	200421	136759	30572
乐山市	Leshan	517792	264771	554875	348823	214423	146802
南充市	Nanchong	1059816	467945	562455	311997	173665	81617
眉山市	Meishan	309159	181553	280370	88768	117814	41539
宜宾市	Yibin	902473	455041	490387	302616	234750	162947
广安市	Guang'an	477500	139462	216278	43492	106700	16966
达州市	Dazhou	764731	207479	405060	76408	159901	41153
雅安市	Ya'an	362264	109105	241037	53931	82996	18642
巴中市	Bazhong	408991	126361	177000	67600	78632	17841
资阳市	Ziyang	291177	148103	212424	119787	66528	37357
贵州省	**Guizhou**						
贵阳市	Guiyang	1700106		1320378		667312	
六盘水市	Liupanshui	302900	24617	309300	28571	168100	19211
遵义市	Zunyi	659245	358795	614157	348303	293453	140403
安顺市	Anshun	216718	153185	210655	152699	101373	65059
毕节市	Bijie	397044	57372	310878	46373	209875	28550
铜仁市	Tongren	12842	48272	175773	52384	100137	28434
云南省	**Yunnan**						
昆明市	Kunming	1520449	1269904	1458699	947726	968220	649049
曲靖市	Qujing	440900	51108	431000	39737	343400	22425
玉溪市	Yuxi	312860	59331	261877	71416	152511	70277
保山市	Baoshan	209372	61150	154290	38000	86340	17550
昭通市	Zhaotong	140541	22477	224388	30371	124800	14209
丽江市	Lijiang	82931	19801	196125	51620	45753	15357
普洱市	Pu'er	258205	62080	208277	25141	108794	35000
临沧市	Lincang	179132	36054	152634	19575	90178	27356

2-39 续表 6 continued 6

单位：人 (person)

城市	City	城镇职工基本养老保险参保人数 Number of Employees Joining Urban Basic Pension Insurance		城镇职工基本医疗保险参保人数 Number of Employees Joining Urban Basic Medical Care System		失业保险参保人数 Persons Covered of Unemployment Insurance	
		全市 Total City	市辖区 Districts under City	全市 Total City	市辖区 Districts under City	全市 Total City	市辖区 Districts under City
西藏自治区	**Tibet**						
拉萨市	Lasa	40516		56278	9504	15000	5877
日喀则市	Rikaze	13904		51888		29098	
昌都市	Changdu						
林芝市	Linzhi						
山南市	Shannan						
陕西省	**Shaanxi**						
西安市	Xi'an	3589700	1060900	2298200	407000	1527300	296300
铜川市	Tongchuan	152660	61419	190288	183468	95631	87934
宝鸡市	Baoji	592600	492292	545997	408419	294605	227535
咸阳市	Xianyang	591398	306668	672679	341162	392710	191546
渭南市	Weinan	528116	194152	617544	197453	317451	98552
延安市	Yan'an	237315	32892	321615	135241	199862	26397
汉中市	Hanzhong	394000	222812	378900	180433	231800	143275
榆林市	Yulin	331900	159000	380600	144200	249000	87000
安康市	Ankang	172396	87326	189362	83021	96396	48682
商洛市	Shangluo	130525	54936	144385	51420	113921	39640
甘肃省	**Gansu**						
兰州市	Lanzhou	717279	663620	907263	853445	567576	551275
嘉峪关市	Jiayuguan	74115	74115	89218	89218	57654	57654
金昌市	Jinchang	66901	48656	121101	98479	75510	67081
白银市	Baiyin	86816	56837	231897	173521	125061	92136
天水市	Tianshui	124871	96424	251555	173471	66422	57604
武威市	Wuwei	125100	60272	133000	51070	72900	29956
张掖市	Zhangye	116345	38949	121632	26086	76699	18876
平凉市	Pingliang	104100	13502	123600	21735	86600	11614
酒泉市	Jiuquan	95449	48085	117939	24817	71656	14375
庆阳市	Qingyang	76400	7557	143000	48515	82600	6553
定西市	Dingxi	102889	17347	158177	23827	88137	13367
陇南市	Longnan	53295	7263	137051	17630	48095	6457
青海省	**Qinghai**						
西宁市	Xining	433814	379260	295486	228063	172000	144615
海东市	Haidong	62557	24836	73530	25789	45704	17508
宁夏回族自治区	**Ningxia**						
银川市	Yinchuan	766640	636099	680204	578608	472539	380513
石嘴山市	Shizuishan	246839	178417	186019	159603	127566	108316
吴忠市	Wuzhong	226300	98141	132800	59944	87600	33525
固原市	Guyuan	84625	50065	85417	45082	65760	39566
中卫市	Zhongwei	154296	89438	90204	45664	61890	35107
新疆维吾尔自治区	**Xinjiang**						
乌鲁木齐市	Urumqi	1241706	1216650	1197128	1197128	788476	788476
克拉玛依市	Karamay	56644	56644	211686	211686	163827	163827
吐鲁番市	Tulufan						
哈密市	Hami						

2-40 市政公用事业(市辖区)
Municipal Public Utilities(Districts under City)

城　　市	City	城市维护建设资金支出(万元) Expenditure for Maintaining and Building Cities (10 000 yuan)	年末实有城市道路面积(万平方米) Area of City Paved Roads at Year-end (10 000 sq.m)	排水管道长度(公里) Length of City Sewage Pipes (km)
北京市	**Beijing**	**16270965**	**14316**	**16901**
天津市	**Tianjin**		**14466**	**20951**
河北省	**Hebei**			
石家庄市	Shijiazhuang	1304236	5366	2168
唐山市	Tangshan	118348	3115	2441
秦皇岛市	Qinhuangdao	137506	2159	1582
邯郸市	Handan	84360	3811	2207
邢台市	Xingtai	45000	1519	845
保定市	Baoding	448184	3261	1430
张家口市	Zhangjiakou	94485	1534	805
承德市	Chengde	32489	748	508
沧州市	Cangzhou	69118	1065	560
廊坊市	Langfang		987	625
衡水市	Hengshui	20414	764	416
山西省	**Shanxi**			
太原市	Taiyuan	1156873	4903	2417
大同市	Datong	188987	2151	638
阳泉市	Yangquan	77976	643	429
长治市	Changzhi	142733	762	493
晋城市	Jincheng	79310	584	367
朔州市	Shuozhou	244404	785	363
晋中市	Jinzhong	30847	1095	938
运城市	Yuncheng	13288	716	378
忻州市	Xinzhou	53000	641	483
临汾市	Linfen	306133	720	185
吕梁市	Lvliang	49925	360	306
内蒙古自治区	**Inner Mongolia**			
呼和浩特市	Hohhot	201364	2731	1997
包头市	Baotou	58456	2921	2282
乌海市	Wuhai	337341	1425	324
赤峰市	Chifeng	110168	2420	982
通辽市	Tongliao	20298	1226	741
鄂尔多斯市	Erdos	51207	2984	2173
呼伦贝尔市	Hulunbuir	30284	787	322
巴彦淖尔市	Bayannur	9007	1105	1209
乌兰察布市	Ulanqab	12678	902	330
辽宁省	**Liaoning**			
沈阳市	Shenyang	1041224	6129	4206
大连市	Dalian	676862	4729	2757
鞍山市	Anshan	148910	1724	794
抚顺市	Fushun	42143	1416	954
本溪市	Benxi	54362	1042	362
丹东市	Dandong		921	450
锦州市	Jinzhou	38199	1161	512
营口市	Yingkou	110042	1711	1380

2-40 续表 1 continued 1

城 市	City	城市维护建设资金支出 (万元) Expenditure for Maintaining and Building Cities (10 000 yuan)	年末实有城市道路面积 (万平方米) Area of City Paved Roads at Year-end (10 000 sq.m)	排水管道长度 (公里) Length of City Sewage Pipes (km)
阜新市	Fuxin	15907	994	619
辽阳市	Liaoyang	20953	1385	952
盘锦市	Panjin	86946	974	657
铁岭市	Tieling	26728	640	402
朝阳市	Chaoyang	26398	446	667
葫芦岛市	Huludao	37920	581	691
吉林省	**Jilin**			
长春市	Changchun	1009625	7713	3208
吉林市	Jilin	80000	1642	1059
四平市	Siping	19463	698	218
辽源市	Liaoyuan	36000	538	219
通化市	Tonghua	26957	416	220
白山市	Baishan	51897	425	179
松原市	Songyuan	23934	934	248
白城市	Baicheng	126091	339	340
黑龙江省	**Heilongjiang**			
哈尔滨市	Harbin		5422	3207
齐齐哈尔市	Qiqihar	64996	944	870
鸡西市	Jixi	53840	654	320
鹤岗市	Hegang	15748	473	320
双鸭山市	Shuangyashan	4980	473	297
大庆市	Daqing	137968	3659	1543
伊春市	Yichun	4318	943	533
佳木斯市	Jiamusi	39183	620	536
七台河市	Qitaihe	22669	487	177
牡丹江市	Mudanjiang	56979	1046	462
黑河市	Heihe	8920	180	103
绥化市	Suihua		258	214
上海市	**Shanghai**	**1572074**	**11253**	**24293**
江苏省	**Jiangsu**			
南京市	Nanjing	4513896	14649	8657
无锡市	Wuxi	485508	6679	13105
徐州市	Xuzhou	537157	4463	2196
常州市	Changzhou	872632	4880	5880
苏州市	Suzhou	1543834	10680	8677
南通市	Nantong	1381896	5064	4493
连云港市	Lianyungang	1116633	2505	2157
淮安市	Huai'an	420000	3506	2514
盐城市	Yancheng	200915	3121	2158
扬州市	Yangzhou	240123	2559	2596
镇江市	Zhenjiang	187600	2313	2016
泰州市	Taizhou	327329	2525	1877
宿迁市	Suqian	207767	1995	1617
浙江省	**Zhejiang**			
杭州市	Hangzhou	940320	6932	5944
宁波市	Ningbo	649234	3954	5339
温州市	Wenzhou	1624355	3203	3528

2-40 续表 2 continued 2

城　　市	City	城市维护建设资金支出 (万元) Expenditure for Maintaining and Building Cities (10 000 yuan)	年末实有城市道路面积 (万平方米) Area of City Paved Roads at Year-end (10 000 sq.m)	排水管道长度 (公里) Length of City Sewage Pipes (km)
嘉兴市	Jiaxing	89492	1338	841
湖州市	Huzhou	281192	2462	2118
绍兴市	Shaoxing	387239	2689	3005
金华市	Jinhua	171856	1806	1789
衢州市	Quzhou	207214	1210	1384
舟山市	Zhoushan	208822	1205	985
台州市	Taizhou	162203	2911	2345
丽水市	Lishui	133184	461	613
安徽省	**Anhui**			
合肥市	Hefei	8635958	6820	6404
芜湖市	Wuhu	343528	3578	2924
蚌埠市	Bengbu	554107	1925	1225
淮南市	Huainan	219090	1688	738
马鞍山市	Maanshan	112484	491	1526
淮北市	Huaibei	267555	1261	643
铜陵市	Tongling	196876	625	1447
安庆市	Anqing	110137	1326	1140
黄山市	Huangshan	151865	879	539
滁州市	Chuzhou	177027	1969	1814
阜阳市	Fuyang	246004	2091	1044
宿州市	Suzhou	205304	1599	885
六安市	Lu'an	104346	1462	692
亳州市	Bozhou	177652	865	1138
池州市	Chizhou	51782	781	748
宣城市	Xuancheng	411115	1104	788
福建省	**Fujian**			
福州市	Fuzhou	1578334	3228	2598
厦门市	Xiamen	3604653	4133	2873
莆田市	Putian	29143	1274	1596
三明市	Sanming	41877	326	228
泉州市	Quanzhou	107270	2157	1395
漳州市	Zhangzhou	53104	1292	856
南平市	Nanping	149651	430	251
龙岩市	Longyan	227676	717	406
宁德市	Ningde	129885	454	248
江西省	**Jiangxi**			
南昌市	Nanchang	6546	3308	2816
景德镇市	Jingdezhen	56449	808	728
萍乡市	Pingxiang	172863	734	79
九江市	Jiujiang	133794	1548	1179
新余市	Xinyu	152395	1139	844
鹰潭市	Yingtan	12605	404	174
赣州市	Ganzhou	81471	1885	1970
吉安市	Ji'an	157111	861	568
宜春市	Yichun	215923	896	682
抚州市	Fuzhou	34060	1203	900
上饶市	Shangrao	905095	1494	1056

2-40 续表 3 continued 3

城 市	City	城市维护建设资金支出(万元) Expenditure for Maintaining and Building Cities (10 000 yuan)	年末实有城市道路面积(万平方米) Area of City Paved Roads at Year-end (10 000 sq.m)	排水管道长度(公里) Length of City Sewage Pipes (km)
山东省	**Shandong**			
济南市	Jinan	1512683	9060	5460
青岛市	Qingdao	328524	8057	7146
淄博市	Zibo	198646	4171	3014
枣庄市	Zaozhuang	139920	2565	1300
东营市	Dongying	420447	2760	1462
烟台市	Yantai	329595	3986	3438
潍坊市	Weifang	231160	3715	2263
济宁市	Jining	119236	4565	2033
泰安市	Tai'an	388146	2783	1735
威海市	Weihai	449159	3179	3805
日照市	Rizhao	152843	1794	1571
莱芜市	Laiwu	69870	1827	1129
临沂市	Linyi	908836	4172	2522
德州市	Dezhou	109609	2904	1312
聊城市	Liaocheng	131310	2392	1431
滨州市	Binzhou	86392	1573	1614
菏泽市	Heze	196791	2145	1105
河南省	**Henan**			
郑州市	Zhengzhou	345704	5125	4065
开封市	Kaifeng	123382	1737	1000
洛阳市	Luoyang	72251	2494	1697
平顶山市	Pingdingshan	47821	1283	548
安阳市	Anyang	62040	1090	949
鹤壁市	Hebi	89910	760	433
新乡市	Xinxiang	33997	1149	864
焦作市	Jiaozuo	48209	1264	912
濮阳市	Puyang	141483	816	581
许昌市	Xuchang	92253	685	562
漯河市	Luohe	12189	984	880
三门峡市	Sanmenxia	80868	581	231
南阳市	Nanyang	287476	2247	1424
商丘市	Shangqiu	62895	957	464
信阳市	Xinyang	97847	893	352
周口市	Zhoukou	50463	825	636
驻马店市	Zhumadian	46222	1185	737
湖北省	**Hubei**			
武汉市	Wuhan	1598317	10154	9316
黄石市	Huangshi	355629	1742	1319
十堰市	Shiyan	251182	920	1265
宜昌市	Yichang	692043	2036	1157
襄阳市	Xiangyang	642704	2161	1207
鄂州市	Ezhou	122361	514	701
荆门市	Jingmen	159785	950	861
孝感市	Xiaogan	153600	1268	741
荆州市	Jingzhou	4028	1025	590
黄冈市	Huanggang	34220	996	386
咸宁市	Xianning	21746	580	288
随州市	Suizhou	1760	504	290

2-40 续表 4 continued 4

城 市	City	城市维护建设资金支出(万元) Expenditure for Maintaining and Building Cities (10 000 yuan)	年末实有城市道路面积(万平方米) Area of City Paved Roads at Year-end (10 000 sq.m)	排水管道长度(公里) Length of City Sewage Pipes (km)
湖南省	**Hunan**			
长沙市	Changsha	944865	4706	3647
株洲市	Zhuzhou	468765	2135	1303
湘潭市	Xiangtan	143764	1499	1067
衡阳市	Hengyang	73582	2292	1036
邵阳市	Shaoyang	187703	1250	544
岳阳市	Yueyang	208681	1007	1366
常德市	Changde	349315	914	778
张家界市	Zhangjiajie	6255	401	465
益阳市	Yiyang	85805	829	972
郴州市	Chenzhou		1049	420
永州市	Yongzhou	282583	1061	557
怀化市	Huaihua	7636	498	442
娄底市	Loudi	36030	374	
广东省	**Guangdong**			
广州市	Guangzhou	3041464	11525	10369
韶关市	Shaoguan		791	588
深圳市	Shenzhen	658113	11920	13506
珠海市	Zhuhai	1526846	6123	2490
汕头市	Shantou		2522	1876
佛山市	Foshan			2808
江门市	Jiangmen	691473	1945	1778
湛江市	Zhanjiang	161561	1312	672
茂名市	Maoming	25378	718	1592
肇庆市	Zhaoqing	167253	1498	898
惠州市	Huizhou	508621	2732	2394
梅州市	Meizhou			555
汕尾市	Shanwei		281	248
河源市	Heyuan		495	456
阳江市	Yangjiang	83351	1026	747
清远市	Qingyuan	36096	1022	1000
东莞市	Dongguan	3768449	14055	993
中山市	Zhongshan	6915	1072	1114
潮州市	Chaozhou	21354	744	560
揭阳市	Jieyang		631	311
云浮市	Yunfu	21091	278	188
广西壮族自治区	**Guangxi**			
南宁市	Nanning	2889253	4633	1647
柳州市	Liuzhou	1150277	2121	1436
桂林市	Guilin	566078	1344	824
梧州市	Wuzhou	298279	1081	439
北海市	Beihai	101507	925	866
防城港市	Fangchenggang	102967	742	562
钦州市	Qinzhou	12481	1277	910
贵港市	Guigang	118564	907	427

2-40 续表 5 continued 5

城市	City	城市维护建设资金支出（万元）Expenditure for Maintaining and Building Cities (10 000 yuan)	年末实有城市道路面积（万平方米）Area of City Paved Roads at Year-end (10 000 sq.m)	排水管道长度（公里）Length of City Sewage Pipes (km)
玉林市	Yulin	158283	1089	789
百色市	Baise	56240	515	389
贺州市	Hezhou	132690	444	267
河池市	Hechi	18484	272	309
来宾市	Laibin	38967	648	1742
崇左市	Chongzuo	52800	391	266
海南省	**Hainan**			
海口市	Haikou	92101	1553	1684
三亚市	Sanya	77166	516	1194
三沙市	Sansa		6	18
儋州市	Danzhou			
重庆市	**Chongqing**	**3821347**	**17776**	**15553**
四川省	**Sichuan**			
成都市	Chengdu		9590	10668
自贡市	Zigong	29401	1693	49
攀枝花市	Panzhihua	33665	868	648
泸州市	Luzhou	182933	1527	1206
德阳市	Deyang	64658	721	578
绵阳市	Mianyang	102787	1814	2504
广元市	Guangyuan	140248	663	700
遂宁市	Suining	128310	2095	800
内江市	Neijiang	48968	541	535
乐山市	Leshan	54204	875	716
南充市	Nanchong	127100	1701	1445
眉山市	Meishan	85822	8740	815
宜宾市	Yibin	164967	958	662
广安市	Guang'an	21469	729	273
达州市	Dazhou	10391	384	166
雅安市	Ya'an	123315	360	309
巴中市	Bazhong	3953	386	867
资阳市	Ziyang	59857	645	325
贵州省	**Guizhou**			
贵阳市	Guiyang	14379	2643	3424
六盘水市	Liupanshui	11032	432	669
遵义市	Zunyi	62458	949	764
安顺市	Anshun	23547	877	533
毕节市	Bijie		442	
铜仁市	Tongren	2633	342	368
云南省	**Yunnan**			
昆明市	Kunming	1325578	6071	4725
曲靖市	Qujing	60180	1186	977
玉溪市	Yuxi	355421	318	471
保山市	Baoshan	4820	546	244
昭通市	Zhaotong	46743	420	272
丽江市	Lijiang	27852	185	527
普洱市	Pu'er	5880	216	507
临沧市	Lincang	17650	255	272

2-40 续表 6 continued 6

城 市	City	城市维护建设资金支出（万元）Expenditure for Maintaining and Building Cities (10 000 yuan)	年末实有城市道路面积（万平方米）Area of City Paved Roads at Year-end (10 000 sq.m)	排水管道长度（公里）Length of City Sewage Pipes (km)
西藏自治区	**Tibet**			
拉萨市	Lasa		965	650
日喀则市	Rikaze		182	472
昌都市	Changdu			
林芝市	Linzhi			
山南市	Shannan			
陕西省	**Shaanxi**			
西安市	Xi'an	5177856	7990	4859
铜川市	Tongchuan	78999	404	478
宝鸡市	Baoji	343947	1354	612
咸阳市	Xianyang	86303	1389	362
渭南市	Weinan	15623	1627	715
延安市	Yan'an	37931	140	98
汉中市	Hanzhong	168860	323	165
榆林市	Yulin	190489	1145	741
安康市	Ankang	190512	539	223
商洛市	Shangluo	25682	137	126
甘肃省	**Gansu**			
兰州市	Lanzhou	186943	2180	1233
嘉峪关市	Jiayuguan	24608	424	385
金昌市	Jinchang	27652	484	102
白银市	Baiyin	56942	629	189
天水市	Tianshui	45848	642	315
武威市	Wuwei	8627	583	192
张掖市	Zhangye	37494	501	204
平凉市	Pingliang	34393	669	436
酒泉市	Jiuquan	6618	589	315
庆阳市	Qingyang	11288	321	215
定西市	Dingxi	23141	270	140
陇南市	Longnan	1625	82	62
青海省	**Qinghai**			
西宁市	Xining	745898	1033	853
海东市	Haidong	970		126
宁夏回族自治区	**Ningxia**			
银川市	Yinchuan		2535	1136
石嘴山市	Shizuishan	23052	1582	113
吴忠市	Wuzhong	9760	521	160
固原市	Guyuan	47355	790	296
中卫市	Zhongwei	290	423	97
新疆维吾尔自治区	**Xinjiang**			
乌鲁木齐市	Urumqi	379197	3346	1840
克拉玛依市	Karamay	72618	1121	473
吐鲁番市	Tulufan			
哈密市	Hami			

(九)市政公用事业
Municipal Public Utilities

2-41 供水、用水及用电情况(市辖区)
Water Supply, Water Consumption and Electricity Consumption (Districts under City)

城市	City	供水总量 (万吨) Water Supply (10 000 tons)	居民生活用水量 Water Consumption for Residential Use	全社会用电量 (万千瓦时) Annual Electricity Consumption (10 000 kwh)	工业用电 Electricity Consumption for Industrial	城乡居民生活用电 Household Electricity Consumption for Urban and Rural Residential
北京市	**Beijing**	**164491**	**91965**	**10202704**	**3129675**	**1954313**
天津市	**Tianjin**	**87040**	**39104**	**8079297**	**5423398**	**928218**
河北省	**Hebei**					
石家庄市	Shijiazhuang	49410	9125			
唐山市	Tangshan	27781	6506	3168787	2583934	201425
秦皇岛市	Qinhuangdao	13320	3855	965399	603527	102075
邯郸市	Handan	12010	6084	1895877	1475732	171301
邢台市	Xingtai	5308	1772	734129	573374	50625
保定市	Baoding	12152	5753	936836	539375	82028
张家口市	Zhangjiakou	8824	2523	853021	581680	79552
承德市	Chengde	6372	1795	439883	334950	36620
沧州市	Cangzhou	4203	1733	822319	535347	76568
廊坊市	Langfang	4855	1976	539854	306640	83392
衡水市	Hengshui	3055	1344	537678	347260	61083
山西省	**Shanxi**					
太原市	Taiyuan	36499	12597	2348433	1513096	313423
大同市	Datong	9517	3320	806073	550828	104702
阳泉市	Yangquan	4662	1615	588904	478019	35570
长治市	Changzhi	8313	5492	296578	197235	46258
晋城市	Jincheng	3098	1547	174470	121596	17962
朔州市	Shuozhou	2159	981	604079	517436	30554
晋中市	Jinzhong	5542	1815			
运城市	Yuncheng	2478	1643	362807	197266	73290
忻州市	Xinzhou	2083	737	122093	56916	27365
临汾市	Linfen	2596	1679	274214	142774	59922
吕梁市	Lvliang	1168	749	84650	28181	
内蒙古自治区	**Inner Mongolia**					
呼和浩特市	Hohhot	14819	3677	698443	301098	135206
包头市	Baotou	17979	3720	4075317	3681467	250101
乌海市	Wuhai	4907	1720	1687490	1617130	30254
赤峰市	Chifeng	11699	3324	593780	368085	66170
通辽市	Tongliao	5332	1231	674582	536660	57164
鄂尔多斯市	Erdos	3753	1929	236100	122267	60163
呼伦贝尔市	Hulunbuir	2225	1400	180871	108781	29180
巴彦淖尔市	Bayannur	1683	730	116387	59687	29374
乌兰察布市	Ulanqab	1935	897	155416	105463	26221
辽宁省	**Liaoning**					
沈阳市	Shenyang	71483	30175	2714322	1280400	509718
大连市	Dalian	40746	13942	2663863	1734750	329763

2-41 续表 1 continued 1

城 市	City	供水总量 (万吨) Water Supply (10 000 tons)	居民生活用水量 Water Consumption for Residential Use	全社会用电量 (万千瓦时) Annual Electricity Consumption (10 000 kwh)	工业用电 Electricity Consumption for Industrial	城乡居民生活用电 Household Electricity Consumption for Urban and Rural Residential
鞍山市	Anshan	14616	3761	2113452	1880214	97888
抚顺市	Fushun	20344	2633	910164	750416	80706
本溪市	Benxi	25789	1907	1132474	1009323	56440
丹东市	Dandong	5968	1821			
锦州市	Jinzhou	14094	2499	424777	286416	56800
营口市	Yingkou	9863	2369	1633248	1391132	70873
阜新市	Fuxin	7494	3256	390101	262697	55432
辽阳市	Liaoyang	7571	1934	851194	742062	49418
盘锦市	Panjin	8344	1818	678400	527200	54400
铁岭市	Tieling	3647	1205			
朝阳市	Chaoyang	3023	931			
葫芦岛市	Huludao	4980	2558			
吉林省	**Jilin**					
长春市	Changchun	38588	11188	1551000	808100	227000
吉林市	Jilin	19225	4999	928324	735253	82390
四平市	Siping	4010	1229	78188	20935	25018
辽源市	Liaoyuan	3247	761			
通化市	Tonghua	4077	1369			
白山市	Baishan	2491	851	197500	144700	28653
松原市	Songyuan	5466	2231	329123	236606	33087
白城市	Baicheng	2110	835			
黑龙江省	**Heilongjiang**					
哈尔滨市	Harbin	39362	9992	1745478	758564	373952
齐齐哈尔市	Qiqihar	12529	2734	388102	212040	73211
鸡西市	Jixi	4873	1617			
鹤岗市	Hegang	3963	1107	367366	256789	53758
双鸭山市	Shuangyashan	3060	1440	471166	351035	60277
大庆市	Daqing	26088	2878	2019245	1866603	66079
伊春市	Yichun	4140	1543			
佳木斯市	Jiamusi	6171	1842			
七台河市	Qitaihe	4034	927	223168	158161	22809
牡丹江市	Mudanjiang	16666	1853			
黑河市	Heihe	929	404	165007	109979	17400
绥化市	Suihua	4055	1339	67962	18466	49496
上海市	**Shanghai**	**320385**	**103981**	**14860200**	**7981800**	**2177200**
江苏省	**Jiangsu**					
南京市	Nanjing	132652	38392	5247900	3108100	764493
无锡市	Wuxi	43837	15264	3014954	2089667	353449
徐州市	Xuzhou	26199	6491	2040774	1506007	232025
常州市	Changzhou	30825	15906	3571823	2744188	361179
苏州市	Suzhou	78279	24245	6069996	4547831	581018

2-41 续表 2 continued 2

城市	City	供水总量 (万吨) Water Supply (10 000 tons)	居民生活用水量 Water Consumption for Residential Use	全社会用电量 (万千瓦时) Annual Electricity Consumption (10 000 kwh)	工业用电 Electricity Consumption for Industrial	城乡居民生活用电 Household Electricity Consumption for Urban and Rural Residential
南通市	Nantong	29277	8692	1515006	1062479	197307
连云港市	Lianyungang	12292	4382	636831	413027	88928
淮安市	Huai'an	17831	5645	1182224	806431	299757
盐城市	Yancheng	10953	5514	1070232	705584	162878
扬州市	Yangzhou	19376	7431	1327317	881160	209855
镇江市	Zhenjiang	17710	4703	1165606	892167	108238
泰州市	Taizhou	10238	4194	841311	568519	128325
宿迁市	Suqian	8064	3285	783592	590701	89169
浙江省	**Zhejiang**					
杭州市	Hangzhou	65087	25078	5839636	3370405	930289
宁波市	Ningbo	59589	20890	4165873	3068195	425765
温州市	Wenzhou	28518	13155	1402420	822428	283681
嘉兴市	Jiaxing	9082	2844	1173723	897341	100936
湖州市	Huzhou	9596	4115	922584	647036	115727
绍兴市	Shaoxing	39493	6843	2514027	2002498	220141
金华市	Jinhua	8897	4183	575175	327841	110857
衢州市	Quzhou	6629	2180	803183	663982	62204
舟山市	Zhoushan	5240	2084	363629	174393	72345
台州市	Taizhou	16189	7569	1058562	692503	184652
丽水市	Lishui	4115	1845	203990	108648	39934
安徽省	**Anhui**					
合肥市	Hefei	47891	22834	1555875	645139	304591
芜湖市	Wuhu	19535	7250	1073204	808088	106996
蚌埠市	Bengbu	18100	5762	461482	285508	68291
淮南市	Huainan	9447	4271	550468	370434	101556
马鞍山市	Maanshan	12740	4220	1304915	1179832	48270
淮北市	Huaibei	5342	2617	355974	253327	53969
铜陵市	Tongling	7452	3576	713203	606977	44792
安庆市	Anqing	9187	2841	386865	274946	48786
黄山市	Huangshan	4276	1699	152961	59428	34787
滁州市	Chuzhou	6461	1895	241020	146615	37485
阜阳市	Fuyang	8100	2327	476255	271632	101051
宿州市	Suzhou	4715	1767	352494	176102	81222
六安市	Lu'an	6246	2543	267031	112621	81692
亳州市	Bozhou	5470	1792	171087	57406	63859
池州市	Chizhou	3020	1517	174832	152724	14018
宣城市	Xuancheng	3170	1538	232194	85837	37525
福建省	**Fujian**					
福州市	Fuzhou	40551	15495	1712776	545492	543415
厦门市	Xiamen	43282	16158	2324214	1202859	512072
莆田市	Putian	7733	3244	693375	358168	199964

2-41 续表 3 continued 3

城市	City	供水总量 (万吨) Water Supply (10 000 tons)	居民生活用水量 Water Consumption for Residential Use	全社会用电量 (万千瓦时) Annual Electricity Consumption (10 000 kwh)	工业用电 Electricity Consumption for Industrial	城乡居民生活用电 Household Electricity Consumption for Urban and Rural Residential
三明市	Sanming	3726	1548	417934	330508	32247
泉州市	Quanzhou	13586	5876	965619	619479	184071
漳州市	Zhangzhou	7668	3245	599985	363985	118082
南平市	Nanping	3669	1576	465481	330641	64197
龙岩市	Longyan	8701	1995	546316	349329	108594
宁德市	Ningde	2066	1138	254644	141625	52233
江西省	**Jiangxi**					
南昌市	Nanchang	42753	15285	1473811	723259	278880
景德镇市	Jingdezhen	5215	2801	180311	124358	43266
萍乡市	Pingxiang	3781	1831	420085	308591	59618
九江市	Jiujiang	8728	4020	466600	333400	57888
新余市	Xinyu	6423	2600	846479	745516	45665
鹰潭市	Yingtan	2173	765	85271	29611	19833
赣州市	Ganzhou	11787	5640	415922	189814	114936
吉安市	Ji'an	3946	1530	175619	97817	50605
宜春市	Yichun	5315	2970	215744	99546	50965
抚州市	Fuzhou	6104	3132	179945	79550	51728
上饶市	Shangrao	6936	3320	239795	104365	66603
山东省	**Shandong**					
济南市	Jinan	42327	13639	2483158	1356274	453801
青岛市	Qingdao	47394	15589	2425795	1299452	456122
淄博市	Zibo	28325	6392	2376578	1931347	218229
枣庄市	Zaozhuang	10855	3830	641201	412002	114307
东营市	Dongying	13254	3122	1950732	1773752	63240
烟台市	Yantai	18184	6606	1486611	1087478	174471
潍坊市	Weifang	11184	3330	2691464	829015	146526
济宁市	Jining	15414	6107	1001065	710259	125543
泰安市	Tai'an	7784	2661	531504	290098	101895
威海市	Weihai	10825	2536	712161	473078	98248
日照市	Rizhao	6158	2534	1344182	1103787	92264
莱芜市	Laiwu	4426	1672	1068970	955560	55866
临沂市	Linyi	21872	8523	1830310	1322141	297485
德州市	Dezhou	11958	2139	701048	486498	71429
聊城市	Liaocheng	9414	2962	506688	328524	77655
滨州市	Binzhou	8875	2605	1746705	1613001	63873
菏泽市	Heze	8311	2173	792519	549227	120959
河南省	**Henan**					
郑州市	Zhengzhou	37259	18192	3739035	2290381	515543
开封市	Kaifeng	11775	2887	586780	377993	98493
洛阳市	Luoyang	16365	7174	1749908	1407659	143069
平顶山市	Pingdingshan	10304	3804			

2-41 续表 4 continued 4

城　市	City	供水总量 (万吨) Water Supply (10 000 tons)	居民生活用水量 Water Consumption for Residential Use	全社会用电量 (万千瓦时) Annual Electricity Consumption (10 000 kwh)	工业用电 Electricity Consumption for Industrial	城乡居民生活用电 Household Electricity Consumption for Urban and Rural Residential
安阳市	Anyang	6123	3296	1515098	1298019	109849
鹤壁市	Hebi	4370	1967	350649	267425	30656
新乡市	Xinxiang	14803	3816	276800	276800	
焦作市	Jiaozuo	8272	2708			
濮阳市	Puyang	7413	3256	579914	406753	91917
许昌市	Xuchang	5374	2021	369363	212474	85357
漯河市	Luohe	3690	1274	366820	202526	81135
三门峡市	Sanmenxia	2414	1551	447457	315465	31676
南阳市	Nanyang	9594	2807	621022	318779	155840
商丘市	Shangqiu	9125	5110	829161	600734	112441
信阳市	Xinyang	4098	2513	483649	292407	72361
周口市	Zhoukou	4646	1416	134414	69900	27065
驻马店市	Zhumadian	6674	1948	395539	259654	53619
湖北省	**Hubei**					
武汉市	Wuhan	132833	54377	4171334	2143890	737714
黄石市	Huangshi	7733	3678	696687	560021	69433
十堰市	Shiyan	12687	5899	462575	336058	72532
宜昌市	Yichang	15089	4582	712669	530610	72996
襄阳市	Xiangyang	17046	5849	672794	402998	127469
鄂州市	Ezhou	5648	2557	671496	556338	60834
荆门市	Jingmen	7354	2319	509599	412117	44653
孝感市	Xiaogan	6310	3300	224938	121358	64179
荆州市	Jingzhou	8411	4324	449751	289133	
黄冈市	Huanggang	3900	1690	107950	45430	30353
咸宁市	Xianning	4000	2030	159265	71840	29042
随州市	Suizhou	4210	1810	145025	71762	37943
湖南省	**Hunan**					
长沙市	Changsha	60558	35201	1759889	527313	610681
株洲市	Zhuzhou	17415	8178	671605	502717	131825
湘潭市	Xiangtan	12049	4107	819897	613450	87235
衡阳市	Hengyang	18299	5930	780963	502296	127667
邵阳市	Shaoyang	9048	3940	182919	85573	52551
岳阳市	Yueyang	14716	4848	731003	501978	102974
常德市	Changde	8832	4065	337445	152148	103022
张家界市	Zhangjiajie	2733	1184	121144	27836	39426
益阳市	Yiyang	5202	2896	228772	133303	67089
郴州市	Chenzhou	6610	3622	409917	297775	41772
永州市	Yongzhou	9801	3598	195929	69970	77705
怀化市	Huaihua	5607	2620	189723	27050	55800
娄底市	Loudi	5302	3074	662228	521669	57074

2-41 续表 5 continued 5

城市	City	供水总量 (万吨) Water Supply (10 000 tons)	居民生活用水量 Water Consumption for Residential Use	全社会用电量 (万千瓦时) Annual Electricity Consumption (10 000 kwh)	工业用电 Electricity Consumption for Industrial	城乡居民生活用电 Household Electricity Consumption for Urban and Rural Residential
广东省	**Guangdong**					
广州市	Guangzhou	228850	105128	8235701	4164565	1702550
韶关市	Shaoguan	9527	5199	552500	356600	79700
深圳市	Shenzhen	170142	60174	8420909	4833667	1328074
珠海市	Zhuhai	39178	11610	1529000	905091	219983
汕头市	Shantou	28803	13193	618384	316488	155609
佛山市	Foshan	137693	50324	6208167	4339791	778187
江门市	Jiangmen	26453	8164	1267596	870515	158837
湛江市	Zhanjiang	14529	6679	968421	670361	137943
茂名市	Maoming	7957	4412	690614	462823	117606
肇庆市	Zhaoqing	13224	4175	935893	672249	98397
惠州市	Huizhou	31349	11214	2129195	1517942	295786
梅州市	Meizhou	6011	2832	388782	234371	83078
汕尾市	Shanwei	4078	1238	129026	76557	34827
河源市	Heyuan	6923	2917	234074	113387	57527
阳江市	Yangjiang	5907	2801	753351	568739	79919
清远市	Qingyuan	12061	4111	1045170	762136	110946
东莞市	Dongguan	156401	44543	7020063	5060048	905927
中山市	Zhongshan	15193	5612	2593290	1678005	419083
潮州市	Chaozhou	9455	3541			
揭阳市	Jieyang	6108		798480	589868	
云浮市	Yunfu	5518	2244			
广西壮族自治区	**Guangxi**					
南宁市	Nanning	55445	28605	1488748	509382	405036
柳州市	Liuzhou	42019	9855	1290795	968400	152748
桂林市	Guilin	14025	7207	415300	136500	138000
梧州市	Wuzhou	7032	3138	297665	211352	36850
北海市	Beihai	6974	3466	481786	308650	82617
防城港市	Fangchenggang	4390	1490	541459	436886	41469
钦州市	Qinzhou	5784	3181	570929	295327	47177
贵港市	Guigang	10003	2759	428038	277397	85963
玉林市	Yulin	6424	3776	250761	110151	74379
百色市	Baise	3481	2072	319324	250363	38051
贺州市	Hezhou	2546	1470	607576	514289	55285
河池市	Hechi	2432	1643	23829	10610	6563
来宾市	Laibin	2648	2005	560705	482852	41532
崇左市	Chongzuo	2346	1287	42677	15751	16235
海南省	**Hainan**					
海口市	Haikou	22786	11530	703442	168506	137141
三亚市	Sanya	11588	4967	355113	49560	101361
三沙市	Sansa					
儋州市	Danzhou					

2-41 续表 6 continued 6

城 市	City	供水总量 (万吨) Water Supply (10 000 tons)	居民生活用水量 Water Consumption for Residential Use	全社会用电量 (万千瓦时) Annual Electricity Consumption (10 000 kwh)	工业用电 Electricity Consumption for Industrial	城乡居民生活用电 Household Electricity Consumption for Urban and Rural Residential
重庆市	**Chongqing**	**139456**	**68388**	**8260454**	**4955086**	**1365180**
四川省	**Sichuan**					
成都市	Chengdu	111813	64691	3605032	1239292	957659
自贡市	Zigong	6225	3238	217721	102417	61745
攀枝花市	Panzhihua	12815	3494	829322	591484	48609
泸州市	Luzhou	8412	4804	449788	289627	82151
德阳市	Deyang	6172	2832	268081	151812	54515
绵阳市	Mianyang	10468	6635	614292	331985	130829
广元市	Guangyuan	4370	2332	415978	295416	49917
遂宁市	Suining	5014	2502	189059	75689	50760
内江市	Neijiang	4782	2726	171322	61743	67570
乐山市	Leshan	5305	3250	787098	634677	85619
南充市	Nanchong	9330	4650	342552	188111	70091
眉山市	Meishan	4071	2424	254876	131564	70723
宜宾市	Yibin	6355	2915	324006	178672	93495
广安市	Guang'an	2834	1503	211235	132699	78535
达州市	Dazhou	5400	4300	348622	240676	55543
雅安市	Ya'an	2163	1130	219988	149001	46698
巴中市	Bazhong	5586	2518	120323	30332	51828
资阳市	Ziyang	2576	1183	109460	46455	37562
贵州省	**Guizhou**					
贵阳市	Guiyang	34350	15943			
六盘水市	Liupanshui	3443	1853	244264	161373	50595
遵义市	Zunyi	6324	4607	820631	633098	141823
安顺市	Anshun	3569	1782	431595	294655	38000
毕节市	Bijie	2324	945	174486	73211	71937
铜仁市	Tongren	2913	1955	263264	212606	17850
云南省	**Yunnan**					
昆明市	Kunming	44968	16690			
曲靖市	Qujing	4577	2407	239783	135791	47594
玉溪市	Yuxi	3257	1618	419745	378890	40855
保山市	Baoshan	2150	1030	125920	83551	31437
昭通市	Zhaotong	1636	1061	144826	59963	41963
丽江市	Lijiang	2217	603	53736	3826	13603
普洱市	Pu'er	2158	998	86393	47367	17493
临沧市	Lincang	1273	587	40236	14682	14634
西藏自治区	**Tibet**					
拉萨市	Lasa	13181	5040			
日喀则市	Rikaze	1417	828			
昌都市	Changdu					
林芝市	Linzhi					
山南市	Shannan					

2-41 续表 7 continued

城　市	City	供水总量 (万吨) Water Supply (10 000 tons)	居民生活用水量 Water Consumption for Residential Use	全社会用电量 (万千瓦时) Annual Electricity Consumption (10 000 kwh)	工业用电 Electricity Consumption for Industrial	城乡居民生活用电 Household Electricity Consumption for Urban and Rural Residential
陕西省	**Shaanxi**					
西安市	Xi'an	57396	30646	2731240	848047	813923
铜川市	Tongchuan	1826	817	374932	306340	33799
宝鸡市	Baoji	7486	3252	429552	261630	69042
咸阳市	Xianyang	5753	3494	155031	75757	39294
渭南市	Weinan	7736	1571	103541	24851	42522
延安市	Yan'an	2208	969	179314	84032	33007
汉中市	Hanzhong	2939	1481	138171	43923	44610
榆林市	Yulin	2919	1328	402799	262502	33398
安康市	Ankang	1733	1155	195357	26875	60294
商洛市	Shangluo	970	580	155474	103343	20038
甘肃省	**Gansu**					
兰州市	Lanzhou	24059	9587	1195118	684072	164633
嘉峪关市	Jiayuguan	3840	351	2201141	2059481	17657
金昌市	Jinchang	2181	669			
白银市	Baiyin	5740	3249	573392	361307	34296
天水市	Tianshui	3266	1797			
武威市	Wuwei	2198	890	140046	56943	25239
张掖市	Zhangye	1976	901	308225	110421	17284
平凉市	Pingliang	1653	794	115196	63580	21043
酒泉市	Jiuquan	2488	902	116712	72108	16510
庆阳市	Qingyang	788	450	192600	127180	18478
定西市	Dingxi	644	243	24752	5615	5518
陇南市	Longnan	491	281	47725	10337	18948
青海省	**Qinghai**					
西宁市	Xining	15780	7217	769658	496507	112818
海东市	Haidong	782	388	398640	347885	14141
宁夏回族自治区	**Ningxia**					
银川市	Yinchuan	11445	6925			
石嘴山市	Shizuishan	4670	2154	1166052	1105786	24041
吴忠市	Wuzhong	2902	1161	307303	249638	22622
固原市	Guyuan	1061	552	108500	62900	16100
中卫市	Zhongwei	895	460	1148007	1118198	29809
新疆维吾尔自治区	**Xinjiang**					
乌鲁木齐市	Urumqi	29655	13665	2148571	1568211	190923
克拉玛依市	Karamay	13212	1827	524582	451584	35141
吐鲁番市	Tulufan					
哈密市	Hami					

2-42 煤气及液化石油气供应及利用情况(市辖区)
Supply and Consumption of Coal Gas and Liquefied Petroleum Gas (Districts under City)

城市	City	供气总量(人工、天然气)(万立方米) Total Gas Supply (Coal Gas, Natural Gas) (10 000 cubic meters)	家庭用量 Consumption of Gas for Residential Use	用气人口(人) Population with Access To Gas (person)	液化石油气供气总量(吨) Liquefied Petroleum Gas Supply (ton)	家庭用量 Consumption of Liquefied Petroleum Gas for Residential Use	用液化气人口(人) Population with Access To Liquefied Petroleum Gas (person)
北京市	**Beijing**	**1622393**	**127723**	**14472900**	**500213**	**195226**	**4318800**
天津市	**Tianjin**	**330923**	**37669**		**54227**	**40014**	
河北省	**Hebei**						
石家庄市	Shijiazhuang	100133		2325300	41695	8376	
唐山市	Tangshan	73422	6777	1899800	11000	8105	80000
秦皇岛市	Qinhuangdao	44367	4412	950000	1743	1327	90500
邯郸市	Handan	22757	7609	1685200	4633	4629	135400
邢台市	Xingtai	19987	3793	873900	2409	2409	80000
保定市	Baoding	27569	11821	1306600	7811	7308	288000
张家口市	Zhangjiakou	5916	3310	810900	5576	5552	186000
承德市	Chengde	5479	1436	573100	5070	4790	369200
沧州市	Cangzhou	8172	1226	450000	3032	3032	120000
廊坊市	Langfang	28446	7713	536000	2600	2600	26000
衡水市	Hengshui	7389	3328	298300	2790	2790	136900
山西省	**Shanxi**						
太原市	Taiyuan	81156	21806	3529900	1352	968	223500
大同市	Datong	13973	4505	1227600	9157	2833	16300
阳泉市	Yangquan	88930	8082	559000	700	580	10000
长治市	Changzhi	6569	2119	583700	3772	3650	129000
晋城市	Jincheng	10988	2995	425700	3540	1350	62000
朔州市	Shuozhou	3938	1436	308100	1300	680	24700
晋中市	Jinzhong	8458	1531	461600	2560	400	45000
运城市	Yuncheng	8865	3651	425800			
忻州市	Xinzhou	3269	1446	212800	3700	3650	72000
临汾市	Linfen	12191	2702	616100	1333	533	107800
吕梁市	Lvliang	1890	1302	258200			
内蒙古自治区	**Inner Mongolia**						
呼和浩特市	Hohhot	52972	7210	1923100	761	740	30000
包头市	Baotou	74800	26200	1667200	10500	9880	164300
乌海市	Wuhai	5014	2006	510400			
赤峰市	Chifeng	2364	1570	231300	15876	14275	743600
通辽市	Tongliao	2000	751	389900	555	430	48000
鄂尔多斯市	Erdos	9706	2253	465600	2160	864	50000
呼伦贝尔市	Hulunbuir	533	393	74518	5600	5420	254300
巴彦淖尔市	Bayannur	5332	516	200301			
乌兰察布市	Ulanqab	2987		16000	3500		
辽宁省	**Liaoning**						
沈阳市	Shenyang	78330	21169	6238600	122800	18620	510300
大连市	Dalian	25435	17846	2332000	155228	49887	872200

2-42 续表 1 continued 1

城市	City	供气总量(人工、天然气)(万立方米) Total Gas Supply (Coal Gas, Natural Gas) (10 000 cubic meters)	家庭用量 Consumption of Gas for Residential Use	用气人口(人) Population with Access To Gas (person)	液化石油气供气总量(吨) Liquefied Petroleum Gas Supply (ton)	家庭用量 Consumption of Liquefied Petroleum Gas for Residential Use	用液化气人口(人) Population with Access To Liquefied Petroleum Gas (person)
鞍山市	Anshan	15845	9294	1284000	5204	5202	87000
抚顺市	Fushun	52464	6096	769000	38288	24306	520000
本溪市	Benxi	4155	1662	794300	4358	2170	110000
丹东市	Dandong	6041	3870	636300	13260	4416	23000
锦州市	Jinzhou	7316	4506	883000			10000
营口市	Yingkou	4341	2066	712300	10000	6000	40000
阜新市	Fuxin	4294	554	500000	5200	4810	170000
辽阳市	Liaoyang	8736	1246	429000	11315	11315	347300
盘锦市	Panjin	3196	3057	630800	12817	10967	103500
铁岭市	Tieling	7058	2244	370000	3268	1363	70000
朝阳市	Chaoyang	1251	757	545000	5570	3700	90000
葫芦岛市	Huludao	8200	1966	446400	34198	9100	33800
吉林省	**Jilin**						
长春市	Changchun	59306	26499	3281900	48816	7038	279300
吉林市	Jilin	38098	4233	1230000	37575	1159	30000
四平市	Siping	3180	2340	528000	2130	2030	107200
辽源市	Liaoyuan	1452		144600	2811	1210	321500
通化市	Tonghua	3868	2832	428000	2000	1200	30000
白山市	Baishan	769	309	112600	3645	3105	224400
松原市	Songyuan	8512	2339	357400	6024	6024	124000
白城市	Baicheng	2301	210	60000	5005	5000	209000
黑龙江省	**Heilongjiang**						
哈尔滨市	Harbin	65298	11853	4415000	71000	20000	383600
齐齐哈尔市	Qiqihar	23343	4091				
鸡西市	Jixi			12000	5852	4638	185000
鹤岗市	Hegang	994	945	188400	6436	5798	167400
双鸭山市	Shuangyashan	975	740		3420	3260	139000
大庆市	Daqing	24978	13504	1350000	5984	5470	110000
伊春市	Yichun				14642	11632	617000
佳木斯市	Jiamusi	4000	1780	516400	5950	1820	45200
七台河市	Qitaihe	3568	1728	226700	1414	1355	52000
牡丹江市	Mudanjiang	2795	1202	237000	10960	5730	200000
黑河市	Heihe				2544	2250	132000
绥化市	Suihua	465	100	48000	10298	5000	187000
上海市	**Shanghai**	**770332**	**142527**	**16212709**	**397885**	**219693**	**7983785**
江苏省	**Jiangsu**						
南京市	Nanjing	116394	37299	4836200	84795	44344	1406200
无锡市	Wuxi	93030	17521	2351900	39446	18901	158600
徐州市	Xuzhou	31629	8375	1527600	20925	13103	264800
常州市	Changzhou	90685	11214	1838900	9450	3061	37900
苏州市	Suzhou	117130	24185	2937600	35905	14117	184700

2-42 续表 2 continued 2

城 市	City	供气总量（人工、天然气）（万立方米）Total Gas Supply (Coal Gas, Natural Gas) (10 000 cubic meters)	家庭用量 Consumption of Gas for Residential Use	用气人口（人）Population with Access To Gas (person)	液化石油气供气总量（吨）Liquefied Petroleum Gas Supply (ton)	家庭用量 Consumption of Liquefied Petroleum Gas for Residential Use	用液化气人口（人）Population with Access To Liquefied Petroleum Gas (person)
南通市	Nantong	24440	5578	1409500	19737	9158	233400
连云港市	Lianyungang	13716	6275	739800	13058	9873	310600
淮安市	Huai'an	17766	8350	958600	29588	25160	550000
盐城市	Yancheng	17377	10012	1006000	25428	20110	344600
扬州市	Yangzhou	21627	7867	1035000	16814	11523	126100
镇江市	Zhenjiang	38058	4300	648600	19909	10346	241700
泰州市	Taizhou	26686	3744	598500	13079	9609	343800
宿迁市	Suqian	15261	2831	510000	8555	8102	220000
浙江省	**Zhejiang**						
杭州市	Hangzhou	90781	21878	4477000	131431	58982	1152100
宁波市	Ningbo	78600	10346	1385300	126842	75920	1460400
温州市	Wenzhou			100000	72911	53138	1950200
嘉兴市	Jiaxing	18458	4357	781500	30208	12400	77700
湖州市	Huzhou	22221	2080	605000	4639	3483	310000
绍兴市	Shaoxing	86663	11438	910100	31904	23835	592500
金华市	Jinhua	8294	852	306900	22257	14105	483300
衢州市	Quzhou	10177	1077	294400	4711	4507	62000
舟山市	Zhoushan	3119	1611	522700	27789	27789	97000
台州市	Taizhou	8374	951	459900	60150	40729	574600
丽水市	Lishui				13745	13454	352000
安徽省	**Anhui**						
合肥市	Hefei	88950	24217	3771100	29245	14100	230800
芜湖市	Wuhu	34131	9735	1272100	17500	10021	86000
蚌埠市	Bengbu	28331	8952	887400	1980	1980	69500
淮南市	Huainan	10482	3720	908000	6800	6750	176000
马鞍山市	Maanshan	22953	4305	739400			
淮北市	Huaibei	8120	2261	639900	7658	7260	95000
铜陵市	Tongling	16703	2606	514600	1057	223	2000
安庆市	Anqing	7238	1766	667000	597844	1366	30000
黄山市	Huangshan	1130	179	67900	11650	11310	317800
滁州市	Chuzhou	15431	2550	409400	2600	1600	39200
阜阳市	Fuyang	10405	3335	545000	14076	10346	160000
宿州市	Suzhou	4904	2543	421200	4880	4880	145000
六安市	Lu'an	6777	1062	326600	6031	6031	265000
亳州市	Bozhou	5959	1861	260000	3502	2005	65000
池州市	Chizhou	2314	2050	247200	2675	1876	55200
宣城市	Xuancheng	6315	1483	169100	4126	2750	183600
福建省	**Fujian**						
福州市	Fuzhou	18997	4915	1838700	48828	17185	583600
厦门市	Xiamen	25923	3662	1323138	85560	33294	1700000
莆田市	Putian	8477	677	210000	14781	13646	430000

2-42 续表 3 continued 3

城市	City	供气总量(人工、天然气)(万立方米) Total Gas Supply (Coal Gas, Natural Gas) (10 000 cubic meters)	家庭用量 Consumption of Gas for Residential Use	用气人口(人) Population with Access To Gas (person)	液化石油气供气总量(吨) Liquefied Petroleum Gas Supply (ton)	家庭用量 Consumption of Liquefied Petroleum Gas for Residential Use	用液化气人口(人) Population with Access To Liquefied Petroleum Gas (person)
三明市	Sanming	3000	2590	211200	1456	1401	10100
泉州市	Quanzhou	11292	719	360700	40705	20925	1105500
漳州市	Zhangzhou	3749	607	201100	14721	11773	311500
南平市	Nanping	2760	14	4800	8021	7880	324000
龙岩市	Longyan	646	645	133000	10118	9860	284800
宁德市	Ningde	488	264	138500	6030	5974	116100
江西省	**Jiangxi**						
南昌市	Nanchang	30735	9147	1769300	49607	42586	766500
景德镇市	Jingdezhen	25853	2150	301100	20203	18402	190000
萍乡市	Pingxiang	16292	3626	358469	14912	11965	152684
九江市	Jiujiang	8920	2207	390000	12378	10000	289400
新余市	Xinyu	5222	2640	466600	1004	990	6200
鹰潭市	Yingtan	857	772	57400	6287	6287	170000
赣州市	Ganzhou	7010	1870	647005	15423	15108	654900
吉安市	Ji'an	1955	1082	314700	13258	9533	133000
宜春市	Yichun	6457	929	283400	19477	11768	266800
抚州市	Fuzhou	2933	456	246000	24930	24900	359000
上饶市	Shangrao	2105	743	209100	18000	10050	220500
山东省	**Shandong**						
济南市	Jinan	69347	17212	2660000	49643	16500	692100
青岛市	Qingdao	70586	20407	4126200	32291	15294	290000
淄博市	Zibo	88107	17423	1657800	13494	2009	78400
枣庄市	Zaozhuang	10437	3973	873500	8146	6808	117400
东营市	Dongying	32071	14286	754000	9708	9228	105500
烟台市	Yantai	26224	7099	1656200	28047	7687	167300
潍坊市	Weifang	27500	4506	1072600	8410	8410	228600
济宁市	Jining	21467	3262	1421000	6290	6290	88000
泰安市	Tai'an	25192	8338	890900	4416	4058	119000
威海市	Weihai	10595	3189	917300	15538	2408	28300
日照市	Rizhao	15651	6540	518600	11789	8953	279800
莱芜市	Laiwu	11317	2173	356300	8104	7502	271700
临沂市	Linyi	51129	13498	1430000	38094	29151	540000
德州市	Dezhou	21650	5151	837100	7255	7085	44300
聊城市	Liaocheng	16712	4876	728600	2100	1300	120000
滨州市	Binzhou	14026	3734	638400	7512	7500	195000
菏泽市	Heze	15930	3166	136524	1699	1463	166566
河南省	**Henan**						
郑州市	Zhengzhou	112386	33812	5290000	60734	42181	860000
开封市	Kaifeng	14041	3714	799600	13520	12200	247000
洛阳市	Luoyang	24518	3692	1673000	18864	17170	299000
平顶山市	Pingdingshan	9855	3298	890000			

2-42 续表 4 continued 4

城 市	City	供气总量（人工、天然气）（万立方米）Total Gas Supply (Coal Gas, Natural Gas) (10 000 cubic meters)	家庭用量 Consumption of Gas for Residential Use	用气人口（人）Population with Access To Gas (person)	液化石油气供气总量（吨）Liquefied Petroleum Gas Supply (ton)	家庭用量 Consumption of Liquefied Petroleum Gas for Residential Use	用液化气人口（人）Population with Access To Liquefied Petroleum Gas (person)
安阳市	Anyang	65130	6007	655100	6254	2950	65000
鹤壁市	Hebi	4193	2304	406000	1436	1436	43000
新乡市	Xinxiang	15630	9263	739900	800	800	20000
焦作市	Jiaozuo	19093	6626	744800			
濮阳市	Puyang	6659	4507	560000			
许昌市	Xuchang	6306	3420	313000	7090	7060	182000
漯河市	Luohe	9184	4794	642561	14400	9000	800000
三门峡市	Sanmenxia	11922	558	268000	3639	3317	212500
南阳市	Nanyang	10667	3865	721000	14667	14615	490000
商丘市	Shangqiu	10404	2474	317000	14041	12010	473000
信阳市	Xinyang	11118	4282	311100	9180	7218	200700
周口市	Zhoukou	8195	1366	218300	4200	4200	161800
驻马店市	Zhumadian	6389	3205	319100	3570	3560	131700
湖北省	**Hubei**						
武汉市	Wuhan	185000	31500	5860000	182900	29700	1140000
黄石市	Huangshi	21891	1535	464000	31092	9554	398900
十堰市	Shiyan	5650	3125	554100	9538	9294	142000
宜昌市	Yichang	18371	5868	780300	4691	4645	89000
襄阳市	Xiangyang	22989	6800	1077000	12113	11113	150000
鄂州市	Ezhou	3954	1700	136500	7013	5600	274100
荆门市	Jingmen	9480	2585	400000	5890	5850	148200
孝感市	Xiaogan	7850	1500	390000	4800	4800	156500
荆州市	Jingzhou	20708	3399	620900	5874	5865	219000
黄冈市	Huanggang	6350	4382	320600	3050	2800	106000
咸宁市	Xianning	13019	2015	182300	5103	4750	212500
随州市	Suizhou	3476	1374	451300	8000	3040	95000
湖南省	**Hunan**						
长沙市	Changsha	76757	27625	2900000	61620	48766	640000
株洲市	Zhuzhou	21495	7312	1080000	7446	6746	
湘潭市	Xiangtan	150060	3665	562800	14300	9765	224000
衡阳市	Hengyang	14517	5276	850000	12200	7300	395000
邵阳市	Shaoyang	3225	2319	395000	4660	4100	272000
岳阳市	Yueyang	19187	4780	595000	4075	3550	119000
常德市	Changde	33458	3318	701800	9482	9482	158000
张家界市	Zhangjiajie	1159	349	71000	11900	5560	145000
益阳市	Yiyang	5677	2251	447600	6430	5980	203000
郴州市	Chenzhou	3200	857	240000	18000	18000	374200
永州市	Yongzhou	2015	851	120000	10652	9551	440500
怀化市	Huaihua			125000	37299	22598	358600
娄底市	Loudi	3032	2459	345200	6360	3058	136400

2-42 续表 5 continued 5

城 市	City	供气总量(人工、天然气)(万立方米) Total Gas Supply (Coal Gas, Natural Gas) (10 000 cubic meters)	家庭用量 Consumption of Gas for Residential Use	用气人口(人) Population with Access To Gas (person)	液化石油气供气总量(吨) Liquefied Petroleum Gas Supply (ton)	家庭用量 Consumption of Liquefied Petroleum Gas for Residential Use	用液化气人口(人) Population with Access To Liquefied Petroleum Gas (person)
广东省	**Guangdong**						
广州市	Guangzhou	191674	31021	6344600	857674	365565	6970100
韶关市	Shaoguan	4111	1703	265000	58970	56500	298600
深圳市	Shenzhen	328723	36628	6050000	404609	260803	
珠海市	Zhuhai	12711	2644	640000	173800	95000	1234000
汕头市	Shantou	3381	550	152300	197825	153090	244860
佛山市	Foshan	123687	10127		353448	158417	
江门市	Jiangmen	12273	561	300700	72875	23465	994600
湛江市	Zhanjiang	10074	1958	552000	42000	42000	339800
茂名市	Maoming	2336	1854	320000	10580	10132	398400
肇庆市	Zhaoqing	19004	1044	278600	20200	14716	449100
惠州市	Huizhou	13963	4567	1192606	59963	52544	567190
梅州市	Meizhou	1362	1040	172000	19986	19986	278900
汕尾市	Shanwei	328	105	32800	9625	9625	186000
河源市	Heyuan	1721	679	190000	29508	28980	135600
阳江市	Yangjiang	1741	1729	143700	134301	134101	332000
清远市	Qingyuan	9392	7847	264900	36083	19949	467600
东莞市	Dongguan	105000	13578	1671700	230000	197640	4489500
中山市	Zhongshan	9244	2934	551000	37606	18755	188500
潮州市	Chaozhou	29085		9888	96350	32738	800200
揭阳市	Jieyang	3056	288	70000	161793		1950000
云浮市	Yunfu	604	417	192458	6550	4256	206310
广西壮族自治区	**Guangxi**						
南宁市	Nanning	22048	8068	1825100	61410	48714	1305100
柳州市	Liuzhou	10178	6525	966151	43137	21263	617986
桂林市	Guilin	5641	2540	481200	19941	19080	473000
梧州市	Wuzhou	2472	757	166700	5268	5253	415800
北海市	Beihai	3810	2450	215000	20001	20000	231000
防城港市	Fangchenggang	629	288	98800	9825	9640	98200
钦州市	Qinzhou	1303	610	145100	11380	11015	205200
贵港市	Guigang	1193	653	142200	14749	14744	291000
玉林市	Yulin	2868	1419	250000	24001	22600	446800
百色市	Baise	266		23000	5994	5976	129000
贺州市	Hezhou	229		6000	2292	2288	212000
河池市	Hechi			8352	5018	4400	180100
来宾市	Laibin	628	285	50500	4354	4230	238800
崇左市	Chongzuo	48	48	25000	5670	5654	202800
海南省	**Hainan**						
海口市	Haikou	12319	3659	1290000	40111		
三亚市	Sanya	4230	945	456000	7800	1256	72000
三沙市	Sansa						
儋州市	Danzhou						

2-42 续表 6 continued 6

城 市	City	供气总量（人工、天然气）（万立方米）Total Gas Supply (Coal Gas, Natural Gas) (10 000 cubic meters)	家庭用量 Consumption of Gas for Residential Use	用气人口（人）Population with Access To Gas (person)	液化石油气供气总量（吨）Liquefied Petroleum Gas Supply (ton)	家庭用量 Consumption of Liquefied Petroleum Gas for Residential Use	用液化气人口（人）Population with Access To Liquefied Petroleum Gas (person)
重庆市	**Chongqing**	**384521**	**138817**	**12964400**	**81603**	**45026**	**999700**
四川省	**Sichuan**						
成都市	Chengdu	278703	130058	6272600	107008	47144	
自贡市	Zigong	21526	10087	988400	1100	350	13140
攀枝花市	Panzhihua	166571	6828	719400	6503	4045	144800
泸州市	Luzhou	81152	11276	1178900	2147	1592	25100
德阳市	Deyang	48222	7997	575700	2875	2250	33000
绵阳市	Mianyang	46102	14961	1281800	4161	1960	39600
广元市	Guangyuan	11449	4695	426300	1526	1393	42100
遂宁市	Suining	14268	7285	690800			
内江市	Neijiang	12646	4446	571200	15080	7791	5430
乐山市	Leshan	23918	7304	747500	130		550
南充市	Nanchong	19003	8303	1130000	5825	4750	50000
眉山市	Meishan	10917	6064	531000	834	819	18500
宜宾市	Yibin	15419	10216	739900	408	272	12400
广安市	Guang'an	7153	4174	304900			
达州市	Dazhou	11000	7000	780000	500	50	2500
雅安市	Ya'an	5395	3464	263500			
巴中市	Bazhong	8100	6990	495300	4050	3200	38000
资阳市	Ziyang	4516	2165	232000	3745	2412	88000
贵州省	**Guizhou**						
贵阳市	Guiyang	24903	9854				720000
六盘水市	Liupanshui	2705	1564	310000	3650	3612	12000
遵义市	Zunyi	8141	2432	1831500	1876	1340	989400
安顺市	Anshun	2108	1399	199400	10952	7020	160000
毕节市	Bijie	660	300	22500	2339	2330	122000
铜仁市	Tongren	737	351	42000	2410	2110	30400
云南省	**Yunnan**						
昆明市	Kunming	32376	12468	2421900	155350	27336	1222300
曲靖市	Qujing	1441	473		3900	3900	290000
玉溪市	Yuxi	541	37	23200	10650	8650	326400
保山市	Baoshan	478	406	73000	2053	1300	123300
昭通市	Zhaotong	770	177	185400			
丽江市	Lijiang				2801	2800	121800
普洱市	Pu'er				1567	1567	187000
临沧市	Lincang				4300	4300	154000
西藏自治区	**Tibet**						
拉萨市	Lasa						
日喀则市	Rikaze				2137	2137	185174
昌都市	Changdu						
林芝市	Linzhi						
山南市	Shannan						

2-42 续表 7 continued

城 市	City	供气总量(人工、天然气)(万立方米) Total Gas Supply (Coal Gas, Natural Gas) (10 000 cubic meters)	家庭用量 Consumption of Gas for Residential Use	用气人口(人) Population with Access To Gas (person)	液化石油气供气总量(吨) Liquefied Petroleum Gas Supply (ton)	家庭用量 Consumption of Liquefied Petroleum Gas for Residential Use	用液化气人口(人) Population with Access To Liquefied Petroleum Gas (person)
陕西省	**Shaanxi**						
西安市	Xi'an	201925	65734	4340000	1957	1125	20000
铜川市	Tongchuan	14869	5980	365100	852	378	64590
宝鸡市	Baoji	20645	6105	822000	200	175	14000
咸阳市	Xianyang	24092	8201	998800	4972	4972	148500
渭南市	Weinan	6071	2856	162481	7155	6207	170062
延安市	Yan'an	14044	5642	324800	6001	3009	
汉中市	Hanzhong	3500	1650	235600	3500	1650	161800
榆林市	Yulin	32273	11258	98469			
安康市	Ankang	3627	2977	333600	2465	2400	80700
商洛市	Shangluo	3409	710	1957	3421	722	34348
甘肃省	**Gansu**						
兰州市	Lanzhou	123141	21574	2072500	17251	13051	184400
嘉峪关市	Jiayuguan	3325	1694	210800			10500
金昌市	Jinchang	3474	203	86800	277	100	55000
白银市	Baiyin	6004	2812	263700	1940	1940	102900
天水市	Tianshui	4250	684	266000	6234	6186	266000
武威市	Wuwei	2445	550	207000	3528	1345	72000
张掖市	Zhangye	4462	3709	245800	2880	2631	49200
平凉市	Pingliang	832	220	161100	2952	2611	104300
酒泉市	Jiuquan	864	312	185944	1200	1200	168950
庆阳市	Qingyang	672	238	56300	1950	720	129000
定西市	Dingxi			3100	652	576	148100
陇南市	Longnan	236	203	21400	960	930	21200
青海省	**Qinghai**						
西宁市	Xining	114233	16687	1138900	3786	3780	107100
海东市	Haidong	17938	8184				
宁夏回族自治区	**Ningxia**						
银川市	Yinchuan	163000	46139	1350000	5117	4566	130000
石嘴山市	Shizuishan	12516	4806	436000	124	124	10000
吴忠市	Wuzhong	8499	3061	156859	1147	975	81000
固原市	Guyuan	332	332		810	710	95000
中卫市	Zhongwei	19670	6520		1500	1300	
新疆维吾尔自治区	**Xinjiang**						
乌鲁木齐市	Urumqi	309599	42752	2970000	32857	31446	144000
克拉玛依市	Karamay	28540	4066	355300	3197	814	32700
吐鲁番市	Tulufan						
哈密市	Hami						

2-43 公共汽车、出租车拥有情况(市辖区)
Number of Public Transportation Vehicles and Taxis (Districts under City)

城市	City	年末实有公共汽(电)车营运车辆数(辆) Number of Buses and Trolley Buses under Operation at Year-end (unit)	全年公共汽(电)车客运总量(万人次) Total Annual Volume of Passengers Transported by Buses and Trolley Buses (10 000 person-times)	年末实有出租汽车数(辆) Number of Taxis at Year-end (unit)
北京市	**Beijing**	**22688**	**369000**	**68484**
天津市	**Tianjin**	**12699**	**149935**	**31940**
河北省	**Hebei**			
石家庄市	Shijiazhuang	4882	54600	7749
唐山市	Tangshan	2943	25844	7289
秦皇岛市	Qinhuangdao	1273	10400	3815
邯郸市	Handan	4252	22272	8044
邢台市	Xingtai	2618	11320	4588
保定市	Baoding	3921	22352	6652
张家口市	Zhangjiakou	548	10446	5654
承德市	Chengde	814	11102	2470
沧州市	Cangzhou	2575	11236	7856
廊坊市	Langfang	1602	10803	8851
衡水市	Hengshui	691	4746	1445
山西省	**Shanxi**			
太原市	Taiyuan	2671	44719	8726
大同市	Datong	1009	22000	4705
阳泉市	Yangquan	960	15483	1884
长治市	Changzhi	450	7384	1801
晋城市	Jincheng	459	6177	1453
朔州市	Shuozhou	260	2676	1274
晋中市	Jinzhong	390	15281	1330
运城市	Yuncheng	378	6800	1801
忻州市	Xinzhou	166	2632	713
临汾市	Linfen	508	5218	1862
吕梁市	Lvliang	170	2485	450
内蒙古自治区	**Inner Mongolia**			
呼和浩特市	Hohhot	2128	44093	6568
包头市	Baotou	1489	23162	5877
乌海市	Wuhai	398	4750	1111
赤峰市	Chifeng	574	12000	3231
通辽市	Tongliao			
鄂尔多斯市	Erdos	358	5299	3590
呼伦贝尔市	Hulunbuir	465	2884	2432
巴彦淖尔市	Bayannur	136	1630	1238
乌兰察布市	Ulanqab	732	350	2177
辽宁省	**Liaoning**			
沈阳市	Shenyang	5444	100232	17844
大连市	Dalian	5425	96168	11645
鞍山市	Anshan	1747	27265	5375
抚顺市	Fushun	1188	24101	4121
本溪市	Benxi	785	26998	2744
丹东市	Dandong	959	11500	1932
锦州市	Jinzhou	602	14399	4018
营口市	Yingkou	909	13696	3093

2-43 续表 1 continued 1

城 市	City	年末实有公共汽(电)车营运车辆数(辆) Number of Buses and Trolley Buses under Operation at Year-end (unit)	全年公共汽(电)车客运总量(万人次) Total Annual Volume of Passengers Transported by Buses and Trolley Buses (10 000 person-times)	年末实有出租汽车数(辆) Number of Taxis at Year-end (unit)
阜新市	Fuxin	459	6641	2771
辽阳市	Liaoyang	590	9955	2611
盘锦市	Panjin	619	10404	3281
铁岭市	Tieling	454	4480	2264
朝阳市	Chaoyang	283	5900	1969
葫芦岛市	Huludao	507	6985	3079
吉林省	**Jilin**			
长春市	Changchun	4342	67409	15401
吉林市	Jilin	1355	26040	5259
四平市	Siping	339	5589	2797
辽源市	Liaoyuan	376	4800	1201
通化市	Tonghua	432	7796	1484
白山市	Baishan	357	3610	1402
松原市	Songyuan	498	9000	2177
白城市	Baicheng	234	2300	1815
黑龙江省	**Heilongjiang**			
哈尔滨市	Harbin	7408	134272	18193
齐齐哈尔市	Qiqihar	981	4365	1359
鸡西市	Jixi	715	9358	2914
鹤岗市	Hegang	525	9173	2492
双鸭山市	Shuangyashan	349	4841	1100
大庆市	Daqing	2183	16572	6200
伊春市	Yichun	371	3525	5032
佳木斯市	Jiamusi	490	9544	2559
七台河市	Qitaihe	348	7500	1000
牡丹江市	Mudanjiang	772	14935	2919
黑河市	Heihe	87	1020	957
绥化市	Suihua	315	560	2344
上海市	**Shanghai**	**16693**	**239112**	**47271**
江苏省	**Jiangsu**			
南京市	Nanjing	9208	94447	14297
无锡市	Wuxi	3026	40010	4040
徐州市	Xuzhou	2359	35906	4319
常州市	Changzhou	2889	30387	3321
苏州市	Suzhou	5321	61917	5638
南通市	Nantong	1814	17233	1468
连云港市	Lianyungang	1168	12957	1814
淮安市	Huai'an	1257	21431	1473
盐城市	Yancheng	1170	14082	1450
扬州市	Yangzhou	1805	21874	2461
镇江市	Zhenjiang	1369	15779	1616
泰州市	Taizhou	884	11753	1175
宿迁市	Suqian		12518	767
浙江省	**Zhejiang**			
杭州市	Hangzhou	8770	141441	12209
宁波市	Ningbo	5110	41963	4627
温州市	Wenzhou	2435	31007	3986

2-43 续表 2 continued 2

城　市	City	年末实有公共汽(电)车营运车辆数(辆) Number of Buses and Trolley Buses under Operation at Year-end (unit)	全年公共汽(电)车客运总量(万人次) Total Annual Volume of Passengers Transported by Buses and Trolley Buses (10 000 person-times)	年末实有出租汽车数(辆) Number of Taxis at Year-end (unit)
嘉兴市	Jiaxing	1191	8195	1073
湖州市	Huzhou	897	3819	875
绍兴市	Shaoxing	2103	19916	1746
金华市	Jinhua	870	10249	976
衢州市	Quzhou	362	4619	521
舟山市	Zhoushan	736	7141	827
台州市	Taizhou	984	6581	1641
丽水市	Lishui	432	3910	409
安徽省	**Anhui**			
合肥市	Hefei	4916	60270	9402
芜湖市	Wuhu	1386	16490	3700
蚌埠市	Bengbu	1153	20450	2407
淮南市	Huainan	903	11999	3109
马鞍山市	Maanshan	646	8187	2348
淮北市	Huaibei	426	7292	1637
铜陵市	Tongling	593	7749	1584
安庆市	Anqing	503	5545	1782
黄山市	Huangshan	183	1927	625
滁州市	Chuzhou	507	5492	1357
阜阳市	Fuyang	644	12920	1788
宿州市	Suzhou	382	5921	1678
六安市	Lu'an	306	5413	1850
亳州市	Bozhou	380	2257	1151
池州市	Chizhou	431	2773	600
宣城市	Xuancheng	322	2870	999
福建省	**Fujian**			
福州市	Fuzhou	4386	54388	6345
厦门市	Xiamen	4819	88492	5860
莆田市	Putian	1097	8809	1296
三明市	Sanming	392	7161	404
泉州市	Quanzhou	1334	11859	2080
漳州市	Zhangzhou	556	4392	995
南平市	Nanping	412	7080	608
龙岩市	Longyan	396	7207	614
宁德市	Ningde	245	4594	776
江西省	**Jiangxi**			
南昌市	Nanchang	3423	42580	5453
景德镇市	Jingdezhen	285	5202	762
萍乡市	Pingxiang	310	6000	700
九江市	Jiujiang	561	8875	1539
新余市	Xinyu	449	4965	531
鹰潭市	Yingtan	289	3580	450
赣州市	Ganzhou	1386		1876
吉安市	Ji'an	419	4740	393
宜春市	Yichun	349	5018	518
抚州市	Fuzhou	336	7209	429
上饶市	Shangrao	352	5811	511

2-43 续表 3 continued 3

城 市	City	年末实有公共汽(电)车营运车辆数(辆) Number of Buses and Trolley Buses under Operation at Year-end (unit)	全年公共汽(电)车客运总量(万人次) Total Annual Volume of Passengers Transported by Buses and Trolley Buses (10 000 person-times)	年末实有出租汽车数(辆) Number of Taxis at Year-end (unit)
山东省	**Shandong**			
济南市	Jinan	5476	74086	8949
青岛市	Qingdao	7210	99596	10048
淄博市	Zibo	2432	16945	6084
枣庄市	Zaozhuang	1997	8242	833
东营市	Dongying	1166	7426	3405
烟台市	Yantai	2218	28836	2169
潍坊市	Weifang	1045	13110	4902
济宁市	Jining	1455	11638	1561
泰安市	Tai'an	1710	9149	1292
威海市	Weihai	1639	19357	1895
日照市	Rizhao	546	6691	968
莱芜市	Laiwu	1438	5700	1600
临沂市	Linyi	2330	13821	2750
德州市	Dezhou	491	4055	2405
聊城市	Liaocheng	1338	4848	1416
滨州市	Binzhou	1437	4622	720
菏泽市	Heze	1178	4617	1667
河南省	**Henan**			
郑州市	Zhengzhou	6230	91039	10908
开封市	Kaifeng	828	8781	2636
洛阳市	Luoyang	1881	25920	4268
平顶山市	Pingdingshan	708	9122	2080
安阳市	Anyang	710	8200	1359
鹤壁市	Hebi	417	2464	673
新乡市	Xinxiang	1240	10897	1738
焦作市	Jiaozuo	739	10134	1398
濮阳市	Puyang	544	4000	1745
许昌市	Xuchang	839	5500	1396
漯河市	Luohe	970	14780	1100
三门峡市	Sanmenxia	395	6971	798
南阳市	Nanyang	700	6800	1860
商丘市	Shangqiu	1966	8300	2854
信阳市	Xinyang	329	4503	1905
周口市	Zhoukou	550	2600	928
驻马店市	Zhumadian	843	3446	1548
湖北省	**Hubei**			
武汉市	Wuhan	8970	147388	17376
黄石市	Huangshi	1271	23187	1902
十堰市	Shiyan	1110	28150	820
宜昌市	Yichang	921	16168	1857
襄阳市	Xiangyang	1783	24492	2951
鄂州市	Ezhou	382	4499	520
荆门市	Jingmen	557	9176	800
孝感市	Xiaogan	484	8920	900
荆州市	Jingzhou	880	16100	1988
黄冈市	Huanggang	262	3640	593
咸宁市	Xianning	335	3052	676
随州市	Suizhou	338	6500	547

2-43 续表 4 continued 4

城 市	City	年末实有公共汽(电)车营运车辆数(辆) Number of Buses and Trolley Buses under Operation at Year-end (unit)	全年公共汽(电)车客运总量(万人次) Total Annual Volume of Passengers Transported by Buses and Trolley Buses (10 000 person-times)	年末实有出租汽车数(辆) Number of Taxis at Year-end (unit)
湖南省	**Hunan**			
长沙市	Changsha	7187	68162	7816
株洲市	Zhuzhou	1174	21225	2155
湘潭市	Xiangtan	1170	15790	1400
衡阳市	Hengyang	1388	19946	1400
邵阳市	Shaoyang	384	8724	1100
岳阳市	Yueyang	1324	21707	3023
常德市	Changde	872	11425	1146
张家界市	Zhangjiajie	391	9358	1192
益阳市	Yiyang	896	9707	757
郴州市	Chenzhou	1815	24005	1664
永州市	Yongzhou	642	13570	700
怀化市	Huaihua	338	6299	800
娄底市	Loudi	203	5500	950
广东省	**Guangdong**			
广州市	Guangzhou	14074	241358	22101
韶关市	Shaoguan	694	6744	789
深圳市	Shenzhen	33325	224161	17842
珠海市	Zhuhai	1986	34642	3187
汕头市	Shantou	1549	11249	890
佛山市	Foshan	6790	64084	4014
江门市	Jiangmen	1094	9511	670
湛江市	Zhanjiang	1324	10130	1193
茂名市	Maoming	332	2661	400
肇庆市	Zhaoqing	675	7200	868
惠州市	Huizhou	2955	26582	2026
梅州市	Meizhou	1427	3600	470
汕尾市	Shanwei	585	1213	360
河源市	Heyuan	277	3555	495
阳江市	Yangjiang	286	4240	415
清远市	Qingyuan	487	4578	348
东莞市	Dongguan	5395	40210	6583
中山市	Zhongshan	2484	22780	1760
潮州市	Chaozhou	372	1051	927
揭阳市	Jieyang	578	998	554
云浮市	Yunfu	121	837	112
广西壮族自治区	**Guangxi**			
南宁市	Nanning	3327	46526	6850
柳州市	Liuzhou	1308	21207	2182
桂林市	Guilin	761	21500	2143
梧州市	Wuzhou	379	5248	806
北海市	Beihai	386	3051	555
防城港市	Fangchenggang	301	1502	333
钦州市	Qinzhou	307	2103	650
贵港市	Guigang	197	1863	365

2-43 续表 5 continued 5

城 市	City	年末实有公共汽(电)车营运车辆数(辆) Number of Buses and Trolley Buses under Operation at Year-end (unit)	全年公共汽(电)车客运总量(万人次) Total Annual Volume of Passengers Transported by Buses and Trolley Buses (10 000 person-times)	年末实有出租汽车数(辆) Number of Taxis at Year-end (unit)
玉林市	Yulin	202	3758	699
百色市	Baise	215	2255	505
贺州市	Hezhou	206	1277	300
河池市	Hechi	147	2782	300
来宾市	Laibin	487	3533	726
崇左市	Chongzuo	85	322	109
海南省	**Hainan**			
海口市	Haikou	1597	20366	2680
三亚市	Sanya	734	5689	2550
三沙市	Sansa			
儋州市	Danzhou			
重庆市	**Chongqing**	**8753**	**183145**	**23749**
四川省	**Sichuan**			
成都市	Chengdu	10781	141826	15378
自贡市	Zigong	832	21917	1436
攀枝花市	Panzhihua	610	10566	1417
泸州市	Luzhou	1185	21347	1574
德阳市	Deyang	374	6105	850
绵阳市	Mianyang	1342	28022	1905
广元市	Guangyuan	388	7951	627
遂宁市	Suining	263	9566	783
内江市	Neijiang	850	14030	1750
乐山市	Leshan	487	9526	880
南充市	Nanchong	727	15877	1207
眉山市	Meishan	323	3884	518
宜宾市	Yibin	790	14754	1457
广安市	Guang'an	169	2992	479
达州市	Dazhou	222	5800	1063
雅安市	Ya'an	129	2196	306
巴中市	Bazhong	298	7032	621
资阳市	Ziyang	324	3572	646
贵州省	**Guizhou**			
贵阳市	Guiyang	3265	61994	8904
六盘水市	Liupanshui	532	12000	1347
遵义市	Zunyi	1100	54300	2861
安顺市	Anshun	484	14833	888
毕节市	Bijie	246	4146	901
铜仁市	Tongren	170	4095	870
云南省	**Yunnan**			
昆明市	Kunming	6262	86866	8037
曲靖市	Qujing	460	10909	1639
玉溪市	Yuxi	486	5248	732
保山市	Baoshan	450	211	1968
昭通市	Zhaotong	464	5216	581
丽江市	Lijiang	373	6006	776
普洱市	Pu'er	159		399
临沧市	Lincang	62	865	450

2-43 续表 6 continued 6

城　市	City	年末实有公共汽(电)车营运车辆数(辆) Number of Buses and Trolley Buses under Operation at Year-end (unit)	全年公共汽(电)车客运总量(万人次) Total Annual Volume of Passengers Transported by Buses and Trolley Buses (10 000 person-times)	年末实有出租汽车数(辆) Number of Taxis at Year-end (unit)
西藏自治区	**Tibet**			
拉萨市	Lasa	522	8208	1668
日喀则市	Rikaze	58	387	214
昌都市	Changdu			
林芝市	Linzhi			
山南市	Shannan			
陕西省	**Shaanxi**			
西安市	Xi'an	7829	147089	12435
铜川市	Tongchuan	320	3650	1041
宝鸡市	Baoji	1130	24300	2380
咸阳市	Xianyang	578	14400	1719
渭南市	Weinan	360	175	900
延安市	Yan'an	437	12709	850
汉中市	Hanzhong	331	8227	890
榆林市	Yulin	354	9070	1121
安康市	Ankang	185	4544	577
商洛市	Shangluo	103	2090	319
甘肃省	**Gansu**			
兰州市	Lanzhou	2800	80186	9583
嘉峪关市	Jiayuguan	138	2230	768
金昌市	Jinchang	128	1870	510
白银市	Baiyin	310	5545	2097
天水市	Tianshui	517	11600	1681
武威市	Wuwei	429	5117	2157
张掖市	Zhangye	214	1571	1225
平凉市	Pingliang	224	5402	873
酒泉市	Jiuquan	338	4816	800
庆阳市	Qingyang	251	2010	1055
定西市	Dingxi	108	1188	583
陇南市	Longnan	432	8764	675
青海省	**Qinghai**			
西宁市	Xining	2449		5666
海东市	Haidong	236	1451	669
宁夏回族自治区	**Ningxia**			
银川市	Yinchuan	1818	31025	5364
石嘴山市	Shizuishan	317	2097	2699
吴忠市	Wuzhong	423	4954	1042
固原市	Guyuan	404	1141	3300
中卫市	Zhongwei	297	2253	1138
新疆维吾尔自治区	**Xinjiang**			
乌鲁木齐市	Urumqi	4669	114993	12338
克拉玛依市	Karamay	519	4301	1528
吐鲁番市	Tulufan			
哈密市	Hami			

2-44 绿地面积及建成区绿化覆盖面积(市辖区)
Area of Green Land and Green Covered Area of Completed Area (Districts under City)

城市	City	绿地面积 (公顷) Area of Green Land (hectare)	公园绿地面积 Area of Parks and Green Land	建成区绿化覆盖面积 (公顷) Green Covered Area of Completed Area (hectare)	建成区绿化覆盖率 (%) Green Covered Area as % of Completed Area (%)
北京市	**Beijing**	**82113**	**30069**	**87450**	**61.58**
天津市	**Tianjin**	**33069**	**9630**	**33069**	**32.81**
河北省	**Hebei**				
石家庄市	Shijiazhuang	12423	4474	12634	45.45
唐山市	Tangshan	8896	3024	9457	29.28
秦皇岛市	Qinhuangdao	5788	2136	5288	40.37
邯郸市	Handan	9983	3435	7699	44.76
邢台市	Xingtai	2988	1103	3369	37.43
保定市	Baoding	6926	1640	7312	39.10
张家口市	Zhangjiakou	4046	1194	4290	42.90
承德市	Chengde	4695	1410	5157	44.08
沧州市	Cangzhou	2386	653	2703	37.03
廊坊市	Langfang	4593	785	3115	45.81
衡水市	Hengshui	2052	566	2239	29.46
山西省	**Shanxi**				
太原市	Taiyuan	12655	4099	14369	
大同市	Datong	4684	1417	5127	41.02
阳泉市	Yangquan	2286	659	2328	41.57
长治市	Changzhi	3162	924	2771	46.97
晋城市	Jincheng	1806	585	1915	41.63
朔州市	Shuozhou	1400	511	1553	36.98
晋中市	Jinzhong	2460	896	2889	37.52
运城市	Yuncheng	2104	613	2420	36.67
忻州市	Xinzhou	1160	384	1344	36.32
临汾市	Linfen		783	2222	38.31
吕梁市	Lvliang	867	359	990	38.08
内蒙古自治区	**Inner Mongolia**				
呼和浩特市	Hohhot	14416	3831	9958	38.30
包头市	Baotou	9085	2608	8871	44.13
乌海市	Wuhai	2571	1103	2642	42.61
赤峰市	Chifeng	3721	1735	4068	38.38
通辽市	Tongliao	2485	958	2626	43.05
鄂尔多斯市	Erdos	11753	1830	4935	42.18
呼伦贝尔市	Hulunbuir	2010	713	2092	22.49
巴彦淖尔市	Bayannur	1976	650	1972	38.67
乌兰察布市	Ulanqab	5868	1206	2388	39.80
辽宁省	**Liaoning**				
沈阳市	Shenyang				
大连市	Dalian	18386	3666	17778	44.89
鞍山市	Anshan	6166	1521	6783	39.44
抚顺市	Fushun	5200	1400	5725	41.19
本溪市	Benxi	23191	982	5274	48.39
丹东市	Dandong	3001		2908	
锦州市	Jinzhou	3672	1278	3728	33.29
营口市	Yingkou	4162	1042	4392	23.24

2-44 续表 1 continued 1

城　市	City	绿地面积（公顷）Area of Green Land (hectare)	公园绿地面积 Area of Parks and Green Land	建成区绿化覆盖面积（公顷）Green Covered Area of Completed Area (hectare)	建成区绿化覆盖率（%）Green Covered Area as % of Completed Area (%)
阜新市	Fuxin	3184	998	3337	43.34
辽阳市	Liaoyang	4181	856	4467	42.54
盘锦市	Panjin	2866	937	3086	41.15
铁岭市	Tieling	1926	531	2102	36.88
朝阳市	Chaoyang	1410	624	1550	27.19
葫芦岛市	Huludao	3371	805	3273	35.19
吉林省	**Jilin**				
长春市	Changchun	18581	6335	19997	38.53
吉林市	Jilin	6267	1537	6828	36.13
四平市	Siping	1815	557	1848	31.86
辽源市	Liaoyuan	1538	485	1722	37.43
通化市	Tonghua	1846	655	2068	38.30
白山市	Baishan	1106	408	1316	28.00
松原市	Songyuan	2091	881	2224	43.61
白城市	Baicheng	1267	367	1348	31.35
黑龙江省	**Heilongjiang**				
哈尔滨市	Harbin	13797	4418		
齐齐哈尔市	Qiqihar	6022	1091	5300	37.86
鸡西市	Jixi	2808	781	3163	39.05
鹤岗市	Hegang	2903	824	2256	42.57
双鸭山市	Shuangyashan	2319	518	2436	42.00
大庆市	Daqing	22456	2183	11218	45.79
伊春市	Yichun	4558	1820	4795	30.54
佳木斯市	Jiamusi	3878	849	4036	41.61
七台河市	Qitaihe	2685	498	2973	43.72
牡丹江市	Mudanjiang	5160	782	1725	21.04
黑河市	Heihe	720	194	811	40.55
绥化市	Suihua	1008	313	1122	24.93
上海市	**Shanghai**	**131681**	**18957**	**38549**	**38.59**
江苏省	**Jiangsu**				
南京市	Nanjing	91674	9624	34625	44.74
无锡市	Wuxi	18905	3744	14270	42.98
徐州市	Xuzhou	15983	2879	11436	43.82
常州市	Changzhou	11320	2713	11256	43.13
苏州市	Suzhou	22183	4592	19384	42.05
南通市	Nantong	9638	3035	9332	43.20
连云港市	Lianyungang	22459	1542	8609	40.42
淮安市	Huai'an	8166	2267	7506	41.93
盐城市	Yancheng	6845	1731	6141	41.78
扬州市	Yangzhou	7540	2167	6528	43.81
镇江市	Zhenjiang	8445	1689	5975	42.99
泰州市	Taizhou	4537	1008	4809	41.82
宿迁市	Suqian	9115	1116	3693	42.94
浙江省	**Zhejiang**				
杭州市	Hangzhou	34211	8118	22035	40.73
宁波市	Ningbo	12364	3244	13165	39.77
温州市	Wenzhou	8145	2610	9028	37.46

2-44 续表 2 continued 2

城 市	City	绿地面积(公顷) Area of Green Land (hectare)	公园绿地面积 Area of Parks and Green Land	建成区绿化覆盖面积(公顷) Green Covered Area of Completed Area (hectare)	建成区绿化覆盖率(%) Green Covered Area as % of Completed Area (%)
嘉兴市	Jiaxing	5172	1199	4556	45.11
湖州市	Huzhou	4764	1520	5125	48.35
绍兴市	Shaoxing	7757	2029	8822	43.25
金华市	Jinhua	3781	928	3918	39.98
衢州市	Quzhou	2610	521	2925	41.20
舟山市	Zhoushan	13771	823	2564	40.70
台州市	Taizhou	5948	1332	6003	42.88
丽水市	Lishui	1505	390	1646	47.03
安徽省	**Anhui**				
合肥市	Hefei	18185	5404	19219	41.78
芜湖市	Wuhu	6768	1822	6980	40.58
蚌埠市	Bengbu	5152	1247	5803	40.02
淮南市	Huainan	4821	1379	4491	40.83
马鞍山市	Maanshan	5817	1107	4199	44.20
淮北市	Huaibei	4490	1247	3832	45.08
铜陵市	Tongling	5859	913	3944	48.69
安庆市	Anqing	3862	990	3873	43.03
黄山市	Huangshan	13322	574	3147	46.97
滁州市	Chuzhou	4292	650	3540	41.65
阜阳市	Fuyang	5375	1113	4772	38.48
宿州市	Suzhou	3156	768	3370	42.66
六安市	Lu'an	3166	895	3159	41.03
亳州市	Bozhou	2469	458	2290	36.94
池州市	Chizhou	1454	520	1592	43.03
宣城市	Xuancheng	3818	503	2283	41.51
福建省	**Fujian**				
福州市	Fuzhou	11661	3507	11639	43.92
厦门市	Xiamen	20137	3734	14367	42.89
莆田市	Putian	3493	833	3895	43.28
三明市	Sanming	1745	328	1705	43.72
泉州市	Quanzhou	9045	1879	9699	41.99
漳州市	Zhangzhou	2723	754	2864	42.75
南平市	Nanping	1677	463	1850	45.12
龙岩市	Longyan	2382	525	2512	40.52
宁德市	Ningde	1191	402	1277	39.91
江西省	**Jiangxi**				
南昌市	Nanchang	12290	3237	12959	40.88
景德镇市	Jingdezhen	3270	738	4064	51.44
萍乡市	Pingxiang	2022	492	2122	40.81
九江市	Jiujiang	5101	1216	5354	50.04
新余市	Xinyu	3770	856	3895	49.94
鹰潭市	Yingtan	1401	350	1612	41.33
赣州市	Ganzhou	5331	1380	5746	40.46
吉安市	Ji'an	2504	783	2585	46.16
宜春市	Yichun	2903	877	3071	43.87
抚州市	Fuzhou	2532	901	2753	45.88
上饶市	Shangrao	3467	1106	2667	34.19

2-44 续表 3 continued 3

城　市	City	绿地面积（公顷）Area of Green Land (hectare)	公园绿地面积 Area of Parks and Green Land	建成区绿化覆盖面积（公顷）Green Covered Area of Completed Area (hectare)	建成区绿化覆盖率（%）Green Covered Area as % of Completed Area (%)
山东省	**Shandong**				
济南市	Jinan	15942	3793	18046	40.28
青岛市	Qingdao	34851	8194	23112	38.58
淄博市	Zibo	18289	3253	12208	45.05
枣庄市	Zaozhuang	7276	1491	6398	42.37
东营市	Dongying	8630	1932	6573	43.53
烟台市	Yantai	12851	3770	14035	42.53
潍坊市	Weifang	10177	2351	7516	41.99
济宁市	Jining	7997	2279	8439	42.41
泰安市	Tai'an	6874	2300	6960	44.90
威海市	Weihai	9121	2467	8869	45.95
日照市	Rizhao	4663	1702	4713	45.32
莱芜市	Laiwu	6667	1418	5423	45.19
临沂市	Linyi	10625	3953	8472	40.73
德州市	Dezhou	6428	2185	6726	43.68
聊城市	Liaocheng	3951	1119	4535	44.90
滨州市	Binzhou	5122	1636	5245	33.62
菏泽市	Heze	4140	879	4316	34.53
河南省	**Henan**				
郑州市	Zhengzhou	17628	5027	18432	40.33
开封市	Kaifeng	4586	978	4393	34.05
洛阳市	Luoyang	7627	2477	8590	39.77
平顶山市	Pingdingshan	2691	981	2991	40.97
安阳市	Anyang	2867	806	3331	40.62
鹤壁市	Hebi	2280	688	2541	39.70
新乡市	Xinxiang	4391	848	4732	40.10
焦作市	Jiaozuo	3936	1035	4537	40.15
濮阳市	Puyang	2234	817	2304	39.05
许昌市	Xuchang	3480	705	3800	35.19
漯河市	Luohe	2784	599	3013	44.97
三门峡市	Sanmenxia	1964	608	2229	45.49
南阳市	Nanyang	7120	1329	5582	37.21
商丘市	Shangqiu	2371	707	2642	41.94
信阳市	Xinyang	4666	800	3991	42.46
周口市	Zhoukou	2832	531	2683	38.33
驻马店市	Zhumadian	2825	532	3248	40.60
湖北省	**Hubei**				
武汉市	Wuhan	23217	7333	20015	43.70
黄石市	Huangshi	2857	1033	3045	38.54
十堰市	Shiyan	3594	898	4069	38.03
宜昌市	Yichang	6192	1333	6927	41.48
襄阳市	Xiangyang	5831	1525	6590	34.68
鄂州市	Ezhou	1784	637	2085	32.58
荆门市	Jingmen	2045	625	2337	37.10
孝感市	Xiaogan	1797	524	2103	26.62
荆州市	Jingzhou	2790	879	3106	36.12
黄冈市	Huanggang	1672	447	1752	33.06
咸宁市	Xianning	4036	535	2916	44.18
随州市	Suizhou	4659	512	2041	28.75

2-44 续表 4 continued 4

城　市	City	绿地面积（公顷）Area of Green Land (hectare)	公园绿地面积 Area of Parks and Green Land	建成区绿化覆盖面积（公顷）Green Covered Area of Completed Area (hectare)	建成区绿化覆盖率（%）Green Covered Area as % of Completed Area (%)
湖南省	**Hunan**				
长沙市	Changsha	11177	3779	12928	34.47
株洲市	Zhuzhou	5657	1385	5957	41.95
湘潭市	Xiangtan	3072	764	3347	41.84
衡阳市	Hengyang	4376	1066	4792	30.14
邵阳市	Shaoyang	2682	860	2885	40.07
岳阳市	Yueyang	4580	690	4092	40.92
常德市	Changde	3735	1237	4126	44.37
张家界市	Zhangjiajie	1233	188	1465	43.09
益阳市	Yiyang	2959	597	3046	40.08
郴州市	Chenzhou	3230	773	3567	46.32
永州市	Yongzhou	2483	602	2598	40.59
怀化市	Huaihua	2214	503	2510	39.22
娄底市	Loudi	2108	478	1993	39.86
广东省	**Guangdong**				
广州市	Guangzhou	144524	29473	52207	41.80
韶关市	Shaoguan	4408	787	4695	46.03
深圳市	Shenzhen	97850	19588	41639	45.11
珠海市	Zhuhai		3604	6732	47.74
汕头市	Shantou	10551	3948	11333	43.93
佛山市	Foshan		2904	6513	40.96
江门市	Jiangmen	12158	2386	6700	44.08
湛江市	Zhanjiang		4254	4632	41.73
茂名市	Maoming	4028	1182	4032	31.50
肇庆市	Zhaoqing	9848	1487	4381	36.51
惠州市	Huizhou	10223	3460	11294	42.94
梅州市	Meizhou	2394	790	2504	43.17
汕尾市	Shanwei	674	262	708	32.18
河源市	Heyuan	1468	415	1584	
阳江市	Yangjiang	2702	617	2674	41.78
清远市	Qingyuan	2461	790	2801	32.57
东莞市	Dongguan	84771	14456	45620	47.67
中山市	Zhongshan	5425	1365	5692	38.20
潮州市	Chaozhou	3036	901	3130	
揭阳市	Jieyang	6051	1079	5330	40.69
云浮市	Yunfu	1095	355	897	30.93
广西壮族自治区	**Guangxi**				
南宁市	Nanning	39718	3799	13076	42.18
柳州市	Liuzhou	7962	2238	8283	44.06
桂林市	Guilin	3914	1136	4141	40.60
梧州市	Wuzhou	3233	689	2341	41.07
北海市	Beihai	2599	489	3073	40.43
防城港市	Fangchenggang	1263	322	1382	33.71
钦州市	Qinzhou	11095	462	3488	36.72
贵港市	Guigang	1574	522	1619	22.18

2-44 续表 5 continued 5

城 市	City	绿地面积 (公顷) Area of Green Land (hectare)	公园绿地面积 Area of Parks and Green Land	建成区绿化覆盖面积 (公顷) Green Covered Area of Completed Area (hectare)	建成区绿化覆盖率 (%) Green Covered Area as % of Completed Area (%)
玉林市	Yulin	2680	721	2580	36.86
百色市	Baise	1979	316	1970	40.20
贺州市	Hezhou	1146	205	1180	17.88
河池市	Hechi	809	213	833	34.71
来宾市	Laibin	1342	311	1429	33.23
崇左市	Chongzuo	1626	410	1659	55.30
海南省	**Hainan**				
海口市	Haikou	5665	1843	5665	38.54
三亚市	Sanya	2222	716	2396	42.79
三沙市	Sansa				
儋州市	Danzhou				
重庆市	**Chongqing**	**59758**	**24505**	**55053**	**40.75**
四川省	**Sichuan**				
成都市	Chengdu	31084	9821	34658	41.41
自贡市	Zigong	4221	1205	4705	40.56
攀枝花市	Panzhihua	2823	771	3041	40.01
泸州市	Luzhou	5557	1430	5485	40.33
德阳市	Deyang	2622	656	3081	41.08
绵阳市	Mianyang	5079	1530	5453	39.23
广元市	Guangyuan	2137	585	2205	36.75
遂宁市	Suining	6768	713	3321	42.04
内江市	Neijiang	2666	683	2654	34.92
乐山市	Leshan	3184	574	2512	33.05
南充市	Nanchong	4710	1481	5293	44.11
眉山市	Meishan	2200	584	2241	35.02
宜宾市	Yibin	3102	956	3589	38.18
广安市	Guang'an	1839	719	2076	35.79
达州市	Dazhou				
雅安市	Ya'an	1269	291	1384	40.71
巴中市	Bazhong	950	494	1611	33.56
资阳市	Ziyang	1822	508	1841	37.57
贵州省	**Guizhou**				
贵阳市	Guiyang				
六盘水市	Liupanshui	4647	410	2660	36.44
遵义市	Zunyi	6472	1994	5171	43.09
安顺市	Anshun	5096	931	2509	36.90
毕节市	Bijie	891	891	1095	19.91
铜仁市	Tongren	1643	346	1772	36.92
云南省	**Yunnan**				
昆明市	Kunming	15901	4059	17309	39.70
曲靖市	Qujing	2286	576	2460	32.37
玉溪市	Yuxi	43289	460	1406	37.00
保山市	Baoshan	602	238	835	22.57
昭通市	Zhaotong	918	246	1192	28.38
丽江市	Lijiang	962	424	943	39.29
普洱市	Pu'er	988	239	1036	38.37
临沧市	Lincang	843	219	882	40.09

2-44 续表 6 continued 6

城 市	City	绿地面积（公顷）Area of Green Land (hectare)	公园绿地面积 Area of Parks and Green Land	建成区绿化覆盖面积（公顷）Green Covered Area of Completed Area (hectare)	建成区绿化覆盖率(%) Green Covered Area as % of Completed Area (%)
西藏自治区	**Tibet**				
拉萨市	Lasa	1665	182	1913	26.57
日喀则市	Rikaze				
昌都市	Changdu				
林芝市	Linzhi				
山南市	Shannan				
陕西省	**Shaanxi**				
西安市	Xi'an	20945	5175	22339	43.21
铜川市	Tongchuan	1906	478	1895	47.38
宝鸡市	Baoji	4098	1053	3696	41.07
咸阳市	Xianyang	2420	689	3632	39.48
渭南市	Weinan	1991	675	1680	22.40
延安市	Yan'an	1444	354	1501	41.69
汉中市	Hanzhong	1465	713	1361	32.40
榆林市	Yulin	2421	779	2637	41.20
安康市	Ankang	1681	409	1820	40.44
商洛市	Shangluo	783	167	601	23.12
甘肃省	**Gansu**				
兰州市	Lanzhou	7734	2656	8690	35.18
嘉峪关市	Jiayuguan	2689	818	2762	39.46
金昌市	Jinchang	1400	441	1582	36.79
白银市	Baiyin	1977	418	2185	34.68
天水市	Tianshui	1926	680	2152	38.43
武威市	Wuwei	761	502	836	26.13
张掖市	Zhangye	2352	1110	2492	38.94
平凉市	Pingliang	1723	283	1558	43.28
酒泉市	Jiuquan	1634	441	1951	35.47
庆阳市	Qingyang	741	150	830	33.20
定西市	Dingxi	571	332	635	25.40
陇南市	Longnan	104	40	43	3.07
青海省	**Qinghai**				
西宁市	Xining	3872	1597	3732	40.57
海东市	Haidong				
宁夏回族自治区	**Ningxia**				
银川市	Yinchuan	9683	2318	9869	57.71
石嘴山市	Shizuishan	6895	1111	4184	40.62
吴忠市	Wuzhong	2842	465	2210	40.93
固原市	Guyuan	1193	251	1283	36.66
中卫市	Zhongwei	1634	435	1262	23.37
新疆维吾尔自治区	**Xinjiang**				
乌鲁木齐市	Urumqi	28258	3545	17832	40.90
克拉玛依市	Karamay	4821	450	3231	43.08
吐鲁番市	Tulufan				
哈密市	Hami				

(十)环境保护
Environmental Protection

2-45 工业废水排放量和二氧化硫产生及排放量(全市)
Industrial Waste Water Discharged, Industry Sulphur Dioxide Produced and Emission (Total City)

城 市	City	工业废水排放量 (万吨) Volume of Industrial Waste Water Discharged (10 000 tons)	工业二氧化硫产生量 (吨) Volume of Industry Sulphur Dioxide Produced (ton)	工业二氧化硫排放量 (吨) Volume of Sulphur Dioxide Emission (ton)
北京市	**Beijing**	**8515**	**42802**	**10257**
天津市	**Tianjin**	**18022**	**434147**	**54539**
河北省	**Hebei**			
石家庄市	Shijiazhuang	13022	515066	85815
唐山市	Tangshan	13269	627967	125432
秦皇岛市	Qinhuangdao	3902	117259	24127
邯郸市	Handan	4806	695381	71485
邢台市	Xingtai	9289	180896	60997
保定市	Baoding	7419	181029	27999
张家口市	Zhangjiakou	3486	179345	20171
承德市	Chengde	1384	134625	47879
沧州市	Cangzhou	4512	166510	21832
廊坊市	Langfang	4485	72465	23654
衡水市	Hengshui	2216	78583	9563
山西省	**Shanxi**			
太原市	Taiyuan	3879	452236	15707
大同市	Datong	1924	301643	21044
阳泉市	Yangquan	531	197721	58396
长治市	Changzhi	4653	391119	41161
晋城市	Jincheng	6014	275684	66422
朔州市	Shuozhou	1342	289949	20501
晋中市	Jinzhong	1775	358638	30414
运城市	Yuncheng	2602	667811	61590
忻州市	Xinzhou		75836	75836
临汾市	Linfen			
吕梁市	Lvliang	3135	331618	72490
内蒙古自治区	**Inner Mongolia**			
呼和浩特市	Hohhot	2339	318863	52316
包头市	Baotou	3345	722447	42093
乌海市	Wuhai	1201	316730	40393
赤峰市	Chifeng	1866	1381902	56906
通辽市	Tongliao	2251	293703	38849
鄂尔多斯市	Erdos	3641	918372	57518
呼伦贝尔市	Hulunbuir	4245	55088	27993
巴彦淖尔市	Bayannur	2099	599314	27462
乌兰察布市	Ulanqab	549	295301	27443
辽宁省	**Liaoning**			
沈阳市	Shenyang	5547	191648	37530
大连市	Dalian	27709	197840	51021
鞍山市	Anshan	3098	140581	58168
抚顺市	Fushun	2167	109324	24680
本溪市	Benxi	2053	62696	32824
丹东市	Dandong	1650	59946	9772
锦州市	Jinzhou	2100	65581	15442
营口市	Yingkou	1891	91003	35251

2-45 续表 1 continued 1

城 市	City	工业废水排放量 (万吨) Volume of Industrial Waste Water Discharged (10 000 tons)	工业二氧化硫产生量 (吨) Volume of Industry Sulphur Dioxide Produced (ton)	工业二氧化硫排放量 (吨) Volume of Sulphur Dioxide Emission (ton)
阜新市	Fuxin	701	128747	41513
辽阳市	Liaoyang	4542	72643	12664
盘锦市	Panjin	2821	71327	29617
铁岭市	Tieling	957	150479	15897
朝阳市	Chaoyang	486	81568	21674
葫芦岛市	Huludao			
吉林省	**Jilin**			
长春市	Changchun	2548	116716	21893
吉林市	Jilin	8837	135334	35468
四平市	Siping	1485	49451	16898
辽源市	Liaoyuan	511	21236	5689
通化市	Tonghua	1288	42539	15473
白山市	Baishan	1210	41370	5239
松原市	Songyuan	521	21729	7416
白城市	Baicheng	265	26852	7038
黑龙江省	**Heilongjiang**			
哈尔滨市	Harbin	4235	92030	26217
齐齐哈尔市	Qiqihar	3269		
鸡西市	Jixi	445	38434	9327
鹤岗市	Hegang	4101	17977	5382
双鸭山市	Shuangyashan	3009	32817	13497
大庆市	Daqing		69376	17322
伊春市	Yichun	725	14862	11177
佳木斯市	Jiamusi	463	18354	10333
七台河市	Qitaihe	913	32592	12332
牡丹江市	Mudanjiang	9904	7330	7330
黑河市	Heihe	762	21598	9218
绥化市	Suihua	1816	13498	5235
上海市	**Shanghai**	**36599**		**67376**
江苏省	**Jiangsu**			
南京市	Nanjing	21624	259170	28639
无锡市	Wuxi	20935	301167	61633
徐州市	Xuzhou	8694	431315	84995
常州市	Changzhou	12178	112617	31683
苏州市	Suzhou	48437	584754	109594
南通市	Nantong	15367	273698	37115
连云港市	Lianyungang	6769	87830	36705
淮安市	Huai'an	6624	98668	25214
盐城市	Yancheng	14207	161628	29722
扬州市	Yangzhou	8233	158902	15193
镇江市	Zhenjiang	7981	269647	32477
泰州市	Taizhou	5687	323847	15106
宿迁市	Suqian	5322	33864	15127
浙江省	**Zhejiang**			
杭州市	Hangzhou	28382	114894	39499
宁波市	Ningbo	15760	922571	41928
温州市	Wenzhou	5012	149419	14920

2-45 续表 2 continued 2

城 市	City	工业废水排放量 (万吨) Volume of Industrial Waste Water Discharged (10 000 tons)	工业二氧化硫产生量 (吨) Volume of Industry Sulphur Dioxide Produced (ton)	工业二氧化硫排放量 (吨) Volume of Sulphur Dioxide Emission (ton)
嘉兴市	Jiaxing	19763	194520	27437
湖州市	Huzhou	8532	89112	28298
绍兴市	Shaoxing	24383	104292	27499
金华市	Jinhua	6467	78523	16321
衢州市	Quzhou	10693	69871	22609
舟山市	Zhoushan	1439	53981	1925
台州市	Taizhou	5725	161705	13211
丽水市	Lishui	3757	15640	11616
安徽省	**Anhui**			
合肥市	Hefei	5130	83393	9011
芜湖市	Wuhu	3302	110654	31872
蚌埠市	Bengbu	1917	35060	5662
淮南市	Huainan	4082	231293	35363
马鞍山市	Maanshan	7558	160789	18947
淮北市	Huaibei	3153	118325	26856
铜陵市	Tongling	3935	2005457	12343
安庆市	Anqing	4018	118802	8023
黄山市	Huangshan	707	2920	2920
滁州市	Chuzhou	3799	39823	11210
阜阳市	Fuyang	2500	38917	14831
宿州市	Suzhou	3572	77102	25618
六安市	Lu'an	810	31081	4399
亳州市	Bozhou	1879	25676	8935
池州市	Chizhou	945	114672	5556
宣城市	Xuancheng	1811	59119	8641
福建省	**Fujian**			
福州市	Fuzhou	3696	133443	39196
厦门市	Xiamen	18259	19926	4033
莆田市	Putian	2504	11256	6798
三明市	Sanming	6566	52913	20907
泉州市	Quanzhou	13349	258748	44525
漳州市	Zhangzhou	15387	76885	18839
南平市	Nanping	3297	11092	8547
龙岩市	Longyan	4432	59367	9539
宁德市	Ningde	1303	51125	15431
江西省	**Jiangxi**			
南昌市	Nanchang	10258	83457	13800
景德镇市	Jingdezhen	3928	53655	15058
萍乡市	Pingxiang	1832	111934	36747
九江市	Jiujiang	8561	393617	23955
新余市	Xinyu	3277	94601	32136
鹰潭市	Yingtan	1669	1338610	7428
赣州市	Ganzhou	10128	65068	31893
吉安市	Ji'an	3503	90609	24287
宜春市	Yichun	5506	156549	39424
抚州市	Fuzhou			
上饶市	Shangrao	6124	106720	20991

2-45 续表 3 continued 3

城　　市	City	工业废水排放量 (万吨) Volume of Industrial Waste Water Discharged (10 000 tons)	工业二氧化硫产生量 (吨) Volume of Industry Sulphur Dioxide Produced (ton)	工业二氧化硫排放量 (吨) Volume of Sulphur Dioxide Emission (ton)
山东省	**Shandong**			
济南市	Jinan	5993	207015	28458
青岛市	Qingdao	6865	229041	12908
淄博市	Zibo	14892	548241	139983
枣庄市	Zaozhuang	7399	232612	36109
东营市	Dongying	8034	580397	43401
烟台市	Yantai	8535	876946	42882
潍坊市	Weifang	23805	563373	52544
济宁市	Jining	13344	413951	43943
泰安市	Tai'an	7011	222082	18327
威海市	Weihai	2428	163013	17811
日照市	Rizhao	6527	158980	23647
莱芜市	Laiwu	1619	225866	28792
临沂市	Linyi	9530	379021	63239
德州市	Dezhou	7740	326504	53486
聊城市	Liaocheng	8264	1416298	59125
滨州市	Binzhou	20086	1887735	157495
菏泽市	Heze	8507	225313	43263
河南省	**Henan**			
郑州市	Zhengzhou	7966	248465	34898
开封市	Kaifeng	3215	42895	7042
洛阳市	Luoyang	4932	346274	28386
平顶山市	Pingdingshan	2630	210421	18876
安阳市	Anyang	2153	317054	48049
鹤壁市	Hebi	2581	173508	11832
新乡市	Xinxiang	8180	230384	13810
焦作市	Jiaozuo	8440	206834	13545
濮阳市	Puyang	4064	45522	4511
许昌市	Xuchang	4279	103836	14142
漯河市	Luohe	2018	48451	1917
三门峡市	Sanmenxia	3808	193865	23465
南阳市	Nanyang	3094	87274	8851
商丘市	Shangqiu	2967	79472	20045
信阳市	Xinyang	670	83600	6076
周口市	Zhoukou	3582	14643	5846
驻马店市	Zhumadian	3518	58969	8518
湖北省	**Hubei**			
武汉市	Wuhan	12623	195064	17917
黄石市	Huangshi	4375	758677	23157
十堰市	Shiyan	1262	21086	9614
宜昌市	Yichang	5919	131815	25996
襄阳市	Xiangyang	5380	41890	25264
鄂州市	Ezhou	1013	120556	8932
荆门市	Jingmen	2053	82612	13368
孝感市	Xiaogan	4405	137630	18097
荆州市	Jingzhou	5167	71420	8990
黄冈市	Huanggang	1664	48333	7804
咸宁市	Xianning	1421	83872	12600
随州市	Suizhou	472	872	759

2-45 续表 4 continued 4

城 市	City	工业废水排放量 (万吨) Volume of Industrial Waste Water Discharged (10 000 tons)	工业二氧化硫产生量 (吨) Volume of Industry Sulphur Dioxide Produced (ton)	工业二氧化硫排放量 (吨) Volume of Sulphur Dioxide Emission (ton)
湖南省	**Hunan**			
长沙市	Changsha	4287	45889	6634
株洲市	Zhuzhou	3851	246057	24142
湘潭市	Xiangtan	3254	92957	29906
衡阳市	Hengyang	5688	182882	51706
邵阳市	Shaoyang	1979	119310	13546
岳阳市	Yueyang	8207	101457	19469
常德市	Changde	4064	84644	17436
张家界市	Zhangjiajie	88	28181	15614
益阳市	Yiyang	4581	76007	16008
郴州市	Chenzhou	4520	239591	14212
永州市	Yongzhou	1629	12229	8956
怀化市	Huaihua	2579	31761	12502
娄底市	Loudi	2821	155877	43440
广东省	**Guangdong**			
广州市	Guangzhou	19326	486670	20726
韶关市	Shaoguan	7276	157444	16169
深圳市	Shenzhen	10891	13048	4749
珠海市	Zhuhai	4379	54264	3734
汕头市	Shantou	6087	62091	11366
佛山市	Foshan	14107	121832	34273
江门市	Jiangmen			
湛江市	Zhanjiang	5432	121449	16514
茂名市	Maoming	2846	461133	9339
肇庆市	Zhaoqing	6567	48465	19932
惠州市	Huizhou	6137	51275	17297
梅州市	Meizhou			
汕尾市	Shanwei	949	80912	2607
河源市	Heyuan			
阳江市	Yangjiang	1499	73479	16540
清远市	Qingyuan			
东莞市	Dongguan	17245	283178	67608
中山市	Zhongshan			
潮州市	Chaozhou	1980	35856	6994
揭阳市	Jieyang	3462	69670	8060
云浮市	Yunfu	1179	59820	20617
广西壮族自治区	**Guangxi**			
南宁市	Nanning	3834	90197	9381
柳州市	Liuzhou	5815	84882	20128
桂林市	Guilin	2353	64330	16146
梧州市	Wuzhou	2926	8405	4984
北海市	Beihai	1200	35078	7292
防城港市	Fangchenggang	622	43326	21792
钦州市	Qinzhou	2527	36997	5428
贵港市	Guigang	13522	42556	22736

2-45 续表 5 continued 5

城市	City	工业废水排放量(万吨) Volume of Industrial Waste Water Discharged (10 000 tons)	工业二氧化硫产生量(吨) Volume of Industry Sulphur Dioxide Produced (ton)	工业二氧化硫排放量(吨) Volume of Sulphur Dioxide Emission (ton)
玉林市	Yulin	2347	10716	6488
百色市	Baise	2715	186698	23172
贺州市	Hezhou	971	53089	3567
河池市	Hechi	2787	13769	8681
来宾市	Laibin	4155	320491	8342
崇左市	Chongzuo	2195	5598	3431
海南省	**Hainan**			
海口市	Haikou	507	6127	593
三亚市	Sanya	7	1087	219
三沙市	Sansa			
儋州市	Danzhou	33		413
重庆市	**Chongqing**	**25875**	**1047107**	**174048**
四川省	**Sichuan**			
成都市	Chengdu	9262	67877	17318
自贡市	Zigong	1262	13310	8105
攀枝花市	Panzhihua			
泸州市	Luzhou	3050	95822	25045
德阳市	Deyang	4191	25742	13705
绵阳市	Mianyang	2576	18356	9294
广元市	Guangyuan	332	7953	6188
遂宁市	Suining	1373	11561	2922
内江市	Neijiang	2821	110358	50084
乐山市	Leshan	4398	86657	41716
南充市	Nanchong			
眉山市	Meishan			
宜宾市	Yibin			
广安市	Guang'an	1337	212366	41366
达州市	Dazhou			
雅安市	Ya'an	634	39439	3581
巴中市	Bazhong			
资阳市	Ziyang			
贵州省	**Guizhou**			
贵阳市	Guiyang	3768	178115	40373
六盘水市	Liupanshui	4014	526437	78915
遵义市	Zunyi	1590	538657	46347
安顺市	Anshun	300	185682	17159
毕节市	Bijie			
铜仁市	Tongren	349	120867	7970
云南省	**Yunnan**			
昆明市	Kunming	5359	331658	80083
曲靖市	Qujing	2586	822546	144804
玉溪市	Yuxi	5533	44354	33912
保山市	Baoshan	7509	14203	14131
昭通市	Zhaotong	1309	104995	18663
丽江市	Lijiang	321	8451	6744
普洱市	Pu'er	4501	11100	6034
临沧市	Lincang	4661	16929	15533

2-45 续表 6 continued 6

城 市	City	工业废水排放量 (万吨) Volume of Industrial Waste Water Discharged (10 000 tons)	工业二氧化硫产生量 (吨) Volume of Industry Sulphur Dioxide Produced (ton)	工业二氧化硫排放量 (吨) Volume of Sulphur Dioxide Emission (ton)
西藏自治区	**Tibet**			
拉萨市	Lasa	198	603	519
日喀则市	Rikaze			
昌都市	Changdu			
林芝市	Linzhi			
山南市	Shannan			
陕西省	**Shaanxi**			
西安市	Xi'an	4030	74754	4914
铜川市	Tongchuan	348	70327	7258
宝鸡市	Baoji	3565	86550	18814
咸阳市	Xianyang	4450	105987	17464
渭南市	Weinan	4450	432216	110943
延安市	Yan'an	2980	42944	7817
汉中市	Hanzhong	2192	62108	22799
榆林市	Yulin	6754	426833	78414
安康市	Ankang	236	6326	4846
商洛市	Shangluo	952	199171	6737
甘肃省	**Gansu**			
兰州市	Lanzhou	3342	108372	19192
嘉峪关市	Jiayuguan	33007	139448	30004
金昌市	Jinchang	1553	361821	18223
白银市	Baiyin	398	576542	37245
天水市	Tianshui	330	12611	4959
武威市	Wuwei	342	8888	3976
张掖市	Zhangye	904	22328	11034
平凉市	Pingliang	681	73946	11430
酒泉市	Jiuquan	509	29975	11949
庆阳市	Qingyang	242	8089	4875
定西市	Dingxi	201	12801	7330
陇南市	Longnan	1214	16719	6809
青海省	**Qinghai**			
西宁市	Xining			
海东市	Haidong			
宁夏回族自治区	**Ningxia**			
银川市	Yinchuan	3672		24366
石嘴山市	Shizuishan	1335	287442	51677
吴忠市	Wuzhong	1015	233004	30068
固原市	Guyuan	99	48141	7891
中卫市	Zhongwei	2945	23786	22845
新疆维吾尔自治区	**Xinjiang**			
乌鲁木齐市	Urumqi	4489	219318	40166
克拉玛依市	Karamay	1529	138951	16222
吐鲁番市	Tulufan			
哈密市	Hami			

2-46 工业烟(粉)尘产生及排放量(全市)
Industrial Soot(dust) Produced and Discharged(Total City)

单位：吨 (ton)

城 市	City	工业烟(粉)尘产生量 Volume of Industrial Soot(dust) Produced	工业烟(粉)尘排放量 Volume of Industrial Soot(dust) Emission
北京市	**Beijing**	**1317328**	**7874**
天津市	**Tianjin**	**4827143**	**57280**
河北省	**Hebei**		
石家庄市	Shijiazhuang	7402482	52705
唐山市	Tangshan	18491938	447920
秦皇岛市	Qinhuangdao	2377416	48524
邯郸市	Handan	7150488	117504
邢台市	Xingtai	2513749	81860
保定市	Baoding	2128475	14050
张家口市	Zhangjiakou	2938038	31475
承德市	Chengde	1484646	40963
沧州市	Cangzhou	1069577	13390
廊坊市	Langfang	673692	27993
衡水市	Hengshui	822017	7133
山西省	**Shanxi**		
太原市	Taiyuan	6552772	21897
大同市	Datong	17581458	25462
阳泉市	Yangquan	1174919	27681
长治市	Changzhi	5196031	43115
晋城市	Jincheng	3079759	77099
朔州市	Shuozhou	5357175	15870
晋中市	Jinzhong	2186213	27371
运城市	Yuncheng	3682559	49421
忻州市	Xinzhou	104570	104570
临汾市	Linfen		
吕梁市	Lvliang	3737248	93091
内蒙古自治区	**Inner Mongolia**		
呼和浩特市	Hohhot	6674742	79103
包头市	Baotou	4996619	61217
乌海市	Wuhai	3852099	46407
赤峰市	Chifeng	4024611	28681
通辽市	Tongliao	4632886	17670
鄂尔多斯市	Erdos	8351605	45699
呼伦贝尔市	Hulunbuir	160272	26771
巴彦淖尔市	Bayannur	2250879	21163
乌兰察布市	Ulanqab	5089417	21662
辽宁省	**Liaoning**		
沈阳市	Shenyang	2764003	30130
大连市	Dalian	4374447	32710
鞍山市	Anshan	2010530	78425
抚顺市	Fushun	2511227	37455
本溪市	Benxi	2440304	97303
丹东市	Dandong	677689	8803
锦州市	Jinzhou	673084	17260
营口市	Yingkou	3409327	95883

2-46 续表 1 continued 1

单位：吨 (ton)

城市	City	工业烟(粉)尘产生量 Volume of Industrial Soot(dust) Produced	工业烟(粉)尘排放量 Volume of Industrial Soot(dust) Emission
阜新市	Fuxin	1554512	7985
辽阳市	Liaoyang	2385933	14015
盘锦市	Panjin	562490	14437
铁岭市	Tieling	3271625	16937
朝阳市	Chaoyang	1365963	55464
葫芦岛市	Huludao		
吉林省	**Jilin**		
长春市	Changchun	1785257	24451
吉林市	Jilin	4059825	47644
四平市	Siping	1079108	8280
辽源市	Liaoyuan	947739	4949
通化市	Tonghua	1247279	17504
白山市	Baishan	1141080	8747
松原市	Songyuan	244412	4126
白城市	Baicheng	575732	6034
黑龙江省	**Heilongjiang**		
哈尔滨市	Harbin	3480685	21781
齐齐哈尔市	Qiqihar	1012969	20139
鸡西市	Jixi	1590497	5837
鹤岗市	Hegang	1687897	13789
双鸭山市	Shuangyashan	1757381	26219
大庆市	Daqing	1703152	12664
伊春市	Yichun	656991	7692
佳木斯市	Jiamusi	1222735	8622
七台河市	Qitaihe	951735	10694
牡丹江市	Mudanjiang		8265
黑河市	Heihe	647354	6948
绥化市	Suihua	275577	2787
上海市	**Shanghai**		**72782**
江苏省	**Jiangsu**		
南京市	Nanjing	6820727	48592
无锡市	Wuxi	4931395	67638
徐州市	Xuzhou	3704938	57688
常州市	Changzhou	3337019	57542
苏州市	Suzhou	7366348	61777
南通市	Nantong	3932121	13821
连云港市	Lianyungang	1668463	30798
淮安市	Huai'an	3482833	9212
盐城市	Yancheng	1845059	21934
扬州市	Yangzhou	1540946	9092
镇江市	Zhenjiang	3836094	20637
泰州市	Taizhou	1324553	9794
宿迁市	Suqian	237508	20543
浙江省	**Zhejiang**		
杭州市	Hangzhou	3987001	20414
宁波市	Ningbo	6014603	24009
温州市	Wenzhou	1636896	4911

2-46 续表 2 continued 2

单位: 吨 (ton)

城 市	City	工业烟(粉)尘产生量 Volume of Industrial Soot(dust) Produced	工业烟(粉)尘排放量 Volume of Industrial Soot(dust) Emission
嘉兴市	Jiaxing	1765111	10978
湖州市	Huzhou	3599189	19565
绍兴市	Shaoxing	597026	14441
金华市	Jinhua	1601472	16390
衢州市	Quzhou	1996610	31078
舟山市	Zhoushan	799164	2066
台州市	Taizhou	1715770	9152
丽水市	Lishui	134045	10188
安徽省	**Anhui**		
合肥市	Hefei	3668126	11483
芜湖市	Wuhu	4266419	37115
蚌埠市	Bengbu	517222	4154
淮南市	Huainan	8561738	21328
马鞍山市	Maanshan	4544770	81449
淮北市	Huaibei	1718602	12051
铜陵市	Tongling	5803452	17339
安庆市	Anqing	3163661	11039
黄山市	Huangshan	45680	2589
滁州市	Chuzhou	984845	11236
阜阳市	Fuyang	1053369	10065
宿州市	Suzhou	2148366	6914
六安市	Lu'an	924628	4971
亳州市	Bozhou	485218	3412
池州市	Chizhou	312958	15590
宣城市	Xuancheng	890811	13276
福建省	**Fujian**		
福州市	Fuzhou	1695547	67548
厦门市	Xiamen	300587	1183
莆田市	Putian	228752	3538
三明市	Sanming	3947384	47471
泉州市	Quanzhou	1857912	55689
漳州市	Zhangzhou	476342	8303
南平市	Nanping	398741	7593
龙岩市	Longyan	5323645	20047
宁德市	Ningde	407226	7459
江西省	**Jiangxi**		
南昌市	Nanchang	1176909	33926
景德镇市	Jingdezhen	1505188	35274
萍乡市	Pingxiang	1830760	26992
九江市	Jiujiang	2365248	98257
新余市	Xinyu	1775098	53016
鹰潭市	Yingtan	758480	2564
赣州市	Ganzhou	3020118	43898
吉安市	Ji'an	949332	15310
宜春市	Yichun	2929441	45293
抚州市	Fuzhou		
上饶市	Shangrao	2548713	23533

2-46 续表 3 continued 3

单位：吨 (ton)

城 市	City	工业烟(粉)尘产生量 Volume of Industrial Soot(dust) Produced	工业烟(粉)尘排放量 Volume of Industrial Soot(dust) Emission
山东省	**Shandong**		
济南市	Jinan	3546400	54677
青岛市	Qingdao	2138279	9033
淄博市	Zibo	5771291	72716
枣庄市	Zaozhuang	4709752	20166
东营市	Dongying	1636493	4916
烟台市	Yantai	5314771	21184
潍坊市	Weifang	5078453	43918
济宁市	Jining	6480684	29710
泰安市	Tai'an	4239446	17520
威海市	Weihai	1587804	15029
日照市	Rizhao	4005656	89784
莱芜市	Laiwu	3950211	120610
临沂市	Linyi	5568948	68578
德州市	Dezhou	3232236	35157
聊城市	Liaocheng	6940470	13604
滨州市	Binzhou	14403851	53570
菏泽市	Heze	2201468	24063
河南省	**Henan**		
郑州市	Zhengzhou	8791704	28977
开封市	Kaifeng	343657	4981
洛阳市	Luoyang	4810528	18424
平顶山市	Pingdingshan	4169344	32040
安阳市	Anyang	2327062	51644
鹤壁市	Hebi	1916761	5949
新乡市	Xinxiang	4258404	16456
焦作市	Jiaozuo	2619649	16090
濮阳市	Puyang	1629077	2856
许昌市	Xuchang	2588688	12719
漯河市	Luohe	708255	1114
三门峡市	Sanmenxia	2499913	14814
南阳市	Nanyang	3001922	13102
商丘市	Shangqiu	818021	10298
信阳市	Xinyang	1391241	19720
周口市	Zhoukou	87159	2884
驻马店市	Zhumadian	1092006	7286
湖北省	**Hubei**		
武汉市	Wuhan	3240011	54089
黄石市	Huangshi	3910272	47915
十堰市	Shiyan	793819	3923
宜昌市	Yichang	1585683	14959
襄阳市	Xiangyang	1848552	9398
鄂州市	Ezhou	1710869	27381
荆门市	Jingmen	1595028	11156
孝感市	Xiaogan	1258731	6986
荆州市	Jingzhou	1535719	6199
黄冈市	Huanggang	814268	7093
咸宁市	Xianning	1682700	5600
随州市	Suizhou	19963	1562

2-46 续表 4 continued 4

单位：吨 (ton)

城市	City	工业烟(粉)尘产生量 Volume of Industrial Soot(dust) Produced	工业烟(粉)尘排放量 Volume of Industrial Soot(dust) Emission
湖南省	**Hunan**		
长沙市	Changsha	415050	6890
株洲市	Zhuzhou	2811116	9938
湘潭市	Xiangtan	1399913	47854
衡阳市	Hengyang	591746	28693
邵阳市	Shaoyang	706477	8695
岳阳市	Yueyang	1337386	4978
常德市	Changde	1273109	9379
张家界市	Zhangjiajie	568695	2715
益阳市	Yiyang	1637760	8451
郴州市	Chenzhou	2347121	12939
永州市	Yongzhou	761988	12477
怀化市	Huaihua	136256	5364
娄底市	Loudi	3031386	55407
广东省	**Guangdong**		
广州市	Guangzhou	3481190	8951
韶关市	Shaoguan	1761223	38428
深圳市	Shenzhen	241018	1741
珠海市	Zhuhai	684113	9946
汕头市	Shantou	450986	2997
佛山市	Foshan	1383600	22642
江门市	Jiangmen		
湛江市	Zhanjiang	1574486	14031
茂名市	Maoming	545971	6364
肇庆市	Zhaoqing	3260204	27299
惠州市	Huizhou	2939604	14572
梅州市	Meizhou		
汕尾市	Shanwei	595422	950
河源市	Heyuan		
阳江市	Yangjiang	1555912	11713
清远市	Qingyuan		
东莞市	Dongguan	1761179	12647
中山市	Zhongshan		
潮州市	Chaozhou	561916	1598
揭阳市	Jieyang	242012	2064
云浮市	Yunfu	1860205	7828
广西壮族自治区	**Guangxi**		
南宁市	Nanning	1740032	9693
柳州市	Liuzhou	2449638	81573
桂林市	Guilin	826730	9860
梧州市	Wuzhou	86168	4332
北海市	Beihai	208874	8392
防城港市	Fangchenggang	1345018	27046
钦州市	Qinzhou	288004	2637
贵港市	Guigang	6158984	40318

2-46 续表 5 continued 5

单位：吨 (ton)

城市	City	工业烟(粉)尘产生量 Volume of Industrial Soot(dust) Produced	工业烟(粉)尘排放量 Volume of Industrial Soot(dust) Emission
玉林市	Yulin	71183	13087
百色市	Baise	2269298	11819
贺州市	Hezhou	936512	3480
河池市	Hechi	75022	3039
来宾市	Laibin	865312	4030
崇左市	Chongzuo	1070091	10718
海南省	**Hainan**		
海口市	Haikou	2614	156
三亚市	Sanya	101595	1199
三沙市	Sansa		
儋州市	Danzhou		1722
重庆市	**Chongqing**	**22316324**	**83787**
四川省	**Sichuan**		
成都市	Chengdu	1417322	
自贡市	Zigong	326949	2935
攀枝花市	Panzhihua		
泸州市	Luzhou	176417	5746
德阳市	Deyang	1014595	11486
绵阳市	Mianyang	843411	9529
广元市	Guangyuan	245459	4431
遂宁市	Suining	41896	1655
内江市	Neijiang	1342355	27726
乐山市	Leshan	1678217	28616
南充市	Nanchong		
眉山市	Meishan		
宜宾市	Yibin		
广安市	Guang'an	2986521	14714
达州市	Dazhou		
雅安市	Ya'an	230128	6428
巴中市	Bazhong		
资阳市	Ziyang		
贵州省	**Guizhou**		
贵阳市	Guiyang	2006286	8475
六盘水市	Liupanshui	5498162	47826
遵义市	Zunyi	560617	13079
安顺市	Anshun	1462686	3618
毕节市	Bijie		
铜仁市	Tongren	1086337	6543
云南省	**Yunnan**		
昆明市	Kunming	2501819	25188
曲靖市	Qujing	9239284	43300
玉溪市	Yuxi	1087050	20866
保山市	Baoshan	1034057	12860
昭通市	Zhaotong	294198	5468
丽江市	Lijiang	44969	8947
普洱市	Pu'er	595914	6070
临沧市	Lincang	42364	4268

2-46 续表 6 continued 6

单位：吨 (ton)

城　市	City	工业烟(粉)尘产生量 Volume of Industrial Soot(dust) Produced	工业烟(粉)尘排放量 Volume of Industrial Soot(dust) Emission
西藏自治区	**Tibet**		
拉萨市	Lasa	784739	131
日喀则市	Rikaze		
昌都市	Changdu		
林芝市	Linzhi		
山南市	Shannan		
陕西省	**Shaanxi**		
西安市	Xi'an	1093460	2853
铜川市	Tongchuan	1741608	11844
宝鸡市	Baoji	2104684	11032
咸阳市	Xianyang	2502228	9798
渭南市	Weinan	2665481	10546
延安市	Yan'an	646221	5043
汉中市	Hanzhong	3338715	33581
榆林市	Yulin	5336400	62374
安康市	Ankang	147098	3533
商洛市	Shangluo	486350	2205
甘肃省	**Gansu**		
兰州市	Lanzhou	3199994	15892
嘉峪关市	Jiayuguan	2374116	44542
金昌市	Jinchang	2573408	4704
白银市	Baiyin	1958691	5823
天水市	Tianshui	622248	4311
武威市	Wuwei	227177	3524
张掖市	Zhangye	427549	6078
平凉市	Pingliang	1904342	5061
酒泉市	Jiuquan	130172	2532
庆阳市	Qingyang	42186	2239
定西市	Dingxi	55206	3374
陇南市	Longnan	839086	4895
青海省	**Qinghai**		
西宁市	Xining		
海东市	Haidong		
宁夏回族自治区	**Ningxia**		
银川市	Yinchuan		11220
石嘴山市	Shizuishan	10140089	63650
吴忠市	Wuzhong	2889944	8664
固原市	Guyuan	439782	4658
中卫市	Zhongwei	2044276	48894
新疆维吾尔自治区	**Xinjiang**		
乌鲁木齐市	Urumqi	2073113	34024
克拉玛依市	Karamay	769114	6119
吐鲁番市	Tulufan		
哈密市	Hami		

2-47 工业固体废物综合利用率和污水及生活垃圾处理率(全市)
Ratio of Industrial Solid Wastes Utilized, Ratio of Waste Water and Consumption (Total City)

单位: % (%)

城 市	City	一般工业固体废物综合利用率 Ratio of Industrial Solid Wastes Comprehensively Utilized	污水处理厂集中处理率 Ratio of waste Water Centralized Treated of Sewage Work	生活垃圾无害化处理率 Ratio of Consumption Wastes Treated
北京市	**Beijing**		**90.00**	**99.84**
天津市	**Tianjin**	**98.99**		**94.00**
河北省	**Hebei**			
石家庄市	Shijiazhuang	94.96	96.09	99.54
唐山市	Tangshan	70.79	98.00	100.00
秦皇岛市	Qinhuangdao	81.89	96.60	100.00
邯郸市	Handan	85.70	97.20	96.67
邢台市	Xingtai	96.03	96.35	100.00
保定市	Baoding	98.84	90.08	93.11
张家口市	Zhangjiakou	57.16	94.20	95.50
承德市	Chengde	27.50	92.83	95.62
沧州市	Cangzhou	59.73	99.91	100.00
廊坊市	Langfang	94.29	84.08	100.00
衡水市	Hengshui	98.97		100.00
山西省	**Shanxi**			
太原市	Taiyuan	51.30		100.00
大同市	Datong	92.00	83.85	75.23
阳泉市	Yangquan	16.76	86.20	72.01
长治市	Changzhi	75.40	92.31	42.17
晋城市	Jincheng	78.00	95.30	86.70
朔州市	Shuozhou	51.52		100.00
晋中市	Jinzhong		95.24	95.51
运城市	Yuncheng	31.54	98.00	100.00
忻州市	Xinzhou	70.00	95.24	100.00
临汾市	Linfen		90.62	87.88
吕梁市	Lvliang	74.24	82.72	83.67
内蒙古自治区	**Inner Mongolia**			
呼和浩特市	Hohhot	43.78	94.64	100.00
包头市	Baotou	44.72	89.69	97.67
乌海市	Wuhai		96.50	98.65
赤峰市	Chifeng	29.95	93.10	100.00
通辽市	Tongliao	89.74	97.87	97.49
鄂尔多斯市	Erdos	45.03	97.27	97.02
呼伦贝尔市	Hulunbuir	40.21	95.01	98.64
巴彦淖尔市	Bayannur	33.14	97.82	98.04
乌兰察布市	Ulanqab	68.69	94.85	95.28
辽宁省	**Liaoning**			
沈阳市	Shenyang	77.84		100.00
大连市	Dalian	95.31	95.00	100.00
鞍山市	Anshan			
抚顺市	Fushun	42.56	75.00	100.00
本溪市	Benxi	45.01	95.12	100.00
丹东市	Dandong	92.10	46.07	100.00
锦州市	Jinzhou	88.97	89.80	100.00
营口市	Yingkou	93.70	85.77	71.39

2-47 续表 1 continued 1

单位：% (%)

城 市	City	一般工业固体废物综合利用率 Ratio of Industrial Solid Wastes Comprehensively Utilized	污水处理厂集中处理率 Ratio of waste Water Centralized Treated of Sewage Work	生活垃圾无害化处理率 Ratio of Consumption Wastes Treated
阜新市	Fuxin	81.60	88.50	100.00
辽阳市	Liaoyang	6.00	100.00	100.00
盘锦市	Panjin	89.66	100.00	100.00
铁岭市	Tieling	64.28	100.00	100.00
朝阳市	Chaoyang	79.66	99.20	100.00
葫芦岛市	Huludao			
吉林省	**Jilin**			
长春市	Changchun	98.70	92.52	91.81
吉林市	Jilin	46.77	92.96	75.37
四平市	Siping	93.67	90.79	41.83
辽源市	Liaoyuan	100.00	89.82	82.55
通化市	Tonghua	80.71	95.09	88.75
白山市	Baishan	88.37	88.24	84.74
松原市	Songyuan	93.43	96.17	91.77
白城市	Baicheng	99.87	87.74	79.63
黑龙江省	**Heilongjiang**			
哈尔滨市	Harbin	99.29	92.20	87.30
齐齐哈尔市	Qiqihar		75.04	68.33
鸡西市	Jixi			
鹤岗市	Hegang	89.67	75.55	36.59
双鸭山市	Shuangyashan	73.53	81.00	
大庆市	Daqing		42.07	100.00
伊春市	Yichun	70.12	87.90	64.26
佳木斯市	Jiamusi	64.41	85.00	100.00
七台河市	Qitaihe	95.20	86.50	98.21
牡丹江市	Mudanjiang	99.38	65.55	95.98
黑河市	Heihe	5.20	92.97	100.00
绥化市	Suihua	100.00	90.20	100.00
上海市	**Shanghai**	**95.70**		**100.00**
江苏省	**Jiangsu**			
南京市	Nanjing	85.80	65.61	100.00
无锡市	Wuxi	94.90	90.70	100.00
徐州市	Xuzhou	96.90	91.20	100.00
常州市	Changzhou	98.10	92.30	100.00
苏州市	Suzhou	88.80	83.53	100.00
南通市	Nantong	95.60	87.00	100.00
连云港市	Lianyungang	93.60	84.00	100.00
淮安市	Huai'an	80.00	79.00	100.00
盐城市	Yancheng	94.50	81.00	100.00
扬州市	Yangzhou	97.30	86.00	100.00
镇江市	Zhenjiang	91.00	83.10	94.69
泰州市	Taizhou	98.90	71.03	96.30
宿迁市	Suqian	90.50	84.48	100.00
浙江省	**Zhejiang**			
杭州市	Hangzhou	85.12	94.46	100.00
宁波市	Ningbo	94.86	84.42	100.00
温州市	Wenzhou	71.63	91.12	100.00

2-47 续表 2 continued 2

单位：%　　(%)

城　市	City	一般工业固体废物综合利用率 Ratio of Industrial Solid Wastes Comprehensively Utilized	污水处理厂集中处理率 Ratio of waste Water Centralized Treated of Sewage Work	生活垃圾无害化处理率 Ratio of Consumption Wastes Treated
嘉兴市	Jiaxing	92.12	90.29	99.45
湖州市	Huzhou	99.25	92.71	100.00
绍兴市	Shaoxing	94.58	93.63	100.00
金华市	Jinhua	96.80	93.15	100.00
衢州市	Quzhou	92.79	79.23	100.00
舟山市	Zhoushan	92.70	71.62	100.00
台州市	Taizhou	95.36	92.51	100.00
丽水市	Lishui	90.20	88.85	100.00
安徽省	**Anhui**			
合肥市	Hefei	73.65	91.63	100.00
芜湖市	Wuhu	91.62	93.56	99.90
蚌埠市	Bengbu	98.42	93.67	99.30
淮南市	Huainan	81.43	88.71	94.80
马鞍山市	Maanshan	91.02	94.66	99.98
淮北市	Huaibei	95.39	90.18	100.00
铜陵市	Tongling	92.37	93.00	100.00
安庆市	Anqing	97.33	88.38	98.67
黄山市	Huangshan	79.50	93.40	100.00
滁州市	Chuzhou	77.31	95.39	83.97
阜阳市	Fuyang	85.16	87.55	85.67
宿州市	Suzhou	87.52	86.89	87.68
六安市	Lu'an	40.07	91.78	100.00
亳州市	Bozhou	97.15	93.34	99.51
池州市	Chizhou	88.34	93.84	93.73
宣城市	Xuancheng	77.15	94.43	99.95
福建省	**Fujian**			
福州市	Fuzhou	97.55	93.21	98.75
厦门市	Xiamen	84.44	94.00	98.00
莆田市	Putian	81.65	87.50	98.80
三明市	Sanming	94.33	85.92	98.70
泉州市	Quanzhou	95.03	89.39	98.59
漳州市	Zhangzhou	95.02	89.33	99.02
南平市	Nanping	87.05	88.38	96.38
龙岩市	Longyan	88.55	89.23	99.57
宁德市	Ningde	82.00	85.01	95.81
江西省	**Jiangxi**			
南昌市	Nanchang	95.00		100.00
景德镇市	Jingdezhen	93.46	74.00	100.00
萍乡市	Pingxiang		97.75	
九江市	Jiujiang	64.10	90.02	88.99
新余市	Xinyu	94.44	95.66	100.00
鹰潭市	Yingtan	90.16	92.16	100.00
赣州市	Ganzhou	73.13	83.13	74.60
吉安市	Ji'an	95.94	88.40	100.00
宜春市	Yichun	58.00	85.70	65.56
抚州市	Fuzhou			
上饶市	Shangrao	7.32	86.32	99.20

2-47 续表 3 continued 3

单位：% (%)

城市	City	一般工业固体废物综合利用率 Ratio of Industrial Solid Wastes Comprehensively Utilized	污水处理厂集中处理率 Ratio of waste Water Centralized Treated of Sewage Work	生活垃圾无害化处理率 Ratio of Consumption Wastes Treated
山东省	**Shandong**			
济南市	Jinan	99.13	96.33	100.00
青岛市	Qingdao	93.76	99.09	100.00
淄博市	Zibo	95.79	96.45	100.00
枣庄市	Zaozhuang	100.00	95.95	100.00
东营市	Dongying	93.74	96.18	100.00
烟台市	Yantai	82.92	95.83	100.00
潍坊市	Weifang		98.85	100.00
济宁市	Jining	93.00	96.10	100.00
泰安市	Tai'an	98.08	96.10	100.00
威海市	Weihai	95.00	96.36	100.00
日照市	Rizhao	87.38	96.05	100.00
莱芜市	Laiwu	96.56	94.18	100.00
临沂市	Linyi	99.25	95.22	100.00
德州市	Dezhou	90.89	95.00	99.02
聊城市	Liaocheng	81.20	100.00	100.00
滨州市	Binzhou	54.76	95.70	100.00
菏泽市	Heze	98.05	94.29	99.37
河南省	**Henan**			
郑州市	Zhengzhou	83.30	99.82	100.00
开封市	Kaifeng	98.09	94.00	94.00
洛阳市	Luoyang	45.13	98.76	95.84
平顶山市	Pingdingshan	98.14	99.94	100.00
安阳市	Anyang	97.75	96.66	94.15
鹤壁市	Hebi	95.31	91.69	94.99
新乡市	Xinxiang	69.52	92.00	100.00
焦作市	Jiaozuo	68.68	90.75	97.50
濮阳市	Puyang	99.24	93.90	82.74
许昌市	Xuchang	96.01	90.53	100.00
漯河市	Luohe	100.00	97.50	95.00
三门峡市	Sanmenxia	36.79	95.80	96.70
南阳市	Nanyang	71.83	91.59	89.39
商丘市	Shangqiu	98.58	93.00	97.00
信阳市	Xinyang	87.02	87.78	76.38
周口市	Zhoukou	99.35	93.22	99.29
驻马店市	Zhumadian	99.90	96.66	95.46
湖北省	**Hubei**			
武汉市	Wuhan	97.45	95.60	100.00
黄石市	Huangshi	93.52	90.38	100.00
十堰市	Shiyan	64.14	96.94	94.55
宜昌市	Yichang	25.26	93.13	99.64
襄阳市	Xiangyang	46.37	90.05	88.13
鄂州市	Ezhou	84.52	85.29	100.00
荆门市	Jingmen	58.41	96.49	100.00
孝感市	Xiaogan	58.19	89.70	100.00
荆州市	Jingzhou	39.44	89.71	100.00
黄冈市	Huanggang	54.17	67.40	90.00
咸宁市	Xianning	99.57	85.00	100.00
随州市	Suizhou		95.00	98.00

2-47 续表 4 continued 4

单位：% (%)

城　市	City	一般工业固体废物综合利用率 Ratio of Industrial Solid Wastes Comprehensively Utilized	污水处理厂集中处理率 Ratio of waste Water Centralized Treated of Sewage Work	生活垃圾无害化处理率 Ratio of Consumption Wastes Treated
湖南省	**Hunan**			
长沙市	Changsha	94.00	100.00	100.00
株洲市	Zhuzhou	93.30	93.58	100.00
湘潭市	Xiangtan	99.97	93.60	100.00
衡阳市	Hengyang	88.66	81.00	100.00
邵阳市	Shaoyang	67.34	83.00	98.00
岳阳市	Yueyang	71.98	77.65	100.00
常德市	Changde	96.37	91.00	92.03
张家界市	Zhangjiajie	100.00	83.37	100.00
益阳市	Yiyang	85.00	93.71	100.00
郴州市	Chenzhou		93.10	100.00
永州市	Yongzhou	85.30	87.47	100.00
怀化市	Huaihua	45.00	86.16	100.00
娄底市	Loudi	96.00	90.15	100.00
广东省	**Guangdong**			
广州市	Guangzhou	96.48	94.20	96.10
韶关市	Shaoguan	78.43	85.80	95.00
深圳市	Shenzhen	40.85	96.72	100.00
珠海市	Zhuhai	93.64		100.00
汕头市	Shantou	95.59	90.32	100.00
佛山市	Foshan	86.20	96.72	100.00
江门市	Jiangmen			
湛江市	Zhanjiang	98.39	86.39	89.52
茂名市	Maoming	93.81	91.58	100.00
肇庆市	Zhaoqing	41.95	83.34	99.78
惠州市	Huizhou	95.70	96.20	
梅州市	Meizhou			100.00
汕尾市	Shanwei	99.99	85.64	88.13
河源市	Heyuan			
阳江市	Yangjiang	91.06	88.00	100.00
清远市	Qingyuan		90.25	100.00
东莞市	Dongguan	89.73	96.21	100.00
中山市	Zhongshan			
潮州市	Chaozhou	99.96		
揭阳市	Jieyang	45.00	78.00	60.00
云浮市	Yunfu	66.31	74.41	100.00
广西壮族自治区	**Guangxi**			
南宁市	Nanning	94.44	78.29	97.87
柳州市	Liuzhou	98.80	51.01	99.99
桂林市	Guilin	82.89	89.23	99.93
梧州市	Wuzhou	85.86	69.27	96.91
北海市	Beihai	95.00	95.06	100.00
防城港市	Fangchenggang	99.21	57.57	99.71
钦州市	Qinzhou	98.25	86.71	100.00
贵港市	Guigang	96.01	53.94	100.00

2-47 续表 5 continued 5

单位：% (%)

城市	City	一般工业固体废物综合利用率 Ratio of Industrial Solid Wastes Comprehensively Utilized	污水处理厂集中处理率 Ratio of waste Water Centralized Treated of Sewage Work	生活垃圾无害化处理率 Ratio of Consumption Wastes Treated
玉林市	Yulin	87.68	96.88	100.00
百色市	Baise	29.06	88.41	100.00
贺州市	Hezhou	95.16	87.03	100.00
河池市	Hechi	73.84	88.66	99.16
来宾市	Laibin	64.50	87.37	100.00
崇左市	Chongzuo	44.12	49.18	64.79
海南省	**Hainan**			
海口市	Haikou	89.50	95.00	100.00
三亚市	Sanya	100.00	87.40	100.00
三沙市	Sansa		100.00	100.00
儋州市	Danzhou	100.00		
重庆市	**Chongqing**	**76.90**	**95.37**	**99.98**
四川省	**Sichuan**			
成都市	Chengdu			
自贡市	Zigong	92.03	89.66	84.41
攀枝花市	Panzhihua		39.80	99.86
泸州市	Luzhou	97.18	74.71	92.09
德阳市	Deyang	60.39	76.06	100.00
绵阳市	Mianyang	87.40	89.68	98.20
广元市	Guangyuan	90.87	97.49	96.54
遂宁市	Suining	99.22	93.99	98.84
内江市	Neijiang	92.87	89.22	97.00
乐山市	Leshan	87.75	88.32	75.29
南充市	Nanchong		88.77	100.00
眉山市	Meishan			
宜宾市	Yibin		68.02	89.60
广安市	Guang'an	83.84	100.00	100.00
达州市	Dazhou			
雅安市	Ya'an	65.84	94.82	93.70
巴中市	Bazhong			
资阳市	Ziyang		86.29	100.00
贵州省	**Guizhou**			
贵阳市	Guiyang	39.13		97.47
六盘水市	Liupanshui	62.50	67.38	98.39
遵义市	Zunyi	52.80	94.89	84.99
安顺市	Anshun	99.00	92.11	93.43
毕节市	Bijie		91.00	80.48
铜仁市	Tongren	49.74	89.66	88.47
云南省	**Yunnan**			
昆明市	Kunming		91.48	94.84
曲靖市	Qujing	76.24	94.00	96.00
玉溪市	Yuxi	48.98		
保山市	Baoshan	84.78	92.00	99.50
昭通市	Zhaotong	61.37	76.12	45.25
丽江市	Lijiang		88.61	94.94
普洱市	Pu'er	27.91	90.18	97.12
临沧市	Lincang	81.00	88.49	94.39

2-47 续表 6 continued 6

单位：% (%)

城 市	City	一般工业固体废物综合利用率 Ratio of Industrial Solid Wastes Comprehensively Utilized	污水处理厂集中处理率 Ratio of waste Water Centralized Treated of Sewage Work	生活垃圾无害化处理率 Ratio of Consumption Wastes Treated
西藏自治区	**Tibet**			
拉萨市	Lasa	35.66		
日喀则市	Rikaze		10.90	90.00
昌都市	Changdu			
林芝市	Linzhi			
山南市	Shannan			
陕西省	**Shaanxi**			
西安市	Xi'an	86.89	91.93	96.70
铜川市	Tongchuan	98.38	91.37	90.69
宝鸡市	Baoji	53.20	91.50	99.24
咸阳市	Xianyang	64.41	95.00	96.90
渭南市	Weinan	99.99	96.25	91.21
延安市	Yan'an	84.87	87.59	92.75
汉中市	Hanzhong	66.08	94.61	100.00
榆林市	Yulin	86.21	88.46	91.89
安康市	Ankang	66.70	91.76	100.00
商洛市	Shangluo	61.00	84.42	91.39
甘肃省	**Gansu**			
兰州市	Lanzhou	96.45	95.72	40.40
嘉峪关市	Jiayuguan	57.55	92.00	100.00
金昌市	Jinchang	13.40	95.17	100.00
白银市	Baiyin	76.70	78.48	97.96
天水市	Tianshui	71.72	94.74	72.43
武威市	Wuwei	88.77	95.97	99.50
张掖市	Zhangye	78.65	90.50	100.00
平凉市	Pingliang	93.05	88.01	100.00
酒泉市	Jiuquan	52.00	89.00	100.00
庆阳市	Qingyang	99.98	78.15	61.93
定西市	Dingxi	89.93	88.89	69.16
陇南市	Longnan	24.32	84.01	62.70
青海省	**Qinghai**			
西宁市	Xining			
海东市	Haidong			
宁夏回族自治区	**Ningxia**			
银川市	Yinchuan		95.20	97.00
石嘴山市	Shizuishan	49.37		97.52
吴忠市	Wuzhong	58.74	72.27	100.00
固原市	Guyuan	86.00	79.62	97.89
中卫市	Zhongwei	88.24	96.20	94.85
新疆维吾尔自治区	**Xinjiang**			
乌鲁木齐市	Urumqi	92.30	85.94	96.34
克拉玛依市	Karamay	83.72	95.32	99.04
吐鲁番市	Tulufan			
哈密市	Hami			

三、县级城市统计资料

Statistical Data of County-level Cities

3-1 人口状况
Population

单位：万人 (10 000 persons)

城　　市	City	年末户籍人口 Household Registered Population at Year-end	城　　市	City	年末户籍人口 Household Registered Population at Year-end
河北省	**Hebei**		东港市	Donggang	60.6
晋州市	Jinzhou	57.2	凤城市	Fengcheng	56.7
新乐市	Xinle	51.7	凌海市	Linghai	51.4
遵化市	Zunhua	76.0	北镇市	Beizhen	51.6
迁安市	Qian'an	77.3	盖州市	Gaizhou	69.8
武安市	Wu'an	83.9	大石桥市	Dashiqiao	69.8
南宫市	Nangong	50.6	灯塔市	Dengta	44.4
沙河市	Shahe	44.8	调兵山市	Diaobingshan	23.4
涿州市	Zhuozhou	69.2	开原市	Kaiyuan	57.9
安国市	Anguo	41.7	北票市	Beipiao	57.0
高碑店市	Gaobeidian	57.3	凌源市	Lingyuan	65.1
泊头市	Botou	63.5	兴城市	Xingcheng	54.1
任丘市	Renqiu	89.3	**吉林省**	**Jilin**	
黄骅市	Huanghua	48.1	榆树市	Yushu	125.5
河间市	Hejian	89.1	德惠市	Dehui	101.0
霸州市	Bazhou	65.0	蛟河市	Jiaohe	43.6
三河市	Sanhe	69.1	桦甸市	Huadian	43.4
深州市	Shenzhou	57.7	舒兰市	Shulan	62.8
定州市	Dingzhou	124.9	磐石市	Panshi	52.1
辛集市	Xinji	63.8	公主岭市	Gongzhuling	104.7
山西省	**Shanxi**		双辽市	Shuangliao	37.8
古交市	Gujiao	21.9	梅河口市	Meihekou	60.1
潞城市	Lucheng	22.7	集安市	Ji'an	21.6
高平市	Gaoping	48.4	临江市	Linjiang	16.5
介休市	Jiexiu	43.2	扶余市	Fuyu	72.2
永济市	Yongji	44.7	洮南市	Taonan	42.0
河津市	Hejin	40.2	大安市	Daan	38.9
原平市	Yuanping	48.9	延吉市	Yanji	54.5
侯马市	Houma	24.4	图们市	Tumen	11.6
霍州市	Huozhou	31.0	敦化市	Dunhua	46.7
孝义市	Xiaoyi	48.9	珲春市	Hunchun	27.0
汾阳市	Fenyang	42.9	龙井市	Longjing	16.1
内蒙古自治区	**Inner Mongolia**		和龙市	Helong	17.0
霍林郭勒市	Huolinguole	8.2	**黑龙江省**	**Heilongjiang**	
满洲里市	Manzhouli	17.2	尚志市	Shangzhi	58.0
牙克石市	Yakeshi	33.6	五常市	Wuchang	91.8
扎兰屯市	Zhalantun	41.2	讷河市	Nehe	69.9
额尔古纳市	Eerguna	8.1	虎林市	Hulin	15.4
根河市	Genhe	14.0	密山市	Mishan	34.2
丰镇市	Fengzhen	31.7	铁力市	Tieli	35.6
乌兰浩特市	Wulanhaote	32.2	同江市	Tongjiang	10.9
阿尔山市	Aershan	4.6	富锦市	Fujin	38.0
二连浩特市	Erlianhaote	3.2	抚远市	Fuyuan	8.4
锡林浩特市	Xilinhaote	18.7	绥芬河市	Suifenhe	7.1
辽宁省	**Liaoning**		海林市	Hailin	37.8
新民市	Xinmin	68.1	宁安市	Ning'an	42.2
瓦房店市	Wafangdian	99.6	穆棱市	Muling	28.4
庄河市	Zhuanghe	90.4	东宁市	Dongning	21.0
海城市	Haicheng	108.0	北安市	Bei'an	35.0

3-1 续表 1 continued 1

单位：万人 (10 000 persons)

城　市	City	年末户籍人口 Household Registered Population at Year-end	城　市	City	年末户籍人口 Household Registered Population at Year-end
五大连池市	Wudalianchi	34.3	桐城市	Tongcheng	75.6
安达市	Anda	46.7	天长市	Tianchang	63.6
肇东市	Zhaodong	88.0	明光市	Mingguang	64.5
海伦市	Hailun	77.4	界首市	Jieshou	81.7
江苏省	**Jiangsu**		宁国市	Ningguo	38.6
江阴市	Jiangyin	124.8	**福建省**	**Fujian**	
宜兴市	Yixing	108.3	福清市	Fuqing	135.9
新沂市	Xinyi	113.6	长乐市	Changle	72.6
邳州市	Pizhou	193.9	永安市	Yong'an	33.3
溧阳市	Liyang	80.0	石狮市	Shishi	33.2
常熟市	Changshu	106.9	晋江市	Jinjiang	113.2
张家港市	Zhangjiagang	92.7	南安市	Nan'an	161.3
昆山市	Kunshan	82.4	龙海市	Longhai	87.6
太仓市	Taicang	48.3	邵武市	Shaowu	30.9
启东市	Qidong	112.0	武夷山市	Wuyishan	24.3
如皋市	Rugao	143.7	建瓯市	Jian'ou	55.5
海门市	Haimen	100.1	漳平市	Zhangping	29.7
东台市	Dongtai	112.5	福安市	Fu'an	67.2
仪征市	Yizheng	56.5	福鼎市	Fuding	59.9
高邮市	Gaoyou	81.5	**江西省**	**Jiangxi**	
丹阳市	Danyang	81.2	乐平市	Leping	94.0
扬中市	Yangzhong	28.2	瑞昌市	Ruichang	46.5
句容市	Jurong	59.2	共青城市	Gongqingcheng	7.3
兴化市	Xinghua	158.3	庐山市	Lushan	28.7
靖江市	Jingjiang	66.7	贵溪市	Guixi	64.5
泰兴市	Taixing	119.3	瑞金市	Ruijin	70.4
浙江省	**Zhejiang**		井冈山市	Jinggangshan	17.0
建德市	Jiande	51.1	丰城市	Fengcheng	150.2
临安市	Lin'an	53.2	樟树市	Zhangshu	61.1
余姚市	Yuyao	83.8	高安市	Gaoan	87.6
慈溪市	Cixi	104.9	德兴市	Dexing	33.8
奉化市	Fenghua	48.4	**山东省**	**Shandong**	
瑞安市	Rui'an	123.5	胶州市	Jiaozhou	83.8
乐清市	Yueqing	129.6	即墨市	Jimo	115.8
海宁市	Haining	68.2	平度市	Pingdu	139.0
平湖市	Pinghu	49.4	莱西市	Laixi	74.2
桐乡市	Tongxiang	69.3	滕州市	Tengzhou	171.5
诸暨市	Zhuji	108.2	龙口市	Longkou	63.7
嵊州市	Shengzhou	73.0	莱阳市	Laiyang	91.0
兰溪市	Lanxi	66.5	莱州市	Laizhou	85.0
义乌市	Yiwu	78.2	蓬莱市	Penglai	44.9
东阳市	Dongyang	84.0	招远市	Zhaoyuan	56.6
永康市	Yongkang	60.2	栖霞市	Qixia	60.8
江山市	Jiangshan	61.4	海阳市	Haiyang	64.4
温岭市	Wenling	121.7	青州市	Qingzhou	94.4
临海市	Linhai	120.0	诸城市	Zhucheng	111.0
龙泉市	Longquan	29.1	寿光市	Shouguang	108.5
安徽省	**Anhui**		安丘市	Anqiu	96.2
巢湖市	Chaohu	85.8	高密市	Gaomi	89.3

3-1 续表 2 continued 2

单位：万人 (10 000 persons)

城　市	City	年末户籍人口 Household Registered Population at Year-end	城　市	City	年末户籍人口 Household Registered Population at Year-end
昌邑市	Changyi	58.6	麻城市	Macheng	117.0
曲阜市	Qufu	64.7	武穴市	Wuxue	82.3
邹城市	Zoucheng	119.6	赤壁市	Chibi	53.5
新泰市	Xintai	142.8	广水市	Guangshui	93.1
肥城市	Feicheng	99.2	恩施市	Enshi	80.9
荣成市	Rongcheng	66.7	利川市	Lichuan	92.0
乳山市	Rushan	55.6	仙桃市	Xiantao	156.0
乐陵市	Laoling	71.5	潜江市	Qianjiang	102.3
禹城市	Yucheng	53.8	天门市	Tianmen	163.4
临清市	Linqing	82.1	**湖南省**	**Hunan**	
河南省	**Henan**		浏阳市	Liuyang	149.1
巩义市	Gongyi	84.1	醴陵市	Liling	104.8
荥阳市	Xingyang	69.4	湘乡市	Xiangxiang	93.2
新密市	Xinmi	89.3	韶山市	Shaoshan	11.9
新郑市	Xinzheng	62.3	耒阳市	Leiyang	143.1
登封市	Dengfeng	72.9	常宁市	Changning	97.0
偃师市	Yanshi	63.2	武冈市	Wugang	84.6
舞钢市	Wugang	34.4	汨罗市	Miluo	76.2
汝州市	Ruzhou	116.3	临湘市	Linxiang	54.3
林州市	Linzhou	114.0	津市市	Jinshi	24.0
卫辉市	Weihui	54.4	沅江市	Yuanjiang	74.9
辉县市	Huixian	87.9	资兴市	Zixing	38.3
沁阳市	Qinyang	48.6	洪江市	Hongjiang	50.3
孟州市	Mengzhou	38.4	冷水江市	Lengshuijiang	37.2
禹州市	Yuzhou	133.0	涟源市	Lianyuan	118.8
长葛市	Changge	78.7	吉首市	Jishou	30.8
义马市	Yima	16.0	**广东省**	**Guangdong**	
灵宝市	Lingbao	75.7	从化市	Zengcheng	61.8
邓州市	Dengzhou	178.0	增城市	Conghua	89.1
永城市	Yongcheng	160.7	乐昌市	Lechang	53.0
项城市	Xiangcheng	125.1	南雄市	Nanxiong	48.6
济源市	Jiyuan	72.0	台山市	Taishan	97.1
湖北省	**Hubei**		开平市	Kaiping	68.7
大冶市	Daye	98.0	鹤山市	Heshan	37.2
丹江口市	Danjiangkou	46.5	恩平市	Enping	49.5
宜都市	Yidu	39.2	廉江市	Lianjiang	182.5
当阳市	Dangyang	47.2	雷州市	Leizhou	181.0
枝江市	Zhijiang	47.9	吴川市	Wuchuan	119.8
老河口市	Laohekou	52.2	高州市	Gaozhou	181.4
枣阳市	Zaoyang	114.1	化州市	Huazhou	174.8
宜城市	Yicheng	56.5	信宜市	Xinyi	146.8
钟祥市	Zhongxiang	105.9	四会市	Sihui	46.0
应城市	Yingcheng	66.6	兴宁市	Xingning	119.4
安陆市	Anlu	62.0	陆丰市	Lufeng	188.9
汉川市	Hanchuan	110.9	阳春市	Yangchun	120.0
石首市	Shishou	63.0	英德市	Yingde	115.5
洪湖市	Honghu	93.2	连州市	Lianzhou	54.5
松滋市	Songzi	84.1	普宁市	Puning	244.1

3-1 续表 3 continued 3

单位：万人 (10 000 persons)

城 市	City	年末户籍人口 Household Registered Population at Year-end
罗定市	Luoding	130.1
广西壮族自治区	**Guangxi**	
岑溪市	Cenxi	95.5
东兴市	Dongxing	14.7
桂平市	Guiping	201.7
北流市	Beiliu	149.5
靖西市	Jingxi	66.1
宜州市	Yizhou	66.6
合山市	Heshan	13.8
凭祥市	Pingxiang	11.4
海南省	**Hainan**	
五指山市	Wuzhishan	10.6
琼海市	Qionghai	51.3
文昌市	Wenchang	59.7
万宁市	Wanning	62.3
东方市	Dongfang	44.7
四川省	**Sichuan**	
都江堰市	Dujiangyan	62.3
彭州市	Pengzhou	80.5
邛崃市	Qionglai	65.7
崇州市	Chongzhou	67.0
简阳市	Guanghan	149.9
广汉市	Shifang	61.1
什邡市	Mianzhu	43.6
绵竹市	Jiangyou	50.5
江油市	Emeishan	87.9
峨眉山市	Langzhong	43.3
阆中市	Huaying	85.9
华蓥市	Wanyuan	36.3
万源市	Jianyang	58.5
马尔康市	Kangding	5.6
康定市	Xichang	11.2
西昌市	**Guizhou**	66.3
贵州省	**Qingzhen**	
清镇市	Qingzhen	52.3
赤水市	Chishui	31.6
仁怀市	Renhuai	71.0
兴义市	Xingyi	87.0
凯里市	Kaili	57.6
都匀市	Duyun	49.3
福泉市	Fuquan	33.4
云南省	**Yunnan**	
安宁市	Anning	27.4
宣威市	Xuanwei	152.8
腾冲市	Tengchong	67.8
楚雄市	Chuxiong	52.6
个旧市	Gejiu	38.8
开远市	Kaiyuan	28.6
蒙自市	Mengzi	40.6
弥勒市	Mile	54.2
文山市	Wenshan	49.7
景洪市	Jinghong	42.0
大理市	Dali	62.5
瑞丽市	Ruili	13.4
芒市	Mangshi	38.9
泸水市	Lushui	18.1
香格里拉市	Shangri-la	14.9
陕西省	**Shaanxi**	
兴平市	Xingping	61.4
韩城市	Hancheng	40.2
华阴市	Huayin	25.8
甘肃省	**Gansu**	
玉门市	Yumen	16.0
敦煌市	Dunhuang	14.4
临夏市	Linxia	24.8
合作市	Hezuo	8.8
青海省	**Qinghai**	
玉树市	Yushu	11.1
格尔木市	Golmud	13.7
德令哈市	Delingha	7.7
宁夏回族自治区	**Ningxia**	
灵武市	Lingwu	24.7
青铜峡市	Qingtongxia	28.4
新疆维吾尔自治区	**Xinjiang**	
昌吉市	Changji	37.8
阜康市	Fukang	16.7
博乐市	Bole	25.8
阿拉山口市	A la san kou	0.2
库尔勒市	Korla	46.0
阿克苏市	Akesu	51.3
阿图什市	Atus	27.2
喀什市	Kashi	62.8
和田市	Hetian	39.0
伊宁市	Yining	55.1
奎屯市	Kuitun	15.9
霍尔果斯市	Horgos	6.5
塔城市	Tacheng	15.2
乌苏市	Wusu	22.3
阿勒泰市	Aletai	19.9
石河子市	Shihezi	40.8
阿拉尔市	Alar	23.0
图木舒克市	Tumushuke	17.0
五家渠市	Wujiaqu	9.3
北屯市	Beitun	5.2
铁门关市	Tie men guan	2.2

3-2 劳动力就业状况
Labour Force and Employment

单位：人 (person)

城 市	City	第二产业 Secondary Industry	第三产业 Tertiary Industry
河北省	**Hebei**		
晋州市	Jinzhou	137452	69523
新乐市	Xinle	119151	63641
遵化市	Zunhua	164246	205236
迁安市	Qian'an	179829	203707
武安市	Wu'an	233225	288323
南宫市	Nangong	91646	77239
沙河市	Shahe	99478	122839
涿州市	Zhuozhou	159077	114979
安国市	Anguo	88544	47754
高碑店市	Gaobeidian	111020	68229
泊头市	Botou	173698	113418
任丘市	Renqiu	201367	141236
黄骅市	Huanghua	116519	87379
河间市	Hejian	224845	118546
霸州市	Bazhou	168472	126527
三河市	Sanhe	163047	114826
深州市	Shenzhou	120049	133211
定州市	Dingzhou	387471	199978
辛集市	Xinji	204803	119409
山西省	**Shanxi**		
古交市	Gujiao		
潞城市	Lucheng	26438	13691
高平市	Gaoping	93857	60897
介休市	Jiexiu	54261	35871
永济市	Yongji	33200	75727
河津市	Hejin	39220	35012
原平市	Yuanping	28834	46250
侯马市	Houma	27060	70108
霍州市	Huozhou	37002	67833
孝义市	Xiaoyi	45453	31493
汾阳市	Fenyang	37777	37543
内蒙古自治区	**Inner Mongolia**		
霍林郭勒市	Huolinguole	22900	31386
满洲里市	Manzhouli	22477	88515
牙克石市	Yakeshi	69521	101895
扎兰屯市	Zhalantun	25304	67726
额尔古纳市	Eerguna	6371	24600
根河市	Genhe	10579	32624
丰镇市	Fengzhen	39066	35710
乌兰浩特市	Wulanhaote	17183	93298
阿尔山市	Aershan	1688	13488
二连浩特市	Erlianhaote	3354	35849
锡林浩特市	Xilinhaote	26303	85649
辽宁省	**Liaoning**		
新民市	Xinmin	51844	72270
瓦房店市	Wafangdian	85556	92865
庄河市	Zhuanghe	120334	150763
海城市	Haicheng	261574	266520
东港市	Donggang	80012	107116
凤城市	Fengcheng	54056	91474
凌海市	Linghai	42944	48775
北镇市	Beizhen	22692	45317
盖州市	Gaizhou	66229	90301
大石桥市	Dashiqiao	91380	78195
灯塔市	Dengta	23834	47115
调兵山市	Diaobingshan	51602	11467
开原市	Kaiyuan	38229	55734
北票市	Beipiao	28753	47135
凌源市	Lingyuan	57295	66633
兴城市	Xingcheng	12653	63632
吉林省	**Jilin**		
榆树市	Yushu	159678	141759
德惠市	Dehui	133656	106872
蛟河市	Jiaohe	40959	80463
桦甸市	Huadian	43502	84759
舒兰市	Shulan	38031	53241
磐石市	Panshi	63518	110896
公主岭市	Gongzhuling	108951	132354
双辽市	Shuangliao	11254	30285
梅河口市	Meihekou	84070	44111
集安市	Ji'an	25481	26914
临江市	Linjiang	21866	36597
扶余市	Fuyu	63153	116230
洮南市	Taonan	25356	66859
大安市	Daan	34815	23150
延吉市	Yanji	46856	297533
图们市	Tumen	10446	20276
敦化市	Dunhua	43296	105236
珲春市	Hunchun	32105	24986
龙井市	Longjing	9795	16171
和龙市	Helong	11018	37509
黑龙江省	**Heilongjiang**		
尚志市	Shangzhi	59685	137468
五常市	Wuchang	112975	120635
讷河市	Nehe	46361	58675
虎林市	Hulin	3345	9077
密山市	Mishan	12320	69907
铁力市	Tieli	1617	8190
同江市	Tongjiang	5862	18122
富锦市	Fujin	10063	43489
抚远市	Fuyuan	4803	32282
绥芬河市	Suifenhe	1048	8546
海林市	Hailin	51326	58970
宁安市	Ning'an	55967	74059
穆棱市	Muling	63754	65508
东宁市	Dongning	17798	40610
北安市	Bei'an	28000	90880

3-2 续表 1 continued 1

单位：人 (person)

城市	City	第二产业 Secondary Industry	第三产业 Tertiary Industry
五大连池市	Wudalianchi	31827	34033
安达市	Anda	8530	16072
肇东市	Zhaodong	18969	22343
海伦市	Hailun	50589	50623
江苏省	**Jiangsu**		
江阴市	Jiangyin	610300	331000
宜兴市	Yixing	403600	249400
新沂市	Xinyi	212600	186500
邳州市	Pizhou	188700	288800
溧阳市	Liyang	254700	128100
常熟市	Changshu	641700	364300
张家港市	Zhangjiagang	465100	263500
昆山市	Kunshan	744000	401400
太仓市	Taicang	268100	163900
启东市	Qidong	292000	195000
如皋市	Rugao	346000	204000
海门市	Haimen	312000	170000
东台市	Dongtai	231300	257200
仪征市	Yizheng	180200	125400
高邮市	Gaoyou	191100	141200
丹阳市	Danyang	337600	240000
扬中市	Yangzhong	117300	86600
句容市	Jurong	156000	141200
兴化市	Xinghua	261000	262000
靖江市	Jingjiang	206000	136000
泰兴市	Taixing	264000	219000
浙江省	**Zhejiang**		
建德市	Jiande	87800	84700
临安市	Lin'an	198000	118900
余姚市	Yuyao	345700	284200
慈溪市	Cixi	479000	244000
奉化市	Fenghua	219116	81076
瑞安市	Rui'an	376454	285961
乐清市	Yueqing	309700	330700
海宁市	Haining	376042	213641
平湖市	Pinghu	256564	141422
桐乡市	Tongxiang	375481	252299
诸暨市	Zhuji	459800	225800
嵊州市	Shengzhou	238600	128900
兰溪市	Lanxi	155900	115500
义乌市	Yiwu	548000	346800
东阳市	Dongyang	262700	173400
永康市	Yongkang	296000	118700
江山市	Jiangshan	106600	64200
温岭市	Wenling	428300	331800
临海市	Linhai	363400	89000
龙泉市	Longquan	45200	55400
安徽省	**Anhui**		
巢湖市	Chaohu	211300	155211
桐城市	Tongcheng	50000	19999
天长市	Tianchang		
明光市	Mingguang	88691	112162
界首市	Jieshou		
宁国市	Ningguo	93178	89448
福建省	**Fujian**		
福清市	Fuqing	223169	293216
长乐市	Changle	68720	29731
永安市	Yong'an	63252	63856
石狮市	Shishi	258000	125000
晋江市	Jinjiang	817315	319012
南安市	Nan'an	542749	300167
龙海市	Longhai	260176	180587
邵武市	Shaowu	19811	68810
武夷山市	Wuyishan	23548	51536
建瓯市	Jian'ou	59122	79521
漳平市	Zhangping	30810	46718
福安市	Fu'an	102186	87953
福鼎市	Fuding	93668	92228
江西省	**Jiangxi**		
乐平市	Leping	172100	198300
瑞昌市	Ruichang	105810	95560
共青城市	Gongqingcheng	32157	3416
庐山市	Lushan	46688	33601
贵溪市	Guixi	109866	141650
瑞金市	Ruijin	112708	145938
井冈山市	Jinggangshan	28190	26273
丰城市	Fengcheng	183383	319128
樟树市	Zhangshu	93144	151503
高安市	Gaoan	132406	170937
德兴市	Dexing	13435	14436
山东省	**Shandong**		
胶州市	Jiaozhou	268320	156220
即墨市	Jimo	378700	254700
平度市	Pingdu	222770	150429
莱西市	Laixi	100879	108012
滕州市	Tengzhou	366894	376284
龙口市	Longkou	187580	175551
莱阳市	Laiyang	135841	109615
莱州市	Laizhou	174925	171035
蓬莱市	Penglai	100838	83940
招远市	Zhaoyuan	124986	71156
栖霞市	Qixia	55594	208696
海阳市	Haiyang	166254	135421
青州市	Qingzhou	190542	142237
诸城市	Zhucheng	270295	228263
寿光市	Shouguang	195400	260100
安丘市	Anqiu	82773	69225
高密市	Gaomi	257637	131140

3-2 续表 2 continued 2

单位：人 (person)

城市	City	第二产业 Secondary Industry	第三产业 Tertiary Industry
昌邑市	Changyi	114600	130400
曲阜市	Qufu	170835	138640
邹城市	Zoucheng	305356	312469
新泰市	Xintai	328206	335366
肥城市	Feicheng	176263	182073
荣成市	Rongcheng	181646	94093
乳山市	Rushan	56224	48375
乐陵市	Laoling	104416	147323
禹城市	Yucheng	109254	110025
临清市	Linqing	140750	115679
河南省	**Henan**		
巩义市	Gongyi	234532	149675
荥阳市	Xingyang	159265	152979
新密市	Xinmi	204198	219035
新郑市	Xinzheng	69682	73736
登封市	Dengfeng	72057	35258
偃师市	Yanshi	194077	113690
舞钢市	Wugang	23230	14436
汝州市	Ruzhou	169974	186829
林州市	Linzhou	142689	27921
卫辉市	Weihui	88173	99000
辉县市	Huixian	172601	151035
沁阳市	Qinyang	153300	91300
孟州市	Mengzhou	110692	59386
禹州市	Yuzhou		
长葛市	Changge		
义马市	Yima	56802	6732
灵宝市	Lingbao	68960	56020
邓州市	Dengzhou	176000	268000
永城市	Yongcheng	262347	284507
项城市	Xiangcheng	252600	219383
济源市	Jiyuan	178735	201853
湖北省	**Hubei**		
大冶市	Daye	280439	334327
丹江口市	Danjiangkou	93463	86685
宜都市	Yidu	123700	122211
当阳市	Dangyang	96524	79020
枝江市	Zhijiang	120045	120333
老河口市	Laohekou	112000	142500
枣阳市	Zaoyang	240837	263491
宜城市	Yicheng	108424	139216
钟祥市	Zhongxiang	167686	249308
应城市	Yingcheng	167597	126785
安陆市	Anlu	126553	122822
汉川市	Hanchuan	263000	249400
石首市	Shishou	12823	13024
洪湖市	Honghu	13601	26808
松滋市	Songzi	20366	23151
麻城市	Macheng	129860	305212
武穴市	Wuxue	151389	134741
赤壁市	Chibi	74900	118600
广水市	Guangshui	178125	331255
恩施市	Enshi	101200	154100
利川市	Lichuan	164075	156992
仙桃市	Xiantao	352100	382300
潜江市	Qianjiang	214300	239200
天门市	Tianmen	228400	344900
湖南省	**Hunan**		
浏阳市	Liuyang	395351	236276
醴陵市	Liling	285713	161993
湘乡市	Xiangxiang	156240	131200
韶山市	Shaoshan	17830	13758
耒阳市	Leiyang	190747	316545
常宁市	Changning	77532	204621
武冈市	Wugang	101412	170954
汨罗市	Miluo	161801	185261
临湘市	Linxiang	55600	68200
津市市	Jinshi	36353	30270
沅江市	Yuanjiang	84780	163527
资兴市	Zixing	101100	88410
洪江市	Hongjiang	37100	66800
冷水江市	Lengshuijiang	80171	50892
涟源市	Lianyuan	135100	123100
吉首市	Jishou	33200	118500
广东省	**Guangdong**		
从化市	Zengcheng	120232	112962
增城市	Conghua	339590	289158
乐昌市	Lechang	25523	56295
南雄市	Nanxiong	32919	55707
台山市	Taishan	123641	114954
开平市	Kaiping	186036	99797
鹤山市	Heshan	150895	56305
恩平市	Enping	56581	56749
廉江市	Lianjiang	218296	312891
雷州市	Leizhou	49095	144983
吴川市	Wuchuan	97688	90799
高州市	Gaozhou	133708	150970
化州市	Huazhou	116206	427156
信宜市	Xinyi	96085	116577
四会市	Sihui	169526	94891
兴宁市	Xingning	129302	188130
陆丰市	Lufeng	167638	221942
阳春市	Yangchun	154161	110417
英德市	Yingde	61756	143030
连州市	Lianzhou	60817	59687
普宁市	Puning	291823	257010

3-2 续表 3 continued 3

单位：人 (person)

城　市	City	第二产业 Secondary Industry	第三产业 Tertiary Industry
罗定市	Luoding	255128	135954
广西壮族自治区	**Guangxi**		
岑溪市	Cenxi	181154	86057
东兴市	Dongxing	13164	17141
桂平市	Guiping	212372	329832
北流市	Beiliu	228901	140986
靖西市	Jingxi	58232	61212
宜州市	Yizhou	41383	94370
合山市	Heshan	4700	9100
凭祥市	Pingxiang	20602	22709
海南省	**Hainan**		
五指山市	Wuzhishan	3890	31374
琼海市	Qionghai	33348	106987
文昌市	Wenchang	34734	101221
万宁市	Wanning	41444	107219
东方市	Dongfang	12016	45628
四川省	**Sichuan**		
都江堰市	Dujiangyan	150600	216600
彭州市	Pengzhou	167000	146100
邛崃市	Qionglai	106800	178800
崇州市	Chongzhou	280000	148000
简阳市	Guanghan	119100	196600
广汉市	Shifang	114000	133000
什邡市	Mianzhu	83050	82070
绵竹市	Jiangyou	77000	129000
江油市	Emeishan	180200	172800
峨眉山市	Langzhong	70200	127500
阆中市	Huaying	103200	232900
华蓥市	Wanyuan	58300	53600
万源市	Jianyang	36900	136000
马尔康市	Kangding	3200	28900
康定市	Xichang	9500	25632
西昌市	**Guizhou**	84400	217000
贵州省	**Qingzhen**		
清镇市	Qingzhen	68900	91500
赤水市	Chishui	35620	78956
仁怀市	Renhuai	116220	133450
兴义市	Xingyi	82812	111716
凯里市	Kaili	73700	152400
都匀市	Duyun	35115	87098
福泉市	Fuquan	32000	43300
云南省	**Yunnan**		
安宁市	Anning	58127	79611
宣威市	Xuanwei	106768	138328
腾冲市	Tengchong	39782	73403
楚雄市	Chuxiong	62351	176827
个旧市	Gejiu	72239	58699
开远市	Kaiyuan	42000	86800
蒙自市	Mengzi	32374	137450
弥勒市	Mile	12398	20163
文山市	Wenshan	6284	48389
景洪市	Jinghong	3689	19117
大理市	Dali	107985	115023
瑞丽市	Ruili	12891	71188
芒市	Mangshi	39658	102813
泸水市	Lushui	8728	8416
香格里拉市	Shangri-la	12741	24851
陕西省	**Shaanxi**		
兴平市	Xingping	75024	81492
韩城市	Hancheng	92580	120213
华阴市	Huayin	14760	60300
甘肃省	**Gansu**		
玉门市	Yumen	32822	36367
敦煌市	Dunhuang	12128	39771
临夏市	Linxia	18500	26180
合作市	Hezuo	1575	1986
青海省	**Qinghai**		
玉树市	Yushu	354	3278
格尔木市	Golmud	7531	6770
德令哈市	Delingha	5261	9603
宁夏回族自治区	**Ningxia**		
灵武市	Lingwu	23504	24463
青铜峡市	Qingtongxia	41050	43210
新疆维吾尔自治区	**Xinjiang**		
昌吉市	Changji	36343	77100
阜康市	Fukang	33175	38970
博乐市	Bole	1962	27855
阿拉山口市	A la san kou	630	1377
库尔勒市	Korla	33118	55645
阿克苏市	Akesu	17245	49216
阿图什市	Atus	12678	23750
喀什市	Kashi	51362	155421
和田市	Hetian	19903	25336
伊宁市	Yining	36737	107757
奎屯市	Kuitun	8294	26731
霍尔果斯市	Horgos	2018	17854
塔城市	Tacheng	2660	19394
乌苏市	Wusu	11272	31103
阿勒泰市	Aletai	4980	34903
石河子市	Shihezi	56443	39544
阿拉尔市	Alar	39886	84717
图木舒克市	Tumushuke	21348	27006
五家渠市	Wujiaqu	24611	35943
北屯市	Beitun	7461	13450
铁门关市	Tie men guan	3797	6653

3-3 行政区域土地面积
Total Land Area of Administrative region

单位：平方公里 (sq.km)

城　市	city	行政区域土地面积 Total Land Area of Administrative Region	城　市	city	行政区域土地面积 Total Land Area of Administrative Region
河北省	**Hebei**		东港市	Donggang	2399
晋州市	Jinzhou	619	凤城市	Fengcheng	5515
新乐市	Xinle	525	凌海市	Linghai	2585
遵化市	Zunhua	1513	北镇市	Beizhen	1701
迁安市	Qian'an	1227	盖州市	Gaizhou	2946
武安市	Wu'an	1806	大石桥市	Dashiqiao	1598
南宫市	Nangong	861	灯塔市	Dengta	1170
沙河市	Shahe	859	调兵山市	Diaobingshan	262
涿州市	Zhuozhou	751	开原市	Kaiyuan	2838
安国市	Anguo	486	北票市	Beipiao	4419
高碑店市	Gaobeidian	618	凌源市	Lingyuan	3282
泊头市	Botou	1009	兴城市	Xingcheng	2102
任丘市	Renqiu	1012	**吉林省**	**Jilin**	
黄骅市	Huanghua	1545	榆树市	Yushu	4712
河间市	Hejian	1322	德惠市	Dehui	3435
霸州市	Bazhou	802	蛟河市	Jiaohe	6370
三河市	Sanhe	634	桦甸市	Huadian	6522
深州市	Shenzhou	1245	舒兰市	Shulan	4557
定州市	Dingzhou	1284	磐石市	Panshi	3861
辛集市	Xinji	951	公主岭市	Gongzhuling	4141
山西省	**Shanxi**		双辽市	Shuangliao	3121
古交市	Gujiao	1584	梅河口市	Meihekou	2179
潞城市	Lucheng	630	集安市	Ji'an	3341
高平市	Gaoping	980	临江市	Linjiang	3009
介休市	Jiexiu	741	扶余市	Fuyu	4654
永济市	Yongji	1208	洮南市	Taonan	5017
河津市	Hejin	593	大安市	Daan	4879
原平市	Yuanping	2571	延吉市	Yanji	1748
侯马市	Houma	221	图们市	Tumen	1143
霍州市	Huozhou	764	敦化市	Dunhua	11957
孝义市	Xiaoyi	938	珲春市	Hunchun	5184
汾阳市	Fenyang	1175	龙井市	Longjing	2208
内蒙古自治区	**Inner Mongolia**		和龙市	Helong	5069
霍林郭勒市	Huolinguole	585	**黑龙江省**	**Heilongjiang**	
满洲里市	Manzhouli	735	尚志市	Shangzhi	8891
牙克石市	Yakeshi	27803	五常市	Wuchang	7512
扎兰屯市	Zhalantun	16785	讷河市	Nehe	6660
额尔古纳市	Eerguna	28958	虎林市	Hulin	9334
根河市	Genhe	20010	密山市	Mishan	7731
丰镇市	Fengzhen	2722	铁力市	Tieli	6443
乌兰浩特市	Wulanhaote	2728	同江市	Tongjiang	6229
阿尔山市	Aershan	7409	富锦市	Fujin	8224
二连浩特市	Erlianhaote	4015	抚远市	Fuyuan	6047
锡林浩特市	Xilinhaote	14780	绥芬河市	Suifenhe	422
辽宁省	**Liaoning**		海林市	Hailin	8816
新民市	Xinmin	3318	宁安市	Ning'an	7227
瓦房店市	Wafangdian	3643	穆棱市	Muling	6247
庄河市	Zhuanghe	4114	东宁市	Dongning	7117
海城市	Haicheng	2566	北安市	Bei'an	7194

3-3 续表 1 continued 1

单位：平方公里 (sq.km)

城　　市	city	行政区域土地面积 Total Land Area of Administrative Region	城　　市	city	行政区域土地面积 Total Land Area of Administrative Region
五大连池市	Wudalianchi	9874	桐城市	Tongcheng	1546
安达市	Anda	3586	天长市	Tianchang	1753
肇东市	Zhaodong	4332	明光市	Mingguang	2350
海伦市	Hailun	4667	界首市	Jieshou	667
江苏省	**Jiangsu**		宁国市	Ningguo	2487
江阴市	Jiangyin	987	**福建省**	**Fujian**	
宜兴市	Yixing	1997	福清市	Fuqing	1518
新沂市	Xinyi	1592	长乐市	Changle	664
邳州市	Pizhou	2085	永安市	Yong'an	2931
溧阳市	Liyang	1535	石狮市	Shishi	178
常熟市	Changshu	1276	晋江市	Jinjiang	744
张家港市	Zhangjiagang	987	南安市	Nan'an	2036
昆山市	Kunshan	932	龙海市	Longhai	1337
太仓市	Taicang	810	邵武市	Shaowu	2831
启东市	Qidong	1715	武夷山市	Wuyishan	2803
如皋市	Rugao	1576	建瓯市	Jian'ou	4233
海门市	Haimen	1144	漳平市	Zhangping	2976
东台市	Dongtai	3176	福安市	Fu'an	1880
仪征市	Yizheng	902	福鼎市	Fuding	1526
高邮市	Gaoyou	1922	**江西省**	**Jiangxi**	
丹阳市	Danyang	1047	乐平市	Leping	1980
扬中市	Yangzhong	327	瑞昌市	Ruichang	1419
句容市	Jurong	1378	共青城市	Gongqingcheng	310
兴化市	Xinghua	2395	庐山市	Lushan	641
靖江市	Jingjiang	656	贵溪市	Guixi	2493
泰兴市	Taixing	1170	瑞金市	Ruijin	2441
浙江省	**Zhejiang**		井冈山市	Jinggangshan	1298
建德市	Jiande	2364	丰城市	Fengcheng	2836
临安市	Lin'an	3124	樟树市	Zhangshu	1289
余姚市	Yuyao	1501	高安市	Gaoan	2429
慈溪市	Cixi	1361	德兴市	Dexing	2082
奉化市	Fenghua	1268	**山东省**	**Shandong**	
瑞安市	Rui'an	1350	胶州市	Jiaozhou	1324
乐清市	Yueqing	1385	即墨市	Jimo	1921
海宁市	Haining	863	平度市	Pingdu	3176
平湖市	Pinghu	554	莱西市	Laixi	1568
桐乡市	Tongxiang	727	滕州市	Tengzhou	1495
诸暨市	Zhuji	2311	龙口市	Longkou	901
嵊州市	Shengzhou	1789	莱阳市	Laiyang	1731
兰溪市	Lanxi	1312	莱州市	Laizhou	1928
义乌市	Yiwu	1105	蓬莱市	Penglai	1136
东阳市	Dongyang	1747	招远市	Zhaoyuan	1432
永康市	Yongkang	1047	栖霞市	Qixia	2016
江山市	Jiangshan	2019	海阳市	Haiyang	1910
温岭市	Wenling	836	青州市	Qingzhou	1569
临海市	Linhai	2171	诸城市	Zhucheng	2151
龙泉市	Longquan	3059	寿光市	Shouguang	1990
安徽省	**Anhui**		安丘市	Anqiu	1712
巢湖市	Chaohu	2046	高密市	Gaomi	1527

3-3 续表 2 continued 2

单位：平方公里 (sq.km)

城 市	city	行政区域土地面积 Total Land Area of Administrative Region
昌邑市	Changyi	1628
曲阜市	Qufu	815
邹城市	Zoucheng	1617
新泰市	Xintai	1934
肥城市	Feicheng	1277
荣成市	Rongcheng	1526
乳山市	Rushan	1665
乐陵市	Laoling	1173
禹城市	Yucheng	992
临清市	Linqing	950
河南省	**Henan**	
巩义市	Gongyi	1043
荥阳市	Xingyang	943
新密市	Xinmi	1001
新郑市	Xinzheng	885
登封市	Dengfeng	1217
偃师市	Yanshi	669
舞钢市	Wugang	641
汝州市	Ruzhou	1573
林州市	Linzhou	2046
卫辉市	Weihui	859
辉县市	Huixian	2007
沁阳市	Qinyang	595
孟州市	Mengzhou	542
禹州市	Yuzhou	1461
长葛市	Changge	650
义马市	Yima	112
灵宝市	Lingbao	3011
邓州市	Dengzhou	2369
永城市	Yongcheng	2006
项城市	Xiangcheng	1083
济源市	Jiyuan	1899
湖北省	**Hubei**	
大冶市	Daye	1566
丹江口市	Danjiangkou	3121
宜都市	Yidu	1357
当阳市	Dangyang	2159
枝江市	Zhijiang	1310
老河口市	Laohekou	1052
枣阳市	Zaoyang	3276
宜城市	Yicheng	2115
钟祥市	Zhongxiang	4488
应城市	Yingcheng	1103
安陆市	Anlu	1355
汉川市	Hanchuan	1659
石首市	Shishou	1406
洪湖市	Honghu	2444
松滋市	Songzi	2177
麻城市	Macheng	3747
武穴市	Wuxue	1246
赤壁市	Chibi	1723
广水市	Guangshui	2647
恩施市	Enshi	3967
利川市	Lichuan	4606
仙桃市	Xiantao	2538
潜江市	Qianjiang	2004
天门市	Tianmen	2622
湖南省	**Hunan**	
浏阳市	Liuyang	4997
醴陵市	Liling	2157
湘乡市	Xiangxiang	1966
韶山市	Shaoshan	247
耒阳市	Leiyang	2648
常宁市	Changning	2048
武冈市	Wugang	1539
汨罗市	Miluo	1670
临湘市	Linxiang	1719
津市市	Jinshi	556
沅江市	Yuanjiang	2129
资兴市	Zixing	2730
洪江市	Hongjiang	2283
冷水江市	Lengshuijiang	438
涟源市	Lianyuan	1912
吉首市	Jishou	1078
广东省	**Guangdong**	
从化市	Zengcheng	1975
增城市	Conghua	1617
乐昌市	Lechang	2419
南雄市	Nanxiong	2326
台山市	Taishan	3286
开平市	Kaiping	1659
鹤山市	Heshan	1082
恩平市	Enping	1698
廉江市	Lianjiang	2867
雷州市	Leizhou	3709
吴川市	Wuchuan	870
高州市	Gaozhou	3276
化州市	Huazhou	2357
信宜市	Xinyi	3102
四会市	Sihui	1263
兴宁市	Xingning	2075
陆丰市	Lufeng	1542
阳春市	Yangchun	4054
英德市	Yingde	5634
连州市	Lianzhou	2668
普宁市	Puning	1620

3-3 续表 3 continued 3

单位：平方公里 (sq.km)

城 市	city	行政区域土地面积 Total Land Area of Administrative Region
罗定市	Luoding	2328
广西壮族自治区	**Guangxi**	
岑溪市	Cenxi	2784
东兴市	Dongxing	589
桂平市	Guiping	4071
北流市	Beiliu	2457
靖西市	Jingxi	3326
宜州市	Yizhou	3857
合山市	Heshan	366
凭祥市	Pingxiang	645
海南省	**Hainan**	
五指山市	Wuzhishan	1144
琼海市	Qionghai	1710
文昌市	Wenchang	2485
万宁市	Wanning	4444
东方市	Dongfang	2272
四川省	**Sichuan**	
都江堰市	Dujiangyan	1208
彭州市	Pengzhou	1421
邛崃市	Qionglai	1377
崇州市	Chongzhou	1090
简阳市	Guanghan	2213
广汉市	Shifang	549
什邡市	Mianzhu	820
绵竹市	Jiangyou	1246
江油市	Emeishan	2720
峨眉山市	Langzhong	1181
阆中市	Huaying	1875
华蓥市	Wanyuan	464
万源市	Jianyang	4053
马尔康市	Kangding	6626
康定市	Xichang	11486
西昌市	**Guizhou**	2657
贵州省	**Qingzhen**	
清镇市	Qingzhen	1387
赤水市	Chishui	1852
仁怀市	Renhuai	1788
兴义市	Xingyi	2908
凯里市	Kaili	1570
都匀市	Duyun	2285
福泉市	Fuquan	1692
云南省	**Yunnan**	
安宁市	Anning	1301
宣威市	Xuanwei	6053
腾冲市	Tengchong	5845
楚雄市	Chuxiong	4433
个旧市	Gejiu	1587
开远市	Kaiyuan	1957
蒙自市	Mengzi	2228
弥勒市	Mile	4004
文山市	Wenshan	2959
景洪市	Jinghong	6959
大理市	Dali	1815
瑞丽市	Ruili	945
芒市	Mangshi	2910
泸水市	Lushui	2938
香格里拉市	Shangri-la	11419
陕西省	**Shaanxi**	
兴平市	Xingping	508
韩城市	Hancheng	1621
华阴市	Huayin	817
甘肃省	**Gansu**	
玉门市	Yumen	13496
敦煌市	Dunhuang	31200
临夏市	Linxia	89
合作市	Hezuo	2291
青海省	**Qinghai**	
玉树市	Yushu	15412
格尔木市	Golmud	119263
德令哈市	Delingha	27358
宁夏回族自治区	**Ningxia**	
灵武市	Lingwu	3846
青铜峡市	Qingtongxia	2438
新疆维吾尔自治区	**Xinjiang**	
昌吉市	Changji	8215
阜康市	Fukang	8529
博乐市	Bole	7790
阿拉山口市	A la san kou	1204
库尔勒市	Korla	7267
阿克苏市	Akesu	15033
阿图什市	Atus	16151
喀什市	Kashi	1059
和田市	Hetian	466
伊宁市	Yining	761
奎屯市	Kuitun	1171
霍尔果斯市	Horgos	1909
塔城市	Tacheng	4357
乌苏市	Wusu	14394
阿勒泰市	Aletai	11481
石河子市	Shihezi	460
阿拉尔市	Alar	5898
图木舒克市	Tumushuke	2003
五家渠市	Wujiaqu	740
北屯市	Beitun	911
铁门关市	Tie men guan	563

3-4 地区生产总值
Gross Regional Product

单位：万元 (10 000 yuan)

城 市	City	地区生产总值 Gross Regional Product	第一产业增加值 Value-added of the Primary Industry	第二产业增加值 Value-added of the Secondary Industry
河北省	**Hebei**			
晋州市	Jinzhou	3004688	290652	1715389
新乐市	Xinle	2079912	292967	1137382
遵化市	Zunhua	5122370	430387	2436543
迁安市	Qian'an	9201601	440574	5473258
武安市	Wu'an	6066464	223457	3701777
南宫市	Nangong	1064369	184022	434929
沙河市	Shahe	2313692	72029	1221345
涿州市	Zhuozhou	2852423	216807	1055232
安国市	Anguo	1211368	175414	646601
高碑店市	Gaobeidian	1486361	155773	786242
泊头市	Botou	2157759	186160	1218221
任丘市	Renqiu	5942697	183691	3495754
黄骅市	Huanghua	2595774	312300	1065530
河间市	Hejian	2872111	257231	1340460
霸州市	Bazhou	3952879	178018	2431918
三河市	Sanhe	5096286	340161	2555287
深州市	Shenzhou	1501796	303304	559263
定州市	Dingzhou	3278090	851737	1585941
辛集市	Xinji	4255828	487362	2551333
山西省	**Shanxi**			
古交市	Gujiao	263913	18994	94213
潞城市	Lucheng	905406	46547	561536
高平市	Gaoping	2002904	145030	1205038
介休市	Jiexiu	1439804	62440	764458
永济市	Yongji	1340707	212843	664054
河津市	Hejin	1777369	75158	1067122
原平市	Yuanping	1168137	122079	473840
侯马市	Houma	947049	33526	240231
霍州市	Huozhou	708396	36622	432159
孝义市	Xiaoyi	3387764	96019	2088052
汾阳市	Fenyang	1059682	71840	515739
内蒙古自治区	**Inner Mongolia**			
霍林郭勒市	Huolinguole	2961450	31730	1930687
满洲里市	Manzhouli	2415531	33278	593640
牙克石市	Yakeshi	2300927	351647	1122794
扎兰屯市	Zhalantun	1879193	400213	966263
额尔古纳市	Eerguna	477728	145137	133567
根河市	Genhe	429977	98184	110624
丰镇市	Fengzhen	1462225	162194	840850
乌兰浩特市	Wulanhaote	1683433	97846	772442
阿尔山市	Aershan	174767	27283	41765
二连浩特市	Erlianhaote	1096575	7054	381770
锡林浩特市	Xilinhaote	2281409	175583	1101133
辽宁省	**Liaoning**			
新民市	Xinmin	2310973	651173	803266
瓦房店市	Wafangdian	9019748	952812	4744099
庄河市	Zhuanghe	5940265	1311650	2694275
海城市	Haicheng	5000559	378371	1308576

3-4 续表 1 continued 1

单位：万元 (10 000 yuan)

城 市	City	地区生产总值 Gross Regional Product	第一产业增加值 Value-added of the Primary Industry	第二产业增加值 Value-added of the Secondary Industry
东港市	Donggang	2238841	677934	687731
凤城市	Fengcheng	1697856	236384	489160
凌海市	Linghai	1523981	565263	489018
北镇市	Beizhen	1187845	496002	218533
盖州市	Gaizhou	1650739	448475	486921
大石桥市	Dashiqiao	2621042	445707	1216332
灯塔市	Dengta	1198961	291511	305878
调兵山市	Diaobingshan	872155	41005	557061
开原市	Kaiyuan	933055	353688	150923
北票市	Beipiao	1093851	314565	219025
凌源市	Lingyuan	1372126	447190	294112
兴城市	Xingcheng	1043842	246273	151325
吉林省	**Jilin**			
榆树市	Yushu	4078628	841003	1124333
德惠市	Dehui	4408170	781758	1670817
蛟河市	Jiaohe	2045764	345764	969000
桦甸市	Huadian	2643463	417052	1399337
舒兰市	Shulan	2037229	515192	659371
磐石市	Panshi	2559683	453009	1055690
公主岭市	Gongzhuling	4647818	945890	1897668
双辽市	Shuangliao	1687649	418713	862231
梅河口市	Meihekou	3557017	240363	1685015
集安市	Ji'an	1100277	99489	449968
临江市	Linjiang	1019022	76065	545208
扶余市	Fuyu	3700583	788103	1370476
洮南市	Taonan	1435433	232748	666032
大安市	Daan	1458184	182747	820838
延吉市	Yanji	3338420	50067	1318317
图们市	Tumen	457408	16568	248540
敦化市	Dunhua	1878569	298032	866681
珲春市	Hunchun	1510078	53805	1055031
龙井市	Longjing	410618	44868	151647
和龙市	Helong	616832	65075	379492
黑龙江省	**Heilongjiang**			
尚志市	Shangzhi	2198795	623392	543287
五常市	Wuchang	4101259	1047433	1201144
讷河市	Nehe	1193650	381292	376327
虎林市	Hulin	661182	328797	91086
密山市	Mishan	942073	318551	181211
铁力市	Tieli	730488	364692	116259
同江市	Tongjiang	472458	184535	77971
富锦市	Fujin	1504796	667682	297449
抚远市	Fuyuan	307418	174958	29306
绥芬河市	Suifenhe	1369054	11183	147302
海林市	Hailin	2128774	423081	1008661
宁安市	Ning'an	2045657	572307	764528
穆棱市	Muling	1879858	301008	954393
东宁市	Dongning	1683033	388522	434865
北安市	Bei'an	950098	226529	234291

3-4 续表 2 continued 2

单位：万元 (10 000 yuan)

城市	City	地区生产总值 Gross Regional Product	第一产业增加值 Value-added of the Primary Industry	第二产业增加值 Value-added of the Secondary Industry
五大连池市	Wudalianchi	613302	349778	60660
安达市	Anda	3367298	524040	1689156
肇东市	Zhaodong	4365565	1040186	1917468
海伦市	Hailun	1260146	686788	317673
江苏省	**Jiangsu**			
江阴市	Jiangyin	30832600	443400	16809900
宜兴市	Yixing	13777400	487400	7095100
新沂市	Xinyi	5620600	649100	2321700
邳州市	Pizhou	8041400	1119200	3472700
溧阳市	Liyang	8012600	482900	3922900
常熟市	Changshu	21123900	427600	10824300
张家港市	Zhangjiagang	23172500	313400	12147000
昆山市	Kunshan	31603000	300800	17088200
太仓市	Taicang	11551400	367700	5838700
启东市	Qidong	8818500	665800	4228500
如皋市	Rugao	9042700	629900	4343600
海门市	Haimen	10050600	532800	5045300
东台市	Dongtai	7270100	914700	2920300
仪征市	Yizheng	5571100	234200	2942700
高邮市	Gaoyou	5375000	695900	2378600
丹阳市	Danyang	11360400	523100	5675700
扬中市	Yangzhong	5047300	129600	2614400
句容市	Jurong	4932100	431200	2319000
兴化市	Xinghua	7488500	1025900	2898500
靖江市	Jingjiang	8017500	225100	3919500
泰兴市	Taixing	8329100	539500	3885200
浙江省	**Zhejiang**			
建德市	Jiande	3452539	327496	1747445
临安市	Lin'an	5089958	422441	2533750
余姚市	Yuyao	9047535	449230	5075861
慈溪市	Cixi	12761682	526762	7622696
奉化市	Fenghua	4941481	300173	3008866
瑞安市	Rui'an	7838331	222692	3387531
乐清市	Yueqing	8614683	214047	4173567
海宁市	Haining	7679202	216780	4147424
平湖市	Pinghu	5286800	151937	3056817
桐乡市	Tongxiang	7179464	268961	3596271
诸暨市	Zhuji	11200520	518781	5926098
嵊州市	Shengzhou	4853895	386075	2417789
兰溪市	Lanxi	3084732	262208	1599300
义乌市	Yiwu	11318016	223058	4012333
东阳市	Dongyang	5064936	186105	2396212
永康市	Yongkang	5269980	87963	3158530
江山市	Jiangshan	2738799	220222	1343930
温岭市	Wenling	8991382	695808	3664388
临海市	Linhai	5306243	443740	2292401
龙泉市	Longquan	1188037	138647	492643
安徽省	**Anhui**			
巢湖市	Chaohu	2686592	304710	1411858

3-4 续表 3 continued 3

单位：万元 (10 000 yuan)

城市	City	地区生产总值 Gross Regional Product	第一产业增加值 Value-added of the Primary Industry	第二产业增加值 Value-added of the Secondary Industry
桐城市	Tongcheng	2440014	282088	1556334
天长市	Tianchang	3183306	323400	1928877
明光市	Mingguang	1305516	334450	401579
界首市	Jieshou	1614037	243785	950064
宁国市	Ningguo	2544273	215884	1482437
福建省	**Fujian**			
福清市	Fuqing	8578466	1027584	4211017
长乐市	Changle	6266843	513711	3953424
永安市	Yong'an	3372370	303691	1930089
石狮市	Shishi	7036800	235686	3705400
晋江市	Jinjiang	17442420	213221	10600289
南安市	Nan'an	8981384	281660	5412778
龙海市	Longhai	7232400	644173	3938439
邵武市	Shaowu	2059565	317880	983861
武夷山市	Wuyishan	1503313	272679	586821
建瓯市	Jian'ou	2181087	568514	833913
漳平市	Zhangping	2037559	278759	877776
福安市	Fu'an	3789536	491584	2314249
福鼎市	Fuding	3330849	470729	1990051
江西省	**Jiangxi**			
乐平市	Leping	2898747	371411	1592936
瑞昌市	Ruichang	1641935	163903	1076224
共青城市	Gongqingcheng	974909	40978	647415
庐山市	Lushan	1057365	79497	306783
贵溪市	Guixi	3585843	200603	2399586
瑞金市	Ruijin	1344737	203325	442212
井冈山市	Jinggangshan	628832	78712	168951
丰城市	Fengcheng	4236645	657374	2094305
樟树市	Zhangshu	3335947	386866	1661405
高安市	Gaoan	2080544	407272	933052
德兴市	Dexing	1274036	116586	528782
山东省	**Shandong**			
胶州市	Jiaozhou	10359032	499432	5381500
即墨市	Jimo	11846830	622230	6353700
平度市	Pingdu	8127293	1078993	4175300
莱西市	Laixi	5603339	666839	2674700
滕州市	Tengzhou	10648010	751410	5300950
龙口市	Longkou	11109892	383940	6336412
莱阳市	Laiyang	3505900	477576	1609225
莱州市	Laizhou	7667724	711903	3901537
蓬莱市	Penglai	5020136	291979	2599396
招远市	Zhaoyuan	6872553	423432	3538588
栖霞市	Qixia	2499652	486552	988969
海阳市	Haiyang	3025781	665969	1102984
青州市	Qingzhou	6156800	529056	2817830
诸城市	Zhucheng	7945100	642400	4037000
寿光市	Shouguang	8568000	973300	3641300
安丘市	Anqiu	3063700	504800	1231900

3-4 续表 4 continued 4

单位：万元 (10 000 yuan)

城 市	City	地区生产总值 Gross Regional Product	第一产业增加值 Value-added of the Primary Industry	第二产业增加值 Value-added of the Secondary Industry
高密市	Gaomi	6231823	511837	3142708
昌邑市	Changyi	3995033	369533	2025500
曲阜市	Qufu	4136841	370641	1368500
邹城市	Zoucheng	8692931	551620	4535178
新泰市	Xintai	8155922	590009	3959118
肥城市	Feicheng	7300360	521921	3539790
荣成市	Rongcheng	10780240	874640	4809788
乳山市	Rushan	5121200	418643	2356500
乐陵市	Laoling	2385201	370101	1081000
禹城市	Yucheng	2641166	333166	1269200
临清市	Linqing	3896813	260597	2232485
河南省	**Henan**			
巩义市	Gongyi	6799975	117474	4090093
荥阳市	Xingyang	6296185	293132	3739371
新密市	Xinmi	6843020	208737	3510691
新郑市	Xinzheng	9789423	226450	5634121
登封市	Dengfeng	5719747	176598	3204940
偃师市	Yanshi	4498387	201064	2379527
舞钢市	Wugang	1265211	130066	593840
汝州市	Ruzhou	3961518	384902	1726874
林州市	Linzhou	4917412	210363	2596809
卫辉市	Weihui	1070342	244876	220478
辉县市	Huixian	3339840	389931	1880963
沁阳市	Qinyang	3803485	204913	2439159
孟州市	Mengzhou	2942834	195308	2046903
禹州市	Yuzhou	5651831	294469	3269517
长葛市	Changge	5529341	265504	4091105
义马市	Yima	1275287	12743	896576
灵宝市	Lingbao	4868386	555549	3017146
邓州市	Dengzhou	3738293	1024964	1304351
永城市	Yongcheng	4658533	645067	2245109
项城市	Xiangcheng	2836849	434352	1348175
济源市	Jiyuan	5389108	232741	3501211
湖北省	**Hubei**			
大冶市	Daye	5404900	519100	3547800
丹江口市	Danjiangkou	1986835	286784	986955
宜都市	Yidu	5505430	471398	3404758
当阳市	Dangyang	4741277	813226	2558160
枝江市	Zhijiang	4724317	805452	2430754
老河口市	Laohekou	3175289	434178	1714491
枣阳市	Zaoyang	5624052	965950	2683496
宜城市	Yicheng	3049234	523776	1779369
钟祥市	Zhongxiang	4201100	598500	2295700
应城市	Yingcheng	2598326	471601	1425644
安陆市	Anlu	1880698	377095	765739
汉川市	Hanchuan	4541423	616446	2676231
石首市	Shishou	1520708	357664	609400
洪湖市	Honghu	2131001	646401	709500

3-4 续表 5 continued 5

单位：万元 (10 000 yuan)

城　　市	City	地区生产总值 Gross Regional Product	第一产业增加值 Value-added of the Primary Industry	第二产业增加值 Value-added of the Secondary Industry
松滋市	Songzi	2438273	437573	1161200
麻城市	Macheng	2662700	542200	1099400
武穴市	Wuxue	2607836	530350	1242753
赤壁市	Chibi	3602200	471600	1595700
广水市	Guangshui	2652400	515791	1248209
恩施市	Enshi	1878648	276406	739359
利川市	Lichuan	1072735	323262	295658
仙桃市	Xiantao	6475500	879379	3429400
潜江市	Qianjiang	6021934	722134	3102400
天门市	Tianmen	4712629	747429	2389800
湖南省	**Hunan**			
浏阳市	Liuyang	12182051	1025140	8408829
醴陵市	Liling	5731693	531837	3511236
湘乡市	Xiangxiang	3656494	600666	1833717
韶山市	Shaoshan	777864	62429	431324
耒阳市	Leiyang	4301442	691558	1548006
常宁市	Changning	2966707	519757	1111784
武冈市	Wugang	1322395	474698	249748
汨罗市	Miluo	4317314	532173	2456075
临湘市	Linxiang	2331699	312825	1269620
津市市	Jinshi	1336743	203721	642820
沅江市	Yuanjiang	2555105	563211	968764
资兴市	Zixing	3266359	257074	2044828
洪江市	Hongjiang	1415708	220989	604208
冷水江市	Lengshuijiang	2881191	106085	1868084
涟源市	Lianyuan	2637235	537713	1149916
吉首市	Jishou	1365130	71113	414026
广东省	**Guangdong**			
从化市	Zengcheng	3735090	239243	1623221
增城市	Conghua	10439940	480779	5076069
乐昌市	Lechang	1146719	233847	264738
南雄市	Nanxiong	1385230	285798	546102
台山市	Taishan	3567209	624941	1859081
开平市	Kaiping	3108586	312184	1524316
鹤山市	Heshan	2870406	231044	1496054
恩平市	Enping	1632628	200511	534754
廉江市	Lianjiang	4708243	1048555	2080688
雷州市	Leizhou	2774970	1063153	326588
吴川市	Wuchuan	2421854	297939	1079308
高州市	Gaozhou	5016326	1128717	1592708
化州市	Huazhou	4365131	916734	1360182
信宜市	Xinyi	4032925	897747	1281186
四会市	Sihui	5742785	501907	3541607
兴宁市	Xingning	1659678	451754	405561
陆丰市	Lufeng	2490346	553234	1054848
阳春市	Yangchun	3721841	661948	1177555
英德市	Yingde	2550014	544877	838745
连州市	Lianzhou	1366657	358530	303648
普宁市	Puning	6397443	416458	4126990
罗定市	Luoding	1954598	415474	765565

3-4 续表 6 continued 6

单位: 万元 (10 000 yuan)

城 市	City	地区生产总值 Gross Regional Product	第一产业增加值 Value-added of the Primary Industry	第二产业增加值 Value-added of the Secondary Industry
广西壮族自治区	**Guangxi**			
岑溪市	Cenxi	2704542	356699	1767229
东兴市	Dongxing	929897	170352	384083
桂平市	Guiping	3227486	652097	1560367
北流市	Beiliu	2985919	465850	1434376
靖西市	Jingxi	1585910	158123	1099497
宜州市	Yizhou	1156695	407614	236335
合山市	Heshan	304413	42908	117332
凭祥市	Pingxiang	653655	53255	187200
海南省	**Hainan**			
五指山市	Wuzhishan	242833	60308	52119
琼海市	Qionghai	2197368	789286	292845
文昌市	Wenchang	1868790	745728	435620
万宁市	Wanning	1842600	599500	375500
东方市	Dongfang	1495545	429642	605527
四川省	**Sichuan**			
都江堰市	Dujiangyan	3062245	256326	1111523
彭州市	Pengzhou	3607288	481506	2048538
邛崃市	Qionglai	2281261	355767	1049952
崇州市	Chongzhou	2540435	336422	1234032
简阳市	Guanghan	3827838	756329	1975879
广汉市	Shifang	3556673	332165	2139426
什邡市	Mianzhu	2506197	273506	1387451
绵竹市	Jiangyou	2377654	300924	1340972
江油市	Emeishan	3470945	439537	1674448
峨眉山市	Langzhong	2411977	172587	1247034
阆中市	Huaying	1938875	455800	864853
华蓥市	Wanyuan	1432162	119612	936522
万源市	Jianyang	1256975	292879	473234
马尔康市	Kangding	242924	23154	35208
康定市	Xichang	550841	48685	243534
西昌市	**Guizhou**	4572006	430242	2262176
贵州省	**Qingzhen**			
清镇市	Qingzhen	2801090	239682	1310127
赤水市	Chishui	961429	165129	416600
仁怀市	Renhuai	5608283	263483	3871200
兴义市	Xingyi	3668973	370614	1259482
凯里市	Kaili	2433862	147352	775035
都匀市	Duyun	1905754	154888	666260
福泉市	Fuquan	1383440	138180	611289
云南省	**Yunnan**			
安宁市	Anning	2728745	133139	1093779
宣威市	Xuanwei	2488842	560536	673068
腾冲市	Tengchong	1601177	336566	573542
楚雄市	Chuxiong	3236369	251030	1683292
个旧市	Gejiu	2247213	136115	1200663

3-4 续表 7 continued 7

单位：万元 (10 000 yuan)

城 市	City	地区生产总值 Gross Regional Product	第一产业增加值 Value-added of the Primary Industry	第二产业增加值 Value-added of the Secondary Industry
开远市	Kaiyuan	1679983	179427	586662
蒙自市	Mengzi	1643145	232739	790790
弥勒市	Mile	2720029	283012	1713816
文山市	Wenshan	2084738	177148	942340
景洪市	Jinghong	1919971	346167	567636
大理市	Dali	3520694	239589	1580030
瑞丽市	Ruili	891992	97751	199798
芒市	Mangshi	962796	223522	197574
泸水市	Lushui	468807	69818	164930
香格里拉市	Shangri-la	1109519	42657	391754
陕西省	**Shaanxi**			
兴平市	Xingping	2176746	260376	1205840
韩城市	Hancheng	3203839	151869	2317810
华阴市	Huayin	700225	60484	223677
甘肃省	**Gansu**			
玉门市	Yumen	1190244	113028	586510
敦煌市	Dunhuang	1063935	145870	270600
临夏市	Linxia	662802	35185	93410
合作市	Hezuo	367296	20687	67242
青海省	**Qinghai**			
玉树市	Yushu	197692	51386	117289
格尔木市	Golmud	2984997	44825	2032751
德令哈市	Delingha	621717	54449	290801
宁夏回族自治区	**Ningxia**			
灵武市	Lingwu	3846221	99624	3292147
青铜峡市	Qingtongxia	1343056	170288	809514
新疆维吾尔自治区	**Xinjiang**			
昌吉市	Changji	3847598	346076	1952999
阜康市	Fukang	1432737	261643	790621
博乐市	Bole	1352194	293633	423234
阿拉山口市	A la san kou	503400		128774
库尔勒市	Korla	5237026	427109	3565755
阿克苏市	Akesu	1601946	198058	421578
阿图什市	Atus	435643	67606	95850
喀什市	Kashi	1601800	82100	472500
和田市	Hetian	660981	38269	123142
伊宁市	Yining	2004092	71421	444288
奎屯市	Kuitun	1133215	63190	455350
霍尔果斯市	Horgos	390490	64961	152859
塔城市	Tacheng	718193	163865	128483
乌苏市	Wusu	1225830	456740	420009
阿勒泰市	Aletai	638444	92038	116005
石河子市	Shihezi	3196407	114530	1846564
阿拉尔市	Alar	2796114	1132908	1109125
图木舒克市	Tumushuke	743100	222519	354194
五家渠市	Wujiaqu	1436382	68982	1028911
北屯市	Beitun	353143	50189	174530
铁门关市	Tie men guan	159850	86736	50803

3-5 公共财政收支
Public Finance Income and Expenditure

单位：万元 (10 000 yuan)

城市	City	公共财政收入 Public Finance Income	各项税收 Various Kinds of Tax	公共财政支出 Public Finance Expenditure
河北省	**Hebei**			
晋州市	Jinzhou	80099	53782	226640
新乐市	Xinle	68026	44898	216036
遵化市	Zunhua	100411	135377	309115
迁安市	Qian'an	362809	510390	599658
武安市	Wu'an	373078	219900	544029
南宫市	Nangong	29531	37148	207683
沙河市	Shahe	90429	164799	232107
涿州市	Zhuozhou	211419	320491	302510
安国市	Anguo	56953	83183	174428
高碑店市	Gaobeidian	106425	174293	230619
泊头市	Botou	76813	111989	248197
任丘市	Renqiu	280566	1000225	404397
黄骅市	Huanghua	156666	209053	366513
河间市	Hejian	111922	67704	324215
霸州市	Bazhou	219221	302351	382975
三河市	Sanhe	726467	1205307	1017018
深州市	Shenzhou	72348	74950	251244
定州市	Dingzhou	181217	262089	550631
辛集市	Xinji	122590	175693	318764
山西省	**Shanxi**			
古交市	Gujiao	53304	33111	166210
潞城市	Lucheng	56693	94308	113623
高平市	Gaoping	126586	66340	265293
介休市	Jiexiu	107077	54999	230611
永济市	Yongji	40634	79338	197214
河津市	Hejin	178135	160487	196573
原平市	Yuanping	63566	45867	272480
侯马市	Houma	48985	83738	152586
霍州市	Huozhou	58547	97830	165031
孝义市	Xiaoyi	155569	118677	262445
汾阳市	Fenyang	72432	45216	212149
内蒙古自治区	**Inner Mongolia**			
霍林郭勒市	Huolinguole	317170	139230	381001
满洲里市	Manzhouli	160108	124771	436675
牙克石市	Yakeshi	67365	43137	359407
扎兰屯市	Zhalantun	51990	35824	333999
额尔古纳市	Eerguna	26030	15432	168537
根河市	Genhe	12440	6868	165274
丰镇市	Fengzhen	55352	43299	268187
乌兰浩特市	Wulanhaote	78550	57618	310669
阿尔山市	Aershan	11201	6572	112464
二连浩特市	Erlianhaote	58101	38048	194987
锡林浩特市	Xilinhaote	294162	337904	335076
辽宁省	**Liaoning**			
新民市	Xinmin	96979	75856	328727
瓦房店市	Wafangdian	434051	282373	759473
庄河市	Zhuanghe	234508	254338	565032
海城市	Haicheng	221922	262034	425771

3-5 续表 1 continued 1

单位：万元 (10 000 yuan)

城市	City	公共财政收入 Public Finance Income	各项税收 Various Kinds of Tax	公共财政支出 Public Finance Expenditure
东港市	Donggang	117700	103967	391899
凤城市	Fengcheng	100168	62755	313238
凌海市	Linghai	77675	64105	288533
北镇市	Beizhen	52277	30802	306158
盖州市	Gaizhou	88693	72074	340073
大石桥市	Dashiqiao	137363	111102	341771
灯塔市	Dengta	258462	88598	270923
调兵山市	Diaobingshan	66518	60020	105025
开原市	Kaiyuan	56307	62178	236212
北票市	Beipiao	45720	34243	326529
凌源市	Lingyuan	79049	60870	342129
兴城市	Xingcheng	92401	108806	300529
吉林省	**Jilin**			
榆树市	Yushu	93000	74428	618327
德惠市	Dehui	96862	76260	483685
蛟河市	Jiaohe	75624	47444	323681
桦甸市	Huadian	112940	50441	340617
舒兰市	Shulan	82366	41616	349565
磐石市	Panshi	100217	63904	335122
公主岭市	Gongzhuling	273942	119577	699617
双辽市	Shuangliao	53730	43269	309341
梅河口市	Meihekou	305250	233824	632863
集安市	Ji'an	73089	49851	270772
临江市	Linjiang	75853	56876	279374
扶余市	Fuyu	50110	23834	327657
洮南市	Taonan	74807	37758	385243
大安市	Daan	107097	84004	409625
延吉市	Yanji	308116	201552	607962
图们市	Tumen	21105	11429	177016
敦化市	Dunhua	144806	98044	529082
珲春市	Hunchun	195255	76729	437490
龙井市	Longjing	29034	14574	233462
和龙市	Helong	46454	14869	313112
黑龙江省	**Heilongjiang**			
尚志市	Shangzhi	48348	26402	310485
五常市	Wuchang	67517	35517	429954
讷河市	Nehe	40564	50441	383395
虎林市	Hulin	52111	32878	224596
密山市	Mishan	41656	23802	275934
铁力市	Tieli	27772	12736	202224
同江市	Tongjiang	24873	16608	232622
富锦市	Fujin	58065	32721	404626
抚远市	Fuyuan	20694	9756	194209
绥芬河市	Suifenhe	45442	62000	187528
海林市	Hailin	66192	143896	285472
宁安市	Ning'an	49916	44041	328589
穆棱市	Muling	382513	116718	374689
东宁市	Dongning	54369	56409	205055
北安市	Bei'an	62500	27776	304819

3-5 续表 2 continued 2

单位：万元 (10 000 yuan)

城　　市	City	公共财政收入 Public Finance Income	各项税收 Various Kinds of Tax	公共财政支出 Public Finance Expenditure
五大连池市	Wudalianchi	34082	19368	331447
安达市	Anda	93200	50695	403617
肇东市	Zhaodong	193365	132864	449672
海伦市	Hailun	44888	38091	419231
江苏省	**Jiangsu**			
江阴市	Jiangyin	2299056	3679408	2262583
宜兴市	Yixing	1086503	1540189	1174161
新沂市	Xinyi	499120	498783	918229
邳州市	Pizhou	623960	592983	1100768
溧阳市	Liyang	589986	743509	694409
常熟市	Changshu	1735805	2892697	1587404
张家港市	Zhangjiagang	1900019	3167307	1848603
昆山市	Kunshan	3189188	5273101	2689991
太仓市	Taicang	1277146	2114015	1158413
启东市	Qidong	710317	868867	890262
如皋市	Rugao	712085	836912	963827
海门市	Haimen	724112	814061	857533
东台市	Dongtai	602566	692991	955830
仪征市	Yizheng	447442	827360	546153
高邮市	Gaoyou	341188	429088	569262
丹阳市	Danyang	655469	889697	790060
扬中市	Yangzhong	325028	447752	386599
句容市	Jurong	404826	542288	535355
兴化市	Xinghua	370577	462701	850031
靖江市	Jingjiang	589341	771295	639611
泰兴市	Taixing	572016	799403	758179
浙江省	**Zhejiang**			
建德市	Jiande	227059	224217	411925
临安市	Lin'an	373378	334014	601699
余姚市	Yuyao	811633	710448	936884
慈溪市	Cixi	1320963	1099045	1457152
奉化市	Fenghua	370515	294462	630695
瑞安市	Rui'an	590481	530830	927977
乐清市	Yueqing	722325	623831	862087
海宁市	Haining	720018	659032	780895
平湖市	Pinghu	567891	515044	564144
桐乡市	Tongxiang	580002	520031	640061
诸暨市	Zhuji	717938	618190	972356
嵊州市	Shengzhou	320096	269840	516270
兰溪市	Lanxi	226467	185682	394573
义乌市	Yiwu	817904	731315	1144001
东阳市	Dongyang	562569	502999	714162
永康市	Yongkang	485289	398843	678929
江山市	Jiangshan	158592	129804	420000
温岭市	Wenling	616886	520459	943353
临海市	Linhai	449188	380549	866722
龙泉市	Longquan	78607	67586	360060
安徽省	**Anhui**			
巢湖市	Chaohu	281124	221654	407601

3-5 续表 3 continued 3

单位：万元 (10 000 yuan)

城市	City	公共财政收入 Public Finance Income	各项税收 Various Kinds of Tax	公共财政支出 Public Finance Expenditure
桐城市	Tongcheng	231988	171761	385700
天长市	Tianchang	281031	178320	479875
明光市	Mingguang	146469	111315	348882
界首市	Jieshou	254702	105226	387406
宁国市	Ningguo	414018	315855	380460
福建省	**Fujian**			
福清市	Fuqing	886796	725096	786825
长乐市	Changle	553697	387919	508420
永安市	Yong'an	174391	93747	276620
石狮市	Shishi	600066	479202	486009
晋江市	Jinjiang	1206806	1745752	1374144
南安市	Nan'an	662889	601973	677898
龙海市	Longhai	817990	724134	714038
邵武市	Shaowu	140136	68343	237194
武夷山市	Wuyishan	110435	101644	227430
建瓯市	Jian'ou	106489	74591	283361
漳平市	Zhangping	62044	82989	210216
福安市	Fu'an	186314	119864	406995
福鼎市	Fuding	255008	106534	386471
江西省	**Jiangxi**			
乐平市	Leping	376675	206965	526086
瑞昌市	Ruichang	256068	212979	348649
共青城市	Gongqingcheng	163608	137030	202816
庐山市	Lushan	118589	84601	209799
贵溪市	Guixi	342566	352142	469472
瑞金市	Ruijin	124542	141077	432986
井冈山市	Jinggangshan	73925	63514	186659
丰城市	Fengcheng	642726	348536	815168
樟树市	Zhangshu	521791	437276	537168
高安市	Gaoan	363836	213035	493822
德兴市	Dexing	297441	159952	578154
山东省	**Shandong**			
胶州市	Jiaozhou	920707	738023	1047902
即墨市	Jimo	1050508	846578	1294772
平度市	Pingdu	497837	369333	966787
莱西市	Laixi	519206	272158	652187
滕州市	Tengzhou	690018	464476	881582
龙口市	Longkou	948167	747220	917182
莱阳市	Laiyang	156710	211027	323378
莱州市	Laizhou	618577	851330	635742
蓬莱市	Penglai	315328	338431	397825
招远市	Zhaoyuan	547388	556706	546015
栖霞市	Qixia	112497	85485	268982
海阳市	Haiyang	293906	223726	350606
青州市	Qingzhou	459890	373265	494229
诸城市	Zhucheng	731686	531090	761560
寿光市	Shouguang	946872	732275	971469
安丘市	Anqiu	208027	168114	386841

3-5 续表 4 continued 4

单位: 万元 (10 000 yuan)

城 市	City	公共财政收入 Public Finance Income	各项税收 Various Kinds of Tax	公共财政支出 Public Finance Expenditure
高密市	Gaomi	480480	383545	518843
昌邑市	Changyi	299086	204004	366415
曲阜市	Qufu	267147	211152	435604
邹城市	Zoucheng	735148	464344	787604
新泰市	Xintai	422609	316424	653177
肥城市	Feicheng	421469	316921	594586
荣成市	Rongcheng	688339	550871	957567
乳山市	Rushan	313298	255350	411441
乐陵市	Laoling	100576	75154	262377
禹城市	Yucheng	190487	193800	283169
临清市	Linqing	191167	130601	334993
河南省	**Henan**			
巩义市	Gongyi	383698	204195	582699
荥阳市	Xingyang	372152	284418	563986
新密市	Xinmi	308469	155095	478031
新郑市	Xinzheng	653118	441236	838414
登封市	Dengfeng	235656	141350	451449
偃师市	Yanshi	183198	115890	296730
舞钢市	Wugang	78200	44319	200155
汝州市	Ruzhou	230565	161797	497336
林州市	Linzhou	166306	127815	415772
卫辉市	Weihui	86866	61219	221971
辉县市	Huixian	222007	130079	368348
沁阳市	Qinyang	132878	70478	266170
孟州市	Mengzhou	126133	79419	200154
禹州市	Yuzhou	169167	139569	531896
长葛市	Changge	226246	166299	390396
义马市	Yima	127108	77915	154282
灵宝市	Lingbao	198066	137459	388396
邓州市	Dengzhou	130987	85784	644369
永城市	Yongcheng	350500	231800	739500
项城市	Xiangcheng	100340	69563	415926
济源市	Jiyuan	365020	266613	565589
湖北省	**Hubei**			
大冶市	Daye	461845	496612	684617
丹江口市	Danjiangkou	129504	182115	445362
宜都市	Yidu	385281	240680	612823
当阳市	Dangyang	254022	154653	472136
枝江市	Zhijiang	285917	175805	495078
老河口市	Laohekou	282326	176997	523417
枣阳市	Zaoyang	329576	198068	763626
宜城市	Yicheng	242609	123977	509718
钟祥市	Zhongxiang	194797	124640	712898
应城市	Yingcheng	165592	107355	386253
安陆市	Anlu	107610	72137	279224
汉川市	Hanchuan	214691	268945	508730
石首市	Shishou	66700	84729	317896
洪湖市	Honghu	83915	83885	364216

3-5 续表 5 continued 5

单位：万元 (10 000 yuan)

城市	City	公共财政收入 Public Finance Income	各项税收 Various Kinds of Tax	公共财政支出 Public Finance Expenditure
松滋市	Songzi	165600	190042	497498
麻城市	Macheng	160394	160394	558339
武穴市	Wuxue	166889	153884	418354
赤壁市	Chibi	171138	94004	403170
广水市	Guangshui	111941	71731	495828
恩施市	Enshi	204732	164158	591425
利川市	Lichuan	98246	65038	599460
仙桃市	Xiantao	290849	385425	745811
潜江市	Qianjiang	233151	154550	635371
天门市	Tianmen	242847	116506	679579
湖南省	**Hunan**			
浏阳市	Liuyang	588512	740429	950576
醴陵市	Liling	401478	242296	674330
湘乡市	Xiangxiang	141076	124100	466662
韶山市	Shaoshan	44920	40886	110672
耒阳市	Leiyang	206788	136950	636233
常宁市	Changning	134073	92841	539658
武冈市	Wugang	74078	57163	436539
汨罗市	Miluo	95157	115160	447740
临湘市	Linxiang	43740	65569	296987
津市市	Jinshi	42907	48790	249048
沅江市	Yuanjiang	65287	64166	407231
资兴市	Zixing	238696	130346	428978
洪江市	Hongjiang	59728	74449	342258
冷水江市	Lengshuijiang	111431	136017	307331
涟源市	Lianyuan	79598	87095	542683
吉首市	Jishou	75614	75618	294896
广东省	**Guangdong**			
从化市	Zengcheng	245383	488981	580467
增城市	Conghua	730006	587261	1123429
乐昌市	Lechang	53010	36224	271326
南雄市	Nanxiong	58157	37094	264567
台山市	Taishan	243258	414967	452669
开平市	Kaiping	219510	148402	341451
鹤山市	Heshan	295200	166601	299071
恩平市	Enping	98898	74873	248023
廉江市	Lianjiang	113048	187270	613928
雷州市	Leizhou	50255	25791	606067
吴川市	Wuchuan	66889	38186	369392
高州市	Gaozhou	172115	104777	718854
化州市	Huazhou	112757	66033	530772
信宜市	Xinyi	93196	56090	561796
四会市	Sihui	197590	147092	381548
兴宁市	Xingning	110386	78982	608741
陆丰市	Lufeng	60685	36503	626181
阳春市	Yangchun	103842	88294	470303
英德市	Yingde	156791	89697	586231
连州市	Lianzhou	65575	32843	234245
普宁市	Puning	203399	141770	812634
罗定市	Luoding	115700	165100	469200

3-5 续表 6 continued 6

单位: 万元 (10 000 yuan)

城 市	City	公共财政收入 Public Finance Income	各项税收 Various Kinds of Tax	公共财政支出 Public Finance Expenditure
广西壮族自治区	**Guangxi**			
岑溪市	Cenxi	197940	102143	416732
东兴市	Dongxing	125091	100048	264470
桂平市	Guiping	103000	112943	673300
北流市	Beiliu	194923	163645	477861
靖西市	Jingxi	130734	82384	430290
宜州市	Yizhou	37998	24545	271416
合山市	Heshan	14362	11240	120772
凭祥市	Pingxiang	82571	39852	113492
海南省	**Hainan**			
五指山市	Wuzhishan	51807	21697	115896
琼海市	Qionghai	154057	120634	437360
文昌市	Wenchang	223784	96771	472820
万宁市	Wanning	155100	142340	434600
东方市	Dongfang	168028	113453	431229
四川省	**Sichuan**			
都江堰市	Dujiangyan	442544	177117	408135
彭州市	Pengzhou	210635	154929	461872
邛崃市	Qionglai	143237	96056	422620
崇州市	Chongzhou	169881	131100	371277
简阳市	Guanghan	196035	138028	573927
广汉市	Shifang	165954	99785	321508
什邡市	Mianzhu	154195	110345	261794
绵竹市	Jiangyou	120278	106411	289053
江油市	Emeishan	176392	81593	381884
峨眉山市	Langzhong	251952	80532	242254
阆中市	Huaying	94647	62480	438851
华蓥市	Wanyuan	68195	39663	248593
万源市	Jianyang	37969	25192	351887
马尔康市	Kangding	18546	14997	116292
康定市	Xichang	49443	36826	197251
西昌市	**Guizhou**	472390	173983	625159
贵州省	**Qingzhen**			
清镇市	Qingzhen	148697	111508	359690
赤水市	Chishui	55903	42817	257685
仁怀市	Renhuai	341332	293167	557588
兴义市	Xingyi	757788	524774	697288
凯里市	Kaili	368189	207721	560205
都匀市	Duyun	168113	121966	347023
福泉市	Fuquan	145000	89300	304400
云南省	**Yunnan**			
安宁市	Anning	291300	224102	307448
宣威市	Xuanwei	120736	92444	694506
腾冲市	Tengchong	165742	182508	533168
楚雄市	Chuxiong	216068	135649	398417
个旧市	Gejiu	113469	140765	318696

3-5 续表 7 continued 7

单位：万元 (10 000 yuan)

城　市	City	公共财政收入 Public Finance Income	各项税收 Various Kinds of Tax	公共财政支出 Public Finance Expenditure
开远市	Kaiyuan	177679	61161	300609
蒙自市	Mengzi	175534	82252	335947
弥勒市	Mile	162213	82282	396015
文山市	Wenshan	361687	140276	421000
景洪市	Jinghong	115919	76172	390896
大理市	Dali	300666	217249	467971
瑞丽市	Ruili	74132	47655	215741
芒市	Mangshi	58120	38401	280491
泸水市	Lushui	25477	15597	237992
香格里拉市	Shangri-la	58368	42307	381426
陕西省	**Shaanxi**			
兴平市	Xingping	400000	30165	262500
韩城市	Hancheng	457168	216239	386603
华阴市	Huayin	29336	5300	32160
甘肃省	**Gansu**			
玉门市	Yumen	52071	27537	199348
敦煌市	Dunhuang	58471	38043	236132
临夏市	Linxia	110092	34815	275953
合作市	Hezuo	18358	10590	162043
青海省	**Qinghai**			
玉树市	Yushu	11066	8353	183228
格尔木市	Golmud	180646	710657	362961
德令哈市	Delingha	99687	87558	181323
宁夏回族自治区	**Ningxia**			
灵武市	Lingwu	234335	191312	525174
青铜峡市	Qingtongxia	74827	56090	274418
新疆维吾尔自治区	**Xinjiang**			
昌吉市	Changji	372738	218793	592884
阜康市	Fukang	273861	115976	388166
博乐市	Bole	102320	78941	276384
阿拉山口市	A la san kou	27360	14489	115093
库尔勒市	Korla	331226	227333	462624
阿克苏市	Akesu	172864	129586	408437
阿图什市	Atus	50909	26609	353405
喀什市	Kashi	224600	147700	669200
和田市	Hetian	119305	67690	705375
伊宁市	Yining	214137	192646	417432
奎屯市	Kuitun	112304	100055	239657
霍尔果斯市	Horgos	131606	127392	105826
塔城市	Tacheng	54588	58113	213612
乌苏市	Wusu	146877	79031	346128
阿勒泰市	Aletai	65000	50920	268949
石河子市	Shihezi	388815	324285	498628
阿拉尔市	Alar	62997	59048	89295
图木舒克市	Tumushuke	28959	25622	53452
五家渠市	Wujiaqu	174298	162772	157840
北屯市	Beitun	22709	21331	34852
铁门关市	Tie men guan	35691	12731	50235

3-6 年末金融机构存贷款余额
Deposits and Loans of National Banking System at Year-end

单位：万元 (10 000 yuan)

城 市	City	居民人民币储蓄存款余额 household saving deposits	年末金融机构各项贷款余额 Loans of National Banking System at Year-end
河北省	**Hebei**		
晋州市	Jinzhou	2059003	1051009
新乐市	Xinle	1285657	736758
遵化市	Zunhua	3551833	1917944
迁安市	Qian'an	5030621	4497198
武安市	Wu'an	4065887	2852461
南宫市	Nangong	1399975	757408
沙河市	Shahe	1943578	2006783
涿州市	Zhuozhou	2993171	2984080
安国市	Anguo	1500319	629387
高碑店市	Gaobeidian	2881847	3933119
泊头市	Botou	2275385	983274
任丘市	Renqiu	4123380	1882261
黄骅市	Huanghua	2252497	2318746
河间市	Hejian	2848426	1000397
霸州市	Bazhou	3510072	4303623
三河市	Sanhe	5428757	14342489
深州市	Shenzhou	1625478	928345
定州市	Dingzhou	3710109	2198200
辛集市	Xinji	3049245	1697309
山西省	**Shanxi**		
古交市	Gujiao	1313881	547366
潞城市	Lucheng	695774	433288
高平市	Gaoping	1867485	1137133
介休市	Jiexiu	2073164	2431569
永济市	Yongji	1110392	699845
河津市	Hejin	1398135	1143875
原平市	Yuanping	1983920	853734
侯马市	Houma	1340215	1029978
霍州市	Huozhou	1094073	798409
孝义市	Xiaoyi	2848319	1525783
汾阳市	Fenyang	1575241	811209
内蒙古自治区	**Inner Mongolia**		
霍林郭勒市	Huolinguole	494185	1119598
满洲里市	Manzhouli	1216904	1275045
牙克石市	Yakeshi	1223146	811455
扎兰屯市	Zhalantun	777299	2026248
额尔古纳市	Eerguna	295019	238653
根河市	Genhe	546439	243308
丰镇市	Fengzhen	729666	558591
乌兰浩特市	Wulanhaote	1437129	4348628
阿尔山市	Aershan	169612	306548
二连浩特市	Erlianhaote	448864	746306
锡林浩特市	Xilinhaote	1542504	2875337
辽宁省	**Liaoning**		
新民市	Xinmin	1978583	1179169
瓦房店市	Wafangdian	4692000	4166740
庄河市	Zhuanghe	4032153	2793905
海城市	Haicheng	5986466	2822623
东港市	Donggang	3255411	2328953
凤城市	Fengcheng	2356501	1389397
凌海市	Linghai	1561809	930979
北镇市	Beizhen	1825905	990225
盖州市	Gaizhou	1923786	1114839
大石桥市	Dashiqiao	3012076	2471389
灯塔市	Dengta	1682277	1401726
调兵山市	Diaobingshan	1435916	1015334
开原市	Kaiyuan	1539031	1384833
北票市	Beipiao	1537575	949082
凌源市	Lingyuan	2031417	1160669
兴城市	Xingcheng	1910030	1823213
吉林省	**Jilin**		
榆树市	Yushu	1958300	3261700
德惠市	Dehui	2131294	1504614
蛟河市	Jiaohe	1032245	1021524
桦甸市	Huadian	1067914	922317
舒兰市	Shulan	1296282	1097705
磐石市	Panshi	1143815	1454587
公主岭市	Gongzhuling	2704114	3277634
双辽市	Shuangliao	746371	1445903
梅河口市	Meihekou	2043325	1407366
集安市	Ji'an	974828	724325
临江市	Linjiang	557864	367000
扶余市	Fuyu	911932	1430908
洮南市	Taonan	647180	1384161
大安市	Daan	808238	1345876
延吉市	Yanji	4350981	3605333
图们市	Tumen	486548	185608
敦化市	Dunhua	1715489	1695236
珲春市	Hunchun	1132691	1350324
龙井市	Longjing	649979	269840
和龙市	Helong	516217	476305
黑龙江省	**Heilongjiang**		
尚志市	Shangzhi	1512993	776197
五常市	Wuchang	1720914	1154505
讷河市	Nehe	983272	1893840
虎林市	Hulin	1355587	2130290
密山市	Mishan	1469510	637518
铁力市	Tieli	1134880	383025
同江市	Tongjiang	374349	713148
富锦市	Fujin	1066934	824063
抚远市	Fuyuan	345967	237847
绥芬河市	Suifenhe	935588	522206
海林市	Hailin	1043009	382601
宁安市	Ning'an	1086479	379959
穆棱市	Muling	621617	291141
东宁市	Dongning	850160	547047
北安市	Bei'an	1254049	2619701

3-6 续表 1 continued 1

单位：万元 (10 000 yuan)

城　市	City	居民人民币储蓄存款余额 household saving deposits	年末金融机构各项贷款余额 Loans of National Banking System at Year-end
五大连池市	Wudalianchi	853549	433795
安达市	Anda	1033324	536307
肇东市	Zhaodong	1400958	1824307
海伦市	Hailun	1031827	1361372
江苏省	**Jiangsu**		
江阴市	Jiangyin	10797164	26899080
宜兴市	Yixing	9586038	13920342
新沂市	Xinyi	2178744	2463821
邳州市	Pizhou	3613507	3661281
溧阳市	Liyang	4785100	7989400
常熟市	Changshu	11927531	21394887
张家港市	Zhangjiagang	10182254	19944046
昆山市	Kunshan	11551279	25522221
太仓市	Taicang	5227413	12450727
启东市	Qidong	7672403	7051330
如皋市	Rugao	7168612	7099856
海门市	Haimen	7665457	8243165
东台市	Dongtai	5107013	3947516
仪征市	Yizheng	2957311	3430709
高邮市	Gaoyou	3456159	3222294
丹阳市	Danyang	5663117	9644905
扬中市	Yangzhong	2767771	4314251
句容市	Jurong	2878186	5610321
兴化市	Xinghua	4836295	4284118
靖江市	Jingjiang	4721629	6940214
泰兴市	Taixing	4653394	5813911
浙江省	**Zhejiang**		
建德市	Jiande	2215500	2505600
临安市	Lin'an	2659006	4362346
余姚市	Yuyao	7369808	11851392
慈溪市	Cixi	10810490	17872259
奉化市	Fenghua	2997877	5462885
瑞安市	Rui'an	7716143	9940775
乐清市	Yueqing	7383726	11130087
海宁市	Haining	6505262	9502718
平湖市	Pinghu	3869127	5601803
桐乡市	Tongxiang	6295869	8661434
诸暨市	Zhuji	7171426	11931305
嵊州市	Shengzhou	3906249	516691
兰溪市	Lanxi	2319961	3564606
义乌市	Yiwu	13619848	20672885
东阳市	Dongyang	5658277	7248525
永康市	Yongkang	6309143	9049736
江山市	Jiangshan	2460448	3022677
温岭市	Wenling	8305179	10922622
临海市	Linhai	4810553	6699049
龙泉市	Longquan	984558	1318715
安徽省	**Anhui**		
巢湖市	Chaohu	2643777	3436475
桐城市	Tongcheng	2764132	2176320
天长市	Tianchang	1849342	2189595
明光市	Mingguang	1258926	1243059
界首市	Jieshou	1635536	991395
宁国市	Ningguo	1278551	1901083
福建省	**Fujian**		
福清市	Fuqing	6275000	7073100
长乐市	Changle	2816356	7832658
永安市	Yong'an	1006259	1992557
石狮市	Shishi	3923700	7167700
晋江市	Jinjiang	7600500	12918292
南安市	Nan'an	5706619	7888061
龙海市	Longhai	2480384	4854642
邵武市	Shaowu	983704	1057971
武夷山市	Wuyishan	841450	1198063
建瓯市	Jian'ou	1178325	1160692
漳平市	Zhangping	655538	807886
福安市	Fu'an	1252459	2334385
福鼎市	Fuding	1265226	4142879
江西省	**Jiangxi**		
乐平市	Leping	2021490	1420609
瑞昌市	Ruichang	1079521	1115261
共青城市	Gongqingcheng	302947	591801
庐山市	Lushan	502993	577469
贵溪市	Guixi	1331228	1514937
瑞金市	Ruijin	1454631	1432138
井冈山市	Jinggangshan	527631	622596
丰城市	Fengcheng	3168170	2536025
樟树市	Zhangshu	2090610	2087490
高安市	Gaoan	2328942	2470685
德兴市	Dexing	996336	836492
山东省	**Shandong**		
胶州市	Jiaozhou	4004261	5555235
即墨市	Jimo	5070945	8282189
平度市	Pingdu	4408559	3267445
莱西市	Laixi	2676513	3097646
滕州市	Tengzhou	4403848	3978483
龙口市	Longkou	4887522	5771318
莱阳市	Laiyang	2881956	1752491
莱州市	Laizhou	4937127	2658501
蓬莱市	Penglai	2590703	3039446
招远市	Zhaoyuan	3229553	2585346
栖霞市	Qixia	1939300	1264157
海阳市	Haiyang	2562598	2645972
青州市	Qingzhou	5033159	4498209
诸城市	Zhucheng	4013184	5074584
寿光市	Shouguang	5198477	7256715
安丘市	Anqiu	2935000	3177000
高密市	Gaomi	3164504	3609555

3-6 续表 2 continued 2

单位：万元 (10 000 yuan)

城市	City	居民人民币储蓄存款余额 household saving deposits	年末金融机构各项贷款余额 Loans of National Banking System at Year-end
昌邑市	Changyi	2886092	2169259
曲阜市	Qufu	2010676	1467470
邹城市	Zoucheng	3572484	5397578
新泰市	Xintai	4162690	3809824
肥城市	Feicheng	3402305	2868266
荣成市	Rongcheng	4199068	4651912
乳山市	Rushan	2439338	1672445
乐陵市	Laoling	1530958	1285727
禹城市	Yucheng	1451049	1605728
临清市	Linqing	2535625	1978659
河南省	**Henan**		
巩义市	Gongyi	2524889	2075552
荥阳市	Xingyang	2181698	1873164
新密市	Xinmi	2811136	1776984
新郑市	Xinzheng	3020594	4582367
登封市	Dengfeng	2196921	1330714
偃师市	Yanshi	2226843	1299041
舞钢市	Wugang	1036920	910264
汝州市	Ruzhou	2090229	1738386
林州市	Linzhou	3601466	1549662
卫辉市	Weihui	964457	701478
辉县市	Huixian	2126972	1343783
沁阳市	Qinyang	1248000	821000
孟州市	Mengzhou	970545	701652
禹州市	Yuzhou	2600771	1900207
长葛市	Changge	1975190	1874499
义马市	Yima	653962	804927
灵宝市	Lingbao	2127579	1525049
邓州市	Dengzhou	2445124	1663600
永城市	Yongcheng	2873348	2582986
项城市	Xiangcheng	2204613	544288
济源市	Jiyuan	2396304	2580374
湖北省	**Hubei**		
大冶市	Daye	2158400	2852600
丹江口市	Danjiangkou	1667300	1540362
宜都市	Yidu	1490642	1226765
当阳市	Dangyang	1826694	1200230
枝江市	Zhijiang	1863325	1325026
老河口市	Laohekou	1418789	1161973
枣阳市	Zaoyang	2827395	1736905
宜城市	Yicheng	1348917	1069933
钟祥市	Zhongxiang	3393891	1567864
应城市	Yingcheng	1813505	1191231
安陆市	Anlu	1804089	1250655
汉川市	Hanchuan	2333914	1945718
石首市	Shishou	1737115	826142
洪湖市	Honghu	1718076	1085350
松滋市	Songzi	2338939	1172865
麻城市	Macheng	2454413	1973106
武穴市	Wuxue	2036300	1090300
赤壁市	Chibi	1316108	1187246
广水市	Guangshui	2465500	852700
恩施市	Enshi	1938570	3614561
利川市	Lichuan	1393336	1178108
仙桃市	Xiantao	4073200	2227600
潜江市	Qianjiang	3682348	1789397
天门市	Tianmen	4320000	1537700
湖南省	**Hunan**		
浏阳市	Liuyang	3965808	4726344
醴陵市	Liling	2242892	1378031
湘乡市	Xiangxiang	2303449	1573938
韶山市	Shaoshan	448600	466300
耒阳市	Leiyang	3449700	1257200
常宁市	Changning	1845845	1047000
武冈市	Wugang	1498018	732099
汨罗市	Miluo	1326833	752015
临湘市	Linxiang	1022421	663566
津市市	Jinshi	744668	351700
沅江市	Yuanjiang	1443188	821366
资兴市	Zixing	1277997	787993
洪江市	Hongjiang	1165929	916420
冷水江市	Lengshuijiang	1255604	1418668
涟源市	Lianyuan	1531239	1100494
吉首市	Jishou	1582536	1695309
广东省	**Guangdong**		
从化市	Zengcheng	2184113	2600147
增城市	Conghua	6497069	9159064
乐昌市	Lechang	1115800	722100
南雄市	Nanxiong	957671	574268
台山市	Taishan	3848449	2934704
开平市	Kaiping	3766566	2661570
鹤山市	Heshan	2159993	2439775
恩平市	Enping	1563212	621075
廉江市	Lianjiang	2650657	1456797
雷州市	Leizhou	1972614	1186758
吴川市	Wuchuan	1792993	775652
高州市	Gaozhou	3476062	1516845
化州市	Huazhou	2528479	1309580
信宜市	Xinyi	2459771	1287626
四会市	Sihui	2306956	3443037
兴宁市	Xingning	2158797	1197011
陆丰市	Lufeng	1211187	715455
阳春市	Yangchun	2175595	1509092
英德市	Yingde	2307218	1670875
连州市	Lianzhou	1133692	1210376
普宁市	Puning	4992019	3012685

3-6 续表 3 continued 3

单位：万元 (10 000 yuan)

城　市	City	居民人民币储蓄存款余额 household saving deposits	年末金融机构各项贷款余额 Loans of National Banking System at Year-end
罗定市	Luoding	2045000	1569900
广西壮族自治区	**Guangxi**		
岑溪市	Cenxi	1426600	1298700
东兴市	Dongxing	1045974	795207
桂平市	Guiping	2712022	1713428
北流市	Beiliu	2151706	1780553
靖西市	Jingxi	743227	616095
宜州市	Yizhou	1203358	945381
合山市	Heshan	258639	164186
凭祥市	Pingxiang	605677	355006
海南省	**Hainan**		
五指山市	Wuzhishan	319303	222549
琼海市	Qionghai	1983560	1188118
文昌市	Wenchang	1903234	1205604
万宁市	Wanning	1208500	949700
东方市	Dongfang	718029	680767
四川省	**Sichuan**		
都江堰市	Dujiangyan	3594410	2241180
彭州市	Pengzhou	3445398	2300810
邛崃市	Qionglai	2331974	1899050
崇州市	Chongzhou	3141810	1946363
简阳市	Guanghan	3200526	2127046
广汉市	Shifang	3019913	2510823
什邡市	Mianzhu	1761301	1324601
绵竹市	Jiangyou	1706631	1184903
江油市	Emeishan	3178764	1917367
峨眉山市	Langzhong	2145952	1618119
阆中市	Huaying	2215862	1491987
华蓥市	Wanyuan	1184840	717456
万源市	Jianyang	1068919	814568
马尔康市	Kangding	254755	601550
康定市	Xichang	518865	1317985
西昌市	**Guizhou**	2580720	3569525
贵州省	**Qingzhen**		
清镇市	Qingzhen	1056200	1810900
赤水市	Chishui	830600	1016300
仁怀市	Renhuai	1438727	2339616
兴义市	Xingyi	2262914	4143092
凯里市	Kaili	2018800	3332700
都匀市	Duyun	1794519	269718
福泉市	Fuquan	663166	1365244
云南省	**Yunnan**		
安宁市	Anning	1745427	2865815
宣威市	Xuanwei	1948391	1535720
腾冲市	Tengchong	1593518	1764970
楚雄市	Chuxiong	1810496	3023724
个旧市	Gejiu	1603424	1965210
开远市	Kaiyuan	1080196	1138614
蒙自市	Mengzi	1508686	3306864
弥勒市	Mile	1109958	1506159
文山市	Wenshan	1676798	2857782
景洪市	Jinghong	2033200	2290200
大理市	Dali	3219050	5576191
瑞丽市	Ruili	1424333	1531581
芒市	Mangshi	1048650	1394217
泸水市	Lushui	327656	555833
香格里拉市	Shangri-la	643882	1327638
陕西省	**Shaanxi**		
兴平市	Xingping	1664300	601200
韩城市	Hancheng	1935859	1846710
华阴市	Huayin	673300	630820
甘肃省	**Gansu**		
玉门市	Yumen	503071	822661
敦煌市	Dunhuang	1313957	1334982
临夏市	Linxia	90777	
合作市	Hezuo	241125	898000
青海省	**Qinghai**		
玉树市	Yushu	250315	215380
格尔木市	Golmud	1135441	2950809
德令哈市	Delingha	376978	1141187
宁夏回族自治区	**Ningxia**		
灵武市	Lingwu	1004503	2111010
青铜峡市	Qingtongxia	819568	1331861
新疆维吾尔自治区	**Xinjiang**		
昌吉市	Changji	2365678	4838648
阜康市	Fukang	633928	1066207
博乐市	Bole	793209	1072596
阿拉山口市	A la san kou		34132
库尔勒市	Korla	3759700	3575200
阿克苏市	Akesu	2355033	2534491
阿图什市	Atus	499414	415453
喀什市	Kashi	2028400	2610400
和田市	Hetian	1017623	778583
伊宁市	Yining	2256179	4795400
奎屯市	Kuitun	1741901	2013112
霍尔果斯市	Horgos	79619	108784
塔城市	Tacheng	574000	755800
乌苏市	Wusu	810096	988683
阿勒泰市	Aletai	660963	827180
石河子市	Shihezi	2443354	2378220
阿拉尔市	Alar	660602	1668500
图木舒克市	Tumushuke	268299	395201
五家渠市	Wujiaqu	686797	1077541
北屯市	Beitun	537151	717644
铁门关市	Tie men guan	29734	

3-7 规模以上工业企业情况
Basic Conditions of Industrial enterprises above Designated Size

城　市	City	规模以上工业企业单位数（个）Number of Industrial Enterprises above Designated Size (unit)	规模以上工业总产值（万元）Gross Industrial Output Value above Designated Size (10 000 yuan)
河北省	**Hebei**		
晋州市	Jinzhou	269	6446165
新乐市	Xinle	168	4867098
遵化市	Zunhua	128	5290430
迁安市	Qian'an	161	12972489
武安市	Wu'an	98	12364057
南宫市	Nangong	83	1713648
沙河市	Shahe	92	3166455
涿州市	Zhuozhou	73	2883739
安国市	Anguo	78	1959776
高碑店市	Gaobeidian	49	1203867
泊头市	Botou	253	3739600
任丘市	Renqiu	296	8317853
黄骅市	Huanghua	110	1279355
河间市	Hejian	261	4276159
霸州市	Bazhou	206	10521663
三河市	Sanhe	175	9573855
深州市	Shenzhou	85	1588725
定州市	Dingzhou	245	3881706
辛集市	Xinji	317	9236733
山西省	**Shanxi**		
古交市	Gujiao	8	237598
潞城市	Lucheng	34	1445131
高平市	Gaoping	51	1137137
介休市	Jiexiu	87	2382940
永济市	Yongji	47	2387049
河津市	Hejin	70	2662341
原平市	Yuanping	36	1345473
侯马市	Houma	25	723135
霍州市	Huozhou	19	739306
孝义市	Xiaoyi	162	4459312
汾阳市	Fenyang	26	945596
内蒙古自治区	**Inner Mongolia**		
霍林郭勒市	Huolinguole	73	3706397
满洲里市	Manzhouli	89	1122677
牙克石市	Yakeshi	72	2096785
扎兰屯市	Zhalantun	63	2676125
额尔古纳市	Eerguna	12	320782
根河市	Genhe	6	136462
丰镇市	Fengzhen	39	1985904
乌兰浩特市	Wulanhaote	56	1491667
阿尔山市	Aershan	1	6532
二连浩特市	Erlianhaote	35	775867
锡林浩特市	Xilinhaote	69	1671028
辽宁省	**Liaoning**		
新民市	Xinmin	243	1677352
瓦房店市	Wafangdian	315	11017000
庄河市	Zhuanghe	331	6265979
海城市	Haicheng	355	2563558

3-7 续表 1 continued 1

城 市	City	规模以上工业企业单位数 (个) Number of Industrial Enterprises above Designated Size (unit)	规模以上工业总产值 (万元) Gross Industrial Output Value above Designated Size (10 000 yuan)
东港市	Donggang	109	892960
凤城市	Fengcheng	83	625099
凌海市	Linghai	91	479282
北镇市	Beizhen	51	366348
盖州市	Gaizhou	62	974693
大石桥市	Dashiqiao	187	1981959
灯塔市	Dengta	37	324161
调兵山市	Diaobingshan	17	679021
开原市	Kaiyuan	39	557067
北票市	Beipiao	32	395670
凌源市	Lingyuan	63	266521
兴城市	Xingcheng	73	676080
吉林省	**Jilin**		
榆树市	Yushu	136	2329132
德惠市	Dehui	156	5405000
蛟河市	Jiaohe	126	2822412
桦甸市	Huadian	162	3388205
舒兰市	Shulan	123	2179151
磐石市	Panshi	134	2961855
公主岭市	Gongzhuling	190	5397776
双辽市	Shuangliao	61	3301957
梅河口市	Meihekou	154	6910074
集安市	Ji'an	55	910251
临江市	Linjiang	60	2236409
扶余市	Fuyu	114	4159745
洮南市	Taonan	55	1537112
大安市	Daan	73	1807264
延吉市	Yanji	85	3708938
图们市	Tumen	33	663290
敦化市	Dunhua	131	3340331
珲春市	Hunchun	109	4030174
龙井市	Longjing	29	622634
和龙市	Helong	30	954939
黑龙江省	**Heilongjiang**		
尚志市	Shangzhi	121	1782707
五常市	Wuchang	224	4747243
讷河市	Nehe	37	1106247
虎林市	Hulin	23	407161
密山市	Mishan	26	296366
铁力市	Tieli	21	176804
同江市	Tongjiang	28	244237
富锦市	Fujin	36	528925
抚远市	Fuyuan	4	34820
绥芬河市	Suifenhe	17	189653
海林市	Hailin	98	2569162
宁安市	Ning'an	93	1764282
穆棱市	Muling	93	2988875
东宁市	Dongning	28	426781
北安市	Bei'an	34	510550

3-7 续表 2 continued 2

城　市	City	规模以上工业企业单位数 (个) Number of Industrial Enterprises above Designated Size (unit)	规模以上工业总产值 (万元) Gross Industrial Output Value above Designated Size (10 000 yuan)
五大连池市	Wudalianchi	9	88143
安达市	Anda	65	2129111
肇东市	Zhaodong	69	2924017
海伦市	Hailun	34	949454
江苏省	**Jiangsu**		
江阴市	Jiangyin	1356	53760113
宜兴市	Yixing	868	25888550
新沂市	Xinyi	504	18124321
邳州市	Pizhou	524	25925694
溧阳市	Liyang	393	13634205
常熟市	Changshu	1309	36848914
张家港市	Zhangjiagang	1078	45716594
昆山市	Kunshan	1851	83832389
太仓市	Taicang	1020	20276736
启东市	Qidong	503	18291809
如皋市	Rugao	819	19851204
海门市	Haimen	650	20532375
东台市	Dongtai	560	11865864
仪征市	Yizheng	363	16168404
高邮市	Gaoyou	527	12183520
丹阳市	Danyang	724	25293147
扬中市	Yangzhong	460	13726619
句容市	Jurong	545	13992473
兴化市	Xinghua	622	17904213
靖江市	Jingjiang	488	18887877
泰兴市	Taixing	698	30020174
浙江省	**Zhejiang**		
建德市	Jiande	344	4242487
临安市	Lin'an	605	6973267
余姚市	Yuyao	1170	14387654
慈溪市	Cixi	1383	23502036
奉化市	Fenghua	431	5541954
瑞安市	Rui'an	1054	9637057
乐清市	Yueqing	1121	13766119
海宁市	Haining	1111	14666917
平湖市	Pinghu	640	13330147
桐乡市	Tongxiang	1128	13658965
诸暨市	Zhuji	1127	23078480
嵊州市	Shengzhou	579	4687379
兰溪市	Lanxi	462	8245128
义乌市	Yiwu	789	8133852
东阳市	Dongyang	529	5497643
永康市	Yongkang	629	10322996
江山市	Jiangshan	277	3534433
温岭市	Wenling	869	7203703
临海市	Linhai	462	7705460
龙泉市	Longquan	189	1624952
安徽省	**Anhui**		
巢湖市	Chaohu	170	3939033

3-7 续表 3 continued 3

城 市	City	规模以上工业企业单位数 (个) Number of Industrial Enterprises above Designated Size (unit)	规模以上工业总产值 (万元) Gross Industrial Output Value above Designated Size (10 000 yuan)
桐城市	Tongcheng	430	6393700
天长市	Tianchang	461	9635410
明光市	Mingguang	112	1383615
界首市	Jieshou	250	5676888
宁国市	Ningguo	320	5988463
福建省	**Fujian**		
福清市	Fuqing	355	16031721
长乐市	Changle	389	21150931
永安市	Yong'an	273	8285597
石狮市	Shishi	401	9700356
晋江市	Jinjiang	1543	38553868
南安市	Nan'an	782	18407802
龙海市	Longhai	454	13532763
邵武市	Shaowu	214	4213899
武夷山市	Wuyishan	73	1212010
建瓯市	Jian'ou	177	2493658
漳平市	Zhangping	136	1571608
福安市	Fu'an	265	10386326
福鼎市	Fuding	314	9269440
江西省	**Jiangxi**		
乐平市	Leping	110	3882616
瑞昌市	Ruichang	118	4959844
共青城市	Gongqingcheng	148	4406021
庐山市	Lushan	62	2109556
贵溪市	Guixi	83	11147100
瑞金市	Ruijin	58	1387624
井冈山市	Jinggangshan	23	278024
丰城市	Fengcheng	211	7653990
樟树市	Zhangshu	193	6058592
高安市	Gaoan	197	5496478
德兴市	Dexing	91	1502500
山东省	**Shandong**		
胶州市	Jiaozhou	895	2500140
即墨市	Jimo	761	29589804
平度市	Pingdu	597	16051872
莱西市	Laixi	602	11128455
滕州市	Tengzhou	450	13072129
龙口市	Longkou	300	32480713
莱阳市	Laiyang	218	9576989
莱州市	Laizhou	351	16295399
蓬莱市	Penglai	251	14901044
招远市	Zhaoyuan	295	18339855
栖霞市	Qixia	199	2519231
海阳市	Haiyang	171	3289567
青州市	Qingzhou	484	15701483
诸城市	Zhucheng	484	23140119
寿光市	Shouguang	486	18847335
安丘市	Anqiu	389	5159406

3-7 续表 4 continued 4

城 市	City	规模以上工业企业单位数 (个) Number of Industrial Enterprises above Designated Size (unit)	规模以上工业总产值 (万元) Gross Industrial Output Value above Designated Size (10 000 yuan)
高密市	Gaomi	495	18677842
昌邑市	Changyi	278	9692401
曲阜市	Qufu	244	2580420
邹城市	Zoucheng	334	8219935
新泰市	Xintai	346	13366141
肥城市	Feicheng	414	9677459
荣成市	Rongcheng	585	31073814
乳山市	Rushan	355	7990225
乐陵市	Laoling	234	9621642
禹城市	Yucheng	359	11727743
临清市	Linqing	450	14090605
河南省	**Henan**		
巩义市	Gongyi	506	21447673
荥阳市	Xingyang	456	18280362
新密市	Xinmi	489	15392062
新郑市	Xinzheng	275	13141414
登封市	Dengfeng	369	13979207
偃师市	Yanshi	338	12802653
舞钢市	Wugang	71	2461436
汝州市	Ruzhou	175	3625630
林州市	Linzhou	245	10921374
卫辉市	Weihui	50	718040
辉县市	Huixian	178	8708230
沁阳市	Qinyang	190	9823767
孟州市	Mengzhou	197	9559276
禹州市	Yuzhou	440	16131275
长葛市	Changge	513	21419386
义马市	Yima	81	3427979
灵宝市	Lingbao	199	17480393
邓州市	Dengzhou	169	4837276
永城市	Yongcheng	199	8471800
项城市	Xiangcheng	159	6387882
济源市	Jiyuan	247	16956380
湖北省	**Hubei**		
大冶市	Daye	424	11954861
丹江口市	Danjiangkou	191	3097401
宜都市	Yidu	267	12001929
当阳市	Dangyang	278	9510266
枝江市	Zhijiang	233	9601111
老河口市	Laohekou	229	7059330
枣阳市	Zaoyang	294	9704533
宜城市	Yicheng	208	6200194
钟祥市	Zhongxiang	320	10475886
应城市	Yingcheng	199	6204494
安陆市	Anlu	111	2500291
汉川市	Hanchuan	436	10906649
石首市	Shishou	153	2033100
洪湖市	Honghu	125	2625658

3-7 续表 5 continued 5

城　市	City	规模以上工业企业单位数（个） Number of Industrial Enterprises above Designated Size (unit)	规模以上工业总产值（万元） Gross Industrial Output Value above Designated Size (10 000 yuan)
松滋市	Songzi	157	3669811
麻城市	Macheng	282	4111674
武穴市	Wuxue	212	3964000
赤壁市	Chibi	206	5535727
广水市	Guangshui	187	3453000
恩施市	Enshi	85	1344145
利川市	Lichuan	65	547893
仙桃市	Xiantao	400	11049800
潜江市	Qianjiang	266	11459533
天门市	Tianmen	298	9162700
湖南省	**Hunan**		
浏阳市	Liuyang	834	22621807
醴陵市	Liling	540	10004846
湘乡市	Xiangxiang	218	7393037
韶山市	Shaoshan	62	2040805
耒阳市	Leiyang	117	2633114
常宁市	Changning	68	1964308
武冈市	Wugang	67	898417
汨罗市	Miluo	236	9432569
临湘市	Linxiang	128	4149865
津市市	Jinshi	95	1935198
沅江市	Yuanjiang	138	3313752
资兴市	Zixing	128	5979744
洪江市	Hongjiang	78	1296664
冷水江市	Lengshuijiang	103	3993971
涟源市	Lianyuan	152	2736956
吉首市	Jishou	77	907801
广东省	**Guangdong**		
从化市	Zengcheng	195	6928448
增城市	Conghua	970	15307156
乐昌市	Lechang	35	551024
南雄市	Nanxiong	99	1616281
台山市	Taishan	191	6027417
开平市	Kaiping	256	5378821
鹤山市	Heshan	367	4908714
恩平市	Enping	106	1438370
廉江市	Lianjiang	250	7047198
雷州市	Leizhou	61	845752
吴川市	Wuchuan	141	2246992
高州市	Gaozhou	258	3097544
化州市	Huazhou	179	2733080
信宜市	Xinyi	184	2754790
四会市	Sihui	382	15852325
兴宁市	Xingning	51	632604
陆丰市	Lufeng	80	3495471
阳春市	Yangchun	131	4196015
英德市	Yingde	101	3135855
连州市	Lianzhou	37	535214
普宁市	Puning	555	17309616
罗定市	Luoding	157	1667761

3-7 续表 6 continued 6

城 市	City	规模以上工业企业单位数 (个) Number of Industrial Enterprises above Designated Size (unit)	规模以上工业总产值 (万元) Gross Industrial Output Value above Designated Size (10 000 yuan)
广西壮族自治区	**Guangxi**		
岑溪市	Cenxi	90	5273776
东兴市	Dongxing	29	1438024
桂平市	Guiping	110	3586778
北流市	Beiliu	142	3688380
靖西市	Jingxi	23	3075517
宜州市	Yizhou	40	405015
合山市	Heshan	8	161585
凭祥市	Pingxiang	21	315426
海南省	**Hainan**		
五指山市	Wuzhishan	4	35280
琼海市	Qionghai	13	138224
文昌市	Wenchang	17	345703
万宁市	Wanning	9	149075
东方市	Dongfang	12	1561661
四川省	**Sichuan**		
都江堰市	Dujiangyan	90	1785573
彭州市	Pengzhou	128	5925541
邛崃市	Qionglai	144	2110000
崇州市	Chongzhou	160	2877678
简阳市	Guanghan	197	7614282
广汉市	Shifang	310	8877394
什邡市	Mianzhu	226	4662830
绵竹市	Jiangyou	146	6250278
江油市	Emeishan	221	5419367
峨眉山市	Langzhong	78	2773471
阆中市	Huaying	55	1520898
华蓥市	Wanyuan	115	3622675
万源市	Jianyang	37	561632
马尔康市	Kangding	6	29902
康定市	Xichang	14	184829
西昌市	**Guizhou**	56	3378800
贵州省	**Qingzhen**		
清镇市	Qingzhen	90	1632862
赤水市	Chishui	75	920800
仁怀市	Renhuai	77	5966300
兴义市	Xingyi	129	3625500
凯里市	Kaili	75	2437955
都匀市	Duyun	50	1051400
福泉市	Fuquan	116	2379200
云南省	**Yunnan**		
安宁市	Anning	118	3972957
宣威市	Xuanwei	114	1468635
腾冲市	Tengchong	50	1073504
楚雄市	Chuxiong	85	2969492
个旧市	Gejiu	57	2493926

3-7 续表 7 continued 7

城　市	City	规模以上工业企业单位数 (个) Number of Industrial Enterprises above Designated Size (unit)	规模以上工业总产值 (万元) Gross Industrial Output Value above Designated Size (10 000 yuan)
开远市	Kaiyuan	49	1045952
蒙自市	Mengzi	27	2293331
弥勒市	Mile	39	2521302
文山市	Wenshan	32	1483714
景洪市	Jinghong	42	772489
大理市	Dali	73	3354326
瑞丽市	Ruili	20	355312
芒市	Mangshi	32	514364
泸水市	Lushui	11	177793
香格里拉市	Shangri-la	18	394351
陕西省	**Shaanxi**		
兴平市	Xingping	128	3739443
韩城市	Hancheng	95	8078718
华阴市	Huayin	19	788261
甘肃省	**Gansu**		
玉门市	Yumen	64	1588861
敦煌市	Dunhuang	45	628159
临夏市	Linxia	5	235239
合作市	Hezuo	7	146237
青海省	**Qinghai**		
玉树市	Yushu		
格尔木市	Golmud	65	3841173
德令哈市	Delingha	25	709343
宁夏回族自治区	**Ningxia**		
灵武市	Lingwu	128	6448989
青铜峡市	Qingtongxia	114	2613663
新疆维吾尔自治区	**Xinjiang**		
昌吉市	Changji	122	3454575
阜康市	Fukang	67	2297142
博乐市	Bole	38	339827
阿拉山口市	A la san kou	18	231484
库尔勒市	Korla	58	4745419
阿克苏市	Akesu	68	752614
阿图什市	Atus	15	138728
喀什市	Kashi	27	335821
和田市	Hetian	9	64880
伊宁市	Yining	32	421736
奎屯市	Kuitun	35	709070
霍尔果斯市	Horgos	2	4997
塔城市	Tacheng	7	44860
乌苏市	Wusu	27	864183
阿勒泰市	Aletai	11	37318
石河子市	Shihezi	101	5098578
阿拉尔市	Alar	168	2164858
图木舒克市	Tumushuke	43	692973
五家渠市	Wujiaqu	43	3144426
北屯市	Beitun	21	188894
铁门关市	Tie men guan	13	103940

3-8 固定资产投资情况
Basic Conditions of Investment in Fixed Assets

单位：万元 (10 000 yuan)

城　市	City	固定资产投资(不含农户) Investment in Fixed Assets (Excluding Rural Households)
河北省	**Hebei**	
晋州市	Jinzhou	3104553
新乐市	Xinle	2729735
遵化市	Zunhua	3011430
迁安市	Qian'an	6498879
武安市	Wu'an	3549891
南宫市	Nangong	1232773
沙河市	Shahe	2002072
涿州市	Zhuozhou	2347589
安国市	Anguo	1173116
高碑店市	Gaobeidian	1482652
泊头市	Botou	2202558
任丘市	Renqiu	2012704
黄骅市	Huanghua	2547423
河间市	Hejian	2247751
霸州市	Bazhou	3290138
三河市	Sanhe	5655310
深州市	Shenzhou	1052996
定州市	Dingzhou	2887951
辛集市	Xinji	2375264
山西省	**Shanxi**	
古交市	Gujiao	548159
潞城市	Lucheng	1706141
高平市	Gaoping	1504814
介休市	Jiexiu	1495790
永济市	Yongji	1279832
河津市	Hejin	1501094
原平市	Yuanping	1748644
侯马市	Houma	959163
霍州市	Huozhou	1396129
孝义市	Xiaoyi	2700745
汾阳市	Fenyang	886727
内蒙古自治区	**Inner Mongolia**	
霍林郭勒市	Huolinguole	2173099
满洲里市	Manzhouli	1250060
牙克石市	Yakeshi	824028
扎兰屯市	Zhalantun	1302584
额尔古纳市	Eerguna	326172
根河市	Genhe	191788
丰镇市	Fengzhen	794860
乌兰浩特市	Wulanhaote	1169961
阿尔山市	Aershan	437000
二连浩特市	Erlianhaote	420800
锡林浩特市	Xilinhaote	1814092
辽宁省	**Liaoning**	
新民市	Xinmin	721273
瓦房店市	Wafangdian	1223765
庄河市	Zhuanghe	1245242
海城市	Haicheng	1712695
东港市	Donggang	777897
凤城市	Fengcheng	613322
凌海市	Linghai	817473
北镇市	Beizhen	412156
盖州市	Gaizhou	830573
大石桥市	Dashiqiao	568486
灯塔市	Dengta	497140
调兵山市	Diaobingshan	96429
开原市	Kaiyuan	208691
北票市	Beipiao	444884
凌源市	Lingyuan	363296
兴城市	Xingcheng	451382
吉林省	**Jilin**	
榆树市	Yushu	2522583
德惠市	Dehui	2797383
蛟河市	Jiaohe	2232888
桦甸市	Huadian	2440945
舒兰市	Shulan	1972394
磐石市	Panshi	2678865
公主岭市	Gongzhuling	3429400
双辽市	Shuangliao	968628
梅河口市	Meihekou	3272255
集安市	Ji'an	1220410
临江市	Linjiang	977996
扶余市	Fuyu	2206309
洮南市	Taonan	1655724
大安市	Daan	1325586
延吉市	Yanji	2685073
图们市	Tumen	475680
敦化市	Dunhua	1682237
珲春市	Hunchun	1469755
龙井市	Longjing	499994
和龙市	Helong	620475
黑龙江省	**Heilongjiang**	
尚志市	Shangzhi	1140584
五常市	Wuchang	1623277
讷河市	Nehe	1019620
虎林市	Hulin	405547
密山市	Mishan	411992
铁力市	Tieli	222285
同江市	Tongjiang	508366
富锦市	Fujin	976933
抚远市	Fuyuan	229960
绥芬河市	Suifenhe	853775
海林市	Hailin	2395162
宁安市	Ning'an	2104041
穆棱市	Muling	1948995
东宁市	Dongning	1174392
北安市	Bei'an	784582

3-8 续表 1 continued 1

单位：万元 (10 000 yuan)

城　　市	City	固定资产投资(不含农户) Investment in Fixed Assets (Excluding Rural Households)	城　　市	City	固定资产投资(不含农户) Investment in Fixed Assets (Excluding Rural Households)
五大连池市	Wudalianchi	425477	桐城市	Tongcheng	2960848
安达市	Anda	1451801	天长市	Tianchang	3395253
肇东市	Zhaodong	1795008	明光市	Mingguang	1397926
海伦市	Hailun	610836	界首市	Jieshou	1095957
江苏省	**Jiangsu**		宁国市	Ningguo	3353194
江阴市	Jiangyin	11330316	**福建省**	**Fujian**	
宜兴市	Yixing	5373121	福清市	Fuqing	8675241
新沂市	Xinyi	5500480	长乐市	Changle	4976769
邳州市	Pizhou	7631214	永安市	Yong'an	2844680
溧阳市	Liyang	4865530	石狮市	Shishi	4491462
常熟市	Changshu	5449065	晋江市	Jinjiang	9149009
张家港市	Zhangjiagang	7247656	南安市	Nan'an	5581693
昆山市	Kunshan	7574238	龙海市	Longhai	5715024
太仓市	Taicang	4650000	邵武市	Shaowu	3398128
启东市	Qidong	6148403	武夷山市	Wuyishan	2596075
如皋市	Rugao	5752481	建瓯市	Jian'ou	2621792
海门市	Haimen	6131858	漳平市	Zhangping	2163970
东台市	Dongtai	5810340	福安市	Fu'an	2046982
仪征市	Yizheng	4710030	福鼎市	Fuding	2727791
高邮市	Gaoyou	4556220	**江西省**	**Jiangxi**	
丹阳市	Danyang	5140102	乐平市	Leping	3701800
扬中市	Yangzhong	3050978	瑞昌市	Ruichang	2681742
句容市	Jurong	3608073	共青城市	Gongqingcheng	1786917
兴化市	Xinghua	4196551	庐山市	Lushan	841317
靖江市	Jingjiang	4999951	贵溪市	Guixi	3779141
泰兴市	Taixing	6874648	瑞金市	Ruijin	801497
浙江省	**Zhejiang**		井冈山市	Jinggangshan	729493
建德市	Jiande	2053163	丰城市	Fengcheng	3950927
临安市	Lin'an	2659669	樟树市	Zhangshu	2800556
余姚市	Yuyao	5849709	高安市	Gaoan	2317150
慈溪市	Cixi	8077836	德兴市	Dexing	1491253
奉化市	Fenghua	2080202	**山东省**	**Shandong**	
瑞安市	Rui'an	5641473	胶州市	Jiaozhou	10393921
乐清市	Yueqing	6315627	即墨市	Jimo	10489280
海宁市	Haining	5554274	平度市	Pingdu	7783045
平湖市	Pinghu	3654832	莱西市	Laixi	6701278
桐乡市	Tongxiang	4806125	滕州市	Tengzhou	6559248
诸暨市	Zhuji	7410546	龙口市	Longkou	6883260
嵊州市	Shengzhou	2691198	莱阳市	Laiyang	1811311
兰溪市	Lanxi	2006942	莱州市	Laizhou	5008449
义乌市	Yiwu	5816697	蓬莱市	Penglai	4573024
东阳市	Dongyang	2956360	招远市	Zhaoyuan	4601083
永康市	Yongkang	2392778	栖霞市	Qixia	1619746
江山市	Jiangshan	1916241	海阳市	Haiyang	4426563
温岭市	Wenling	4287971	青州市	Qingzhou	5761835
临海市	Linhai	3215259	诸城市	Zhucheng	6355118
龙泉市	Longquan	1017708	寿光市	Shouguang	6308714
安徽省	**Anhui**		安丘市	Anqiu	3214100
巢湖市	Chaohu	2757973	高密市	Gaomi	5632397

3-8 续表 2 continued 2

单位：万元 (10 000 yuan)

城 市	City	固定资产投资（不含农户） Investment in Fixed Assets (Excluding Rural Households)	城 市	City	固定资产投资（不含农户） Investment in Fixed Assets (Excluding Rural Households)
昌邑市	Changyi	3801062	麻城市	Macheng	3436500
曲阜市	Qufu	2731589	武穴市	Wuxue	2712926
邹城市	Zoucheng	4738451	赤壁市	Chibi	3623140
新泰市	Xintai	6508586	广水市	Guangshui	2964869
肥城市	Feicheng	6071102	恩施市	Enshi	1741400
荣成市	Rongcheng	8282776	利川市	Lichuan	1135661
乳山市	Rushan	5358000	仙桃市	Xiantao	4839300
乐陵市	Laoling	2367126	潜江市	Qianjiang	4623230
禹城市	Yucheng	2720730	天门市	Tianmen	4026839
临清市	Linqing	2845169	**湖南省**	**Hunan**	
河南省	**Henan**		浏阳市	Liuyang	9138176
巩义市	Gongyi	5506970	醴陵市	Liling	3902107
荥阳市	Xingyang	5792667	湘乡市	Xiangxiang	2048327
新密市	Xinmi	5091624	韶山市	Shaoshan	937212
新郑市	Xinzheng	5662319	耒阳市	Leiyang	3575900
登封市	Dengfeng	4683531	常宁市	Changning	1796953
偃师市	Yanshi	3345325	武冈市	Wugang	1870849
舞钢市	Wugang	2103631	汨罗市	Miluo	3114503
汝州市	Ruzhou	3292676	临湘市	Linxiang	1826375
林州市	Linzhou	5736117	津市市	Jinshi	1188159
卫辉市	Weihui	991083	沅江市	Yuanjiang	2221318
辉县市	Huixian	2365216	资兴市	Zixing	3197240
沁阳市	Qinyang	3347158	洪江市	Hongjiang	1302542
孟州市	Mengzhou	3437744	冷水江市	Lengshuijiang	2187342
禹州市	Yuzhou	6067416	涟源市	Lianyuan	2110894
长葛市	Changge	4151496	吉首市	Jishou	1221558
义马市	Yima	3455013	**广东省**	**Guangdong**	
灵宝市	Lingbao	4009459	从化市	Zengcheng	2300773
邓州市	Dengzhou	3262780	增城市	Conghua	5260225
永城市	Yongcheng	3548767	乐昌市	Lechang	371640
项城市	Xiangcheng	1695290	南雄市	Nanxiong	1155318
济源市	Jiyuan	5446003	台山市	Taishan	2220575
湖北省	**Hubei**		开平市	Kaiping	2550744
大冶市	Daye	7434800	鹤山市	Heshan	1435893
丹江口市	Danjiangkou	2278400	恩平市	Enping	1263189
宜都市	Yidu	5742736	廉江市	Lianjiang	4705143
当阳市	Dangyang	4133272	雷州市	Leizhou	758501
枝江市	Zhijiang	4627040	吴川市	Wuchuan	197749
老河口市	Laohekou	2843830	高州市	Gaozhou	2268900
枣阳市	Zaoyang	4591917	化州市	Huazhou	1543327
宜城市	Yicheng	2783698	信宜市	Xinyi	2285773
钟祥市	Zhongxiang	4790200	四会市	Sihui	4642430
应城市	Yingcheng	2830186	兴宁市	Xingning	646828
安陆市	Anlu	2421574	陆丰市	Lufeng	2095001
汉川市	Hanchuan	4012863	阳春市	Yangchun	1077066
石首市	Shishou	1862520	英德市	Yingde	1383342
洪湖市	Honghu	1684701	连州市	Lianzhou	399612
松滋市	Songzi	2785606	普宁市	Puning	4226811

3-8 续表 3 continued 3

单位：万元 (10 000 yuan)

城市	City	固定资产投资（不含农户） Investment in Fixed Assets (Excluding Rural Households)
罗定市	Luoding	1605204
广西壮族自治区	**Guangxi**	
岑溪市	Cenxi	2714540
东兴市	Dongxing	1206129
桂平市	Guiping	2306213
北流市	Beiliu	2383913
靖西市	Jingxi	1042709
宜州市	Yizhou	373772
合山市	Heshan	176386
凭祥市	Pingxiang	1125082
海南省	**Hainan**	
五指山市	Wuzhishan	319466
琼海市	Qionghai	1569712
文昌市	Wenchang	1764487
万宁市	Wanning	1507189
东方市	Dongfang	275017
四川省	**Sichuan**	
都江堰市	Dujiangyan	2301604
彭州市	Pengzhou	2305703
邛崃市	Qionglai	2343369
崇州市	Chongzhou	2538558
简阳市	Guanghan	3311115
广汉市	Shifang	2023885
什邡市	Mianzhu	1596747
绵竹市	Jiangyou	1789354
江油市	Emeishan	1801008
峨眉山市	Langzhong	1636652
阆中市	Huaying	2154364
华蓥市	Wanyuan	1864099
万源市	Jianyang	1229152
马尔康市	Kangding	333176
康定市	Xichang	1015664
西昌市	**Guizhou**	3203842
贵州省	**Qingzhen**	
清镇市	Qingzhen	2946802
赤水市	Chishui	1221238
仁怀市	Renhuai	2420690
兴义市	Xingyi	3228958
凯里市	Kaili	2854195
都匀市	Duyun	1747787
福泉市	Fuquan	1176100
云南省	**Yunnan**	
安宁市	Anning	3591186
宣威市	Xuanwei	3196021
腾冲市	Tengchong	1691097
楚雄市	Chuxiong	3391641
个旧市	Gejiu	2656333
开远市	Kaiyuan	2568294
蒙自市	Mengzi	2750872
弥勒市	Mile	2790010
文山市	Wenshan	1869885
景洪市	Jinghong	2647288
大理市	Dali	2973013
瑞丽市	Ruili	986959
芒市	Mangshi	929723
泸水市	Lushui	412974
香格里拉市	Shangri-la	1637011
陕西省	**Shaanxi**	
兴平市	Xingping	3014500
韩城市	Hancheng	4067211
华阴市	Huayin	990559
甘肃省	**Gansu**	
玉门市	Yumen	2877214
敦煌市	Dunhuang	2002247
临夏市	Linxia	705281
合作市	Hezuo	343746
青海省	**Qinghai**	
玉树市	Yushu	118333
格尔木市	Golmud	2109823
德令哈市	Delingha	1384843
宁夏回族自治区	**Ningxia**	
灵武市	Lingwu	5307648
青铜峡市	Qingtongxia	1264196
新疆维吾尔自治区	**Xinjiang**	
昌吉市	Changji	3560003
阜康市	Fukang	2551530
博乐市	Bole	1672328
阿拉山口市	A la san kou	263500
库尔勒市	Korla	3908632
阿克苏市	Akesu	1901214
阿图什市	Atus	466394
喀什市	Kashi	1824000
和田市	Hetian	912217
伊宁市	Yining	1066767
奎屯市	Kuitun	428907
霍尔果斯市	Horgos	321129
塔城市	Tacheng	665506
乌苏市	Wusu	1100374
阿勒泰市	Aletai	465361
石河子市	Shihezi	2322551
阿拉尔市	Alar	1315408
图木舒克市	Tumushuke	785934
五家渠市	Wujiaqu	1289767
北屯市	Beitun	570381
铁门关市	Tie men guan	51556

3-9 在校学生数
Number of Students Enrollment

单位:人 (person)

城市	City	普通中学在校学生数 Total Enrollment of Regular Secondary Schools	普通小学在校学生数 Total Enrollment of Primary Schools
河北省	**Hebei**		
晋州市	Jinzhou	19157	39068
新乐市	Xinle	16998	47577
遵化市	Zunhua	40792	61106
迁安市	Qian'an	32965	61813
武安市	Wu'an	47129	80157
南宫市	Nangong	24293	32291
沙河市	Shahe	29677	41179
涿州市	Zhuozhou	25819	40193
安国市	Anguo	21643	28962
高碑店市	Gaobeidian	24790	38914
泊头市	Botou	27397	57639
任丘市	Renqiu	39725	82991
黄骅市	Huanghua	24309	42139
河间市	Hejian	36020	81073
霸州市	Bazhou	32557	74779
三河市	Sanhe	37491	63988
深州市	Shenzhou	20125	32210
定州市	Dingzhou	70992	96493
辛集市	Xinji	30846	41745
山西省	**Shanxi**		
古交市	Gujiao	11293	17674
潞城市	Lucheng	11813	14490
高平市	Gaoping	27405	24502
介休市	Jiexiu	19728	36163
永济市	Yongji	17539	21141
河津市	Hejin	23800	29200
原平市	Yuanping	19741	26600
侯马市	Houma	10419	13749
霍州市	Huozhou	14066	20381
孝义市	Xiaoyi	30149	39593
汾阳市	Fenyang	21400	27824
内蒙古自治区	**Inner Mongolia**		
霍林郭勒市	Huolinguole	6166	7696
满洲里市	Manzhouli	9939	8608
牙克石市	Yakeshi	11326	7832
扎兰屯市	Zhalantun	7850	18230
额尔古纳市	Eerguna	2906	3037
根河市	Genhe	1464	2272
丰镇市	Fengzhen	7381	10834
乌兰浩特市	Wulanhaote	21086	19805
阿尔山市	Aershan	553	973
二连浩特市	Erlianhaote	4357	5477
锡林浩特市	Xilinhaote	19818	17380
辽宁省	**Liaoning**		
新民市	Xinmin	15960	32509
瓦房店市	Wafangdian	20698	40617
庄河市	Zhuanghe	26350	28925
海城市	Haicheng	31319	65653
东港市	Donggang	17936	25148
凤城市	Fengcheng	14471	23324
凌海市	Linghai	18117	18425
北镇市	Beizhen	18865	22187
盖州市	Gaizhou	15503	26751
大石桥市	Dashiqiao	15027	33137
灯塔市	Dengta	11256	19053
调兵山市	Diaobingshan	4776	8834
开原市	Kaiyuan	13010	24474
北票市	Beipiao	21313	22806
凌源市	Lingyuan	31023	40200
兴城市	Xingcheng	15615	27500
吉林省	**Jilin**		
榆树市	Yushu	46109	60575
德惠市	Dehui	35751	54989
蛟河市	Jiaohe	11065	18291
桦甸市	Huadian	18039	22431
舒兰市	Shulan	20000	25900
磐石市	Panshi	17885	21800
公主岭市	Gongzhuling	44163	64569
双辽市	Shuangliao	14630	21794
梅河口市	Meihekou	22137	25932
集安市	Ji'an	4889	7781
临江市	Linjiang	5852	5188
扶余市	Fuyu	27955	34217
洮南市	Taonan	14923	19068
大安市	Daan	7845	13928
延吉市	Yanji	22214	29311
图们市	Tumen	2066	2684
敦化市	Dunhua	16639	20580
珲春市	Hunchun	8022	10648
龙井市	Longjing	2772	3662
和龙市	Helong	1912	4396
黑龙江省	**Heilongjiang**		
尚志市	Shangzhi	11181	20687
五常市	Wuchang	18919	36543
讷河市	Nehe	13996	25795
虎林市	Hulin	8169	5922
密山市	Mishan	15411	11535
铁力市	Tieli	11140	9536
同江市	Tongjiang	3561	6899
富锦市	Fujin	15739	19172
抚远市	Fuyuan	2504	3294
绥芬河市	Suifenhe	5726	7783
海林市	Hailin	8631	9088
宁安市	Ning'an	7338	13844
穆棱市	Muling	8136	11010
东宁市	Dongning	8322	8694
北安市	Bei'an	6997	11315

3-9 续表 1 continued 1

单位:人 (person)

城 市	City	普通中学在校学生数 Total Enrollment of Regular Secondary Schools	普通小学在校学生数 Total Enrollment of Primary Schools	城 市	City	普通中学在校学生数 Total Enrollment of Regular Secondary Schools	普通小学在校学生数 Total Enrollment of Primary Schools
五大连池市	Wudalianchi	7873	7981	桐城市	Tongcheng	32826	30544
安达市	Anda	13919	15595	天长市	Tianchang	27347	29484
肇东市	Zhaodong	29770	31424	明光市	Mingguang	26547	35388
海伦市	Hailun	20178	22595	界首市	Jieshou	31791	53124
江苏省	**Jiangsu**			宁国市	Ningguo	13530	18332
江阴市	Jiangyin	56348	93334	**福建省**	**Fujian**		
宜兴市	Yixing	41280	60403	福清市	Fuqing	66233	113745
新沂市	Xinyi	35785	122135	长乐市	Changle	27171	52625
邳州市	Pizhou	74897	191802	永安市	Yong'an	16295	24616
溧阳市	Liyang	26243	38628	石狮市	Shishi	30244	60437
常熟市	Changshu	44459	81542	晋江市	Jinjiang	87013	178393
张家港市	Zhangjiagang	42275	80146	南安市	Nan'an	60631	117224
昆山市	Kunshan	47615	130243	龙海市	Longhai	38416	62523
太仓市	Taicang	21057	44241	邵武市	Shaowu	12586	18396
启东市	Qidong	28184	37233	武夷山市	Wuyishan	10663	18506
如皋市	Rugao	47773	61448	建瓯市	Jian'ou	21798	37349
海门市	Haimen	33001	47415	漳平市	Zhangping	11053	16986
东台市	Dongtai	30071	34510	福安市	Fu'an	30816	52490
仪征市	Yizheng	19006	23543	福鼎市	Fuding	23083	38303
高邮市	Gaoyou	26539	26760	**江西省**	**Jiangxi**		
丹阳市	Danyang	32453	49117	乐平市	Leping	44909	88684
扬中市	Yangzhong	9667	14307	瑞昌市	Ruichang	25055	39417
句容市	Jurong	16704	24712	共青城市	Gongqingcheng	5262	12678
兴化市	Xinghua	39917	64051	庐山市	Lushan	12437	22410
靖江市	Jingjiang	23817	28311	贵溪市	Guixi	24822	49801
泰兴市	Taixing	42382	48883	瑞金市	Ruijin	44042	64490
浙江省	**Zhejiang**			井冈山市	Jinggangshan	8393	15509
建德市	Jiande	18300	20768	丰城市	Fengcheng	81298	98922
临安市	Lin'an	20300	29700	樟树市	Zhangshu	27668	43386
余姚市	Yuyao	38200	67100	高安市	Gaoan	48046	74255
慈溪市	Cixi	45545	79178	德兴市	Dexing	16193	29632
奉化市	Fenghua	19181	31854	**山东省**	**Shandong**		
瑞安市	Rui'an	54963	93105	胶州市	Jiaozhou	29150	62742
乐清市	Yueqing	58922	103455	即墨市	Jimo	36853	85011
海宁市	Haining	27090	42592	平度市	Pingdu	36988	73765
平湖市	Pinghu	18633	27659	莱西市	Laixi	28627	34497
桐乡市	Tongxiang	31156	44338	滕州市	Tengzhou	74160	107910
诸暨市	Zhuji	72056	66259	龙口市	Longkou	30833	28397
嵊州市	Shengzhou	29100	33600	莱阳市	Laiyang	36388	32423
兰溪市	Lanxi	25500	33100	莱州市	Laizhou	39184	29748
义乌市	Yiwu	45665	101071	蓬莱市	Penglai	19201	16536
东阳市	Dongyang	43988	68139	招远市	Zhaoyuan	26128	20757
永康市	Yongkang	33481	62700	栖霞市	Qixia	21567	12194
江山市	Jiangshan	27579	32677	海阳市	Haiyang	28536	23335
温岭市	Wenling	53872	92202	青州市	Qingzhou	43154	49731
临海市	Linhai	56707	85152	诸城市	Zhucheng	55079	75248
龙泉市	Longquan	11400	16700	寿光市	Shouguang	31645	66840
安徽省	**Anhui**			安丘市	Anqiu	38719	66214
巢湖市	Chaohu	37216	41585	高密市	Gaomi	44133	66275

3-9 续表 2 continued 2

单位:人 (person)

城市	City	普通中学在校学生数 Total Enrollment of Regular Secondary Schools	普通小学在校学生数 Total Enrollment of Primary Schools
昌邑市	Changyi	24575	33001
曲阜市	Qufu	28353	39849
邹城市	Zoucheng	47489	70428
新泰市	Xintai	84611	73574
肥城市	Feicheng	51570	51185
荣成市	Rongcheng	28906	25757
乳山市	Rushan	15968	13527
乐陵市	Laoling	26934	47911
禹城市	Yucheng	26713	31846
临清市	Linqing	34458	86758
河南省	**Henan**		
巩义市	Gongyi	37766	52106
荥阳市	Xingyang	31047	45972
新密市	Xinmi	47426	67837
新郑市	Xinzheng	38969	77179
登封市	Dengfeng	62833	81370
偃师市	Yanshi	30110	38133
舞钢市	Wugang	15347	28962
汝州市	Ruzhou	57297	120519
林州市	Linzhou	59108	104651
卫辉市	Weihui	23885	61837
辉县市	Huixian	43213	96134
沁阳市	Qinyang	30696	32784
孟州市	Mengzhou	15098	19572
禹州市	Yuzhou	43897	10692
长葛市	Changge	38809	67143
义马市	Yima	5209	9962
灵宝市	Lingbao	35907	49168
邓州市	Dengzhou	82300	180000
永城市	Yongcheng	73199	156185
项城市	Xiangcheng	76843	96085
济源市	Jiyuan	39600	52000
湖北省	**Hubei**		
大冶市	Daye	35786	66926
丹江口市	Danjiangkou	20631	24547
宜都市	Yidu	10279	15051
当阳市	Dangyang	14361	18456
枝江市	Zhijiang	12129	15448
老河口市	Laohekou	18777	35167
枣阳市	Zaoyang	40831	70812
宜城市	Yicheng	18557	29667
钟祥市	Zhongxiang	33965	46270
应城市	Yingcheng	18121	24410
安陆市	Anlu	20068	28022
汉川市	Hanchuan	31536	56001
石首市	Shishou	19863	26000
洪湖市	Honghu	28432	42095
松滋市	Songzi	24678	32225
麻城市	Macheng	42221	54951
武穴市	Wuxue	31514	63759
赤壁市	Chibi	19351	34385
广水市	Guangshui	30078	47726
恩施市	Enshi	42328	52613
利川市	Lichuan	42796	68955
仙桃市	Xiantao	53398	80673
潜江市	Qianjiang	37400	49200
天门市	Tianmen	53206	73642
湖南省	**Hunan**		
浏阳市	Liuyang	65659	101022
醴陵市	Liling	35540	62647
湘乡市	Xiangxiang	36169	44803
韶山市	Shaoshan	2757	5483
耒阳市	Leiyang	77824	119169
常宁市	Changning	48489	72890
武冈市	Wugang	50598	62184
汨罗市	Miluo	28526	43865
临湘市	Linxiang	23207	34733
津市市	Jinshi	6159	9067
沅江市	Yuanjiang	20521	30312
资兴市	Zixing	15553	24929
洪江市	Hongjiang	17158	24338
冷水江市	Lengshuijiang	20751	34494
涟源市	Lianyuan	45668	64092
吉首市	Jishou	22781	29560
广东省	**Guangdong**		
从化市	Zengcheng	29240	44806
增城市	Conghua	49730	86713
乐昌市	Lechang	22132	34827
南雄市	Nanxiong	20113	25874
台山市	Taishan	35757	49817
开平市	Kaiping	40672	53513
鹤山市	Heshan	21534	35284
恩平市	Enping	20245	31957
廉江市	Lianjiang	81898	126560
雷州市	Leizhou	81805	123834
吴川市	Wuchuan	67306	77135
高州市	Gaozhou	109208	123222
化州市	Huazhou	108641	141657
信宜市	Xinyi	93076	108719
四会市	Sihui	28210	51732
兴宁市	Xingning	42924	66068
陆丰市	Lufeng	87361	115836
阳春市	Yangchun	43778	80623
英德市	Yingde	49982	75023
连州市	Lianzhou	10811	30545
普宁市	Puning	154638	190971

3-9 续表 3 continued 3

单位:人 (person)

城市	City	普通中学在校学生数 Total Enrollment of Regular Secondary Schools	普通小学在校学生数 Total Enrollment of Primary Schools
罗定市	Luoding	61985	99200
广西壮族自治区	**Guangxi**		
岑溪市	Cenxi	37666	83715
东兴市	Dongxing	9745	21277
桂平市	Guiping	111509	165980
北流市	Beiliu	93864	166475
靖西市	Jingxi	28506	46086
宜州市	Yizhou	32335	49886
合山市	Heshan	4182	8513
凭祥市	Pingxiang	4670	10084
海南省	**Hainan**		
五指山市	Wuzhishan	8017	9678
琼海市	Qionghai	29167	43724
文昌市	Wenchang	29225	42312
万宁市	Wanning	26536	43734
东方市	Dongfang	28694	38004
四川省	**Sichuan**		
都江堰市	Dujiangyan	23797	31039
彭州市	Pengzhou	23856	36250
邛崃市	Qionglai	21947	24818
崇州市	Chongzhou	21197	29000
简阳市	Guanghan	58388	83291
广汉市	Shifang	17900	24817
什邡市	Mianzhu	12963	16423
绵竹市	Jiangyou	13218	18325
江油市	Emeishan	27364	34204
峨眉山市	Langzhong	15061	18007
阆中市	Huaying	29816	46241
华蓥市	Wanyuan	16736	22879
万源市	Jianyang	27624	37136
马尔康市	Kangding	3516	3353
康定市	Xichang	8478	8688
西昌市	**Guizhou**	54690	79852
贵州省	**Qingzhen**		
清镇市	Qingzhen	27987	36839
赤水市	Chishui	9426	21710
仁怀市	Renhuai	44917	48142
兴义市	Xingyi	83333	82423
凯里市	Kaili	49986	54158
都匀市	Duyun	28174	29439
福泉市	Fuquan	18000	22600
云南省	**Yunnan**		
安宁市	Anning	17064	23307
宣威市	Xuanwei	98820	124753
腾冲市	Tengchong	44985	54922
楚雄市	Chuxiong	39940	36450
个旧市	Gejiu	19739	33547
开远市	Kaiyuan	15734	25141
蒙自市	Mengzi	21588	39726
弥勒市	Mile	30193	42064
文山市	Wenshan	33696	49628
景洪市	Jinghong	19376	40252
大理市	Dali	39143	43156
瑞丽市	Ruili	10061	17475
芒市	Mangshi	16950	35331
泸水市	Lushui	10457	16643
香格里拉市	Shangri-la	5308	12590
陕西省	**Shaanxi**		
兴平市	Xingping	26220	34727
韩城市	Hancheng	20788	20982
华阴市	Huayin	8050	12479
甘肃省	**Gansu**		
玉门市	Yumen	10046	7327
敦煌市	Dunhuang	9237	9709
临夏市	Linxia	21075	23968
合作市	Hezuo	8827	8346
青海省	**Qinghai**		
玉树市	Yushu	5143	14478
格尔木市	Golmud	12363	18454
德令哈市	Delingha	4921	6283
宁夏回族自治区	**Ningxia**		
灵武市	Lingwu	15293	23050
青铜峡市	Qingtongxia	14509	20301
新疆维吾尔自治区	**Xinjiang**		
昌吉市	Changji	29560	25898
阜康市	Fukang	7838	8715
博乐市	Bole	6581	15268
阿拉山口市	A la san kou	744	744
库尔勒市	Korla	27590	49626
阿克苏市	Akesu	31063	54802
阿图什市	Atus	20446	30409
喀什市	Kashi	36061	79572
和田市	Hetian	24365	46924
伊宁市	Yining	39344	54213
奎屯市	Kuitun	16843	12063
霍尔果斯市	Horgos	1270	2498
塔城市	Tacheng	10302	10350
乌苏市	Wusu	12368	15847
阿勒泰市	Aletai	9777	12051
石河子市	Shihezi	28715	21806
阿拉尔市	Alar	27568	19800
图木舒克市	Tumushuke	9685	17400
五家渠市	Wujiaqu	6742	6638
北屯市	Beitun	5269	4474
铁门关市	Tie men guan	1183	1241

附录　主要统计指标解释

Appendix
Explanatory Notes on Main Statistical Indicators

主要统计指标解释

行政区划

行政区划 指国家对行政区域的划分。根据有关法规规定，我国的行政区域划分如下:（1）全国分为省、自治区、直辖市;（2）省、自治区分为自治州、县、自治县、市;（3）自治州分为县、自治县、市;（4）县、自治县分为乡、民族乡、镇; （5）直辖市和较大的市分为区、县;（6）国家在必要时设立的特别行政区。

人口、劳动力及土地资源

年末总人口 是指本市每年 12 月 31 日 24 时的户籍登记情况统计的人口数。

年平均人口 指一年内各个时点的人口的平均数。年平均人口数是综合反映年内的人口规模的主要指标，也是计算出生率、死亡率、自然增长率、人均国内生产总值等经济指标的必要指标。其计算方法可利用一年中 12 个月的月末人口相加除以 12 求得，在实际工作中，经常根据年初人口数加年末人口数除以 2 计算求得。

人口自然增长率 指在一定时期内（通常为一年）人口自然增加数（出生人数减死亡人数）与该时期内平均人数（或期中人数）之比，用千分率表示。

城镇单位从业人员期末人数 指报告期末最后一日 24 时在本单位工作，并取得工资或其他形式劳动报酬的人员数。该指标为时点指标，不包括最后一日当天及以前已经与单位解除劳动合同关系的人员，是在岗职工、劳务派遣人员及其他从业人员之和。从业人员不包括: 1.离开本单位仍保留劳动关系，并定期领取生活费的人员; 2.利用课余时间打工的学生及在本单位实习的各类在校学生; 3.本单位因劳务外包而使用的人员，如: 建筑业整建制使用的人员。

城镇私营和个体就业人员 城镇私营就业人员指在工商管理部门注册登记，其经营地址设在县城关镇(含县城关镇)以上的私营企业就业人员，包括私营企业投资者和雇工。城镇个体就业人员指在工商管理部门注册登记，并持有城镇户口或在城镇长期居住，经批准从事个体工商经营的就业人员，包括个体经营者和在个体工商户劳动的家庭帮工和雇工。

城镇登记失业人员数 是指有非农业户口，在一定的劳动年龄内（16 周岁至退休年龄），有劳动能力，无业而要求就业，并在当地就业服务机构进行求职登记的人员数量。

行政区域土地面积 指辖区内的全部陆地面积和水域面积。

建成区面积 指城市行政区内实际已成片开发建设、市政公用设施和公共设施基本具备的区域。

水资源总量 指当地降水形成的地表和地下产水总量，即地表径流量与降水入渗补给量之和。

城市建设用地面积 指城市内的居住用地、公共管理与公共服务设施用地、商业服务业设施用地、工业用地、物流仓储用地、道路交通设施用地、公用设施用地、绿地与广场用地等面积之和。

居住用地面积 指住宅和相应服务设施的用地。

综合经济

地区生产总值（GRP） 指按市场价格计算的一个地区所有常住单位在一定时期内生产活动的最终成果。

地方公共财政收入 包括：（1）税收收入；（2）社会保险基金收入；（3）非税收入；（4）贷款转贷回收本金收入（5）转移性收入。

地方公共财政支出 包括一般公共服务、国防、公共安全、教育、科学技术、文化体育与传媒、社会保障就业、医疗卫生、环境保护、城乡社区事务、农林水事务、交通运输等方面的支出。

科学技术支出 即公共财政预算支出中的科学技术支出项目。指用于科学技术方面的支出，包括科学技术管理事务、基础研究、应用研究、技术研究与开发、科技条件与服务、社会科学、科学技术普及、科技交流与合作等。

教育支出 即公共财政预算支出中的教育支出项目。指政府教育事务支出，包括教育行政管理、学前教育、小学教育、初中教育、普通高中教育、普通高等教育、初等职业教育、中专教育、技校教育、职业高中教育、高等职业教育、广播电视教育、留学生教育、特殊教育、干部继续教育、教育机关服务等。

年末金融机构各项人民币存款余额 指企业、机关、团体和居民根据可以收回的原则，把人民币存入银行或其他信用机构保管并取得一定利息的年末人民币总量。

居民储蓄年末余额 指年终时城乡居民在银行和其他金融机构的人民币储蓄存款总额。不包括居民的手存现金和工矿企业、部队、机关、团体等单位存款。

年末金融机构人民币各项贷款余额 指年终时银行或其他信用机构根据必须归还的原则，按一定利率，为企业、个人等提供人民币贷款的总额。

工业

工业企业数 指年主营业务收入2000万元以上的工业法人企业个数。包括独立核算法人工业企业和附营工业生产单位。独立核算法人工业企业是指从事生产经营活动的单位，它同时具备以下条件：（1）依法成立，有自己的名称、组织机构和场所，能够独立承担民事责任；（2）独立拥有和使用资产，承担负债，有权与其他单位签订合同；（3）会计上独立核算，能够编制资产负债表。

工业总产值 指规模以上工业企业在报告期内生产活动的最终成果。包括生产的成品价值、对外加工费收入、自制半成品在制品期末期初差额价值。

从业人员年平均人数 指报告期内平均拥有的从业人员数。年平均人数是以12个月的平均人数相加之和除以12求得，或以4个季度的平均人数之和除以4求得。在年内新成立的单位年平均人数计算方法为：从实际开工之月起到年底的月平均人数相加除以12个月。

流动资产 资产满足以下条件之一应归为流动资产：（1）预计在一个正常营业周期中变现、出售或耗用，主要包括存货、应收账款等；（2）主要为交易目的而持有；（3）预计在资产负债表日起一年内（含一年）变现；（4）自资产负债日起一年内，交换其他资产或清偿负债的能力不受限制的现金或现金等价物。包括货币资金、应收票据、应收账款、存货等项目。根据会计“资产负债表”中“流动资产合计”项目的期末余额数填报。

固定资产 指企业为生产商品、提供劳务、出租或经营管理而持有的，使用寿命超过一个会计年度的有形资产。包括使用期限超过一年的房屋、建筑物、机器、机械、运输工具以及其他与生产、经营有关的设备、器具、工具等。固定资产合计是时点指标，表示固定资产经过扣减折旧、减值准备等后的期末余额。根据会计“资产负债表”中“固定资产”项目的期末余额数填报。

主营业务税金及附加 指企业经营主要业务应负担的营业税、消费税、城市维护建设税、教育费附加等。根据会计"主营业务税金及附加"科目的期末借方余额（结转前）填报。

利润总额 指企业在一定会计期间的经营成果，是生产经营过程中各种收入扣除各种耗费后的盈余，反映企业在报告期内实现的盈亏总额。来源于会计"利润表"中"利润总额"项目的本年累计数。

交通运输、邮电通信

货（客）运量 指在一定时期内，各种运输工具实际运送的货物重量（旅客数量）。该指标是反映运输业为国民经济和人民生活服务的数量指标，也是制定和检查运输生产计划、研究运输发展规模和速度的重要指标。货运按吨计算，客运按人计算。货物不论运输距离长短、货物类别，均按实际重量统计。旅客不论行程远近或票价多少，均按一人一次客运量统计；半价票、小孩票也按一人统计。

邮政、电信业务收入 指邮电、通信企业通过生产经营活动所取得的全部业务收入，包括邮政、长途电信、本地电话等各项主营业务收入和地方国有通信收入。统计范围改为全社会所有从事电信运营的企业（即中国电信、中国移动、中国联通三家基础电信企业），邮政企业和年业务收入 200 万元以上的快递企业。

固定电话用户 指报告期末在电信运营企业营业网点办理开户登记手续并已接入固定电话网上的全部电话用户。包括普通电话用户、公用电话用户、窄带综合业务数字网（N—ISDN）用户、智能网专用接入终端用户等。

移动电话用户 指在电信运营企业营业网点办理开户登记手续，通过移动电话交换机进入移动电话网，占用移动电话号码的各类电话用户。包括各类签约用户，智能网预付费用户、无线上网卡用户。

互联网宽带接入用户 指报告期末在电信企业登记注册，通过 XDSL、FTTX+LAN、WLAN 等方式接入中国互联网的用户，主要包括 XDSL 用户、LAN 专线用户、LAN 终端用户及无线接入用户。

贸易、外经

限额以上批发零售业商品销售总额 限额以上批发和零售业统计单位是指：批发业，年主营业务收入 2000 万元及以上；零售业，年主营业务收入 500 万元及以上。商品销售额指对本单位以外的单位和个人出售的商品金额（包括售给本单位消费用的商品，含增值税）。商品销售包括：（1）售给城乡居民和社会集团消费用的商品；（2）售给农业、工业、建筑业、服务业等国民经济各行业用于生产、经营用的商品，包括售予批发和零售业作为转卖或加工后转卖的商品；（3）对国（境）外直接出口的商品。商品销售不包括：（1）未通过买卖行为付出的商品，如随机构变动移交给其他企业单位的商品、借出的商品、归还受其他单位委托代保管的商品、付出的加工原料和赠送给其他单位的样品等；（2）经本单位介绍，由买卖双方直接结算，本单位只收取手续费的业务；（3）购货退回的商品；（4）商品损耗和损失；（5）出售本单位自用的废旧物资。

社会消费品零售总额 指企业（单位、个体户）通过交易直接售给个人、社会集团非生产、非经营用的实物商品金额，以及提供餐饮服务所取得的收入金额。个人包括城乡居民和入境人员，社会集团包括机关、社会团体、部队、学校、企事业单位、居委会或村委会等。

当年实际使用外资金额 是指批准的合同外资金额的实际执行数，外国投资者根据批准外商投资企业的合同（章程）的规定实际缴付的出资额和企业投资总额内外国投资者以自己的境外自有资金实际直接向企业提供的贷款。

固定资产投资

固定资产投资（不含农户） 指以货币形式表现的在一定时期内建造和购置固定资产的工作量以及与此

有关的费用的总称。包括城镇和农村各种登记注册类型的企业、事业、行政单位及城镇个体户进行的计划总投资 500 万元及 500 万元以上的建设项目投资和房地产开发投资。包括原口径的城镇固定资产投资加上农村企事业组织项目投资，不含农户投资。该口径自 2011 年起开始使用。

房地产开发投资完成额 指各种登记注册类型的房地产开发公司、商品房建设公司及其他房地产开发法人单位和附属于其他法人单位实际从事房地产开发或经营活动的单位统一开发的包括统代建、拆迁还建的住宅、厂房、仓库、饭店、宾馆、度假村、写字楼、办公楼等房屋建筑物和配套的服务设施，土地开发工程（如道路、给水、排水、供电、供热、通讯、平整土地等基础设施工程）的投资；不包括单纯的土地交易活动。

住宅 指专供居住的房屋，包括别墅、公寓、职工家属宿舍和集体宿舍（包括职工单身宿舍和学生宿舍）等，但不包括住宅楼中作为人防用、不住人的地下室等。住宅按照性质可以划分为普通住房、经济适用住房和别墅、高档公寓。

教育、文化、卫生

普通高等学校 是指通过国家普通高等教育招生考试、招收高级中等学校毕业生为主要培养对象，实施高等学历教育的全日制大学、独立设置的学院和高等专科学校、高等职业学校和其他机构。

中等职业教育学校 是指按国家规定的设置标准和审批程序批准建立的，招收初中（或部分高中）毕业生或同等学历者，实施中等职业技术教育，培养中等职业技术人才的学校。招收初中毕业生的，修业年限一般为三至四年；招收高中毕业生的，修业年限一般为二年至三年。包括中等专业学校、技工学校、职业中学（高中）等。

普通中学 指经过县及县以上教育部门批准，以招收小学毕业生为主实施中学教学计划的学校数，包括初级中学和完全中学。

普通小学 指经过县及县以上教育部门批准，以招收适龄儿童为主，实施小学教学计划的学校。

专任教师 指具有教师资格、专门从事教学工作的人员。包括临时（一年以内）调去帮助做其他工作的教学人员。

在校学生数 指具有学籍并在本学年进行在校学习的学生数。

公共图书馆图书总藏量 指图书馆已编目的古籍、图书、期刊和报纸的合订本、小册子、手稿以及缩微制品、录像带、录音带、光盘等听视文献资料数量总和。

医院、卫生院数 指报告期末辖区范围内的医院、卫生院总数。

医院、卫生院床位数 指报告期末医院、卫生院的固定实有床位数。包括正规床、简易床、监护床、正在消毒和修理的床位、因扩建或大修而停用的床位，不包括产科的新生儿床、病人家属的陪侍床、病人的观察床、接产室的待产床。

人民生活、社会保障

在岗职工平均人数 是指报告期内平均拥有的在岗职工数。在岗职工是指在本单位工作且与本单位签订劳动合同，并由单位支付各项工资和社会保险、住房公积金的人员，以及上述人员中由于学习、病伤、产假等原因暂未工作仍由单位支付工资的人员。在岗职工还包括：（1）应订立劳动合同而未订立劳动合同人员（如使用的农村户籍人员）；（2）处于试用期人员；（3）编制外招用的人员，如临时人员；（4）派往外单位工作，但工资仍由本单位发放的人员（如挂职锻炼、外派工作等情况）。在岗职工不包括：（1）本单位使用的且由本单位直接支付工资的劳务派遣人员，应统计在本单位“劳务派遣人员”指标中；（2）本单位因劳务外包而使用的人员，由承包劳务的单位统计为在岗职工。年平均人数是以 12 个月的平均人数相加之和除以 12 求得，或以 4 个季度的平均人数之和除以 4 求得。

在岗职工工资总额 指本单位在报告期内直接支付给本单位全部在岗职工的劳动报酬总额。在岗职工工资总额由基本工资、绩效工资、工资性津贴和补贴、其他工资四部分组成。工资总额不包括病假、事假等情况的扣款。各单位在填报在岗职工工资总额四项构成时，应根据实际情况调整对应项目；如不能确定调整项，可扣减基本工资项。

城镇职工基本养老保险参保人数 指报告期末按照法律、法规和有关政策规定参加城镇基本养老保险并在社保经办机构已建立缴费记录档案的职工人数（包括中断缴费但未终止养老保险关系的职工人数，不包括只登记未建立缴费记录档案的人数）和离休、退休和退职人员的人数。取自人力资源和社会保障部统计年报。

失业保险参保人数 指报告期末按照法律、法规和有关政策规定参加了失业保险的城镇企业、事业单位的职工及地方政府规定参加失业保险的其他人员的人数。取自人力资源和社会保障部统计年报。

市政公用事业

城市维护建设资金支出 指用于城市维护和建设的资金支出。包括基本建设支出、更新改造支出和维护支出。指城市公共基础设施和公用事业建设与维护活动所需的一切资金，是国家规定的用于城市维护与建设的专项资金。

年末实有城市道路面积 是指道路实际铺装面积和与道路相通的广场、桥梁、隧道的铺装面积（统计时，将人行道面积单独统计）。人行道面积按道路两侧面积相加计算，包括步行街和广场，不含人车混行的道路。

排水管道长度 指所有排水总管、干管、支管、检查井以及连接井进出口等长度之和。

供水总量 是指自来水厂供出厂外的全部水量，包括有效供水量及损失水量。

居民生活用水量 指城市范围内所有居民家庭的日常生活用水。包括城市居民、农民家庭、公共供水站用水。

全社会用电量 指各行业用电量和城乡居民生活用电量合计。

供气总量（人工、天然气） 是指城市煤气企业向城市生产用户、家庭用户和其他用户供应的全部煤气量，包括外购及损失量。

用气人口 指报告期末家庭用户的用气人口。

年末实有公共汽（电）车运营车辆数 是指城市公共交通企业可参加营运的全部车辆数。包括技术完好的、在修的、待修的、长期停驶的，以及拟报废尚未经上级主管部门批准报废的运营车辆数。不包括公交企业的油罐车、货车和其他专用车等非运营车，也不包括借入、租入的客运车辆。

全年公共汽（电）车客运总量 指运送乘客的总人数。包括普通票乘客人次，月票乘客人次和包车乘客人次。普通票乘客人次按上车付现金购票，一张票计算一个人次；月票日乘车次按 5 个人次计算；团体包车，一个乘客按一个人次计算，往返按二个人次计算。

年末实有出租汽车数 指经有关部门批准的专门从事出租业务的一切营业车辆。包括轿车、面包车、大客车。

绿地面积 指用作绿化的各种绿地面积。包括公园绿地、单位附属绿地、居住区绿地、生产绿地、防护绿地和风景林地的总面积。

公园绿地面积 指开放的各级各类公园绿地。

建成区绿化覆盖面积 根据《城市绿化条例》规定，建成区绿化覆盖面积包括公共绿地、居住区绿地、单位附属绿地、防护绿地、生产绿地、风景林地六类绿化面积之和。指城市中的乔木、灌木、草坪等所有植被的垂直投影面积。包括公园绿地、防护绿地、生产绿地、附属绿地、其他绿地的绿化种植覆盖面积、屋顶绿化覆盖面积以及零散树木的覆盖面积，不含各类绿地中的水域面积以及没有被植被覆盖的面积（硬化道路、无屋顶绿化的建筑物等）。乔木树冠下重迭的灌木和草本植物不能重复计算。

环境保护

工业废水排放量 是指经过工业企业厂区所有排放口排放到企业外部的全部废水总量。包括外排的生产废水和厂区生活污水，也包括外排的直接冷却水和矿区的超过排放标准的有毒有害的矿井地下水；不包括外排的间接冷却水。有些企业间接冷却水和直接冷却水混合排放分不开的，可以合并统计在内。

工业二氧化硫排放量 指工业企业在厂区内的生产工艺过程和燃料燃烧过程中排入大气的二氧化硫总量。

工业烟（粉）尘排放量 指报告期内企业在燃料燃烧和生产工艺过程中排入大气的烟尘及工业粉尘的总质量之和。

一般工业固体废物综合利用率 指一般工业固体废物综合利用量占一般固体废物产生量与综合利用往年贮存量之和的百分率。

污水处理厂集中处理率 指报告期内通过污水处理厂处理的污水量与污水排放总量的比率。

生活垃圾无害化处理率 指报告期生活垃圾无害化处理量与生活垃圾产生量的比率。

Explanatory Notes on Main Statistical Indicators

Divisions of Administrative Areas of Cities in China

Divisions of Administrative Areas refer to the division of administrative areas by the State. The relative laws stipulate that (1) the whole country is divided into provinces, autonomous regions and municipalities directly under the Central Government; (2) provinces and autonomous regions are further divided into autonomous prefectures, counties, autonomous counties and cities; (3) autonomous prefectures are further divided into counties, autonomous counties and cities; (4) counties and autonomous counties are further divided into townships, ethnic townships and towns; (5) municipalities directly under the Central Government and large cities are divided into districts and counties; (6) the State shall, when necessary, establish special administrative regions.

Population, Labour Force and Land Resources

Total Population at Year-end refer to the population at the 24 clock, December 31, of the reporting year. The data are register population from public security department.

Annual average population refer to the average number of the population at every time point. This index is the main index to illustrate synthetically the population of the reporting year, and it is the necessary index to calculate the birth rate, death rate, natural growth rate, per capita GDP and so on. The calculating method is the sum of the 12 months of population at month-end which is divided by 12. In the practical work, the index is the number population early and late which is divided by 2.

Natural Growth Rate of Population refers to the ratio of natural increase in population (number of births minus number of deaths) in a certain period of time (usually a year) to the average population (or mid-period population) of the same period, expressed in ‰.

Persons Employed in Various Units at Year-end refer to the total number of employees who work at his unit and obtain wages or other forms of payment at the end of the reporting period. This indicator is a kind of time point index and it equals to the sum of the number of employed staff and workers, labor dispatch personnel and other employed persons. Employed persons do not include: (1)persons who have left their working units while keeping their labor contract (employment relation) unchanged and receiving regular alimony; (2)students who do part-time jobs in spare time and all kinds of enrolled students who do internship in various units; (3)persons employed due to labor outsourcing; (4)persons who dissolve labor contracts with their units on the last day of reporting or before.

Persons Employed in Private Enterprises and Self-Employed Individuals in Urban Areas refer to the persons employed in the private enterprises which have been registered at the departments of industrial and commercial administration for which the business operation are situated at a county town (i.e. a town where the county government is located), or at urban areas with administrative hierarchy higher than a county town. The self-employed individuals in urban areas refer to persons who hold the certificates of residence in urban areas or have resided in the urban areas for a long time and have been registered at the departments of industrial and commercial administration and approved to be engaged in individual industrial or commercial business, including self-employed persons as well as helpers and hired laborers who work in individual households.

Registered Unemployed Persons in Urban Areas refer to the persons with non-agricultural household registration at certain working ages (16 years old to retirement age), who are capable of working, unemployed and willing to work, and have been registered at local employment service agencies to apply for a job.

Total Land Area of Administrative Region refer to the all land and water area under city.

Area of Land Used for Urban Construction refer to the total area of all kinds of lands such as the residential land, the land for public administration and public service facilities , the land for commercial service facilities, industrial land, the land for logistics and warehouse, the land for road traffic facilities, the land for public facilities, green space and square land.

Total Water Resources refers to total volume of surface water and groundwater and is measured as run-off for surface water and replenishment of groundwater with rainfall in local area.

Built-up Area refer to the total area that were actually developed and constructed, with the basic municipal public facilities.

Residential Land Area refer to the area of the residences and residential service facilities, roads, green spaces and so on.

General Economy

Gross Regional Product(GRP) or Regional GDP refer to the final products at market prices produced by all resident units in a region during a certain period of time.

Revenue of the Local Governments included are tax revenue, social insurance fund revenue, non-tax revenue, principal income from loan and sub-loan and transfer revenue.

Expenditure of the Local Governments included are expenditure for general public services, expenditure for national defense, expenditure for public security, expenditure for education, expenditure for science and technology, expenditure for culture, sport and media, expenditure for social safety net and employment effort, expenditure for medical and health care, expenditure for energy conservation and environment protection, expenditure for urban and rural community affairs, expenditure for agriculture, forestry water conservancy, expenditure for transportation and so on.

Expenditure for Science and technology one item of expenditure of the local governments, refer to the spending on science and technology, including the science and technology management, basic research, applied research, technology research and development, science and technology condition and services, social science, science and technology popularization, technology exchanges and cooperation, etc.

Expenditure for Education one item of expenditure of the local governments, refer to the government spending on education affairs, including education administration, pre-school education, primary education, junior middle school education, ordinary senior high school education, ordinary higher education, elementary vocational education, secondary professional education, vocational education, vocational high school education, higher vocational education, broadcasting television education, foreign students education, special education, continuing education for cadre, education services, etc.

Deposits of National Banking System at Year-end refer to CNY aggregates at year-end that had been deposited banks or taken good care by other financial institutions at a certain interest by enterprise, state organs, public organizations and citizens, on the basis of the principle of can take back.

Household Saving Deposits at Year-end refer to CNY aggregates at year-end that had been deposited banks or other financial institutions by urban and rural residents, excluding the cash in hand of the residents and the units’ deposits of industrial and mining enterprises, army, state organs, public organizations.

Loans of National Banking System at Year-end refer to CNY aggregates at year-end that had been loaned to enterprises and individuals by banks and other financial institution at a certain interest, on the basis of the principle of must be returned.

Industry

Number of Industrial Enterprises refer to all industrial enterprises with revenue from principal business above 20 million yuan, include independent accounting corporate industrial enterprises and affiliated industrial production units. Independent accounting corporate industrial enterprises refer to the units engaging in the production and business operation activities, which also meet the following conditions:1) Established in accordance with the law, with their own name, organization and location, can independently bear civil liability; (2) independently having and using the assets, bearing the liability, and having the right to sign a contract with other units; (3) independently accounting on accounting, can prepare Assets and Liability Table.

Gross Industrial Output Value refer to the final industrial products and services at market prices produced by industrial enterprises above designated size in a region during a certain period of time. It consists of three parts: the final product value of the production, the revenue of external processing fee, the balance value of self-made semi-manufactured goods between the beginning and the end.

The Average Number of Persons Employed in Various Units refer to the average number of persons employed in various units during the reporting period. The average number is equal to the sum of 12 months divided by 12 or the sum of 4 quarters divided by 4.

Total Current Assets refer to the assets that meet one of the following requirements:(1)expected to be cashed, sold or used in a normal operating cycle, mainly including inventory and accounts receivable; (2) be owned for trading purposes mainly; (3) expected to be cashed in one year(including one year) from the day of the Assets and Liability Table; (4) unlimited cash or cash equivalents that can be exchanged with other assets or being capable of setting debts during one year since the day of Assets and Liability Table. Monetary assets, notes receivable, accounts receivable and inventories are included. Data on this indicator can be abstained by the year-end figures of total liabilities from the Assets and Liability Table of the accounting records of enterprises.

Total Fixed Assets refer to the amount of the tangible assets which service life is over a fiscal year. Enterprise hold them for producing goods, providing labor services, renting or business management. Including some things which service life is more than a year, such as houses, buildings, machines, machinery, transportation facilities and other equipment, instruments, tools that related to production and management . The indicator of fixed assets is a point indicator, and is the ending balance after deducting the depreciation and impairment. Data on this indicator can be abstained by the year-end figures of total liabilities from the Assets and Liability Table of the accounting records of enterprises.

Tax and Extra Charges from Principal Business refer to the sales tax, consumption tax, urban maintenance and construction tax and education expenses shouldered by the enterprise from its principal business. Data are obtained from the year-end debit balance of “tax and extra charges from principal business” in the accounting record of enterprise.

Total Profits refer to the operation results in a certain accounting period, and it is the balance of various incomes minus various spending in the course of operation, reflecting the total profits and losses of enterprises in reference period. Data are obtained from the amount of “total profits” in the “profit table” of the accounting record of enterprise.

Transport, Postal and Telecommunication Services

Freight(Passenger) Traffic refer to the weight of freight(number of passenger) transported with various means within a specific period of time. This indicator reflects the service of transport industry towards the national economy and people’ s living conditions, as well as an important indictor used in formulating and monitoring transport production plans and research into the scale and pace of transport development. Freight transport is calculated in tons and passenger traffic is calculated in terms of number of persons. Freight transport is calculated in terms of the actual weight of the goods and takes no account of the type of freight and distance of travel. Passenger traffic is calculated by the principal that one person can be counted only once in one trip and takes no account of the travelling distance and ticket price. The passengers who travel with a half price ticket or a child' s ticket is also calculated as one person.

Revenue from Postal Services and Telecommunication Services refer to all business income of post and communication enterprises by production and operation activities, including the revenue from the principal business such as the postal service, long-distance telecommunications, local telephone call, and the revenue from local state-owned telecommunication.

Number of Local Telephone Subscribers refer to all subscribers at year-end who have gone through registration procedures in the operation points of enterprises engaged in telecommunications and are hence connected to the local telecommunications services provider through fixed line network. Included are general subscribers, wireless local telephone subscribers, public telephone subscribers, N-ISDN subscribers and intelligent network terminal subscribers.

Number of Mobile Telephone Subscribers refer to persons at year-end who have gone through registration procedures in the operation points of enterprises engaged in telecommunications and are hence connected to the mobile telephone communications network through telephone switchboards and occupy mobile phone numbers. Included are various of types of subscriber, prepaid users for intelligent network and wireless network card users.

Subscribers of Internet Service refer to all subscribers at year-end who have gone through registration procedures in the operation points of enterprises engaged in telecommunications and are hence connected to Chinese internets。Included are XDSL subscribers, LAN individual line subscribers, LAN terminal subscribers and wireless subscribers.

Trade and Foreign Trade and Economic Cooperation

Total sales of Commodities of Enterprises above Designated Size in Wholesale and Retail Trades the criteria for wholesale and retail trades above designated size are as follows: wholesale trade with annual principal business sales over 20 million yuan; retail trade, with annual principal business sales over 5 million yuan. Total sales of commodities refer to value of commodities sold by the establishments to other establishments and individuals(including goods sold for self consumption, including the value-added tax). The commodities include: (1) commodities sold to urban and rural residents and social groups for their consumption; (2)commodities sold to establishments in all industries for their production, and catering services including commodities sold to wholesale and retail establishments for reselling, with or without further processing; and(3)commodities for direct export to abroad. Excluded are (1)extended commodities without trading, such as goods handed over to other enterprises and institutions because of the change of organizations, lent goods, returned goods preserved for others, extended processing materials and samples donated to others;(2) goods of direct settlement between buyer and seller with handing fees introduced by others;(3) goods returned after purchase;(4) damaged and spoiled goods;(5) waste and used goods of self use.

Total Retail Sales of Consumer Goods refer to the amount obtained by enterprises(units, self-employed individuals) through direct sales of non-production and non-business physical commodity to individuals, social institutions, and revenue from providing catering services. Individuals include rural and urban households, population from abroad, social institutions include government agencies, social organizations, military units, schools, institutions, and neighborhood (village) committees.

Enterprises above Designated Size of Wholesale and Retail Trades the data of wholesale and retail enterprises above designated size are collected in accordance with the principle of business location of legal person, which means with the location of the main business activities. Corporate enterprises provide the statistical data of all affiliated industry activities(including different place) in a unified manner. Wholesale and retail industry units of non-wholesale and non-retail trade are also collected in accordance with the principle of business location of industry units. Comprehensive statistics scope include self-employment ventures above designated size, the criteria for self-employment ventures above designated size are accordance with The Statistical Quota Standards for Wholesale and Retail Trade, Accommodation and Catering Industry.

Amount of Foreign Capital Actually Utilized refer to the foreign capital actually utilized of approved contracts, which are the actual payment amount by foreign investors according to the regulations of approved contracts, and one part of the total amount of enterprise investment-loans from foreign investors' own funds overseas.

Investment in Fixed Assets

Investment in Fixed Assets (Excluding Rural Household) refer to the investment in construction projects with a total planned investment of 5 million yuan and over by enterprises of various ownerships, institutions, administrative units and urban self-employed individuals, and investment in real estate development in both urban and rural areas. Since 2011, it covers the urban investment in fixed assets under the previous statistical coverage plus project investments by rural enterprises and institutions.

Investment in Real Estate Development refer to investment by real estate development companies, commercialized buildings constructions and other estate development units of various types of ownership in the construction of buildings, such as residential buildings, factory buildings, warehouses, hotels, guesthouses, holiday villages, office buildings, the complementary service facilities and land development projects, such as roads, water supply, water drainage, power supply, heating supply, telecommunications, land leveling and other infrastructural projects. It does not include activities in pure land transactions.

Residential Buildings refer to the buildings specially for living, including houses, apartments, dormitory and staff dormitories, excluding the basements of residential buildings for civil air defense and without people living. residential buildings can be classified four types: ordinary apartments, affordable apartments and villas, and luxury apartments.

Education, Culture and Public Health

Regular Institutions of Higher Education refer to educational establishments recruiting graduates from senior secondary schools as the main target through National Matriculation TEST. They include full-time universities, independently established colleges, colleges, and institutions of higher professional education, institutions of higher vocational education and others.

Vocational Secondary Schools refer to educational establishments founded according to the set standards of the state and approval procedures, recruiting graduates from junior high schools (partly senior high schools) or people at the same degree, with the secondary vocational education. The period of schooling for recruiters from junior high schools is 3-4years, and the period of schooling for recruiters from senior high schools is 2-3years. Included are secondary vocational schools, technical schools, vocational high school (high school).

Number of Regular Secondary Schools refer to educational establishments founded by the approval of education sector at the county level and above, recruiting graduates from primary schools, with middle school teaching plan. Included are junior high school and six-year high school.

Number of Regular Primary Schools refer to educational establishments founded by the approval of education sector at the county level and above, mainly recruiting children of school age, with primary school teaching plan.

Number of Full-time teachers refer to staff who have teaching certificate, mainly engaged in teaching work. The teaching staff sent to help to do other work temporarily(within a year) are included .

Number of Students Enrollment refer to the total number of various of students enrolled in kinds of school, including repeated students, not including the tutorial raw.

Total Collection of Public Libraries refer to the total number of material that have been cataloged by libraries, such as the ancient books, books, periodicals and newspapers volume, pamphlets, manuscripts and miniature products, video tapes, disks.

Number of Hospitals and Health Centers refer to all the number of hospitals and health centers at the area under administration during the reporting period.

Number of Beds of Hospitals and Health Centers refer to the actual number of beds of hospitals and health centers at year-end. Included are regular beds, simple beds, guardian beds, beds under sterilization and repair, and disabled beds for extension or overhaul. Excluded are beds for neonatal baby, escort beds for patients' family, beds for observing patients, and beds of delivery room.

People's Living Conditions and Social Security

The Average Number of Employed Staff and Workers refer to the average number of employed staff and workers, employed staff and workers refer to persons who signed labor contracts with working units would pay wages, social insurance and housing funds for them. Persons who have their work posts but are temporarily absent from work for reasons of study or on sick, injury or maternal leave and still receive wages from their working units are also included. Employed staff and workers also include: (1)persons who should have signed the labor contracts but not (like people with rural household registration); (2)Employees on probation; (3) Employees beyond the staffing quota; (4)employees who are sent to other working units but still obtain wages from their original units (situations like on-the-job placement, expatriated assignment, etc.). Employed Staff and Workers do not include: (1)dispatched personnel who work and are paid directly by the working units; they should be counted into "labor dispatch personnel" of working units; (2)personnel through labor outsourcing, they shall be counted into "Employed Staff and Worker" of the units which contracted them. The annual average number is equal to the sum of 12 months divided by 12 or the sum of 4 quarters divided by 4.

Total Wage Bill of Employed Staff and Workers refer to the total remuneration payment to all employed staff and workers during the reporting year, including basic salary, performance salary, salary allowances and subsidies, and excluding the deductions for personal leave, sick leave and so on. Units should adjust the corresponding projects when calculating the compositions of total wage bill, and they can minus the basic salary if they can't identify the adjusting projects.

Number of Staff and Workers Covered by the Urban Basic Pension Insurance refer to staff and workers or retirees participating in the basic pension insurance for urban staff and workers programme according to national laws, regulations and related policies at the end of reference period, who have already had payment records in social security management agencies, including those who interrupt payment without terminating the insurance programme. Those who have registered in the programme but without payment records are not included.

Number of People Covered by Unemployment Insurance refer to staff and workers in urban enterprises or institutions who have participated in the unemployment insurance programme according to related policies and regulations and other people who have participated according to local government regulations at the end of reference period.

Municipal Public Utilities

Expenditure for Maintaining and Building City refer to the expenditure for construction and maintenance of urban public infrastructure and utilities, the special fund stipulated by the state for urban maintenance and construction.

Area of Urban Paved Roads at Year-end refer to the actual area of paved roads and square, bridges, and parking area with connected to the roads.

Length of Urban Sewage Pipes refer to the total length of general drainage, trunks, branch and inspection wells, connection wells, inlets and outlets, etc.

Total Volume of Water Supply refer to the total volume of water supplied by water-works(units) during the reference period, including both the effective water supply and loss during the water supply,

Consumption of Water for Households Use refer to consumption of water for daily life of all households in cities, including households of urban residents and farmers, and public water supply stations.

Annual Electricity Consumption refer to combination of various industries electricity power consumption and living power of urban and rural residents.

Total Volume of Gas Supply refer to the total volume of gas provided to users by gas-producing enterprises(units) during the reporting period, including the volume sold and the volume lost.

Population with Access to Gas refer to the population of households with access to gas.

Number of Buses and Trolley buses under operation at year-end refer to the total number of vehicles under operation by public transport enterprises (units) at the end of year, on the basis of the records of operational vehicles by the enterprises(units). Included are the vehicles of technology intact, the vehicles in repair, the vehicles being repaired, the vehicles stopped for a long time, and the vehicles under operation that have not yet been approved scrap by the competent department. Excluded are the oil tank trucks, trucks and other special vehicles that are not under operation and owned by bus companies, and the borrowing, leasing, passenger vehicles.

Passenger Traffic by Public Buses and Trolley Buses refer to number of passengers transported by public buses and trolley buses. Included are ordinary tickets passengers, commuters and passenger chartered. Ordinary ticket passengers purchase tickets by cash when getting on buses, one ticket is calculated as one passenger; The passengers of commuters are calculated as five passengers daily; passengers chartered are calculated as one passenger when one way, and as two passengers when round trip.

Number of Taxis at Year-end refer to various vehicles specializing in rental services with the approval of related departments. Included are cars, vans, and buses.

Area of Urban Green Land refer to the total area occupied for green projects at the end of the reference period, including park green land, production green land, protection green land, green land attached to institutions, and other green areas.

Park Green Area refer to the green area of various open parks.

Green Coverage Area of built-up area refer to the vertical projection area of trees, shrubs, lawns and other vegetation in **construction land area**, including are public green area, residential area, green land attached to institutions, protection green land, production green land, and scenic forest land, according to the Urban Greening Regulations.

Environmental Protection

Volume of Industrial Waste Water Discharged refer to the aggregate of waste water discharged to outsides through all factory drains by industrial enterprises. Included are discharged waste water of production and factory sanitary drainage, direct cooling water, and the poisonous and harmful mine groundwater discharged by mining areas. Excluded are the indirect cooling water discharged to outsides.

Volume of Industrial Sulfur Dioxide Discharged refer to the aggregate of sulfur dioxide emission to the air during the production and fuels combustion at factory.

Volume of Industrial Soot(Dust) Emission refer to the aggregate of industrial soot(dust) emission to the air during the production and fuels combustion at factory.

Comprehensively Utilized Rate of General Industrial Solid Wastes refer to the percentage ratio of general industrial solid waste comprehensively utilized to the sum of production amount of general solid waste and the previous storage capacity.

Centralized Treatment Rate of Waste-water Treatment Plants refer to the ratio of waste treated by waste-water treatment plants to the quantity of wastewater effluent during the reporting period.

Domestic Garbage Harmless Treatment rate refer to the ratio of households garbage harmless treated to domestic garbage output.